I0168964

Teología cristiana

Teología cristiana

TOMO III

H. ORTON WILEY

Casa Nazarena de Publicaciones
LENEXA, KANSAS, EE. UU.

Publicado por:
Casa Nazarena de Publicaciones
17001 Prairie Star Parkway
Lenexa, KS 66220 EUA
Título original:
   Christian Theology, Vol. 3
   Por H. Orton Wiley
Copyright © 2015 Global Nazarene Publications
Primera edición

ISBN 978-1-56344-665-8

Traductores: Juan Enríquez, Fredi Arreola y Juan R. Vázquez Pla

A menos que se indique lo contrario, las citas bíblicas han sido tomadas de la versión
Reina-Valera 95. Derechos reservados, © Sociedades Bíblicas Unidas, 1995.

Usada con permiso. Todos los derechos reservados.

ÍNDICE

PARTE 4

LA DOCTRINA DEL ESPÍRITU SANTO

(CONTINÚA)

CAPÍTULO 30

LA ÉTICA CRISTIANA O LA VIDA DE SANTIDAD

Habiendo considerado el asunto de la santidad como doctrina y como experiencia, es natural que pasemos ahora a considerarlo en sus aspectos prácticos o éticos. Hemos visto que un corazón santo es la condición fundamental para vivir santamente. Es específicamente establecido que "somos hechura suya, creados en Cristo Jesús para buenas obras, las cuales Dios preparó de antemano para que anduviésemos en ellas" (Efesios 2:10). Sin embargo, cuando pasamos de la consideración de la experiencia cristiana a la vida que resulta de dicha experiencia, estamos tornándonos en cierto sentido del campo de la dogmática al de la ética. La dogmática le presta atención a las doctrinas, respondiendo a la pregunta: ¿Qué debemos creer? La ética busca responder a la pregunta: ¿Qué debemos hacer? La teología arminiana ha prestado siempre mucha atención a la moral y a las costumbres cristianas, como lo demostrará el examen de las obras de Juan Wesley, Richard Watson, Adam Clarke, William Burton Pope, Minor Raymond, Thomas O. Summers, Thomas N. Ralston y Samuel Lee. John Miley también le pone atención a la necesidad de un gobierno moral, pero considera el asunto como relacionado a su teoría gubernamental de la expiación. Sin embargo, nuestro propósito no es considerar el campo de la ética general o filosófica, y ni siquiera el campo de la ética cristiana considerada como ciencia, sino solo examinar de manera más inmediata la vida de santidad como relacionada a la doctrina y la experiencia de la entera santificación. Después de una breve consideración de la relación de la teología con la ética, de la revelación como la fuente de la ética cristiana, y de la base bíblica de la ética, le prestaremos nuestra atención a lo siguiente: (I) El desarrollo de la teoría ética en la iglesia; (II) los principios de la ética cristiana; y (III) la ética práctica. Esta última será considerada bajo la división triple de (1) la ética teísta o los deberes que nos obligan para con Dios; (2) la ética individual o los deberes que nos obligan para con nosotros mismos; y (3) la ética social, o los deberes que nos obligan para con otros.

La relación de la teología con la ética. Así como la teología es la ciencia de Dios y de las mutuas relaciones de Dios y el ser humano, así la ética, como la ciencia del deber, tiene que ver con el fin, los principios y los móviles de la conducta obligatoria.[1] Cuando el material de las dos ciencias es derivado enteramente de la naturaleza, tenemos la teología natural, y la ética natural o naturalista; cuando se deriva de la revelación, tenemos la teología revelada, y la ética revelada o teológica. Sin embargo, no hay carencia de armonía entre las dos fuentes de material, ya que la una deberá ser de alguna manera suplemento de la otra. En nuestra discusión de la revelación general y especial (tomo 1, capítulo 6), señalábamos que Dios se revela a sí mismo al hombre, (1) por medio de una revelación primaria en la naturaleza, en la constitución del hombre, y en el progreso de la historia humana; y (2) que en adición a esta revelación general manifestada a través de Sus obras creadas, hay una revelación especial hecha por medio del Espíritu a las conciencias y a lo consciente de los hombres. Así también, en el campo de la ética, Dios se revela a sí mismo en dos clases de leyes, la natural y la positiva.[2] (1) La ley natural es aquella que Dios ha escrito en el corazón de cada hombre, o lo que la luz de la razón nos enseña como bueno o malo. De aquí que el Apóstol diga de los paganos en contraposición de los judíos que, "éstos, aunque no tengan la ley, son ley para sí mismos, mostrando la obra de la ley escrita en sus corazones, dando testimonio su conciencia, y acusándoles o defendiéndoles sus razonamientos" (Romanos 2:14-15). Son ley para sí mismos debido a que conocen en sí mismos lo que es bueno y lo que es malo, gracias a la razón, la cual es para ellos el heraldo de la ley divina. Tanto la historia como la experiencia nos enseñan que todas las naciones tiene una medida de revelación divina. Esto lo hemos demostrado en nuestro estudio de la religión y la revelación, por lo cual solo necesitamos señalar que todas las naciones reconocen de igual manera ciertos principios comunes de moralidad. La educación, la cual ha variado de época en época, no puede ser la fuente de estos principios uniformes; por consiguiente, deberemos encontrar la fuente común de estas máximas en la razón natural, la cual procede de la Luz que alumbra a todos los hombres que vienen a este mundo. (2) La ley positiva es aquella que depende de la voluntad libre de Dios, y, por consiguiente, puede conocerse solamente por medio de la revelación. Debe notarse, sin embargo, que lo que en un respecto es asunto de la ley natural, en otro puede existir como ley positiva. De aquí que la ley natural revele la necesidad de cierto periodo de reposo cada semana como algo esencial para la mayor eficiencia del ser humano en el servicio; pero esto también está declarado por la ley positiva en la institución del sabbat, lo cual consiste en separar un día de cada siete como santo al Señor. En estrecha conexión con esto, la razón también da a conocer la necesidad de la adoración divina; pero que el tiempo deba ser un día completo, y ello en un día fijo de la semana, es revelación de la ley positiva. De manera similar, el decálogo, con sus "diez palabras", todas las cuales están basadas en la relación del ser humano con Dios, con otros, y consigo mismo, también es accesible a la razón. Sin embargo, debido a que la consciencia del ser humano está opacada por su fracaso en caminar en la verdad, el decálogo, como una transcripción de la ley escrita en los corazones de los hombres, también fue dado por decreto positivo. Por tanto, podemos decir del decálogo que sus preceptos, en cuanto a su sustancia, pertenecen a la ley natural; pero en cuanto a la manera de su manifestación, son parte de la ley positiva o revelada.

La revelación como fuente de la ética cristiana. Ahora se nos trae a la posición en la que la ética cristiana deberá extraer de la revelación cristiana lo que será su material inmediato. Puede que admitamos, y de hecho lo hacemos, que la luz de la conciencia natural provea testimonio corroborativo en la medida en que su débil luz penetre, pero hemos de afirmar también que la naturaleza sola no puede proveerle al cristianismo de un sistema de ética o de moralidad más que lo que puede proveerle de un sistema de doctrinas. Si el dogma trata acerca de Dios y de la verdad por la cual se logra la salvación, así también la ética trata con las normas por las cuales se ordena la vida cristiana, y con los medios por los cuales se le da su debida expresión. Por lo tanto, es lo moral o lo ético del cristianismo lo que completará la ciencia de la religión, ya que es solo por medio de una combinación del dogma y de la ética que el plan de salvación puede revelarse en su perfección. Sin embargo, el hecho de que haya una mayor unanimidad de pensamiento en lo que respecta a las normas de moralidad que en lo concerniente al dogma, puede atribuírsele a la mayor luz que la vida moral recibe de la razón natural. El dogma, por su lado, es puramente un asunto de interpretación bíblica. La más alta revelación de Dios al hombre se encuentra en Jesucristo como el Verbo hecho carne. Por consiguiente, el elemento positivo en la ética cristiana es el curso de vida que le introduce a las condiciones del ser humano, una vida actualizada en la historia humana por Jesucristo como el Dios-hombre, y comunicada por medio del Espíritu a la comunidad de creyentes. La vida de Cristo, entonces, se vuelve la norma de toda conducta cristiana, ya sea por palabra, por obra, o por el espíritu que subyace bajo estas palabras u obras. Sus palabras nos proveen el conocimiento de la voluntad divina; sus acciones son la confirmación de la verdad, y su Espíritu es el poder por el cual sus palabras se encarnan en obras. Con esta declaración en cuanto al elemento positivo de la ética cristiana nos volveremos ahora a la Biblia como la revelación escrita del Verbo encarnado, pues en ella encontraremos nuestras normas de conducta cristiana, al igual que la promesa de poder del Espíritu por el cual estas normas han de mantenerse.

La base bíblica de la ética.[3] Aquí nos referiremos solo a aquellos pasajes bíblicos que nos provean la base para el sistema general de la ética cristiana, por lo que reservaremos para consideración posterior aquellos pasajes que se refieren específicamente a los deberes cristianos. La primera pregunta que surge es: ¿Han de derivarse las fuentes de la ética cristiana solamente del Nuevo Testamento, o son los escritos del Antiguo Testamento considerados parte de la revelación cristiana? Este asunto se ha considerado previamente en conexión con otro (tomo I), por lo que es suficiente decir aquí que el Antiguo Testamento, en la medida en que es aplicable a la vida cristiana, todavía obliga a las personas. Ciertas porciones del mismo, sin embargo, especialmente los tipos y las sombras de cosas mejores que vendrían, tuvieron su perfecto cumplimiento en el gran Antetipo, mientras que otras de naturaleza ceremonial o política fueron abrogadas por pertenecer solo a la economía mosaica. Pero la ley moral de Moisés, cuya sustancia se encarnó en el decálogo, no fue suplantada, sino que nuestro Señor se refirió a ella como de vigente autoridad, sin que se necesitara una nueva promulgación especial. "No penséis que he venido para abrogar la ley o los profetas", dijo Él; "no he venido para abrogar, sino para cumplir. Porque de cierto os digo que hasta que pasen el cielo y la tierra, ni una jota ni una tilde pasará de la ley, hasta que todo se haya cumplido. De manera que cualquiera que quebrante uno de estos mandamientos muy pequeños, y así enseña a los hombres, muy pequeño será llamado en el reino de los cielos; mas cualquiera que los haga y los enseñe, éste será llamado grande en el reino de Dios" (Mateo 5:17-19).

Las enseñanzas éticas de los evangelios se centran en la idea del reino, la entrada al cual será solamente sobre las bases del arrepentimiento y la fe. La aceptación del llamado de Dios implica la subordinación de toda las demás lealtades. "No os afanéis, pues, diciendo: ¿Qué comeremos, o qué beberemos, o qué vestiremos? … Mas buscad primeramente el reino de Dios y su justicia, y todas estas cosas os serán añadidas" (Mateo 6:31, 33). Al Sermón del Monte se le ha llamado la Carta Magna del reino. En éste la verdadera interioridad de su naturaleza se nos presenta como una actitud del espíritu: de pensamiento, de sentimiento y de voluntad, la cual encuentra su máxima expresión en la palabra y la obra. La descripción que Jesús nos presenta no es la de ciertos hechos, sino la de cierto tipo de carácter. La verdadera fuente de la obediencia se encuentra en el amor divino.[4] Cuando a Jesús se le preguntó acerca del más grande mandamiento de la ley, Él replicó: "Amarás al Señor tu Dios con todo tu corazón, …y con toda tu mente. Este es el primero y grande mandamiento. Y el segundo es semejante: Amarás a tu prójimo como a ti mismo. De estos dos mandamientos depende toda la ley y los profetas" (Mateo 22:37-40). Los hijos del reino deberán ser "prudentes como serpientes, y sencillos como palomas" (Mateo 10:16); no resistirán "al que es malo" (Mateo 5:39); y temerán "a aquel que después de haber quitado la vida, tiene poder de echar en el infierno" (Lucas 12:5). Según Jesús, la prueba suprema del amor es esta, "que uno ponga su vida por sus amigos" (Juan 15:13). Y en estrecha conexión con lo anterior está la aplicación práctica de que "todo el que quiera salvar su vida, la perderá; y todo el que pierda su vida por causa de mí, éste la salvará" (Lucas 9:24).

EL DESARROLLO DE LA TEORÍA ÉTICA EN LA IGLESIA

Los periodos que marcan el desarrollo de la teoría ética en la iglesia difieren en algo de los que son importantes en la historia de la dogmática. Para propósitos nuestros, el asunto puede convenientemente resumirse en los siguientes periodos: (1) El periodo patrístico, desde los primeros padres hasta el tiempo de Constantino; (2) la Edad Media, desde el tiempo de Constantino hasta el fin de la Edad Media; (3) el Renacimiento y la Reforma; y (4) el periodo moderno.

El periodo patrístico. Durante el primer siglo, los intereses de la iglesia estaban principalmente dedicados a la conducta práctica más bien que a la reflexión racional. Adolph Harnack dice que durante el primer siglo y medio, la iglesia calificaba como secundario todo lo que no fuera la suprema tarea de mantener su moralidad. La nota dominante de la iglesia primitiva era la de un amor divino que se manifestara en el cuidado de los pobres, la hospitalidad para con los extraños, el evitar el lujo sensual y los vicios de los paganos, y la devoción a la pureza de vida establecida por Cristo y los apóstoles. No fue hasta la segunda parte del segundo siglo que se dio una reflexión formal sobre los problemas éticos. En el progreso del cristianismo en su conflicto con el paganismo, el punto de vista más rígido del montanismo llegó a ocupar un lugar en la apologética a la par de la tendencia más moderada de los tiempos anteriores. Igualmente peligrosos, aunque en diferente dirección, eran los puntos de vista equivocados de la libertad cristiana de los gnósticos, los cuales llevaron a los arriesgados errores de los carpocratianos y las sectas panteístas posteriores. Fue así como se volvió tarea del cristianismo determinar de manera más exacta sus principios y aplicaciones de moralidad. Cierto trabajo preliminar había sido hecho en las Epístolas de Clemente y del Pastor de Hermas, y en la Epístola de Diogneto, pero quedaría en manos de los padres posteriores formular los principios éticos de la iglesia.[5] En la ética, como en la dogmática, existía un acercamiento diferente entre el oriente y el occidente. El primero consideraba la ética cristiana, en cierto sentido, como suplementaria de la antigua filosofía griega, la cual por sí misma era inadecuada para el conocimiento de Dios y de la inmortalidad. El cristianismo, pues, completaba los principios éticos griegos, los cuales se asumía que estaban basados en la razón universal. Esta fue la posición de Justino Mártir, quien hizo de la doctrina del Logos el fundamento de su exposición. Los padres posteriores u occidentales mantenían que el cristianismo era algo éticamente nuevo en su totalidad, y que, por lo tanto, no estaba en sentido alguno relacionado con la ética del paganismo. Aquí Tertuliano es el apologista representativo. Para él, el cristianismo era un poder espiritual dado a la iglesia para preservarla del paganismo, y para organizar a sus hijos en un ejército compacto para atacar, conquistar y juzgar el paganismo. Clemente de Alejandría consideraba la filosofía como propedéutica para la fe, y su obra representó una mezcla de las contribuciones del pensamiento griego y judío. Una serie de sorprendentes ideas éticas serían desarrolladas en sus

Paedagogus, Stromata y Exortaciones. Con Cipriano, uno de los padres latinos, la iglesia llegó a la prominencia como el centro de todo un campo de ética. Ello resultó de la controversia con los montanistas y los novacianos, lo cual trajo como consecuencia que la relación del individuo con la iglesia se tornara la relación ética más prominente de la vida.[6]

La Edad Media. La conversión de Constantino en el siglo cuarto trajo cambios en la iglesia. Libre ya de la persecución de parte del estado, la iglesia pronto alcanzaría prestigio y poder. Se desarrolló un sistema eclesiástico que en su momento iniciaría la persecución de los paganos y de los herejes. Aumentó la mundanalidad, y muchos cristianos que buscaban la vía del sacrificio se retiraron a la vida monástica. Esto hizo que surgiera un tipo de ética diferente y particular. Ambrosio (340-397), en su obra titulada *De Officiis Ministrorum,* le dio a la iglesia lo que generalmente se considera el primer manual de ética cristiana. Una obra estoica de Cicerón le sirvió de modelo, y la idea de la ley natural que presentó tendría una influencia definitiva sobre la posterior ética escolástica. Esa ley de la naturaleza era la ley de las cosas como Dios las creó, y de ella había algo que aprender concerniente a los requisitos de la moralidad. Por sobre ese nivel, había dentro del ser humano un conocimiento moral logrado por medio de la razón y la conciencia; pero al nivel más elevado de todos estaba la voluntad de Dios según lo expresaba la Biblia, lo cual culminaba en la enseñanza y el ejemplo de Cristo. Los comienzos del ascetismo, sin embargo, son muy notables en Ambrosio, por cuanto reconocía dos niveles de moralidad, uno obligatorio para todos, y el otro que incluiría obras hechas más allá de lo requerido, a fin de lograr un grado más elevado de perfección. Él también adoptó definitivamente las cuatro virtudes cardinales griegas: prudencia, justicia, valor y templanza. La prudencia, sin embargo, era para Ambrosio no tanto razón o sabiduría, sino un conocimiento personal de Dios que se manifestaba en la conducta humana. La justicia debería ejercerse, "primero hacia Dios, segundo hacia nuestro país, tercero hacia nuestros padres, y por último hacia todos". Interpretó el valor como la firmeza en las pruebas de la vida ordinaria, y la templanza como el respeto propio, la modestia en todas sus formas, y el debido aprecio por los demás. La obra de Ambrosio fue de carácter transicional, y llevaría directamente al sistema de ética cristiana más distintivo de Agustín.

Agustín (354-430) sistematizó la ética de la iglesia occidental, y los principios que éste adelantó serían considerados como autoritativos durante gran parte de la Edad Media. En Agustín, la idea central y dominante de la vida cristiana era la unión con Dios, una experiencia de perfecta paz y felicidad que podía ser alcanzada solo en la vida por venir. De aquí que, en *La ciudad de Dios,* Agustín distinguiría entre la ciudad terrenal, la cual era temporal, y la ciudad de Dios, la cual era eterna. Para él, la vida moral tenía su base en Dios, y concordaba con el mundo que Él había creado. Por lo tanto, se opuso a la teoría de que la moralidad se basara en la costumbre social, una posición que se define comúnmente como "la costumbre que opera conscientemente". También consideraba el punto de vista de la ética cristiana como opuesto a la apatía estoica en lo tocante a la vida emocional. Sin embargo, iba a ser en la voluntad en donde Agustín pondría su mayor énfasis. La persona debía rendir su voluntad en amor. Las dos tendencias puestas de relieve por Agustín traerían efectos nocivos más tarde en la historia. (1) Él se conformó a la distinción que se había vuelto normativa entre lo que se les ordenaba a todos, y lo que se aconsejaba como de alcance adicional y que contribuiría a la perfección. Esto llevó al énfasis en las obras de supererogación, y a la acumulación de méritos, lo cual a su vez contribuiría a las prácticas ascéticas. (2) Su idea de la rendición propia no fue un incentivo menor para la supresión eclesiástica de la libertad individual. Sostuvo que la iglesia, como organización continua, poseía la verdad, y la autoridad para enseñarla. Esto requeriría la sumisión individual. Siendo que era designación divina que los seres humanos entraran en la iglesia, ellos lo debían hacer voluntariamente, pero si no, deberían ser compelidos a hacerlo. Era, pues, el deber sagrado de la iglesia ver que las personas entraran en la iglesia, y si la iglesia carecía de ese poder de compulsión, era deber sagrado del estado venir en su rescate y obligarlas a entrar, para que la iglesia se llenara. A partir de estas dos tendencias, tanto el sistema eclesiástico como el monástico recibirían un impulso adicional durante la Edad Media.

Lo monástico vino a ser la característica distintiva del cristianismo medieval, lo cual hizo que le proveyera su concepción de la ética cristiana. El ascetismo ya se había establecido entre los cristianos del tiempo de Agustín, dándoles éstos gran importancia a los elementos en los evangelios y en los escritos paulinos que parecían aprobar las prácticas ascéticas. El monaquismo como revuelta contra la mundanalidad creciente en la iglesia estatal surgió independiente y frecuentemente como una oposición a la organización eclesiástica. Por esta razón, aun cuando se aliaría con la iglesia en un tiempo posterior, el monaquismo retuvo mucho de su independencia. El ideal monástico, sin embargo, pronto llegó a ser predominante, al punto de que los monjes que hacían voto se convertían en el clero "religioso" o regular, entre tanto que los sacerdotes no monásticos se convertían en "los seculares". Basilio (c. 329-379) fue probablemente el primero en inaugurar un movimiento definitivo hacia la vida comunitaria entre los ascéticos. Benedicto (480-543) introdujo una nueva regla. Previo a ésta los monjes se habían ocupado mayormente en la conquista de sí mismos; Benedicto, en cambio, hablaría de la entrega de sí mismos. Sus monasterios se organizarían siguiendo lineamientos comunales de regla democrática. Quizá no hubo regla menos ascética que la de Benedicto. Bernardo de Claraval (1094-1174), gracias a su gran santidad y poder personal, fue capaz de efectuar grandes reformas siguiendo lineamientos espirituales. Francisco de Asís (1182-1226), y Domingo de Guzmán (1170-1221), trajeron grandes cambios en la concepción de la vida y las prácticas ascéticas. Desarrollaron un interés y un amor compasivo por la humanidad que los sacó del claustro y los arrojó a un ilimitado ministerio de amor. El ideal ético de San Francisco era la imitación de Cristo, específicamente en espíritu, pero también mayormente en los detalles de conducta. Los votos de pobreza, de castidad y de obediencia tenían como propósito la completa devoción del individuo al bienestar de los demás. Se ponía un énfasis especial en la pobreza. Entre tanto que los franciscanos se dedicaron principalmente a la evangelización, los dominicos establecieron sus casas cerca de las universidades, prestando su atención mayormente a la educación. Este medio pronto les permitió establecer las normas doctrinales de la iglesia, algo que continuarían haciendo por varios siglos. El ascetismo entre los místicos posteriores fue de un tipo más elevado. Juan Escoto Erígena introdujo el misticismo griego según era conocido en Macario el Egipcio, en Dionisio, y en Máximo "el Confesor", con lo cual se llegó al punto de partida para el misticismo de la iglesia occidental. Este desarrollo se llevó a cabo de dos formas, la románica, como en Hugo y Ricardo de San Víctor, Bernardo de Claraval, Buenaventura, Juan Gersón y Miguel de Molinos; y la germánica, como en Enrique Susón, Juan Ruysbroek, Juan Tauler y el Maestro Eckart. Pero, en la medida en que el misticismo desarrolló una ética, retuvo el falso principio del ascetismo de una contradicción entre materia y espíritu, y entre Dios y el mundo. La principal razón atribuida al fracaso de los místicos en desarrollar una ética verdadera fue la falta de una concepción propia de la personalidad. Que el alma creada sea capaz de recibir lo divino, y que por este medio alcance una unión perfecta entre lo finito y lo infinito, es una idea que no cobrará prominencia sino hasta Lutero y su doctrina de la justificación por la fe.

Tomás de Aquino (c. 1225-1274) trató la ética como parte integral de un sistema general de filosofía y teología. En Aquino, la ética alcanzaría su declaración autoritativa. El fin último por el cual actúa el ser humano, o por lo menos por el que debe actuar, Aquino lo llamó "bienaventuranza" o "verdadera felicidad", el cual, una vez alcanzado, será todo suficiente. Nada puede satisfacer excepto el Infinito, o la bondad eterna de Dios mismo. Es así como Aquino echa un cimiento sólido para la teoría ética basada en el teísmo cristiano. La virtud, o la excelencia propia de algo, consiste en el que ese algo esté bien dispuesto según su clase. Siendo que el ser humano ha sido constituido como alma racional, la ética deberá ser según la razón. Las virtudes en la persona serán, pues, aquellos hábitos del alma de acuerdo con los cuales se desempeñan las buenas acciones. Las virtudes se clasifican como sigue: (1) *Morales,* las cuatro virtudes cardinales griegas: prudencia, justicia, templanza y firmeza; (2) *intelectuales,* entendimiento, conocimiento y sabiduría; y (3) *teologales,* fe, esperanza y amor. Las de los primeros dos grupos podrán ser conocidas por la razón, pero las del último solo por la revelación. Las virtudes naturales llevan al desarrollo del carácter; y las teologales a la felicidad espiritual aquí y en la vida del mundo por venir. Aquino, sin embargo, trató las virtudes cardinales griegas según el método cristiano. Consideró las pasiones en sí mismas como indiferentes, y, por lo tanto, como que debían ser puestas bajo el control de la voluntad. De las virtudes teologales, el amor o la caridad era la más elevada, e incluía las otras en dentro de sí. La influencia de Agustín sobre Aquino, sin embargo, se ve claramente, puesto que Aquino aceptó la actitud doble hacia la moralidad, y aunque consideraba lo terrenal y lo celestial como compatibles, aquellos que pusieran su atención en las cosas celestiales recibirían mayor alabanza.

El Renacimiento y la Reforma. La nota dominante de la Edad Media, que fue la subordinación de la vida terrenal a la vida venidera, sería seguida por el desarrollo reaccionario conocido comúnmente como humanismo. Aquí el énfasis recaería sobre la vida individual y el mundo presente. Pero el humanismo no produjo una teoría ética profunda ni difundida. De hecho, el humanismo era irreligioso. La concepción tradicional del pecado y la expiación le significaron poco o nada, y no hubo lugar para la experiencia de tipo contemplativa. El humanismo fue en un verdadero sentido el retorno a los ideales paganos de Grecia y de Roma, aun cuando tuviera el efecto de ampliar los horizontes de los seres humanos. Los precursores de la Reforma, Wycliffe (c. 1321 o antes–1384) y Huss (1369 ó 1373-1415), señalaron las debilidades morales de su tiempo, y buscaron despertar interés en los estudios clásicos, además de introducir una nueva característica en el pensamiento ético, a saber, la de exaltar la moralidad como guía hacia el interior de la sabiduría del cristianismo como gobernante de los asuntos de la vida práctica. Así lo desarrollarían Petrarca (m. 1374), Marsilius Ficinus (f. 1499), Luis Vives (f. 1540) y Erasmo (f. 1536). Savonarola (1452-1498), especialmente, se opuso a la corrupción moral y a la mundanalidad tanto de los líderes seculares del Renacimiento como de los altos oficiales de la iglesia. Se esforzó en establecer la concepción ética de la iglesia medieval de que el pensamiento del otro mundo debía dominar tanto el pensamiento como la conducta. "Vivimos en este mundo, oh mis hermanos", decía él, "solo para aprender a morir".

La Reforma Protestante, en cierto sentido, fue una reacción tanto al medievalismo como al Renacimiento.[7] Con la creencia en el otro mundo heredada del medievalismo, y la insistencia en el mundo presente como contribución del Renacimiento, el problema ético del periodo de la Reforma vino a ser cómo concebir la ética o moralidad cristiana para que incluyera tanto lo terrenal como lo trascendental. Es por eso que el protestantismo insitió en que la vida no era para vivirse en el monasterio sino para que se participara de manera activa en los asuntos humanos. A la vez, sin embargo, se opuso a la tendencia del humanismo de hacer del placer y de la cultura intelectual los principales asuntos de esta vida. James Denny indica, por esto, que el fin de la Reforma fue "expelerle la religión a las cosas, y exhibir todas las realidades de ésta como personas y como relación de personas". Lutero desarrolló una forma de dualismo ético cuando hizo de la moralidad la manifestación espontánea de la vida interior del Espíritu, y, dada esa libertad como hijos, que los cristianos se sujetaran a sí mismos al servicio justo de manera voluntaria. "Cuando hayamos enseñado la fe en Cristo", decía él, "entonces enseñaremos también las buenas obras". Calvino fue más sistemático en su pensamiento, fundamentando la ética en la naturaleza del hombre como creado por Dios. En sus *Institutos,* incluyó la ética bajo el tópico de la regeneración, y comentó sobre ella dentro de su estudio del hombre cristiano, del llevar la cruz, y de temas similares. Calvino veía el decálogo como una declaración de los fundamentos de la ley moral grabada en las mentes de las personas. Conformarse al decálogo era obedecer a Dios, y ello era moralidad. Toda tolerancia de pecado era participar del mismo. De aquí que, en las iglesias reformadas, se volviera práctica común adscribirles gran valor a los elementos legales del Antiguo Testamento, y combinarlos en un sistema ético en conexión con el decálogo.

Otros escritos de este periodo, los cuales contribuyeron a la ética cristiana, fueron los de Juan Bunyan (1628-1688), quien, aun cuando no desarrollara una teoría ética distintiva, hizo de la gracia redentora la característica dominante de todos sus escritos; los de Jorge Fox (1624-1690), quien resultó singularmente claro en su juicio sobre grandes cuestiones morales; los de Jeremías Taylor (1613-1667), quien en su *Holy Living* [Vivir santamente] consideró la pureza de intención como la cosa esencial en la moralidad; y los de William Law (1686-1761), quien, en su obra, *Serious Call to a Devout and Holy Life* [Un llamado serio a la vida devota y santa], ofreció una exposición de la vida cristiana conforme a principios éticos. Esta obra ha sido comparada con *Imitation of Christ* [La imitación de Cristo], de Thomas a Kempis, en donde el principio de la sumisión y el espíritu de obediencia que echa fuera todo lo que no es santo, lo subyacía todo. "Todas las ansias que turben la vida humana, que nos hagan inquietos con nosotros mismos e irritables con los demás, que nos hagan desagradecidos con Dios, y que nos lleven de quehacer en quehacer, y de lugar en lugar, en pobre persecución de quién sabe qué, son ansias a las que ni Dios, ni la naturaleza, ni la razón nos han sujetado, sino que solo son inducidas en nosotros por el orgullo, la envidia, la ambición y la codicia" (William Law, *Serious Call* [Un llamado serio]. A estos se podrían añadir los nombres de Joseph Butler (1692-1752), cuya teoría es similar a la de Tomás de Aquino, pero desarrollada independientemente. El obispo Butler reconoció dos fuentes de conocimiento ético: la naturaleza y la razón por un lado, y la revelación por otro. Para Butler, Dios era la fuente de la ley moral en la conciencia, en la constitución de la naturaleza, y en la Biblia, y toda moralidad cristiana estaba incluida en el amor a Dios, a los demás, y a uno mismo. Así que, la ética cristiana era a su vez empírica y trascendente, antropológica y teológica.

El primer teólogo de la Iglesia Reformada que trató la ética cristiana como algo distinto a la dogmática fue Lambertus Danaeus (m. 1536). Su obra titulada *Christian Ethics* [Ética cristiana] fue publicada en 1577. En la Iglesia Luterana, Georg Calixtus siguió el mismo método en *Epitome of Moral Theology* [Epítome de la teología moral] (1634-1662). Los teólogos católicos romanos criticaron marcadamente esta separación entre la dogmática y la ética por tender al humanismo y minimizar la revelación. La filosofía cartesiana despertó un nuevo interés en el estudio de la ética, especialmente en la Iglesia Reformada; y los dos movimientos del pietismo y el metodismo ejercieron de igual manera un efecto estimulante y purificador. El arminianismo, especialmente, le proporcionó una gran promesa al lado ético del cristianismo. Como indicadores del cierre del viejo orden y de la transición a un nuevo periodo, podríamos mencionar *Institutes of Moral Theology* [Institutos de la teología moral], de Johan Franz Buddeus (1711-1724), y *Ethics of the Holy Scriptures* [La ética de la Santa Biblia] (9 tomos, 1735-1753), de Johan Loren Mosheim. Con Immanuel Kant, y su doctrina del imperativo categórico, comenzó un nuevo periodo en el estudio de la ética, uno que liberó al tema de muchas de las viejas restricciones, pero que lamentablemente le robó sus profundos móviles religiosos. Hubo un tiempo durante el cual no se adoptó ningún principio de ética cristiana. Schwartz y Flatt se adhirieron definitivamente a la Biblia sin intentar ningún principio de clasificación científica. DeWette fue probablemente el primero de tiempos modernos en señalar la necesidad de tal principio, y a partir de ese tiempo las obras protestantes sobre ética se caracterizarían por el esfuerzo de alcanzar un carácter más científico. Pero, sin embargo, es a Friedrich Schleiermacher a quien deberemos volvernos como fundador de la ética teológica moderna. El subjetivismo de Kant, habiendo alcanzado sus consecuencias en Johann Fichte, hizo que la filosofía se volviera hacia el objetivismo. Friedrich Schelling adelantó la teoría de la identidad del sujeto y el objeto, y sobre estas bases, Schleiermacher construiría su ética. Él retornaría a la vieja idea del reino de los cielos, la cual había desaparecido enteramente de la filosofía de Kant y de Christian Wolff. Sin embargo, distinto a Buddeus, Schleiermacher no consideraría el reino como un ámbito indefinido más allá del sepulcro, ni aceptaría la posición de los católicos romanos de limitarlo a la iglesia en la tierra.

Más bien encontraría el reino en todas las esferas de la vida, gracias a la acción virtuosa del individuo. Después de Schleiermacher, quizá la obra más importante será, *Theological Ethics* [La ética teológica], de Richard Rothe. La misma ha sido alabada como presentadora de una penetrante mirada "a la más profunda médula de la especulación ética", y como demostradora de que "el cristianismo es la realización del más elevado pensamiento de Dios" (Bunsen). Por otro lado, mereció la justa crítica por hacer del estado y no de la iglesia el bien supremo, y por mantener que debía ser el objeto de la iglesia resolverse a sí misma en el estado. En esto seguiría a Hegel, quien hizo del estado el bien supremo, en directa oposición a la ética tanto de la Iglesia Católica Romana como de la iglesia protestante.

Entre las obras de ética cristiana más modernas están las siguientes: *Christian Ethics* [Ética cristiana], de H. L. Martensen, (3 tomos, 1871); *History of Christian Ethics* [Historia de la ética cristiana], de Christoph E. Luthardt (1899); *Christian Ethics* [Ética cristiana], de Newman Smyth (3ra edición, 1894); *Christian Ethics* [Ética cristiana], de A. H. Strong (1896); *The Ethics of the Christian Life* [La ética de la vida cristiana], de Henry E. Robbins (1904); *System of Christian Ethics* [Sistema de ética cristiana], por I. A. Dorner (1906); *The Ethics of Jesus* [La ética de Jesús], de James E. Stalker (1909); *History of Ethics Within Organized Christianity* [La historia de la ética dentro del cristianismo organizado], de Thomas C. Hall (1910); *The Ethics of Jesus* [La ética de Jesús], de Henry C. King (1910); *Christianity and Ethics* [El cristianismo y la ética], de Archibald B. D. Alexander (1914); *New Testament Ethics* [Ética del Nuevo Testamento], de C. A. Anderson Scott (1930); *An Interpretation of Christian Ethics* [Una interpretación de la ética cristiana], de Reinhold Niebuhr (1935); y *Christian Ethics in History and Modern Life* [La ética cristiana en la historia y en la vida moderna], de Alban G. Widgery (1940).

LOS PRINCIPIOS DE LA ÉTICA CRISTIANA

Hasta aquí hemos demostrado la relación de la ética con la dogmática; hemos indicado la fuente de la ética cristiana como centrada en la revelación divina; y hemos trazado brevemente el desarrollo de la teoría ética en la iglesia. Ahora deberemos considerar los principios sobre los cuales descansa la ética cristiana, y cómo se aplican a la vida práctica. Cuando examinábamos la perfección cristiana como la norma de la experiencia del Nuevo Testamento, encontramos que era una purificación del corazón del pecado para una devoción completa de todo el ser a Jesucristo. La gracia deberá expresarse primero en la experiencia cristiana; y de la nueva vida y el nuevo amor que se desprenden de esta experiencia, se formarán las nuevas normas de la vida diaria. Puede que la doctrina no siempre resulte en una experiencia, pero si la experiencia va a ser mantenida, siempre deberá resultar en vivencia cristiana. Toda doctrina, por lo tanto, no solo tendrá su fase de experiencia, sino también su expresión ética. Dios es una persona, y el ser humano es una persona; por lo tanto toda relación entre ambos deberá ser ética. Siendo que la nota dominante de la perfección cristiana es la de una completa devoción a Dios, dicha devoción se convertirá en el principio fundamental de la ética cristiana. La devoción se ejerce hacia Cristo en su naturaleza divino-humana y como persona mediadora, y ello tanto como creador que como redentor. Como creador, su ley está escrita en la naturaleza y constitución del ser humano, cosa que comúnmente se conoce como la ley de la conciencia. Como redentor, su entera vida e historia le provee la satisfacción a la voluntad divina. Por lo tanto, no puede haber falta de armonía entre la nueva ley de Cristo y la vieja ley de una conciencia plenamente redimida e iluminada. Pero lo mediador no podrá ser propiamente entendido a menos que se vea que el dador supremo de la ley, y el ejemplo perfecto de su presencia, se unen en la deidad y la humanidad del Dios hombre. A fin de que Cristo le diera a su pueblo un nuevo mandamiento, y una ley perfecta de libertad por medio de la cual ese mandamiento pudiera cumplirse, Él mismo recibió un nuevo mandamiento, y aprendió la obediencia por las cosas que sufrió. Y al aprender la obediencia, se presentó como el dador perfecto de la ley y, a su vez, como el ejemplo perfecto de sus propios preceptos. Aquí encontramos la inescrutable unidad de sus dos naturalezas en un agente personal que investirá el asunto de la ética cristiana al igual que inviste la dogmática cristiana. Sin embargo, la obligación moral de Cristo no podía ser compartida, ya que el misterio de sus sufrimientos fue doble, por el pecado en nosotros, y por medio de la tentación a lo imposible del pecado en Él mismo. Por esta razón el apóstol Pablo dijo que, "al pecado murió una vez por todas; mas en cuanto vive, para Dios vive" (Romanos 6:10). En esta muerte al pecado Él nos aseguró para siempre a nosotros, (1) la ley de la libertad por la cual somos librados del principio del pecado; y (2) la ley del amor como móvil para la justicia. Aquí, pues, tenemos el cumplimiento del "juramento que hizo a Abraham nuestro padre, que nos había de conceder que, librados de nuestros enemigos, sin temor le serviríamos en santidad y en justicia delante de él, todos nuestros días" (Lucas 1:73-75).

La ley de la libertad.[8] A la nueva libertad provista por la muerte de Cristo al pecado, el apóstol Santiago la denomina "la perfecta ley, la de la libertad" (Santiago 1:25); y también, "la ley real", la cual "conforme a la Escritura" es, "Amarás a tu prójimo como a ti mismo" (Santiago 2:8). El apóstol Pablo habla de ella como "la ley del Espíritu de vida en Cristo Jesús", la cual nos ha librado "de la ley del pecado y de la muerte" (Romanos 8:2). La ley externa deja de ser la ley del pecado y de la muerte, ya que la consciencia de pecados ha sido removida en la justificación; a su vez, la ley interior de vida por el Espíritu provee el móvil y la fortaleza para la obediencia. El hecho de base del Nuevo Pacto es este: "Pondré mis leyes en la mente de ellos, y sobre su corazón las escribiré" (Hebreos 8:10). Aunque, en el cristianismo, esta ley es sobrenatural, es realmente en cierto sentido la ley de la razón restaurada, y más que restaurada. El Espíritu divino en los corazones de las personas regeneradas busca obrar la perfecta obediencia a la ley de justicia, cosa que sucede en el otorgamiento de la nueva vida en armonía con la ley externa, lo cual se verá desarrollar en la vida espiritual del creyente en conformidad con su propia naturaleza, y no por medios de compulsión externa. Esta ley interna, por lo tanto, equivale a la restauración del gobierno propio. Es la ley del Espíritu de Dios en la vida renovada, de acuerdo con la idea original del creador del hombre. Así, pues, las personas, en su nueva naturaleza bajo la autoridad del Espíritu Santo, teniendo sus almas en sujeción, se vuelven ley para sí mismos, no estando sin ley de Dios, "sino bajo la ley de Cristo" (1 Corintios 9:21). De esa manera, no invalidan la ley, sino que la confirman (Romano 3:31). Somos verdaderamente liberados de la ley del pecado y de la muerte, pero no de la ley de la santidad y de la vida. Es cierto que la ley está escrita en el corazón, pero sigue siendo una ley, por lo cual necesita la dignidad de una norma externa que esté también en conformidad con la ley interior de la vida. El factor fundamental, pues, de la ética cristiana, es la ley de vida, gracias a la cual el ser humano es liberado de la compulsión externa, y recibe la libertad para desarrollarse en conformidad con la nueva ley de su naturaleza. Y así, pues, guarda la ley por el despliegue de su naturaleza interna, la cual ahora está en armonía con esa ley. La nota clave de esta nueva naturaleza es el amor, siendo el amor el cumplimiento de la ley.

La ley del amor. Hemos visto que la santidad y el amor se relacionan estrechamente dentro la naturaleza de Dios. La santidad es la naturaleza divina interpretada desde el punto de vista de la autoafirmación, entre tanto que el amor es esa misma naturaleza, pero vista como autocomunicación. Por lo tanto, ambas cosas son, igualmente, de la esencia de Dios. La santidad de Dios requiere que Él siempre actúe por puro amor; entre tanto, el amor buscará siempre impartir su propio ser, y ese ser es santo. (Cf. con *Christian Theology* [Teología cristiana], I:382). Hemos visto, también, que la concepción wesleyana de la perfección cristiana es la purificación del corazón de todo lo que es contrario al amor puro. Considerada desde el punto de vista de la ley interna de la libertad, la perfección cristiana es la liberación de pecado; considerada desde el punto de vista de la ley real, el amor es tanto el principio como el poder de la perfecta consagración a Dios. La caridad o amor divino, el cual tiene su fuente en la naturaleza de Dios, y el cual es impartido al alma individual por el Espíritu Santo por medio de Cristo, se torna, por consiguiente, en su sentido ético pleno, en la sustancia de toda obligación, sea para con Dios o para con el hombre. Para el ser individual, es el cumplimiento de un carácter perfecto, puesto que el amor es el *pleroma* de la religión así como de la ley. El apóstol Pedro lo hace la corona de todas las gracias introducidas a la vida y sostenidas por la fe (2 Pedro 1:5-7). El amor, así, se vuelve la suma de toda bondad interior, y el vínculo de perfección que une y guarda todas las energías del alma. El apóstol Pablo hace del amor el fin del mandamiento prácticamente en el mismo sentido en que Cristo es el fin de la ley para justicia (1 Timoteo 1:5). El Apóstol presenta aquí la caridad o el amor santo, no solo como la gracia suprema del carácter cristiano, sino como el punto de transición en la relación del individuo con la estructura social. Es, por lo tanto, la *anaketalaiosis* o recapitulación de la ley en un amor perfecto que nunca deja de ser (1 Corintios 13:8). Es un amor, según William Burton Pope, "que no descuida precepto alguno, que no olvida prohibición alguna, y que cumple con todo deber. Es perfecto en obediencia pasiva tanto como activa. 'Nunca deja de ser'; se asegura de toda gracia adaptable al tiempo o digna de eternidad. Es por esto que el término perfecto es reservado para esta gracia. La paciencia tendrá 'su obra cumplida' [Santiago 1:4]; pero solo el amor es en sí perfecto, puesto que da perfección a la persona que lo posee" (*Compendium of Christian Theology* [Compendio de teología cristiana], III:177).

La conciencia como el factor regulador en la experiencia y conducta cristianas. Hemos discutido la ley de la libertad como una liberación interior del ser y del poder del pecado, y la ley del amor como el poder propulsor de justicia. Lo que resta es que discutamos la conciencia como el factor regulador de la experiencia y conducta cristianas. Sin embargo, no es nuestro propósito discutir el lugar de la conciencia en la ética filosófica, sino utilizarla en el sentido paulino como esa parte integral de la experiencia religiosa vital. Dice el apóstol Pablo, "Pues el propósito de este mandamiento es el amor nacido de corazón limpio, y de buena conciencia, y de fe no fingida" (1 Timoteo 1:5). Aquí el Apóstol analiza la experiencia cristiana como sigue: un torrente de caridad o amor divino que fluye de un corazón puro, regulado por una buena conciencia, y mantenido fresco y fluyendo por una fe no fingida. Esta fe, por supuesto, se refiere a la constancia de la confianza en Cristo, quien por su Espíritu derrama el amor de Dios sobre el corazón de los purificados.

1. La conciencia en el sentido ordinario "cubre todo en la naturaleza del ser humano que tenga que ver con la decisión y la dirección de la conducta moral" (Standard Dictionary [Diccionario estándar]. Puede que esta descripción de conciencia sea cierta en el discurso popular, pero es muy vaga para el uso teológico. En nuestro esfuerzo por ser más específico, pues, deberemos tener constantemente en mente los siguientes hechos: (1) El hombre es un ser moral en virtud de que es una persona, puesto que la naturaleza moral es un elemento esencial de la personalidad. (2) El espíritu como el factor controlador en el ser complejo de la persona humana es una unidad y, por consiguiente, no es divisible en partes. Por ser, pues, indivisible siempre actúa como una unidad, y el intelecto, la sensibilidad y la voluntad están presentes en toda actividad. Pero aunque el alma siempre se mueva como una unidad, una cierta forma de actividad podría predominar de forma tal en un momento dado, que la discrimine y la defina. Por esta razón definiremos el intelecto como el alma que piensa; la sensibilidad como el alma que siente; y la voluntad como el alma que escoge o ejercita la volición. Así también, si restringimos nuestra definición de conciencia a ciertos modos de actividad propia, no se nos deberá entender como implicando que la totalidad del ser no esté activa, sino solo que las funciones peculiares de la ley moral sean predominantes. Podemos, por tanto, definir la conciencia como "el ser cuando pasa juicio sobre su conformidad, o no conformidad, en carácter y conducta, a la ley moral,

es decir, a lo correcto y a lo equivocado, con el acompañante senti-miento o impulso de obedecer los juicios de justicia" (*The Ethics of the Christian Life* [La ética de la vida cristiana, de Henry E. Robbins, 79]. Ver la conciencia de esa manera, es no atribuirle las funciones de descubrir o anunciar la ley moral. Se trata más bien, como lo representa Immanuel Kant, de un juez que preside sobre una corte (Cf. *Christian Theology* [Teología cristiana], I:307), y quien decide que este deseo, este afecto, este propósito, o esta obra está de acuerdo con la ley moral, y por lo tanto, es correcta. Tras esa decisión, sigue un sentir que corres-ponde al juicio, sea que impela a la acción de acuerdo con la decisión, o que disuada respecto a cualquiera acción que no esté en armonía con ella.

2. La conciencia deriva su autoridad de la ley cuyos requisitos hace valer. Así como es la majestad de la ley la que le da validez a las decisiones del juez en las cortes civiles, así es la ley de Dios la que le da validez a las decisiones de la conciencia. Su provincia, por tanto, no es legislativa sino judicial. Sus decisiones son siempre las de un juez justo e incorruptible, de acuerdo con las leyes que se dispone aplicar. Siendo que la autoridad de la conciencia se deriva de la autoridad de la ley de acuerdo a la cual hace sus decisiones; y siendo que esta ley se encuentra principalmente en la naturaleza y la constitución del ser humano, se sigue que la autoridad de la conciencia no es externa sino interna. Su voz no viene de afuera, sino que surge de las profundidades de su ser más íntimo. Es la totalidad de su ser interpretándole al hombre el hombre mismo. La ley por la cual juzga, es la ley moral interior de la naturaleza del ser humano, y toda ley externa derivará su fuerza obligatoria de la apelación a esta ley esencial del ser moral del hombre.[9]

3. A la luz del punto de vista que acabamos de establecer acerca de la conciencia, se sigue que sus decisiones ante la ley serán siempre infalibles, es decir, siempre se conformarán a la ley de la razón. Este sería el caso con los seres humanos en su estado normal. Pero aquí entra otro factor. El ser humano no se encuentra en su estado normal. La ley de su ser está oscurecida y pervertida por causa del pecado original. Por lo tanto, aunque la conciencia siempre hace sus decisiones de acuerdo con la ley, por ésta encontrarse obscurecida y pervertida, sus decisiones en este caso serán erróneas.[10] Es por esta razón que Dios le ha dado al hombre una ley externa como transcripción de su verdadera vida interior, y esta ley se encuentra en la Palabra de Dios.

4. Aunque la conciencia en el sentido absoluto es la expresión de la voz de Dios en el alma, lo cual la coloca más allá del poder de la educación o del desarrollo (cf. tomo I), el término también se emplea en un sentido relativo, como involucrando nuestra conciencia moral bajo el ojo de Dios. En este sentido, la conciencia es la asimilación positiva dentro del alma de aquellos principios de verdad y de bondad necesarios para traer la voluntad del ser humano a una conformidad con la voluntad de Dios. Aquí hay dos cosas implícitas: (1) el impulso interior, y (2) la luz de la verdad. La primera es la conciencia propiamente hablando, la cual dice, "Halla el bien y hazlo"; la segunda, la cual es el juicio moral, no es parte de la conciencia estrictamente hablando; más bien es la norma por la cual la conciencia opera. Siendo que este juicio moral es verdadero solo en la medida en que es iluminado por la Palabra de Dios, somos llevados a la convicción de que, en la vida cristiana, la Biblia es la única regla autoritativa de fe y práctica. Todavía más, es de notarse que la conciencia en este sentido relativo, en tanto que implique el proceso moral completo, está sujeta a la educación y al desarrollo, lo cual no es el caso con la conciencia en el sentido subjetivo. Es a este aspecto relativo que la Biblia se refiere cuando habla de la buena o pura conciencia, o de una conciencia mala o corrompida.[11]

5. Estamos ahora preparados para entender lo que el apóstol Pablo quiere decir cuando habla de una buena conciencia como la facultad reguladora del alma. Una buena conciencia es la que el Espíritu de verdad ilumina, y, por lo tanto, la que siempre hace sus decisiones de acuerdo con las normas de la Palabra santa de Dios. De igual manera, la conciencia también se distingue como limpia (1 Timoteo 3:9; 2 Timoteo 1:3); mala (Hebreos 10:22); corrompida (Tito 1:15); débil (1 Corintios 8:7); y cauterizada (1 Timoteo 4:2). A estas descripciones a veces se añaden las de una conciencia firme o vacilante, mórbida o sana, e iluminada u oscura. En su sentido objetivo, la conciencia puede ser distorsionada por la ignorancia o el vicio, formándose así juicios erróneos; y como subjetiva, o la que justifique y traiga paz como efecto de la bondad; o como la que condene por medio de la agonía del remordimiento. Es por esta razón que los moralistas más antiguos hablaban de la conciencia como *suntepesis* o "el guardián interior" que cuidaba las fuentes escondidas de la voluntad.[12]

LA ÉTICA PRÁCTICA

La ética práctica es la aplicación de los principios morales en la regulación de la conducta humana. Habiendo discutido ya esos principios, ahora consideraremos su aplicación cristiana específica en las múltiples y complejas situaciones de la vida. Aquí, como en otros departamentos de la teología, los métodos de clasificación son variados. Pero, por lo general, el arreglo del tema sigue la doble división de (1) los deberes para con Dios, y (2) los deberes para con el hombre; o la triple clasificación de (1) los deberes para con Dios; (2) los deberes para consigo mismo; y (3) los deberes para con los demás. En cuanto al orden que aquí hemos adoptado para tratar el tema, diremos que, siendo que Dios es el fundamento de toda obligación moral, la ética teísta, naturalmente, viene primero. Estrictamente hablando, toda obligación deberá ser para con Dios como el gobernador moral, y todo deber deberá ser, por lo tanto, un deber para con Dios. Aquí hay que señalar el paralelo de la verdad de la dogmática de que todo pecado se comete en última instancia contra Dios. Los deberes para consigo mismo vienen en segundo lugar, por ser esenciales para la formación del carácter cristiano. Lo obliga así un sistema que sostiene que el árbol deberá primero ser bueno si su fruto va a ser bueno (Mateo 12:33); y que, además, no se podrá llevar fruto a menos que el pámpano permanezca en la vid (Juan 15:4-5). El carácter cristiano se desarrollará solo en leal relación con lo divino. Por último, está la regulación de la conducta externa hacia los demás, la cual tiene su fuente en el carácter del individuo, y de él fluye. En nuestro tratamiento de la ética práctica hemos, pues, de seguir el siguiente bosquejo: (I) La ética teísta o los deberes para con Dios; (II) La ética individual o los deberes para consigo mismo; y (III) la ética social o los deberes para con los demás. Luego le daremos una breve atención a las instituciones del cristianismo como parte de la ética social, aunque las mismas sean diferentes en el sentido de que son específicamente de carácter corporativo más que individual. En ese contexto mencionaremos (1) el matrimonio, y los deberes de la familia; y (2) el estado, y los deberes ciudadanos. Esto nos traerá a la consideración de la iglesia, la cual formará el tema de los siguientes dos capítulos.

I. La ética teísta o los deberes para con Dios

Las tres virtudes teístas son la fe, la esperanza y la caridad. Estas, sea que se consideren por sí mismas, por su efectos, o por su crecimiento y perfección, ocupan el primer lugar en la vida cristiana. De ellas dependen todas las demás virtudes. Comparadas con las así llamadas virtudes cardinales (la prudencia, la justicia, el valor y la templanza), las virtudes teístas constituyen el fin u objetivo de la vida cristiana, en tanto que las virtudes cardinales son el medio por el cual esa vida se adquiere, o las consecuencias que de ella se desprenden. La virtudes teístas también son superiores en el sentido de que, por medio de ellas, nos unimos a Dios: a Dios como verdad, por la fe; a Dios como fiel, por la esperanza; y a Dios como el bien supremo, por el amor. Si se ven desde el punto de vista ético, podemos analizar estas virtudes como sigue: (1) La fe es un acto y, a la misma vez, un hábito; un acto porque es el ser total de uno alcanzando a otro en un ejercicio consciente; y un hábito porque es el reposar consciente en los méritos de otro. La fe a veces se distingue del conocimiento en que la fe descansa en la autoridad o en el testimonio de otro, mientras que el conocimiento surge de la percepción de la verdad en el objeto en sí mismo. Los pecados contra la fe son la infidelidad, la herejía y la apostasía. La infidelidad es no serle fiel a Dios; la herejía es no serle fiel a la verdad o persistir en el error; y la apostasía, en su sentido más estricto, es la defección de la religión. (2) La esperanza es aquella virtud que provee el móvil gracias al cual confiamos con confianza inquebrantable en la Palabra de Dios, y anticipamos la obtención de todo lo que Dios nos ha prometido. Al igual que la fe, la esperanza se puede ver lo mismo como un acto que como un estado, y en cualquiera de estos casos, el móvil y el objetivo son los mismos. La esperanza se relaciona con el futuro y, por consiguiente, implica expectación, aun cuando no toda expectación se pueda clasificar como esperanza. Solo pueden esperarse aquellos objetos que son deseables. Los pecados contra la esperanza pueden ser de dos clases: o desesperanza y difidencia por un lado, o presunción y falsa confianza por el otro. La desesperanza es el abandono de toda esperanza de salvación. La difidencia consiste en esperar sin la debida confianza. La presunción es aprovecharse de la bondad de Dios para cometer pecado, mientras que la falsa confianza es esperar de manera desordenada. (3) La caridad o el amor divino es la virtud por la cual nos damos totalmente a Dios como el bien soberano. Es una virtud infundida divinamente, cuyo motivo es la bondad de Dios, y cuyo objeto es tanto Dios como nuestro prójimo. La caridad, considerada como una virtud ética en su sentido más amplio, significa complacencia en lo que es bueno. En un sentido más estricto, es aquel afecto que desea el bien, o que ansía lo que es bueno para la otra persona. Si deseamos el bien para el otro, no por el otro mismo sino por el nuestro, tenemos amor de concupiscencia, ya que procede del deseo de ventaja propia. Si le deseamos el bien a otra persona por causa de la persona misma, tenemos amor benevolente. Y si ese amor es correspondido, tenemos amor fraternal. La caridad puede ser lo mismo perfecta que imperfecta. Para que sea perfecta deberá (1) ser inspirada por el móvil perfecto; y (2) deberá adherirse lealmente a Dios con el más elevado aprecio. Si fracasa en cualquiera de estos dos aspectos, la caridad no habrá alcanzado el perfecto amor. Tres cosas demandarán nuestra atención al considerar más a fondo este asunto: (1) la reverencia como el deber fundamental para con Dios; (2) el deber y las formas de orar; y (3) el deber supremo de la adoración.

La reverencia como el deber fundamental para con Dios.[13] La reverencia se ha definido como "un respeto profundo mezclado con temor y afecto", o como "un fuerte sentimiento de respeto y estima que a veces contiene trazas de temor". Coleridge la definió como "una síntesis de amor y temor". La reverencia como tal es el deber supremo del hombre, la criatura, para con Dios, el creador. Es el sentimiento del cual toda adoración surge. El temor añade a la reverencia la implicación de un asombro solemne mezclado con aprensión, en vista de la gran y terrible presencia de la deidad, o de aquello que es sublime y sagrado en virtud de esa presencia. La reverencia, cuando se expresa silentemente, se conoce como adoración, y conlleva la idea de homenaje o devoción personal. La alabanza es la expresión audible que ensalza las perfecciones divinas; y la acción de gracias es la gratitud expresada por las misericordias de Dios. El deber del espíritu devoto es, pues, ofrecerle a Dios la adoración de la criatura, el homenaje del súbdito, y la alabanza del adorador. El apóstol Pablo, al enumerar las obras de la carne, menciona dos como violadoras de las cosas divinas: la idolatría y las hechicerías (Gálatas 5:20). (1) La idolatría se define comúnmente como el rendirles honores divinos a los ídolos, a las imágenes, y a otros objetos creados. Pero también puede consistir en una excesiva admiración, veneración o amor por cualquiera persona o cosa.[14] Por eso, a la codicia se le considera idolatría (Colosenses 3:5). La hechicería es la práctica de las artes de un hechicero o hechicera, lo cual se creía comúnmente que era consecuencia de tratos con Satanás. La orden expresa del Apóstol prohíbe, por lo tanto, todo encantamiento, necromancia, espiritismo, o cualquiera de las así llamadas artes negras.

El deber y las formas de orar.[15] Orar es un deber obligatorio para todos los seres humanos, por ser expresión de la dependencia de la criatura en el Creador. Se puede decir que lo que el sentido habitual de reverencia es para la adoración y la alabanza, el espíritu de dependencia lo es para la oración. Samuel Wakefield define la oración como "la ofrenda de nuestros deseos a Dios, por medio de la mediación de Jesucristo, bajo la influencia del Espíritu Santo, deseos que, con las debidas intenciones, los sean de cosas que estén de acuerdo con su voluntad" (*Christian Theology* [Teología cristiana], 492). El deseo es estimulado por un sentido de carencia o de necesidad sentida, lo cual lleva inmediatamente a la oración. "Una cosa he demandado a Jehová, ésta buscaré" (Salmos 27:4). Sin el debido aprecio a la importancia de las bendiciones divinas, la oración será inútil. De aquí que "el reino de los cielos sufre violencia, y los violentos lo arrebatan" (Mateo 11:12). Para que sea aceptable, la oración ha de ofrecerse a Dios por medio de Cristo, y en el Espíritu. La oración también deberá ser ofrecida por las cosas que estén de acuerdo con la voluntad de Dios, y las peticiones deberán presentarse con fe en sus promesas.[16] William Burton Pope señala que "los actos formales de oración son múltiples, y ambos Testamentos los expresan con un número de términos que les son comunes, combinando el espíritu y el acto. El importante vocablo *proseuje,* ilustra dichos términos. Este vocablo siempre significa orar a Dios, y sin limitación. Cuando el apóstol Pablo exhorta a que nuestras peticiones, en todas las cosas, les sean hechas conocidas a Dios por medio de la oración y la súplica, con acción de gracias, está diferenciando este tipo general de oración, de la *deesis* o súplica por los beneficios individuales. Se trata de una diferencia entre oración y petición. Las peticiones de una súplica, *aitemata,* expresan sencillamente la individualidad de la oración. La súplica destaca nuestra necesidad (*dei*), en tanto que la petición destaca la expresión de esta necesidad. Cuando en Juan 16:23 nuestro Salvador empezó diciendo, "En aquel día no me preguntaréis nada", Él empleó *epotan,* un término que significa, en el caso de los discípulos, interrogar con perplejidad; pero en lo que resta del versículo, "De cierto, de cierto os digo, que todo cuanto pidiereis al Padre en mi nombre, os lo dará", Él empleó *aitein.* El primer término se emplea como referencia a la oración de nuestro Señor propiamente hablando, pero el segundo término no. Por lo tanto, el primero posee en sí un sentido de mayor familiaridad, y nunca es empleado para el orar de los humanos, con la excepción del pasaje de 1 Juan 5:16, el cual nos sirve de guía para cierta oración de intercesión. En este pasaje, el apóstol Juan sustituye *aitesei* por *epotese* en lo que toca a no pedir por el pecado de muerte: "Hay pecado de muerte, por el cual yo no digo que se pida". Hemos de pedir confiadamente por cualquier otro pecado, pero en cuanto a este pecado, hemos de dejarle la *epotan* a Cristo. La oración intercesora no tiene un término que exprese nuestra idea precisa de ella. Se nos exhorta generalmente a la "súplica por todos los santos" [Efesios 6:18], y "por todos los hombres" [1 Timoteo 2:1], siguiendo así el ejemplo de intercesión del Señor. En lo referente a la exhortación de oración a Timoteo [1 Timoteo 2:1], el apóstol Pablo emplea, entre otros, el vocablo *enteuxeis,* peticiones, el cual significa oraciones conocidas y confiadas, por provenir del vocablo *entunjanein,* que significa literalmente encontrarse con alguien y comenzar a hablar sobre temas que les son familiares a ambos. También se nos manda a interceder, o a hablar confiadamente con Dios a favor de otros, en la fuerza de la intercesión de Cristo, con la excepción de la limitación mencionada arriba. La oración intercesora deberá armonizar con todas nuestras súplicas" (*Compendium of Christian Theology* [Compendio de teología cristiana], III:228-229).

El deber general de la oración se divide por lo regular como sigue: (1) La oración repentina, (2) la oración privada, (3) la oración familiar o social, y (4) la oración pública.

1. *La oración repentina*[17] es el término que se aplica a "esos anhelos secretos y frecuentes del corazón con Dios por bendiciones generales o particulares, los cuales pueden ser expresados mientras estamos ocupados en los asuntos cotidianos de la vida, gracias al sentido de nuestra dependencia habitual en Dios, y al de nuestras carencias y peligros" (Samuel Wakefield). Denota una actitud devocional de la mente y del corazón, con la cual se mantiene un constante espíritu de oración. Incluye todas esas expresiones repentinas de oración y alabanza que fluyen de corazones que han sido cultivados para estar "siempre gozos", y orar "sin cesar", y dar "gracias en todo" (1 Tesalonicenses 5:16-18). Esta forma de oración, aunque fue considerada por los padres de la iglesia como marca distintiva de genuina piedad, es un hábito que necesita protegerse de toda formalidad que dé la impresión de irreverencia.

2. *La oración privada* la encarece expresamente nuestro Señor con estas palabras: "Mas tú, cuando ores, entra en tu aposento, y cerrada la

puerta, ora a tu Padre que está en secreto; y tu Padre que ve en lo secreto te recompensará en público" (Mateo 6:6). El deber de la oración privada es reforzado aún más por el ejemplo de nuestro Señor y sus apóstoles. La razón para que se haya instituido la oración privada se demuestra por estas palabras de nuestro Señor, que hablan de una comunión amistosa y confiada con Dios en todos aquellos asuntos que pertenecen a los sentimientos e intereses más profundos del individuo. La práctica estricta de la oración privada siempre ha sido considerada como una de las marcas más seguras de la piedad genuina y de la sinceridad cristiana.

3. *La oración familiar o social* surge de la naturaleza misma de la estructura social. Orar como familia es básico en lo que respecta al sistema total de adoración cristiana. La adoración de los tiempos patriarcales era mayormente doméstica, y el oficio sagrado del padre o del amo de la casa fue transferido del judaísmo al cristianismo. La adoración cristiana temprana se confinó primero y principalmente a la familia, y solo fue gradualmente que asumió una más amplia importancia. Es por esto que la adoración de familia se volvió un factor esencial en los servicios públicos, pues en ella se inculcaba el espíritu de devoción y se entrenaba en las formas de adoración. Por lo tanto, los padres bien podrían concluir que no están bajo la obligación de alimentar y vestir a sus hijos, o de educarlos para un empleo justo o para alguna carrera profesional, si también concluyeran que no están bajo la obligación de proveerles la debida instrucción religiosa. La oración social puede ser más amplia que la familiar, o puede limitarse a unos pocos individuos de diferentes familias. Al respecto tenemos, de nuevo, las siguientes palabras de nuestro Señor: "Otra vez os digo, que si dos de vosotros se pusieren de acuerdo en la tierra acerca de cualquiera cosa que pidieren, les será hecho por mi Padre que está en los cielos" (Mateo 18:19). "A partir de todas estas consideraciones concluimos", dice Thomas N. Ralston, "que la oración en familia, aun cuando no se encarezca directamente por precepto expreso, sigue siendo un deber que deberá considerarse como obligación de todo cristiano que sea cabeza de un hogar, por ser un deber claramente manifestado en los *principios generales* del evangelio, *el carácter* del cristiano, *la constitución* de la familia, *los beneficios* que imparte, y *las promesas generales* de Dios" (Thomas N. Ralston, *Elements of Divinity* [Los elementos de la divinidad], 780).

4. *La oración pública* se maneja de manera amplia para incluir toda rama de adoración pública, como sería la oración, la alabanza, la lectura de la Biblia, y el cantar salmos e himnos y cánticos espirituales. La oración pública era parte de la adoración judía, por lo menos desde el tiempo de Esdras, y se llevaba a cabo en las sinagogas. Nuestro Señor asistió a estos servicios y participó con frecuencia en ellos, dándole así su aprobación a la práctica de la oración pública. Este deber, sin embargo, se funda sobre la declaración expresa de la Biblia. En sus instrucciones a Timoteo, el apóstol Pablo dice: "Exhorto ante todo, a que se hagan rogativas, oraciones, peticiones y acciones de gracias, por todos los hombres" (1 Timoteo 2:1); y, de nuevo, "Quiero, pues, que los hombre oren en todo lugar, levantando manos santas, sin ira ni contienda" (1 Timoteo 2:8). La Epístola a los Hebreos contiene un mandato similar: "Y considerémonos unos a otros para estimularnos al amor y a las buenas obras; no dejando de congregarnos, como algunos tienen por costumbre, sino exhortándonos; y tanto más, cuanto veis que aquel día se acerca" (Hebreo 10:24-25). La adoración pública está diseñada para beneficiar a cada adorador individual, para mantener vivo el sentido de dependencia en Dios como el dador de toda buena dádiva y todo don perfecto, y para expresar públicamente que se recuerda con agradecimiento toda bendición material y espiritual.

El supremo deber de la adoración. La unión de todos los oficios de devoción constituye la adoración divina. Este es el más alto deber del hombre. Incluye la ofrenda activa a Dios del tributo que a Él se le debe, y también la súplica de sus beneficios. Tanto la fase activa como la pasiva son parte de ella, como lo dice el siguiente texto: "Bueno es Jehová a los que en él esperan, al alma que le busca" (Lamentaciones 3:25). La adoración combina la meditación y la contemplación con la oración, y estas cosas, por medio del espíritu, fortalecen el alma para su obra de fe y su labor de amor. Así como la adoración marca la consumación de todo deber ético para con Dios, así el fin de toda adoración es la unión espiritual con Dios.[18] Esa es la meta que el Señor le puso a la iglesia en su oración sacerdotal cuando imploró: "[Q]ue todos sean uno; como tú, oh Padre, en mí, y yo en ti, que también ellos sean uno en nosotros" (Juan 17:21). Pero esto no se trata de una unión panteísta, como lo enseñaría el misticismo pagano, sino de una unión personal y espiritual en la cual la identidad del individuo queda preservada. Es una unión de afectos, de una misma mente, y de una identidad de propósito. "La adoración es el reconocimiento de Cristo", dice el obispo

McIlvaine, "y el adscribirle todo lo que es hermoso y glorioso y deseable. Es la tendencia necesaria de toda verdadera adoración asimilar al adorador en la semejanza del ser adorado. Así, pues, la adoración pública y privada de Cristo se vuelve una de las principales agencias de nuestra redención. Los pensamientos y sentimientos del corazón demandan una expresión correspondiente para su culminación. La fe encuentra esta expresión en los servicios de la iglesia y en los deberes de la vida cristiana.[19]

II. La ética individual o los deberes para consigo mismo

La ética individual es esa división de la ética práctica que trata sobre la aplicación de la ley moral a la regulación de la conducta del ser humano en tanto y en cuanto se refiera a dicho ser humano como agente moral individual. Hay, por supuesto, un sentido en el cual el carácter de la persona depende de sus obligaciones externas, pero será menos complicado tratar la ética individual como la que forma el carácter cristiano, reservando así el tratamiento de las obligaciones externas para la división sobre la ética social. El deber del ser humano para consigo mismo se resume frecuentemente así: autoconservación, autocultura, y autoconducta. Sin embargo, y para propósitos de esta obra y su énfasis en el desarrollo de la vida cristiana, un bosquejo más sencillo sería lo apropiado. Por lo tanto, daremos atención a lo siguiente: (1) La santidad del cuerpo; (2) la provincia de los poderes mentales del intelecto, las emociones, la moral y la estética; y (3) el desarrollo de la vida espiritual.

La santidad del cuerpo. Siendo que la existencia física del ser humano es esencial para el cumplimiento de su misión en esta vida, es su primer deber conservar y desarrollar todas las capacidades de su ser. El cristianismo considera el cuerpo, no como una prisión del alma, sino como el templo del Espíritu Santo. Esto le proporciona santidad al cuerpo, y la preservación de esta santidad se vuelve un principio guía en todos los asuntos del bienestar físico. Los deberes específicos pertenecientes al cuerpo son como sigue:

1. Las capacidades del cuerpo deberán preservarse y desarrollarse. Esto se convierte en un elevado y santo deber, ya que la existencia del ser humano en el mundo depende de su organismo corporal, cosa que la persona reconoce intuitivamente tan pronto como el agente se da cuenta de la relación que existe entre el alma y el cuerpo. La persona que descuida su ser físico pone su completa misión en peligro, y la que lo destruye, pone fin a esa misión. Por eso, el asesinarse a uno mismo

está estrictamente prohibido. Dondequiera que haya una conciencia moralmente iluminada, las personas han estado de acuerdo con que el suicidio es contrario al fin para el cual se ha dado la vida. De aquí que, también, la automutilación sea prohibida. Esto incluye toda herida corporal o desmembramiento, como sería desfigurar el cuerpo o prevenirlo de funcionar completamente como organismo físico. El cristianismo se opone a prácticas ascéticas como las que se daban entre los místicos de la Edad Media, y como las que se practican en los países paganos de hoy en día. Los ayunos y otras abstinencias que el cristianismo le impone al ser humano, tienen como intención vigorizar antes que debilitar el sistema humano.

2. Deberán tenerse cuidado y cultura del cuerpo por medio del ejercicio, el descanso, el sueño y la recreación. El ser humano fue hecho para el trabajo y para el descanso, y ambas cosas son esenciales para su bienestar físico. La simple posesión de riquezas no exime a la persona del deber de trabajar. El mundo no le debe sustento a ninguna persona capaz de ganárselo por sí misma. La santidad dignifica el trabajo y lo hace deleitable, sea que se trabaje con las manos, con la cabeza o con el corazón. También dignifica el descanso, y hace del sabbat un símbolo de "reposo de fe" espiritual. No son pocas las veces que se fracasa en discernir el verdadero significado del sabbat, el cual no es solo para la adoración sino también para el reposo. Muchos nunca le proporcionan a sus cuerpos un sabbat, convirtiendo los domingos en días tan laboriosos como los demás días de la semana. Así como la tierra de Israel poseyó su sabbat por medio de los setenta años de cautiverio, así también los que fracasen en hacer del sabbat un día de adoración y descanso podrán finalmente observar estos sabbats por medio de un descanso obligado por la providencia de Dios. En las altamente especializadas formas de trabajo que demanda la civilización moderna, la tensión tanto de la mente como del cuerpo es tal que hace de los periodos de descanso y de recreación un factor esencial para la preservación del cuerpo. Esta recreación debe ser una que renueve las capacidades físicas, y que ministre tanto a la vida mental como espiritual de un individuo.

3. Los apetitos y las pasiones del cuerpo deberán estar subyugados a los más altos intereses intelectuales y espirituales del ser humano. Algunos han asumido que la santidad implica la destrucción o casi destrucción de los apetitos físicos y las emociones placenteras. No es así de acuerdo con la Biblia. La santidad no destruye nada que sea esencial

para la persona humana, sea física o espiritualmente. Los apetitos y pasiones permanecen, pero quedan libres de la carga del pecado. Los primeros discípulos "comían juntos con alegría y sencillez de corazón" (Hechos 2:46); y uno de los apóstoles advierte en contra esos "espíritus engañadores" que "prohibirán casarse, y mandarán abstenerse de alimentos que Dios creó para que con acción de gracias participasen de ellos los creyentes y los que han conocido la verdad" (1 Timoteo 4:1, 3). La santidad, sin embargo, no compele necesariamente a una condición normal de los apetitos y las pasiones. A veces, los apetitos pervertidos existen por un tiempo en aquellos que tienen corazones puros, pero que todavía no han tenido luz sobre estos asuntos en específico. Tanto los apetitos pervertidos como innaturales están a tal punto sujetos al poder de Dios que podrán ser instantáneamente regulados o destruidos por medio de la fe. Todo apetito es instintivo o no razonado. No saben nada de lo bueno o lo malo, sino que simplemente imploran indulgencia. Nunca se controlan a sí mismo, sino que están sujetos a ser controlados. Por lo tanto, el apóstol Pablo dice, "golpeo mi cuerpo, y lo pongo en servidumbre, no sea que habiendo sido heraldo para otros, yo mismo venga a ser eliminado" (1 Corintios 9:27).

4. El cuidado del cuerpo demanda el debido vestido, pero no solo para protección y confort, sino para propiedad y decencia. El asunto del vestido, pues, no solo importa para el bienestar del cuerpo, sino que también se vuelve una expresión del carácter y la naturaleza estética del individuo. Es por esta razón que se vuelve un asunto de mandato apostólico cuando se nos dice, "que las mujeres se atavíen [*kosmein*] de ropa decorosa [*en katastole kosmio,* de ropa que sea decorosa], con pudor [*meta aidous*] y modestia [*sofrosunes,* con mente sobria]; no con peinado ostentoso [*plegmasin,* coronas], ni oro, ni perlas, ni vestidos costosos, sino con buenas obras, como corresponde a mujeres que profesan piedad [*ho prepei ginaixin epaggellomenais theosebeian,* como corresponde a mujeres que se disponen adorar a Dios]" (1 Timoteo 2:9-10). Un segundo texto que tiene que ver con este asunto es del apóstol Pedro: "Vuestro atavío [*kosmos*] no sea el externo de peinados ostentosos [*emplokis tricon,* de trenzado de cabellos], de adornos de oro [*perizeseus crusion,* de ponerse cadenas de oro] o de vestidos lujosos, sino el interno, el del corazón, en el incorruptible ornato de un espíritu afable y apacible, que es de grande estima delante de Dios" (1 Pedro 3:3-4). La raíz de la palabra que aquí se traduce como atavío es *kosmein,*

y significa adorno (Lucas 21:5; Tito 2:10; 1 Pedro 3:5); decoración o arreglo (Mateo 12:44; 23:29; Lucas 11:25); y arreglar una lámpara (Mateo 25:7). Se emplea en tres formas en los textos que se acaban de mencionarse: *kosmein,* adornar; *kosmiu,* decoroso; y *kosmos,* que adorna. Según las interpretaciones que acabamos de considerar, podemos derivar de ellas los siguientes principios bíblicos, los cuales, aunque se refieren principalmente a las mujeres, son aplicables en espíritu a todos: (1) Las mujeres han de adornarse con un gusto decoroso en todo lo que tenga que ver con el vestido. Esto implica el vestido apropiado para la edad, la ocasión y la estación de la vida. Aquí no se condena el adornarse, sino que es hermosamente encomiado, pero como conviene a la profesión de santidad. (2) El gusto artístico más elevado ha de encontrarse en la modestia y en lo que se inclina a lo sano. El vestido apropiado debe destacar la belleza y la modestia del que lo viste. (3) Los ornamentos de oro y de perlas, o de cualquier otro arreglo costoso, quedan prohibidos por no armonizar con el espíritu de humildad y de modestia, y porque no son necesarios para el verdadero adorno cristiano. Podemos decir, entonces, que el cristiano deberá vestirse de manera que no atraiga la atención indebida, ya sea por lo caro del vestido o por su simple excentricidad; y que deje en el que observa la impresión de que el que lo viste es humilde y de quietud de espíritu.

5. El cuerpo debe preservarse santo. La santidad puede decirse que le pertenece al cuerpo en dos particulares: (1) Es santo de acuerdo con el uso que el espíritu le da. Hacer del cuerpo algo impuro por dedicarlo al servicio de la impiedad, es pecado. Entregarlo descuidadamente a sus propios apetitos es también pecado, ya sean los apetitos naturales o los anormales. Por eso es que el apóstol Pablo dice, "pues la voluntad de Dios es vuestra santificación; que os apartéis de fornicación; que cada uno sepa tener su propia esposa en santidad y honor" (1 Tesalonicenses 4:3-4); y, de nuevo: "Huid de la fornicación. Cualquier otro pecado que el hombre cometa, está fuera del cuerpo; mas el que fornica, contra su propio cuerpo peca" (1 Corintios 6:18). (2) El cuerpo es santo en sí mismo, pero solo en sentido secundario. La santidad, en lo que se aplica al cuerpo, es salud o robustez. El cuerpo, en este sentido, es santo, por cuanto es saludable. Es cierto que se encuentra ahora bajo las consecuencias del pecado, pero por eso es que se le llama una vasija terrenal. Sin embargo, este vaso de barro es un eslabón importante y necesario en el proceso de la redención, y es el cuerpo de cada santo el que, en la resurrección, será "semejante al cuerpo de la gloria [de

Cristo]" (Filipenses 3:21). El cuerpo, durante esta vida, deberá ser objeto de cuidado santificado, y la verdadera santidad siempre le dará una superior atención. Pero la razón suprema para la santidad del cuerpo se encuentra en el hecho de que es el templo del Espíritu Santo. Es la habitación de Dios. "¿O ignoráis que vuestro cuerpo es templo del Espíritu Santo, el cual está en vosotros, el cual tenéis de Dios, y que no sois vuestros? Porque habéis sido comprados por precio; glorificad, pues, a Dios en vuestro cuerpo y en vuestro espíritu, los cuales son de Dios" (1 Corintios 6:19-20). La santidad del cuerpo, por tanto, no solo excluye los pecados más burdos: "adulterio, fornicación, inmundicia [y] lascivia", sino los pecados de intemperancia: "borracheras, orgías y cosas semejantes" (Gálatas 5:19, 21). Podemos decir, pues, que la enseñanza y la práctica cristiana prohíben todo lo que tienda a dañar el cuerpo o a destruir su santidad como templo del Espíritu Santo.

Los poderes intelectuales, emocionales, morales y estéticos de la mente. El término *mente,* como se emplea en la sicología, se limita generalmente a los poderes intelectuales; pero en la teología, comúnmente se refiere a la vida del alma en contraposición con la vida física del cuerpo. Así como las manifestaciones del cuerpo dependen de la vida física más profunda, así también las manifestaciones del alma, sean intelectuales, emocionales o volitivas, dependen de la vida más profunda del espíritu.[20] Nuestro Señor señala la necesidad de desarrollar todas las capacidades de la mente en lo que dice acerca del primer mandamiento. Dice: "Y amarás al Señor tu Dios con todo tu corazón, y con toda tu alma, y con toda tu mente y con todas tus fuerzas. Este es el principal mandamiento" (Marcos 12:30). Aquí el *corazón* se refiere al ser más íntimo de la persona, el asiento de sus afectos, pero con énfasis puesto en la adherencia al principio y al propósito. El amor del *alma* se refiere al ardor de los sentimientos que le son adscritos, y viene de la comunión con Dios por medio de la belleza de su palabra y sus obras. Es el Espíritu en la creación, visto y reconocido por el Espíritu dentro de uno. La *mente* es una referencia a las capacidades intelectuales, por medio de las cuales se entiende y se interpreta el amor. Por el término *fuerza,* como se emplea aquí, se quiere decir la completa dedicación a Dios de todos los poderes de la personalidad así desarrollada. Podemos decir, entonces, que el amor del corazón purifica, el amor del alma enriquece, y el amor de la mente interpreta. El primero tiene como objeto a Dios como el bien supremo; el segundo, a Dios como la belleza suprema manifestada en el orden y la armonía; y el tercero, a Dios como la verdad o la realidad suprema. Los énfasis diversos sobre las diferentes fases del amor encontrados en este mandamiento dan lugar a las anomalías de la experiencia cristiana que tan frecuentemente se observan en la iglesia. Están los que su bondad es incuestionable, pero quienes, aún así, son indebidamente estrechos en el alcance de su visión. Están los de brillantes capacidades intelectuales, pero que casi carecen de profundidad de emociones; y están los que son tanto buenos como inspiradores, pero que nunca han pensado detenidamente las doctrinas que tanto aman.

1. El desarrollo del intelecto es esencial para una vida cristiana útil. El deseo de conocer es humano y lo ha dado Dios, y la experiencia cristiana lo intensifica.[21] La ignorancia no es parte de la santidad. Notemos que, (1) Cristo es la verdad, y que por tanto los seguidores de Cristo serán "discípulos" o estudiantes. El que no ama la verdad, sea esta científica, filosófica o cultural en naturaleza, no apreciará lo suficientemente las obras maravillosas de Dios que han sido creadas por medio de Cristo, el Logos eterno. El que no tiene un deseo ardiente por la verdad espiritual, deberá también cuestionar seriamente todo reclamo del don del Consolador prometido, el cual se indica claramente que es el Espíritu de verdad. (2) Es el intelecto o el entendimiento lo que le da visión al alma. Por tanto, solo podrá haber un enriquecimiento de la naturaleza afectiva, y una profundización de la vida espiritual, cuando los horizontes intelectuales sean ampliados, y se penetre espiritualmente en la verdad. Claro está que, en su relación más inmediata con la vida espiritual, esta gracia es administrada por la verdad en respuesta a la fe, y se efectúa por el Espíritu.[22] (3) Con frecuencia, los discernimientos del corazón también son comunicados a la mente. T. K. Doty señala que "la doctrina de la santidad, que antes era una jerga, ahora se ha vuelto más razonable y clara, debido a que los procesos de la razón se llevan a cabo desde el punto de vista del impulso de otra experiencia. De igual manera, las prácticas semimundanas, sujetadas a un poco de instrucción, y a menudo sin ella, se vuelven detestables y son descartadas. También es cierto que la mente, anteriormente mal dirigida por los afectos pecaminosos, ahora en ocasiones es impedida por los afectos purificados, ya que estos últimos se inclinan hacia las cosas que se supone sean propias y justas. Suposiciones como estas previenen mediblemente la libertad de investigación" (T. K. Doty, *Lessons in Holiness* [Lecciones en la santidad], 86). (4) La amplitud de entendimiento también produce estabilidad de carácter. Las indecisiones y la

inestabilidad son frecuentemente consecuencias de la miopía intelectual. Los horizontes amplios y las distancias lejanas serán por consiguiente esenciales para la continuidad de propósito. El apóstol Pablo reconoció esta verdad cuando escribió que "esta leve tribulación momentánea produce en nosotros un cada vez más excelente y eterno peso de gloria; no mirando nosotros las cosas que se ven, sino las que no se ven; pues las cosas que se ven son temporales, pero las que no se ven son eternas" (2 Corintios 4:17-18). La cultura propia, pues, requiere, al más alto grado posible, el desarrollo de la capacidad para ver, para pensar, para recordar y para construir. Esto requerirá una observación exacta y amplia, un pensamiento profundo, y un entendimiento de las cosas en su orden y totalidad sistemáticos.[23]

2. Las emociones están estrechamente relacionadas con el intelecto y la voluntad. "Por una ley original de nuestra naturaleza mental", dice Thomas C. Upham, "la percepción de la verdad que resulta del acto intelectual es ordinariamente seguida por un efecto sobre esa porción de la mente usualmente designada como la susceptibilidad emocional o emotiva, una parte de la mente que, como subsecuente en el tiempo de su acción, se describe figuradamente a veces como que está 'en la parte de atrás del intelecto'". Una emoción, considerada desde el punto de vista religioso, puede definirse como un movimiento, una sensibilidad, o una excitación del corazón que se manifiesta conscientemente. La misma es inmediatamente referida al intelecto, siendo el resplandor de la verdad que se percibe como realidad y se siente conscientemente. Todas las emociones santas, por consiguiente, implican un movimiento divino tanto como humano, pero las sensibilidades espirituales no necesariamente excluyen aquellas que son puramente humanas. El ir y venir de la vida emocional a veces es ocasión de tropiezo para los cristianos jóvenes o sin experiencia.[24] Sin embargo, cuando haya sido visto que la emoción depende de la percepción de una nueva verdad, o de las verdades familiares vistas en sus nuevos aspectos, el secreto de la estabilidad y la fe habrá sido aprendido. La verdad vista y percibida como realidad por medio del Espíritu, trae el ardor de la emoción, pero esa misma verdad, aun cuando haya sido incorporada plenamente en la vida espiritual del individuo, puede volverse familiar y, por lo mismo, perder su ardor emocional. La cosa esencial en el desarrollo de la vida emocional es, pues, escudriñar la Palabra en busca de nuevas verdades, o implorar la guía del Espíritu en los aspectos más profundos de las verdades ya conocidas. El sentimiento, separado de la verdad, lleva al

fanatismo peligroso; la verdad que da lugar a una fuerte emoción se vuelve un poder supremo en la vida de santidad. La persona que mueve a otros es la persona movida por la verdad. Actuar a partir de un principio es algo digno, pero actuar de manera ardiente a partir de un principio es el alto privilegio de todo cristiano neotestamentario. Sin embargo, los aspectos emocionales de la verdad no se pierden porque haya cesado el ardor consciente. Los tales han sido empotrados en la vida, a niveles más profundos que el sentimiento temporal, dando así dominio al motivo, al propósito y al carácter.[25] Bajo la dispensación del Nuevo Testamento, todo el proceso es elevado por el Espíritu a lo que el apóstol Pablo llama ser transformados "de gloria en gloria en la misma imagen" (2 Corintios 3:18). "Pero la gloria transformadora, la cual cambia el alma más plenamente en imagen divina, es la obra que resulta de haberse manifestado en nosotros la gloria divina, más y más maravillosa, y cada vez más y más completa, pero, a la vez, aparentemente más y más incompleta, gracias a la revelación añadida de nuestras posibilidades y privilegios en Cristo Jesús. No hay tope para las alturas divinas; no hay orillas para el océano de las perfecciones de Dios. El alma se baña y bebe, y bebe y se baña, y dice, 'Lo conozco mejor y lo amo más por siempre jamás, con todo permanezco asombrado al inspirarme en la presencia de la gloria infinita, la cual, aunque me le acerque, es siempre inaccesible, aunque bañe mi alma en ella, y sea lleno, con todo sus alturas y sus profundidades y su anchura y su largura inmensurables me sobrecogen'" (P. F. Bresee, Sermon: The Transferred Image (sermón titulado, "La imagen transferida").[26]

3. La naturaleza moral requiere desarrollo. Aquí nos referimos principalmente a la disciplina de la voluntad, con sus obligaciones y responsabilidades. Es solo por los escogimientos que el carácter moral se forma, y la conducta depende totalmente del carácter moral. Por eso, los impulsos y las voliciones del alma deberán ser puestas bajo el control de la voluntad, y subordinadas al más alto bien. Las dos cosas implícitas son, la adopción de las normas morales correctas, y la disciplina de la voluntad. (1) Las normas morales correctas se derivan en última instancia de la Palabra de Dios, y se comunican al individuo por medio de la estructura social. Pueden ser aprendidas de los maestros, del estudio de la Biblia o de otras obras que traten sobre este tema, de la observancia de prácticas sociales correctas, de los ejemplos de las buenas personas, y, en cierto sentido, de la intuición natural. Pero deberán aprenderse: de otra manera no se poseerán. Es el deber de cada

individuo, pues, cultivar las más altas normas de vida ética, y observar conscientemente toda regla de obligación moral. (2) La disciplina de la voluntad se efectúa solo por medio de escogimientos controlados.[27] El ser humano aprende a hacer haciendo, y adquiere destrezas solo por la constante acción. El deber, de primera intención, costará la negación de sí mismo, y será determinado únicamente por medio del conflicto severo. Deberá haber esfuerzo vigoroso y vigilancia perpetua. Sin embargo, con cada deber cumplido, se adquirirá una nueva fortaleza en virtud de la ley del hábito, y la senda del deber se volverá más fácil y brillante.[28] Es como la senda de los justos, que "va en aumento hasta que el día es perfecto" (Proverbios 4:18). La esfera de la disciplina, sea la de uno o la de los demás, es extremadamente importante. Sin ella nunca podrá desarrollarse esa fortaleza de propósito y firmeza de carácter que conviene a los verdaderos soldados de la cruz. Demasiadas veces, por razón de un amor mal encausado, a los jóvenes se les protege de la responsabilidad de tomar sus propias decisiones, lo cual los hace sufrir de falta de desarrollo. Ello se manifiesta no solo en la falta de disciplina propia, sino en el fracaso de apreciar las obligaciones justas que les deben a los demás. Esta es la razón por la que se nos exhorte a no menospreciar la disciplina del Señor, ni a desfallecer cuando Él nos reprenda, "Porque el Señor al que ama, disciplina, y azota a todo el que recibe por hijo. … Es verdad que ninguna disciplina al presente parece ser causa de gozo, sino de tristeza; pero después da fruto apacible de justicia a los que en ella han sido ejercitados" (Hebreos 12:6, 11).

4. El ser humano posee también una naturaleza estética, la cual requiere cultivo. Las varias fases de la personalidad, como lo es el intelecto, la sensibilidad y la voluntad, no solo deberán dársele aten-ción, sino que el carácter cristiano demandará que las mismas sean desarrolladas en proporción tal que resulten en una personalidad balanceada, armoniosa y bien integrada. Fue por esto que el salmista oró diciendo: "Enséñame, oh Jehová, tu camino; caminaré yo en tu verdad; afirma mi corazón para que tema tu nombre" (Salmos 86:11). El mundo no solo tiene un aspecto al cual llamamos verdad, pero también tiene uno al cual llamamos belleza (cf. tomo I). Dios se revela por medio de este último como lo hace por medio del primero. "Poder y gloria" hay en su santuario, y se nos manda a que adoremos a Jehová "en la hermosura de la santidad" (Salmos 96:6, 9). Lo bello y lo sublime, ya sea en la naturaleza o en las obras de arte, están designados por Dios para elevar y ennoblecer el alma. Por tanto, la insensibilidad

hacia lo hermoso es indicación de una naturaleza humana incompleta, por lo cual será deber cristiano evitar cualquiera represión o perversión en el desarrollo de su naturaleza estética. Más bien, la persona deberá cultivar un gusto que pueda discernir prestamente lo bello, que le permita ser acertado en juzgarlo, y que sea católico en el sentido de que lo reconozca y lo aprecie en dondequiera que lo encuentre.[29]

El desarrollo de la vida espiritual. La Biblia abunda en mandamientos, instrucciones, preceptos y exhortaciones concernientes al desarrollo de la vida espiritual.[30] Hay tres aspectos de este desarrollo que se deberán considerar. (1) El apóstol Pedro cierra su Segunda Epístola con las palabras, "Antes bien, creced en la gracia y el conocimiento de nuestro Señor y Salvador Jesucristo" (2 Pedro 3:18), habiendo establecido anteriormente las etapas de este crecimiento como sigue: "[V]osotros también, poniendo toda diligencia por esto mismo, añadid a vuestra fe virtud; a la virtud, conocimiento; al conocimiento, dominio propio; al dominio propio, paciencia; a la paciencia, piedad; a la piedad, afecto fraternal; y al afecto fraternal, amor. Porque si estas cosas están en vosotros, y abundan, no os dejarán estar ociosos ni sin fruto en cuanto al conocimiento de nuestro Señor Jesucristo" (2 Pedro 1:5-8). Aquí el Apóstol hace que todas las virtudes cristianas se arraiguen en la fe, y que encuentren su perfecto fruto en la caridad o el amor divino. (2) La Epístola de Santiago representa la *chokmah* o literatura de la sabiduría del Nuevo Testamento, la cual hace que el desarrollo espiritual surja de la sabiduría de la Palabra. Así como la *doxa* o gloria de Dios representa su naturaleza y sus atributos como pertenecientes a Él mismo, aun cuando en pensamiento se distingan de Él, así la *chokmah* o sabiduría de Dios, aunque se distinga de la naturaleza del ser humano en pensamiento, será una impartición tal de la naturaleza divina, que obrará en la persona la santidad de corazón y vida. Por eso leemos en Santiago 3:17, "Pero la sabiduría que es de lo alto es primeramente pura, después pacífica, amable, benigna, llena de misericordia y de buenos frutos, sin incertidumbre ni hipocresía". Esta sabiduría se recibe por medio de la fe, conectándose así el pensamiento de Santiago y de Pedro, pero se administra por el Espíritu, concepto que nos lleva a la posición del apóstol Pablo. (3) En el pensamiento de Pablo, el desarrollo de la vida espiritual se logra a través de la cooperación con el Espíritu de Dios. "Digo, pues: Andad en el Espíritu, y no satisfagáis los deseos de la carne… Pero si sois guiados por el Espíritu, no estáis bajo la ley" (Gálatas 5:16, 18). Por lo tanto, es por medio de la presencia moradora del Espíritu que el alma, no solo es preservada en santidad, sino que es guiada a una más profunda revelación de gracia y verdad. Es por esta razón que el Apóstol ora que "seáis plenamente capaces de comprender con todos los santos cuál sea la anchura, la longitud, la profundidad y la altura, y de conocer el amor de Cristo, que excede a todo conocimiento, para que seáis llenos de toda la plenitud de Dios" (Efesios 3:18-19).

La literatura devocional, la cual hace una mayor y más directa contribución a la vida espiritual, ha sido forjada a partir de las ricas experiencias espirituales de los santos de todas las épocas. La Biblia, por supuesto, es la única literatura inspirada y autoritativa sobre este tema; y dentro de la Biblia misma, los Salmos por lo regular se consideran como pertenecientes específicamente al área devocional. Los salmos, en los cuales se presenta un registro de los tratos de Dios con las almas de los hombres, le son dados a la iglesia como lenguaje inspirado, por medio del cual los seres humanos son potenciados para expresar las emociones más profundas y las aspiraciones más elevadas de sus almas. Pero, por pertenecer propiamente al campo de lo devocional, también podemos notar los vuelos espirituales de los antiguos profetas, las benditas palabras que se desprendieron de los labios de nuestro Señor, y las declaraciones inspiradas de sus santos apóstoles, todo lo cual capacita a las almas de los hombres para que entren más profundamente en comunión con su Señor por medio del Espíritu. Fuera de la Biblia, también se ha desarrollado un amplio campo de literatura devocional, nacida de igual manera de las penetrantes y ricas experiencias de individuos que han entrado profundamente en el conocimiento de Dios. Por ser el campo de la literatura devocional uno tan importante, a continuación proveemos unas pocas de sus obras más conocidas y aceptadas.

Entre los escritores devocionales cuyas obras han sido generalmente aceptadas en toda la iglesia, se pueden mencionar los siguientes: *The Imitation of Christ* [La imitación de Cristo], por Thomas a Kempis; *Theologica Germanica,* la cual fue primero descubierta y publicada por Martín Lutero; *Defence of the Standard of the Cross* [Defensa del estandarte de la cruz], y *An Introduction to the Devout Life* [Una introducción a la vida devota], por Francisco de Sales. Entre los quietistas podemos mencionar a *Spiritual Guide* [Guía espiritual], por Miguel de Molinos; *Method of Prayer* [Método de oración], por Madame Guyón; y *Maxims of the Saints* [Máximas de los santos], por

Fenelón. Otros escritos más estrictamente protestantes son *Grace Abounding* [Gracia abundante], y *Pilgrim's Progress* [El progreso del peregrino], por Juan Bunyan; *Private Devotions* [Devociones personales], por el obispo Andrewes; *Holy Living* [Vivir santamente] (1650), y *Holy Dying* [Morir santamente] (1651), por el obispo Jeremy Taylor; y *Letters* [Cartas], por Samuel Rutherford. Entre los Amigos están los escritos de George Fox, Robert Barclay, William Penn y John Woolman. A estos les siguieron *Christian Perfection* [La perfección cristiana] (1726), por el no jurista William Law, obra que fue compendiada por Juan Wesley (1740); y también del mismo autor, *Serious Call to a Devout and Holy Life* [Un llamado serio a la vida devota y santa] (1729), *The Spirit of Prayer* [El espíritu de oración] (1750), y *The Spirit of Love* [El espíritu de amor] (1754). Entre los metodistas tenemos el *Journal* [Los diarios] y los *Sermons* [Sermones], y especialmente el *Plain Account of Christian Perfection* [Un claro recuento de la perfección cristiana], por Juan Wesley. Podemos también mencionar como de valor devocional excepcional *The Journal of Hester Ann Rogers* [El diario de Hester Ann Rogers], *The Life of William Bramwell* [La vida de William Bramwell]; *Memoirs of Carvosso* [Las memorias de Carvosso], y *Appeal to Matter of Fact and Common Sense* [Una apelación a cuestiones de hecho y de sentido común], por John Fletcher. Nada es más conducente a la vida devocional que el repasar en espíritu de oración los escritos de personas tan eminentemente piadosas como los que hemos mencionado. Dado su peculiar valor, hemos incluido en las notas bibliográficas los siguientes dos extractos devocionales: *Spiritual Reflections* [Reflexiones espirituales], por Juan Wesley, y *Religious Maxims* [Máximas religiosas], por Thomas C. Upham.[31] Un examen serio y en espíritu de oración de estos extractos resultarán ser de gran valor para la vida espiritual.

III. La ética social o los deberes para con los demás

Así como Cristo resumió la primera tabla de la ley en el deber amplio y abarcador de amar a Dios, así también lo hizo con la segunda tabla en un deber igualmente abarcador de amar al ser humano.[32] Para ubicar el asunto en su debida relación con lo que le precede, tendremos que repetir el texto entero: "Jesús le dijo: Amarás al Señor tu Dios con todo tu corazón, y con toda tu alma, y con toda tu mente. Este es el primero y grande mandamiento. Y el segundo es semejante: Amarás a tu prójimo como a ti mismo. De estos dos mandamientos depende toda

la ley y los profetas" (Mateo 22:37-40). El primero de los dos mandamientos ya ha sido considerado, y ahora el segundo demandará nuestra
atención. Si se nos permite, también queremos llamar la atención al
hecho de que, en el sistema cristiano, el amor que forma la base del
deber para con otros, no es solamente el simple afecto del corazón
natural, sino el amor que es derramado en el corazón por el Espíritu
Santo, y que es perfeccionado solo cuando el corazón es purificado del
pecado. No se pretende, sin embargo, que estemos obligados a amar a
todas las personas de igual manera, independientemente de su carácter,
o sin que importe la relación que sostengamos con ellas. Este amor, por
lo tanto, necesita cuidadoso análisis. (1) Se nos requiere amar a todas
las personas con el amor de una buena voluntad. No podemos desearle
mal a nadie, y hemos de empeñar todo esfuerzo razonable para
promover el sentir de buena voluntad hacia todas las criaturas hermanas. (2) Hemos de amar al infortunado y al afligido con amor piadoso.
Este deber lo hace valer nuestro Señor cuando describe el juicio de
Mateo 25:35-46, y específicamente el apóstol Pablo en el siguiente
texto: "Así que, si tu enemigo tuviere hambre, dale de comer; si tuviere
sed, dale de beber; pues haciendo esto, ascuas de fuego amontonarás
sobre su cabeza" (Romanos 12:20). (3) Hemos de amar a la gente
buena con amor de complacencia. Este, en su más elevado sentido, es
amor cristiano, y no podrá sentirse para con nadie excepto para con los
que son verdaderos cristianos. No trascendemos las enseñanzas de
Cristo cuando decimos que los cristianos estamos bajo una obligación
los unos para con los otros que no es la que tenemos con otras personas.
La obligación con los cristianos tiene su origen en el "nuevo mandamiento" que Cristo les dio a sus discípulos. "Un mandamiento nuevo
os doy: Que os améis unos a otros; como yo os he amado, que también
os améis unos a otros" (Juan 13:34). "En esto conocerán todos que sois
mis discípulos, si tuviereis amor los unos con los otros" (Juan 13:35).
El mandamiento, "amarás a tu prójimo como a ti mismo", se encuentra
en el Antiguo Testamento (Levítico 19:18), pero éste ha de distinguirse
del nuevo mandamiento en que el primero se basaba en el amor
benevolente, mientras que el último en el amor complaciente. El
antiguo mandamiento requería que se amara al ser humano como ser
humano, pero el nuevo mandamiento requiere el amor por razón de
carácter, es decir, el amar a un cristiano como cristiano. Todavía más, el
viejo mandamiento se basaba en el amor al ser humano como criatura
de Dios, pero el amor del nuevo mandamiento se basa en el ejemplo de

Jesucristo como el redentor. La aplicación de la ley del amor queda establecida en la Regla de Oro. Ahí, de nuevo, Cristo es su mejor intérprete. Él dice: "Así que, todas las cosas que queráis que los hombres hagan con vosotros, así también haced vosotros con ellos; porque esto es la ley y los profetas" (Mateo 7:12). La ley del amor equitativo requiere, por tanto, que una persona trate a las demás como ella quisiera ser tratada en circunstancias similares.[33]

Violaciones del amor fraternal. El apóstol Pablo, en esta conexión, da atención a aquellas emociones, pasiones y prácticas que violan, tanto en espíritu como en conducta, la ley universal del amor, y son las siguientes:

1. Primero que nada, el Apóstol llama la atención al *enojo,* la enérgica emoción de desagrado causada por un daño lo mismo real que supuesto; a la *ira,* el enojo profundo y violento; y al *odio,* la enérgica aversión o el aborrecimiento en combinación con la mala voluntad. Estas emociones o pasiones pueden o no ser expresadas. Aunque no son necesariamente malas en sí mismas, se volverán así cuando violen la ley del amor.[34] Por eso está escrito que, "Dios está airado contra el impío todos los días" (Salmos 7:11); y, otra vez, "El temor de Jehová es aborrecer el mal" (Proverbios 8:13). De Cristo se dice que miró a algunos alrededor "con enojo, entristecido por la dureza de sus corazones" (Marcos 3:5). Y el apóstol Juan habla de "la ira del Cordero", y del "gran día de su ira" (Apocalipsis 6:16 y 17). Por lo tanto, es claro que estas emociones se vuelven malévolas solo si son mal dirigidas y descontroladas al punto de que contravengan la ley del amor. Por esta razón, cuando son mencionadas en la Biblia, se hace generalmente en conexión con otras y agregadas pasiones malévolas. Es así que el apóstol Pablo dice: "Quítense de vosotros toda amargura, enojo, ira, gritería y maledicencia, y toda malicia" (Efesios 4:31). Aquí el enojo y la ira son asociadas con la amargura y la gritería. El apóstol Juan nos dice que, "Todo aquel que aborrece a su hermano es homicida" (1 Juan 3:15); y nuestro Señor mismo declara que, "cualquiera que se enoje contra su hermano, será culpable de juicio" (Mateo 5:22).

2. Estrechamente asociadas con las anteriores están la *malicia* (un designio maligno de maldad); *pleitos* (litigios); *celos* (recelos); *iras* (resentimientos); y *contiendas* (disputas o altercados). Estas, si se traen a la relación con el gobierno civil, llevan a la sedición, lo cual puede definirse como la conducta que tiende a la traición, pero sin que el acto sea todavía abierto, es decir, al descontento con el gobierno debida-

mente constituido, o al resistirlo. En su aplicación a la iglesia, traen *herejías* o sectas. Este término se refiere a la opinión que se opone a las normas doctrinales autorizadas, especialmente cuando la opinión se emplea para promover el cisma o las divisiones. Por eso el apóstol Pablo dice: "Al hombre que cause divisiones, después de una y otra amonestación deséchalo, sabiendo que el tal se ha pervertido, y peca y está condenado por su propio juicio" (Tito 3:10-11).

3. Como desprendiéndose de lo anterior, pero con énfasis más objetivo, están aquellas violaciones del amor fraternal ocasionadas por la falta de adherencia estricta a la verdad en la conversación.[35] Aquí se pueden mencionar: (1) Toda *maledicencia*. El apóstol Pablo manda que toda maledicencia se quite "de vosotros" (Efesios 4:31); y la Epístola de Santiago exhorta: "Hermanos, no murmuréis los uno de los otros" (Santiago 4:11). Samuel Wakefield dice de la maledicencia que la misma "consiste en hablar cosas impropias o virulentas en ausencia de una persona cuando ni el deber ni la verdad lo requieran. Siempre que el fin sea meramente rebajar a una persona ante la estimación de los demás, resultará en sentimientos arbitrarios e inmorales" (Samuel Wakefield, *Christian Theology* [Teología cristiana], 517). (2) Toda comunicación corrompida: "Ninguna palabra corrompida salga de vuestra boca, sino la que sea buena para la necesaria edificación, a fin de dar gracia a los oyentes" (Efesios 4:29). Esto no se limita solo a lo obsceno, sino a toda forma de hablar corrompido, palabras matizadas con la envidia o el celo, tonos que indiquen enojo o impaciencia, y todo lo que sea corrupto en forma, o impío en espíritu. (3) La *mentira* y el *engaño*. El engaño puede considerarse la raíz de la naturaleza depravada, y la mentira, su expresión corrupta. De aquí que el apóstol Pablo diga, "No mintáis los unos a los otros, habiéndoos despojado del viejo hombre con sus hechos" (Colosenses 3:9). La mentira ataca el fundamento mismo de la estructura social, pone al hombre en contra del hombre, y a una nación en contra de la otra. Destruye el único fundamento para la confianza y la fe, y por esta razón el apóstol Juan pasa el siguiente severo juicio sobre todo aquel que participa de ella: "Pero... todos los mentirosos tendrán su parte en el lago de fuego y azufre" (Apocalipsis 21:8); y, de nuevo, hablando de la ciudad santa dice, "No entrará en ella ninguna cosa inmunda, o que hace abominación y mentira" (Apocalipsis 21:27).

4. La venganza queda prohibida por mandamiento expreso. Es legal y justo que los ofensores contra la sociedad deban ser castigados por la

autoridad debidamente constituida, pero la venganza privada no se permite. El mandato divino es: "No paguéis a nadie mal por mal" (Romanos 12:17), y, "No os venguéis vosotros mismos, amados míos, sino dejad lugar a la ira de Dios; porque escrito está: Mía es la venganza, yo pagaré, dice el Señor" (Romanos 12:19). Un espíritu implacable y no perdonador también es una gran violación de la ley del amor. "[M]as si no perdonáis a los hombres sus ofensas, tampoco vuestro Padre os perdonará vuestras ofensas" (Mateo 6:15).

Pero el amor fraternal no solo tiene prohibiciones, sino también afirmaciones positivas. Consecuentemente, dicho amor mantiene que la verdadera hermandad deberá tener la debida consideración para con los derechos y privilegios de los demás. Estos se resumen generalmente como el derecho (1) a la vida, (2) a la libertad, y (3) a la propiedad.

1. El ser humano tiene derecho a vivir. Esto no solo se refiere a la existencia cierta del cuerpo, la cual ya hemos discutido en nuestro tratamiento de la santidad del cuerpo, sino de todo lo que significa vivir, según nuestro Señor lo interpretó al decir, "yo he venido para que tengan vida, y para que la tengan en abundancia" (Juan 10:10). La cultura humana no solo incluye el disfrute de los valores físicos, sino también la aprehensión de la verdad y la apreciación de lo bello. De aquí que la sociedad esté bajo la obligación de proveerle al individuo la oportunidad de asegurarse la debida alimentación, la ropa y la vivienda, y también la oportunidad para las ventajas culturales del desarrollo intelectual y espiritual. "El principio básico en todos estos casos es la doctrina de la igualdad: igualdad de derechos, no igualdad de condición. Es decir, que una persona tiene el mismo derecho de emplear los medios de felicidad providencialmente a su alcance, que cualquiera otra lo tiene de emplear los medios de felicidad providencialmente al alcance de ella. Estos derechos respetan la vida, la libertad y la reputación" (Miner Raymond, *Systematic Theology* [Teología sistemática], III:150).

2. El ser humano tiene derecho a la libertad personal. Como se entiende generalmente, esta libertad consiste en la libertad de la no compulsión o el refrenamiento, y se aplica tanto al cuerpo como a la mente. "La libertad de la persona", dice Samuel Wakefield, "consiste en estar exentos de la voluntad arbitraria de nuestros congéneres, o en el privilegio de hacer lo que nos plazca, siempre que no violemos los derechos de los demás. Esta clase de libertad es la que les pertenece a las personas en un estado social, y solo puede mantenerse por medio de las leyes establecidas. Por lo tanto, la libertad de una persona, en la medida

en que reconozca los derechos de cada miembro de la sociedad, está evidentemente incluida en lo que llamamos libertad civil" (Samuel Wakefield, *Christian Theology* [Teología cristiana], 521). La libertad civil incluye también la libertad de expresión, la libertad de prensa, y la libertad de asamblea; y a esto hay que añadir la libertad de religión, o la libertad para adorar a Dios conforme a los dictados de nuestra conciencia.[36]

3. El ser humano también tiene derecho a la propiedad privada. El derecho a la propiedad privada es de valor inestimable, y toda violación del mismo ha de ser justamente condenada. "No hurtarás" (Éxodo 20:15). En el Nuevo Testamento, el mandamiento de, "No codiciarás" (Éxodo 20:17), se extiende hasta el principio de la justicia del corazón, de cuyo afecto corrupto se produce todo daño a la propiedad de los seres humanos. El apóstol Pablo también declara expresamente "que ninguno agravie ni engañe a su hermano; porque el Señor es vengador de todo esto, como ya os hemos dicho y testificado" (1 Tesalonicenses 4:6). El *hurto* consiste en tomar una propiedad sin el conocimiento ni el consentimiento del dueño. El *robo* es quitarle la propiedad por medio de la violencia al que legalmente la posee. El *fraude* es lesionar a nuestro prójimo por medio del engaño. Estas formas comunes de deshonestidad son violaciones de la justicia, y están prohibidas por el octavo mandamiento.[37 y 39]

Además de los derechos a la vida, la libertad y la propiedad incluidos en la justicia ética, el cristianismo requiere también el ejercicio de la benevolencia hacia todos los seres humanos. "La benevolencia no es meramente un afecto negativo, sino que es algo que produce ricos y variados frutos. Produce un sentido de *deleite* en la felicidad de otros, destruyendo así la envidia. Es la fuente de la *solidaridad* y la *compasión*. Abre su mano con *liberalidad* para suplir las carencias del necesitado. Provee *alegría* a cada servicio dado por causa de nuestros congéneres. Resiste la maldad que podría infligirse sobre ellos, y corre riesgos de salud y vida por causa de ellos. La benevolencia posee una especial preocupación por los *intereses espirituales* y la *salvación* de los hombres. Instruye, persuade y reprende al ignorante y al vicioso. Aconseja al sencillo; conforta al que duda y se confunde; y se regocija de aquellos que por sus dones y virtudes iluminan y purifican la sociedad" (Samuel Wakefield, *Christian Theology* [Teología cristiana], 523-524).[38] Es necesario notar que los deberes de la benevolencia difieren considerablemente de los de la simple reciprocidad. (1) Los servicios benevolentes se encuentran fuera del ámbito de la obligación, por lo tanto nuestros congéneres no pueden demandarlos de nosotros, ni tampoco censurarnos si no los rendimos. Aquí el deber y la responsabilidad son puramente para con Dios y no para con ellos. (2) La benevolencia requiere de parte del recipiente la obligación de gratitud hacia el donante. Esto no es así en el caso de la reciprocidad. No hay obligación de gratitud por el pago de una deuda honesta. (3) Los deberes requeridos por la reciprocidad pueden ser obligados por la autoridad civil, pero la obligación de la benevolencia descansa enteramente en el bien que pueda ser logrado. Aún así, siempre se necesita gran precaución en la administración de la benevolencia, no sea que, sin querer, alentemos la pereza y el parasitismo, aunque será mejor errar del lado de la liberalidad que el inclinarse a la tacañería y la dureza de corazón.

LAS INSTITUCIONES DEL CRISTIANISMO

El ser humano no solo tiene deberes para con Dios, para consigo mismo, y para con los demás, sino que también es parte de una estructura social que demanda ciertas organizaciones para la perpetuidad de la raza, para su conservación, y para su iluminación y guía espirituales. Estas organizaciones son la familia, el estado y la iglesia. Vistas desde el punto de vista divino, son tres jurisdicciones del gobierno invisible de Dios; vistas desde el punto de vista humano, son los medios por los cuales el individuo ensancha su personalidad y su utilidad. Aquí daremos nuestra atención solo a la familia y al estado, reservando nuestra discusión de la iglesia para capítulos posteriores.

I. El matrimonio y la familia

El matrimonio es la forma más temprana de relación humana, y es por tanto la fuente y el fundamento de todas las demás relaciones. Históricamente, tanto la iglesia como el estado no son otra cosa que una consecuencia de la familia, la cual, en cada caso, es la unidad de la estructura social. El matrimonio puede definirse como el pacto voluntario entre un hombre y una mujer, basado en el afecto mutuo, por el cual acuerdan vivir juntos como marido y mujer, hasta que la muerte los separe. Aquí se deben tener en cuenta varios factores importantes:

1. El matrimonio es principalmente una institución divina. Esto queda claro (1) a partir de la distinción de los sexos en la creación (Génesis 1:7); (2) a partir de la declaración divina (Génesis 2:18); (3) a partir del hecho de que el marido y la mujer reconocen ese origen

divino al hacer sus votos de fidelidad mutua ante Dios; y (4) a partir del hecho adicional de que su existencia con anterioridad al origen de la sociedad civil en su sentido más amplio, lo prueba como institución divina. Siendo que la esencia del contrato matrimonial consiste en los votos mutuos tomados ante los ojos de Dios y en presencia de testigos, no deberá asumirse ligeramente, "sino reverente y discretamente, y en el temor de Dios". La ceremonia deberá ser administrada por un ministro de Cristo, puesto que solo él o ella están autorizados para representar la ley de Dios, y para recibir y hacer el registro de los votos hechos en la presencia divina. Por haber sido Dios quien instituyó el matrimonio en el principio, es claramente el deber de las personas en general vivir en el estado del matrimonio. Aún así, habría base para la excepción en casos particulares.[40]

2. El matrimonio también es un contrato civil. Esto surge de su conexión con la sociedad civil en los siguientes o similares casos. (1) Un estado cristiano reconoce el matrimonio como un asunto de moral pública, y fuente de paz y fortaleza civiles. La paz de la sociedad es promovida de manera especial por la separación de un hombre y una mujer el uno para el otro, y la ley civil los protege en sus derechos y obligaciones mutuos. (2) El matrimonio distribuye la sociedad en familias, y así la ley lo reconoce, pues, en considerable medida, hace responsable al que es cabeza de la familia de la conducta de los que están bajo su influencia. (3) También hay derechos de propiedad ligados al matrimonio y a sus términos, los cuales el estado deberá asegurar. (4) El estado, por consentimiento moral común, tiene la prerrogativa de determinar los matrimonios que son legales, de requerir la publicación del contrato, y de prescribir los varios reglamentos que le conciernan. Es evidente, por las razones anteriores, que el matrimonio no puede dejársele enteramente a la religión, lo que excluiría el reconocimiento y el control del estado. Pero tampoco puede dejársele enteramente al estado. El matrimonio es un acto solemne, y los votos son hechos ante Dios, siendo que, cuando el rito es debidamente entendido, las partes acuerdan regirse por todas las leyes con las que Él protege esta institución.

3. El matrimonio es la unión de un hombre y una mujer. Por tanto, no solo se opone a la poligamia, sino a toda otra forma de promiscuidad. El que la forma cristiana de matrimonio sea monógama tiene como base las siguientes consideraciones: (1) Que Dios constituyó el matrimonio en el principio como la unión de un hombre con una

mujer (Génesis 2:18, 21-24). (2) Que los fines principales del matrimonio son protegidos mejor por la monogamia, como es el afecto mutuo, los intereses mutuos en los hijos, y la provisión de su debida instrucción. (3) Que cualquiera otra forma de matrimonio divide los afectos de los padres, y reduce a las mujeres, que son esposas y compañeras, a esclavas y siervas. Pero la más alta autoridad que la iglesia tiene para su creencia en el matrimonio monógamo se encuentra en las palabras confirmatorias de nuestro Señor mismo, cuando dijo, "¿No habéis leído que el que los hizo al principio, varón y hembra los hizo, y dijo: Por esto el hombre dejará padre y madre, y se unirá a su mujer, y los dos serán una sola carne? Así que no son ya más dos, sino una sola carne; por tanto, lo que Dios juntó, no lo separe el hombre" (Mateo 19:4-6).

4. El matrimonio es una institución permanente, y solo puede ser disuelta naturalmente por la muerte de una de las partes. No obstante, hay métodos no naturales por medio de los cuales esta relación puede ser rota. (1) Puede ser disuelta por el adulterio. La enseñanza de Cristo en este punto es específica: "Pero yo os digo que el que repudia a su mujer, a no ser por causa de fornicación, hace que ella adultere; y el que se casa con la repudiada, comete adulterio" (Mateo 5:32). (2) El protestantismo, por lo regular, ha interpretado generalmente que el apóstol Pablo enseña que la deserción intencional también disuelve el vínculo matrimonial. Dice el Apóstol: "Pero si el incrédulo se separa, sepárese; pues no está el hermano o la hermana sujeto a servidumbre en semejante caso, sino que a paz nos llamó Dios" (1 Corintios 7:15). D. S. Gregory señala, sin embargo, que "Es probable, por la tenacidad con que la Biblia se adhiere en otras partes al adulterio como la base propia para el divorcio, que la deserción justifica el divorcio solo si implica adulterio, siendo que las dos sin duda se daban juntas en esa licenciosa época" (D. S. Gregory, *Christian Ethics,* 273). Parece claro, entonces, que el evangelio no permite el divorcio excepto por la sola causa del adulterio.[41] En cuanto a las consideraciones positivas en favor de la permanencia del matrimonio, podemos notar lo siguiente: (1) Deberá ser permanente a fin de lograr las metas morales y espirituales de los individuos que entran en dicho pacto. (2) Se demanda la permanencia a fin de que se establezcan relaciones atrayentes e influyentes entre los hijos reconocidos y sus padres, de donde deberán resultar los más puros y encantadores afectos. (3) Es necesaria, además, para la debida instrucción de los hijos en la obediencia y en las virtudes dentro del

hogar, y para su afectivo consejo y dirección cuando salgan de la casa. (4) Por último, porque Dios ha declarado que el matrimonio es y deberá ser un estado permanente, habiéndolo hecho por medio de su ley en la naturaleza del ser humano con sus crecientes afectos, y por medio de la explícita declaración en su Palabra.

5. El propósito del matrimonio como institución pública, de acuerdo con un escritor de nombre Paley, es promover los siguientes beneficios: (1) La comodidad privada de los individuos. (2) La producción del mayor número de hijos saludables, de su mejor educación, y de las provisiones debidas para su establecimiento en la vida. (3) La paz de la sociedad humana, al asignarle una mujer a un hombre, y protegerle su derecho exclusivo por sanción de moralidad y de ley. (4) El mejor gobierno de la sociedad, al distribuir la comunidad en familias separadas, asignándoles a cada una la autoridad del dueño de la casa, lo cual tiene una mayor y real influencia que toda la autoridad civil junta. (5) La seguridad adicional que el estado recibe del buen comportamiento de sus ciudadanos gracias a la solicitud que los padres sienten por el bienestar de sus hijos, y porque se les confina a habitaciones permanentes. (6) El estímulo de la industria. Este beneficio es tan evidente que es poco el comentario que necesita. Siendo que es principalmente económico, se le dará consideración adicional en nuestra discusión de los deberes del estado de casamiento. Aquí es suficiente mencionar los beneficios morales y espirituales que obtienen los individuos y la comunidad en general. Richard Watson bien ha dicho del matrimonio que, "Es de veras escasamente posible aun esbozar los numerosos e importantes efectos de esta sagrada institución, la cual, a una vez, exhibe, de la manera más sensible, la benevolencia divina y la sabiduría divina. Asegura la preservación y la naturaleza tierna de los hijos al concentrar cierto afecto sobre ellos, lo cual se disiparía y se perdería donde la fornicación prevaleciera. Crea ternura conyugal, piedad filial, el apego de hermanos y hermanas y de las relaciones colaterales. Dulcifica los sentimientos, y acrecienta la benevolencia de la sociedad en general, puesto que trae todos estos afectos a operar poderosamente dentro de cada uno de esos círculos domésticos y familiares de los que la sociedad está compuesta. Estimula la industria y la economía, y asegura la comunicación del conocimiento moral, y el que se inculque la civilidad y los hábitos tempranos de sumisión a la autoridad por los cuales los seres humanos son alistados para convertirse en súbditos del gobierno público, sin los cuales, quizá,

ningún gobierno podría sostenerse excepto por la fuerza bruta, si es que ella pudiera sostenerlo. Estos son algunos de los innumerables beneficios por medio de los cuales el matrimonio promueve la felicidad humana, y la paz y la fortaleza de la comunidad en general" (Richard Watson, *Theological Institutes* [Institutos teológicos], II:543-544). Esto nos trae a la consideración de los llamados deberes domésticos, que son los siguientes: (1) Los deberes de los esposos y las esposas; (2) los deberes de los padres y de los hijos; y, en un sentido limitado, (3) los deberes de los amos sobre los siervos.

Los deberes de los esposos y las esposas. El estado del matrimonio demanda, primero que nada, el deber del afecto mutuo. Esto requiere que el esposo y la esposa mantengan la misma ternura el uno para con el otro como la que proveyó la base para el pacto del casamiento. En donde este principio sea debidamente respetado, el afecto muto aumentará con los años, y se profundizará y se fortalecerá en la medida en que cada uno busque volverse menos egoísta, mas abnegado, y más amoroso, por causa del otro. No se pueden concebir más altas normas para la relación matrimonial que las que se encuentran en la Biblia.[43] Ya habíamos anticipado esto en nuestra discusión de la creación (Cf. *Christian Theology* [Teología cristiana], II:13-14), pero ahora se impone que le demos una mayor consideración desde el punto de vista ético. Las normas mencionadas se nos dan por el apóstol Pablo, en conexión con el simbolismo de Cristo y de la iglesia, en la Epístola a los Efesios (Efesios 5:22-33), y en una enunciación de principios un poco más breve, la cual se encuentra en su Epístola a los Colosenses (Colosenses 3:18-19). Esta última es como sigue: "Casadas, estad sujetas a vuestros maridos, como conviene en el Señor. Maridos, amad a vuestras mujeres, y no seáis ásperos con ellas". Aquí parece haber un énfasis sobre las fases activa y pasiva del amor, la primera, la del esposo en su cuidado activo por el entero ámbito de la necesidades de una esposa, la última, la de la esposa que confía en la fuerza del esposo, y que emplea con prudencia y economía los medios de sostén, "y la de ser el principal gozo y atracción en un hogar hecho atractivo por los útiles y gentiles ministerios de un verdadero afecto de mujer y de esposa" (D. S. Gregory, *Christian Ethics* [Ética cristiana], 280). Si examinamos estos principios a la luz de la declaración más amplia del apóstol Pablo, encontraremos: (1) Que el deber supremo del esposo para con la esposa es el amor. La mujer, por naturaleza, vive por amor, y es este amor, más que ninguna otra cosa, lo que una mujer pura ansía de su esposo. Sin ello, no habrá grado de cuidado, confort u ornato que la satisfaga; con ello, hasta la más humilde de las moradas estará iluminada de una gloria peculiar. Nada puede tomar el lugar de un amor inestimable. (2) Este amor no es mero sentimiento. Según el criterio del Apóstol, el marido es un sacrificio vivo al darse a los mejores intereses de su mujer, así como Cristo amó a la iglesia, y se entregó a sí mismo por ella. (3) El esposo deberá proveerle un sostén cómodo a su esposa, protegerla de daños y de insultos, y dedicar sus capacidades a elevarla y a bendecirla. Es por esta razón que se le llama "el salvador del cuerpo". (4) Por último, el apóstol Pablo propone como prueba de la calidad de este amor que los maridos "deben amar a sus mujeres como a sus mismos cuerpos. El que ama a su mujer, a sí mismo se ama. Porque nadie aborreció jamás a su propia carne, sino que la sustenta y la cuida, como también Cristo a la iglesia" (Efesios 5:28-29). El clímax de esta devoción se encuentra en la unión perfecta de corazones y vidas, por lo cual el apóstol Pablo dirá, "Por esto dejará el hombre a su padre y a su madre, y se unirá a su mujer, y los dos serán una sola carne" (Efesios 5:31). Los deberes de la esposa se expresan de igual manera. Por causa del amor que el marido le demuestre, ella deberá sujetársele en confianza y amor. Pero esto ello se encuentra delimitado por la expresión, "como al Señor". Aquí, el significado llano es este: que la mujer deberá sujetársele al marido con el mismo amor afectivo y sumiso que ambos le tienen al Señor.[44] Algunos de naturaleza vil conciben a veces este texto como si demandara subordinación de la mujer a la simple voluntad y capricho del marido, pero tal cosa no sería amor sino egoísmo carnal. El amor encuentra su mayor libertad en el servicio a su objeto. El mutuo amor del esposo y de la esposa les hace que se sirvan el uno al otro "en la alegría de una mutua cautividad. La debilidad de la esposa que depende de la fuerza del esposo, se fortalece con un poder que lo mantiene a él en una esclavitud más completa que la que un esclavo jamás conoció, ya que es la esclavitud de un espíritu voluntario" (Henry E. Robbins, *The Ethics of the Christian Life* [La ética de la vida cristiana], 334-335).

1. El afecto mutuo del esposo y la esposa demanda una estricta fidelidad al contrato matrimonial. Especialmente prohíbe cualquier violación de la ley de castidad, ya que el violarla destruiría la pureza y la harmonía del hogar, y corrompería la sociedad como un todo. Por tanto, en todas las edades, y por todas las leyes de Dios y del hombre, la incontinencia ha sido tratada como una ofensa agravada y seria. En la

ley judía, el crimen de incontinencia era castigado por muerte (Levítico 20:10). Pero la fidelidad al pacto matrimonial no solo prohíbe las relaciones criminales, sino todo lo que tienda a debilitar la estima mutua del esposo y la esposa. Aquí se puede mencionar especialmente la falta de bondad y atención mutuas, o la preferencia de la compañía de otros en vez de la de ellos mismos.

2. Si la familia ha de alcanzar su más elevada misión, la cooperación mutua será esencial de parte del esposo y de la esposa. Los dos deberán reconocer un propósito común, y laborar juntos en una causa común. "La llamada separación voluntaria de un esposo y de una esposa", dice D. S. Gregory, "a menudo comienza precisamente ahí. Ninguno de los dos reconoce una misión, una solidaridad y un trabajo comunes; el hombre se absorbe en su negocio o profesión, y la mujer en la moda o en los quehaceres de la casa; dejan de buscar un pensamiento común, unos intereses comunes, y unas alegrías comunes; su amor pierde altura y pureza y abnegación, y la vida de casados pierde su atractivo y esplendor, volviéndose algo corriente e innoble, desprovisto de toda noble aspiración y de toda verdadera inspiración. La solidaridad y cooperación mutuas en esta gran faena de la vida proveerá un verdadero preventivo contra tales males. La esposa deberá hacer sentir su poderosa ayuda, por medio de la inspiración de intereses inteligentes propios de una esposa, y por la solidaridad y el esfuerzo, en aquello que el esposo escoja como su manera de abrirse paso en el mundo. Es así como los dos, 'pensamiento con pensamiento, propósito con propósito, voluntad con voluntad', juntos, lograrán diez veces más que lo que hubiera sido posible para el hombre lograr por sí solo" (D. S. Gregory, *Christian Ethics* [La ética cristiana], 279).

3. La relación matrimonial demanda organización. En toda sociedad organizada, ya sea en la iglesia o en el estado, deberá haber una cabeza, alguna parte responsable, y así también deberá ser en la familia. Y aquí es el esposo la cabeza constituida. Esto lo enseña claramente tanto la ley de la naturaleza como la Biblia (Efesios 5:22-23; Colosenses 3:18-19; 1 Pedro 1:7). Los contactos fuera del hogar requieren que alguien sea responsable por la familia como un todo. Cada familia deberá tener una cabeza, y a Dios le ha parecido bien hacer al esposo la cabeza del hogar. Esto es algo para lo cual está mejor dispuesto, por naturaleza, que la esposa, pues ella requiere más reclusión, protección y aprecio amoroso.[45] Dentro del hogar, la esposa gobierna como reina. Por su corazón bondadoso, la profundidad de sus sentimientos y afecciones, y la

delicada discriminación y discernimiento que posee, ella es eminentemente apta para gobernar en el ámbito doméstico, lo cual es su principal gloria. Ahí siempre deberá ser la dueña de la casa y el objeto central de atracción. El hombre es más apto para los asuntos más duros y más públicos de la vida. Dios lo ha hecho físicamente más fuerte, y, por lo tanto, mejor calificado para ser el líder, el sostenedor y el defensor del hogar. Es el protector natural de su esposa. Sobre él, por consiguiente, recae el deber y la responsabilidad de proveer para el hogar, y esto se le requiere tanto por las leyes de Dios como por las del hombre. Está escrito que "si alguno no provee para los suyos, y mayormente para los de su casa, ha negado la fe, y es peor que un incrédulo" (1 Timoteo 5:8).

Los deberes de los padres y de los hijos. En esta relación, el primer deber recae sobre los padres. Pero a medida que los hijos crezcan en años y en entendimiento, participarán en la obligación de los deberes de los padres. Por supuesto que el deber de los padres para con sus hijos nunca podrá expresarse adecuadamente, pero, en general, podría resumirse como sigue: (1) El afecto de los padres; (2) el cuidado y el entrenamiento de los padres; y (3) el gobierno y la dirección de los padres.

1. El primer deber de los padres para con los hijos es el afecto paternal, ya que de esto depende todo lo demás.[46] Es el motivo del que surge la obligación de proteger y criar a los hijos como miembros dignos de la estructura social. Por lo tanto, se convierte en deber de los padres atesorar este afecto en su forma más pura y abnegada, ya que de él depende el carácter y el destino de los hijos.

2. El segundo deber es aquel del cuidado y el entrenamiento paternales. Esto por necesidad incluye la debida nutrición del cuerpo, y un ambiente físico sano; la educación de la mente de acuerdo con los dones y habilidades de cada hijo en particular; y el desarrollo de normas morales altas.[47] De aquí que el apóstol Pablo les ordene a los padres a criar a sus hijos "en disciplina y amonestación del Señor" (Efesios 6:4). La importancia del entrenamiento temprano queda establecida en el siguiente proverbio: "Instruye al niño en su camino, y aun cuando fuere viejo no se apartará de él" (Proverbios 22:6). Todo esto será de poco valor a menos que el niño sea traído a edad temprana al conocimiento del poder salvador de Cristo, y que experimente la gracia divina que cambia el corazón y le implanta en su interior el principio de la obediencia a Dios. La conversión infantil puede parecerle a muchos

como estrecha en el alcance de la experiencia, pero lo esencial, el cambio del corazón, es igual, ya sea en los niños como en las personas maduras.

3. El tercer deber de los padres es el del gobierno familiar. Los hijos no tienen el conocimiento necesario para dirigirse a sí mismos, por lo cual es el deber de los padres ejercer un sabio control sobre la dirección de su conducta. Esta autoridad deberá ser absoluta en la infancia, y en la niñez temprana, pero habrá de relajarse en proporción a la habilidad del joven de gobernarse a sí mismo. Que el gobierno familiar deba ser firme, aunque amable y generoso, lo implican estas palabras del apóstol Pablo: "Y vosotros padres, no provoquéis a ira a vuestros hijos"; y, "Padres, no exasperéis a vuestros hijos, para que no se desalienten" (Colosenses 3.21).

Los deberes de los hijos para con los padres han de encontrarse en la reciprocidad de los deberes paternales, y podrían resumirse bajo dos encabezados generales: (1) Obediencia, y (2) reverencia. En cuanto a la obediencia, el precepto bíblico es: "Hijos, obedeced en el Señor a vuestros padres, porque esto es justo" (Efesios 6:1); y, "Hijos, obedeced a vuestros padres en todo, porque esto agrada al Señor" (Colosenses 3:20). El deber del hijo es ceder gozosamente a las instrucciones y a la dirección que dicte la sabiduría superior de sus padres. Los padres son los oficiales constituidos por Dios para administrar el gobierno de sus respectivas familias, y obedecerlos en el ejercicio de su legítima autoridad, es obedecer a Dios.[48] Como los demás gobernantes, los padres podrían abusar de su poder, pero en tal caso el hijo ha de obedecer solo "en el Señor". En cuanto a la reverencia, esta incluye la consideración y el respeto debidos a todo superior, especialmente a los padres. Tan importante es la reverencia a los padres, que la misma ha quedado establecida en uno de los mandamientos del Decálogo: "Honra a tu padre y a tu madre, para que tus días se alarguen en la tierra que Jehová tu Dios te da" (Éxodo 20:12). El apóstol Pablo le llama a éste, "el primer mandamiento con promesa" (Efesios 6:2). El vocablo honrar como se emplea aquí incluye el afecto y la obediencia, y también, podríamos decir, la gratitud. El hijo, pues, buscará recompensar de muchas formas el amor de padres que tan abundantemente se les dio, y proveer generosamente para los padres cuando la edad, con su desamparo y enfermedad, les sobrevenga. Es aquí en donde el espíritu del cristianismo ha de ser especialmente manifestado.

Los deberes de los amos y los siervos. Los términos *amo* y *siervo* se aplican, en su más amplio sentido, a las varias formas de trabajo voluntario desempeñado en respuesta a cierta consideración. En el Antiguo Testamento, los siervos asalariados eran considerados parte de la familia; y en el tiempo cuando el apóstol Pablo escribía, la esclavitud existía en el imperio romano. Esto explica su alusión al *esclavo* y al *libre*. Los términos *patrón* y *empleados,* como se emplean en los tiempos modernos, expresan la misma idea bíblica. Dada las diversas formas de labor especializada, y el crecimiento de grandes corporaciones capitalistas, esta relación se ha vuelto extremadamente compleja y difícil en los tiempos modernos. Para nuestros fines, sin embargo, es suficiente mencionar los principios subyacentes dados en la Biblia, los cuales, si se observan debidamente, sin duda contribuirán de manera considerable a la solución de algunos de los problemas más agudos del tiempo presente. A los siervos o empleados, el apóstol Pablo les da las siguientes instrucciones: "Siervos, obedeced a vuestros amos terrenales con temor y temblor, con sencillez de vuestro corazón, como a Cristo; no sirviendo al ojo, como los que quieren agradar a los hombres, sino como siervos de Cristo, de corazón haciendo la voluntad de Dios; sirviendo de buena voluntad, como al Señor y no a los hombres, sabiendo que el bien que cada uno hiciere, ése recibirá del Señor, sea siervo o libre" (Efesios 6:5-8). El cristianismo, pues, considera el más humilde servicio como digno de recompensa, si se desempeña con alegría y fielmente, como para el Señor. A los amos o empleadores, les dice, "Y vosotros, amos, haced con ellos lo mismo, dejando las amenazas, sabiendo que el Señor de ellos y vuestro está en los cielos, y que para él no hay acepción de personas" (Efesios 6:9). Aquí se hace imperativo el deber de ejercer el control en el espíritu de bondad fraternal. El espíritu cristiano prohíbe la rudeza o la crueldad, sean brutales o refinadas, y toda medida tiránica o demanda injusta, y toda amenaza o represalia. Por el contrario, demanda que a los empleados se les den sus justos derechos y prerrogativas, un ambiente adecuado y saludable como condiciones de trabajo, y salarios justos, en proporción a las destrezas del obrero y al costo de vida.

II. El estado o gobierno civil

El designio principal del estado es proveerle al ser humano una esfera más amplia de actividad social. Siendo que la naturaleza moral del ser humano se encuentra en desorden, su desarrollo no regulado deberá necesariamente llevar a la interferencia injusta con los derechos de otros seres humanos. El gobierno civil, por tanto, tiene la intención de proteger de la violencia a sus ciudadanos, y de asegurarle a cada individuo, hasta donde mejor pueda, el disfrute pacífico de todos sus derechos. El estado deberá, en la plena naturaleza del caso, ejercer autoridad en la reglamentación pública de la conducta, y lo hace por medio de las leyes basadas en la ley inmutable de la rectitud. Si fuera necesario, se deberá usar el castigo en la aplicación de la ley; la culpa deberá ser hecha peligrosa; y el crimen deberá ser algo serio incluso para el criminal. Sin embargo, es importante notar que la soberanía de la autoridad civil descansa en el estado en sí mismo, y no en rey o gobernante alguno. Esto lo establece el hecho de que el estado existe antes que todos los gobernantes, y el hecho adicional de que los gobernantes son a lo sumo solo sus instrumentos. Con el desarrollo de la civilización, el gobierno civil se ha vuelto complejo, hasta abarcar los campos de las ciencias políticas, la economía, la historia constitucional e industrial, las leyes, y la educación y la sociología en todas sus ramificaciones. Por tanto, será suficiente, para nuestro propósito, como en la sección anterior, establecer brevemente los principios cristianos subyacentes en lo que concierne al gobierno civil. Mencionaremos los siguientes: (1) La oración por los gobernantes: "Exhorto ante todo, a que se hagan rogativas, oraciones, peticiones y acciones de gracias, por todos los hombres; por los reyes y por todos los que están en eminencia, para que vivamos quieta y reposadamente en toda piedad y honestidad" (1 Timoteo 2:1-2). (2) Obediencia a los que están en autoridad: "Recuérdales que se sujeten a los gobernantes y autoridades, que obedezcan, que estén dispuestos a toda buena obra" (Tito 3:1). (3) El gobierno es ordenado por Dios: "Sométase toda persona a las autoridades superiores; porque no hay autoridad sino de parte de Dios, y las que hay, por Dios han sido establecidas. De modo que quien se opone a la autoridad, a lo establecido por Dios resiste; y los que resisten, acarrean condenación para sí mismos" (Romanos 13:1-2). (4) Los gobernantes deberán aplicar las penas de la ley: "Porque los magistrados no están para infundir temor al que hace el bien, sino al malo. ¿Quieres, pues, no temer la autoridad? Haz lo bueno, y tendrás alabanza de ella; porque es servidor de Dios para tu bien. Pero si haces lo malo, teme; porque no en vano lleva la espada, pues es servidor de Dios, vengador para castigar al que hace lo malo" (Romanos 13:3-4). (5) Los cristianos deberán estar sujetos al gobierno por causa de la conciencia: "Por lo cual es necesario estarle sujetos, no solamente por razón del castigo, sino también por causa de la conciencia" (Romanos 13:5). (6) El gobierno deberá ser sostenido: "Pues por esto pagáis también los tributos, porque son servidores de Dios que atienden continuamente esto mismo. Pagad a todos lo que debéis: al que tributo, tributo; al que impuesto, impuesto; al que respeto, respeto; al que honra, honra" (Romanos 13:6-7). El apóstol Pablo, luego, aplica el principio del amor a los asuntos del estado de la misma manera en que lo hace a los de la vida doméstica y social. Resume toda la cuestión con las siguientes palabras: "No debáis a nadie nada, sino el amaros unos a otros; porque el que ama al prójimo, ha cumplido la ley" (Romanos 13:8).

La relación de la autoridad divina con el gobierno humano es una cuestión de vital importancia, especialmente en el tiempo presente, cuando los fundamentos mismos del gobierno humano están siendo de nuevo estudiados y ponderados. Hay dos declaraciones de la ciencia teológica que muy bien podrían considerarse como clásicas. La primera es la de Charles Hodge (1797-1878), la cual se titula, *La obediencia debida a los magistrados civiles;* [49] la segunda es la de William Burton Pope (1822-1903), titulada, *La ética política.*[50] Ambas han sido incluidas en las notas bibliográficas, la primera de ellas en forma considerablemente abreviada. Son merecedoras de estudio cuidadoso, ya que representan la enseñanza bíblica sobre este importante tema.

NOTAS BIBLIOGRÁFICAS

1.   Ha de ser evidente que la vida exterior o ética del cristiano deriva su carácter de la calidad de la vida interior o espiritual. Por lo tanto, la vida de santidad es sencillamente la expresión de un corazón santo. Lo que es esta santidad, el Superintendente General Orval J. Nease lo describe como sigue: "El término santidad, cuando se emplea como refiriéndose a la experiencia del creyente, por necesidad implica el acto, lo cual es la santificación, y el Agente, el cual es el Espíritu Santo. Por tanto, empleamos el término santidad en su uso práctico como un término todo inclusivo, para denotar el acto cumplido de la gracia divina. La santidad es limpieza. Es esa voluntad del Padre, esa provisión del Hijo, y ese acto del Espíritu Santo por el cual el corazón del creyente, es decir, sus móviles, sus afectos, su voluntad, su naturaleza entera, son limpiados de la contaminación y de la tendencia a pecar. La santidad es armonía. La armonía interior completa no es alcanzada en la regeneración. La Biblia y la experiencia están de acuerdo en que el corazón no santificado es un corazón dividido, un doble corazón. La derrota exterior es ocasionada por la falta de armonía interior. La santificación libera el alma del enemigo de adentro, mientras que alinea las fuerzas de la naturaleza moral contra el enemigo de afuera. La santidad es abandono. Los padres de la iglesia se referían al acto de la cooperación humana en la santificación como 'la crucifixión del yo', como 'la consagración de lecho de muerte'. Lo que querían decir con esto era darse la totalidad de la vida de uno al plan y a la autoridad de la Deidad. La persona santificada es la que se da a Dios de esa manera. Cada lazo, cada influencia, cada reserva que vaya a desviar a uno de la completa e irrestricta participación de la comunión con Dios, y en su servicio, serán cortados. La santidad es poder. El poder

reside en el ámbito de lo espiritual, el ámbito inmediatamente afectado por la santificación. Es, en esencia, la personificación de todo lo que es esencial en los ámbitos combinados de la experiencia humana. La santificación afecta todo lo que uno es. Recibir un poder así (la habilidad para discriminar, para evaluar, para influir, para singularizar la devoción de uno), puede lograrse solo cuando 'el poder de lo alto' posee al creyente. Es el cumplimiento de 'la promesa del Padre'. Es 'Cristo en vosotros, la esperanza de gloria'. La santidad es perfección. Una perfección en amor, una perfección cristiana. El santificado no está más allá de la habilidad ni del riesgo de pecar, pero sí es limpiado del deseo de pecar y de la naturaleza del pecado. No está más allá de la posibilidad de caer, pero sí se encuentra a tal punto dentro de la provisión de la gracia divina, que es preservado de la transgresión voluntaria. La santificación no es fijeza de carácter, sino fijeza de actitud y de deseo, lo cual capacita al que participa de ella a 'crecer en la gracia y en el conocimiento de nuestro Señor y Salvador Jesucristo'".

2. En el esquema evangélico, la doctrina y la ética están estrechamente conectadas: sus revelaciones de la verdad son el fundamento de su nueva vida; su moral y su doctrina se encuentran entremezcladas en todo lugar; y, finalmente, la ética de la religión cristiana es la corona y la consumación de su sistema como un todo (William Burton Pope, *Compendium of Christian Theology*, III:143).

La verdad, como la vemos nosotros, es aquí la misma que en la dogmática: así como hay doctrinas fundamentales de la religión sostenidas adecuadamente por la evidencia racional que constituye un sistema de religión natural, así también hay ciertos deberes prominentes que son obviamente obligatorios para la inteligencia común, lo cual constituye un sistema al que se le puede denominar ética filosófica. Y así como hay doctrinas conocidas y autenticadas solamente por la revelación, lo cual constituye un sistema de religión revelada, así también hay deberes conocidos y puestos en vigor de la misma manera, lo cual forma lo que podría llamarse un sistema de ética cristiana. La naturaleza y la revelación propiamente interpretadas, nunca son antagónicas; sus pronunciamientos son palabras que proceden de la boca de Dios, de los cuales el ser humano puede aprender todas las cosas necesarias para la fe y la práctica (Miner Raymond, *Systematic Theology*, III:10).

3. Deberá observarse que la Biblia no se dedica exclusivamente al desarrollo de un sistema de gobierno moral, ni tampoco lo enseña como el plan científico de alguno de nuestros escritores modernos que manejan el asunto de la filosofía moral. Pero todos los principios sí se enseñarán en los escritos inspirados, y se afirmarán tan clara y vigorosamente, que los principios y los hechos serán mucho más fáciles de comprender por la mente iletrada y poco sofisticada, que los del mejor y más moderno tomo escrito sobre materia de ciencia moral (Luther Lee, *Elements of Theology*, 332).

4. Por mucho que Dios requiera que amemos, no más allá de nuestras fuerzas, sino con todas ellas, es obvio que nada que exceda nuestras habilidades se nos requerirá de nuestras manos (Philipp van Limborch, *Institutiones Theologiae Chritianae*, libro V, capítulo 25).

Que sea posible amar a Dios con todo el corazón sería necedad negarlo, puesto que el que diga que no puede hacer algo con todas sus fuerzas, es decir, que no puede hacer lo que puede hacer, no sabe lo que dice. De modo que amarlo así será la más alta medida y sublimidad de la perfección, y la de guardar los mandamientos (Obispo Jeremy Taylor).

5. Clemente de Roma, en su Primera Epístola a los Corintios, estableció que el móvil de la conducta cristiana se deriva del "temor" o "la reverencia" a Dios. "Veamos cuán cerca está Él", decía, "y cómo no se le escapan ninguno de nuestros pensamientos ni de nuestras maquinaciones. Lo propio, por tanto, es que no seamos desertores de su voluntad". Ignacio insistió en las creencias correctas como la base para las prácticas morales correctas. La falsa teología, mantenía él, lleva a las actitudes equivocadas y a la mala conducta. "La fe es

el principio y el amor es el fin" de la vida cristiana. Entre las más importantes de sus máximas están estas: "Que haya una oración en común, una súplica, una esperanza, en el amor y en el gozo intachables"; "Huye de las divisiones como el principio de todo mal"; "Que todo sea hecho para la honra de Dios". Policarpo, en su Epístola a los Filipenses, apela a las palabras de Jesús como sancionadoras. La fe, la esperanza y el amor eran lo esencial de la vida cristiana. Consideraba la herejía como el deseo de vivir de otra manera que no fuera de acuerdo con la verdadera fe. Advertía especialmente en contra de la codicia, siendo "el amor al dinero el principio de todo problema". La Didaké y la Epístola de Bernabé tenían algunas semejanzas. Al cristianismo se le consideraba como un nuevo pacto que traía a Dios y al hombre a la comunión religiosa. El Pastor de Hermas hacía hincapié en la lucha que se requiere para mantener los estándares cristianos, por lo cual era necesario depender de la misericordia y la gracia divinas. Pero fue a la alegría a la que se le dio énfasis especial. "Alejad de vosotros la tristeza"; "Vestíos de alegría, la cual siempre tiene el favor de Dios, le es aceptable a Él, y en ella Él se regocija"; "Porque toda persona alegre obra el bien, y piensa el bien, y desprecia la tristeza; pero la persona triste siempre continúa en pecado". La Epístola de Diogneto realza el principio espiritual que anima a los cristianos y les impide ser absorbidos por las cosas del mundo. Dios es la fuente del ideal cristiano: "Al amarlo, serás un imitador de su bondad".

6. I. A. Dorner señala que los montanistas aceptaban el súbito prorrumpir del entusiasmo individual como el verdadero medio por el cual el Espíritu Santo se comunicaba con la congregación, por lo cual demandaban la absoluta obediencia a los dictados de la profecía extática como la condición para la comunión entre el Espíritu y el individuo. Los novacianos, por el otro lado, encontraron el verdadero vehículo de comunión espiritual en la iglesia en sí misma, considerada en su totalidad como una organización del sacerdocio universal bajo las formas del presbiterio, por lo cual, como consecuencia, la iglesia era rigurosa en lo tocante a la admisión de miembros.

7. Cuando la Reforma asumió su posición final sobre la Biblia, no solo escapó de los grandes errores de la Edad Media, sino que también tuvo éxito en establecer los verdaderos principios de la ética cristiana. Con las nuevas doctrinas de la fe, y de la justificación por la fe, las ideas éticas fundamentales del deber, la virtud y el bien supremo fueron, por así decirlo, derretidas y fundidas de nuevo. Apareció así una nueva ética, la cual llevó las marcas características del desarrollo doble del principio protestante o evangélico: la Iglesia Luterana, con su talento para la representación plástica, el arte, la himnología y la ciencia; y la Iglesia Reformada con su talento para la acción práctica, la disciplina, las misiones y los asuntos de estado. Ni Lutero, ni Calvino, escribieron sobre ética, en el sentido propio de la palabra, pero ambos trataron ocasionalmente varios de los temas de la ética, especialmente en la forma de exposiciones acerca del decálogo en el catecismo. El catecismo es, de hecho, la forma primitiva de la ética evangélica. Así como el dogma evangélico surgió de la *regula fidei* y del *symbolum* apostólico, así la ética evangélica se derivó del decálogo (I. A. Dorner, art. "Ethics", Schaff-Herzog, *Encyclopedia of Religious Knowledge*).

8. **Acerca de la verdadera idea de la libertad espiritual.** Sobre este tópico, Thomas C. Upham nos ofrece la siguiente excelente discusión en la obra titulada, *The Principles of the Interior Life*. La presentaremos en una forma considerablemente abreviada. Dice así: "Muchas personas probablemente han llegado a observar que existe una forma o modificación de la experiencia religiosa denominada 'libertad'. Por consiguiente, en el lenguaje religioso común, no es poco frecuente el caso de que oigamos de personas que están 'en la libertad' o en 'la verdadera libertad'. Estas expresiones indican sin duda una verdad religiosa importante, la cual no ha escapado del todo a la atención de los que escriben sobre la vida religiosa. La explicación que ofrece Francisco de Sales sobre 'la libertad del espíritu' es la que 'consiste en mantener el corazón totalmente desligado de toda cosa creada, a fin de

que pueda seguir la voluntad conocida de Dios'. Nosotros no objetamos necesariamente a esta declaración de De Sales, aun cuando la consideremos general y un tanto indefinida. Es cierto que la persona que está en 'verdadera libertad', está 'desligada', y ha escapado de la influencia subyugante del mundo. Dios se ha vuelto para él o ella un principio interno y operativo, y sin Él la persona siente que no puede hacer nada, y que conectada a su ayuda bendita posee la consciencia interior de que el mundo y sus deseos han perdido su poder esclavizador. La libertad, considerada en este sentido general del término, ha de ser pensada como la expresión de una de las formas más elevadas y más excelentes de la experiencia cristiana. Y podemos añadir, aún más, que nadie la disfruta verdaderamente en su sentido elevado sino aquellos que se encuentren en un estado mental que puede propiamente denominarse un estado santo o santificado, nadie sino aquellos que Dios ha hecho 'verdaderamente libres'. Procederemos, pues, a mencionar algunas de las marcas por medio de las cuales la condición o estado de libertad espiritual puede caracterizarse. Y es que no parece que haya mucha dificultad en hacerlo, ya que la libertad es lo opuesto de la esclavitud, y es fácil, como cosa general, entender y especificar las cosas por las que somos más aptos para que se nos esclavice.

"(1) La persona que disfruta de la verdadera libertad espiritual ha dejado de ser esclava de la parte baja o apetitiva de su naturaleza. Sea que coma o que beba, o que cualquier otro sea el apetito que demande su debido ejercicio, puede decir ciertamente que todo lo hace para la gloria de Dios.

"(2) La persona que disfruta de la verdadera libertad espiritual ha dejado de ser esclava de ciertos deseos de carácter más elevado que los apetitos, como serían el deseo de la sociedad, el deseo del conocimiento, el deseo de la estimación del mundo, y así por el estilo. Estos principios, los cuales, a fin de distinguirlos de los apetitos, pueden convenientemente designarse como propensiones, o como principios de propensión, operan en la persona que tiene verdadera libertad interior, como se les diseñó que operaran, pero nunca con el poder para esclavizar.

"(3) La persona que disfruta de la verdadera libertad religiosa no ha de ser esclavizada por afectos domésticos o patrióticos desordenados, no importa cuán ennoblecedores se piense que sean, como sería el amor a los padres y a los hijos, y el amor a los amigos y a la patria. Es cierto que la libertad espiritual no excluye el ejercicio de estos afectos, los cuales son, en muchos respectos, generosos y elevados, como tampoco condena ni excluye la existencia de los apetitos ni las propensiones más bajas.

"(4) Cuando estamos equivocadamente bajo la influencia de los desafectos y aversiones, no se puede decir que estamos en libertad interior. A veces, cuando Dios nos llama de manera obviamente clara a descargar nuestro deber, nos volvemos internamente conscientes de un gran grado de pesadez. Lo descargamos, es cierto, pero sentimos que no queremos hacerlo. Hay ciertos deberes que debemos al pobre y al degradado, y al abiertamente profano e impuro, los cuales son a menudo repugnantes para personas de ciertos hábitos mentales refinados; pero sin encontramos que estas repugnancias refinadas, que obstaculizan el deber, tienen gran poder sobre nosotros, no estamos en la verdadera libertad. No tenemos esa fortaleza en Dios que nos capacita para actuar vigorosa y libremente.

"(5) La persona no disfruta de la verdadera libertad de espíritu si carece de la disposición para acomodarse a otros en las cosas que no revisten especial importancia. Y este es el caso cuando, sin necesidad, insistimos en que se haga todo a nuestro tiempo y a nuestra manera; cuando nos molestan las cosas nimias, las cuales son en sí mismas indiferentes, pensando, quizá, más en la posición de una silla que en la salvación de un alma; cuando encontramos dificultad en permitir diferencias constitucionales en los demás que no sea fácil ni importante para ellos corregir; cuando nos encontramos disgustados porque otro no se exprese en total acuerdo con nuestros principios o gustos; o cuando nos desagrada y disgusta su desempeño religioso, o cualquier otro desempeño, aun cuando sepamos que está haciendo lo mejor que puede. Podemos añadir debidamente aquí que, el que encuentra faltas, especialmente el que se da al hábito confirmado de encontrar faltas, no es alguien de espíritu libre. De igual manera, los que frecuentemente se quejan del ministro, de los hermanos de la iglesia, del tiempo y de la manera de las ordenanzas, y de muchas otras personas y cosas, encontrarán, al examinarse cuidadosamente, que están demasiado llenos de sí mismos, demasiado fuertemente movidos por sus criterios e intereses personales, para conocer la verdadera y plena importancia de esa ennoblecedora libertad que el Salvador da a los que son verdaderamente sus santificados.

"(6) La persona que se molesta y que es impaciente cuando los sucesos se dan de manera diferente a lo que esperaba o anticipaba, no disfruta de la verdadera libertad espiritual. De acuerdo con la gran idea de la soberanía perfecta de Dios, la persona de espíritu religioso libre considera todos los eventos que tienen lugar, con la excepción del pecado, como expresión, bajo las circunstancias existentes, de la voluntad de Dios. Y su unión con la voluntad divina es tal que hay una aquiescencia inmediata en el evento, cualquiera sea su naturaleza, sin importar cuanta aflicción personal conlleve. Su mente ha adquirido, por así decirlo, una flexibilidad divina, en virtud de la cual se acomoda, con sorprendente facilidad y presteza, a todos los desarrollos de la providencia, sean prósperos o adversos.

"(7) Aquellos que disfrutan de verdadera libertad son pacientes ante las tentaciones interiores, y en toda prueba mental interior. Pueden bendecir la mano que los hiere interna como externamente. Sabiendo que todo buen ejercicio viene del Espíritu Santo, no están dispuestos a prescribirle a Dios cuál ha de ser la naturaleza particular de esos ejercicios. Si Dios considera conveniente probar y fortalecer su espíritu de sumisión y paciencia trayéndolos a un estado de gran pesadez y tristeza, bien por sujetarlos a tentaciones severas del adversario de las almas, o por poner sobre ellos la carga de un profundo dolor por un mundo impenitente, o por cualquiera otra manera, sienten que todo es justo y está bien. Ruegan por el pan de cada día, sea el espiritual o el temporal; y con alegría reciben lo que Dios considera conveniente enviarles.

"(8) La persona que disfruta de la verdadera libertad de espíritu es la más deliberada y cautelosa en hacer lo que más desea hacer. Esto surge del hecho de que teme en demasía estar fuera de la línea de la voluntad y el orden de Dios. Desconfía, y examina estrechamente, todos los fuertes deseos y sentimientos en general, especialmente si agitan su mente y la dejan de alguna manera incontrolable; no principal ni simplemente porque los sentimientos sean fuertes; esa no es la razón; sino porque hay razón para temer, por el simple hecho de su fuerza y tendencia agitadora, que algo del fuego de la naturaleza, el cual la verdadera santificación apaga y destruye, se ha mezclado con la santa y apacible llama del amor divino.

"(9) A la persona que está en la verdadera libertad de espíritu, la oposición no la alterara fácilmente. El poder de la gracia le da fortaleza interior, siendo la naturaleza de la verdadera libertad ser deliberado. Así pues, cuando sus criterios son disputados, no se apresura a responder. No es indiferente, pero responde calmada y consideradamente. Tiene confianza en la verdad, porque tiene confianza en Dios.

"(10) La persona de espíritu verdaderamente liberado, aunque siempre está lista a cumplir su deber, espera pacientemente hasta el tiempo propicio para la acción. No prefiere un tiempo que no sea el indicado por la providencia de Dios. El Salvador mismo no pudo actuar hasta que su 'hora no hubo llegado'… Una mente esclavizada, aunque esté en parte religiosamente dispuesta, con frecuencia adoptará un curso de acción precipitado y no deliberado, lo cual no es consistente con amar humildemente el orden divino. Una persona así piensa que la libertad consiste en hacer las cosas a su manera, mientras que la verdadera libertad consiste en hacer las cosas de la manera correcta; y la manera correcta es la manera de Dios.

"(11) El poseedor de la verdadera libertad religiosa, cuando ha cumplido su deber de manera sumisa y consciente, no se perturba por una ansiedad indebida relacionada con los resultados. Puede pensarse como una máxima que aquel que afirma que ha dejado todas las cosas en las manos de Dios, pero a la vez demuestra perturbación y agitación de espíritu en lo que toca a los resultados de esas cosas (con la excepción de aquellos movimientos agitados que sean puramente instintivos), demuestra abundante evidencia, por el hecho de esta agitación de espíritu, que no ha hecho realmente la entera rendición que profesa haber hecho. Los alegados hechos se contradicen uno al otro, y los dos no pueden existir a la misma vez.

"(12) Finalmente, en vista de lo que se ha dicho, y a manera de resumen, podemos destacar que la verdadera libertad de espíritu se encuentra en aquellos, y solo en aquellos que, en el idioma de De Sales, 'mantienen el corazón totalmente desligado de toda cosa creada, a fin de poder seguir la voluntad conocida de Dios'. En otras palabras, se encuentra en aquellos que pueden decir con el apóstol Pablo, que están muertos, y que su vida 'está escondida con Cristo en Dios'. El móvil que gobierna en el pecho de la persona de espíritu religioso libre es que puede, en todo caso y en toda ocasión, hacer la voluntad de Dios. En esa voluntad su vida 'está escondida'. La supremacía de la voluntad divina, en otras palabras, el reino de Dios en el corazón, tiene por necesidad una operación directa y poderosa sobre los apetitos, las propensiones, y las afecciones, manteniéndolas, cada una y todas, en su debido lugar. Otra cosa que se puede decir afirmativa y positivamente es que aquellos que son espiritualmente libres son guiados por el Espíritu de Dios. Una persona que sea realmente guiada por sus apetitos, sus propensiones, o aún sus afectos, su amor por la patria, o por cualquiera otra cosa que no sea el Espíritu de Dios, no podrá decir que es guiada por ese espíritu divino. El Espíritu de Dios, si gobierna en el corazón, no tolerará la presencia de ningún rival, de ningún competidor; es decir, que en todos los casos de acción voluntaria, no hará nada bajo el impulso ni la guía de solo el placer natural o el escogimiento natural. Su libertad consiste en ser libre del yo; en ser librado del dominio del mundo; en descansar quieta y sumisamente en las manos de Dios; en abandonarse, como el barro en las manos del alfarero, para ser moldeado y formado por la voluntad divina. … La libertad espiritual implica, con el hecho de la entera sumisión a Dios, la gran y preciosa realidad de la emancipación interior. El que es espiritualmente libre es libre en Dios. Y puede, quizá, decir que es libre en el mismo sentido en que Dios lo es, el cual es libre de hacer todo rectamente, y nada equivocadamente.

"Esto es verdadera libertad. Esta es la libertad con la que Cristo hace libre. Esta es la emancipación que inspira los cánticos angelicales, una libertad que la tierra no puede comprar, ni el infierno puede encadenar" (56-62).

9. Así como la ciencia significa conocimiento, así la conciencia etimológicamente significa conocimiento de uno mismo. En el ser moral, la conciencia es la reina de todo impulso interior de acción, y la voluntad es su súbdito; y así como toda función legislativa, y toda autoridad judicial delegada, emana del soberano, así también la conciencia es, objetivamente, la ley no escrita del corazón, fundada en esos principios eternos de lo recto y lo equitativo y lo verdadero, los cuales son como rayos provenientes del trono de Dios; y, subjetivamente, pasa juicio sobre los pensamientos del corazón y las acciones del cuerpo. Si se obedece la conciencia, ella aprueba, y por lo tanto es pura; pero si no se honra y su voz es ignorada, tal deslealtad puede solo acumular materiales para el remordimiento. Este principio autoritativo de la mente y el alma del ser humano puede tener solo como referencia el don original de la vida moral y espiritual del alma del hombre. "A semejanza de Dios lo hizo" [Génesis 5:1], y así como la consciencia mental es nuestra evidencia de la

existencia de pensamientos, deseos, sentimientos, y otros estados de la mente, así también la conciencia es un testimonio permanente del génesis divino de nuestra alma, como emanación directa de Dios. Este elemento fundamental del ser moral del hombre le es prueba de su relación religiosa con su Creador; declara la misteriosa intercomunicación que subsiste entre el Espíritu de Dios y el espíritu del hombre; e indica la revelación natural de la voluntad de Dios hecha al hombre por medio de la razón. La conciencia es la representante de esta revelación interior, la cual, procedente del creativo Espíritu de Dios, se infunde en el espíritu del hombre, y, como energía plástica, lo forma y lo moldea, transmitiéndole el conocimiento de la voluntad de Dios y de los deberes del hombre ante su vista. Por tanto, la conciencia es nuestro sentido moral continuamente reprendido por el Espíritu de Dios; es el alma misma de nuestra lealtad al Él; es la *religio* de una verdadera comunión" (*Elements of Morality* [Los elementos de la moralidad], por William Whewell, 263).

10. W. Fleming, en su *Manual of Moral Philosophy,* habla de los defectos de la conciencia como sigue: "La conciencia sufre de defectos en lo que respecta a su ley o regla, o en lo que respecta a su propia certeza o claridad.

"Primero, en lo que respecta a su regla, la conciencia puede estar cierta, es decir, llana y claramente de acuerdo con la voluntad de Dios, o la regla última y absoluta de la rectitud. Puede estar errónea, no la conciencia sino sus decisiones, porque en vez de estar de acuerdo con la recta razón y la voluntad revelada de Dios, puede que carezca de conformidad con la una o con la otra. Y este error puede ser vencible o invencible, según se pudo remover o se debió haber removido por el uso diligente de medios para iluminar y corregir la conciencia. La conciencia como errónea ha sido denominada laxa cuando, por negligencia, juzga que una acción no es viciosa cuando es verdaderamente viciosa, o ligeramente viciosa cuando lo es en gran manera; escrupulosa, cuando por negligencia, juzga una acción como viciosa cuando en realidad no lo es, o grandemente viciosa cuando tampoco lo es; perpleja, cuando juzga que habrá pecado, ya sea que la acción se lleve a cabo o no.

"En segundo lugar, en lo que toca a su certeza, se dice que le conciencia es cierta y clara cuando no hay temor de errar en cuanto a nuestro juicio de que una acción sea buena o mala; probable, cuando en lo referente a dos acciones, o cursos de acción, determina que la probabilidad sea que una sea buena antes que la otra; dudosa, cuando no puede determinar claramente si una acción está o no de acuerdo con la ley de la rectitud".

11. La conducta está basada en dos cosas, a saber, el conocimiento y la conciencia. Algunos maestros de la psicología preferirían decir que la conducta está basada solo en la conciencia, para luego atribuirle dos facultades a la conciencia. Primero, el impulso, lo cual consiste en aceptar o rechazar lo bueno o lo malo cuando se presenta; segundo, la discriminación, lo cual consiste en la facultad de la conciencia para distinguir el bien del mal. En esta breve discusión preferimos sostener que la conducta está basada en dos cosas, en el conocimiento o la luz, y en la conciencia, para luego confinar la conciencia a una función, a saber, el impulso, el cual acepta o rechaza el bien o el mal cuando se presenta. En todo caso, admitiremos que algunas personas poseen más conocimiento o luz que otros, y que algunas conciencias, con la debida capacitación y educación, poseen un poder mayor de discriminación que otras. Estos hechos deberán tomarse en consideración en el estudio de la ética (R. T. Williams, *Sanctification: The Experience and Ethics,* 51-52).

Orlin A. Curtis considera la conciencia como poseedora de dos colaboradores: el juicio, por el cual la persona decide si un asunto dado es bueno o malo; y la voluntad, por la cual la persona hace una decisión entre los posibles cursos de acción. En el habla popular, el juicio se considera una parte de la conciencia, pero, estrictamente hablando, no existe calidad moral en el juicio; es moral solo en el sentido laxo de que ahora se está tratando con asuntos morales. Curtis también señala que en la conciencia propiamente hablando hay tres rasgos: la distinción moral, la obligación moral y el acuerdo moral. Con distinción moral se quiere decir el conocimiento intuitivo de que existe lo bueno y lo malo. La obligación moral le sigue inmediatamente, ya que tan pronto como se hace esta distinción, lo bueno dice, "Debes hacerlo". Cuando se analiza este sentido de obligación se encontrará que contiene tres momentos: la obligación de alianza, la obligación de escudriñamiento, y la obligación de acción. El acuerdo moral viene tras una volición personal bajo el sentido de obligación. Si la volición de la persona va en contra de su obligación, tendrá aflicción de espíritu; si ha cumplido con su obligación, tendrá un rayo de contenido moral (Orlin A. Curtis, *The Christian Faith*, 31-33).

12. William Whewell, en *Elements of Morality*, ofrece las siguientes dos reglas como indispensable para la acción saludable de la conciencia. (1) Nunca deberemos tomar acción alguna de contenido moral, y mucho menos embarcarnos en curso alguno de acción, sin primero obtener un claro pronunciamiento de la conciencia que afirme o derogue la legitimidad moral de tal acción. No deberemos permitirnos actuar por una simple y probable opinión, ni dudar respecto a lo bueno o lo malo de la acción. "Pero el que duda sobre lo que come, es condenado" (Romanos 14:23). (2) Es una regla absoluta, de observancia universal, que nunca actuemos contrario a los dictados de nuestra conciencia, aun si estuvieran torcidos por el error o el prejuicio. El tono moral de toda acción depende de su estrecha dependencia de la regla interior; y la moralidad del agente mantiene una proporción relativa con respecto a la decisión de la conciencia, y una determinación honesta de seguirla hasta su legítima conclusión. Actuar contrario a la conciencia será siempre malo, sin importar el bien o el mal abstracto de la acción, ya sea que el mal pueda corregirse o no. Esto es así debido a que la cultura moral es el deber permanente de la persona; nuestra posición en el día de hoy no deberá tomarse como un punto fijo, sino como un estado de transición hacia algo mejor. La ley de la mente deberá siempre traerse de manera gradual a una conformidad mayor con la ley de Dios, la cual es absolutamente "santa y justa y buena", y que "convierte el alma" [Salmos 19:7], en la proporción en que busca asimilar su enseñanza. La conciencia nunca será formada, sino que siempre estará en camino de formación. Por lo tanto, aunque por el presente erremos por seguir la guía de una conciencia errada, es mejor errar por un momento en esta dirección, que ser desleal a la regla interior, lo cual solo debilitará el que ella nos advierta de nuestras acciones cuando la conciencia se vuelva más completamente informada por la regla suprema. No ejercitar la conciencia será siempre inmoral. Aquel, pues, cuya conciencia sea nublada por el error, deberá vivir con la consecuencia de tal error, pero no pecará por sencillamente haber seguido su conciencia. Sin embargo, aquel cuya conciencia tiene la dirección equivocada, la cual podría ajustarse con las debidas angustias y consideraciones de la verdad, peca cuando actúa de acuerdo a sus dictados" (275).

13. La reverencia es el deber y la gracia supremos y eternos del espíritu creado. Es tanto la fuente como el fin de toda piedad. Los siguientes tres pasajes, el de Salmos 111:9, "santo y temible es su nombre", el de Mateo 6:9, "santificado sea tu nombre", y el de 1 Pedro 3:15, "santificad a Dios el Señor en vuestros corazones", cuando se combinan, nos enseñan, primero, lo temible que es Dios en sí mismo, luego, que la venida de su reino es el reconocimiento universal de su majestad, y finalmente, que esta reverencia deberá ser el sentimiento más íntimo de nuestros corazones individuales. La reverencia es el temor atemperado por el amor. En el Antiguo Testamento predominaba el temor, y en el Nuevo Testamento, el amor; sin embargo, el sentimiento de reverencia llena toda religión en la tierra y en el cielo. Ya sea como aprensión sagrada o como temor amoroso, es un sentimiento que siempre está presente. Como ánimo forjado por la religión, la reverencia es universal en su influencia. Es ese sentido habitual de la presencia de Dios lo que le da

dignidad a la vida, y lo cual hace venerable el carácter del que lo cultiva. Se extiende a todas las cosas divinas así como al nombre mismo de Dios: a su Palabra, a sus ordenanzas, a su templo creado del mundo, y a todo lo que le pertenece. En su presencia, más particularmente, es temor reverente (William Burton Pope, *Compendium of Christian Theology*, III:225-226).

14. La superstición no es un exceso de religión, por lo menos en el sentido ordinario de la palabra exceso, como si alguien pudiera tener demasiado de la verdadera religión, sino la guía equivocada de un sentimiento religioso cualquiera, que se manifieste lo mismo en demostrar veneración o consideración religiosa a objetos que no la merecen, es decir, en la adoración de dioses falsos propiamente hablando, o, en la asignación de tal grado, o de tal clase de veneración religiosa a cualquier objeto, el cual objeto, aunque digno de alguna reverencia, no lo merece; o en la adoración del Dios verdadero por medio de instrumentos rituales o ceremoniales impropios. … La superstición puede surgir de un sentido de culpa, de una indisposición del cuerpo, o de un razonamiento erróneo (Richard Whately).

La impiedad es ateísmo práctico, o vivir como si no hubiera Dios. Cuando la misma está acompañada de un conocimiento y un reconocimiento de la existencia y los reclamos de Dios, es el último y el peor de todos los vicios, por dirigir intencionalmente el golpe mortal al ser más elevado del ser humano y su misión. La perversión de la cultura religiosa, tal y como se manifiesta en la conducta, es quizá más ofensiva que lo que se percibe. La hipocresía encubre la ausencia de la verdadera reverencia a Dios al jugar un papel y vestirse de todo el despliegue de piedad exterior. El fingimiento de piedad es la hipocresía exhibida en lenguaje y tono. La intolerancia es la manifestación de una parcialidad irracional y ciega por particulares credos o personas. El fanatismo añade a la parcialidad ciega de la intolerancia un odio igualmente ciego por los que se oponen, y una pretensión de inspiración. Todos estos son vicios religiosos del más insidioso y peligroso carácter; la hipocresía y el fingimiento destronan la verdad y hacen de la persona una mentira viviente; la intolerancia y el fanatismo destronan a la razón y al principio moral, y entregan a la persona al prejuicio y a la pasión (D. S. Gregory, *Christian Ethics*, 210).

15. Luther Lee señala que "el deber de la oración tiene su fundamento en la razón, y puede ser visto como adecuado para nuestra relación con Dios, así como maravillosamente adaptado a las otras partes de la economía del evangelio de salvación, y propio para promover la piedad y la devoción". Lee llama la atención a los siguientes puntos. (1) La oración es adecuada a la relación que sostenemos con Dios. Dios es el autor de todo ser, y la fuente de toda felicidad, siendo nosotros sus criaturas, y recibiendo de Él todo el bien que gozamos. (2) La oración, por su mismísimo ejercicio, se adapta admirablemente para la preservación del conocimiento del verdadero Dios, y para guardar la mente errática del hombre de que no corra a la idolatría. Ya se ha visto que la oración implica una aprehensión de la presencia universal de Dios, y de su poder que opera en todo lugar. Orar es traer a Dios directamente ante la mente, en todo lo infinito de sus atributos, en la medida en que la mente humana pueda captar la idea del Dios infinito. (3) El ejercicio de la oración deberá promover un sentido de nuestra dependencia en Dios, algo que es del todo importante mantener plenamente presente en la mente. Se ha visto que la oración implica este sentido de dependencia, y que sin él, no hay verdadera oración. (4) La oración, si descansa sobre el principio que hemos adelantado arriba, deberá tender a promover la devoción. Producirá tal resultado como un simple hábito mental, permitiendo desempeñarlo con honestidad de intención. La devoción al mundo, y el ocupar constantemente la mente con cuestiones mundanas, incrementará la mentalidad mundanal; pero, cuando lo intentemos, el hábito constante de abstraer la mente de las cosas del mundo, y de hacer el esfuerzo de concentrar los pensamientos y los deseos en Dios por la oración, deberá tender a reducir la mentalidad mundanal, a aumentar la disposición para adorar, y a sentir una más profunda

devoción. (5) La oración, como deber requerido, está peculiarmente adaptada para ayudar a ejercitar la fe, la cual es, en el evangelio, la condición fundamental de salvación. (6) El estado mental y moral del alma, el cual es necesario para ofrecer una oración aceptable a Dios, es precisamente el estado que nos hace recipientes propicios de su gracia salvadora" (Luther Lee, *Christian Theology*, 356-357).

16. Respecto al deber general de la oración secreta, puede señalarse que: (1) Toda persona, en la medida en que las circunstancias lo permitan, deberá tener un lugar que para ella sea su aposento secreto de oración. El espíritu del mandamiento lo requiere. Si no se tiene, lo más probable es que se descuide la oración. (2) Siendo que la Palabra no establece un tiempo para el desempeño de este deber, el mismo demanda una construcción y aplicación razonable, en este particular, de parte de los cristianos. El hecho de que no haya ley que prescriba cuántas veces ni a qué hora se deba llevar a cabo la oración secreta, demuestra la sabiduría del dador de la ley. No hay regla que resuelva estos asuntos que no le resulte imposible a algunos, ni que no disminuya la devoción en otros. Estos puntos fueron resueltos específicamente por la ley de Mahoma, y la secuela ha sido que la oración se ha convertido en un mero formalismo. Por Cristo haber dejado que esto se resuelva por medio del juicio iluminado, bajo un sentido de responsabilidad para con Dios, y por la regla general que requiere la oración en secreto, un juicio que será hecho en vista de las circunstancias que lo rodeen, y la fuerza del sentimiento de la piedad, la tendencia será a que se promueva el espíritu de devoción más que lo que haría cualquiera regla específica (Luther Lee, *Elements of Theology*, 359).

17. Al hablar de la oración repentina, Samuel Wakefield señala que "el cultivo de este espíritu nos es encarecido claramente por el apóstol Pablo cuando nos exhorta a orar 'sin cesar', y dar gracias 'en todo'; y también a poner nuestra mira 'en las cosas de arriba', exhortaciones estas que implican un marco de referencia mental santo y devoto, antes que simples actos de oración conducidos por intervalos. Las altas e indecibles ventajas de este hábito son que induce a una mente vigilante y alerta, evita que la religión se deteriore y termine en una forma sin vida, une el alma con Dios, induce abastos continuos de influencia divina, y presenta una barrera eficaz, por la gracia así adquirida, contra las intrusiones de las ansiedades mundanales y la fuerza de las tentaciones. La existencia de este espíritu de oración y acción de gracias es una de las grandes distinciones entre un cristiano nominal y uno real; y por medio del mismo, se puede normalmente determinar la medida de cristianismo vital y efectivo de que disfruta un individuo" (Samuel Wakefield, *Christian Theology*, 295).

18. La adoración ha jugado una parte importante, no solo en la historia de la iglesia cristiana, sino en la historia del mundo. La adoración siempre ha sido una actividad prominente hasta en las formas más primitivas de la vida y la civilización humanas. A medida avanza la civilización, cambian las formas de la adoración, pero la práctica de la adoración nunca muere. Los grandes momentos de la vida, el nacimiento, el casamiento y la muerte, siempre han sido ocasión para actos especiales de adoración. Puede decirse que, durante todo el curso de la historia, el hombre ha puesto más atención a su adoración que a cualquiera otra actividad. Por lo tanto, necesitamos distinguir claramente su significado, para poder entrar mejor a esta valiosa experiencia. La participación inteligente en la adoración es más valiosa que el seguir no inteligente de una mera costumbre.

Las siguientes definiciones de adoración merecen notarse. "La adoración es el culto a Dios, el ofrecerle la dignidad suprema a Dios, y la manifestación de reverencia en la presencia de Dios" (W. S. Sperry). "La adoración es tanto un medio como un fin en sí misma. Es incuestionablemente el medio principal para inspirar y motivar la conducta y el carácter cristianos; también es la experiencia satisfaciente de la autoexpresión, de la auto-dedicación, y de la adoración para la gloria de Dios" (Benjamín Fiske).

A la adoración se le ha llamado el "Te doy gracias" del corazón. Es un acto de genti-leza espiritual, y lo es tan razonable y apropiado como renovador y hermoso. Un sentido de decencia y gratitud nos urge a la adoración, y el confort y la satisfacción que trae son prueba de lo adecuado de ella (Potts, *Faith Made Easy,* 367).

Cada revelación de Dios es siempre un mandamiento que nos dice algo de Él que no conocíamos antes, y que nos insta a hacer para Él lo que no hemos hecho antes. La verdad es captada y concretada solo en el desempeño del deber; el deber deberá encontrar su inspiración en la verdad que le sirve de fondo. La persona que busca fiel y persistente-mente hacer lo correcto, no podrá permanecer por mucho tiempo en la oscuridad respecto a lo que es correcto. Una religión que provenga de Dios deberá tocar de manera práctica la vida humana en cada punto (Obispo McIlvaine).

19. Evelyn Underhill señala que hay dos corrientes de vida que se juntan en los fenómenos de la adoración, una que procede del Dios trascendente, y la otra que fluye de la vida religiosa del sujeto. La corriente descendiente incluye toda forma de revelación, mientras que la ascendente incluye toda forma de oración. No es el caso que la acción mutua de las dos corrientes excluya la primacía de la acción divina, ya que ella es manifiesta no solo en la corriente descendiente de la Palabra, de la revelación y de los sacramentos, sino también en su acción inmanente dentro de la vida de las almas. Este reconocimiento de nuestra dependencia total en la acción libre de Dios, inmanente y trascendente, es y deberá siem-pre ser parte de la verdadera adoración. Es interesante notar que el término "gracia preve-niente", que tan popular es en la teología arminiana, se haya vuelto a usar de nuevo en conexión con la idea de la adoración. El hombre no puede jamás haber producido esta disposición del alma. No aparece de forma espontánea desde el interior del orden creado. La temible convicción de la realidad de lo eternal en contraposición con nosotros, este sentido de Dios de uno u otro tipo, es de hecho una revelación de la gracia previniente, en proporción a la capacidad de la criatura. Es algo totalmente distinto a nosotros, imposible de deducir de las experiencias finitas, es "el esplendor y lo distintivo de Dios". El fácil hablar del piadoso naturalista en cuanto a la aproximación del hombre a Dios es, por tanto, irracional, impudente e irreverente, a menos que lo prioritario de la aproximación de Dios al hombre se mantenga constantemente en mente (Cf. Evelyn Underhill, *Worship*).

Nuestra vida religiosa requiere que demos. Se secaría bajo el deseo constante de sim-plemente recibir. Aquel que no ha aprendido a adorar, se inclina a la creencia de que no hay otro ser más digno de reverencia que él mismo. Se vuelve tan egoísta como Shylock en ese preciso ejercicio, un gran diseño del cual es contrarrestar las tendencias egoístas de la vida. La esencia de la adoración es que ella en sí misma es destronada y Dios entronado. Por medio de ella lo reconocemos como algo más que una persona muy poderosa que podemos utilizar para nuestra conveniencia y beneficio. Un escéptico quien en su vasta incertidumbre cambia su propósito al dar, alejándose de sí mismo, es uno cuya lobre-guez será alumbrada (Cf. Potts, *Faith Made Easy,* 367).

La adoración se eleva por sobre toda otra forma. Si trata de encontrar expresión por medio de una forma, la prenderá con fuego, e irradiará y se quemará en su fuego consu-midor, y subirá como incienso ante Dios. Si empieza con la impartición y la recepción del gran pensamiento de Dios, si espera a fin de escuchar su voluntad infinita y su amor eterno, extenderá sus alas para volar a su seno, para allí exhalar su devoción inefable. Tenemos aquí la manera de adorar. Claman a gran voz diciendo: "La salvación pertenece a nuestro Dios que está sentado en el trono, y al Cordero" (Apocalipsis 7:9-17). No es aprender algo nuevo, ni es el nuevo ángulo de algún pensamiento que sea de interés; no es la repetición, a modo de un cotorreo, de alguna nueva forma. Antes, es el grito del alma, profundo, sincero, intenso, fuerte; es lo más distante de lo que podría considerarse un servicio de catedral, con su cantar de la oración y la alabanza, donde la luz cae tenuemente, y la música y el sentimiento apagados llegan a la mente con la sensibilidad subyugada. Supongo que esta es para todo propósito la mejor forma de adoración nacida de la tierra, hecha por el hombre, que alguien pueda encontrar. Pero lo que aquí [en Apocalipsis 7:9-17] se describe es algo totalmente diferente. Es, de igual manera, algo extremadamente distante de la reunión de gente de alcurnia, quien, sin solemnidad ni sinceridad de corazón, espera que se le cante, se le ore, y se le predique, hasta que llegue el tiempo en que puedan partir decentemente. La adoración aquí vista surge de cada alma, es la pasión explosiva de cada corazón; irrumpe como poderoso tornado. Una cosa parece cierta, la adoración de la compañía de los lavados por la sangre no es voz suave y apacible (P. F. Bresee, *Sermons*, "The Lamb Amid the Blood-washed", 166-67).

20. Estos diversos factores, los cuales juntos forman la religión, se limitan y se sostienen mutuamente; por ejemplo, así como los sentimientos se le deben a la voluntad para su verdadera profundidad, así, por otro lado, la energía de la voluntad depende de la profundidad de la emoción. Pero todos ellos se unen, y al punto principal de la unión le llamamos fe. La fe es una vida de sentimientos, una vida del alma, en Dios (si entendemos el alma como la base de la vida personal, en la cual, por pura plenitud, toda emoción sigue siendo vaga); y nadie es un creyente, si no ha sentido estar en Dios y Dios en él. La fe sabe lo que cree, y a la luz de su intuición ve las verdades sagradas en medio de las agitaciones y los disturbios de la vida de este mundo; y aunque su conocimiento no es un conocimiento comprehensivo, aunque su intuición no es ver cara a cara, aunque, en claridad es inferior a estas formas de aprehensión, con todo, en certidumbre, no cede a ninguno; puesto que la esencia misma de la fe es que es certeza firme y confidente en lo que respecta a lo que no se ve. La fe, finalmente, es el acto más profundo de obediencia y devoción (H. L. Martensen, *Christian Dogmatics*, 11).

21. La doctrina que nos proponemos adelantar en este tema un tanto difícil, se puede considerar que implique la admisión de dos cosas: Primero, que la mente, en un sentido importante y verdadero, es departamental, y que existe en tres departamentos, el del intelecto, el de las sensibilidades, y el de la voluntad, y que los estados emocionales o emotivos constituyen una división distintiva e importante en estos departamentos; y segundo, que las operaciones del Espíritu Santo en la mente humana son varias, pudiendo abrazar la totalidad de estos departamentos, y alcanzar y controlar toda la mente, o, bajo ciertas circunstancias, pudiendo detenerse lo mismo en el departamento intelectual o en la división emotiva del departamento sensitivo, lo cual produce ciertos resultados importantes, pero deja otros sin concreción. Procedemos, entonces, a señalar, en primer lugar, que es el oficio del Espíritu Santo operar en el intelecto humano, en las ocasiones apropiadas de tales operaciones, especialmente al guiarlo en la percepción de la verdad. El modo de la operación del Espíritu sobre la parte intelectual, como lo es sobre otras partes de la mente, es misterioso en muchos sentidos, pero el resultado ordinario de su influencia es la comunicación de la verdad, es decir, que el alma, cuando se opera así sobre ella, conoce espiritualmente lo que no conocía antes. Y puede apropiadamente añadirse que el conocimiento que es así comunicado variará, tanto en clase como en grado, de acuerdo con la naturaleza del asunto o de los hechos que han de ser ilustrados, y con las circunstancias especiales, cualesquiera sean, que rindan una comunicación divina necesaria. Pero no es lo ordinario esperar que esa operación, de la cual estamos ahora hablando, se detenga con el intelecto (Thomas C. Upham, *Interior Life*, 138-139).

22. Hemos dicho que el hombre se debe a sí mismo el que, en la medida de su habilidad, busque la perfección de sus capacidades, especialmente que eduque de tal manera su intelecto, que sea una persona de información extensa, de sano juicio, y de correcto razonamiento; que discipline de tal manera su facultad volitiva que pueda siempre mantener

sus apetitos, sus deseos y sus afectos bajo control, manteniendo su gratificación dentro de los límites prescritos por nuestro creador, y nunca permitiendo que su gratificación eche a perder un bien mayor que el que confiera (Miner Raymond, *Systematic Theology*, III:104).

23. **Vicios intelectuales:**

D. S. Gregory, en su libro *Christian Ethics,* llama la atención a la necesidad de evitar la ignorancia, la estupidez, la imprudencia, la temeridad, la credulidad y el escepticismo como vicios fatales para toda verdadera misión. Todos ellos son vicios que tienen su raíz en una ignorancia vencible, y, por tanto, el agente está obligado a evitarlos. A continuación la manera en que Gregory los enumera:

1. La ignorancia puede aparecer como falta de conocimiento en cuanto a la naturaleza y las consecuencias de cualquiera acción, o falta de conocimiento de la misión del deber o de cualquiera de sus partes. No importa como aparezca, es un reproche al agente y un impedimento para su misión.

2. La estupidez es, a menudo, no tanto un defecto de la naturaleza sino de la energía moral, y cuando proviene de esto último se vuelve inmoral. La persona se rehúsa despertar a la observación, a la reflexión y al juicio, por lo cual sus capacidades naturales se vuelven débiles. ... Tal estupidez es inmoral y viciosa en proporción a las dotes menospreciadas y las oportunidades perdidas.

3. La imprudencia es más bien la despreocupación ocasional de la naturaleza, y de las consecuencias de las acciones, y no el que uno sea un perpetuo olvidadizo. Cuando la persona permite que unas pocas cosas lo absorban, y que las tales no sean quizá importantes, perdiendo de vista las muchas y más importantes a las que debe dar la debida atención para así decidir cómo actuar, las consecuencias del mal lo dominarán inesperadamente, por lo cual fracasará en sus empeños. Esa clase de imprudencia es obviamente inmoral y culpable.

4. La temeridad es el osado riesgo de consecuencias vistas o no vistas. Esta persona está tan concentrada en cierto fin en particular que, aunque tenga abundante ocasión para anticipar las malas consecuencias, está determinada a arriesgarse, y persiste atropelladamente en su curso de acción hasta que viene el golpe. La pasión es por lo regular la que lidera en este vicio. Es un vicio peor que la estupidez o la imprudencia, ya que la depravación que manifiesta la temeridad es intencionada en su sentido más pleno, y demuestra la determinación atrevida de dejar de un lado el juicio moral para gratificar la pasión, cualquiera sea el costo o el peligro.

5. La credulidad y el escepticismo son formas opuestas del mismo vicio. La carencia de la cultura intelectual apropiada deja al agente débil en el juicio, y, por no poder captar bien los principios, y por tener menos capacidad para hacer deducciones seguras de los hechos, aplica o no su fe de acuerdo con sus propios deseos, o con las opiniones de alguien que pueda ejercer influencia sobre él. Si es de temperamento ardiente, estará presto a creer cualquiera cosa, o a ser un ingenuo; si es de temperamento opuesto, o tiene la ambición de que se le considere brillante u original, estará igualmente listo a dudar de todo, o, a ser escéptico.

24. **Las fuentes de poder:**

El poder para actuar depende del poder que lo motiva, y, por lo tanto, del poder del sentimiento. Los sentimientos son una parte tan importante y tan digna del ser humano como lo es el intelecto o la voluntad. Dada la naturaleza misma del alma humana, no podrá haber voluntad poderosa y persistente para la ejecución de la misión de la vida, a menos que haya un sentimiento poderoso y sostenido. Por lo tanto, es el deber de la persona buscar desarrollar todos los afectos y deseos naturales, en su debida proporción y armonía, a fin de volverse una persona con dignidad plena y madura, y que pueda poseer un poderoso motivo fundamental para su vida. Es, pues, deber de la persona evitar toda represión, perversión o desarrollo desproporcionado de los sentimientos. La insensibilidad y la pasión son igualmente inmorales y viciosas. La insensibilidad mantiene la misma relación con los sentimientos que la estupidez con el intelecto. Surge de igual manera, de la represión de los sentimientos, de modo que el génesis que ya se ha dado para la estupidez se aplica también a la insensibilidad. Cuando se vuelve general, es uno de los vicios más letales. Cuando es confirmada e intencional, se convierte en obstinación, y deberá parecerle tanto repulsivo como culpable a cualquier ser de recto pensar, sea que asuma la forma de insensibilidad hacia los más elevados intereses y el destino del propio ser humano, o hacia los reclamos de sus congéneres por afecto y simpatía, o hacia los reclamos mismos de Dios. La pasión surge de la acción desordenada e ingobernable de los afectos y deseos, al desarrollarla fuera de armonía y proporción, y hacerla el fin de la acción en vez de su fuente. Cuando la pasión ha completado su desarrollo, la razón y la voluntad son hechas esclavas, y la persona pierde su verdadera esencia. Es obvio que bajo una cultura equivocada y malévola, cada una de las fuentes de acción provee el germen de alguna pasión. Primero, a partir de los sentimientos bajos. Del desarrollo indebido de los apetitos y de las sensibilidades animales surge el blando vicio de la sentimentalidad, vicio este que lleva a su víctima a llorar con igual facilidad por las agonías de un canario mascota que por las de una víctima de la Inquisición, y que la lleva igualmente a los bajos y brutales vicios de la glotonería, la intemperancia y la sensualidad, los cuales son usualmente designados como pasión en su sentido básico. Segundo, a partir de los sentimientos más elevados. En el desarrollo causado por los sentimientos más altos surge, del lado de los afectos, el orgullo, o esa autoestima irregular que hace lucir a uno como dispuesto a exagerar lo que uno posee, y con modales altaneros y soberbios; el egoísmo, el cual lleva a uno a autodeclararse prominente; la vanidad, esa aliada del orgullo, el egoísmo, la arrogancia, y la adulación y el encomio de uno mismo, vicio que se manifiesta en el deseo de atraer la atención y lograr la admiración por algún medio, siendo la vanidad, por tanto, ridiculizada por ser débil, si es que no sería condenada como inmoral; y cualquiera otra forma de egoísmo, a partir de los deseos, inconformidad sin derrotero, curiosidad irracional, ambición desembocada, y codicia baja, todo lo cual es fácil de entender, y todo lo cual la humanidad también condena como vicioso (D. S. Gregory, *Christian Ethics,* 206-207).

25. Cuando el Señor santifica un alma, esa alma conoce lo que es la habitación consciente de la gloria, aun cuando sepa muy poco de cómo esa gloria operará exteriormente en el ser y en la vida. La gloria es gloriosa como gozo, y como llama que se enciende y arde en cada sentimiento y emoción, pero la gloria en el ser, en el carácter, en la vida, es aún más gloriosa. Cuando Moisés vio el fuego ardiendo en la zarza y escuchó a Dios hablarle, y se quitó las sandalias por ser santo el lugar donde estaba parado, seguramente fue movido por emociones que nunca había sentido antes, por lo que, sin duda, una gloria transformadora vino a su alma. Pero después, en el monte, el fuego ardió tan continuamente en él, y alrededor de él, que permeó cada parte de su ser. Fue algo más que emoción, ya que "no sabía Moisés que la piel de su rostro resplandecía" [Éxodo 34:29]. Más allá de la emoción había un dominio de la gloria divina que era más que voluntad, propósito, emoción y carácter. Un tanto parecido a esto está la gloria que transforma los afectos, que dirige el propósito y que fortalece la voluntad. Se encuentra encerrada, por así decirlo, en una rudimentaria hombría no conducente y translúcida, aunque la transformación por el Espíritu de Dios siga avanzando aún más, mientras se contempla la gloria de Dios según se revela en el rostro de Jesucristo, y en el espejo de su palabra (P. F. Bresee, *Sermons,* "The Transferred Image", 149).

26. Las emociones espirituales se expresan de la misma manera que las demás. Sus canales son naturales antes que sobrenaturales. Una falta de reflexión en lo que respecta a esta verdad ha afectado la obra de salvación en muchas ocasiones y lugares. La multitud cuenta como

pecado aparecer espiritualmente movido, especialmente de ciertas maneras, y cuando es en grado considerable. Sin embargo, a veces es realmente pecaminoso no serlo. Si se les permite a los placeres y dolores ordinarios manifestarse en la voz, y por medio de diversos movimientos físicos, no habría una sana razón para no concederle el mismo privilegio a los placeres puramente espirituales. Los numerosos ataques a estas manifestaciones religiosas son en realidad un ataque a la religión en sí misma. Son intentos de constreñirla a formas frígidas y fijas que pronto la dejan vacía y hueca (T. K. Doty, *Lessons in Holiness*, 95).

27. **Los vicios ligados a la voluntad:**

Los vicios que más de inmediato se conectan con la voluntad, y no con el intelecto o con las emociones, son el servilismo y la independencia, y la inconstancia y la obstinación. El servilismo incluye no solo el asentir ser esclavo y obedecer a un amo a quien solo le importan sus propios fines, sino también toda sumisión mezquina y vil, o el ser un bajo sicofanta. Incluye la ciega entrega de la voluntad a todo líder finito y falible, ya sea en la moda, en lo empresarial, en la política, en lo moral o en la religión; y también la igualmente ciega e irracional entrega de la voluntad para la perversión del sentimiento público en todos sus aspectos. Puede manifestarse en hipocresía, cuando la persona no se atreve a afirmar abiertamente su libertad de opinión o de acción. Adula para escapar el daño, lisonja para ganar favor, aparenta humildad para procurar alabanza, y se deleita en la falsa murmuración para obtener cumplidos. Se presenta bien arreglado y acomodaticio, a expensas de la valía de la persona, convirtiéndola en un mero juguete de las circunstancias. En todas sus formas y manifestaciones, el servilismo deberá reconocerse de inmediato como bajo e inmoral.

La independencia, en su forma inmoral, es lo opuesto al servilismo. Es obvio que existe una independencia que consiste en la debida autoafirmación, la cual es digna de alabanza y virtuosa. Pero la independencia improcedente y viciosa es la autoafirmación innecesaria e impropia que se opone a la recta autoridad o a la ley justa, o la que es culpable de ignorar las opiniones o sentimiento de los demás. Una debilidad no menos inmoral que la que se exhibe en el servilismo puede mostrarse en el "hablar lo que uno siente" todo el tiempo, sin tener en cuenta el que se haga a destiempo.

La inconstancia y la obstinación son vicios de un carácter opuesto. En lo primero, la voluntad cambia continuamente, sin que se puedan dar las debidas razones o motivos; en lo segundo, la voluntad permanece fijamente la misma, sin tener en cuenta que haya razones o motivos adecuados. Ambos vicios son irracionales. Ambos son igualmente inmorales, ya que es el deber del ser humano tomar en cuenta toda consideración que pueda influir en un ser racional. Los dos vicios impiden el logro de la misión del ser humano, el primero por impedirle tornar sus energías en cierta dirección por el tiempo suficiente para lograr algo, y el otro porque lo guía persistentemente en la dirección equivocada (D. S. Gregory, *Christian Ethics*, 207-208).

28. La ley del hábito es uno de los principios más poderosos en conexión con la cultura del ser humano. Primero, la misma requiere que el acto, o el ejercicio del poder, se repita a intervalos regulares y moderados. Segundo, esta repetición resultará en la inclinación o tendencia al acto repetido, aun cuando al principio resulte contrario y hasta repulsivo. Tercero, esta tendencia aumentará en poder con la repetición del acto, y dará creciente placer a la persona que lo cumple, y dolores también crecientes a la persona que lo resista. Cuarto, cuando la tendencia queda plenamente confirmada, el agente al fin llegará a desempeñar el acto acostumbrado sin un esfuerzo consciente. Su ser habrá adquirido fijeza en esa dirección acostumbrada de acción, lo cual hará seguro que la persona continuará desempeñando el acto con facilidad y poder, sin siquiera pensarlo (P. S. Gregory, *Christian Ethics*, 203).

El poder del hábito, cuando se pervierte, se vuelve una fuerza destructiva. Para explicarlo, Bowen dice: "El proceso es uno simple, por consistir sencillamente en transferir los afectos, del fin a los medios. Por asociación de ideas, lo que fue primero amado y practicado solo como instrumento, se convierte en la idea principal y la mayor meta a alcanzar. Así, por ejemplo, el dinero, en curso descendente, el cual al principio se deseó solo como medio para satisfacer los apetitos, o para responder a fines más elevados, se convierte en sí mismo en apetito y pasión, formándose, pues, el hábito vicioso de la avaricia. Pero en un curso ascendente y progresivo, la honestidad que primero se practicó solo porque era la mejor regla, y la adoración a Dios que primero se le tributó como premio celestial, se volverá al fin en un homenaje no dadivado y abnegado del alma a la rectitud, la santidad y la verdad" (Bowen, *Metaphysics and Ethics,* 308).

P. S. Gregory, al hablar de la ley del hábito, dice: "Este arreglo beneficioso provee uno de los mayores alicientes para los padres y los instructores de jóvenes. Requerirles firme y prudentemente a los jóvenes tareas prescritas y cursos de acción, lo cual podría resultar al principio enfadoso, aun cuando sea necesario y justo, les formará los hábitos apropiados; y lo que se hace al principio involuntariamente y solo por la presión de una voluntad superior, llegará a hacerse con alegría y por su propio mérito" (P. S. Gregory, *Christian Ethics,* 203).

29. Los criterios religiosos de una persona pueden sostenerse por medio de un intermediario, es decir, de manera filosófica o estética. Por el simple hecho de que la percepción religiosa trata con un elemento objetivo, aquel del pensamiento y la imaginación, la misma puede ser separada de su fuente vital en los afectos, pudiendo ser ejercida en forma meramente estética o filosófica, independiente de la fe personal. Por eso hay filósofos, poetas, pintores y escultores que han representado ideas cristianas con gran poder plástico, aun cuando no tenían en sí mismos una posesión religiosa de esas ideas, entrando en relación con ellas solo por medio del pensamiento y la imaginación. De igual manera, una proporción considerable de hombres contemporáneos sostiene criterios religiosos solo de manera estética, o simplemente hacen de ellos un asunto de reflexión refinada sostenida únicamente a través de intermediarios, puesto que nada saben de los sentimientos personales y las determinaciones de conciencia que les corresponden, ya que, en otras palabras, su conocimiento religioso no surge de estar establecidos en relaciones religiosas correctas. Por lo tanto, la adopción de nociones religiosas, más aún, de una visión religiosa comprensiva de la vida, bajo ninguna circunstancia es prueba infalible de que alguien sea en sí religioso. Alguien lo es solo cuando los criterios religiosos tienen su raíz en el correspondiente estado interior de la mente y del corazón, y cuando la persona se siente conscientemente ligado a estos criterios; en breve, cuando los cree. Y aún cuando una persona, con la ayuda de puntos de vista cristianos, pueda lograr maravillas en el arte y la ciencia, y pueda profetizar y echar fuera demonios, Cristo no lo reconocerá a menos que dicha persona esté en una relación personal correcta con esos puntos de vista. Se hace especialmente necesario en el tiempo presente llamar la atención a esta manera doble en la que las nociones religiosas pueden ser consideradas (H. L. Martensen, *Christian Dogmatics,* 10).

30. J. A. Wood, en su obra titulada, *Perfect Love,* cita lo siguiente como evidencia del adelanto en la santidad: "(1) Un placer y deleite creciente en la Biblia. (2) Un interés creciente en la oración, y un espíritu creciente de oración. (3) Un creciente deseo por la santidad de los demás. (4) Un sentido examinador del valor del tiempo. (5) Menos deseos de escuchar, ver y conocer por simple curiosidad. (6) Una inclinación creciente en contra de la magnificación de las faltas y debilidades de los demás, siempre que uno se vea obligado a hablar del carácter de alguien. (7) Una mayor prontitud para hablar libremente a los que no disfrutan de la religión, y a los que profesaban la religión pero se han vuelto atrás. (8) Mayor disposición de gloriarse del rechazo por causa de Cristo, y de sufrir, si fuera necesa-

rio, por Él. (9) Una creciente ternura de conciencia, y ser más escrupulosamente consciente. (10) Menos afectado por los cambios de lugar y de circunstancias. (11) Un más dulce disfrute del día de reposo, y de los servicios en el santuario. (12) Un creciente amor por buscar los medios de gracia" (J. A. Wood, *Perfect Love*, 311-312).

Juan Wesley menciona los siguientes estorbos a la santidad, por cuanto "contristan el Santo Espíritu de Dios". (1) Las conversaciones que no son provechosas, las que no se prestan para edificar, ni son aptas para ministrar gracia a los que escuchan. (2) Recaer en la amargura y la falta de bondad. (3) La ira, el disgusto prolongado, o la falta de un corazón tierno. (4) El enojo, no importa cuán pronto uno se sobreponga al mismo; la falta de perdonarse instantáneamente los unos a los otros. (5) El hablar rudamente, ya sea por gritería, vocinglería, alboroto o aspereza. (6) El hablar la maldad, la murmuración, y el chisme; mencionar innecesariamente las faltas de alguien que no esté presente, no importa con cuánta delicadeza se haga. (Juan Wesley, *Plan Account of Christian Perfection*, 80.)

31. **Reflexiones espirituales:**

Juan Wesley, en su libro, *A Plain Account of Christian Perfection* [La perfección cristiana], nos entrega las siguientes reflexiones espirituales, las cuales recomienda para consideración profunda y frecuente. El texto completo se puede encontrar en las páginas de la 95 en adelante de la obra mencionada arriba. (1) El mar es una excelente figura de la plenitud de Dios, y de la del bendito Espíritu. Así como los ríos vuelven al mar, así también los cuerpos, las almas y las buenas obras del justo vuelven a Dios, para vivir ahí en su reposo eterno.

El fondo del alma puede estar en reposo, aunque externamente estemos en problemas, como el fondo del mar está en calma aunque la superficie esté reciamente agitada.

Los mejores auxilios para crecer en la gracia son las injusticias, las afrentas y las calamidades que nos vienen. Debemos recibirlas con toda gratitud, como preferibles a cualesquiera otras, si solo esa fuera la razón, con tal de que nuestra voluntad no tenga parte en ellas.

La manera más rápida de escapar de nuestros sufrimientos es disponiéndonos a que continúen mientras Dios lo quiera.

Una de las más grandes evidencias del amor de Dios para los que lo aman es que Él les envíe aflicciones con la gracia para soportarlas.

(2) La verdadera resignación consiste en una completa conformidad a la entera voluntad de Dios, el cual quiere y hace todo (excepto el pecado) lo que sucede en el mundo. Para que esto sea así solo tenemos que aceptar todos los eventos, buenos y malos, como su voluntad.

Debemos sufrir calladamente lo que nos sobrevenga, tolerar los defectos de otros y los nuestros, confesarlos a Dios en oración secreta o con gemidos indecibles, y nunca hablar palabra dura o impertinente, ni murmurar ni quejarse, sino estar completamente dispuestos a que Dios trate con uno de la manera que le agrade.

Hemos de tolerar a los que no podamos enmendar, y conformarnos con presentárselos a Dios. Esta es la verdadera resignación. Puesto que Él ha llevado nuestras debilidades, bien podemos llevar las de los unos con los otros para su gloria.

(3) No hay amor a Dios sin paciencia, ni hay paciencia sin humildad ni dulzura de espíritu.

La humildad y la paciencia son las pruebas más seguras de un amor creciente.

La verdadera humildad es una especie de aniquilación propia, y es el centro de todas las virtudes.

(4) Tolerar a las personas, y sufrir males con humildad y en silencio, es la suma de la vida cristiana.

Dios es el primer objeto de nuestro amor: su próximo oficio es sobrellevar los defectos de los demás. Debemos principiar la práctica entre los de nuestra propia casa.

Debemos ejercitar principalmente nuestro amor hacia los que más contrarían nuestra manera de pensar, o nuestra disposición, o nuestro conocimiento, o nuestro deseo de que sean tan virtuosos como nosotros deseamos ser.

(5) Dios apenas da su Espíritu a los que ha establecido en la gracia, si no oran por ello en toda ocasión, no solo una vez, sino muchas.

Cada vez que algo nos inquiete debemos retirarnos a la oración, para dar lugar a la gracia y a la luz de Dios, a fin de establecer nuestras resoluciones sin que sintamos angustia por lo que suceda.

En las grandes tentaciones, una sola mirada a Cristo, y el solo pronunciar de Su nombre, serán suficiente para vencer al maligno, siempre que se haga con confianza y tranquilidad de espíritu.

Todo lo que hace el cristiano, incluso el comer y el dormir, es oración, siempre que se haga con sencillez, de acuerdo con el orden de Dios, sin añadirle o disminuirle nada por escogimiento propio.

La oración continúa en el deseo del corazón, aún cuando el entendimiento sea empleado en cosas externas.

En las almas llenas de amor, el deseo de agradar a Dios es una continua oración.

(6) Es apenas concebible cuán recta es la senda por la que Dios dirige a los que lo siguen, y lo dependientes que debemos ser de Él, a menos que faltemos a nuestra fidelidad.

Debemos estar en la iglesia como los santos están en el cielo, y en la casa como lo están los más santos hombres en la gloria, haciendo nuestro trabajo en la casa como cuando oramos en la iglesia, adorando a Dios desde el fondo del corazón.

Debemos esforzarnos continuamente en deshacernos de todas las cosas inútiles que nos rodean: por lo regular, Dios escinde lo superfluo de nuestras almas en la misma proporción en que nosotros lo hacemos con lo de nuestros cuerpos.

Apenas concebimos lo fácil que es robarle a Dios lo que le corresponde en nuestra amistad con las personas más virtuosas, hasta que nos son quitadas por la muerte. Pero si esta pérdida produce tristeza duradera, ello sería prueba de que tenemos delante de nosotros dos tesoros entre los cuales hemos dividido nuestro corazón.

(7) Si después de haber renunciado a todo, no velamos incesantemente, ni le rogamos a Dios que nos acompañe en nuestra vigilancia con Él, de nuevo seremos enredados y vencidos.

Es bueno renovarnos de tiempo en tiempo, examinando de cerca el estado de nuestras almas, como si nunca lo hubiéramos hecho antes, ya que nada tiende más a la plena seguridad de nuestra fe que mantenernos, por ese medio, en humildad, y en el ejercicio de toda buena obra.

A la continua vigilancia y oración se ha de añadir la continua ocupación. La gracia llena el vacío tan bien como la naturaleza lo hace, y el diablo llena lo que Dios no llene.

(8) Una de las principales reglas de la religión es que no perdamos ocasión de servir a Dios. Siendo que Él es invisible a nuestros ojos, hemos, pues, de servirle en nuestro prójimo mismo, lo cual Él recibe como si se lo hubiéramos hecho en persona, de pie visiblemente ante nosotros.

Una constante atención a la obra que Dios nos ha confiado es una marca de sólida piedad.

La caridad no puede practicarse rectamente, a menos que, primero, la ejerzamos en el momento en que Dios dé la ocasión, y segundo, nos retiremos en el instante en que la ofrezcamos a Dios con humilde acción de gracias. (Juan Wesley, *Plain Account of Christian Perfection*, 95-102.)

Máximas religiosas:

Las siguientes máximas han sido seleccionadas de, "Religious Maxims", por Thomas C. Upham, las cuales se encuentran en su obra titulada *Principles of the Interior Life*. Examinarlas y observarlas contribuirá considerablemente a la vida devocional de los que buscan una comunión más estrecha con Dios.

I.

Piensa mucho, y ora mucho, y que tus palabras sean pocas, expresadas con seriedad y deliberación, como en la presencia de Dios. Pero considera los tiempos y las estaciones. Puede que actuemos inocentemente como niños con los niños, lo cual, en la presencia de los mayores tendría la apariencia de desconsideración y liviandad; de igual manera, puede que a veces expresemos nuestra gratitud a Dios, y nuestro regocijo santo, con un grado creciente de libertad y vivacidad, especialmente en la compañía de aquellos que llevan la misma imagen, y que saben lo que es regocijarse en el Espíritu Santo.

II.

Guarda silencio cuando se te culpe y se te rechace injustamente, de modo que, bajo ciertas circunstancias, la persona que te rechaza y te lastima, con toda probabilidad, por la influencia de sus propias reflexiones, descubra prontamente su error y su mal. No escuches lo que la naturaleza te sugiera, pues te hará responder apresuradamente; antes bien recibe el trato injusto con humildad y calma, y Aquel en cuyo nombre sufras te recompensará con consuelo interno, a la vez que enviará sus agudas flechas de convicción al corazón de tu adversario.

III.

No importa lo que se te pida que hagas, esfuérzate en mantener un estado mental tranquilo, controlado y de oración. El control propio es muy importante. "Bueno es esperar en silencio la salvación de Jehová" [Jeremías 3:26]. El que se encuentre en lo que sería prisa espiritual, o se apresure sin tener evidencia de que ha sido espiritualmente enviado, se apresura sin propósito.

IV.

Busca la santidad antes que la consolación. No es que se desprecie el consuelo, o que se considere sin valor, sino que la consolación es sólida y permanentemente el resultado más bien que el precursor de la santidad, y es por eso que el que busca el consuelo como un objeto distinto e independiente, no lo encontrará. Busca y posee la santidad, y la consolación (no quizá frecuentemente en la forma de goces extáticos y pasmosos, sino en paz sólida y deleitosa) vendrá de manera tan segura como el calor sigue a la emanación de los rayos del sol. El que es santo deberá ser feliz.

V.

No te turbes porque el ojo del mundo esté constante y fervientemente fijo en ti, para detectar tus errores y gozarse en tus ladeos. Antes, considera el presente estado de cosas, no importa cuán difícil sea, como uno de los salvaguardas que el Padre bondadoso te ha puesto a tu alrededor, a fin de mantener en tu propio pecho un espíritu antagonista de vigilancia, para prevenirte de los mismos errores y transgresiones que tus enemigos anticipan ansiosamente.

VI.

No te extrañe el que te sobrevengan problemas y persecuciones. Antes recíbelas quieta y agradecidamente, como si vinieran de la mano del Padre. Sí, bienaventurado eres si, en el ejercicio de la fe, puedes ver más allá de la instrumentación humana, más allá del egoísmo y la malicia de los hombres, y contemplar al que los ha permitido para tu beneficio. Que así persiguieron al Salvador y a los profetas.

VII.

"Airaos, pero no pequéis" [Efesios 4:26]. La vida de nuestro Salvador, al igual que los preceptos de los apóstoles, enseña claramente que puede haber ocasiones en las que tengamos sentimientos de insatisfacción, y hasta de enojo, sin pecar. El pecado, no considerado en su naturaleza sino en su grado, no necesariamente se encuentra ligado al enojo. No obstante, el enojo rara vez existe como un hecho sin que se vuelva, en su propia medida, desordenado y excesivo. Por lo tanto, es importante que velemos contra el enojo, no sea que nos lleve a la transgresión. Haz una regla, entonces, nunca permitir que los sentimientos de enojo se expresen exteriormente (una conducta que operará como poderosa advertencia de la acción excesiva), hasta que los hagas el sujeto de reflexión y oración. Así puedes esperar ser guardado.

VIII.

En la agitación de la vida presente, acosados y perplejos como estamos con los problemas, cuán natural es buscar de todo corazón un lugar de reposo. Y es cierto que a menudo le dejamos ver nuestras preocupaciones y perplejidades a nuestro prójimo, y buscamos consuelo y apoyo en esa fuente. Pero el alma santificada, por haber experimentado lo incierto de todo auxilio humano, se vuelve instintivamente al gran Dios, y, escondiéndose en la presencia y la protección de la existencia divina, allí descansa, como en una torre fuerte que ningún enemigo puede conquistar, y como en una roca eterna que ningún torrente puede arrastrar. Conoce la importancia instructiva de esta exclamación sublime del salmista, "Alma mía, en Dios solamente reposa, porque de él es mi esperanza" (Salmos 62:5).

IX.

Siempre que puedas debidamente evitarlo, no hables mucho de tus propias acciones, y ni siquiera hagas alusiones a tu propia persona como un agente de transacciones calculadas para atraer la atención. Nosotros no suponemos, como algunos se inclinan a hacer, que hablar frecuentemente de nuestras acciones sea necesariamente prueba de algo, pero ello sí puede proveer una presunción de indebido amor propio, y no se puede negar que por una conducta así nos exponemos a tentaciones y peligros en esa dirección. Es más seguro, y ciertamente mucho más beneficioso, hablar de lo que se ha hecho por nosotros y en nosotros, hablar, por ejemplo, de nosotros como recipientes de la bondad de Dios, antes que hablar de lo que nosotros mismos hemos hecho. Pero si lo hacemos, porque sea un deber imperativo hacerlo, será necesario que hablemos con deliberación y cautela.

X.

La vida divina, la cual depende de la presencia del Espíritu de Dios en cada etapa de su existencia, le coloca un alto valor a la tranquilidad mental. No es algo nuevo señalar que el Espíritu Santo no congenia ni se goza con el alma poseída por la contienda y los alaridos. Por lo tanto, si tuviéramos siempre al Espíritu Santo, deberíamos evitar y huir, con toda la intensidad de nuestro ser, de toda codicia desordenada, de toda envidia, malicia y mala palabra, de toda impaciencia, celos y enojo. De un corazón tal, y solo de uno así, que es tranquilo al igual que puro, que participa de alguna manera de la tranquilidad controlada y sublime de la mente divina, se puede decir, en el sentido más cierto y elevado, que es un templo propicio para la morada el Espíritu Santo.

32. **Los diez mandamientos del Nuevo Testamento.** Los Diez Mandamientos del Antiguo Testamento recreados en el Nuevo Testamento, han sido tabulados por R. Crittenden como sigue:

I. "Jesús le respondió: El primer mandamiento de todos es: Oye, Israel; el Señor nuestro Dios, el Señor uno es" (Marcos 12:29).

II. "[P]orque ellos mismos cuentan de nosotros la manera en que nos recibisteis, y cómo os convertisteis de los ídolos a Dios, para servir al Dios vivo y verdadero" (1 Tesalonicenses 1:9).

III. "Porque yo os digo: No juréis en ninguna manera" (Mateo 5:34).

IV. "También les dijo: El día de reposo fue hecho por causa del hombre, y no el hombre por causa del día de reposo" (Marcos 2:27).

V. "Honra a tu padre y a tu madre" (Mateo 19:19).

VI. "No matarás" (Mateo 19:18).

VII. "No adulterarás" (Mateo 19:18).

VIII. "No hurtarás" (Mateo 19:18).

IX. "No dirás falso testimonio" (Mateo 19:18).

X. "Y les dijo: Mirad, y guardaos de toda avaricia" (Lucas 12:15).

33. Esta ley del amor equitativo a los seres humanos se ha de interpretar en consistencia con todos nuestros manifiestos deberes personales y domésticos. Cualquiera otra interpretación de dicha ley está equivocada. En ese sentido el tema es claro. ¿Es usted un esposo? Trate a su esposa como quisiera que lo trataran si usted fuera la esposa. ¿Es usted una esposa? Trae a su esposo como quisiera que la trataran si usted fuera el esposo. ¿Es usted un padre? Trae a su hijo como quisiera que lo trataran si fuera un hijo. ¿Es usted un hijo? Trate a sus padres como quisiera que lo trataran a usted si fuera un padre. ¿Es usted un hermano o una hermana? Trate a su hermano o a su hermana como quisiera que lo trataran bajo circunstancias similares. ¿Es usted un rey? Trate a sus súbditos como quisiera que lo trataran si estuviera en el lugar de ellos y ellos en el suyo. ¿Es usted un compañero ciudadano? Trate a sus compañeros ciudadanos como usted quisiera que lo trataran. ¿Se ha cruzado un extraño en su camino? Trátelo como usted quisiera que lo trataran si usted fuera un extraño. ¿Encuentra en aflicción a otro ser como usted? Trátelo como usted quisiera que lo trataran si estuviera en aflicción. En todo esto, la cosa supuesta es lo que usted requeriría con perfecta honestidad del otro ser humano (Luther Lee, *Elements of Theology*, 381).

34. La ira santa en la personalidad humana es una expresión del alma en su actitud hacia un mal o un supuesto mal. Aunque está de alguna forma mezclada con otras y variadas emociones, y, dada sus relaciones finitas, puede ser imperfecta en el más santo de los seres humanos, aún así representa una semblanza de la ira infinita de Dios con respecto a su procedimiento ordenado y a su control. Así como la ira divina, o enojo, es majestuosa en su armonía con la verdad, y su expresión queda sancionada por la entereza de cada atributo divino, así también el enojo santo en una personalidad santificada es un principio de vida y de expresión que no desequilibra la razón ni trae las varias partes de la individualidad a confusión (Paul S. Hill).

35. Richard Watson nos provee la siguiente excelente declaración acerca de la ley del amor: "Excluye todo enojo más allá del grado de resentimiento que una acción culpable de parte de otro pueda requerir, a fin de marcar el sentido que tenemos de su maldad, y de realzar esa maldad en el ofensor, para poder llevarlo al arrepentimiento, y a que la abandone. Esta parece ser la regla apropiada para distinguir entre el enojo legal y el que es contrario a la caridad, y por consiguiente malévolo y pecaminoso. Excluye la impecabilidad, porque si no perdonamos pronta y generosamente a los demás sus transgresiones, ello es de considerarse una violación tan grande de la ley del amor que debe ligar juntos a todos los seres humanos, que el Padre celestial no nos perdonará. Excluye toda venganza, no requiriendo castigo para los demás por las ofensas en contra nuestra, y aunque sea legal pedir el castigo de la ley por los crímenes en contra de la sociedad, ello nunca deberá hacerse basado en el principio de la venganza privada, sino sobre la base pública de que la ley y el gobierno son ordenados por Dios, lo cual produce un caso que habría que ubicar bajo la regla inspirada de, "Mía es la venganza, yo pagaré, dice el Señor" [Romanos 12:19]. Excluye todo prejuicio, con lo cual se quiere decir la construcción áspera de los móviles y los caracteres de los seres humanos basada en la conjetura, o en el conocimiento parcial de los hechos, acom-

pañada de la inclinación a formar una opinión equivocada de ellos en ausencia de la debida evidencia. A esto parece ser a lo que el apóstol Pablo alude cuando dice que el amor "no guarda rencor". Excluye toda censura o maledicencia, cuando el fin no es corregir al ofensor, o cuando la declaración de la verdad no es requerida por nuestro amor y nuestro deber para con otro, ya que siempre que el fin sea meramente rebajar a una persona ante la estima de los demás, ello resultará únicamente en sentimientos antojadizos e inmorales. Excluye todas esas agresiones, sean triviales o de mayor peso, que podrían cometerse contra los intereses de otro, cuando la ley del caso, o siquiera el derecho abstracto, no sería contrario a nuestro reclamo. Estos siempre son casos complejos, aunque sucedan solo ocasionalmente, pero la regla que nos obliga a hacer con otros como quisiéramos que hicieran con nosotros, nos obliga también a actuar sobre las bases de una visión benevolente del caso, pasando por alto lo rígido del derecho. Finalmente, excluye, como limitaciones a su ejercicio, todas aquellas distinciones artificiales que han sido creadas por los seres humanos, o por arreglos providenciales, o por circunstancias accidentales. Los hombres de todas las naciones, de todos los colores, de todas las condiciones, son el objeto del precepto sin límites de, 'Amarás a tu prójimo como a ti mismo'. Los sentimientos bondadosos producidos por los instintos naturales, por las relaciones, o por el país, pueden pedirle a nuestro amor al prójimo un ejercicio más caluroso para los individuos o para los grupos de personas, o estos pueden considerarse como distintivos y especiales, como afectos similares súperañadidos a esta caridad universal; pero en cuanto a todos los seres humanos se refiere, esta caridad es un afecto eficiente que excluye toda mala voluntad y todo daño" (Richard Richard Watson, *Theological Institutes*, IV:255-256).

36. La libertad de las personas deberá distinguirse de lo que a veces se denomina la libertad natural. Esta última se ha supuesto que consista en la libertad para hacer todas las cosas como nos plazca, sin que importen los intereses de nuestros congéneres. A tal libertad, sin embargo, no tenemos derecho justo, ni natural ni adquirido. La libertad para robar y para saquear puede que sea el derecho natural del lobo o del tigre, pero si la humanidad está por naturaleza habilitada y diseñada para el estado social, cosa que es difícil negar, dicha libertad no puede ser derecho natural del ser humano. Por lo tanto, al hablar de la libertad como un derecho natural, a lo que nos referimos es a esa clase de libertad que se conforma con los derechos de todos los seres humanos.

La libertad de expresión y de prensa es el derecho de todo ciudadano para "hablar, escribir y publicar sus sentimientos libremente" en todo asunto que convenga. La palabra "prensa" se emplea aquí en su sentido más abarcador, para denotar la empresa general de imprenta y de publicaciones. Luego, la libertad de prensa es la libertad para publicar libros y periódicos sin limitaciones, excepto las que sean necesarias para proteger los derechos de los demás. Las personas no están en libertad, en todos los casos, de hablar o de publicar en contra de otros lo que les plazca. Si no se tiene algún tipo de refrenamiento, se podría, por medio de falsos reportes o publicaciones maliciosas, dañar la reputación, la paz o la propiedad de un congénere. Es, pues, apropiado que, aunque las autoridades civiles les garanticen a todas las personas la libertad de expresión y de prensa, las haga responsables del abuso de ese derecho. El que una persona difame a otra por medio de una declaración o informe falso o malicioso, o es calumnia o es libelo. Cuando la ofensa consiste en palabras habladas, es calumnia; cuando son escritas o impresas, se le llama libelo. Esto último, debido a que por lo general es más ampliamente circulado que lo primero, y, por lo tanto, puede muy bien hacer un daño mayor, debe ser la ofensa mayor.

La libertad de conciencia, o libertad religiosa, consiste en el privilegio irrestricto de adoptar y mantener cualesquiera opiniones religiosas que nuestro juicio apruebe, y de adorar a Dios conforme a los dictados de nuestra conciencia.

De aquí que hemos visto que la adecuada administración de justicia deberá asegurarnos los tres grandes derechos naturales del ser humano: vida, propiedad y libertad. Claro que estos derechos pueden ser confiscados por el crimen. Si una persona comete un asesinato, confisca su vida, y sufrirá legalmente la muerte. Si es culpable de rebelión, sus bienes pueden ser aprehendidos y confiscados. Si roba, pierde su derecho a la libertad, y sería justamente encarcelado. Sin embargo, hasta qué punto los derechos naturales de cada persona pueden ser restringidos por la autoridad pública, es un asunto sobre el cual se han sostenido diferentes opiniones (Samuel Wakefield, *Christian Theology*, 521-523).

37. El derecho a la propiedad es de incalculable valor para los seres humanos. Los capacita para asegurar la felicidad en una medida grandemente proporcionada a sus habilidades, su economía, y sus virtudes morales. Multiplica objetos y disfrute, y sienta la base para la industria y la empresa voluntarias. Es uno de los principales pilares de la civilización. Lleva a la perfección de todas las artes y ciencias que estén conectadas con la vida civilizada, y es la base de todo empeño mecánico, mercantil y manufacturero. La protección de las personas por parte del estado para el disfrute de los derechos de propiedad solo le cede el primer lugar a la protección del disfrute de los derechos y las libertades personales (Samuel Wakefield, *Christian Theology*, 520).

El derecho a la propiedad puede adquirirse: (1) directamente por don de Dios. La persona que entra a tierras no reclamadas, y continúa ocupándolas y mejorándolas, adquiere de esa manera un derecho a dichas tierras que es excluyente de todos los demás, el cual derecho la persona puede transferir por donación o venta. Si se va sin transferir su derecho, las tierras se convierten de nuevo en no reclamadas, haciendo posible que otros entren a ellas. Pero mientras la persona o sus sucesores permanezcan en posesión actual, no deberán ser perturbadas. (2) El derecho a la propiedad puede adquirirse directamente por medio del trabajo. Lo que es producto del trabajo propio es de la persona a exclusión de los demás. Cuando los productos son el resultado del trabajo combinado de personas, cada una, por supuesto, tiene derecho solo a la parte del producto que ha producido su labor en particular. El capital es el resultado de trabajo anterior. Por lo tanto, cuando el obrero emplea capital de otro, éste y el capitalista deberán compartir el producto en justa proporción a la labor que cada uno ha consignado. En los arreglos de una sociedad civilizada, la justa distribución de productos entre los obreros y los capitalistas ha sido, en todas las edades, y todavía es, una pregunta de gran dificultad. No estamos seguros de querer intentar solucionar un problema que los filósofos y los estadistas a través de las edades no han podido resolver. (3) El derecho a la propiedad puede ser adquirido por intercambio, por donación, por testamento, por herencia, por acrecentamiento y por posesión. Cuando alguien entrega una propiedad a otra persona según cierta consideración, a esto se le llama intercambio. Si recibe en cambio otros productos, se le llama trueque; o si dinero, venta. Si la persona dispone de su propiedad sin ninguna otra consideración, se le llama donación. Si da direcciones en cuanto a cómo disponer de la propiedad después de su muerte, se dice que sus herederos han adquirido su derecho por testamento. Si la persona muere sin testamento, y posee propiedad, el gobierno divide sus bienes como se supone que hubiera hecho si hubiera dejado un testamento. Todo valor que produzca la propiedad de alguien es suyo: a esto se le llama propiedad adquirida por accesión. Si la persona goza de posesión pacífica de una propiedad por un término de años, esta posesión pacífica le impone a los demás la obligación de no molestarla (cf. Miner Raymond, *Systematic Theology*, III:134-137).

38. En adición a la declaración anterior, Samuel Wakefield señala que, (1) la benevolencia verdaderamente cristiana es desinteresada. "Amarás a tu prójimo como a ti mismo". No queremos decir que esto implique la ausencia de toda referencia a nuestro propio bien. Una despreocupación completa por el placer propio es obviamente imposible, ya que un

estado de sentimiento así contradeciría los principios más activos y eficientes de la naturaleza humana. Pero, aunque hablando estricta y filosóficamente, la benevolencia no nos pueda privar de toda referencia a nuestros propios intereses, con todo, incluye el tipo de sentimientos que hace que nuestra felicidad dependa de que promovamos la felicidad de los demás. Ser amables con los demás simplemente porque lo son con nosotros, o aliviarles sus necesidades meramente porque hacerlo contribuya a nuestros propios intereses, no es benevolencia, sino egoísmo. (Cf. Lucas 6:32-33.) (2) La verdadera benevolencia es irrestricta en sus objetivos. Al desdeñar los dictados de un criterio estrecho y calculador, nos inclina, al máximo de nuestras habilidades, a la promoción de la felicidad de los demás. Siendo que no está restringida por los lazos de la consanguinidad, ni los hábitos de la asociación, de las circunstancias de localidad, o de la compasión natural, la caridad cristiana extiende sus deseos benignos a nuestra raza entera. Al deshacer las cadenas del sectarismo prejuiciado, superando así los linderos de la proscripción política, y renunciando al sistema de una reciprocidad egoísta, sus aspiraciones son solo obligadas por la residencia del ser humano. (3) La benevolencia se sacrifica a sí misma y es laboriosa. El celo de los apóstoles, la paciencia de los mártires, los viajes y trabajos de los evangelistas de los primeros siglos, eran todos animados por este afecto; y el ardor de los ministros del evangelio de todas las edades, y los trabajos de los cristianos particulares en pro del beneficio de las almas de los hombres, junto a las operaciones de aquellas asociaciones voluntarias que envían misioneros a los paganos, o distribuyen biblias y tratados, o administran escuelas, son todas expresiones visibles de la benevolencia ante el mundo. (4) La verdadera benevolencia se manifiesta en actos de misericordia y liberalidad prácticas hacia el necesitado y el miserable. A este fruto de la benevolencia se le denomina particularmente caridad, y el campo para su ejercicio es muy extenso. … El negarse enteramente al ejercicio de este tipo práctico de benevolencia es altamente inconsistente con el carácter de una persona buena. "Pero el que tiene bienes de este mundo y ve a su hermano tener necesidad, y cierra contra él su corazón, ¿cómo mora el amor de Dios en él?" (1 Juan 3:17). (Cf. Samuel Wakefield, *Christian Theology*, 523-526.)

39. **Richard Watson habla del derecho a la propiedad.** La propiedad no es desechable por opción humana, sin que importen las reglas de la ley divina; y aquí, también, percibiremos lo débil de las consideraciones urgidas en los simples sistemas morales, para restringir los gastos pródigos y disipadores, las especulaciones arriesgadas, y hasta la maldad obvia del juego de azar. Concedamos que se pueden inferir muchos argumentos de peso en contra de lo anterior basados en los reclamos de los hijos y de los parientes, cuyos intereses deberán considerarse, y a quienes no tenemos derecho de exponer al riesgo de quedar incluidos en la misma ruina nuestra. Pero estas razones son poco convincentes para los que se imaginan que pueden mantenerse lejos del borde del extremo peligro, reclamando su "derecho natural" de hacer lo que les plazca con lo que les pertenece. En los casos, también, en los que no haya hijos o dependientes, el individuo se sentiría menos dispuesto a reconocer las fuerzas de esta clase de razones, o a pensar de ellas como considerablemente inaplicables a su caso. Pero el cristianismo exige "moderación" de deseos, y temperancia en la satisfacción de los apetitos, y en la ostentación y el esplendor de la vida, aun cuando un estado de opulencia los proveyera. Amonesta en contra del "amor al dinero", del "deseo de ser rico", excepto que "el Señor prospere a la persona" dentro del curso normal del trabajo honesto; advertencias autoritativas que se presentan directamente contrarias a las especulaciones arriesgadas. Advierte que se eviten las consecuentes "tentaciones" y "trampas espirituales" que destruyen los hábitos de la piedad, y en última instancia el alma, en las que ella caerá; consideraciones estas de vasta importancia, pero peculiares a sí misma, y bastante fuera del alcance de aquellos sistemas morales que no respetan su autoridad. En contra del juego de azar, en sus formas más inocentes, establece la obligación de, "redi-

miendo el tiempo"; y en los casos más agravados, se le opone por sí mismo no solo a las consideraciones anteriores, como surgiendo de un mundano "amor al dinero", sino a la totalidad de ese espíritu y temperamento que nos impone obligación, y que viola temerosamente con aquellos malévolos y frecuentemente diabólicos estímulos producidos por este hábito. Sobre todo, hace de la propiedad un legado, para que se emplee bajo las reglas prescritas por Él, quien como soberano propietario, nos la ha depositado; reglas que requieren su uso cierto (puesto que los codiciosos son excluidos del reino de Dios); un uso, primero, para suplir nuestras necesidades, de acuerdo a nuestra situación, y con moderación; luego, como una provisión para los hijos y los dependientes; y finalmente, para propósitos de caridad y religión, en la cual "gracia", como se ha dicho antes, se nos requiere que "abundemos"; y obliga todo esto al ponernos bajo la responsabilidad de rendirle cuentas a Dios mismo en el juicio general, en persona, por el abuso o el descuido de este legado (Richard Watson, *Theological Institutes,* IV: 275-276). (Cf. Luther Lee, *Elements of Theology,* 435-436.)

40. En cuanto al deber del casamiento en las personas, Richard Watson dice: "No hubo necesidad de que la ley fuera dirigida a cada individuo como tal, ya que los instintos de la naturaleza y el afecto del amor sembrados en los seres humanos eran suficiente garantía de su observancia general. Además, el vínculo mismo del matrimonio, por ser una preferencia que se basaba en el amor, hacía del acto uno en el cual el escogimiento y el sentimiento tendrían gran influencia, sin excluir la consideración prudente de las circunstancias. Había la posibilidad de casos en los que no entusiasmara una preferencia como la que es esencial para la felicidad y para las ventajas de este estado, ni que se diera lugar al debido grado de afecto que garantizara la unión. Pudo haber casos en los que las circunstancias fueran contrarias al pleno descargo de algunos deberes de este estado, como sería el mantenimiento cómodo de la esposa y la provisión adecuada para los hijos. Algunos individuos serían llamados providencialmente a cumplir con los deberes de la iglesia y del mundo, los cuales se cumplirían mejor por alguien soltero y libre; y los tiempos de persecución, como lo enseñó el apóstol Pablo, harían del abstenerse de este honorable estado un acto de prudencia cristiana. Sin embargo, la regla general estuvo a favor del matrimonio, y toda excepción pareció requerir una justificación basada en un principio que tuviera como fundamento una igual e imperiosa obligación" (Richard Watson, *Theological Institutes,* II:543).

D. S. Gregory establece los siguientes "Prerrequisitos del Pacto Matrimonial": "El defecto corporal, la imbecilidad mental, la enfermedad hereditaria, y la edad avanzada extrema han sido pensadas como suficientes para impedir a los que sufren tales condiciones de entrar al estado matrimonial. Pero, más allá de esto, es evidente que la moralidad debe requerir: Primero, que las partes sean capaces de dar un consentimiento voluntario y deliberado. Por lo tanto, todo matrimonio forzado es inmoral, ya que el pacto no sería voluntario. Todo matrimonio es inmoral si se entra al mismo antes de la edad en la que se supone razonablemente que las partes puedan entender a plenitud las condiciones, los deberes y las responsabilidades del estado matrimonial, ya que el pacto no ha sido deliberado. Segundo, que las relaciones de consanguinidad y afinidad subsistentes de manera previa entre las partes no sea demasiado cercana. Según la ley romana, los matrimonios eran declarados incestuosos 'cuando las partes estaban demasiado cercanas en su relación de consanguinidad, es decir, si eran de una misma sangre, como hermano y hermana, o por afinidad, es decir, si estaban conectados por matrimonio, como suegro y nuera'. La ley levítica guardaba un estrecho parecido a la romana en este respecto. Que el matrimonio entre los que están muy cercanamente emparentados sea contra natura, y por consiguiente inmoral, se puede demostrar por medio de las siguientes consideraciones: (1) los afectos naturales que tienen los parientes son incompatibles con el amor conyugal; (2) la prohibición de tales matrimonios es requisito de pureza doméstica, y de la salud y el bienestar, corporal y mental, de los hijos; (3) la prohibición es necesaria para que los lazos que unen la sociedad puedan multiplicarse por medio del matrimonio entre los que no estén emparentados previamente. Tercero, el que ninguna de las partes esté ya unida en matrimonio, u obligada en matrimonio con otra. El compromiso de casamiento es solamente menos sagrado que el matrimonio mismo, por lo cual aquel interpone una barrera eficaz al matrimonio con otra persona. Sin embargo, debe tenerse en mente que el compromiso no es el matrimonio, sino la promesa mutua para un futuro matrimonio, por lo cual debe ser gobernado, no por la ley del matrimonio, sino por la ley de la promesa. Cuarto, que haya afecto mutuo como la única base verdadera de una vida doméstica moral, pacífica y feliz.

"La manera en que el matrimonio ha sido sancionado y celebrado ha sido muy diferente en diferentes países y épocas. Es evidente que la preservación de una moral pura al entrarse en la relación matrimonial requerirá una sanción pública apropiada de parte de los ministros de la religión, o de los oficiales autorizados por la ley civil. La laxitud en este respecto siempre tenderá a la inmoralidad" (D. S. Gregory, *Christian Ethics,* 271-272).

Si el matrimonio debe ser un contrato civil o religioso, ha sido un asunto de disputa. La verdad parece ser que es ambas cosas. Tiene sus compromisos con los hombres y sus votos para con Dios. Un estado cristiano reconoce el matrimonio como una rama de la moral pública, y fuente de paz y fortaleza civiles. Se conecta con la paz de la sociedad al asignarle una mujer a un hombre, protegiéndole así a él su posesión exclusiva. El cristianismo, al permitir el divorcio en caso de adulterio, supone también que el crimen deberá probarse por medio de evidencia adecuada y ante un magistrado civil, y deberá hacerse ante éste por cuanto no habría otro lugar más seguro de resolverlo sin que el divorcio resulte en sospechas infundadas, o sea hecho un encubrimiento del libertinaje. El matrimonio, de igual manera, al poner a un ser humano, más que en ninguna otra relación, completamente bajo el control de otro, requiere leyes que protejan a quienes así sean expuestos a daños. La distribución de la sociedad en familias puede, además, ser un instrumento para promover el orden de la comunidad, pues la ley reconoce al que es cabeza de la familia, y lo hace responsable, hasta cierto punto, de la conducta de los que están bajo su influencia. Hay cuestiones de propiedad también ligadas al asunto del matrimonio. Por lo tanto, la ley, por estas y muchas otras razones de peso, deberá reconocer el matrimonio, deberá prescribir varias reglas que le conciernan, deberá requerir que el contrato se publique, y, por medio de penas, deberá proteger algunos de los grandes preceptos de la religión tocante al mismo (Richard Watson, *Theological Institutes,* II:546).

41. El matrimonio es un pacto indisoluble entre un hombre y una mujer. No puede ser disuelto por ningún acto voluntario de repudio proveniente de las partes contratantes, ni por acto alguno de la iglesia o del estado. "Lo que Dios ha unido, que no lo separe el hombre". El pacto, sin embargo, puede ser disuelto, aunque no por un acto legítimo de la persona. Es disuelto por muerte. Es disuelto por adulterio, y, como enseñan los protestantes, por deserción intencional. En otras palabras, que existen ciertas cosas que, por su naturaleza, obran la disolución del vínculo matrimonial. Toda la autoridad legítima que permanece con el estado en este asunto es reconocer que el matrimonio se ha disuelto, anunciarlo oficialmente, y hacer las provisiones del caso para la relación alterada de las partes (Charles Hodge, *Systematic Theology,* III:393-394).

En lo que respecta al divorcio, la ley cristiana no se puede entender sin referencia a la legislación mosaica, la cual generalmente encierra. Nuestro Señor hizo una muy expresa referencia a la cuestión, y corrigió antiguos errores tradicionales sobre este asunto, así como errores tradicionales sobre el asunto del adulterio. Él no pudo haber declarado más absolutamente que lo que lo hizo, que el matrimonio es un pacto permanente, el cual ni las partes concernientes ni ningún poder humano pueden disolver, excepto sobre las condiciones designadas por Dios mismo. No importa cuáles hayan sido las condiciones en aquellos días de dureza de corazón de la gente (Mateo 19:8), está claro que nuestro nuevo Dador de la ley ha decretado que solo una ofensa, la fornicación, podrá disolver el vínculo matrimonial: "Y yo os digo que cualquiera que repudia a su mujer, salvo por causa de fornicación, y se casa con otra, adultera" (Mateo 19:9; Marcos 10:11-12). Bajo la vieja ley, la pena por adulterio era la muerte; la legislación de nuestro Señor abole tácitamente tal cosa: más aún, Él le da a *porneia* [fornicación] el mismo significado que le da a *moixeia* [adulterio], que generalmente significa la misma ofensa cometida por la persona casada. Una fase notable de la misma cuestión ocurre en conexión con las nuevas relaciones entre personas casadas de creencias diferentes. Nuestro Señor había insinuado que el divorciado podía casarse de nuevo. El apóstol Pablo, al tratar la cuestión de la deserción, deliberada y final, de un cónyuge no creyente, dice que la parte abandonada queda libre: "Pero si el incrédulo se separa, sepárese; pues no está el hermano o la hermana sujeto a servidumbre en semejante caso" (1 Corintios 7:15). La Biblia no indica cuál es la extensión de esta libertad, pero generalmente se ha sostenido que la deserción es, al igual que el adulterio, fundamento válido para el divorcio bajo la nueva Ley (William Burton Pope, *Compendium of Christian Theology*, III:240).

42. Charles Hodge ofrece un excelente tratamiento del divorcio, su naturaleza y sus efectos, como sigue: "El divorcio no es una simple separación, sea temporal o permanente, *a mensa et thoro*. No es una separación tal que deje a las partes en la relación de marido y mujer, solo relevándolos de la obligación de sus deberes relativos. El divorcio anula el *vinculum matrimonii*, de modo que las partes ya no son más marido y mujer. De ahí en adelante, el uno y el otro se relacionarán de la misma manera en que lo hacían antes del matrimonio. Que esta es la idea verdadera del divorcio se demuestra por el hecho de que, bajo la antigua dispensación, si un hombre repudiaba a su esposa, ella estaba en libertad de casarse de nuevo (Deuteronomio 24:1-2). Esto, por supuesto, suponía que la relación matrimonial con su esposo anterior quedaba efectivamente disuelta. Nuestro Señor enseña la misma doctrina. Los pasajes en los evangelios que se refieren a este asunto son Mateo 5:31-32, Marcos 10:2-12, y Lucas 16:18. El significado simple de estos pasajes parece ser que el matrimonio es un pacto permanente, que no puede disolverse a discreción de alguna de las partes. Por tanto, si un hombre repudia arbitrariamente a su mujer y se casa con otra, comete adulterio. Si la repudia sobre bases justas y se casa con otra, no comete ofensa. Nuestro Señor hace que la culpabilidad del que se casa después de una separación dependa de la razón de la separación. Al decir, 'cualquiera que repudia a su mujer, salvo por causa de fornicación, y se casa con otra, adultera', lo que está diciendo es que 'la ofensa no se comete si existe la base especificada para el divorcio'. Y con esto se quiere decir que el divorcio, cuando es justificado, disuelve el vínculo matrimonial. Aunque esta parece ser, de manera totalmente clara, la doctrina bíblica, la doctrina opuesta prevaleció al principio en la iglesia, y pronto obtuvo supremacía. El mismo Agustín enseñó en su obra, 'De Conjugiis Adulterinis', y en otros lugares, que ninguna de las partes después del divorcio podía contraer nuevo matrimonio. Y aunque en su obra, 'Restractiones', llegó a expresar dudas acerca de esta posición, la misma se convirtió en ley canónica, recibiendo finalmente la sanción autorizada del Concilio de Trento. ... La indisposición de la iglesia medieval y romana de admitir un nuevo casamiento después del divorcio, sin duda hay que atribuirla, en parte, a la baja idea del estado del matrimonio que prevalecía en la iglesia latina. Era cierto que esta indisposición podía decirse que tenía base en la interpretación que se le daba a ciertos pasajes bíblicos. En Marcos 10:11-12, y en Lucas 16:18, nuestro Señor dice, sin calificación alguna: 'Todo el que repudia a su mujer, y se casa con otra, adultera; y el que se casa con la repudiada del marido, adultera'. Y estos pasajes no pueden ser pasados por alto, ya que lo genuino de los pasajes de Mateo no puede ponerse en duda. Una

expresión de la voluntad de Cristo es tan autorizada y tan satisfactoria como mil repeticiones puedan hacerla. La excepción establecida en Mateo, por tanto, deberá permanecer. La razón para que ésta se omita en Marcos y en Lucas puede explicarse de diferentes maneras. Algunos dicen que la excepción fue por necesidad sobreentendida, dada su propia naturaleza, se mencionara o no. O, por haberse establecido doblemente, su repetición era innecesaria. O lo que quizá es más probable fue que, mientras nuestro Señor hablaba con los fariseos, los cuales sostenían que un hombre podía repudiar a su mujer cuando quisiere, le fue suficiente decir que tales divorcios, a los cuales estaban acostumbrados, no disolvían el vínculo matrimonial, por lo cual las partes permanecían tan marido y mujer como lo eran antes. Bajo el Antiguo Testamento, el divorcio sobre las bases del adulterio estaba fuera de consideración, ya que el adulterio se castigaba con la muerte. Por lo tanto, fue solo cuando Cristo estaba estableciendo la ley de Su propio reino, bajo la cual la pena de muerte por adulterio sería abolida, que se hizo necesario hacer referencia a dicho crimen" (Charles Hodge, *Systematic Theology,* III: 391-393).

La Iglesia Católica Romana considera el matrimonio como un sacramento, lo cual el protestantismo niega. La Iglesia Católica Romana también niega el derecho de un nuevo matrimonio a todas las personas divorciadas, sin importar la base del divorcio. Sin embargo, reclama el derecho de establecer impedimentos, o causas por las cuales algunas partes no puedan unirse legalmente en matrimonio, y, por consiguiente, el derecho de anulación. De estos impedimentos, algunos son meramente prohibiciones (*impedimenta impedientia*); otros son razón para anulación (*impedimenta dirimentia*). Los primeros hacen al matrimonio ilícito, los últimos lo hacen inválido. Los impedimentos de anulación son (a) errores en cuanto a la identidad de la persona, (b) violencia o compulsión, (c) relación sanguínea en línea directa indefinida, colateralmente tan distante como el cuarto grado, y espiritualmente, entre ahijados y los padres de ahijados, cuya afinidad surja de matrimonios al cuarto grado (la promesa de matrimonio constituye un impedimento que se extiende solo al primer grado), (d) la solemne profesión de órdenes religiosas y sagradas, (e) disparidad de religión, cuando una de las partes contrayentes no es bautizada, (f) crimen, como sería el adulterio con la mutua promesa de casamiento, (g) el secuestro y detención violentos de una mujer con miras al casamiento, (h) la clandestinidad, dondequiera el decreto del Concilio de Trento en cuanto a este asunto haya sido promulgado. El decreto requiere que el casamiento se celebre ante un sacerdote, o algún otro sacerdote a quien se le haya delegado legalmente, y con dos o tres testigos. (Cf. Wilmers, *Handbook of the Christian Religion,* 376-377).

Debido al hecho de que en Marcos 10:11-12, y en Lucas 16:18, nuestro Señor afirma sin calificación alguna que casarse de nuevo después del divorcio es adulterio, siempre ha habido personas en la iglesia que hacen una distinción marcada entre el divorcio y el nuevo matrimonio, permitiendo lo primero por causa de adulterio, pero negando lo segundo en todos los casos. Este punto vista hace del divorcio meramente una separación, sin romper el *vinculum matrimonii*. Sin embargo, la excepción hecha por nuestro Señor, aunque solo se expresa una vez, deberá considerarse como poseyendo plena autoridad, y admitirse así el término, como Él lo usa, en su más amplia acepción. Pero el mal del divorcio es de tal magnitud que demanda drástica aunque sabia acción de parte de la iglesia, y la mayor cautela de parte del ministerio. Aún cuando se conceda que la parte inocente esté libre para casarse de nuevo de acuerdo con la Biblia, hay otras consideraciones que deberán tomarse en cuenta. Siempre existe la posibilidad de que la parte culpable se convierta, en cuyo caso hay la posibilidad de que se sane la ruptura y se preserve el acuerdo original. Además está la necesidad del ajuste social de parte de los hijos, lo cual precisa seria consideración. Aunque el divorcio se da por lo regular cuando las partes son todavía pecadores, un nuevo casamiento les presenta grandes problemas si más tarde se hacen cristianos. Estos son quizá los más serios problemas que los ministros enfrentan en su trabajo pastoral. Es cierto que la fidelidad es demandada, pero, bajo ninguna circunstancia, estos problemas peculiarmente perplejos deberán tratarse con legalidad extrema y rudeza. En muchos casos, solo la providencia de Dios podrá desenredar la madeja.

43. Henry E. Robbins, en su libro, *Ethics of the Christian Life,* al comentar sobre el precepto, "Maridos, amad a vuestras mujeres" (Efesios 5:25), señala que este es el pensamiento de Dios, no el pensamiento del hombre. "¡Cuán puro! ¡Cuán sublime! ¡Cuán ennoblecedor! ¡Qué dignidad es puesta sobre la esposa! ¡Con cuánta belleza moral, un reflejo del resplandor del inaccesible Maestro mismo, se viste al marido! Ama, no por lo que pueda conseguir egoístamente, sino por lo que pueda obtener al dar sin egoísmo, dando a la mujer, y dando a los hijos, no dádivas materiales principal ni solamente, sino las mucho mejores y más costosas dádivas de un constante sacrificio propio, manifestado de maneras incontables, alegremente hecho para garantizar la mejor cultura de la mente y del corazón de todos los que son traídos al encantador círculo de este paraíso terrenal. … Solo descubrirá las posibilidades de la bendición de la paternidad aquel que, como marido, pasa por alto su propia voluntad, conoce los recursos exhaustivos de bendición que residen en lo que es una esposa, y, como padre, entrena a hijos e hijas en su semejanza de servicio abnegado a los demás," (55-56).

44. Pero aparte de la comunión mística que ilustra, no hay un tributo más altamente concebible para el matrimonio que este. Lleva la dignidad y la santidad de la relación matrimonial a su más elevado punto, sin llegarlo a hacer un sacramento. Es la unión más íntima y sagrada concebible, el complemento mutuo necesario para la perfección del hombre y la mujer, y una que no está supuesta a subsistir con más de una persona. Como institución para la continuación de la raza humana, es tan pura en su propia esfera como la unión entre el Novio y la novia a la cual se le debe el crecimiento espiritual de la iglesia misma. Esto arroja una fuerte luz sobre los diversos tipos de deshonra hechos a la ordenanza. Las violaciones de la obligación ética se refieren a las dos causas finales del matrimonio. Primero, en todas esas iras y esos actos que se interponen entre las personas para disminuir la perfección de su unidad, la unión de Cristo con la iglesia deberá siempre estar a la vista: "Las casadas estén sujetas a sus propios maridos, como al Señor; porque el marido es cabeza de la mujer, así como Cristo es cabeza de la iglesia… Maridos, amad a vuestras mujeres, así como Cristo amó a la iglesia, y se entregó a sí mismo por ella" (Efesios 5:22-23, 25). Aquí hay mucho que ponderar. La gracia más íntima de la esposa como tal es el amor de la sujeción: la reflexión terrenal de ese leal homenaje de devoción que se le mandó al ser humano que ofreciera: "E inclínate a él, porque él es tu señor" (Salmos 45:11). La gracia más íntima del marido es el amor perfecto que se sacrifica a sí mismo. Los dos son uno, y su unión es sagrada. Su comunión, por tanto, incluyendo los oficios afectuosos más mínimos, deberá ser pura. De ahí surge la ética interior, en la cual no es necesario abundar, un atisbo de la cual, sin embargo, el apóstol Pablo ofrece cuando dice, "No os neguéis el uno al otro, a no ser por algún tiempo de mutuo consentimiento… para que no os tiente Satanás a causa de vuestra incontinencia" (1 Corintios 7:5). Esto lleva a las otras clases de ofensas: la indulgencia pecaminosa de esas lujurias que batallan contra el segundo propósito principal del matrimonio: el adulterio, con todo el tren de vicios que lo preceden, lo acompañan, y lo siguen" (William Burton Pope, *Compendium of Christian Theology,* III:239).

45. Algunos hablan de la superioridad del hombre por naturaleza, pero esto es solo un sueño de la imaginación. La doctrina que aquí se propone no está basada en la supuesta superioridad del hombre, sino en la ley de adaptación de la naturaleza. El hombre es sin duda superior a la mujer en algunos respectos: como regla general, puede soportar mayor peso, correr con mayor rapidez, y escalar peñascos y montañas con mayor facilidad; pero en lo

que deleita al ojo de Dios y al de los santos ángeles, no es superior a la mujer. Él está mejor adaptado a la esfera que nuestra doctrina le asigna a él, y ella está mejor adaptada a la esfera que la misma doctrina le asigna a ella. Las cualidades naturales de las mujeres, asistidas por su posición en la sociedad, tienden, con autoridad, a desarrollar principios morales y religiosos correctos; y la inmoralidad es menos frecuentes, y la piedad más común entre ellas que entre los hombres. La posición de la mujer como sujeto de las relaciones conyugales y maternales, le da casi un control total de los cuidados confiados a cada generación sucesiva en el periodo temprano de su existencia. La mente susceptible de la infancia recibe de ella sus primeras impresiones. El carácter infantil está moldeado y modificado en muchos respectos por la mano de ella. Su dulzura, ya sea que se exalte o que se envilezca, es la escuela de la infancia. En esta escuela maternal tomamos nuestras lecciones; bajo esta disciplina formamos nuestro carácter para el tiempo y la eternidad. El oficio materno es, por tanto, un oficio de la más grande dignidad y utilidad, y demanda nuestra más elevada admiración y estima (Luther Lee, *Elements of Theology*, 390).

46. El origen y el crecimiento de tal afecto están provistos en la constitución misma de la familia. Dicho afecto tiene su primera raíz natural en el afecto mutuo del esposo y la esposa, y donde el uno no existe, el otro no deberá en medida alguna esperarse. Tiene su segunda raíz natural en la relación de los hijos con los padres como "hueso de sus huesos y carne de su carne". El apóstol Pablo presenta un principio de aplicación universal cuando declara que "nadie aborreció jamás su propia carne, sino que la sustenta y la cuida" [Efesios 5:29]. Tiene su tercera raíz natural en la indefensa inocencia del niño, la cual, por un tiempo prolongado, hará del pecho de sus padres su lugar de seguridad y descanso. Esta es la más poderosa de todas las influencias en el desarrollo de la ternura paternal y maternal, y los padres que les entregan sus hijos, para su casi exclusivo cuidado, a criados y a asalariados, se colocan en cierta medida más allá del alcance de esa influencia, haciendo imposible el más elevado y puro e intenso desarrollo del afecto paternal. Tiene su cuarta raíz en una percepción recta y adecuada de la existencia inmortal y la posibilidad ilimitada de la naturaleza del niño, y de la grandeza de entrenarlo para la bondad y la gloria inmortales. El amor paternal que no toca raíz profunda en esto es solo terrenal y temporal, y no provee un motivo adecuado para el entrenamiento de los hijos para la más elevada misión (D. S. Gregory, *Christian Ethics*, 281).

47. El carácter de un padre deberá haberse formado sobre sus propias enseñanzas, a fin de hacerlas eficaces en su hijo. Si un padre tiene a su hijo viviendo en la presencia de lo invisible y lo eterno, si lo tiene viviendo por encima del mundo mientras viva en él, si lo tiene usando el mundo sin que lo abuse, si lo tiene alcanzando el dominio propio, si lo tiene viviendo para el reino de Dios, el padre mismo deberá ejemplificar estas virtudes. En una palabra, que tanto el padre como la madre manifiesten el poder de la vida nueva escondida con Cristo en Dios en el trato irrestricto y acostumbrado de la vida familiar; que esta lección objetiva sea reforzada por la instrucción y la amonestación juiciosas, de modo que, en tal caso, el antiguo proverbio quede verificado: "Instruye al niño en su camino, y aun cuando fuere viejo no se apartará de él" (Proverbios 22:6). Los hijos están de manera continua, aunque lo hagan inconscientemente, tomando fotos del carácter de sus mayores, y llevarán esas fotografías espirituales como impresiones imperecederas en sus almas (Henry E. Robbins, *The Ethics of the Christian Life*, 336).

48. Los hijos son entregados al cuidado de sus padres en un estado de descubierta dependencia, y de ellos deberán recibir todo cuidado, y ser nutridos de la más tierna mano, a fin de mantener viva la débil chispa vital con la que su existencia primero fue encendida, hasta que el fuego de la vida queme con mayor fuerza. Cada padre tiene su trabajo correspondiente que desempeñar, pero la gentil mano y el corazón amoroso de la madre son inmediatamente solicitados, y tienen mayores propósitos a los cuales responder. Un ser inmor-

tal ha sido puesto en sus manos y en su seno; un alma con facultades sin límites de pensamiento y sentimiento depende de sus tiernos labios, y bebe inteligencia de sus ardientes ojos. Hay facultades capaces de inteligencia angelical, y virtudes celestiales dormitan en sus brazos y reposan en su pecho. Ella deberá pedir primero que se ejerciten, y luego les proveerá impulsos que nunca dejarán de sentir. Por la bondad de su corazón, por la delicadeza de sus sentimientos y emociones, y por su amable discriminación y juicio exacto, ella está bien capacitada para la tarea. Se ocupa de sus labores de manera incansablemente asidua. A medida pasan los meses, su encargo inmortal se adelantará bajo su cuidado, hasta que respondan los sonrientes labios y los brillantes ojos a sus profundas simpatías, y el amor y la felicidad llenen el alma y expandan sus poderes. Este tierno y vigilante cuidado tendrá que continuar por años, aunque pronto se integrará a otros y más duros deberes, a medida el infante se convierta en un niño que hable, y el niño se vuelva un joven. Esto preparará el camino para una segunda rama del deber. Es el deber de los padres de gobernar a sus hijos. Este es un trabajo de gran importancia, y a menudo de gran dificultad. Es un trabajo en el que ambos padres deberán participar, y en el que cooperarán para apoyar su mutua influencia y autoridad. Después de que la tutoría de la madre haya progresado durante algún tiempo, el hijo pasará a la autoridad más austera y a la influencia más severa del padre. La ternura y la exquisita sensibilidad de la madre son necesarias en las etapas más tempranas de crecimiento, pero, en un periodo posterior, los modos más macizos de la disciplina del padre son iguales requisitos para la debida formación del carácter. La madre opera primero, y continúa sus amables y armoniosas atenciones hasta el final. El padre comienza su debida influencia después de que cierto grado de progreso haya sido alcanzado, y contribuye en proveer hombría y energía al carácter (Luther Lee, *Elements of Theology*, 391-392).

La verdadera concepción del designio de la autoridad paternal coloca bajo su verdadera luz los criterios laxos de algunos de los más populares y pretendidos maestros de la moral y de la religión del día presente. La manera más certera de minar toda moralidad, de corromper la familia, la sociedad, el estado, y la raza, y de traer el reinado del vicio y del crimen y de la impiedad, es rebajando el aprecio público del sagrado carácter de la autoridad de los padres, ridiculizando lo estricto del entrenamiento paternal al cual estos mismos maestros le deben todo lo que son, con tal que no sea lo bajo y lo menospreciable, y que fue mucho más conforme a la Palabra de Dios (D. S. Gregory, *Christian Ethics*, 284).

49. **La obediencia debida a los magistrados civiles:** La total teoría del gobierno civil y el deber del ciudadano para con sus gobernantes están expresados ampliamente por el apóstol Pablo en Romanos 13:1-5. En este pasaje se enseña: (1) Que toda autoridad proviene de Dios. (2) Que los magistrados civiles son ordenados por Dios. (3) Que resistírseles es resistirse a Dios, puesto que son ministros que ejercen la autoridad de Él entre los hombres. (4) Que la obediencia a los magistrados deberá rendírseles como cuestión de conciencia, como parte de nuestra obediencia a Dios. De aquí es aparente:

Primero, que el gobierno civil es una ordenanza divina. No es meramente una institución humana opcional, algo que los seres humanos tengan libertad de tener como les parezca. No se funda en un convenio social, sino que es algo ordenado por Dios. Sin embargo, la Biblia no enseña que haya una forma de gobierno civil que sea siempre y en todo lugar obligatoria. La forma de gobierno será determinada por la providencia de Dios y la voluntad del pueblo. Y cambiará según cambie el estado de la sociedad.

Segundo, en la doctrina del Apóstol se incluye que los magistrados derivan de Dios su autoridad; son sus ministros; lo representan. En cierto sentido, también representan al pueblo, según éste los escoja para que sean depositarios de esa autoridad divinamente delegada. Pero los que ostentarán el poder serán ordenados por Dios; es su voluntad que lo sean, y que sean revestidos de autoridad.

Tercero, de aquí se sigue que es un deber religioso la obediencia a los magistrados y a las leyes del país. Hemos de someternos "a toda institución humana", por causa del Señor, por nuestro respeto a Él, como lo expresa el apóstol Pedro [1 Pedro 2:13]; o "por causa de la conciencia", como esta misma idea es expresada por el apóstol Pablo [Romanos 13:5]. Estamos obligados a obedecer a los magistrados, no meramente porque se lo hayamos prometido, o porque los hayamos designado, o porque sean sabios y buenos, sino porque esa es la voluntad de Dios. De igual manera, las leyes del país han de ser observadas, no porque las aprobemos, sino porque Dios ha ordenado esa obediencia. Esta es una cuestión de gran importancia; es el único fundamento estable del gobierno civil y del orden social.

Cuarto, otro principio incluido en la doctrina del Apóstol es que la obediencia se le debe a todo gobierno de *facto,* no importa su origen ni su carácter. El Apóstol escribió sus directrices bajo el reinado de Nerón, y ordenó que lo obedecieran. A los cristianos primitivos no se les pidió que examinaran las credenciales de los gobernantes del momento, cada vez que la guardia pretoriana escogiera deponer a un emperador e instalar a otro.

Quinto, la Biblia enseña claramente que no es la intención que ninguna autoridad humana sea ilimitada. Las limitaciones puede que no sean expresadas, pero siempre están implícitas. ... Los principios que limitan la autoridad del gobierno civil y de sus agentes son sencillos y obvios. El primero es que los gobernantes y los magistrados tendrán autoridad solo dentro de sus legítimas esferas. Un gobierno civil tiene que ver solo con la conducta o actos externos de las personas, ya que ha sido instituido para la protección de la vida y la propiedad, para la preservación del orden, para el castigo de los malhechores, y para la alabanza de los que hacen el bien. No podrá ocuparse de las opiniones de las personas, ya sean científicas, filosóficas o religiosas. ... Los magistrados no pueden entrar en nuestras familias y asumir autoridad paternal, ni en nuestras iglesias y enseñarles como sus ministros. Un magistrado cesa de ser magistrado fuera de su esfera legítima. Una segunda limitación no es menos clara. Ninguna autoridad humana puede obligar a una persona a desobedecer a Dios. Si todo poder viene de Dios, no será legítimo que se use contra Él. Los apóstoles, cuando se les prohibió que predicaran el evangelio, se rehusaron a obedecer. Cuando los tres jóvenes hebreos se rehusaron a postrarse ante la imagen que Nabucodonosor había hecho, cuando los primeros cristianos se rehusaron a adorar a los ídolos, y cuando los mártires protestantes se rehusaron a profesar los errores de la iglesia romana, todos se encomendaron a Dios, y se ganaron la reverencia de todos hombres de bien. En este punto no puede haber disputa. Es importante que este principio no solo sea reconocido, sino también hecho manifiesto públicamente. La santidad de la ley, y la estabilidad de los gobiernos humanos, dependen de la aprobación de Dios. A menos que descansen en Él, en nada descansarán. Y tendrán su sanción solo cuando actúen de acuerdo con su voluntad, lo cual está conforme al designio de su asignación, y en armonía con la ley moral.

Sexto, otro principio general es que la pregunta de cuándo el gobierno civil puede, y debe desobedecerse, es una que cada persona deberá decidir por sí misma. Es un asunto de juicio privado. Cada persona deberá responder por sí misma a Dios, y, por consiguiente, cada persona deberá juzgar por sí misma si una ley dada es pecaminosa o no. Daniel juzgó por sí mismo. Así lo hicieron, Sadrac, Mesac y Abed-nego. Así lo hicieron los apóstoles, y también los mártires. Una ley o una orden inconstitucional es una nulidad, y nadie peca por ignorarla. Sin embargo, la persona la desobedece a riesgo propio. Si su juicio ha sido recto, quedará libre. Si no, ante los ojos del correspondiente tribunal, deberá sufrir la pena. Hay una distinción obvia que deberá hacerse entre la desobediencia y la resistencia. Una persona está obligada a desobedecer una ley, o una orden, que lo obligue a pecar, pero no se sigue que esté en libertad de resistir ser ejecutada por ello. Los apóstoles se rehusaron a obedecer a las autoridades judías, pero se sometieron a la pena impuesta. De igual manera, los mártires cristianos desobedecieron las leyes que les requerirían adorar ídolos, pero no hicieron resistencia alguna a que esa ley los ejecutara. ... Cuando un gobierno fracasa en responder al propósito para el cual Dios lo ordenó, el pueblo tiene el derecho a cambiarlo. Un padre, si abusa vergonzosamente de su poder, puede justamente ser desprovisto de la autoridad sobre sus hijos (Charles Hodge, *Systematic Theology,* III:357-360).

50. **La ética política.** La revelación divina, desde el principio, se ha preocupado profundamente por el gobierno, y por los asuntos sociales y políticos del mundo. Su historia demuestra la santificación de toda forma de desarrollo de gobierno entre los hombres, desde la casa y la familia primitiva, en su forma más simple y típica, hasta la forma de despotismo imperial más violento. Ahora nos toca ver la enseñanza final del Nuevo Testamento, sobre la cual no hay mucho espacio para duda. Sus principios generales son muy claros, tanto en cuanto a los que gobiernan como en cuanto a los gobernados.

I. La institución del gobierno es divina: no está fundada en ningún convenio o acuerdo entre los seres humanos, como lo pretende la modernidad. Mientras más cuidadosamente examinamos la base de las distinciones tribales y nacionales entre los seres humanos, en otras palabras, lo que hace la constitución distintiva de un pueblo, más claramente percibiremos el que esté condicionada por cierta relación con Dios, cuya adoración ha sido el vínculo original de unidad de cada raza, y de aquel que ha sido el representante de su gobierno terrenal. El gobierno fue hecho para el hombre, y el hombre para el gobierno. La forma de ese gobierno no está prescrita ni rígida ni definitivamente: no ciertamente en la legislación cristiana. Toda forma de autoridad válida fue santificada en el Antiguo Testamento. El Nuevo Testamento introduce una monarquía universal en la economía espiritual de las cosas: y solo de manera subordinada trata con los reinos de este mundo. Pero los cimientos de la sociedad civil y política de la tierra fueron establecidos en el cielo: "no hay autoridad sino de parte de Dios" (Romanos 13:1). El magistrado humano representa al Juez supremo: dentro del estado, es el diputado de ese Juez, "porque es servidor de Dios para tu bien" (Romanos 13:4). Para la protección y la paz del que cumple con la ley, es el ministro de Dios, el vengador que ejecuta la ira de la administración de la justicia divina sobre el transgresor. Estos principios son indisputables. El mismo término se usa para la representación de la autoridad eclesiástica en la iglesia y en el mundo: son a la vez *diakonoi* y *leitourgoi* o ministros.

II. La obediencia a los magistrados y al gobierno del país son hechas parte de la ley cristiana, expresamente incluidas en su ética por nuestro Señor, sobre la amplia base del deber de rendirle al César las cosas que son del César, aunque el César de ese día tuviera al país bajo esclavitud. El apóstol Pablo reconoce en su propia persona, y ordena a todos los seres humanos que reconozcan, lo que a lo sumo era una autoridad despótica y cruel.

1. El deber de la sumisión es, en primer lugar, y en cierto sentido, pasivo. Por consiguiente, todo el que resiste el poder, resiste la ordenanza de Dios; y los que resisten, recibirán condenación (Romanos 13:2). Esto prohíbe, negativamente, la insurrección y la resistencia personales. Hasta qué punto la sumisión deba realizarse, y en qué punto la resistencia es permitida, no por el individuo como tal, pero por el pueblo, es una cuestión que nuestra ética presente no contempla. *Inter arma leges silent.* Sin embargo, la obligación viene antes de que se tomen las armas. Ningún cristiano individual puede resistir sin traicionar su confianza ni perder la mansedumbre de su sabiduría. Cuando la cuestión es tocante a la ley de Dios (Daniel 6:5), el siervo de Jehová deberá resistir, pero no hasta que la sumisión haya tenido su obra cumplida.

2. Positivamente, la obediencia al gobierno requiere que se sea diligente en mantener el honor de la ley en todos sus puntos, y esto por causa de la conciencia (Romanos 13:5-7). Tanto nuestro Señor como sus apóstoles ponen considerable énfasis en que se

pague el tributo a quien tributo se le debe, un principio que implica cuestiones muy importantes. "Pues por esto pagáis también los tributos" [Romanos 13:6]. Hay que observar que la ética de sumisión al gobierno promulgada por el apóstol Pablo sigue la más sublime y más abarcadora doctrina de moralidad cristiana, y, por así decirlo, la incorpora.

3. La Biblia, de principio a fin, inculca y honra el patriotismo. En ocasiones se ha dicho que ni el sentimiento del amor a la patria ni el de la amistad personal tienen lugar en la ética cristiana. Es cierto que la devoción suprema a un reino que no es de este mundo (Juan 18:36) tiene en todo lugar la preeminencia, y que la simpatía individual de la amistad se funde con el amor fraternal. Pero ambos sentimientos son ciertamente inculcados y alentados en la Biblia. No hay historia profana que sobrepase o iguale sus anales en cuanto a la ejemplificación de ambos, y el cristianismo deberá recibir los beneficios de la antigua religión, de la cual es, en cierto sentido, una continuación (William Burton Pope, *Compendium of Christian Theology*, III: 251-253).

PARTE 5

LA DOCTRINA DE LA IGLESIA

CAPÍTULO 31

LA IGLESIA: SU ORGANIZACIÓN Y SU MINISTERIO

La obra del Espíritu Santo demanda necesariamente una economía objetiva. Esta nueva economía es la iglesia, o el cuerpo místico de Cristo. Representa un nuevo orden de vida espiritual sobre la tierra, fue creada por la llegada de Cristo, y es preservada por la morada perpetua del Espíritu Santo. El vocablo *iglesia,* como se encuentra en el Nuevo Testamento, proviene de la palabra griega, *ecclesia,* y, en su connotación más simple, significa la asamblea o el cuerpo de los llamados. Un término griego relacionado es *kuriakos,* que significa la casa del Señor. La iglesia, por tanto, podría ser considerada la esfera de las operaciones del Espíritu, y, a la vez, el órgano por el cual Cristo administra la redención. Como cuerpo colectivo, fue fundada por nuestro Señor Jesucristo, y está investida de ciertas señales y atributos que son representativos de su agencia entre los seres humanos. Es, (1) la *ecclesia,* o la asamblea de los llamados, y está formada por los hijos de Dios adoptados divinamente. No es, pues, una simple organización humana. Cristo es su cabeza. De Él recibe su luz por medio del Espíritu que mora, y como tal, descarga una doble función: como establecimiento para la adoración, y como depósito de la fe. Es, (2) el *cuerpo de Cristo,* ya que constituye una extensión mística de la naturaleza de Cristo, y, por consiguiente, está compuesta de aquellos que han sido hechos partícipes de esa naturaleza. La relación entre Cristo y la iglesia es orgánica. Como tal, personifica y permite en la tierra las condiciones bajo las cuales, y por cuyos medios, el Espíritu Santo extiende sobrenaturalmente a los seres humanos la obra redentora de Cristo. En ella, y de ella, Cristo comunica a la membresía de este cuerpo los oficios vivificadores y santificadores del Espíritu Santo, para la extensión de su obra entre los hombres.

LA FUNDACIÓN DE LA IGLESIA CRISTIANA

La iglesia cristiana está históricamente ligada a la congregación judía, la cual es a veces conocida como "la congregación en el desierto" (Hechos 7:38). Cuando nuestro Señor, al iniciar su ministerio, proclamó que el reino de los cielos había llegado, relacionó de esa manera su propio trabajo con la teocracia judía en lo que a su espíritu interior se refiere, aunque no en cuanto a su forma exterior. Para que la iglesia pudiera establecerse, tenía que haber, por necesidad, una preparación gradual para ella, previo al ministerio terrenal de nuestro Señor, y durante el mismo. Esta preparación está basada en la presuposición de una sociedad humana fundamental, o lo que Emanuel V. Gerhart llama "la ley de la integración social", la cual, dice él, "demanda y da a luz la organización religiosa, una organización que corresponda al plano en el cual se mueve la vida religiosa, ya sea bajo o alto. El cristianismo reconoce y conserva todas las leyes originales. Por consiguiente, la vida cristiana se vuelve vida organizada; la actividad cristiana se vuelve actividad organizada; y, si se nos permite añadir, si la naturaleza humana no fuera un organismo, si en virtud del principio social, dicha naturaleza humana no se desarrollara espontáneamente en alguna forma de organización social, la vida cristiana no se desarrollaría en la forma de "reino de los cielos" (Emanuel V. Gerhart, *Institutes of the Christian Religion* [Institutos de la religión cristiana], II:455). En el desarrollo de esta organización se pueden notar tres etapas distintas: (1) La preparación positiva en el Antiguo Testamento; (2) la comunidad intermedia durante la vida terrenal de Cristo, y (3) la inmediata formación de la iglesia en el Pentecostés.[1]

La preparación positiva en el Antiguo Testamento. La iglesia del Antiguo Testamento fue la primera representante de la *ecclesia* o los llamados. El vocablo hebreo *kahal*, el cual se deriva de un verbo que significa reunir, tiene el sentido de asamblea, o de una congregación convenida para algún propósito, pero especialmente para la adoración. El vocablo *kahal* es traducido como *ecclesia* setenta veces en la Septuaginta. La iglesia del Antiguo Testamento, aunque presupone la ley natural de la integración social, deberá distinguirse (1) de cualquiera otra organización humana natural, como lo sería la familia y el estado; y (2) de toda religión pagana, ya que fue edificada sobre el *protoevange-lium* o la promesa original de que la simiente de la mujer heriría la cabeza de la serpiente. Esta promesa tomó forma definitiva en el pacto abrahámico. La ley que fue añadida cuatrocientos treinta años después de la confirmación del pacto, el apóstol Pablo la consideró como una institución pedagógica, un ayo para llevar a los hombres a Cristo (Gálatas 3:16-17, 24-25). La iglesia del Antiguo Testamento fue, por consiguiente, una comunidad del Espíritu, y aunque la misma se manifestaba a través de leyes naturales y sociales, con todo, era una organización sobrenatural. Como tal, hizo una contribución directa y positiva a la iglesia cristiana, *primero,* en que cultivó y maduró la religión que al final traería el reino de Dios; *segundo,* y principalmente, porque fue la comunidad que le dio a Cristo al mundo. Como dice el apóstol Pablo, "que son israelitas, de los cuales son la adopción, la gloria, el pacto, la promulgación de la ley, el culto y las promesas; de quienes son los patriarcas, y de los cuales, según la carne, vino Cristo, el cual es Dios sobre todas las cosas, bendito por los siglos" [Romanos 9:4].

La comunidad intermedia. El segundo paso de preparación para la iglesia fue la formación del "pequeño rebaño" por el Señor mismo. Esa comunidad deberá ser considerada como intermedia dado el hecho de que fue colocada a la mitad del camino entre la economía mosaica y el Pentecostés. Hay dos etapas que podemos distinguir en su formación, basados en los evangelios. (1) La primera consiste del grupo de discípulos que se agruparon alrededor de Juan el Bautista como el precursor de Jesús. En Juan, la vieja economía llegó a su fin. De ahí que él pronunciara estas palabras: "Es necesario que él crezca, pero que yo mengüe" (Juan 3:30). Aquél que dijo de sí mismo, "Yo a la verdad os bautizo en agua para arrepentimiento", da paso a Aquél de quien dijo, "él os bautizará en Espíritu Santo y fuego" (Mateo 3:11). (2) La segunda etapa consiste del grupo que se reunió alrededor de Jesús mismo, ligado a Él por simpatía y devoción comunes. En este último grupo se pueden mencionar tres clases: (a) los doce apóstoles, (b) los setenta, y (c) un número indefinido de judíos devotos, como quinien-tos. A éstos los animaba una creencia común de que Jesús era el Cristo, y se fusionaron en una organización informal por causa de su amor al Maestro, y por la fe en sus palabras. Por lo tanto, estaban espiritual-mente calificados para recibir el don del Espíritu Santo el día de

Pentecostés, volviéndose así el verdadero núcleo de la iglesia cristiana. Durante este periodo de instrucción terrenal, hubo dos cosas notables en el desarrollo de la comunidad intermedia. (1) Se le inyectó un nuevo significado a las enseñanzas concernientes al reino. Les fue revelado a los discípulos que el reino de Dios habría de ser también el reino del Mesías, pero solo en el sentido del reino de los cielos. El reino en la tierra debería esperar su segunda venida. Fue en este sentido que Jesús interpretó el reino, puesto que dijo, "El reino de Dios no vendrá con advertencia" (Lucas 17:20); "el reino de Dios está entre vosotros" (Lucas 17:21); y, "Mi reino no es de este mundo" (Juan 18:36). Sin embargo, Él enseño que, en la consumación de todas las cosas, habría un reino tanto del cielo como de la tierra, por lo cual enseñó a sus discípulos que oraran específicamente, "Venga tu reino. Hágase tu voluntad, como en el cielo, así también en la tierra" (Mateo 6:10). (2) A la institución que personificaba el reino en este sentido limitado, nuestro Señor le dio un nuevo nombre: "Mi iglesia" (Mateo 16:18). Esta declaración, por introducirse en medio de la colección de parábolas sobre el reino hecha por el evangelista Mateo, es importante no solo porque indique el nombre que se le deberá aplicar al reino durante la era presente, sino también porque indica la relación que la iglesia deberá tener con dicho reino. Jesús emplea solo dos veces el término *iglesia,* primero, cuando habla de ella como edificada "sobre esta roca", lo cual parece ser una referencia a la "casa de oración para todas las naciones" (Mateo 16:18; cf. Marcos 11:17); y segundo, como una asamblea visible de personas, reunida en un lugar, para la administración de sus leyes (Mateo 18:17). Hay en estas dos veces una referencia tanto a la iglesia visible como a la invisible. En los discursos últimos, incluyendo la oración sacerdotal, Jesús nos dio criterios adicionales para entender sus enseñanzas acerca de la iglesia. Esto es especialmente cierto en el caso de la provisión de los sacramentos, uno como rito de iniciación, y el otro como un memorial a perpetuidad. En la oración sacerdotal, Jesús le dedicó formalmente la iglesia a Dios, lo cual William Burton Pope significativamente llama, "la primera oración en su propia casa". Siempre, aun en esta oración, Jesús considera la iglesia como que está por venir. Él echó el cimiento, y dejó un cuerpo de instrucción, pero todo deberá esperar hasta el día de Pentecostés, y la venida del Consolador, antes de que pueda develarse la plenitud de su significado.

La formación de la iglesia en el Pentecostés. El Pentecostés fue el día del nacimiento de la iglesia cristiana. Los discípulos, preparados, y en obediencia a lo ordenado por su Señor, estaban reunidos unánimemente en Jerusalén, cuando de repente el Espíritu Santo descendió sobre ellos, haciendo de la comunidad intermedia, en el sentido más verdadero del término, "el nuevo templo del Dios trino". Así como en la antigua economía el Pentecostés era señalado por la presentación de los frutos de la cosecha, en la nueva dispensación es señalado por haber traído la plenitud del Espíritu. Aún más, aunque no por decreto divino, el Pentecostés celebraba la entrega de la ley en el Sinaí, ahora representaba la plenitud del nuevo pacto, en el cual la ley de Dios se escribiría en el corazón por el Espíritu. El Pentecostés coloca a la comunidad cristiana bajo la jurisdicción del Espíritu Santo, quien representa a la Cabeza invisible de un cuerpo que ahora es visible.

EL CARÁCTER ESPIRITUAL DE LA IGLESIA

La iglesia es la creación del Espíritu Santo. Refiriéndonos otra vez a nuestra discusión del oficio del Espíritu Santo con relación a la iglesia (capítulo 26), indicábamos ahí que el Espíritu Santo, al administrar la vida de Cristo, se decía que nos hacía miembros de su cuerpo espiritual, y que al ministrar por su propia personalidad como la tercera persona de la Trinidad, se decía que moraba en el templo santo que así construyó. La iglesia, por tanto, no es meramente una creación independiente del Espíritu, sino una ampliación de la vida encarnada de Cristo. Los dos símbolos más prominentes de la iglesia son, pues, el cuerpo y el templo. El primero representa el lado activo, o la iglesia como un establecimiento de evangelización; y el segundo representa el lado pasivo, o la iglesia como un establecimiento de adoración.

La iglesia como el cuerpo de Cristo. Bajo este aspecto de la iglesia hay tres características principales que han de considerarse: su unidad, su crecimiento, y las fuentes de su ascendencia. (1) La unidad que se menciona aquí es "la unidad del Espíritu". Es algo más que simples lazos naturales, sean de familia, de nación o de raza. No existe lazo de relación externa capaz de expresar esta unidad interna de los miembros de la iglesia, o su entera unidad de vida, y es por eso que el Señor hizo de su propia unidad con el Padre una ilustración de la unidad de la iglesia. Su oración era, "que todos sean uno; como tú, oh Padre, en mí, y yo en ti, que también ellos sean uno en nosotros" (Juan 17:21). Así que el Señor no encontró una unión mejor que la de la vida divina para expresar este pensamiento. Habrían de ser uno por medio del Espíritu. El Espíritu Santo, siendo como es el vínculo de unión en la deidad, se vuelve de igual manera la fuente de unión en la iglesia, uniendo a los miembros los unos con los otros, y con su Cabeza exaltada, y consigo mismo. El apóstol Pablo utiliza tres símbolos de unidad con significado gradualmente más profundo para expresar esta relación espiritual: (a) la unidad filial, es decir, la de parentesco u origen común. Cristo es el primogénito entre muchos hermanos, siendo infinito como el unigénito Hijo, entre tanto que los que son hechos a su semejanza, son finitos; (b) la unidad conyugal, como la expresa la relación matrimonial, dada su cercanía en la unión, su fructificación, su carácter indisoluble, y su completo intercambio de bienes; (c) la unidad orgánica, es decir, la de la cabeza y el cuerpo, ambas permeadas por una vida común. Pero la más perfecta ilustración del Apóstol es semejante a la de su Maestro, la de la Trinidad. El Apóstol nos da una trinidad de trinidades: un cuerpo, un Espíritu, una esperanza, un Señor, una fe, un bautismo, y "un Dios y Padre de todos, el cual es sobre todos, y por todos, y en todos" (Efesios 4:4-8). En todos, como el Espíritu dador de vida y santificador; sobre todos, como Espíritu que unge y da poder.[2] (2) El crecimiento es el segundo factor de este organismo. Este crecimiento es por medio de la verdad como la ministra el Espíritu. De aquí que el apóstol Pablo diga que, "siguiendo la verdad en amor, crezcamos en todo en aquel que es la cabeza, esto es, Cristo, de quien todo el cuerpo, bien concertado y unido entre sí por todas las coyunturas que se ayudan mutuamente, según la actividad propia de cada miembro, recibe su crecimiento para ir edificándose en amor" (Efesios 4:15-16). Aquí se nos indica que el crecimiento del individuo, espiritualmente hablando, ha de interpretarse, no por una creciente independencia de acción, sino por una cooperación más profunda y feliz con los demás miembros del cuerpo. Hay que notar, más aún, que aquí el crecimiento del cuerpo es por medio de las contribuciones individuales de sus miembros. (3) El mismo Apóstol también nos da los elementos de la ascendencia. Nos dice que el gran don del Cristo ascendido a la iglesia es aquel del ministerio en sus varios tipos: apóstoles y profetas como el ministerio fundamental; y evangelistas, pastores y maestros como el ministerio proclamador o instructivo. El propósito de estos oficiales, añade el Apóstol, es "perfeccionar a los santos para la obra del ministerio, para la edificación del cuerpo de Cristo", y el objetivo que se persigue es, "que todos lleguemos a la unidad de la fe y del conocimiento del Hijo de

Dios, a un varón perfecto, a la medida de la estatura de la plenitud de Cristo" (Efesios 4:12-13). Esta fase de la naturaleza espiritual de la iglesia será el fundamento para un tratamiento ulterior que incluya, (I) la organización de la iglesia; y, (II) la iglesia y su ministerio.

La iglesia como el templo del Espíritu Santo. El segundo aspecto de la iglesia espiritual está representado por el símbolo del templo. La "gran metáfora" del apóstol Pablo es la del cuerpo, pero también se refiere a la iglesia como un templo, "en quien todo el edificio, bien coordinado, va creciendo para ser un templo santo en el Señor; en quien vosotros también sois juntamente edificados para morada de Dios en el Espíritu" (Efesios 2:21-22). Refiriéndose a los individuos, el Apóstol emplea ambas figuras en un mismo capítulo: "¿No sabéis que vuestros cuerpos son miembros de Cristo?" (1 Corintios 6:15); y, "¿O ignoráis que vuestro cuerpo es templo del Espíritu Santo, el cual está en vosotros, el cual tenéis de Dios, y que no sois vuestros?" (1 Corintios 6:19). El apóstol Pedro, por su parte, emplea esta figura de lenguaje de manera más elaborada cuando dice que, "vosotros también, como piedras vivas, sed edificados como casa espiritual y sacerdocio santo, para ofrecer sacrificios espirituales aceptables a Dios por medio de Jesucristo" (1 Pedro 2:5). Los apóstoles entendían claramente que el Señor Jesucristo era la cabeza misma de la iglesia, y no el Espíritu. Al instruirlos en lo que concernía a la venida del Consolador, Jesucristo había reservado su propia dignidad como Aquél que nunca se ausentaría de ellos. Les había dicho: "No os dejaré huérfanos; vendré a vosotros" (Juan 14:18). Por lo tanto, vieron por fe que el gran Sumo Sacerdote estaba intercediendo por ellos dentro del velo, y que el Espíritu estaba presente pero no por comunicación directa, sino por medio de la mediación de Cristo. Así como Cristo era el templo del Espíritu, el cual habitaba en Él sin medida, así también la iglesia como su cuerpo es el templo del Espíritu, comunicado a ella por medio de su cabeza viviente. Aún más, así como Cristo era la imagen del Dios invisible, así también la iglesia ha de ser la imagen del Cristo invisible; y cuando sea glorificada, sus miembros serán como Él, porque le verán como Él es.

Este aspecto de la iglesia recibirá consideración adicional como "establecimiento de adoración", e incluirá en su alcance, (1) la adoración de la iglesia, (2) los medios de gracia, y (3) los sacramentos.

SEÑALES Y ATRIBUTOS DE LA IGLESIA

Habiendo considerado la naturaleza espiritual de la iglesia en su aspecto activo como *cuerpo de Cristo,* o el órgano de su manifestación en el mundo; y en su aspecto pasivo como *templo del Espíritu Santo,* o la esfera de la adoración, deberemos ahora dar atención a los atributos que combinan estos dos aspectos en su unidad. Por el término "atributos" queremos decir aquellas características de la iglesia que la Biblia presenta, mientras que con "señales" aludimos a aquellos atributos transformados en pruebas por medio de las cuales la verdadera iglesia se supone que sea conocida. En los credos más tempranos, como el de los Apóstoles y el de Nicea, cuatro de estas señales son mencionadas: una, santa, católica y apostólica. El cardenal Roberto Bellarmine (1542-1621), en su esfuerzo por defender la Iglesia Romana, elaboró quince señales, excluyendo a todas las sociedades cristianas de reclamar carácter de iglesia si carecían de cualquiera de estas señales. Las mismas son como sigue: "Catolicidad, antigüedad, duración, amplitud, sucesión episcopal, acuerdo apostólico, unidad, santidad de doctrina, santidad de vida, milagros, profecía, admisión de adversarios, final infeliz de los enemigos, y felicidad temporal". En contraste con estas señales se han presentado otras señales y atributos que expresan más fielmente la idea protestante de la iglesia. William Burton Pope menciona siete, y trata con ellas, contrastándolas con sus opuestos, como sigue: (1) Una y múltiple, (2) santidad e imperfección, (3) visible e invisible, (4) católica y local, (5) apostólica y confesional, (6) indefectible y mutable, y, (7) militante y triunfante. Thomas O. Summers es más controversial en su aproximación. Sigue, en general, el bosquejo de Bellarmine, oponiéndose a sus posiciones y presentando la posición protestante sobre estos importantes puntos. Nuestra discusión deberá ser breve, por lo que presentaremos solo las cuatro señales de los credos, con sus opuestos, incluyendo en estas algunas de las subdivisiones más importantes.

1. Unidad y diversidad. La unidad es una señal propia de la iglesia. Hay un cuerpo, un Espíritu, una esperanza, un Señor, una fe, y un bautismo. Pero esta unidad es una de multiplicidad. La Biblia no habla en ningún lugar de unidad externa o visible. No existe una advertencia de uniformidad. La Biblia nunca habla de la iglesia como una provincia, sino siempre de las iglesias. Es cierto que las iglesias estaban bajo el vínculo común de la superintendencia conjunta de los apóstoles, pero, aun ahí, no existe evidencia de una primacía entre de ellos. La unidad

es la del Espíritu, y la diversidad incluye todo lo que no esté fuera de armonía con la unidad espiritual.

2. Santidad e imperfección. El término *hagia (dyia)* o *sancta* se aplica lo mismo al cuerpo de Cristo que a los miembros que lo componen. En cualquiera de los dos casos, significa ser separado del mundo y dedicado a Dios. En el caso de la persona individual, deberá haber necesariamente una obra preliminar de limpieza espiritual a fin de que se logre esa plena dedicación. La organización como tal es considerada santa por razón del propósito y el fin por los cuales existe. Esto implica una santidad absoluta y relativa. La primera se aplica a una membresía de la iglesia que ha entrado a los plenos privilegios del nuevo pacto, por lo cual es santa por medio de la sangre de Cristo. La última se aplica a la organización como tal, la cual, aunque santa en propósito y finalidad, puede incluir aquellos que todavía no han sido hechos individualmente santos. Las epístolas apostólicas evidencian esto, pues ellas, aunque dirigidas a los "santos", contienen muchas reprensiones acerca de lo que no es santo. Lo mismo es cierto con las propias epístolas de nuestro Señor a las iglesias, a las cuales, aunque las sostiene en sus manos, les encuentra mucho que necesitan enmendar.

3. Católica y local.[3] La palabra *católica* no se encuentra en los credos más antiguos. En los símbolos de Jerónimo, de Tertuliano, y de otros credos occidentales, la alusión es sencillamente a la "santa iglesia". La palabra aparece inicialmente en los primeros credos orientales, especialmente en los de Jerusalén y Alejandría, pero pronto sería también incorporada en los credos latinos. Fue añadida al Credo de los Apóstoles a finales del cuarto siglo o a principios del quinto. La idea de catolicidad primero incluía solo la universalidad de la iglesia en diseño y destino, y se empleaba en oposición a la concepción judía de la iglesia como local y nacional. Pero el término nunca se usaba en el sentido de excluir las iglesias locales, y es por eso que leemos de la iglesia en Jerusalén, las iglesias de Galacia, y las siete iglesias de Asia (Cf. Hechos 2:47; Gálatas 1:2; Apocalipsis 1:4). Los diversos énfasis en estas dos señales han traído una amplia diferencia de concepciones de lo que es la organización eclesiástica. Como a mediados del segundo siglo, el término *católica* empezó a usarse en un sentido más eclesiástico que bíblico, y se refería al cuerpo de la iglesia en oposición a las numerosas y pequeñas sectas que surgieron en ese tiempo. Estas últimas llegaron a conocerse como cismáticas y heréticas, y por esa razón no se consideraban parte del cuerpo católico. Cuando las iglesias orientales y occiden-

tales se dividieron, Roma asumió el nombre de *católica,* considerando a todos los disidentes de la sede de San Pedro, y hasta a la iglesia oriental misma, como fuera de la sola y única iglesia católica. La iglesia oriental no asumió el uso del término *católica,* prefiriendo ser conocida como *ortodoxa* y *apostólica.*

Como incluida en la señal de catolicidad, podemos también mencionar a la iglesia como *visible* e *invisible.*[4] Con iglesia invisible se quiere decir el cuerpo místico de Cristo animado por su Espíritu. Por tanto, esta comunión mística, en su carácter más hondo y profundo, es una realidad espiritual, no vista con los ojos. El término *católica* puede aplicarse lo mismo a la iglesia invisible que a la visible. Cuando se aplica a la primera, se refiere sencillamente al cuerpo universal de creyentes. Es así como, en el credo, tenemos una declaración en cuanto a la iglesia general que dice: "La iglesia de Dios está compuesta de todas las personas espiritualmente regeneradas, cuyos nombres están escritos en los cielos" (El credo, parte II, artículo I). Sin embargo, a la iglesia invisible frecuentemente se le considera como que incluya, no solo a los que ahora viven, sino a los de todas las edades, pasada, presente y futura. Aplicada a esta última, incluye dentro de la iglesia visible a todos los constituyentes particulares que forman el cuerpo total de los creyentes que han profesado a Jesucristo. Los errores particulares que se adhieren a estas señales se deben a que se realce una a expensas de minimizar o excluir a la otra. El catolicismo romano, aunque técnicamente crea en una iglesia invisible, exalta a tal punto su aspecto visible, que suprime casi enteramente su carácter invisible. De aquí que haga de la *exclusividad* una señal de la iglesia visible en vez de la invisible, y, por consiguiente, sostenga que no puede haber salvación fuera de ella. Se encuentra un error opuesto en aquellos cuerpos más pequeños que realzan la iglesia invisible a expensas de minimizar o excluir toda organización externa. Sin embargo, nada es más claro en la Biblia que las enseñanzas concernientes a la organización externa, y esto de por sí es una refutación suficiente de ese error. Hay otra pregunta en este contexto que ha sido fuente de mucha controversia: "¿Qué constituye la iglesia visible?" La posición del protestantismo, como se encuentra en los varios credos, es esencialmente esta: "La iglesia visible de Cristo es una congregación de personas fieles, en la cual la pura Palabra de Dios es predicada, y los sacramentos son administrados de acuerdo a la ordenanza de Cristo, en todas las cosas que por necesidad se requieren para los mismos." (La revisión de Juan Wesley del Credo Anglicano).[5]

"Las distintas iglesias", decimos, "están compuestas de las personas regeneradas que, por beneplácito providencial, y por la guía del Espíritu Santo, se asocian juntas para la comunión y los ministerios santos" (*Credo, parte II, artículo II*).

Otro aspecto de la catolicidad es el que considera la iglesia como *militante* y *triunfante*. La iglesia militante es el cuerpo que sostiene guerra contra los principados y las potestades; y la iglesia triunfante es el cuerpo de creyentes que, habiendo pasado por la muerte, está ahora en el paraíso con Cristo, esperando ese estado más perfecto al que la iglesia entrará al fin de las edades. Pero la simple relación espiritual existente entre la iglesia militante y la triunfante, lo cual probó ser una fuente de denuedo y de inspiración para los primeros mártires, pronto se corrompió. Desde el tiempo de Orígenes, existió una tendencia a interponer un estado intermedio entre las dos, conocido como el purgatorio, el cual no era totalmente militante, pero tampoco todavía triunfante. Con la ampliación de esta brecha, se desarrollaría una posición falsa en cuanto a los oficios de la oración: la intercesión por los muertos de parte de los que todavía vivían, y la intercesión de parte de los santos en el cielo a favor de los que estaban en la tierra, y de los que se creía que todavía estaban en el purgatorio. Esta enseñanza no solo es no bíblica, sino antibíblica.

4. Apostólica y confesional. La iglesia es apostólica en el sentido de que es edificada "sobre el fundamento de los apóstoles y profetas, siendo la principal piedra del ángulo Jesucristo mismo" (Efesios 2:20). Es confesional en que requiere, para uno afiliársele, una confesión de fe en Jesucristo como Salvador y Señor: "Porque con el corazón se cree para justicia, pero con la boca se confiesa para salvación" (Romanos 10:10). Los errores que gradualmente surgieron en la iglesia en cuanto a estas señales se caracterizaron, (1) por la teoría que ligó la autoridad apostólica de los doce con la del apóstol Pedro; y (2) por el desarrollo de la así llamada sucesión apostólica, lo cual resultó en el papado. Sin embargo, hay otras iglesias aparte de la de Roma que sostienen una sucesión apostólica, profesando trazar sus órdenes por medio de manos episcopales hasta los apóstoles. En el extremo opuesto está el error que sostiene que el apostolado le ha sido restaurado a la iglesia, con los dones milagrosos y las gracias que pertenecían a los apóstoles originales. Pero tanto el apóstol Juan como el apóstol Pablo parecen indicar que el apostolado sería sustraído de la iglesia. El protestantismo, en general, ha sustituido la creencia en la Biblia por una autoridad apostólica viviente.

"Por tanto, podemos establecer nuestro dogma", dice William Burton Pope, "de que la iglesia es apostólica en que todavía se rige por la autoridad apostólica que vive en los escritos de los apóstoles, siendo esa autoridad la norma de apelación en todas las confesiones que sostenga la cabeza" (William Burton Pope, *Compendium of Christian Theology* [Compendio de teología cristiana], III:285).

LA ORGANIZACIÓN DE LA IGLESIA

La organización de la iglesia, en el sentido más estricto, pertenece al estudio de la política de la iglesia. Aquí solo podremos ofrecer una panorámica de los distintos factores que entran en juego y que constituyen a la iglesia en una organización visible. Discutiremos (1) las formas preliminares de organización; (2) la organización de la iglesia cristiana; (3) los tipos de organización; (4) las iglesias como organizaciones locales y voluntarias; (5) las condiciones de la feligresía; y (6) la función de la iglesia.

Formas preliminares de organización eclesiástica. Las formas visibles que la iglesia invisible ha asumido de época en época han sido mayormente la consecuencia de luchas históricas, y de aquellas diversas circunstancias bajo las cuales la iglesia invisible has sido forzada a mantenerse.

1. La forma patriarcal de la iglesia data del principio de los tiempos. Antes de la caída, era inmaculada y perfecta. Pero no nos toca inquirir acerca de la forma de organización que la misma hubiera tenido en caso de que ese estado hubiera continuado. Después de la caída, eso sí, la imperfección caracterizaría a la iglesia, y continuará caracterizándola hasta la consumación de todas las cosas, cuando sea presentada de nuevo sin falta ante el trono con gozo sin igual. En su forma más temprana, el credo era simple, siendo el *protoevangelium* o la promesa de redención la sola condición para membresía. El único oficial era el sacerdote. Aparentemente, el sacerdocio no estaba limitado a la cabeza de la familia, ya que tanto Caín como Abel ofrecieron sacrificios. La iglesia era individualista al extremo. Con el llamamiento de Abraham, la forma individualista de organización cedió a la de la familia, y comenzó la forma patriarcal de gobierno en su más verdadero sentido. Abraham era el sacerdote de su propia familia, y fue sucedido a su vez por Isaac y Jacob.

2. La forma teocéntrica de gobierno empezó con Moisés, quien reorganizó la iglesia en el Sinaí, dándole una constitución elaborada,

tanto para lo civil como para lo eclesiástico. Sin embargo, esta forma no estaba diseñada para ser un estado que cumpliera con los oficios eclesiásticos, sino una iglesia que asumiera las funciones del estado. La idea religiosa permeaba toda la estructura social. Teóricamente, esto deberá siempre ser el verdadero ideal para la iglesia, no el de la identificación de la iglesia con el estado, sino el de una coalescencia tal de ambos que los traiga a su más alta eficiencia. Un ideal así, no obstante, nunca podrá hacerse realidad hasta que Aquél quien es profeta y sacerdote también venga a ser rey. Entonces Él será no solo el Señor de la iglesia, sino el gobernador de las naciones: será rey de reyes, y Señor de señores (Apocalipsis 11:15).

La organización de la iglesia cristiana. Nada se enseña más claro en la Biblia que el hecho de una organización externa de la iglesia. Esto lo demuestra (1) los tiempos establecidos para las reuniones (Hechos 20:7), y la exhortación a que no se dejen de reunir (Hebreos 10:25); (2) un ministerio formalmente constituido, el cual comprende a los obispos (*episkopoi*), a los ancianos o presbíteros (*presbiteroi*), y a los diáconos (*diakonoi*) (Filipenses 1:1; Hechos 20:17, 28), y las normas para su elegibilidad (1 Timoteo 3:1-13); (3) las elecciones formales (Hechos 1:23-26; 6:5-6); (4) un sistema financiero para el sostén local del ministerio (1 Timoteo 5:17), y para el interés más general de la caridad (1 Corintios 16:1-2); (5) la autoridad disciplinaria por parte de los ministros y las iglesias (1 Timoteo 5:17; 1 Pedro 5:2; Mateo 18:17; 1 Corintios 5:4-5, 13); (6) las costumbres comunes (1 Corintios 11:16), y las ordenanzas (Hechos 2:41-42; 1 Corintios 11:23-26); (7) los requisitos de membresía (Mateo 28:19; Hechos 2:47); (8) el listado de las viudas (1 Timoteo 5:9); (9) las cartas oficiales de recomendación (Hechos 18:25; 2 Corintios 3:1); y (10) la obra común de todas las iglesias (Filipenses 2:30).

Existen tres criterios generales concernientes a la organización de la iglesia. El primero sostiene que la iglesia es un cuerpo exclusivamente espiritual, y que, por lo tanto, no necesita una organización externa. Esta posición es ilógica, y solo la sostienen unas pocas sectas menores. Hay que observar aquí que una forma simple de gobierno no implica necesariamente un credo escrito, sino que el mismo puede existir de manera oral. Una organización así puede también existir sin expedientes escritos, sin lista de miembros, y sin una manera formal de escoger a sus oficiales. Después de todo, estas cosas deberán considerarse como auxilio y no como algo esencial. La segunda teoría está en el extremo contrario, y sostiene que la Biblia nos da un plan formal de organización para la iglesia. Pero, aun entre los que sostienen esta posición, hay mucha controversia en cuanto a la forma de gobierno prescrita. La sostienen los que defienden la forma episcopal de gobierno por un lado, y el congregacionalismo puro por otro. Hay una tercera y mediadora teoría, la cual sostiene que el Nuevo Testamento establece principios generales de organización, pero no prescribe una forma específica de gobierno eclesiástico.[6] Esta es la posición generalmente asumida por las iglesias protestantes. Richard Watson, mientras que adopta el lenguaje del obispo George Tomline, dice: "Por cuanto no le ha complacido a nuestro Padre todopoderoso prescribir una forma particular de gobierno para la seguridad de los confortes temporales de sus criaturas racionales, tampoco ha prescrito una forma particular de política eclesiástica como absolutamente necesaria para obtener la felicidad eterna. Así que, el evangelio solo establece principios generales, dejando la aplicación de los mismos a los agentes libres". El doctor Bangs asume la misma posición: "No hay", dice él, "una forma específica de forma de gobierno eclesiástico prescrita en la Biblia, y, por lo tanto, se deja a discreción de la iglesia regular estos asuntos según las exigencias, el tiempo, el lugar y las circunstancias lo dicten como lo más conveniente, siempre evitando todo lo que Dios ha prohibido". John Miley sostiene que "la cuestión de principal importancia es la adopción de la política para la obtención del fin espiritual para el cual la iglesia ha sido constituida. Este deberá siempre ser el principio determinante. El principio significa que la constitución de la política queda a la discreción de la iglesia; pero también significa que la construcción deberá hacerse a la luz de su misión, y con miras a su mejor cumplimiento. El poder discrecional de la iglesia aparece a la luz de tres hechos: (1) la iglesia deberá tener una política; (2) no hay una política divinamente ordenada; y, (3) por consiguiente, se le deja a la iglesia, y a cada iglesia que exista justamente como tal, determinar su propia política" (John Miley, *Systematic Theology* [Teología sistemática], II:416-417).

Tipos de organización eclesiástica. En general, podemos decir que hay cinco tipos principales de organización o modos de gobierno eclesiástico, según lo sostienen los cristianos profesantes. Estos tipos se ocupan principalmente de la correcta autoridad de la iglesia visible. (1) La Iglesia Católica Romana sostiene que la autoridad suprema y final reside en el papa, por lo cual es un papado. (2) En el otro extremo están las iglesias congregacionales, las cuales sostienen que la autoridad está puesta en las congregaciones separadas, por lo cual se les conoce como independientes. Entre estos extremos están las posiciones mediadoras. (3) Los episcopales sostienen que la autoridad ha sido revestida en una orden superior del ministerio; (4) los presbiterianos sostienen que descansa juntamente en el ministerio y en el laicado; y (5) los metodistas sostienen que se les ha conferido principalmente a los presbíteros de la iglesia. Estos tipos pueden reducirse a tres: el episcopal, en el cual la autoridad se le confiere al ministerio; el congregacional, en el cual se le confiere a la congregación; y el presbiteriano, en el cual se les es conferida tanto al ministerio como al laicado. "Nuestra opinión es que", dice el obispo Weaver, "la forma de gobierno en el Nuevo Testamento no era exclusivamente episcopal, presbiteriana o congregacional, sino una combinación de ciertos elementos de un todo. ... A partir de un cuidadoso examen de toda la cuestión, concluimos que es más cercano, en armonía con la práctica y los escritos de los apóstoles, decir que la autoridad en la iglesia visible la reviste el ministerio y el laicado tomados en conjunto. ... El énfasis en los extremos que hemos mencionado arriba, ha hecho surgir dos criterios agudamente divergentes de la naturaleza misma del cristianismo. (1) De acuerdo al primero, la iglesia ha sido constituida por una orden clerical divinamente comisionada, solo la cual, por medio de la sucesión apostólica, está autorizada para transmitir las bendiciones de la religión cristiana por medio de los sacramentos. De acuerdo con este criterio, la iglesia depende totalmente del ministerio, y donde no hay ministerio apostólico, no hay iglesia. (2) De acuerdo con el otro criterio, la iglesia está constituida por la aceptación, de parte de los individuos, de Cristo como Salvador y Señor. Estos individuos, por medio de la asociación voluntaria, forman las iglesias, las cuales a su vez asignan sus propios "ministros" o "siervos", para el descargo más específico de sus funciones. En esta manera de verlo, el ministerio depende de la iglesia. Ambos criterios son igualmente no bíblicos.

Las iglesias como organizaciones locales y voluntarias. Hemos visto que hay dos criterios vastamente diferentes de organización eclesiástica, aún tan extremos que afectan el concepto mismo del cristianismo. Estos son, (1) el papado, el cual considera la iglesia como la única y entera organización visible en todo el mundo, y como tal, gobernada por una cabeza visible, el papa. De acuerdo con esta teoría, los cuerpos locales no son iglesias en el sentido verdadero de la palabra, sino solo partes de la sola iglesia. (2) En el otro extremo está el congregacionalismo, o la independencia, el cual sostiene estrictamente la autonomía de la iglesia local, y le niega ese título a toda organización que se superponga. De acuerdo con este criterio, el cuerpo local es la iglesia, y la iglesia universal es sencillamente un término general para expresar la totalidad de las iglesias, cada una perfecta en sí misma y enteramente independiente.[7]

Las iglesias apostólicas eran asociaciones voluntarias. Los que se les unían, lo hacían libremente y por su cuenta. Es en ello que ha de encontrarse la expresión externa de esa vida interna y libre que caracteriza a la iglesia de Cristo. Los apóstoles no hicieron provisión para ninguna cabeza visible de la supuestamente sola iglesia visible. Aparentemente, no había primado ni siquiera en el colegio apostólico, aun cuando Santiago haya presidido en el concilio de Jerusalén. Al contrario, los apóstoles les proveían de gobierno de una manera totalmente diferente a las iglesias que fundaban, levantando de dentro de las iglesias mismas aquellos que ordenarían como ministros.[8] La única unidad de la que hablan los apóstoles es la unidad de toda la iglesia en Cristo, su cabeza invisible. Esta unidad es de la fe y de la caridad ferviente por medio del Espíritu que mora. Más aún, los mejores historiadores eclesiásticos concuerdan en que, durante la mayor parte del segundo siglo, las iglesias eran cuerpos independientes, y no fue hasta el final del ese siglo que se formaron las asociaciones más grandes. Pero esta independencia de las iglesias cristianas no deberá considerarse idéntica a la de las iglesias que en los tiempos modernos se llaman independientes. Es evidente, según la Biblia, que las iglesias eran fundadas por los apóstoles y los evangelistas, quienes, durante la duración de sus vidas, ejercían control sobre ellas. Esto prueba que las primeras iglesias no estaban marcadas por una completa independencia. Las epístolas a Timoteo y a Tito también hacen claro que el apóstol Pablo les otorgaba a otros la autoridad de ordenar ancianos en las iglesias, y de ejercer una supervisión general sobre sus asuntos. De aquí que sea aparente que el tipo de organización establecida por los apóstoles era una forma de conexionismo, en donde las iglesias locales retenían mayormente el control de sus propios asuntos, pero en donde, no obstante, quedaban sujetas de una manera general a un gobierno común. Solo esto es lo que parece conformarse a las enseñanzas bíblicas y a los hechos históricos en lo que concierne a la organización de las iglesias primitivas.

Las condiciones de feligresía. "Las distintas iglesias estarán compuestas de aquellas personas regeneradas, las cuales, según la providencia lo haya permitido, y según la dirección del Espíritu Santo, se asocian juntamente para el compañerismo y los ministerios santos" (*El credo, Parte II, Artículo II*). Aunque consideramos la iglesia como una organización voluntaria y visible, aún así insistimos también en el elemento divino e invisible y, por lo tanto, hacemos de la regeneración la condición básica de la membresía. Siendo que la iglesia es el compañerismo y la comunión de creyentes, una confesión de fe en el Señor Jesucristo será el solo requisito esencial para admisión a la organización visible. El protestantismo ha interpretado esta confesión como queriendo decir, "una experiencia y una vida cristiana consciente".[9] Las diversas denominaciones han adoptado generalmente alguna forma de convenio, incluyendo declaraciones acordadas de creencias y prácticas, con las cuales el solicitante deberá estar dispuesto a conformarse. Es el deber de todo cristiano, no solo profesar abiertamente su fe en Cristo, sino entrar en comunión con el cuerpo de creyentes en su comunidad, y tomar sobre sí las responsabilidades de la membresía de la iglesia.

Es evidente que las mismas dificultades que hemos descubierto en nuestra discusión de la iglesia visible e invisible, atañen también a las condiciones de la membresía. Aquí se pueden mencionar varios errores principales. (1) En donde la iglesia se considera solamente una organización visible, la membresía estará condicionada a un mero suscribirse a formas externas de admisión. En algunas iglesias protestantes, solo el participar de los sacramentos es considerado como suficiente para membresía en la iglesia.[10] (2) En donde se requiere una confesión de fe, hay otro error que a veces ha sido dominante en la iglesia. Se ha sostenido que, siendo que los hombres no conocen el corazón de aquellos que profesan la fe en Cristo, nadie tiene el derecho de investigar o cuestionar la profesión de los demás. Este principio es equivocado, y donde ha dominado, la iglesia ha sido empobrecida espiritualmente por una feligresía que no conoce nada de una experiencia y una vida cristiana consciente. Por esta razón, las iglesias espirituales han protegido su membresía al requerir que a todos los candidatos para admisión se les requiera mostrar evidencia de salvación de sus pecados por medio de un caminar santo y una piedad vital (Cf. *General Rules V* [Reglas generales V]. (3) En el otro extremo se encuentra el error de aquellos que buscan, esperando encontrar, la pureza de la iglesia invisible en la organización visible. Este fue el error de los primeros donatistas, quienes se esforzaban, por medio de una rígida disciplina, en logar una organización eclesiástica absolutamente pura, rehusándose a tener comunión con aquellos cuyas prácticas fueran más tolerantes. Fue así como, para mantener la apariencia exterior de pureza, se quebrantó la santidad interior de la libertad espiritual, desarrollándose en vez un espíritu estrecho, carente de caridad, y sectario. (4) Estrechamente relacionado con el error anterior está el de intentar llevar a cabo las operaciones de la iglesia invisible en el mundo, sin una organización visible. Algunos, al encontrar imposible mantener una iglesia externamente pura, han recurrido a la conveniencia de negar la necesidad de una organización externa. Este error ya ha sido mencionado antes, y solo puede existir por razón de un criterio equivocado de la naturaleza de la organización en sí misma.

La función de la iglesia. La función de la iglesia, considerada como el cuerpo de Cristo, es la de un instituto misionero, o más apropiadamente, una "empresa de evangelización". Así como Cristo asumió un cuerpo y vino a este mundo, para revelar a Dios y redimir al hombre, así la iglesia, como su cuerpo, existe en el mundo para la diseminación del evangelio. Ella es la esfera de la operación del Espíritu, y encuentra su más alta expresión en la Gran Comisión, dada a la iglesia por el Señor mismo: "Por tanto, id, y haced discípulos a todas las naciones, bautizándolos en el nombre del Padre, y del Hijo, y del Espíritu Santo; enseñándoles que guarden todas las cosas que os he mandado; y he aquí yo estoy con vosotros todos los días, hasta el fin del mundo. Amén" (Mateo 28:19-20). También se debe expresar una palabra en cuanto a la relación de la iglesia con el reino. El reino no deberá ser reducido a la iglesia, ni la iglesia deberá ampliarse para incluir el reino. "Hacer lo primero", dice Taylor, "es establecer un eclesiasticismo monstruoso; hacer lo segundo es destruir el organismo por el cual el reino se manifiesta y hace su labor en el mundo". Así como la nueva dispensación empezó con la predicación del reino, así también el reino será la forma última en la cual todas las iglesias deberán ser absorbidas al final de las edades. Solo con la venida del Señor, tendrá su consumación el reino que tuvo su etapa preparatoria en Israel, y su cumplimiento neotestamentario tanto en Israel como en los gentiles. Entonces se cumplirá la profecía: "Los reinos del mundo han venido a ser de nuestro Señor y de su Cristo; y él reinará por los siglos de los siglos" (Apocalipsis 11:15).

EL MINISTERIO CRISTIANO

Se puede decir que el ministerio cristiano descarga una doble función, dependiendo de que la iglesia se vea bajo el aspecto del cuerpo de Cristo, o como el templo del Espíritu. En el primer caso, por ser empresa de evangelización, la función ministerial será la de predicar el evangelio y administrar los asuntos de la iglesia; en el segundo, por ser establecimiento de adoración, la referencia es a la conducta pública de la adoración y la administración de los sacramentos. Antes de considerar este asunto más en detalle, es necesario dar algo de atención a las concepciones diferentes del oficio como las sostienen el catolicismo romano y el protestantismo. El primero se suscribe a un ministerio sacerdotal; el último a un ministerio profético o de predicación. El principio adoptado por los reformadores es el del "sacerdocio universal de los creyentes".

El sacerdocio universal de los creyentes. En la iglesia primitiva, a los ministros se les conocía indistintamente como obispos, presbíteros o ancianos. La concepción antiguotestamentaria del sacerdocio, ejerció de primera instancia muy poca influencia en la idea eclesiástica del oficio. Los sacrificios fueron abolidos, y no podía haber un sacerdote sin un sacrificio. Por consiguiente, la congregación completa se consideraba un cuerpo de sacerdotes que ofrecía sacrificios espirituales por medio de Jesucristo, su solo y gran sumo sacerdote. Paulatinamente, sin embargo, creció una distinción no bíblica entre el clero y el laicado, conociéndose los primeros como *sacerdotes,* o a los que les pertenecía la función sacerdotal. Una vez establecida está distinción, fue imposible evitar que el concepto antiguotestamentario del sacerdocio influenciara el ministerio cristiano. Siendo que en el servicio del templo los sacerdotes ofrecían sacrificios *por* el pueblo, volviéndose así mediadores entre el pueblo y Dios, también en la iglesia un sacrificio pronto llegó a ser ofrecido *por* el pueblo, en vez de ser *de parte* del pueblo. Entre tanto los fieles ofrecían ellos mismos los sacrificios espirituales por medio de su solo Sumo Sacerdote, no había necesidad de una orden sacerdotal. Por eso era que la idea del sacerdocio universal dominaba en la iglesia. Con el cambio gradual en la idea del ministerio y sus funciones, vino también un cambio en la concepción de la eucaristía, yéndose desde una fiesta sencillamente conmemorativa hasta el sacrificio de la misa. Esto a su vez fortaleció la creencia en el carácter sacerdotal del ministerio, de modo que, como Pedro Lombardo lo indica en sus *Sentencias,* el carácter sacerdotal del alto clero, y el carácter sacrificial de la misa, serían transmitidos a la iglesia medieval, y aceptados axiomáticamente. Con la llegada de la Reforma, no obstante, la idea del sacerdocio universal de los creyentes fue de nuevo traída a primer plano, siendo desde entonces la característica dominante del protestantismo. Como tal, enseña la igualdad esencial de todos los verdaderos creyentes, y su relación directa con Cristo por medio del Espíritu, preservando así la verdadera dignidad del cristiano individual, y la santidad de la adoración colectiva. A veces, esta idea reformada ha sido utilizada en contra de la creencia en una orden ministerial distinta, por lo tanto, dicha idea necesitará ser debidamente protegida.

Un ministerio divinamente constituido. Siendo que la iglesia es una institución divinamente designada, es decir, que es la voluntad de Dios que los hombres se organicen en sociedades para la mutua edificación y la adoración divina, también es la voluntad de Dios que personas individuales sean designadas para desempeñar deberes y administrar los sacramentos de la iglesia. Con el fin de una administración más eficaz del oficio, aquellos que se dedican exclusivamente a la obra religiosa les es requerido que se separen de las vocaciones ordinarias de la vida secular. Este deber es enseñado por la Biblia, tanto de manera directa como indirecta. En la dispensación mosaica, Aarón y Leví fueron separados por mandato divino para hacer la obra del sacerdocio. Los profetas eran llamados por Dios, y hablaban por comisión divina (Ezequiel 3:17). El orden divino del ministerio se presenta de manera todavía más clara en el Nuevo Testamento. Los apóstoles fueron directamente llamados y ordenados por nuestro Señor mismo. "Y cuando era de día, llamó a sus discípulos, y escogió a doce de ellos, a los cuales también llamó apóstoles" (Lucas 6:13). "Y estableció a doce, para que estuviesen con él, y para enviarlos a predicar" (Marcos 3:14). Los setenta fueron igualmente designados y enviados (Lucas 10:1). El apóstol Pablo fue llamado específicamente al ministerio, "porque instrumento escogido me es este, para llevar mi nombre en presencia de los gentiles, y de reyes, y de los hijos de Israel" (Hechos 9:14; cf. 27:16-18). En el libro de los Hechos también se registra que los apóstoles ordenaban ancianos en cada iglesia (Hechos 14:23).

En esta conexión es bueno señalar que el ministerio es una vocación o un llamado, y no simplemente una profesión. Así como es la voluntad de Dios que se formen iglesias, también es su voluntad que personas particulares sean llamadas a servir como ministros de esas iglesias. En cuanto a qué es lo que constituye el llamado divino, nada mejor que la prueba de "dones, gracia e idoneidad" que les sirvió a los primeros padres de la iglesia para la selección de candidatos al ministerio.

Los oficios distintivos de la iglesia. El apóstol Pablo enumera las siguientes clases de oficios en el ministerio del Nuevo Testamento, según los dio a la iglesia nuestro Señor ascendido: "Y él mismo constituyó a unos, apóstoles; a otros, profetas; a otros, evangelistas; a otros, pastores y maestros" (Efesios 4:11). De un estudio adicional de las epístolas del Apóstol, uno también se entera de que había obispos, ancianos o presbíteros, y diáconos. Algunos de estos términos, no obstante, se aplican a la misma persona, es decir, que la persona puede ser designada a veces de una manera, y otras veces por otro de estos términos oficiales. Los cinco oficios mencionados por el apóstol Pablo pueden disponerse en dos divisiones principales: (1) El ministerio extraordinario y transicional, y (2) el ministerio regular y permanente.

1. El ministerio extraordinario y transicional incluye a los apóstoles, a los profetas y a los evangelistas. La iglesia fue fundada por un cuerpo de hombres especialmente escogidos y calificados. Su ministerio era transicional, el cual, de hecho, continuó las extraordinarias ministraciones del Espíritu Santo bajo la antigua economía, y las trajo a su plena consumación en el servicio del nuevo orden. (1) Los *apóstoles* fueron aquellos que nuestro Señor comisionó en persona, los cuales también fueron escogidos para ser testigos de sus milagros y de su resurrección. Su misión fue la de echar los amplios cimientos de la iglesia en la doctrina y en la práctica, y con ese fin fueron dotados del don de la inspiración, otorgándoseles las debidas credenciales, es decir, el poder para obrar milagros.[11] (2) Los *profetas* incluían aquellos que, en ocasiones, predecían el futuro (Hechos 11:28; 21:10-11), pero el término generalmente se refiere a ese cuerpo extraordinario de maestros que fue levantado con el propósito de establecer las iglesias en la verdad, hasta el tiempo en que debieran quedar bajo instructores calificados y permanentes. Al igual que los apóstoles, los evangelistas hablaban bajo la inspiración inmediata del Espíritu, y, aunque de manera inmediata pronunciaban la verdad que se les había revelado para la instrucción de la iglesia, las revelaciones que recibieron han sido preservadas solo en pocos casos. Fue a esta clase ministerial a la que le perteneció la promesa pentecostal de, "Sobre mis siervos y sobre mis siervas en aquellos días derramaré de mi Espíritu, y profetizarán" (Hechos 2:18). Esta promesa fue pródigamente cumplida, y es por eso que en los Hechos y en las epístolas se va a encontrar referencia a

numerosos profetas. Partiendo de la Primera Epístola a los Corintios, es evidente que el don de la profecía se ejercía tanto por hombres como por mujeres, que era ocasional, y que se practicaba frecuentemente en la congregación (cf. Hechos 21:19; 1 Corintios 14:24-25, 29-33, 37). El apóstol Pablo define el oficio de los profetas como los que hablaban "para edificación, exhortación y consolación" (1 Corintios 14:3), y les asignó una alta prerrogativa ministerial al afirmar que la iglesia se había edificado "sobre el fundamento de los apóstoles y profetas" (Efesios 2:20 cf. 3:5). Fue solo en el sentido de un ministerio fundacional que la orden fue transitoria, pero la profecía como proclamadora de la verdad permanecería en la iglesia en la forma del ministerio regular. (3) Los *evangelistas* eran los auxiliares de los apóstoles, y desempeñaban los oficios apostólicos de la predicación y de la fundación de iglesias. Su autoridad les era delegada por los apóstoles, ante quienes eran responsables, y bajo cuya supervisión descargaban sus deberes.[12] Timoteo y Tito eran representantes de esta clase ministerial. A ellos se les dio el poder de ordenar obispos o ancianos en las iglesias, pero siendo que no tenían autoridad de ordenar a sus sucesores, el oficio debió haberse considerado como temporal. Fue un oficio que murió con el apostolado del cual dependía. El evangelista tenía el don de la profecía, como lo demuestra la declaración del apóstol Pablo acerca de la ordenación de Timoteo, en donde habla de "las profecías que se hicieron antes en cuanto a ti" (1 Timoteo 1:18), y en donde lo exhorta así: "No descuides el don que hay en ti, que te fue dado mediante profecía con la imposición de las manos del presbiterio" (1 Timoteo 4:14). Por lo tanto, el oficio no solo estaba ligado al de los profetas sobre ellos, sino que formaba la transición hacia un ministerio regular bajo ellos, y esto en un sentido doble, ya que abarcaba tanto las funciones administrativas como instructivas, algo que se hizo permanente en la orden de pastores y maestros. Eusebio parece haber sido el primero en aplicar el término evangelista a los escritores de los evangelios. Como fue empleado más tarde en la historia de la iglesia, el término representó un ministerio irregular poseedor del don de la proclamación del evangelio al inconverso, ya fuera en los campos nuevos, o para alcanzar a los perdidos por medio de las iglesias establecidas.

2. El ministerio regular y permanente estaba asignado al cuidado de la iglesia, una vez la supervisión apostólica era quitada. Se mencionan dos clases de oficio: el del *pastorado,* el cual tenía que ver especialmente con el cuidado espiritual de la iglesia, y el del *diaconado,* para el manejo

de sus asuntos temporales. Los que servían en el primer oficio, eran conocidos como ancianos o presbíteros (*presbiteroi*), y obispos (*episcopoi*); y los del segundo oficio, como diáconos (*diakonoi*).[13]

El oficio del pastorado tiene una doble función: la administrativa y la instructiva. Por tanto, los escogidos para ocupar este cargo eran conocidos como "pastores y maestros". Siendo que el término pastor implica los deberes tanto de la instrucción como del gobierno, y siendo también que los ancianos o los obispos eran ordenados en las varias iglesias por los apóstoles o por los evangelistas, es obvio que estos eran los pastores a los que el apóstol Pablo se refirió en la Epístola a los Efesios. El término *anciano* se adquirió del judaísmo, y hacía referencia a la edad o a la dignidad. El término *obispo* provino de los griegos, y hacía referencia al oficio. Hemos de entender con el uso del término anciano, no tanto un *oficio,* sino una orden en el ministerio. De aquí que leamos que la ordenación de Timoteo se dio "con la imposición de las manos del presbiterio" (1 Timoteo 4:14). En los tiempos apostólicos, parece que las iglesias más grandes tenían varios presbíteros o ancianos, como era el caso con la iglesia de Jerusalén (Hechos 15:4), y la de Éfeso (Hechos 20:17), y el de los profetas y maestros mencionados por nombres en Hechos 13:1. Cuando estos ancianos se reunían para consulta o devoción, la necesidad obligaba que se eligiera a alguien como moderador u oficial presidente. Ese oficial, según lo que sabemos de la historia eclesiástica, era algo común durante el segundo siglo, y se le conocía como *proestus* o presidente de la iglesia.[14] No es improbable que fue a esto a lo que nuestro Salvador se refería cuando se dirigió a los "ángeles" de las iglesias. Esta suposición se hace más probable por el hecho de que, en el judaísmo, el anciano que oficiaba en las oraciones públicas era conocido como "el ángel de la congregación". Que los términos obispo y presbítero se refieran al mismo oficio, o que expresen dos órdenes distintas y sagradas del ministerio, ha sido objeto de gran controversia en la iglesia.[15] No puede haber duda de que la distinción entre los términos surgió en un periodo temprano, pero, dice Richard Watson, "Esto no le da la más mínima sanción a la noción de que los obispos fueran una orden superior de ministros que los presbíteros, ni que fueran investidos, por virtud de esa orden, y por derecho divino, con poderes para gobernar tanto a los presbíteros como al pueblo, ni con autoridad exclusiva para ordenar a los sagrados oficios de la iglesia" (Samuel Wakefield, *Christian Theology* [Teología cristiana], 542).

El oficio del diaconado se ocupaba de la administración de los asuntos temporales de la iglesia. El nombramiento de los primeros diáconos de la iglesia cristiana ha sido distintivamente registrado (Hechos 6:1-16). El término *diácono* se deriva del vocablo griego *diakonos*, y denota "un siervo que atiende a su amo, le sirve en la mesa, y siempre está cerca de él para obedecer sus órdenes". Se consideraba una forma de servicio más encomiable que la implicada en el término *doulos* o esclavo. Nuestro Señor empleó ambos términos en Mateo 20:26-27, aunque se encuentran un poco velados en la versión castellana. Las calificaciones para los diáconos y sus esposas fueron dadas por el apóstol Pablo en 1 Timoteo 3:8-13. También hubo mujeres cristianas a quienes se les invistió de este oficio, entre quienes Febe, de Cencrea, era contada (Romanos 16:1). La palabra *esposas* (1 Timoteo 3:11) a veces es traducida como *diaconisas*. Al describir viudas que ministraban, también es probable que el apóstol Pablo estuviera hablando de las diaconisas (1 Timoteo 5:5-10). De acuerdo a Calmet, "servían a la iglesia en los oficios en los cuales los diáconos no eran capaces de servir, como sería visitar a las de su mismo sexo en tiempo de enfermedad, o cuando eran encarceladas por la fe. Eran personas de edad mayor cuando eran escogidas; y eran designadas para el oficio por la imposición de las manos". La palabra *diakonia* es un término general para el ministerio, y nuestro Señor se lo aplicó una vez a sí mismo (Mateo 20:28). En los tiempos modernos, la palabra "ministro", la cual es equivalente a "diácono", se ha convertido, por el uso común, en un sustituto de la palabra anciano o presbítero. Por esta razón, el diácono, en algunas iglesias, es simplemente un presbítero a prueba, que sería el primer paso hacia la ordenación como presbítero.

La ordenación de los ministros. La Biblia enseña claramente que la iglesia primitiva ordenaba a los ancianos o presbíteros apartándolos formalmente para el oficio y la obra del ministerio. Es cierto que ninguna forma particular de hacerlo fue prescrita, pero parece evidente, de numerosas fuentes, que los ancianos eran apartados por la imposición de las manos. Todavía más, es evidente, a partir de la Biblia, que el poder para ordenar descansaba en el presbiterio mismo, y que todos los candidatos eran juzgados como dignos o indignos para el oficio, solo por aquellos que habían sido ordenados.[16] La ordenación, por tanto, deberá considerarse, en cierto sentido, una forma divinamente autorizada y prescrita de investidura o inauguración para una orden en particular. Pero la ordenación no hace al presbítero un oficial de alguna iglesia en específico. Esto ocurrirá solo cuando sea electo por la iglesia, y acepte libremente su elección. Luego, el presbiterio es una orden del ministerio, solo de la cual los pastores pueden ser electos, pero hasta tanto sean así elegidos, no son pastores de ninguna iglesia en particular. Esto no impide que un ministro licenciado sirva en la capacidad de pastor, pero hasta que no sea ordenado como presbítero, no se le conferirán todos los derechos y privilegios del ministerio, por lo cual no podrá, en el sentido más pleno, llenar los requisitos del oficio. Lo que es cierto del pastorado, lo es también de los otros diversos oficios de la iglesia. Por lo tanto, podemos mantener con seguridad que hay una orden de ministerio, pero muchos y diversos oficios. Las calificaciones para los obispos o presbíteros, y para los diáconos, son plenamente declaradas por el apóstol Pablo en sus epístolas a Timoteo y a Tito (1 Timoteo 3:1-13; Tito 1:5-9).

Funciones administrativas y disciplinarias. La iglesia, por medio de sus ministros, ejerce tres formas de poder administrativo. (1) Está lo que los antiguos teólogos llamaban el *potestas ordinans,* o *diataktike,* con lo cual se hacía alusión al poder de la iglesia en cuanto a las leyes de orden y gobierno. El hecho de que la iglesia es una institución compuesta de seres humanos, implica que deberá tener leyes, y que las mismas deberán ser adecuadamente administradas. Estas leyes deberán ser *bíblicas,* es decir, deberán ser derivadas inmediatamente de la Biblia, o indirectamente, por inferencia, "de modo que lo que ella no contenga, no deberá dictarse como artículo de fe". Deberán ser *espirituales.* La iglesia no tiene voz en asuntos civiles ni seculares, por lo cual no tiene derecho a dictaminarles nada a sus miembros excepto en lo que concierna a cuestiones morales y religiosas. De nuevo, estas leyes deberán ser puramente *ministeriales.* Aquellos a través de los cuales el gobierno de la iglesia es administrado, no son señores sobre la herencia de Dios, sino ejemplos de la grey. (2) Está el *potestas dogmatike,* o las funciones didácticas de la iglesia. Siendo que la iglesia es la depositaria de la Biblia, a sus ministros se les requiere que la defiendan como una preciosa herencia. Se les requiere, además, que prediquen la Palabra, y que utilicen todos los medios posibles para su promulgación. Esto incluye la instrucción de la juventud, el uso de la Biblia, los salmos, los himnos y los cánticos espirituales en los servicios públicos, y la preservación de la sana doctrina en la iglesia. (3) Está la *potestas diakritike,* o la función disciplinaria de la iglesia. A los ministros no solo se les requiere que enseñen, sino que además ejerzan la debida disciplina en la congregación. Sin embargo, ni la iglesia ni sus ministros tienen la potestad de utilizar la autoridad civil, ni siquiera en los más severos casos de disciplina. No tienen derecho de infligir sufrimientos, ni poner en prisión a los individuos, ni confiscar propiedades. Sus poderes están limitados a la censura, a la suspensión o a la excomulgación. Dejar de observar esto ha llevado a veces a medidas extravagantes en el trato de los que ofenden a la iglesia.[17]

NOTAS BIBLIOGRÁFICAS

1. Isaac A. Dorner incluye los siguientes temas en la discusiones de la iglesia: (1) El génesis de la iglesia, por medio del nuevo nacimiento del Espíritu, o la regeneración; (2) el crecimiento y la persistencia de la iglesia por medio de la continua operación del Espíritu en los medios de gracia, o la eclesiología, como otros la llaman; y (3) la culminación de la iglesia, o la escatología.

2. W. H. Hutchings señala los siguientes e interesantes puntos de comparación entre el misterio de la encarnación y el misterio de Pentecostés.

    (1) En cada cual hay una llegada personal, (a) en Nazaret, María, en una vida velada, es preparada para la maravilla que le habría de ocurrir; (b) en Jerusalén, los discípulos, con oración y súplica, en retiro secreto, esperan al Consolador prometido.

    (2) En Nazaret, el Verbo eterno desciende del seno del Padre para unir nuestra naturaleza con la de Él, a fin de redimirla. En Jerusalén, la tercera persona de la Trinidad desciende para habitar en nuestra naturaleza a fin de santificarla. Así como la creación del cuerpo de Jesús fue por el Espíritu Santo, así Él crea la iglesia como el organismo visible de su presencia. (Gregorio Nacianceno: Le corresponde al Espíritu Santo venir a nosotros de manera corporal, como el Hijo ha tratado con nosotros en un cuerpo.)

    (3) En ambas uniones, el mismo amor es la causa motora; pero en el segundo, el amor asume un nuevo grado de prominencia e intensidad. Es el segundo don divino, y este después que el primero había sido abusado. Es ahora el don, no de sabiduría personal, pero de amor personal; y es el amor que hace del amor y no del temor el motivo dominante de la obediencia.

    (4) En ambos misterios, la comunión con la vida creada es tan estrecha que las acciones divinas les son imputadas al ser humano, y las propiedades humanas adscritas a Dios; en ambos, el cielo concede una persona divina, y la tierra contribuye con un vaso para su presencia. (Cf. W. H. Hutchings, *Person and Work of the Holy Ghost,* 127.)

3. El obispo John Pearson ofrece esta definición de catolicidad: "Este catolicismo de la iglesia consiste generalmente en su universalidad como incluyendo a toda clase de persona, como diseminada por todas las naciones, como comprendiendo todas las edades, como conteniendo toda verdad necesaria y salvadora, como obligando a toda condición de hombre a toda clase de obediencia que cure toda enfermedad y que siembre toda gracia en las almas de los hombres" (John Pearson, *An Exposition of the Creed*).

4. Para obtener una concepción precisa de la iglesia cristiana es necesario que distingamos debidamente entre lo ideal y lo real, entre la naturaleza interna del sujeto y su forma manifestada externamente, en una palabra, entre la iglesia y la congregación. Concebida como una sociedad religiosa moral, la iglesia incluye, sin excepción, a todos los que son llamados con el nombre de Cristo; vista como un cuerpo espiritual, la congregación es la unión de aquellos que, por una fe viviente, están personalmente unidos a Cristo, sea que pertenezca a la iglesia militante en la tierra, o a la iglesia triunfante en los cielos. La distinción entre la iglesia visible e invisible es, por tanto, correcta en principio, y deberá soste-

nerse firmemente como asunto de profunda importancia. Cuando se convierte arbitraria-mente en una antítesis irreconciliable, aparece de inmediato el sectarismo, lo cual divide y debilita la iglesia, sin ser capaz de suplir el lugar de su continuidad (J. J. Van Oosterzee, *Christian Dogmatics,* II:702).

5. Las marcas de una verdadera iglesia, según el artículo metodista (XIII) dado arriba, es una revisión del Credo Anglicano (Artículo XIX). Juan Wesley adoptó la primera parte del artículo pero rechazó el segundo párrafo. El artículo anglicano se supone que se haya derivado del Artículo VII de la Confesión de Augsburgo. A continuación estos dos artícu-los.

    ARTÍCULO XIX del Credo Anglicano. "La Iglesia visible de Cristo es una congrega-ción de hombres fieles, en la cual se predica la pura Palabra de Dios, y se administran debidamente los sacramentos conforme a la institución de Cristo, en todas las cosas que por necesidad se requieren para los mismos. Como la iglesia de Jerusalén, de Alejandría, y de Antioquía erraron, así también ha errado la Iglesia de Roma, no solo en cuanto a la vida y las ceremonias, sino también en materias de fe".

    ARTÍCULO VII DE LA CONFESIÓN DE AUGSBURGO. "Enseñamos también que hay una iglesia santa, y que ha de subsistir eternamente. Ella es la asamblea de todos los creyentes en medio de los cuales el evangelio es enseñado claramente, y donde los sacramentos son administrados conforme al Evangelio. Para que haya una verdadera unidad de la iglesia cristiana, es suficiente que todos estén de acuerdo con la enseñanza de la doctrina correcta del evangelio, y con la administración de los sacramentos en confor-midad con la Palabra divina. Sin embargo, para la verdadera unidad de la iglesia cristiana, no es indispensable que uno observe en todos lados los mismos ritos y ceremonias, que son de institución humana. Esto es lo que dice San Pablo: 'Una fe, un bautismo, un Dios y Padre de todos, el cual es sobre todos, y por todos, y en todos'" [Efesios 4:5-6].

6. Juan Wesley, quien siempre fue un firme creyente en la forma episcopal de gobierno, hizo esta admisión: "En cuanto a mi propio juicio se refiere, todavía creo que la forma episco-pal de gobierno eclesiástico es la bíblica y apostólica. Quiero decir, que es la que está en mejor acuerdo con la práctica y los escritos de los apóstoles. Pero que sea la que la Biblia prescriba, no lo creo".

    El doctor Thornwall establece los rasgos distintivos del presbiterianismo como sigue: (1) Que la iglesia es gobernada por asambleas representativas. (2) Que estas asambleas las constituyen dos cámaras, o dos elementos, el predicador y los ancianos gobernantes. (3) La paridad de los ancianos, de todos los ancianos, los que predican y los que gobiernan, aparece en nuestras cortes eclesiásticas con las mismas credenciales, y teniendo los mismos derechos. (4) La unidad de la iglesia, la cual se concreta en el principio representativo. (5) El poder ministerial y declarativo de los presbiterios, los sínodos y las asambleas represen-tativas, como opuesto al poder mandatorio (Thornwall, *Writings,* IV:234).

    "Así, pues, queda propuesto una confirmación adicional de la posición que se ha asumido, a saber, que fue el plan de los escritores sagrados establecer claramente los prin-cipios sobre los cuales las iglesias cristianas se formarían y gobernarían, dejando el modo de aplicación de esos principios sin determinarse, y que fuera discrecional" (Whately, *The Kingdom of Christ,* 98).

7. La cuestión de la teoría filosófica se ocupa mayormente del asunto de la organización, sea la de la iglesia o la del estado. La filosofía trata con preguntas tales como lo absoluto y lo individual, lo general y lo particular, la unidad y la pluralidad. Aplicada al estado, tenemos la monarquía absoluta y la democracia pura, y entre estos extremos, todo matiz y grado de organización política. Aplicada a la iglesia, tenemos los extremos del episcopado y el congregacionalismo, o más correctamente, el papado y la independencia. La organización eclesiástica siempre tiende hacia uno de estos extremos, pero la iglesia que insiste en uno

con exclusión del otro posee a lo sumo una media verdad. Habrá que hacer provisión para la libertad del individuo, pero esto podrá hacerse solo si se hace provisión para la debida relación con los demás.

Se concede generalmente como impráctico perseguir la unidad en la iglesia visible excepto en la fe, la adoración y la disciplina como lo fundamental. Debe ser obvio para toda mente desapasionada que nunca ha habido, desde el tiempo de los apóstoles, ninguna otra unidad que aquella que Dios solo puede discernir. ... La teoría congregacional, la cual admite solo el agregado voluntario de iglesias, sin tener, ni tampoco desear, otra garantía que no sea esa, se va hasta un extremo, pero en la dirección correcta (William Burton Pope, *Compendium of Christian Theology,* III:273).

A. A. Hodge tiene este interesante enunciado en cuanto a la importancia de la variedad en la iglesia: "Creo firmemente que, contrario, el propósito de Dios ha sido diferenciar su iglesia infinitamente. Ustedes saben que la forma más elevada de hermosura que jamás se pueda concebir, la forma más elevada de orden, es la multiplicidad en la unidad y la unidad en la multiplicidad. ... Ahora, ¿qué ha estado haciendo Dios? Ha disgregado a la humanidad en variedades infinitas... a través de todos los tiempos... simplemente para fortalecer esa variedad que constituye la belleza en la unidad, y para robustecer esa rica e inagotable variedad que constituye la belleza en la unidad de esta gran e infinita iglesia de los primogénitos. ... Ciertamente deseamos trabajar abarcadoramente juntos hacia la unidad, pero el hibridismo no es la manera de lograrlo. No es por unir los tipos, sino por la unidad del Espíritu; no es por trabajar desde afuera, sino por hacerlo desde adentro hacia afuera" (A. A. Hodge, *Popular Lectures,* 212ss).

Juan Wesley dice: "Originalmente, cada congregación cristiana era una iglesia independiente de todas las demás". Adam Clarke asume la misma posición: "En el uso apropiado de esta palabra", dice él, "no puede haber tal cosa como exclusivamente la iglesia; lo que puede haber es una iglesia, o las iglesias". Así también Richard Watson dice: "A lo largo de la mayor parte del segundo siglo, las iglesias cristianas eran independientes las unas de las otras".

"Estamos acordes en la necesidad de una superintendencia que nutra y que cuide las iglesias que ya están establecidas, pero cuyo deber también sea organizar y alentar la organización de iglesias en todo lugar". "Estamos de acuerdo en que la autoridad que se les dé a los superintendentes no deberá interferir con la acción independiente de una iglesia plenamente organizada, la cual deberá disfrutar del derecho de seleccionar a su pastor, sujeto al tipo de aprobación que la Asamblea General considere sabio instituir; de elegir los delegados a las varias asambleas; del manejo de sus propias finanzas; y de todas las demás cosas que pertenezcan a su vida y obra locales" (Las bases de la unión, *Manual, Church of the Nazarene,* 18).

8. Puede que se acepte que algunas de las iglesias más pequeñas y aisladas pudieran haber retenido esta forma por algún tiempo considerable después de la muerte de los apóstoles. Pero las iglesias grandes, en las principales ciudades, y las fundadas en los vecindarios con mucha población, tenían numerosos presbíteros, y, a medida que los miembros se multiplicaban, tenían diversas asambleas o se congregaban separadamente, aunque bajo un mismo gobierno común. Y cuando se levantaban iglesias en ciudades vecinas, el que se asignaran "chorepiscopi", u obispos de comarca, y presbíteros visitantes, ambos actuando bajo el presbiterio de la ciudad, con el obispo como cabeza, es suficiente prueba de que las iglesias antiguas, especialmente las más grandes y prósperas, existían de una forma que en los tiempos modernos llamaríamos de conexión religiosa, sujetas a un gobierno común (Samuel Wakefield, *Christian Theology,* 544).

Mosheim, un luterano, al hablar acerca de las iglesias del primer siglo, dice: "Todas las iglesias, en esos tiempos primitivos, eran cuerpos independientes, ninguno de ellos sujeto a la jurisdicción de ningún otro. A las iglesias que habían sido fundadas por los apóstoles, se les mostraba con frecuencia el honor de ser consultadas en casos difíciles y dudosos, sin embargo, las mismas no tenían autoridad judicial, ni control, ni poder para establecer leyes. Al contrario, es tan claro como la luz del mediodía que todas las iglesias cristianas tenían derechos iguales, y eran iguales en todos los demás sentidos.

9. Morris, en su Eclesiología, página 93, reduce la fe salvadora a sus varios elementos, descubriendo así cuatro calificaciones esenciales para la membresía. Estas calificaciones son: (1) Un conocimiento espiritual de Dios, especialmente como se revela en el evangelio, como Padre, como Hijo, y como Espíritu Santo. (2) Arrepentimiento del pecado como cometido contra Dios, y confianza en la misericordia divina, especialmente en la medida en que esa misericordia se manifiesta en y por medio de Cristo como nuestro redentor. (3) La obediencia a Dios, y la cordial devoción a sus intereses y a su reino, lo cual culminará bajo la dispensación cristiana en conformidad personal con Cristo y en leal consagración a su servicio. (4) Una declaración pública de tal fe y de tal devoción, y un santo pacto con Dios para serle sus siervos, seguida y confirmada por la comunión voluntaria con su pueblo, y bajo el evangelio, con alguna rama de la iglesia cristiana.

Los miembros de la iglesia son aquellos que componen la iglesia visible o le pertenecen a ella. En cuanto a la iglesia real, los verdaderos miembros de ella son los que han salido del mundo (1 Corintios 6:17), son nacidos de nuevo (1 Pedro 1:23), o hechos nuevas criaturas (2 Corintios 5:17), cuya fe obra por el amor a Dios y a toda la humanidad (Gálatas 5:6; Santiago 2:14, 26), y andan irreprensibles en todas las ordenanzas del Señor. Nadie excepto los tales son miembros de la verdadera iglesia, ni nadie deberá ser admitido a ninguna de las iglesias particulares sin alguna evidencia de que busca sinceramente este estado de salvación (Watson, *Dictionary,* artículo sobre la iglesia).

10. Cerca de otros 313 cismas ocurrieron en África, debido a una disputa sobre el carácter de un obispo, y la validez de una ordenación que él ofició. Los disidentes, llamados donatistas, por su líder Donato, heredaron muchas de las opiniones de los montanistas, el remanente de cuya secta éstos parecen haber absorbido. Insistían vigorosamente en la pureza absoluta de la iglesia, considerando pecaminoso practicar indulgencia alguna para con los miembros indignos. Sin embargo, distinto a los montanistas y a los novacianos, no se rehusaron a la readmisión de los penitentes. Su particularidad era la creencia de que los actos ministeriales eran inválidos si los oficiaba una persona que había sido, o merecía ser, excomulgada. Por consiguiente, reclamaban que los sacramentos válidos eran posesión exclusiva de su propia y pura iglesia. El cisma se prolongó por varias generaciones, y antes de su extinción, desembocó en el más desenfrenado fanatismo (T. R. Crippen, *History of Christian Doctrine,* 181-182).

11. Los apóstoles eran embajadores ante el mundo; sus credenciales eran una misión directa del Señor en persona, confirmada por poderes milagrosos. Su oficio era predicarles el evangelio a todos los hombres, en el nombre del Señor resucitado, cuya resurrección proclamaban, y, en todo lugar, echar el cimiento de las iglesias, o sancionar el cimiento echado por otros, constituyéndolas en el modelo permanente para el futuro. Así como el Espíritu era el representante invisible del Señor, así también los apóstoles eran sus representantes visibles. La autoridad absoluta de ellos se indicó de dos maneras: primero, como maestros del cristianismo, tenían el don de la inspiración, por la palabra y por lo escrito; y, segundo, como fundadores de la iglesia, tenían el poder de las llaves, de atar y desatar, esto es, de pronunciar decretos inmutables de gobierno eclesiástico. El dominio de los apóstoles parecía no estar sujeto, y sus palabras eran inapelables. No tuvieron sucesores, ni tampoco podían tenerlos: formaban un cuerpo de hombres escogidos para echar el cimiento de la iglesia universal, edificada sobre el fundamento de los apóstoles y los profetas (Efesios 2:20), y para entregarle los documentos finales de la Biblia. Una sucesión para

hombres así no hubiera estado en armonía con la voluntad de Cristo, la cual podríamos interpretar como teniendo la intención de dejar una confraternidad con organización fija, con doctrina acabada, y con un desarrollo natural bajo la guía suprema del Espíritu Santo. Así que, aunque ya muertos, siguen hablando por sus escritos, siendo estos los únicos representantes de la compañía apostólica en la comunidad visible. Y es del apóstol Pablo, el único apóstol a los gentiles, que obtenemos nuestra información más completa en cuanto a la prerrogativa apostólica (William Burton Pope, *Compendium of Christian Theology,* III:338-339).

12. Con la muerte de los apóstoles, también murió el evangelista como auxiliar apostólico, aunque continuó como un ministerio irregular y proclamador de la iglesia, y deberá continuar siéndolo si es que la iglesia ha de seguir extendiendo sus fronteras. Eusebio, el versado obispo de Cesarea, nos ofrece un relato de los evangelistas que vivieron y laboraron durante el reinado de Trajano (98-117 d.C.). "Dejando sus propios países", dice él, "desempeñaban el oficio de evangelistas para con los que no habían oído de la fe, mientras que con la noble ambición de proclamar a Cristo, también les entregaban los libros de los Santos Evangelios. Después de poner el cimiento de la fe en lugares extranjeros como fin particular de su misión, y después de nombrar a otros como pastores del rebaño, y de encargarles el cuidado de los que recientemente habían sido introducidos, se iban de nuevo a otras regiones y naciones, con la gracia y la cooperación de Dios. El Espíritu Santo también obraba muchas maravillas por medio de ellos, de modo que tan pronto como el evangelio era escuchado, los hombres voluntariamente se congregaban, y con toda su mente abrazaban ávidamente la verdadera fe" (Eusebio, *Ecclesiastical History,* III:36).

13. Entonces, no existe un oficio de anciano o presbítero, pero sí, por supuesto, uno de *episcopo.* ... Es notable, sin embargo, que no se aluda al episcopado, en el sentido de un cuerpo colectivo de obispos, aunque leemos en una ocasión de un presbiterio cristiano que ordenó a Timoteo, siguiendo el patrón judío. ... Los ancianos del judaísmo eran mayores de edad, y se les escogía para servir como asesores en el sanedrín, con los sumos sacerdotes y los escribas. Los ancianos del cristianismo formaban por lo general un cuerpo de personas mayores de edad, aunque no siempre lo eran, quienes presidían la comunidad cristiana como la única autoridad directiva y gobernante. El término presbiterio, pues, se remonta hasta la más venerable antigüedad, y es investido de una dignidad muy única (William Burton Pope, *Compendium of Christian Theology,* III:343).

14. Richard Watson puntualiza que "el argumento que se deriva del uso adulterado de estos términos en el Nuevo Testamento, para probar que la misma orden de ministros es expresada por ambos, parece incontrovertible. Cuando, por ejemplo, el apóstol Pablo les pide a los 'ancianos' o presbíteros de la iglesia de Éfeso que se reúnan con él en Mileto, les encarga lo siguiente: 'Mirad por vosotros, y por todo el rebaño en que el Espíritu Santo os ha puesto por obispos' o vigilantes [Hechos 20:28]. Que aquí a los ancianos o presbíteros se les llame 'obispos', no puede negarse, y el oficio mismo asignado a ellos de 'apacentar la iglesia del Señor', y la orden de que miraran por ellos 'y por todo el rebaño', demuestra que el oficio de anciano o presbítero era el mismo que el de 'pastor' en el pasaje que acabamos de citar de la Epístola a los Efesios. El apóstol Pablo le indica a Tito que establezca 'ancianos en cada ciudad', y luego añade, como guía para la ordenación, 'que el obispo sea irreprensible' [Tito 1:5-7], lo cual distingue claramente el mismo oficio con estas dos apelaciones transmutables. 'Obispos y diáconos' son las únicas clases de ministros señalados en la Epístola a los Filipenses, y si no se entiende a los presbíteros como incluidos bajo el término 'obispos', no se podría explicar la omisión de alusión alguna a los ministros de esta orden" (Richard Watson, *Institutes,* II:575-576).

15. La manera en la cual llegó a la iglesia la distinción entre obispo y presbítero se explica un tanto plenamente por Jerónimo, en su comentario a Tito 1:6: "Un presbítero es lo mismo

que un obispo; y antes de que hubiera partidos en la religión por instigación del diablo, las iglesias eran gobernadas por concilios conjuntos de presbíteros. Pero, después, fue decretado por todo el mundo que alguien escogido de entre los presbíteros fuera puesto sobre los demás, y que el cuidado total de la iglesia le fuera entregado". Jerónimo procede a apoyar su opinión en cuanto a la igualdad original de los presbíteros y los obispos, comentando a Filipenses 1:1, y en la entrevista de Pablo con los ancianos de Éfeso, para luego añadir, "Nuestro propósito con estos señalamientos es demostrar que entre los antiguos, el presbítero y el obispo eran una y la misma cosa. Pero que, por grados, para que las raíces de la disensión fueran arrancadas, toda la incumbencia fue traspasada a un solo individuo. Por lo tanto, que los presbíteros sepan que están sujetos, por la costumbre de la iglesia, a los que están puestos sobre ellos, y que los obispos sepan que son mayores que los presbíteros más por costumbre que por alguna real designación de Cristo". En sus epístolas a Evangelus y a Occanus, Jerónimo asume y sostiene las mismas posiciones que en los pasajes anteriores (Enoch Pond, *Christian Theology*, 657).

16. En el tiempo de los apóstoles, los cuales eran individuos dotados de dones especiales, la concurrencia de la gente en la designación de personas para el oficio sagrado, quizá no fue siempre requerida de manera formal, pero las directrices dadas a Timoteo y a Tito implicaban una referencia al juicio de los miembros de la iglesia, ya que solo de ellos podía saberse si el candidato para ordenación poseía esas calificaciones, sin las cuales dicha ordenación era prohibida. Cuando las iglesias asumían una forma más regular, era costumbre que los congregantes estuvieran presentes en las ordenaciones, y que ratificaran la acción por medio de su aprobación. A veces, también, nominaban a las personas por medio del sufragio, proponiéndolos así para la ordenación. La modalidad por medio de la cual la gente era hecha parte concurrente, era asunto de reglamentación prudente, pero, evidentemente, los congregantes tenían un temprano y razonable derecho a voz en el nombramiento de sus ministros, aún cuando el poder de ordenación les era conferido solo a los ministros, para ejercerlo como su responsabilidad ante Cristo (Samuel Wakefield, *Christian Theology*, 546).

17. Richard Watson resume así la autoridad de la iglesia en asuntos de doctrina: (1) Declarar el sentido en el cual se interpreta el lenguaje de la Biblia en todas las doctrinas principales del cristianismo; … (2) Requerirle a todos sus miembros, para los cuales el derecho del juicio privado es mantenido como inviolable por todas las iglesias protestantes, examinar las tales declaraciones de fe, con modestia y respeto hacia aquellas asambleas serias e informadas en las cuales todos estos puntos se han ponderado por deliberación; recibirlas como guías para la verdad, no implícitamente, es cierto, pero, aún así, con docilidad y humildad; (3) Silenciar dentro de su propio gremio la predicación de toda doctrina contraria a los estándares aceptados. Nada hay en el ejercicio de esta autoridad que resulte contrario a la libertad cristiana, ya que los miembros de toda comunión, y especialmente los ministros, saben de antemano los términos de comunión con las iglesias cuyas confesiones de fe se han hecho públicas, y porque, además, en donde la conciencia no esté confinada por la ley pública, no se les impide disfrutar sus propias opiniones en paz, ni propagarlas entre otras asambleas (Richard Watson, *Institutes,* II:598).

En términos generales, nada es más razonable que el criterio de que el estado, la más abarcadora de todas las instituciones terrenales, y el cual juega tan decididamente una parte principal en la historia del mundo, deba ser inhibido de las influencias del cristianismo, y excluido así de esa transformación de las cosas temporales que el cristianismo está diseñado a efectuar. La necesidad del carácter cristiano de un estado se funda en el hecho de que el estado no existe por causa de este u otro fin subordinado, sino por causa del la naturaleza humana en sí misma, ya que su vocación es proveer y forjar esas condiciones externas que son indispensables para la cultura y la prosperidad humanas. Es precisamente por esta razón que no podrá haber constitución o gobierno alguno digno de ese nombre que no esté saturado de un entendimiento completo de la naturaleza y el destino del ser humano, de la historia de la raza, y del objeto último de la historia humana. Este objeto último está por encima del estado, más aún, alcanza más allá de la esfera del estado. Pero el estado deberá, aún así, considerarse como subordinado, y deberá, en todas sus instituciones, mantenerlo a la vista como último recurso. El objeto del estado será visto por siempre erróneamente en la medida en que no sea puesto conscientemente en su relación con el objeto y el fin de la raza (H. L. Martensen, *Christian Dogmatics*, II:98-99).

CAPÍTULO 32

LA IGLESIA: SU ADORACIÓN Y SUS SACRAMENTOS

Habiendo considerado la organización y el ministerio de la iglesia, ahora debemos dirigir nuestra atención a su adoración y sus ordenanzas. Aquí tenemos un aspecto mudado: ahora no es la iglesia como cuerpo de Cristo, o como establecimiento para la evangelización, sino como el templo del Espíritu, y, por consiguiente, un establecimiento de adoración. Y también el ministerio es un aspecto mudado: ahora no se le considera como el punto focal del contacto de la iglesia con el mundo, sino con Dios, y no como una sustitución sacerdotal, sino como paladín profético. El asunto incluye no solo la naturaleza y las formas de la adoración, sino la consideración de, (1) el sabbat, (2) los medios de gracia, y (3) los sacramentos, especialmente (4) el bautismo, y (5) la Santa Cena.

La adoración de la iglesia primitiva.[1] La adoración de la iglesia primitiva siguió, en forma general, el patrón de las formas utilizadas en la sinagoga judía. En el tiempo de nuestro Señor, este servicio incluía, (1) el *Shemá,* precedido y seguido por las bendiciones; (2) las oraciones, en ese momento, probablemente no de formato fijo; y (3) la enseñanza de la ley y de los profetas. Originalmente, ahí terminaba el servicio, pero cuando con el tiempo el hebrero cesó como idioma hablado, más tarde se añadió, (4) una traducción o paráfrasis de las lecturas en el vernáculo; y (5) una exposición, no necesariamente en forma de sermón, la cual frecuentemente se presentaba en una postura sentada. En la iglesia cristiana, previo al año 100 d.C., el servicio consistía en la *eucaristía* o la Santa Cena, precedida por el *ágape* o fiesta de amor, y seguida por lo que Duchesne llama "la liturgia del Espíritu Santo". Parece probable que, al principio, el *ágape* era una comida completa, la cual las personas consumían hasta que se satisfacían, y que tras la comida, ciertas porciones del pan y del vino que se habían apartado, eran consumidas solemnemente en forma de eucaristía. Es por eso que en la *Didaqué* encontramos la siguiente declaración: "Después de que os hayáis saciados, dad gracias". Aún así, pronto surgieron abusos ligados a esta parte del servicio (Cf. 1 Corintios 11:20-22), por lo cual parece que finalmente la misma se integró a la eucaristía. Es por esta razón que la adoración temprana comúnmente era señalada como doble: el servicio de la eucaristía, y la adoración libre.[2] (1) La primera parte del servicio incluía la lectura de la Biblia y la oración, y también la consagración y la distribución de los elementos. El sermón también formaba parte del servicio, como lo era la entonación de salmos, himnos y cánticos espirituales. Las cartas de los apóstoles eran leídas durante el *ágape,* o inmediatamente antes del servicio de comunión. (2) La segunda parte, la así llamada "libre adoración", ocupaba un lugar muy importante en el servicio cristiano, según nos lo representan los documentos más antiguos. Después de la eucaristía, personas inspiradas empezaban a hablar ante la asamblea, y a manifestar la presencia del Espíritu que los inspiraba. El ejercicio de los dones proféticos parece que se hacía muy evidente. Duchesne, en sus *Orígenes,* dice: "Hay, por así decirlo, una liturgia del Espíritu Santo, una liturgia real, con una presencia real y una comunión real. La inspiración puede sentirse; estremece los órganos de algunas personas privilegiadas; pero toda la congregación es movida, edificada, y hasta arrebatada en mayor o menor grado, y transportada, en la esfera divina del Paracleto". Es a esto que, evidentemente, el apóstol Pablo se refiere (1 Corintios 14:23), y siendo que los abusos habían permitido desórdenes, busca corregirlos con instrucción adicional (1 Corintios 14:26-33).

La adoración colectiva e individual. La adoración cristiana es tanto individual como social. La adoración, por su misma naturaleza, es profundamente personal, pero es también el acto de una persona que es esencialmente social. Las primeras palabras de "el Padre Nuestro" le recuerdan estas relaciones sociales a cada adorador individual. Es como "nuestro" Padre, y no como "mi" Padre, que venimos a la presencia divina. No importa cuán solitario el adorador individual parezca, adora como un miembro de la familia entera de Dios. La adoración colectiva realza la unidad de la iglesia. Exalta el cuerpo de Cristo antes que el libre ejercicio de sus miembros. Impide el egoísmo religioso, echa abajo las barreras devocionales, y confiere los beneficios sustentadores y disciplinarios de la vida en familia. Por esta razón, la oración como cuerpo es excesivamente importante, no importa cuál sea su forma o manera externa de expresión. Por el otro lado, la adoración individual es básica. Hay un verdadero secreto de adoración que le pertenece a cada hijo de Dios. Los que defienden la religión colectiva a veces han revelado una tendencia a considerar esta vida de oración secreta y personal como carente de valor social, o como espiritualmente egoísta. Pero esto es una manera superficial de ver las cosas, ya que es el carácter de la vida personal el que le presta vigor a la adoración colectiva. El valor del aspecto profético o carismático de la adoración descansa en el hecho de que hace hincapié en los ejercicios espirituales del individuo, proveyéndole una base ética robusta al carácter cristiano. Una de las tragedias de la historia de la iglesia ha sido que la forma equilibrada de adoración como se daba en la iglesia apostólica se perdiera tan rápidamente. Separada la una de la otra, la forma de adoración colectiva o sacramental tendió hacia el ritualismo, y al culto de catedral, altar y sacerdote, mientras que la adoración profética o libre, indebidamente gobernada, frecuentemente desembocó en las formas más extremas de fanatismo. Así que, del carácter simple pero doble de la adoración primitiva, con sus elementos equilibrados de lo colectivo y lo libre, surgió un dualismo, el cual, a través de los siglos, ha evolucionado hacia los dos tipos generales de cristianismo que conocemos hoy: el católico y el evangélico. La sencillez de la adoración, como se daba en la iglesia apostólica, comprendía tanto la fase sacramental, con su énfasis en la unidad, como la fase profética, con su libertad, su entusiasmo, su espontaneidad personal, y sus intensas demandas éticas.[3] Debe verse, pues, que el énfasis en la experiencia individual deberá ser cuidadosamente protegido y conservado por el correspondiente énfasis en la adoración colectiva. La advertencia de que no nos dejemos de congregar [Hebreos 10:25], tiene una base filosófica tanto como religiosa.

El orden y las formas de la adoración. El orden de la adoración divina tiene que ver con los principios conforme a los cuales ella debe conducirse. Estos principios están plenamente establecidos en la Santa Biblia. (1) La adoración deberá ser ofrecida al Dios trino. Este es un principio fundamental. Toda adoración que se tribute a un miembro de la Trinidad, deberá tributársele a todos, o deberá ser ofrecida a uno en la unidad de los otros dos. (2) La adoración deberá ser mediadora, "para ofrecer sacrificios espirituales aceptables a Dios por medio de Jesucristo" [1 Pedro 2:5]. Es solo a través de estos oficios mediadores que tenemos "libertad para entrar en el Lugar Santísimo por la sangre de Jesucristo" (Hebreos 10:19); y es "por medio de él" que "tenemos entrada por un mismo Espíritu al Padre" (Efesios 2:18). (3) La adoración deberá ser espiritual, esto es, deberá ser inspirada por el Espíritu, para que sea aceptable a Dios. "Dios es Espíritu; y los que le adoran, en espíritu y en verdad es necesario que le adoren" (Juan 4:24). Es el toque de Dios en el alma lo que constituye la fuente de la verdadera adoración. Las formas de la adoración quedan también a discreción de las autoridades de la iglesia, siempre y cuando se conformen a la Biblia. (1) El tiempo de la adoración deberá ser fijado por la iglesia, pero no deberá permitirse que la adoración pública interfiera con los derechos de la familia y del individuo, ni que los contravenga. La iglesia puede señalar temporadas especiales para la oración y el ayuno, para la predicación, y para la acción de gracias. (2) La ley de la decencia y del orden requiere que los servicios públicos sean regulados. La espontaneidad que fluye de la presencia del Espíritu en unción fresca es encomiable, pero todo puro capricho deberá abandonarse por estar fuera de armonía con la dignidad que le atañe al servicio divino. (3) La sencillez deberá caracterizar las diversas formas del servicio público. Un ritual elaborado que distraiga al alma de su única y verdadera función de adoración espiritual, la menoscaba, pero un espíritu descuidado e indiferente será mortal para toda forma de adoración espiritual.

EL SABBAT

La institución del sabbat está considerada como una de las ordenanzas permanentes y divinas de la iglesia. Por esta razón, a veces, los teólogos la tratan como conectada con los medios de gracia. Por haber sido introducido en el tiempo de la creación del hombre, el sabbat le pertenece a la raza, general y perpetuamente. Su diseño original fue el descanso de las labores físicas, y con éste, el diseño espiritual de que el hombre, al cesar en otras ocupaciones, pudiera tener comunión con su Creador. Por tanto, un entendimiento correcto del sabbat como institución deberá considerarlo como un periodo de descanso después de seis días de labor. Consiste de dos partes: *el descanso santo*, y *el día* en el cual este descanso se observa. La primera parte pertenece a la ley moral, mientras que la segunda es puramente positiva.[4] Así que, como lo indica Samuel Wakefield, Dios "no bendijo ni santificó el día *como el séptimo,* sino solo por ser el día en el cual el sabbat, o descanso santo, habría de guardarse. Por lo tanto, mientras que el sabbat en sí es una institución perpetua, la cual obliga a todos los seres humanos, la ley que determina el tiempo de su acatamiento es puramente positiva y, por consiguiente, puede cambiar. Pero aunque el día podría ser alterado, sin que se altere la sustancia de la institución, con todo, solo podría alterarse por autoridad divina. La misma autoridad que instituyó el sabbat, también designó el día en el cual habría de observarse, y ninguna otra autoridad es competente para cambiar ni el uno ni el otro". Dos consideraciones, pues, demandan nuestra atención. (1) El sabbat como obligación universal y perpetua; y (2) el cambio del día como autorizado divinamente. A estas deberemos añadir, (3) la manera en la que el sabbat ha de observarse.

El sabbat como obligación universal y perpetua. Cuando nuestro Señor dijo, "El día de reposo fue hecho por causa del hombre", se refería a su institución original como ley universal, y no meramente al sabbat judío como decreto de la ley mosaica. Pertenece a toda la humanidad, forma parte de la ley moral expresada en los Diez Mandamientos, y nunca fue abrogado. A veces se señala que la ley bajo la dispensación mosaica fue formulada en nueve preceptos morales, a los que se les añadió el mandamiento del sabbat, haciendo diez en total. Pero no hay razón para suponer que la declaración en cuanto al sabbat no sea tan mandamiento moral como los otros nueve. Apartar una séptima parte del tiempo del hombre para descanso físico es esencial para su bienestar, si no para su existencia; y dedicarle este tiempo a Dios es una conmemoración perpetua de su misión espiritual, sin la cual el orden social no tendría significado. Que el sabbat sea una obligación moral uno lo puede notar en el argumento del apóstol Pablo concerniente a la relación de la ley con la fe. "¿Luego por la fe invalidamos la ley? En ninguna manera, sino que confirmamos la ley" (Romanos 3:31). Es evidente que el Apóstol no se refería a la ley civil o ceremonial de los judíos, sino a la ley fundamental expresada en los Diez Mandamientos. Por eso, en Romanos 7:7, él dice: "Pero yo no conocí el pecado sino por la ley; porque tampoco conociera la codicia, si la ley no dijera: No codiciarás". La ley que aquí se menciona es la del decálogo, y es ella la que el cristianismo establece. Y si ese es el caso, entonces la ley del sabbat, por ser parte del decálogo, es tan obligada para los cristianos como lo fue anteriormente para los judíos. Podemos, pues, decir con convicción que cualquiera que niega la obligación del sabbat, niega todo el decálogo. Los cristianos observan el sabbat tan verdaderamente como lo hicieron los judíos, solo que lo celebran otro día. Que ese día fue cambiado por nuestro Señor será la próxima cuestión a considerar.

El cambio del día es autorizado divinamente. Cuando Jesús declaró que "el Hijo del Hombre es Señor aun del día de reposo", sin duda que quiso que se entendiera que Él tenía el poder para cambiar el día en el que el reposo santo debía observarse. La Biblia indica claramente que el sabbat ha sido celebrado en diferentes días, y este es el asunto que demandará ahora nuestra consideración.[5]

1. El sabbat primitivo y patriarcal. La primera indicación del sabbat se encuentra en Génesis 2:3: "Y acabó Dios en el día séptimo la obra que hizo... Y bendijo Dios al día séptimo, y lo santificó, porque en él reposó de toda la obra que había hecho en la creación" (Génesis 2:2-3). Aquí, en la institución del sabbat, se declara específicamente que es un día de descanso después de seis días de trabajo; y, además, se establece en esta ocasión que será una conmemoración de la creación. Ahora, es evidente que el séptimo día de Dios no pudo haber sido el séptimo día del hombre. "El séptimo día que Dios bendijo en el Edén", dice T. Whitelaw, "fue el primer día de la vida humana, y no su séptimo, y ciertamente Dios no descansó de sus labores en el día séptimo del hombre, sino en el primer día del hombre". Por tanto, el primer día de Adán, y cada octavo día en lo sucesivo, sería su primer sabbat, lo cual es una referencia sorprendentemente similar a las apariciones de nuestro Señor en el primero y octavo días.

2. El sabbat judío. La próxima mención del sabbat está conectada con la provisión del maná (Éxodo 16:14-31). Aquí se declara que el maná cayó durante seis días, es decir, desde el día dieciséis al veintiuno del segundo mes, y que el día siguiente, o el veinte y dos, fue el primer séptimo día de sabbat celebrado en el desierto de Sinaí. "Mirad", le dice Moisés al pueblo, "que Jehová os dio el día de reposo, y por eso en el sexto día os da pan para dos días. ... Así el pueblo reposó el séptimo día" (Éxodo 16:29-30). No hay duda de que el sabbat como un día santo de reposo fue restituido en ese momento, pero que fuera celebrado el mismo día del sabbat patriarcal ha sido materia de controversia. Porque si el día veintidós fue día de sabbat, el quince también debió haber sido sabbat. Pero, el hecho de que los israelitas marcharon en ese día (Éxodo 16:1), parece indicar lo contrario. W. H. Rogers sostiene que "el único cambio del sabbat dado a los judíos por la autoridad de Dios fue entre la provisión del maná y la resurrección de Cristo. El

primer día de la semana, pero siempre el séptimo después de seis días laborables, fue el día para el reposo santo desde Adán hasta Moisés. El sabatismo fue separado de la idolatría cambiándose de domingo a sábado entre el pueblo escogido, 'por vuestras generaciones', que son mil quinientos años (Cf. Éxodo 31:13-14; Ezequiel 20:12). En la resurrección de Cristo, expiró por ley de prescripción, esta peculiaridad de cambio excepcional, dejando que el gobierno divino para toda la humanidad requiriera guardar el sabbat de primer día, como había sido el caso durante los primeros mil quinientos años de la historia humana". Debe también notarse que, al memorial de la creación que representaba el sabbat, se le añadió durante este periodo un segundo memorial, es decir, la recordación de la liberación de la tierra de Egipto. Este memorial duraría solo "por vuestras generaciones", y, como se indicó arriba, expiró por ley de prescripción. Con la venida del "último Adán", el sábado fue restaurado a su día original, en el cual lo celebraba el primer Adán.

3. El sabbat cristiano o "día del Señor".[6] La enseñanza de la iglesia desde los tiempos apostólicos ha sido que el sabbat cristiano fue restaurado, o por lo menos cambiado al primer día. En tal calidad, pronto vino a conocerse como "el día del Señor", para distinguirlo del sabbat judío. Que este cambio fue divinamente autorizado lo demuestra (1) el ejemplo de Jesús, (2) la autoridad de los apóstoles, y (3) la práctica de la iglesia primitiva. A esto se le puede añadir (4) el testimonio de los primeros padres apostólicos.

(1) Jesús le otorgó aprobación al primer día de la semana reuniéndose con sus discípulos en ese día. La resurrección tomó lugar en la mañana del primer día de la semana. Los cuatro relatos de los evangelistas están de acuerdo con que el Salvador resucitó de mañana, "el primer día de la semana" (Juan 20:1). Su primera reunión con el cuerpo de los discípulos fue la noche del día de la resurrección (Juan 20:19); y la segunda, la noche del octavo día, lo cual sería, por supuesto, el siguiente primer día de la próxima semana. Hubo tres "primeros días" adicionales antes de la ascensión, pero no se dice si Jesús se reunió con sus discípulos en alguno de ellos. Sin embargo, hubo tres apariciones más: a los quinientos hermanos, a Santiago, y a los apóstoles (1 Corintios 15:1-4). (2) Los apóstoles autorizaron el cambio, sin duda gracias a las instrucciones no registradas de Jesús durante los cuarenta días (Cf. Hechos 1:2). Veinte y cinco años más tarde, el apóstol Pablo predicó en Troas, "El primer día de la semana, reunidos los discípulos

para partir el pan" (Hechos 20:7), lo cual indicaba su aprobación de ese día como el día de la adoración. Como un año después, escribía a los corintios diciéndoles, "En cuanto a la ofrenda para los santos, haced vosotros también de la manera que ordené en las iglesias de Galacia. Cada primer día de la semana cada uno de vosotros ponga aparte algo, según haya prosperado, guardándolo, para que cuando yo llegue no se recojan entonces ofrendas" (1 Corintios 16:1-2). Esto indica claramente que el Apóstol sancionaba el primer día como el sabbat cristiano. (3) La práctica de la iglesia primitiva es prueba adicional de que se adoraba en el primer día de la semana.[7] Esto lo demuestra el pasaje que se acaba de citar, y también la referencia que hace el apóstol Juan al sabbat como "el día del Señor" (Apocalipsis 1:10). El hecho de que el Apóstol emplee la frase sin referencia al primer día, es evidencia de que, para cuando se escribió el Apocalipsis, el "primer día" ya se conocía generalmente como "el día del Señor", en oposición al séptimo día judío. (4) Dado que algunos de los primeros padres se asociaron con los apóstoles, sus escritos, desde el punto de vista histórico, proveen evidencia concluyente en cuanto al pensamiento vigente en ese tiempo. Aquí podemos mencionar a Ignacio, Policarpo, Ireneo, Justino Mártir, Tertuliano, Clemente de Alejandría, Teodoreto, Eusebio, Orígenes, el Didaqué o "Las enseñanzas de los doce", y muchas otras autoridades. Todos estos indican que el primer día de la semana era el día del Señor, y que era apartado y distinguido de los otros días en el sentido de que era el día de la resurrección. Por lo tanto, era un día santo, o un sabbat santo.

La manera en la que el sabbat ha de observarse. Siendo que el sabbat como día de santo reposo le es ordenado a la iglesia como una obligación perpetua, la manera de observarlo merece una breve consideración. El mandamiento original es: "Acuérdate del día de reposo para santificarlo". A esto, tanto en el relato del Éxodo, como en el que se encuentra en Deuteronomio, se le añade la explicación que forma la base del aspecto memorial de ese día: "Seis días trabajarás, y harás toda tu obra; mas el séptimo día es reposo para Jehová tu Dios; no hagas en él obra alguna, tú, ni tu hijo, ni tu hija, ni tu siervo, ni tu criada, ni tu bestia, ni tu extranjero que está dentro de tus puertas. Porque en seis días hizo Jehová los cielos y la tierra, el mar, y todas las cosas que en ellos hay, y reposó en el séptimo día; por tanto, Jehová bendijo el día de reposo y lo santificó" (Éxodo 20:9-11; cf. Deuteronomio 5:12-15, en donde la liberación de Egipto es hecha un segundo memorial para la dispensación judía). Hemos de entender de esto que ese día ha de separarse para la adoración a Dios, y ser dedicado a los intereses espirituales de la humanidad. Por esta razón, todo trabajo secular queda prohibido, excepto el que se conoce comúnmente como trabajo de necesidad o de misericordia. Esta verdad es presentada claramente también por Isaías: "Si retrajeres del día de reposo tu pie, de hacer tu voluntad en mi día santo, y lo llamares delicia, santo, glorioso de Jehová; y lo venerares, no andando en tus propios caminos, ni buscando tu voluntad, ni hablando tus propias palabras..." (Isaías 58:13). Es, pues, así como el Antiguo Testamento fija el día del sabbat como tiempo de adoración y comunión con Dios. Es un cese de labores, sean del cuerpo o de la mente, a fin de permitir tiempo para las cosas espirituales. Nuestro Señor nos da en el Nuevo Testamento dos principios que también se emparejan con el doble aspecto del sabbat tal y como se encuentra en el Antiguo Testamento. El primero es referente a la santidad del día: "Dios es Espíritu; y los que lo adoran, en espíritu y en verdad es necesario que adoren" (Juan 4:24). Aquí se ve la verdadera interioridad del sabbat, un descanso espiritual del alma, del cual fluye la adoración que es en Espíritu y en verdad. El segundo tiene que ver con los intereses de la persona: "También les dijo: El día de reposo fue hecho por causa del hombre, y no el hombre por causa del día de reposo. Por tanto, el Hijo del Hombre es Señor aun del día de reposo" (Marcos 2:27-28). Aquí se enseña claramente que aquellas cosas que pertenecen al bienestar del ser humano, es decir, a sus intereses espirituales, han de permitirse en el día del sabbat, y que esto es una prueba verdadera y segura de la clase y la extensión del trabajo secular en el día del sabbat.

LOS MEDIOS DE GRACIA

Los medios de gracia, o el *media gratia* de los teólogos, son los canales divinamente designados a través de los cuales las influencias del Espíritu Santo son comunicadas a las almas de los hombres. A veces se les define como "las ordenanzas e instituciones señaladas por Dios para el establecimiento y la diseminación del reino de gracia entre los hombres" (John MacPherson); o "los motivos o medios por los cuales los afectos santos y benévolos son despertados en el alma" (Enoch Pond). La doctrina protestante se coloca a mitad de camino entre el exagerado sobrenaturalismo de la Iglesia Católica Romana, la cual sostiene que las ordenanzas poseen poder en sí mismas para conferir gracia, y la posición abstracta de los místicos, la cual persigue descartar todos los medios externos. En un sentido general, es propio considerar todos los auxilios espirituales como medios de gracia, pero la teología por lo regular ha establecido los siguientes: (1) la Palabra de Dios; y (2) la oración, los cuales se conocen como los medios universales de gracia. A estos les siguen (3) el compañerismo de los santos; y (4) los sacramentos, los cuales se conocen como los medios económicos de gracia.

La Palabra de Dios como el medio universal de gracia. La Biblia reclama ser el canal universal de gracia. Su suficiencia se declara en todo lugar, tanto en el Antiguo Testamento como en el Nuevo.[8] La Palabra de Dios es "la espada del Espíritu" [Efesios 6:17], el instrumento por el cual éste opera en la conversión y la santificación de las almas de los seres humanos. A los cristianos se les dice que han sido engendrados "por medio del evangelio" (1 Corintios 4:15); que han renacido, "no de simiente corruptible, sino de incorruptible, por la palabra de Dios que vive y permanece para siempre" (1 Pedro 1:23); y que se les santifica en "tu verdad; tu palabra es verdad" (Juan 17:17). El apóstol Pablo hace de la Palabra un medio de gracia al ligarla directamente con la fe: "Así que la fe es por el oír, y el oír, por la palabra de Dios". La fe, al descansar con certeza sobre la base de la Palabra de Dios, abre la puerta de acceso a Dios, y se apropia de las bendiciones provistas. Aquí, la importancia del ministerio es vista en una nueva luz. Es por medio de la Palabra predicada que la gracia se administra a los oyentes, no principalmente para ganar a las personas para Dios, sino para profundizar su amor por Cristo. La meta que fija el apóstol Pablo es que "arraigados y cimentados en amor, seáis plenamente capaces de comprender con todos los santos cuál sea la anchura, la longitud, la profundidad y la altura, y de conocer el amor de Cristo, que excede a todo conocimiento, para que seáis llenos de toda la plenitud de Dios" (Efesios 3:17-19). Es, por supuesto, singularmente importante tener en cuenta la relación del Espíritu Santo con la Palabra.[9] La predicación de la Palabra ha de ser "con demostración del Espíritu y poder" (1 Corintios 2:4). Separada de la operación del Espíritu en los corazones de las personas, la Palabra carece de poder. Deriva su eficacia como medio de gracia solo si se torna en instrumento del Espíritu. Esta verdad, la cual fue enseñada con tanta precisión por los teólogos de la Reforma, no deberá descuidarse ni dejarse de lado. De nuevo, la Palabra deberá predicarse en todos los oficios, de otra manera, el crecimiento espiritual será dilatado. La Biblia es dada para *enseñar* o instruir en las verdades del evangelio;

para *redargüir* el descuido o el fracaso; para *corregir* las tendencias equivocadas, y para *instruir en justicia* o el arte de la vida santa (2 Timoteo 3:16). La Biblia no solo ha de leerse y estudiarse privadamente, sino también con la familia (Deuteronomio 6:6-7; cf. 2 Timoteo 1:5; 3:15), y en los servicios públicos de la iglesia (Deuteronomio 31:12; Josué 8:34-35; Lucas 4:16-18 proveen ejemplos de esta práctica, y 1 Timoteo 4:13 expresamente lo encarga).

La oración o la comunión con Dios. La oración, en combinación con la Palabra, es también un medio universal de gracia. Cuando las promesas de la Palabra se imploran en oración, se vuelven efectivas en la vida espiritual del cristiano; y cuando los sacramentos se reciben en fe, se vuelven de igual manera canales de bendición. Por esto, la oración resulta ser la compañera de todos los otros medios de gracia. Richard Watson define la oración como "la ofrenda de nuestros deseos a Dios a través de la mediación de Jesucristo, bajo la influencia del Espíritu Santo, y con la debida disposición, de cosas que le agraden". Por tanto, para que sea aceptable a Dios, la oración deberá ofrecerse a través de la mediación de Cristo; deberá ofrecerse en fe y en un espíritu de humildad; y deberá hacerse de acuerdo con la voluntad de Dios.[10] Los elementos de una oración bien ordenada son clasificados usualmente como (1) *adoración,* la cual le adscribe a Dios las perfecciones que le pertenecen a su naturaleza, y que deben pronunciarse en profunda devoción, reverencia, confianza y afecto; (2) *acción de gracias,* o el derramar el alma en gratitud; (3) *confesión,* o la profunda penitencia, sumisión y humildad; (4) *súplica,* o el mirar prolongado y ferviente a Dios en dependencia, para las requeridas bendiciones; y (5) la *intercesión,* o el rogar por nuestro prójimo, con deseos sinceros por su bienestar espiritual. Cuatro de estos elementos los menciona el apóstol Pablo en un solo versículo (1 Timoteo 2:1). Como fue el caso con la Palabra como medio de gracia, la oración también es clasificada como (1) oración privada, (2) oración familiar, y (3) oración pública; y también se puede añadir (4) la oración espontánea. Con esta última se quiere decir las expresiones cortas y ocasionales de oración o alabanza que fluyen de un marco mental devoto, o lo que se conoce comúnmente como "espíritu de oración". La oración es una obligación, un deber que recae sobre todos los hombres. Si se descuida o se omite, no podrá haber progreso en las cosas espirituales.

El compañerismo cristiano.[11] La comunidad cristiana es representada en todo lugar como un medio de gracia, ya sea en los credos como en la

Biblia. "Los privilegios y las bendiciones que gozamos al unirnos en la iglesia de Jesucristo son muy sagrados y preciosos. En ella se encuentra una comunión tan santa que no se puede experimentar de otra manera. Sólo en la iglesia se recibe la ayuda de la atención y el consejo fraternal. En ella se da el cuidado piadoso de los pastores, con las enseñanzas de la Palabra de Dios y la inspiración provechosa del culto congregacional. La iglesia propicia la cooperación en el servicio a los demás, efectuando lo que de otra manera no se puede efectuar" (*Manual de la Iglesia del Nazareno,* edición de 2009-2013, página 214). La Biblia nos manda así: "[A]ntes exhortaos los unos a los otros cada día… para que ninguno de vosotros se endurezca por el engaño del pecado" (Hebreos 3:13); y también así: "Obedeced a vuestros pastores, y sujetaos a ellos; porque ellos velan por vuestras almas, como quienes han de dar cuenta; para que lo hagan con alegría, y no quejándose, porque esto no es provechoso" (Hebreos 13:17). El apóstol Pablo exhorta a la iglesia a auxiliar a los que son tentados. Dice: "Hermanos míos, si alguno fuere sorprendido en alguna falta, vosotros que sois espirituales, restauradle con espíritu de mansedumbre, considerándote a ti mismo, no sea que tú también seas tentado" (Gálatas 6:1).

Los sacramentos. En está conexión trataremos los sacramentos de manera general como medio económico de gracia, reservando otras importantes cuestiones en cuanto a ellos para una posterior consideración. En un sentido, los sacramentos son similares a los demás medios de gracia, pero en otro, son marcadamente diferentes. Las diferencias se deben al hecho de que no solo son transacciones individuales sino también federales, es decir, son señales y sellos de un pacto. Por esta razón se les conoce como los medios económicos de gracia. Siendo que un pacto implica la condescendencia de Dios de entrar en relaciones con su pueblo, las señales y los sellos deberán ser mutuos. Por medio de ellos se prometen, en sagrado acuerdo, tanto la fidelidad divina como la humana. Por tal razón, a estas ordenanzas siempre se les ha adscrito un peculiar carácter sagrado. No obstante, su eficacia, al igual que con los otros medios de gracia, depende de que el Espíritu Santo obre en la fe del creyente, y por medio de ella.

LOS SACRAMENTOS

El término *sacramento,* como se emplea en la teología, significa una señal exterior y visible de una gracia interior y espiritual dada a nosotros, y ordenada por Cristo mismo, como medio a través del cual recibimos esa gracia, junto con la promesa que nos la asegura. Esta es la definición del catecismo metodista. Según el Catecismo Mayor de Westminster, "Un sacramento es una santa ordenanza instituida por Cristo en su iglesia, para significar, sellar y aplicar a aquellos que están dentro del pacto de la gracia, los beneficios de su mediación; para fortalecer y acrecentar la fe y otras gracias, para obligarlos a la obediencia". El término *sacramentum* se aplicaba originalmente al dinero depositado por las partes en un lugar sagrado por razón de una demanda de carácter civil. Más tarde llegó a aplicarse a cualquier demanda civil, y luego al juramento que se les tomaba a los soldados recién enlistados en el ejército romano. De ahí el término pasó a las ordenanzas sagradas de la iglesia. Tertuliano lo emplea en este sentido doble, primero como aplicable al juramento militar, y luego a los sacramentos cristianos. Según lo entendían los primeros cristianos, las ordenanzas eran ritos religiosos que conllevaban la más sagrada obligación de lealtad a la iglesia y a Cristo. En la iglesia griega, el término *misterio (misterion),* y no sacramento, fue el utilizado, pero no en el sentido paulino de una verdad escondida que había sido revelada, sino puramente en el sentido de un emblema. En el latín eclesiástico, el término sacramento llegó a significar toda cosa consagrada, mientras que *misterion* se utilizó como el símbolo o la señal de la cosa consagrada o sagrada. El bautismo, sin embargo, se tenía como representativo del carácter sacramental de un juramento de alianza, entre tanto que la eucaristía contenía más lo de misterio.

Las marcas de un sacramento.[12] Siendo que la Iglesia Ortodoxa Griega y la Católica Romana sostienen que hay siete sacramentos, y las iglesias protestantes los reducen a dos, es esencial entender lo que constituye un sacramento. A. A. Hodge, en su comentario sobre la confesión de fe presbiteriana, nos da las siguientes marcas: (1) Un sacramento es una ordenanza instituida directamente por Cristo; (2) un sacramento siempre consiste de dos elementos, (a) una señal externa visible, y (b) una gracia espiritual interna significada por ella; (3) la señal en todo sacramento esta sacramentalmente unida a la gracia la cual significa, y de esa unión surge el uso bíblico de adscribirle a la señal lo que sea verdadero de aquello que la señal significa; (4) los sacramentos fueron designados para representar, sellar y aplicar a los creyentes los beneficios de Cristo y el nuevo pacto; (5) fueron diseñados como promesas de nuestra fidelidad a Cristo, obligándonos a su servicio, y, a la misma vez, como distintivos de nuestra profesión, marcando visiblemente la colectividad de profesantes, y distinguiéndolos así del mundo. Quizá sea correcto decir que un rito, a fin de que se le denomine propiamente sacramento, deberá no solo exhibir una semejanza general entre la señal y la cosa señalada, sino que también deberá poseer las palabras de institución, y la promesa que las une.

La naturaleza de un sacramento.[13] En la iglesia existe una amplia divergencia de opiniones en cuanto a la manera en la que el poder divino se liga a la señal externa y visible del sacramento. (1) Está el criterio sacramentario, conforme al cual los sacramentos contienen la gracia que significan, y cuando se administran, suministran esta gracia *ex opere operatum,* es decir, por necesidad, aparte e independientemente de la fe del que los comunica. (2) En el otro extremo está el criterio racionalista, el cual sostiene que los sacramentos son puramente simbólicos, y que cualquier poder que se les adhiera ha de encontrarse en la influencia moral sobre la mente, la cual surge de la meditación en los eventos que conmemoran. Este criterio prevalece ampliamente en la iglesia. (3) Está un tercer criterio, de tipo reconciliador, que considera los sacramentos como señales y también sellos, señales por representar, por acción y por símbolos, las bendiciones del pacto, y sellos, por ser promesas de la fidelidad de Dios al concederlas. Esta es la posición que generalmente sostienen las iglesias protestantes.

Señales y sellos. Han sido pocas las diferencias de opinión en la iglesia en cuanto a los sacramentos como señales, pero la controversia ha sido amplia en lo tocante a su carácter como sellos. Enfatizar demasiado lo primero, como hemos visto, llevó al punto de vista racionalista de los sacramentos como símbolos; pero un énfasis indebido en lo segundo, llevó al razonamiento sacramentario de los sellos como depósitos de gracia. Durante la Edad Media, se sostuvieron dos criterios sobre la comunicación de la gracia sacramental. Tomás de Aquino sostenía lo que se conoce comúnmente como el *ex opere operato,* o el razonamiento de que los sacramentos eran canales de gracia aparte de fe alguna que pudiera proceder del comulgante. Juan Escoto, por el otro lado, sostenía el *ex opere operantis,* con lo cual se señala que los sacramentos no tienen poder en sí mismos excepto por cierta concomitancia, ya que el poder que los acompaña produce el efecto sacramental por medio de la fe del comulgante. El primer criterio fue desarrollado en forma de doctrina por la Iglesia Católica Romana, según la elaboró el Concilio de Trento; el segundo es esencialmente el que sostienen las iglesias protestantes.[14] Quizá la explicación más sencilla y completa de las señales y de los sellos sea el pasaje clásico de los *Institutes* [Institutos], por Richard Watson, el cual es citado generalmente como la declaración autorizada por parte de los teólogos del tipo arminiano. Dice Watson: (1) "Son las señales de la gracia divina. Como tales, son exposiciones visibles y simbólicas de los beneficios de la redención. En otras palabras, exhiben a los sentidos, bajo los debidos emblemas, los mismos beneficios que se exhiben en otra forma en la doctrina y las promesas de la Palabra de Dios". (2) "Son también sellos. Un sello es una señal confirmatoria, o, de acuerdo con el leguaje teológico, en un sacramento existe un *signum significans,* y un *signum confirmans;* el primero de los cuales se dice, *significare,* que notifica o declara; el último, *obsignare,* que le pone el sello, que testifica. Por lo tanto, así como los sacramentos, cuando se consideran *señales,* contienen una declaración de las mismas doctrinas y promesas que exhibe la Palabra escrita de Dios, pero dirigidas a los sentidos por medio de un emblema importante, así también como *sellos,* o garantías, confirman las mismas promesas que nos son aseguradas por la precisa verdad y fidelidad de Dios en su Palabra (lo cual es la principal base para toda confianza en su misericordia), y por su Espíritu que mora, por el cual somos 'sellados', y tenemos en nuestros corazones 'las arras' de nuestra herencia celestial. Esto se efectúa por una institución externa y visible, de modo que Dios ha añadido estas ordenanzas a las promesas de su Palabra, no solo para traer a la mente su propósito misericordioso hacia nosotros en Cristo, sino para asegurarnos constantemente que aquellos que creen en Él serán, y son hechos, participantes de su gracia". (Richard Watson, *Institutes* [Institutos], II:611-612. Cf. Samuel Wakefield, *Christian Theology* [Teología cristiana], 555). La verdadera doctrina protestante, por tanto, evita los excesos del catolicismo romano por un lado, y las deficiencias del racionalismo por el otro, incorporando en su doctrina de las señales y de los sellos toda la verdad contenida en las otras maneras de ver los sacramentos.[15]

Las adiciones a los sacramentos. El protestantismo admite solo dos sacramentos: el bautismo y la Santa Cena. Todas las adiciones hechas a los mismos se consideran seudosacramentos. En la iglesia primitiva, el término sacramento, que en realidad fue una traducción del vocablo griego *misterion,* llegó a aplicarse a todas las cosas en donde la palabra misterio se usaba. La iglesia griega adoptó tempranamente los siete misterios, y la iglesia romana, en fecha posterior, los siete sacramentos, pero ambos no son idénticos.[16] Durante la Edad Media, los estudiosos se encontraban divididos en cuanto al número exacto, pero el asunto fue finalmente resuelto por Pedro Lombardo, quien fijó el número en siete, y les estableció el siguiente orden: bautismo, Santa Cena, confirmación (de los catecúmenos), ordenación, extremaunción, confesión auricular (penitencia), y matrimonio. Estos, sin embargo, no se establecieron como dogma hasta el Concilio de Florencia (1442 d.C.), siendo más tarde confirmados por el Concilio de Trento (1547 d.C.). Los cinco así llamados sacramentos adicionales fueron rechazados por las iglesias protestantes, ya fuera sobre las bases de que no habían sido designados por nuestro Señor, o que no eran verdaderos símbolos de gracia interna.

EL BAUTISMO

"Creemos que el bautismo cristiano, ordenado por nuestro Señor, es un sacramento que significa la aceptación de los beneficios de la expiación de Jesucristo, que debe administrarse a los creyentes, y que declara su fe en Jesucristo como su Salvador y su pleno propósito de obediencia en santidad y justicia.

"Siendo el bautismo un símbolo del nuevo pacto, se puede bautizar a niños pequeños, a petición de sus padres o tutores, quienes prometerán la enseñanza cristiana necesaria.

"El bautismo puede ser administrado por aspersión, afusión o inmersión, según la preferencia del candidato" (*Manual de la Iglesia del Nazareno*, edición de 2009-2013, párrafo 16, páginas 32-33).

Definiciones del bautismo. Por supuesto que la anterior declaración del credo no nos ofrece una definición formal del bautismo, ya que la presupone. Por su parte, el Diccionario Webster define el bautismo como "la aplicación de agua a una persona, en forma de sacramento o ceremonia religiosa, por medio de la cual es iniciada en la iglesia visible de Cristo". Thomas O. Summers lo define como "una ordenanza instituida por Cristo, la cual consiste en la aplicación de agua por el ministro cristiano a las personas apropiadas, para su iniciación en la iglesia visible, y su consagración al Padre, al Hijo, y al Espíritu Santo". John Miley dice que "el bautismo no es solo una señal de la profesión y la marca de diferencia por medio de la cual los cristianos son distinguidos de los demás que no han sido bautizados, sino que también es una señal de regeneración, o del nuevo nacimiento". William Burton Pope lo define como "el rito ordenado por nuestro Señor para que sea la señal de admisión a la iglesia, y el sello de unión con Él, y de la participación en las bendiciones del pacto cristiano".

La institución del bautismo cristiano.[17] La práctica del bautismo en agua como ordenanza sagrada no fue primero introducida por Cristo, sino que era conocida por los judíos como ritual religioso desde hacía mucho tiempo. El tiempo preciso en que se empezó a usar se desconoce, pero era uno de los ritos por medio de los cuales los prosélitos eran introducidos a la religión judía, haciéndose así partícipes de los beneficios del pacto. El segundo paso en el desarrollo de la ordenanza fue el bautismo de Juan, el cual se diferenciaba tanto del bautismo del prosélito que lo precedió, como del bautismo cristiano que lo siguió. El bautismo de Juan no era meramente un rito por el que los prosélitos eran traídos a la religión judía, sino que era "para arrepentimiento", como una preparación para Cristo y el nuevo pacto. El tercer paso en este desarrollo fue el bautismo cristiano, el cual se diferencia del de Juan en que no mira hacia adelante a la venida del Mesías, sino que confiesa que Jesús, como el Mesías, ha venido, y también el Espíritu Santo, en cuya dispensación ha de ser administrado. Cristo nació bajo el Antiguo Testamento, y por su identificación con una raza pecaminosa, fue traído bajo su condenación. Y aunque no conoció pecado, aún así declaró que era necesario ser bautizado con el bautismo de Juan, a fin de cumplir toda justicia. El bautismo cristiano fue instituido por nuestro Señor por mandato directo: "...bautizándolos en el nombre del Padre, y del Hijo, y del Espíritu Santo" (Mateo 28:19); y este mandato instituyó la ordenanza y, a su vez, prescribió la fórmula con la que habría de administrarse.

Posterior al Día de Pentecostés, el rito del bautismo fue observado como una ordenanza indispensable en conexión con la conversión, sin que haya habido un caso registrado de conversión sin el cual el bautismo no estuviera conectado. Sin embargo, la fórmula completa no siempre ocurría, aunque se puede decir que estaba implícita en donde no se expresara directamente. En Hechos 2:38, el apóstol Pedro, en su sermón pentecostal, exhortaba a los creyentes a que se bautizaran, "cada uno de vosotros en el nombre de Jesucristo", y "los que recibieron su palabra fueron bautizados" (Hechos 2:41); en Hechos 8:16 se señala que los samaritanos habían sido bautizados "en el nombre de Jesús"; mientras que en Hechos 10:48, el apóstol Pedro mandó que los de la casa de Cornelio fueran bautizados "en el nombre del Señor Jesús". Fue también de esa manera que los discípulos efesios fueron bautizados bajo el ministerio del apóstol Pablo (Hechos 19:4-6). Deberá aquí notarse que estos discípulos fueron primero bautizados con agua, para luego recibir el don del Espíritu Santo con la imposición de manos, mientras que en la casa de Cornelio, los discípulos recibieron primero el Espíritu Santo, y luego fueron bautizados con agua. En el tiempo apostólico tardío, se consideró que el bautismo sustituía al rito judío de la circuncisión. Este continuó existiendo como costumbre nacional, pero, para la iglesia, tal cosa era una cuestión indiferente, ya que el rito se interpretaba espiritualmente. Por eso es que el apóstol Pablo va a decir, "En él también fuisteis circuncidados con circuncisión no hecha a mano, al echar de vosotros el cuerpo pecaminoso carnal, en la circunci- sión de Cristo; sepultados con él en el bautismo, en el cual fuisteis también resucitados con él, mediante la fe en el poder de Dios que le levantó de los muertos" (Colosenses 2:11-12).

El desarrollo de la doctrina en la iglesia. Al rito del bautismo se le adjudicó gran importancia desde bien temprano, pero no como señal y sello de todas las bendiciones cristianas, sino como un medio de traspaso a través del cual esas bendiciones eran impartidas. En la época antenicena tardía, se puede decir que el bautismo se consideraba universalmente como el rito de admisión a la iglesia, y siendo que se mantenía que no podía haber salvación fuera de la iglesia, el bautismo vino a ser asociado con la regeneración. De primera intención se veía solamente como el acto culminante en la apropiación del cristianismo, el sello de la adopción positiva en la familia de Dios. No obstante, para mediados del segundo siglo, se consideraba como que procuraba la plena remisión de todos los pecados pasados, por lo cual se encontraba, como consecuencia, que se hablara del bautismo como "el instrumento de regeneración e iluminación". Los padres de la iglesia enseñaron esta doctrina, no en el sentido moderno de una gracia otorgada, o un cambio obrado a través de la regeneración, sino como que el bautismo era en sí mismo la regeneración. El seudo Bernabé (c. 120) se refiere al bautismo "que lleva a la remisión de pecados", y añade que "descen- demos al agua llenos de pecados e impurezas, pero surgimos de ella llevando fruto en nuestro corazón". Así también Hermas (c. 140), quien dice: "Descienden al agua muertos, pero se levantan vivos". Sin embargo, había algunas limitaciones que atañían a la doctrina como la sostenían escritores como Justino Mártir, Clemente, Tertuliano, Orígenes y Cipriano.[18] Sostenían, consistente con la creencia temprana, que el bautismo era eficaz solo en conexión con la disposición y el propósito interior correctos de parte del candidato. Orígenes dice, "Aquel que ha dejado sus pecados recibe remisión en el bautismo. Pero si alguien viene a la fuente todavía albergando el pecado, no obtendrá la remisión de sus pecados" (In. Luc. Horn. XXI). También sostenían que el bautismo no era absolutamente esencial en la iniciación de la vida nueva de la regeneración, sino solamente como un proceso culminante, como ya se ha mencionado. Tertuliano, al hablar del bautismo, dice: "El lavamiento es un sello de la fe, la cual fe es iniciada y es encomiada por la fe del arrepentimiento. No somos lavados a fin de que dejemos de pecar, sino por haberlo hecho, puesto que en el corazón ya hemos sido bañados" (De. Poenit. VI).

Los periodos nicenos y postnicenos atestiguaron una adicional cristalización de las posiciones anteriores, de aquí que prevaleciera universalmente la idea de que la vida divina habitaba en el cuerpo corporal de la iglesia, y que pudiera transmitirse a sus miembros solo a través de la instrumentación de los sacramentos. Por tanto, el bautismo, como rito de iniciación, asumió una importancia añadida, y vino a considerarse como esencial para la salvación. Ambrosio (c. 397) entendía a Juan 3:5 como queriendo decir que, "Nadie puede ascender al reino de los cielos excepto por el sacramento del bautismo; de hecho, esto no exime a nadie, ni al infante ni a aquel a quien alguna necesidad le impida". La posición de Agustín, al igual que muchas otras de sus doctrinas, fue de carácter doble. Desde su punto de vista más temprano, el bautismo era considerado como simbólico. Era el rito externo de entrada a la iglesia, pero la unión espiritual interna, el Espíritu la efectuaba solo por medio de la fe. Agustín también sostenía que, en el bautismo de infantes, los padrinos simplemente asumían la responsabilidad de la educación cristiana del niño, siendo la confesión de ellos delante de Dios, la confesión del niño. Su punto de vista tardío fue ampliamente diferente. Mantenía que el bautismo conllevaba no solo el perdón de los pecados actuales, sino también el del pecado original. Sostenía que la concupiscencia todavía permanecía en el corazón, pero que su complexión cambiaba. En el no bautizado, era pecado; pero en el bautizado, era enfermedad, cuya perfecta cura podía producirse solo en el cielo. Sus criterios en lo relativo al bautismo infantil también sufrieron un marcado cambio. Sostenía que la iglesia proveía una fe sustitutiva, y que el Espíritu Santo implantaba en el infante no consciente el germen de la nueva vida, de modo que la regeneración era obrada en el corazón con anterioridad a la conversión consciente del niño. Fue esta idea de la receptividad pasiva propuesta por Agustín la que más tarde se convirtió en la base del *opus operatum* en la Iglesia Católica Romana, en contra de lo cual el protestantismo reaccionaría vehementemente. Por lo tanto, será necesario considerar el desarrollo tardío de la doctrina en (1) la Iglesia Católica Romana, (2) la Iglesia Luterana, y (3) la Iglesia Reformada.

1. *La doctrina católica romana.*[19] Siendo que se consideraba que el bautismo operaba solamente para la remisión de los pecados pasados, muy tempranamente hubo de crecer un sistema de penitencia por los pecados cometidos después del bautismo. Más tarde, este tipo de penitencia se convertiría en una ordenanza o sacramento separado. También, de igual manera, había sido la costumbre, desde los tiempos más tempranos, acompañar al bautismo con la imposición de manos en imitación de los apóstoles (Cf. Hechos 8:17; 19:6), y también ungir con aceite como un símbolo de la unción de parte del Santo (1 Juan 2:20-27). Esto llegó a conocerse como la "confirmación", y en el siglo cuarto ya era universalmente reconocida como un sacramento separado. Más tarde se insistiría en que la validez del rito dependía de la consagración del aceite por parte del obispo, y gradualmente, en el occidente, la ceremonia entera llegó a considerarse como una función peculiar del obispo. Los eruditos de la Edad Media no hicieron mucho más que elaborar las posiciones que Agustín ya había adelantado. Distinguían entre lo material y lo formal del bautismo, siendo lo material el agua, y lo formal, la fórmula por medio de la cual era administrado.[20] Tomás de Aquino, especialmente, siguió a Agustín en mantener que el bautismo imprimía un carácter indeleble sobre el alma por medio de la regeneración. Por el lado negativo, se sostenía que el bautismo limpiaba de todo pecado, del actual y del original; por el lado positivo, se sostenía que incorporaba al que lo recibía a Cristo, y le otorgaba todos los dones y gracias de la nueva vida. En cuanto a la pregunta del bautismo infantil, Aquino también sostenía con Agustín que los bebés no creían por acto propio, sino por la fe de la iglesia en la cual eran bautizados. Esta fe provenía del Espíritu Santo como la unidad interna de la iglesia, quien hacía una equitativa distribución de su vida espiritual, de modo que los infantes participaran potencialmente en esa vida, aunque no todavía en el ejercicio de su poder espiritual. También se creía que la confirmación confería "un carácter indeleble", el cual, sin embargo, presuponía el que se hubiera impartido en el bautismo. Las decisiones doctrinales y prácticas ritualistas que habían sido normativas

por largo tiempo en la Iglesia Católica Romana, fueron confirmadas por los cánones y decretos del Concilio de Trento (1545-1563).

2. *La doctrina luterana.* La enseñanza protestante, tanto luterana como reformada, tiene como punto de partida una objeción válida a la *ex opere operato* de la Iglesia Católica Romana, es decir, a la doctrina de que la simple administración del bautismo salvaba a la persona bautizada. Los reformadores también contendían que "la concupiscencia que permanece después de que el pecado original ha sido perdonado en el bautismo, es realmente pecado". Insistían en que la fe era necesaria de parte del que lo recibía, a fin de hacer de la ceremonia un medio de gracia. La enseñanza de Lutero sobre este tema es trazada usualmente a través de tres etapas: (1) En la primera etapa, y siguiendo la posición temprana de Agustín, el reformador distinguía entre la señal y la cosa señalada, y entre ambas colocaba la fe como el medio por el cual las personas concretaban el significado de la señal. La señal es el bautismo externo con agua, el sello es el nuevo nacimiento, y la fe hace real este bautismo espiritual. (2) En la segunda etapa, Lutero llegó a considerar el bautismo como señal y sello, a lo cual Dios añadía su Palabra como promesa de fortaleza y consuelo divinos. La principal cosa, no obstante, era la promesa, y los que la creían y eran bautizados serían salvos. (3) En la tercera etapa, él identificó más estrechamente el agua y la Palabra, enseñando que a la señal y a la Palabra, se añadían el mandamiento y la ordenanza de Dios, y que los primeros eran juntamente dados de manera tal que el bautismo en agua se convertía en el elemento divino. Esta posición, sin embargo, no aparece en las confesiones, excepto en el original en alemán de los Artículos de Schmalkald. La Confesión de Augsburgo representa la posición de Mélancton de que el bautismo era un testimonio perpetuo de que el perdón de los pecados y la renovación del Espíritu Santo le pertenecían especialmente al bautizado, siendo la fe la causa operante de esta condición.[21] Es por estas razones que el luteranismo siempre ha sostenido una alta teoría de los sacramentos, y que por lo regular considera al bautismo algo esencial para la salvación, ya que por su medio, por designación divina, las bendiciones de la remisión y la regeneración son comunicadas, por medio de la fe y de la Palabra.

3. *La doctrina reformada.*[22] Las iglesias reformadas principiaron con la idea de que la salvación no está condicionada por ninguna obra o ceremonia externa, y, por lo tanto, se libraron de mucha confusión en el desarrollo de su doctrina. Para ellos, el bautismo fue solo la señal

iniciadora que marcaba a uno como seguidor de Cristo. Zuinglio no le atribuía poder santificador alguno al bautismo *per se,* sino solo a la fe. Así que, se deshizo enteramente del misterio, viendo los sacramentos en parte como actos de confesión, y en parte como señales conmemorativas. Calvino adoptó los principios de Zuinglio, pero al desarrollarlos, se acercó más a la concepción luterana. Para Calvino, no eran simplemente memoriales, sino también promesas de gracia, es decir, que estaban acompañados por un don invisible de gracia. Siendo que el luteranismo, especialmente la escuela de Mélancton, también consideraba los sacramentos como promesas de gracia, dicha posición formaría un punto de unión entre Calvino y Lutero. El Obispo H. L. Martensen, quien asume su posición basándola en el punto de acuerdo entre Lutero y Calvino, hace claro que, después de todo, hay una diferencia esencial entre ellos, la cual surge de las concepciones diferentes de la predestinación. "Según la doctrina de Calvino", dice Martensen, "no hay una conexión real entre la predestinación y el bautismo. La doble elección ha sido establecida desde la eternidad; el bautismo, por tanto, no puede ser de auxilio alguno para los que no han sido elegidos en los ocultos decretos de Dios. La predestinación luterana, por el otro lado, obtiene su verdadera expresión en el bautismo. El bautismo, de acuerdo con Lutero, es la revelación del decreto consolador de que Dios 'quiere que todos los hombres sean salvos y vengan al conocimiento de la verdad' [1 Timoteo 2:4]. No necesitamos agonizantemente inquirir acerca de un decreto oculto, de acuerdo con el cual seamos elegidos o rechazados, ya que cada uno podrá leer en su bautismo su elección para bienaventuranza" (H. L. Martensen, *Christian Dogmatics* [Dogmática cristiana], 424). Podemos, pues, decir que, en general, en la Iglesia Reformada se puso menos énfasis en la necesidad del bautismo que en la Iglesia Luterana; y que la posición reformada, por mediación de los Treinta y Nueve Artículos de la Iglesia Anglicana, se convirtió esencialmente en la enseñanza del metodismo.

4. *Desarrollos doctrinales posteriores.* (1) La doctrina anglicana, como se expresa en los Treinta y Nueve Artículos, es una combinación de los credos luterano y reformado. Hay, sin embargo, dos razonamientos acerca de la interpretación de los formularios: los que son más luteranos y sacramentarios, y por consiguiente suponen que el alma es renovada por una infusión de vida, y los que más cercanamente se aproximan a la posición reformada de un cambio solo en las relaciones. (2) La doctrina bautista difiere del cristianismo en general en dos puntos: mantiene que

el bautismo, como rito, pertenece solo a adultos como expresión de su fe, y que el único modo válido de bautismo es inmersión en agua. (3) Los metodistas sostienen una posición mediadora. Por un lado, repudian el razonamiento sociniano de que el bautismo es meramente una señal o distintivo de la profesión cristiana, y por el otro lado, rechazan el rito como un emblema ritualista impresivo del lavamiento del pecado. Sostienen que el bautismo es tanto una señal como un sello, por lo cual, para el que lo recibe, si cumple con las condiciones del pacto, hay gracia que lo acompaña. A esta posición se le dará consideración adicional en nuestra discusión del significado, el modo y los sujetos del bautismo.

Naturaleza y designio del bautismo cristiano.[23] Es posible arribar a la naturaleza y el designio de la ordenanza del bautismo si partimos de su historia, y de las declaraciones bíblicas que le conciernen. Se trata de un solemne sacramento que "significa la aceptación de los beneficios de la expiación de Jesucristo", y es una promesa de "pleno propósito de obediencia en santidad y justicia". Desde el punto de vista divino, también es una promesa de otorgamiento de gracia.[24] Samuel Wakefield define el bautismo como sigue, indicando sus cuatro elementos esenciales: "El bautismo, como una ordenanza cristiana, puede definirse como la aplicación de agua pura al debido sujeto, por un legítimo administrador, en nombre de la sagrada Trinidad. (1) Es la aplicación de agua pura, como lo indica claramente el lenguaje del Apóstol: '[A]cerquémonos con corazón sincero, en plena certidumbre de fe, purificados los corazones de mala conciencia, y lavados los cuerpos con agua pura' (Hebreos 10:22). (2) El agua deberá ser aplicada al debido sujeto, no a un objeto inanimado, sino a un ser humano, bajo ciertas circunstancias. (3) La ordenanza deberá llevarse a cabo por un administrador legítimo, y siendo que la comisión de bautizar fue dada solo a los ministros del evangelio, nadie más tiene el derecho de desempeñar este oficio. Y, (4) deberá administrarse en el nombre de la sagrada Trinidad: '[B]autizándolos en el nombre del Padre, y del Hijo, y del Espíritu Santo' (Mateo 28:19). Hay dos cosas que sobresalen claramente aquí en cuanto al bautismo: (1) su obligación perpetua y universal; y (2) su importancia sacramental".[25]

1. Dos cosas indican la obligación universal y perpetua del bautismo: el mandamiento expreso de nuestro Señor (Mateo 28:19-20), y la práctica apostólica (Hechos 2:28, 41; 8:12). El bautismo es una solemne ordenanza que deberá observarse de manera estricta. De los

pasajes bíblicos anteriores se desprende claramente que los apóstoles administraban el bautismo inmediatamente después de la profesión de fe, y si ello fue considerado necesario en aquel momento, no debe serlo menos ahora. "Pero cuando creyeron a Felipe, que anunciaba el evangelio del reino de Dios y el nombre de Jesucristo, se bautizaban hombres y mujeres" (Hechos 8:12). El bautismo es una ordenanza de obligación perpetua. Algunos han argumentado que, siendo que Cristo bautiza con el Espíritu Santo, el bautismo en agua ya no es necesario. Y es indudablemente cierto que el bautismo de Juan ha sido invalidado, pero ya hemos indicado que hubo una amplia distinción entre el bautismo en agua de Juan como rito preparatorio, y el bautismo en agua de Cristo como señal y sello de una obra interna de gracia. Tampoco el texto de Hebreos 9:10, el cual habla "de diversas abluciones, y ordenanzas acerca de la carne", presenta un argumento contrario al bautismo cristiano. Es cierto que los cristianos rechazaron esos ritos judíos, pero el bautismo en agua siguió siendo administrado por los apóstoles después de abrirse la dispensación cristiana, lo cual indica claramente que el bautismo no fue incluido en los ritos de que se habla en Hebreos 9:10. El bautismo, por ser un rito de iniciación, se administrará solo una vez. Porque establece un pacto permanente, no ha de repetirse. Puede que el bautizado caiga, pero la bondadosa promesa de Dios permanece. El efecto de esta promesa no puede anularse. Si el bautizado cae, necesita arrepentirse y creer, sabiendo que el Padre está listo a restaurarlo, pero esto no hace necesario un nuevo bautismo. También, como rito de iniciación, el bautismo es un acto visible por medio del cual los miembros son admitidos a la iglesia de Cristo como sociedad visible. Esta ha sido la fe de la iglesia desde el principio, y negarlo es negar del todo que la iglesia tenga una ordenanza de iniciación.

2. La importancia sacramental del bautismo se ha de encontrar en el hecho de que es señal y sello del pacto de gracia.[26] (1) Como señal, representa la purificación espiritual. "Esparciré sobre vosotros agua limpia, y seréis limpiados de todas vuestras inmundicias; y de todos vuestros ídolos os limpiaré. Os daré corazón nuevo, y pondré espíritu nuevo dentro de vosotros; y quitaré de vuestra carne el corazón de piedra, y os daré un corazón de carne" (Ezequiel 36:25-26). En este sentido nuestro Señor también declara: "De cierto, de cierto te digo, que el que no naciere de agua y del Espíritu, no puede entrar en el reino de Dios" (Juan 3:5). Aquí, evidentemente, la señal es el bautismo

exterior en agua, y la cosa señalada es la obra interior del Espíritu. El apóstol Pablo se refiere a esta doble obra del Espíritu como "el lavamiento de la regeneración" y "la renovación en el Espíritu Santo" (Tito 3:5). Por tanto, el bautismo como señal no solo simboliza la regeneración, sino también el bautismo con el Espíritu Santo, que es el evento peculiar de esta dispensación. De acuerdo con esto, al derramamiento del Espíritu "sobre toda carne", como lo profetizó Joel, se le llamará un bautismo en el Nuevo Testamento. Es a ello que Juan el Bautista se refería cuando dijo, "él os bautizará en Espíritu Santo y fuego" (Mateo 3:11), y a lo que Jesús mismo se refirió cuando dijo a sus discípulos, "vosotros seréis bautizados con el Espíritu Santo dentro de no muchos días" (Hechos 1:5). (2) El bautismo también es un sello. "Es", dice William G. T. Shedd, "como el sello oficial de un documento legal. La presencia del sello inspira confianza en lo genuino del título de propiedad; la ausencia del sello despierta duda y temor. Con todo, es el título de propiedad, no el sello, lo que confiere el título" (William G. T. Shedd, *Dogmatic Theology* [Teología dogmática], II:574). De parte de Dios, el sello es la garantía visible de fidelidad a su pacto, una ceremonia perpetua a la cual su pueblo podrá siempre apelar. De parte del hombre, el sello es ese acto por el cual se obliga como parte en el pacto, y promete ser fiel en todas las cosas; y es también la señal de una transacción finiquitada, la ratificación de un acuerdo final.

El modo del bautismo. Este tema ha sido uno de larga y seria controversia. Desde el día de los anabaptistas del tiempo de la Reforma, hasta los bautistas de fecha más reciente, se ha afirmado que la inmersión es el único modo válido de bautismo, mientras que otros, el gran cuerpo de la iglesia en todas las épocas, siempre han mantenido que puede administrarse por rociamiento o derramamiento, o para emplear un término que los incluya a ambos, por afusión. La pregunta no es si la inmersión es un bautismo válido, ya que esto nunca ha sido negado, pero si es la única forma de bautismo autorizada por la Biblia. Nuestra posición como iglesia es clara: "El bautismo puede ser administrado por aspersión, afusión o inmersión, según la preferencia del candidato". Por lo tanto, es suficiente solo indicar de manera breve los argumentos que se ofrecen a favor y en contra de la inmersión como el único modo válido de bautismo. Los argumentos que se esgrimen más frecuentemente en favor de la inmersión son: (1) El significado del vocablo *baptizo*, bautizar; (2) las circunstancias que se dieron en muchos de los bautismos registrados en la Biblia; y (3) el símbolo de la sepultura.[27] La iglesia, por lo general, ha considerado estas proposiciones como insuficientes para establecer la creencia en la inmersión como el único modo válido de bautismo. Sin ánimo alguno de controversia, podemos resumir los argumentos como sigue, a la vez que referimos al lector al estudio adicional de los tratados más elaborados sobre este asunto.

1. Se argumenta que el vocablo *baptizo* siempre significa *remojar* o *sumergir*. Sin embargo, es un hecho más allá de toda controversia que la mayoría de los lexicógrafos le asignan un significado más amplio, y que los escritores clásicos lo emplean para expresar una variedad de ideas. R. W. Dale señala que *baptizo* es un derivado, el cual modifica el significado de su raíz, *bapto*. El vocablo significa (1) practicar un acto definido, *remojar;* (2) efectuar un cambio definido de condición, *teñir;* (3) efectuar un cambio completo de condición al asimilar la calidad o la influencia, sin color, *mezclar, empapar, imbuir.* Los escritores clásicos Plutarco, Hipócrates y Aristóteles empleaban frecuentemente la palabra para referirse no a otra cosa sino a humedecer, teñir, y rociar. Es evidente que la palabra empleada para designar el bautismo cristiano, la Biblia la emplea en otro sentido que no es el de inmersión. "Y volviendo de la plaza, si no se lavan [bautizan], no comen" (Marcos 7:4), lo cual, como indica el versículo anterior, se refiere al acto de lavarse las manos. Los fariseos (Lucas 11:38) se asombraron de que Jesús se sentara a comer sin primero bautizarse o lavarse, como era la costumbre de los fariseos. El apóstol Pablo declara que los israelitas fueron bautizados en Moisés en la nube y en el mar (1 Corintios 10:1-2), y emplea la palabra bautizar para referirse al pasar entre las agua, bajo la sombra de la nube. Que el vocablo *baptizo* es empleado en un sentido más amplio que el de remojar o sumergir, será suficiente refutación del reclamo de que la inmersión sea el único modo válido de bautismo.

2. Un estudio de las circunstancias que acompañaron los bautismos que registra la Biblia también hace claro que el bautismo no siempre significó la inmersión. Los casos que usualmente se citan como prueba de la inmersión son los siguientes: "Y salía a él Jerusalén, y toda Judea, y toda la provincia de alrededor del Jordán, y eran bautizados por él en el Jordán" (Mateo 3:5-6); "Y Jesús, después que fue bautizado, subió luego del agua" (Mateo 3:16); "Y mandó parar el carro; y descendieron ambos al agua, Felipe y el eunuco, y le bautizó. Cuando subieron del agua, el Espíritu del Señor arrebató a Felipe" (Hechos 8:38-39). Aquí, la fuerza completa del argumento depende del significado de las preposiciones originales griegas *en, eis, ek* y *apo*. Es bien conocido que

estas preposiciones se emplean en la Biblia con diferentes significados. Así, pues, *apo* significa *de,* mucho más frecuentemente que *fuera de;* y *ek* también significa *de* al igual que *fuera de;* y *eis* significa *a* tanto como *dentro.* Por tanto, a partir del significado de las palabras originales, sería una traducción tan fiel como la que se presenta decir que Jesús subió directamente *desde* el agua, y que Felipe y el eunuco descendieron *al* agua, y que subieron *desde* el agua. Schleusner, en su célebre léxico, señala que *en* tiene treinta y seis significados distintos, *ek,* veinte y cuatro, y *apo,* veinte. Se hace evidente, por tanto, que la verdadera interpretación solo se puede encontrar en un estudio de las circunstancias y los usos históricos, y no necesariamente en una interpretación literal de las preposiciones. Aquí podemos referirnos brevemente a pasajes bíblicos tales como el del bautismo de Saulo, en donde se señala que se levantó y fue bautizado (*anastas ebaptizen*), literalmente, puesto de pie fue bautizado (Hechos 9:18); el del bautismo de Cornelio y los de su casa, en donde se hace evidente que fueron bautizados en la casa en donde el Espíritu Santo había descendido sobre ellos, cosa que, además, queda implicado en la pregunta, "¿Puede acaso alguno impedir el agua…?", es decir, impedir que el agua fuera traída a la casa para el bautismo (Hechos 10:47-48); y, por último, el del bautismo del carcelero y su familia en la noche, el cual, por obligación, debe haberse llevado a cabo en la cárcel, no pudiendo decirse con certeza que haya sido por inmersión (Hechos 16:31-33).[28]

3. El simbolismo de la sepultura ha sido un argumento favorito entre los inmersionistas, y lo basan en pasajes bíblicos como los siguientes: "Porque somos sepultados juntamente con él para muerte por el bautismo, a fin de que como Cristo resucitó de los muertos para la gloria del Padre, así también nosotros andemos en vida nueva" (Romanos 6:4); y, de nuevo, "sepultados con él en el bautismo, en el cual fuisteis también resucitados con él, mediante la fe en el poder de Dios que le levantó de los muertos" (Colosenses 2:12). El argumento en pro de la inmersión descansa enteramente en las palabras "sepultados juntamente con él para muerte por [o *en*] el bautismo", y asume que el Apóstol está hablando aquí del bautismo en agua, definiendo, por tanto, así, el modo.[29] Que estos textos no hagan referencia ni al bautismo en agua ni a su modo, es apta y concisamente expresado por Samuel Wakefield como sigue: "Concluimos, pues, a partir del examen cuidadoso de todo el asunto, que en los pasajes bajo consideración, el Apóstol no alude de ninguna manera, ni al bautismo en agua en sí

mismo, ni a su modo, ya que está hablando de *una muerte espiritual, de un sepelio, de una resurrección,* y de *una vida.* En Romanos 6:2, él pregunta: 'Porque los que hemos muerto al pecado, ¿cómo viviremos aún en él?', y en esta pregunta nos da una clave para el pasaje completo de 'muertos al pecado' [Romanos 6]. Por lo tanto, si 'hemos muerto al pecado', no deberemos perseverar en el pecado. '¿O no sabéis que todos los que hemos sido bautizados en Cristo Jesús, hemos sido bautizados en su muerte?' [v. 3], es decir, todos nosotros los que hemos sido unidos a Jesucristo por el bautismo del Espíritu Santo fuimos hechos partícipes de los beneficios de su muerte. 'Porque por un solo Espíritu fuimos todos bautizados en un cuerpo' (1 Corintios 12:13). Este cambio moral por el que los creyentes son unidos a Cristo, y constituidos pámpanos vivientes de 'la vid verdadera', incluye la muerte al pecado, la sepultura del 'viejo hombre', y la resurrección de la muerte espiritual a una nueva vida de obediencia santa. 'Porque somos sepultados juntamente con él para muerte por el bautismo' [Romanos 6:4], es decir, que así como Cristo fue sepultado en una tumba, así también nosotros, por el bautismo con el Espíritu, somos traídos a este estado de muerte al pecado, 'a fin de que como Cristo resucitó de los muertos por la gloria del Padre, así también nosotros andemos en vida nueva' [v. 4]. Ciertamente, todo el argumento del Apóstol demuestra que él está hablando de la obra del Espíritu, y no del bautismo en agua. 'Porque si fuimos plantados juntamente con él en la semejanza de su muerte, así también lo seremos en la de su resurrección; sabiendo esto, que nuestro viejo hombre fue crucificado juntamente con él, para que el cuerpo del pecado sea destruido, a fin de que no sirvamos más al pecado' (Romanos 6:5-6). Y, de nuevo, 'Así también vosotros consideraos muertos al pecado, pero vivos para Dios en Cristo Jesús, Señor nuestro' (Romanos 6:11). ¿Puede el bautismo en agua lograr el cambio moral del cual habla aquí el Apóstol? Nadie afirmaría tal cosa, a menos que haya aceptado la noción disparatada de que la 'inmersión es el acto regenerador'" (Samuel Wakefield, *Christian Theology* [Teología cristiana], 582).[30]

Los sujetos del bautismo. Todos los que creen en el Señor Jesucristo, y han sido regenerados, son sujetos aptos para el bautismo cristiano. Esto queda establecido por la declaración directa de Jesucristo: "El que creyere y fuere bautizado, será salvo" (Marcos 16:16). Este mismo hecho lo enseña también el apóstol Pedro: "Entonces respondió Pedro: ¿Puede acaso alguno impedir el agua, para que no sean bautizados estos que han recibido el Espíritu Santo también como nosotros? Y mandó bautizarles en el nombre del Señor Jesús" (Hechos 10:47-48). Samuel Wakefield señala que "este pasaje prueba, en adición al propósito por el cual se incluye, que los hombres pueden recibir el Espíritu Santo, y, por consiguiente, pueden ser regenerados sin ser bautizados. Luego, el bautismo no puede ser el acto regenerador, como algunos lo afirman ingenuamente" (Samuel Wakefield, *Christian Theology* [Teología cristiana], 562). Pero, además de los creyentes adultos, la iglesia siempre ha sostenido que los hijos de los creyentes son igualmente sujetos idóneos del bautismo, y no les ha negado el bautismo a los hijos de los incrédulos. Esta posición fue cuestionada por los anabaptistas del periodo de la Reforma, y sus seguidores todavía la objetan. No pensamos que la controversia demande un tratamiento extendido, siendo que nuestra iglesia establece definitivamente su posición en el credo, en armonía con la creencia ortodoxa tanto del tiempo antiguo como del moderno. Consideraremos, pues, brevemente los siguientes temas: (1) La historia del bautismo de infantes; (2) las objeciones al bautismo de infantes; y (3) los argumentos en su favor procedentes del pacto abrahámico.

1. La historia del bautismo infantil revela el hecho de que la práctica ha existido en la iglesia desde los tiempos más tempranos.[31] Justino Mártir, quien nació alrededor del tiempo de la muerte del apóstol Juan, dice que "hubo muchos de ambos sexos, algunos de sesenta años y otros de setenta, quienes fueron hechos discípulos de Cristo en su infancia", sin duda refiriéndose al bautismo. Orígenes (185-254) expresamente declara que "la iglesia ha recibido la tradición de los apóstoles de que el bautismo deberá ser administrado a los infantes". Como a mediados del siglo tercero, Fido, un obispo africano, dirigió una pregunta a Cipriano, obispo de Cartago, respecto a si se podía o no llevar a cabo el bautismo de infantes antes de los ocho días. Cipriano trajo esto ante el sínodo en 254 d.C., en el cual había sesenta y seis obispos presentes, y fue decidido unánimemente que no era necesario aplazar el bautismo hasta el octavo día. Agustín, en el siglo cuarto, dice que "toda la iglesia practica el bautismo infantil. No ha sido instituido por los concilios, pero ha estado siempre en uso"; y, de nuevo, "No recuerdo haber leído de alguien, fuera católico o hereje, que haya mantenido que el bautismo deba negársele a los infantes". Parecería imposible justificar estas declaraciones históricas a menos que la práctica del bautismo de

infantes hubiera llegado hasta nosotros desde los tiempos de los apóstoles.

2. Las objeciones al bautismo infantil se plantean usualmente sobre las siguientes bases: (1) Que la práctica no tiene autorización expresa de la Biblia; (2) que la Biblia declara que el creer deberá preceder a la fe, y siendo que los infantes no pueden creer, por consiguiente no deberán ser bautizados; (3) que los infantes no pueden consentir al pacto del cual el bautismo es el sello, y, por lo tanto, no deberán ser obligados por esta ordenanza; y (4) que el bautismo no le hará ningún bien al infante, por lo cual es inútil bautizarlos. Estas objeciones serán contestadas con el argumento positivo que sigue.

3. El bautismo infantil se conecta inmediatamente con el pacto abrahámico, y se puede entender plenamente solo a la luz de las enseñanzas del Antiguo Testamento. (1) Dios tiene solo una iglesia. Ella está edificada sobre el protoevangelio, y tomó por primera vez su forma visible en el pacto con Abraham. Por lo tanto, el apóstol Pablo declara lo siguiente: "Y la Escritura, previendo que Dios había de justificar por la fe a los gentiles, dio de antemano la buena nueva a Abraham diciendo: En ti serán benditas todas las naciones" (Gálatas 3:8). La promesa hecha a Abraham y a su simiente, no solo incluía bendiciones temporales, sino al Mesías mismo: "En tu simiente serán benditas todas las naciones de la tierra" (Génesis 22:18). La bendición temporal se cumplió en la posteridad humana de Abraham, pero Cristo, como la simiente divina, es la fuente de las bendiciones espirituales universales. "No dice: Y a las simientes, como si hablase de muchos, sino como de uno: Y a tu simiente, la cual es Cristo" (Gálatas 3:16). "Y si vosotros sois de Cristo, ciertamente linaje de Abraham sois" [Gálatas 3:29], y es sobre las bases de esta promesa que el apóstol Pedro, en su sermón de Pentecostés, hizo la siguiente oferta universal de salvación: "Porque para vosotros es la promesa, y para vuestros hijos, y para todos los que están lejos; para cuantos el Señor nuestro Dios llamare" (Hechos 2:39).[32] (2) El pacto hecho entre los "herederos según la promesa" (Gálatas 3:29). Fue con Abraham y su simiente que este pacto fue sellado por el rito de la circuncisión. "Este es mi pacto, que guardaréis entre mí y vosotros y tu descendencia después de ti: Será circuncidado todo varón entre vosotros" (Génesis 17:10). El niño que no fuera circuncidado en el octavo día había de ser cortado por juicio especial de Dios, por haberse roto el pacto. Por tanto, el rito era la publicación constante del pacto de gracia entre los descendientes de

Abraham, y su repetición, la constante confirmación de este pacto. (3) La iglesia cristiana es la continuación del pacto abrahámico en su desarrollo universal. La promesa implícita en el pacto se desdobla en la plena riqueza de la bendición de Cristo. Por eso leemos que Abraham "recibió la circuncisión como señal, como sello de la justicia de la fe que tuvo estando aún incircunciso; para que fuese padre de todos los creyentes no circuncidados, a fin de que también a ellos la fe les sea contada por justicia; y padre de la circuncisión, para los que no solamente son de la circuncisión, sino que también siguen las pisadas de la fe que tuvo nuestro padre Abraham antes de ser circuncidado" (Romanos 4:11-12). Así que, como hemos indicado, el pacto abrahámico es llevado a cabo a su grado sumo en la dispensación del evangelio. (4) El bautismo suplanta la circuncisión. El rito de iniciación de la circuncisión caducó junto a los ritos y las ceremonias peculiares a la fase del Antiguo Testamento, y en su lugar, el bautismo se vuelve el rito de iniciación del Nuevo Testamento. Que el bautismo conlleva el mismo carácter federal y de iniciación, lo evidencia la declaración del apóstol Pablo de que "vosotros estáis completos en él, que es la cabeza de todo principado y potestad. En él también fuisteis circuncidados con circuncisión no hecha a mano, al echar de vosotros el cuerpo pecaminoso carnal, en la circuncisión de Cristo; sepultados con él en el bautismo, en el cual fuisteis también resucitados con él, mediante la fe en el poder de Dios que le levantó de los muertos" (Colosenses 2:10-12). Aquí el rito de la circuncisión es traído a una inmediata conexión con el bautismo como ordenanza del Nuevo Testamento, y este bautismo es expresamente establecido como la "circuncisión de Cristo".[33] Resumamos ahora como sigue, en las palabras de Samuel Wakefield, los argumentos concernientes a la autorización bíblica para la práctica del bautismo de infantes: "Hemos demostrado que el pacto abrahámico fue el pacto general de la gracia; que los niños fueron incluidos en ese pacto, y admitidos en la iglesia visible por la circuncisión; que el cristianismo no es otra cosa que la continuación, bajo una nueva forma, de aquel pacto que Dios hizo con Abraham, y que el bautismo es ahora la señal y el sello del pacto de la gracia, como la circuncisión lo fue bajo la anterior dispensación. De estas premisas se sigue necesariamente que, así como los hijos infantes de padres creyentes, bajo el Antiguo Testamento, eran sujetos idóneos de la circuncisión, así también los hijos infantes de los creyentes cristianos son sujetos idóneos del bautismo" (Samuel Wakefield, *Christian*

Theology [Teología cristiana], 569-570). A esto podemos añadir el hecho de que, en tres ocasiones diferentes, se indica que hubo familias que fueron bautizadas: la de Lidia (Hechos 16:15), la del carcelero de Filipos (Hechos 16:33), y la de Estéfanas (1 Corintios 1:16). Por supuesto que no hay prueba positiva de ello, pero podemos considerar las ocasiones arriba mencionadas como evidencia por lo menos presumible de que había niños en las familias de los que fueron bautizados. Todavía más, tenemos, de los labios de nuestro Señor, la declaración de que los niños pertenecen al reino de Dios (Marcos 10:4); y si ese es el caso, tienen derecho a que se les reconozca como testigos de la fe de sus padres en las palabras de su Señor.[34] Por lo tanto, mantenemos que hay garantías para el bautismo infantil, y que los argumentos que se acaban de presentar son respuesta suficiente a las objeciones previamente mencionadas. Pero si siempre se insistiera en sostener que solo los creyentes han de ser bautizados, y los infantes excluidos, entonces nosotros insistiríamos en que el argumento prueba demasiado. Si solo aquellos que creen y son bautizados son salvos, y si los niños no pueden creer, y, por lo tanto, no pueden ser bautizados, entonces, por obligación del argumento, la conclusión lógica es que tampoco pueden ser salvos. Pero esto, pensamos nosotros, nadie lo concedería, ya que se opone directamente a las palabras de nuestro Señor mencionadas arriba (Marcos 10:4). Cuando Cristo declaró, "El que creyere y fuere bautizado, será salvo" (Marcos 16:16), estaba hablando de creyentes adultos, a quienes los discípulos fueron enviados con el evangelio, y quienes, por consiguiente, eran capaces de responder a su predicación. Las palabras del Señor aquí no hacen referencia alguna al bautismo infantil.

LA SANTA CENA

"Creemos que la cena conmemorativa y de comunión instituida por nuestro Señor y Salvador Jesucristo es esencialmente un sacramento del Nuevo Testamento, que declara su muerte expiatoria, por cuyos méritos los creyentes tienen vida y salvación, y la promesa de todas las bendiciones espirituales en Cristo. Es distintivamente para aquellos que están preparados para apreciar con reverencia su significado, y por ella anuncian la muerte del Señor hasta que Él venga otra vez. Siendo la fiesta de comunión, sólo aquellos que tienen fe en Cristo y amor para los santos deben ser llamados a participar en ella" (*Manual de la Iglesia del Nazareno, edición de 2009-2013*, Artículo de Fe XIII, página 33).

La institución de la Santa Cena.[35] Las circunstancias bajo las cuales se instituyó este sacramento fueron solemnes e impresionantes. Fue la noche en que Jesús fue traicionado, y en la que celebraba la Pascua con sus discípulos. "Y mientras comían, tomó Jesús el pan, y bendijo [*eulogisas*], y lo partió, y dio a sus discípulos, y dijo: Tomad, comed; esto es mi cuerpo. Y tomando la copa, y habiendo dado gracias [*eucaristisas*], les dio, diciendo: Bebed de ella todos; porque esto es mi sangre del nuevo pacto, que por muchos es derramada para remisión de pecados" (Mateo 26:26-28; cf. Marcos 14:22-24; Lucas 22:19-20). Estas referencias son históricas, y describen los eventos ligados a esta santa institución. Las siguientes palabras presentan la interpretación doctrinal que el apóstol Pablo le da a la institución: "La copa de bendición que bendecimos, ¿no es la comunión de la sangre de Cristo? El pan que partimos, ¿no es la comunión del cuerpo de Cristo? Siendo un solo pan, nosotros, con ser muchos, somos un cuerpo; pues todos participamos de aquel mismo pan" (1 Corintios 10:16-17). "Porque yo recibí del Señor lo que también os he enseñado: Que el Señor Jesús, la noche que fue entregado, tomó pan; y habiendo dado gracias lo partió, y dijo: Tomad, comed; esto es mi cuerpo que por vosotros es partido; haced esto en memoria de mí. Asimismo tomó también la copa, después de haber cenado, diciendo: Esta copa es el nuevo pacto en mi sangre; haced esto todas las veces que la bebiereis, en memoria de mí. Así, pues, todas las veces que comiereis este pan, y bebiereis esta copa, la muerte del Señor anunciáis hasta que él venga. De manera que cualquiera que comiere este pan o bebiere esta copa del Señor indignamente, será culpado del cuerpo y de la sangre del Señor. Por tanto, pruébese cada uno a sí mismo, y coma así del pan, y beba de la copa" (1 Corintios 11:23-28).

Así como el bautismo sustituyó la circuncisión, así también la Santa Cena suplantó la Pascua. Bajo el antiguo pacto, la Pascua era el tipo eminente del sacrificio redentor de nuestro Señor, el cual, por las edades, ha representado la fe y la esperanza del antiguo pueblo. Y siendo que Cristo, como la verdadera Pascua, estaba por cumplir el símbolo del Antiguo Testamento, se hacía necesario un nuevo rito que conmemorara esta liberación espiritual y confirmara sus beneficios. En la fiesta de la Pascua, la cabeza de cada familia tomaba la copa de acción de gracias, y, junto a su familia, daba gracias al Dios de Israel. Así también, cuando Jesús hubo terminado la acostumbrada ceremonia pascual con sus discípulos, procedió con una acción nueva y distante.

"Y tomó el pan [el pan de la mesa pascual] y dio gracias, y lo partió y les dio, diciendo: Esto es mi cuerpo, que por vosotros es dado; haced esto en memoria de mí. De igual manera, después que hubo cenado, tomó la copa [la copa pascual] diciendo: Esta copa es el nuevo pacto en mi sangre, que por vosotros se derrama" (Lucas 22:19-20). Existe, pues, una continuidad de simbolismo en el Antiguo Testamento y en el Nuevo, pero el antiguo simbolismo había sido traído a su tajante fin, y el nuevo rito, el cual suplantaba al anterior, tenía un comienzo igualmente distintivo. Que este rito tenía como intención que fuera permanente lo evidencia el hecho de que el apóstol Pablo recibió del Señor la palabra que lo obligaba, a saber, la necesidad de establecerlo en todas las iglesias que fundaba (1 Corintios 11:23).[36]

Durante la era apostólica se utilizaban un número de términos para expresar el significado de la Santa Cena, y por lo menos cinco de ellos se encuentran en el Nuevo Testamento. (1) Se le llamaba la eucaristía (*eucaristeo,* dar gracias), como una referencia a que Cristo tomara la copa y diera gracias. A veces también se le llamaba *eulogesas* (de *eulogeo,* alabar o bendecir), como referencia al acto de Jesús de bendecir el pan. Ambas palabras a menudo se intercambiaban.[37] Por eso el apóstol Pablo va a hablar de la "la copa de bendición" [1 Corintios 10:16]. En cuanto a lo apropiado del término "eucaristía", el mismo siempre ha sido familiar entre las personas de habla castellana. Como tal, la Santa Cena es una solemne acción de gracias por las bendiciones de la redención. (2) También se le conocía como la Comunión. Los Hechos de los Apóstoles vinculan "el partimiento del pan" y "la comunión unos con otros" (Hechos 2:42). Sin embargo, la comida fraternal era en sí considerada una comunión, y se sellaba con el ósculo de la paz (Romanos 16:16; 1 Corintios 16:20; 2 Corintios 13:2; 1 Tesalonicenses 5:26; 1 Pedro 5:14). El apóstol Pablo realza esta comunión de los unos con los otros como inseparable de la comunión con Cristo. Señala que somos un cuerpo al participar del mismo pan, que es el cuerpo de Cristo (1 Corintios 10:16). Jesús pone de relieve este mismo aspecto de la comunión en su parábola de la vid y los pámpanos (Juan 15:1-8). (3) Era considerada como una fiesta conmemorativa, una recordación de la muerte de Jesús. Esta fase no era mayormente destacada al principio, ya que para los cristianos primitivos, Cristo no era un héroe muerto, sino Aquel que estaba vivo para siempre. El aspecto conmemorativo, por tanto, se asociaba más estrechamente con la muerte redentora de Cristo y la esperanza escatológica. "Así, pues, todas las veces que comiereis este pan, y bebiereis esta copa, la muerte del Señor anunciáis hasta que él venga" (1 Corintios 11:26).[38] (4) Se veía como un sacrificio (*thisia*). Como tal, la Santa Cena no solo conmemoraba el sacrificio de Cristo, sino que se consideraba en sí misma un sacrificio. Esta distinción deberá tenerse claramente en mente: la interpretación de la muerte de Jesús como un sacrificio, y la interpretación de la comida comunitaria como un sacrificio. El sacrificio de Cristo fue una vez para siempre (Hebreos 9:25-26), y no podía repetirse. Suplantó todos los sacrificios de animales, y se consideraba algo nuevo y final para los seres humanos. A la comida comunitaria se le llamaba un sacrificio en el sentido de que era en sí misma una ofrenda de gratitud o un "sacrificio de alabanza" (Hebreos 13:15. Cf. Filipenses 2:17; 4:18), y también porque era acompañada con la dádiva de limosnas para los pobres. (5) Finalmente, se le llamaba la presencia, o el misterio (*misterion*). Lo primero conllevaba la idea de Cristo como un anfitrión en su mesa, y se deriva del relato de Emaús, en donde la presencia de Cristo se dio a conocer en el partimiento del pan. Lo segundo hace hincapié más especialmente en los alimentos sagrados como canales de gracia y poder. El apóstol Juan es el principal testigo de esto. Cristo es "el pan de vida" (Cf. Juan 6:53). Sin embargo, aquí el Apóstol no se estaba apartando de las concepciones espirituales, por lo que no podemos concluir que él estuviera proponiendo algún beneficio de la carne separado de la Palabra. Hubo otros términos que aludían a la Santa Cena, pero los cinco mencionados arriba representan las fases principales del sacramento como se presenta en la Biblia.[39]

El desarrollo de la doctrina en la iglesia. Pasada la era apostólica, comenzó muy temprano una tendencia a alejarse de la interpretación simbólica de los elementos y las acciones según se presentaron en el Nuevo Testamento, sustituyéndola por una interpretación realista de la Santa Cena. Esta tendencia se podía encontrar especialmente en los padres griegos: Justino Mártir, Ireneo y Gregorio de Nisa. Dada la inclinación de éstos al misticismo, su tendencia sería naturalmente hacia el razonamiento realista del sacramento, en donde el pan se volvía el cuerpo actual de Cristo, y el vino, su sangre. La historia de esta doctrina puede resumirse mejor si la consideramos en las siguientes etapas de desarrollo. (1) El periodo patrístico; (2) los periodos niceno y postniceno; (3) el periodo medieval; y (4) el periodo de la Reforma. Después consideraremos la naturaleza de la Santa Cena, y en esa discusión, trataremos más plenamente con las teorías de la Reforma y sus más recientes desarrollos.

1. El periodo patrístico. Este periodo marcó el principio del desarrollo doctrinal siguiendo dos líneas que con el tiempo se unirían: (1) la presencia sacramental en la Comunión, lo cual se desarrollaría más tarde en la doctrina de la transubstanciación, y (2) la ofrenda sacrificial en la eucaristía, lo cual más tarde vino a ser la misa. Los primeros padres pretendieron conocer muy poco acerca de las diferencias que más tarde se considerarían importantes, lo cual hizo que sus pronunciamientos fueran a menudo ambiguos. Tanto Ignacio como Ireneo manifestaron una tendencia a alejarse del simbolismo en expresiones como las siguientes: "Su cuerpo se considera que está en el pan", "Lo hizo su propio cuerpo cuando dijo, 'Esto es mi cuerpo', es decir, la figura de mi cuerpo". Clemente de Alejandría (220) decía que el vino era "un símbolo de la sangre". Cipriano hablaba a menudo del pan y el vino como el cuerpo y la sangre de Cristo, aunque en otras ocasiones aparentemente consideraba los elementos como símbolos o emblemas.[40]

2. Los periodos niceno y postniceno. Las líneas de desarrollo fueron más marcadas durante estos periodos, las cuales pueden indicarse como sigue: (1) Crisóstomo y otros empezaron a hablar de la eucaristía como una repetición de la gran oblación de Cristo. Al principio esto era solo una oblación de gratitud por los dones de Dios en la naturaleza y la gracia, pero la similitud pronto se llevaría más lejos. Pronto se habría de identificar con la consubstanciación o la coexistencia del cuerpo y la sangre actuales de Cristo en los elementos consagrados, lo cual parece haber prevalecido bien temprano tanto en el oriente como en el occidente. Se encontró en los escritos de Hilario (368), Cirilo (386), Gregorio de Nisa (395), Ambrosio (397), y Crisóstomo (407). Algunos de estos se inclinaron considerablemente hacia la doctrina de la transubstanciación o el cambio en la substancia de los elementos. Eusebio (331), Atanasio (373), Gregorio Nacianceno (391), y Nilo (457), hacían más o menos una distinción entre la señal y la cosa señalada. (2) El próximo paso en el desarrollo de la transubstanciación se encontraría en Gregorio el Grande (604), quien habló del "sacrificio diario". Por consiguiente, el sacrificio que Cipriano mencionaba como "la pasión del Señor que nosotros ofrecemos", vino a ser considerado "el sacrificio expiatorio" que había de repetirse en cada celebración. (3) En 818 d.C., Pascasio Radberto sostuvo la doctrina de que los elementos materiales eran, por poder divino por medio de la oración de

consagración, cambiados literalmente en el mismísimo cuerpo que nació de María, por lo cual, como consecuencia, después de la oración de consagración, la apariencia externa del pan y del vino era un simple velo que engañaba los sentidos. Rábano Mauro (825) y Ratramo (832) se opusieron a este criterio, pero Gerberto (1003) lo defendió, resultando el asunto en una de las grandes controversias de la iglesia occidental.

3. La Edad Media. Durante la Edad Media, los escolásticos le prestaron mucha atención al tema de los sacramentos. (1) En 1030 d.C., Berengario escribió un tratado afirmando que el cuerpo de Cristo estaba presente en la eucaristía, aunque no en esencia, sino en poder; que los elementos no eran cambiados en sustancia; y que para asegurarse de este poder, no solo había que tener la oración de consagración, sino también fe de parte del que los recíbía. A Berengario se le opusieron Humberto (1059) y Lanfranco (1089), siendo más tarde aquél obligado por Gregorio VII a retractarse de sus declaraciones. (2) La doctrina de Radberto y Humberto fue definida bajo el título de la transubstanciación por Hildeberto de Tours (1134), y fue impuesta como artículo de fe por el Cuarto Concilio Laterano en 1215 d.C. Al mismo tiempo, la misa fue decretada como la repetición sin sangre del solo sacrificio, y su eficacia como beneficiosa para vivos y muertos. (3) Tomás de Aquino (1274) popularizó la doctrina de la transubstanciación por medio de cuatro himnos. Junto a otros escolásticos, Aquino sostenía la distinción entre la substancia y el accidente, siendo la substancia aquello que subyacía todas las propiedades, y los accidentes aquellas propiedades que los sentidos podían discernir. (4) Pedro Lombardo (1164) enseñaba que la substancia del pan se convertía en el cuerpo de Cristo, y el vino en su sangre, pero que la totalidad de Cristo estaba presente en el altar bajo cada especie. Junto al crecimiento de este sentimiento, al cual Tomás de Aquino luego denominaría "concomitancia", también creció un sentimiento que favorecía la Comunión de un solo elemento. Roberto Pulleyn (1144) fue el primero en sugerir que no se les diera la copa a los laicos, lo cual basó en el sacrilegio que traería el posible derrame de "la sangre misma de Cristo". Esto fue sancionado por Alejandro de Hales (1245), Buenaventura (1274) y Aquino, y confirmado por el Concilio de Constanza en 1415 d.C. Tomás de Aquino también elaboró la doctrina de la concomitancia al enseñar que los elementos se convertían en el cuerpo y la sangre de Cristo, y que su alma se unía al cuerpo, y su divinidad al alma. Esto

allanó el camino para la práctica de la adoración eucarística. Tan temprano como en 1217, el papa Honorio III ya había instituido la "elevación de la hostia", o el elevar los elementos sacramentales, en acto de reverencia, pero, no sería hasta 1264 que la adoración de la hostia quedaría establecida como un sacrificio. La iglesia oriental difirió de la occidental en que mantuvo la Comunión con los dos elementos para el laico, en que utilizó el pan leudado en vez del pan sin levadura, y en que retuvo la comunión para los infantes.

4. *El periodo de la Reforma.* Los reformadores se rebelaron contra la doctrina de la transubstanciación y el sacrificio de la misa. Se pueden trazar claramente tres líneas de desarrollo: (1) la de Alemania, bajo Lutero; (2) la de Suiza, bajo Zuinglio; y (3) la que se dio bajo Calvino, el reformador ginebrino, también en Suiza. La primera cuestión tenía que ver con la doctrina de la consubstanciación, como la sostenía la Iglesia Luterana; la segunda, con la idea de la conmemoración, como la sostenían las iglesias reformadas con fuerte tendencia socinianista; y la tercera, con la doctrina más ortodoxa de las iglesias reformadas, como expresada en las señales y los sellos. Los formularios anglicanos son una combinación de las doctrinas luteranas y reformadas, tanto zuinglianas como calvinistas. Se renunció a la enseñanza católica romana.[41] El artículo XXVIII dice que "La transubstanciación (o el cambio de substancia del pan y el vino) en la Santa Cena del Señor, no puede probarse por la Santa Biblia, le es repugnante a las llanas palabras de la Biblia, trastorna la naturaleza de un sacramento, y ha dado ocasión a muchas supersticiones. El cuerpo de Cristo es dado, tomado y comido en la Cena, pero solo de manera celestial y espiritual. Y el medio por el cual el cuerpo de Cristo es recibido y comido en la Cena, es la fe. El sacramento de la Santa Cena no fue por ordenanza de Cristo reservado, llevado a cabo, elevado ni adorado". El artículo XVIII del credo metodista es idéntico a ese, pero con la excepción de que elimina la palabra "esta" del primer párrafo, como lo demostraría la comparación del texto completo de los credos. La Confesión de Westminster de las iglesias presbiterianas es también sustancialmente igual. Estos razonamientos serán considerados más plenamente en la sección que sigue.[42]

La naturaleza del sacramento. Los diversos criterios acerca de la naturaleza de la Santa Cena los determinan mayormente la explicación que se le dé a las palabras, "esto es mi cuerpo", y "esto es mi sangre" (Mateo 26:26-28). Estas diversas interpretaciones nos dan (1) la doctrina católica romana de la transubstanciación; (2) la doctrina luterana de la consubstanciación; (3) la doctrina zuingliana de la conmemoración; y (4) la doctrina calvinista de las señales y los sellos.

1. La doctrina de la transubstanciación es la sostenida por la Iglesia Católica Romana, y los pasos en su desarrollo histórico han sido ya indicados. Aquí las palabras "esto es mi cuerpo" y "esto es mi sangre", se toman en el sentido más literal posible. La creencia es que, cuando nuestro Señor pronunció estas palabras, cambió el pan y el vino sobre la mesa en su propio cuerpo y en su propia sangre, entregándolos en las manos de los apóstoles. Desde ese momento, según se sostiene, los sacerdotes, por medio de la sucesión apostólica, tienen el poder de hacer un cambio similar en virtud de la oración de consagración y del pronunciamiento de las mismas palabras. Los accidentes del pan y el vino permanecen, es decir, que el pan sabrá como pan, y el vino como vino, pero la substancia que subyace en estos accidentes se considera como cambiada, de modo que el pan no sea más pan, sino el cuerpo de Cristo, y el vino no sea más vino, sino la sangre de Cristo. Siendo que la sangre está incluida en el cuerpo, el laicado solo recibe el pan, y el sacerdote el vino.[43] Notemos las varias consecuencias importantes que resultan de esta doctrina. (1) El pan y el vino, habiéndose cambiado en el cuerpo y la sangre de Cristo, son presentados a Dios por el sacerdote como un sacrificio. Este sacrificio es distinto a los demás en que es sin derramamiento de sangre, sin embargo, es considerado como una verdadera ofrenda propiciatoria por los pecados tanto de los vivos como de los muertos. (2) Este cuerpo y esta sangre contienen dentro de ellos la gracia que señalan, por lo cual la confieren *ex opere operato,* es decir, como teniendo valor intrínseco en sí mismos, ya que la gracia es impartida a todos por la simple participación en el sacramento. No se hace necesaria ninguna disposición de parte del que lo recibe, ni siquiera la fe, ya que el sacramento opera inmediatamente sobre todos los que no lo obstruyan por pecado mortal. (3) Cualquiera porción del pan que no se haya usado debe ser guardada sagradamente como "hostia reservada", puesto que el pan ha sido cambiado en cuerpo de Cristo. (4) Siendo que la divinidad de Cristo está ligada a su cuerpo, se considera como altamente propio adorar el pan y el vino en el altar, y aún más, mostrarlos alrededor a fin de que reciban el homenaje de todos los que los contemplen. Los protestantes, no solo objetaron a esta doctrina no bíblica de la Santa Cena, sino que se rebelaron contra ella, resultando en que la doctrina de la Reforma haya sido más sencilla y bíblica.[44]

2. La doctrina de la consubstanciación fue adoptada por Lutero en lo que respecta a la presencia de Cristo en el sacramento.[45] Protestó contra la doctrina romana de la transubstanciación, pero sintió la necesidad de conservar, de una manera objetiva, el significado salvador de la ordenanza. Por lo tanto, aceptó las palabras de la institución en su significado literal, pero negó que los elementos fueran cambiados por la consagración. Mantuvo que el pan y el vino permanecían igual, pero que en, con y debajo el pan y el vino, el cuerpo y la sangre de Cristo estaban presentes en el sacramento para todos los que participaran, y no solo para los creyentes. De aquí que, con el pan y el vino, el cuerpo y la sangre de Cristo serían recibidos literalmente por todos los comulgantes. Siendo que la presencia de Cristo estaba solo en el uso de los elementos, los remanentes no eran otra cosa que pan y vino. Era también en el uso que la bendición era dada a los que participaban en fe. La doctrina de Lutero de la consubstanciación está estrechamente ligada con su enseñanza cristológica concerniente a la ubicuidad del Cristo glorificado. Es esto lo que hizo posible su creencia en la presencia real, relacionándola en cierto sentido con la doctrina del logos.[46]

3. La doctrina de la Santa Cena como rito conmemorativo fue propuesta por Zuinglio, el reformador suizo y contemporáneo de Lutero.[47] Objetó a la interpretación literal de las palabras de la institución como lo enseñaba Lutero, y mantuvo en su lugar que cuando Jesús dijo, "esto es mi cuerpo" y "esto es mi sangre", empleó un figura común de lenguaje, en la cual la señal se pone por la cosa señalada. En vez de que los elementos representen la presencia real, son más bien señales del cuerpo y de la sangre ausentes de Cristo. Por tanto, la Santa Cena ha de considerarse meramente como una conmemoración religiosa de la muerte de Cristo, pero con una adición: que es adaptada naturalmente para producir emociones y reflexiones auxiliadoras, y para fortalecer los propósitos de la voluntad. Este es el razonamiento generalmente propuesto por los socinianos, y aunque escapa de los errores de las dos teorías anteriores, no obstante se le queda corto a la plena verdad.

4. La última teoría que se mencionará es la de los reformadores, como la enseñó Calvino.[48] Esta es una posición mediadora entre Lutero y Zuinglio, y es ahora el credo generalmente aceptado por las iglesias reformadas. Calvino renunció tanto a la transubstanciación como a la consubstanciación. Enseñó que el cuerpo y la sangre de Cristo no estaban localmente, sino solo espiritualmente presentes en los elementos. "No es la bendición pronunciada la que hace un cambio en la copa,

sino que para todos los que se unen con conveniente afecto en la acción de gracias entonces pronunciada, en el nombre de la congregación, Cristo está espiritualmente presente, de modo que ellos, verdadera y enfáticamente, pueden decir que son participantes de su cuerpo y de su sangre, porque su cuerpo y su sangre, por estar espiritualmente presentes, comunican la misma nutrición a las almas, y la misma vivificación a su vida espiritual, que el pan y el vino le proveen a la vida natural. De acuerdo con este sistema, el pleno beneficio de la Santa Cena es peculiar a aquellos que dignamente participan de ella. Mientras que todos los que comen el pan y toman el vino puede decirse que presentan la muerte del Señor, y pueden también recibir algunas impresiones devotas, solo aquellos en quien Jesús está espiritualmente presente comparten en el alimento espiritual que surge del participar de su cuerpo y de su sangre" (George Hill's *Lectures in Divinity* ["Ponencias sobre la divinidad", por George Hill], citado por Samuel Wakefield, *Christian Theology* [Teología cristiana], 594). La doctrina reformada es expresada como sigue en al artículo XXIII de la Primera Confesión Helvética (1536): "El pan y el vino (de la Cena) son santos, verdaderos símbolos, por medio de los cuales el Señor ofrece y presenta la verdadera comunión del cuerpo y de la sangre de Cristo para el alimento y la nutrición de la vida espiritual y eternas".

La doctrina que sostenemos, Thomas Ralston la resume bien en la siguiente declaración: "Concluimos que, en esta ordenanza: (1) No hay cambio efectuado en los elementos; el pan y el vino no son literalmente el cuerpo y la sangre de Cristo. (2) El cuerpo y la sangre de Cristo no están literalmente presentes en los elementos, ni son recibidos por los comulgantes. (3) Los elementos, en efecto, son señales o símbolos del cuerpo y la sangre de Cristo, los cuales sirven como conmemoración de sus sufrimientos en la cruz, y como un auxilio para la fe del comulgante. (4) Los elementos también poseen un carácter sacramental, por ser el sello divinamente designado del pacto de redención. Así como la sangre del cordero pascual servía como el sello de este pacto bajo la antigua dispensación, apuntando la fe de los israelitas a la venida del Redentor, así también correspondía que, siendo que la antigua dispensación iba ahora a ser suplantada por la nueva, el sello del pacto fuera procedentemente cambiado; por lo tanto, en la conclusión de la última Pascua autorizada, la Santa Cena quedó instituida como una conmemoración perpetua y un sello permanente de la pactada misericordia y gracia de Dios, hasta que el Salvador aparezca 'por segunda vez... para salvar' [Hebreos 9:28] " (Thomas N. Ralston, *Elements of Divinity* [Los elementos de la divinidad], 997). Como se verá fácilmente, lo anterior está en perfecto acuerdo con el artículo de fe sobre la Santa Cena en nuestro propio credo, así como con los del protestantismo en general.[49]

La administración de la Santa Cena. Hay unas pocas cosas que necesitan notar en lo que toca a la debida administración de la Santa Cena.

1. Los elementos son el pan y el vino. Aunque muchas de las denominaciones más antiguas utilizan el vino fermentado, y algunas utilizan el pan leudado, nuestras reglas especiales establecen que "solo jugo de uva sin fermentar deberá usarse en el sacramento de la Santa Cena".

2. Las acciones sacramentales son también simbólicas. Estas son: (1) La oración de consagración, que incluye (a) dar gracias a Dios por el don de su Hijo; (b) la preparación de los corazones de los comulgantes para el solemne servicio del cual participarán; y (c) la consagración de los elementos. (2) El rompimiento del pan es también importante por representar el cuerpo roto de nuestro Señor Jesucristo. No es esencial, sin embargo, que sea roto cuando se sirva. Es práctica común que se pase ya a los que participan en el servicio. También se ha de pasar la copa, como emblema de su sangre derramada. (3) La manera de distribuir los elementos es también importante: Cristo los da, mientras los discípulos, cada uno por sí mismo, recibe y participa de los dones ofrecidos.

3. La Santa Cena es para todo el pueblo del Señor. Por lo tanto, la invitación será la siguiente: "Todos vosotros que con verdadero arrepentimiento habéis abandonado vuestros pecados y habéis creído en Cristo para salvación, acercaos y tomad de estos emblemas y, por la fe, participad de la vida de Jesucristo para la consolación y gozo de vuestras almas. Acordémonos que es la conmemoración de la pasión y muerte de nuestro Señor y que también es señal de su segunda venida. No nos olvidemos de que somos uno, en una misma mesa con el Señor".

4. La perpetuidad de la Santa Cena. Siendo que este sacramento fue ordenado para la observancia perpetua a fin de conmemorar al Salvador, y especialmente su muerte y segunda venida, es el privilegio y el deber de todos los que creen en Cristo participar de él. Dice Samuel Wakefield: "El descuido habitual de esta ordenanza por personas que profesen una fe verdadera en Cristo, es altamente censurable. En este caso, un mandamiento claro de Cristo es violado, aunque no quizá con intención directa, y el beneficio de este singularmente afectado medio

de gracia se perderá, pues que en él nuestro Salvador nos renueva la promesa de su amor, nos repite las promesas de su pacto, y nos llama para el ejercicio vigorizante de nuestra fe, solo para alimentarnos más ricamente con el pan que desciende del cielo. Si una peculiar condenación cae sobre aquellos que participan 'indignamente', entonces una peculiar bendición deberá seguir a la participación digna, por lo cual se convierte en deber de todo ministro explicar la obligación de este sacramento, y mostrar sus ventajas, y fervientemente cumplir su observancia regular con todos los que den evidencia satisfactoria 'del arrepentimiento para con Dios, y de la fe en nuestro Señor Jesucristo' [Hechos 20:21]" (Samuel Wakefield, *Christian Theology* [Teología cristiana], 596).

NOTAS BIBLIOGRÁFICAS

1. El tema de la adoración, en cuanto a su orden y forma, pertenece propiamente a la teología práctica antes que a la sistemática. Sin embargo, está vitalmente relacionada con la teología bíblica, la cual le provee aquel concepto de Dios en el que debe descansar la verdadera adoración. La adoración cristiana, podemos decir, es un acto consciente basado en la convicción de Dios como se revela por medio de Jesucristo. Por esta razón, el tema demanda alguna discusión, si es que el sistema de dogmática va a ser equilibrado.

    El ministerio de la Palabra y el ministerio de los sacramentos, "estos dos", dice Thomas a Kempis, "pueden denominarse las dos mesas puestas a cada lado del tesoro espiritual de la santa iglesia. Una es la mesa del santo altar, conteniendo este pan santo, que es el precioso cuerpo de Cristo. La otra es la mesa de las leyes de Dios, conteniendo la santa doctrina, que instruye al hombre en la recta fe, y que lo guía a los secretos interiores llamados *sancta sanctorum,* donde se esconden y se contienen los secretos internos de la Biblia (Libro IV, capítulo 11).

    Robert Will señala que existen dos corrientes de vida en el fenómeno de la adoración, una que procede de la realidad trascendente, y la otra que fluye de la vida religiosa del sujeto. La corriente descendiente incluye toda forma de revelación; la ascendente, toda forma de oración. Tampoco la acción mutua de las dos corrientes excluye la primacía de la acción divina, puesto que ella se manifiesta, no solo en la corriente descendiente de la Palabra y de los sacramentos, sino en la acción inmanente dentro de la vida de las almas.

2. El relato más antiguo sobre la adoración cristiana después del cierre del canon, proviene de las cartas de Plinio, procónsul de Bitinia, alrededor de 110 d.C. Éste señala que los cristianos acostumbraban a reunirse en un día fijo, antes del amanecer, para cantar himnos responsivos a Cristo como su Dios, y para prometerse, en un sacramento, a abstenerse de toda forma de mal, a no robar, a no violentarse, a no cometer adulterio, a no falsear su palabra, y a no traicionar la confianza. Más tarde en el día se reunían otra vez, y compartían una comida sencilla (Plinio a Trajano, carta 95).

    Justino Mártir, en su primera Apología, dice: "En el día llamado domingo, todos los cristianos del vecindario se reúnen en un lugar, y escuchan la lectura de los evangelios y de los profetas. El obispo presidente predica un sermón, y los exhorta a la vida santa. Todos, puestos, de pie, oran. Luego se trae el pan, con vino y agua, siendo el vino sacramental invariablemente diluido. Después de oraciones adicionales, a las cuales la gente responde con 'amenes' audibles, el cuerpo y la sangre de Cristo es distribuida. Hay porciones que se les envían a los enfermos, y se recoge una ofrenda para los pobres".

3. La adoración evangélica restablecida por los reformadores, no tuvo por intención ser una innovación, sino la restauración del balance antiguo entre la Palabra y los sacramentos, lo cual traía al alma de regreso a una relación directa e inmediata con Dios. Las iglesias libres tienen en común ciertas ideas de adoración: (1) mientras más elevado sea el tipo de adoración, menos importancia se le adscribirá a los asuntos externos; (2) un énfasis exagerado en los medios de adoración distraerá de la más elevada comunión con Dios; y, (3) la adoración más digna será la más rica en contenido ético. Pero, como hemos demostrado, todo esto cae pronto en lo formal y lo ordinario si carece de la influencia equilibradora de la adoración colectiva.

    Evelyn Underhill, en su libro titulado, *Worship*, señala que el elemento profético, aunque escondido en la vida colectiva, nunca muere, sino que reaparece en cada "avivamiento" como una protesta contra la supuesta formalidad y falta de realidad de la rutina litúrgica, reafirmando la libertad y la acción directa del Espíritu, el sacerdocio del individuo, el oficio profético del "predicador de la Palabra", y el llamado a la consagración personal. Siempre que la vida institucional se vuelva normativa, habrá también una reacción en dirección del entusiasmo del grupo primitivo y del ministerio profético descrito en el Nuevo Testamento.

4. Enoch Pond dice que "ni la institución original del sabbat, ni el mandamiento del decálogo, limita o fija su observancia al séptimo día de nuestra semana. Dios hizo el mundo en seis días, y santificó y bendijo el séptimo, pero no se sabe con certeza si ese día correspondía a nuestro séptimo día, o sábado, o si correspondía al séptimo día de los antiguos judíos. El mandamiento del decálogo también requiere que laboremos seis días, y que guardemos el séptimo, pero, siendo que no fija de manera precisa el día a partir del cual comenzar a contar, es imposible determinar, solo por este mandamiento, qué día en particular ha de observarse" (Enoch Pond, *Christian Theology*, 632). "La institución del sabbat consiste obviamente de dos partes; primero, la designación de un día en siete para guardarlo santo para el Señor; y, segundo, el señalamiento de un día en particular para ser observado. Es el primero de estos puntos el que se resuelve en la institución original, y en el cuarto mandamiento. El segundo se ha resuelto, de cuando en cuando, por otros avisos de la voluntad divina. El sabbat empezó el día séptimo a partir del principio de la creación, o en el primer día después de la creación del hombre. En el tiempo de Moisés, era observado en el séptimo día de la semana judía. Bajo la presente dispensación, el sabbat ha sido fijado... en el primer día de nuestra semana cristiana" (Enoch Pond, *Christian Theology*, 632-633).

5. El hombre es el último en la serie geológica de los peces, los reptiles y los mamíferos, y es la corona y la consumación de la obra creadora de Dios. Su existencia, pues, principió en el día sexto de la creación, o cerca del mismo, siendo el reposo del sabbat de Dios el primer día pleno del hombre. Si el hombre empezó el cálculo de la semana a partir de ese momento, entonces el primer día de la semana, y no el séptimo, constituyó el sabbat primitivo y patriarcal. "El reposo santo fue el séptimo día desde el primero en la cuenta de las obras de Dios para el ser humano, pero no fue sino el primer día de su historia creada. Apareció ante su hacedor en ese día, en posesión de todo bien, y con el prospecto probatorio de una confirmación perenne de dicho día. El mismo fue, pues, bendecido y santificado para el ser humano, y contenía herencia eterna en el bien presente y prometido. No hubo ritos de sangre ni sombras tipológicas que lo condujeran al disfrute de ese glorioso día; el mismo surgió como el reposo de Dios para el hombre. Todo era muy bueno, y muy satisfactorio, tanto para Dios como para el hombre. No obstante, éste cayó, por transgresión, de tan elevada prueba, quedando bajo la maldición de toda la ley. Todo bien se

perdió, y se incurrió en todo mal advertido, y ahora deberemos mantener nuestros ojos fijos en ese día del Señor, hasta que la bendición perdida sea recobrada por su mediación" (Akers, *Biblical Chronology.* Cf. Potts, *Faith Made Easy*).

6. En cuanto a las instrucciones dadas por Jesús a los apóstoles durante los cuarenta días, Justino Mártir, al dar las razones para guardar el primer día, dice: "Porque es el primer día en el que Dios, habiendo operado un cambio en la oscuridad y en la materia, hizo al mundo; y Jesucristo nuestro Salvador, en el mismo día, se levantó de los muertos. Fue crucificado el día antes de Saturno (sábado); y en el día después de Saturno, que es el día del sol, habiendo aparecido a sus apóstoles y discípulos, les enseñó estas cosas, las cuales les hemos sometido a ustedes para su consideración". Esto demuestra claramente que era una creencia corriente entre los primeros padres, los que se habían asociado con los apóstoles, que se les había dado autoridad para celebrar el sabbat el primer día de la semana, como memorial no solo de la primera creación, sino también de la nueva creación, por la resurrección de Jesucristo de entre los muertos.

Ignacio, un discípulo del apóstol Juan, y quien escribió alrededor de 100 d.C., apenas diez años o menos después de la muerte del Apóstol, dice: "Porque aquellos que estaban ocupados en las cosas viejas han venido a la novedad de la esperanza, habiendo dejado los sabbats (judíos), pero viviendo de acuerdo con el día del Señor, en quien nuestras vidas han resucitado de nuevo por medio de Él y de su muerte".

7. Aquí podemos ofrecer solo unas pocas de las referencias a los padres. Ireneo dice, "En el día del Señor, todos nosotros los cristianos guardamos el sabbat, meditando en la ley, y regocijándonos en las obras de Dios". Justino Mártir declara que, "en el día llamado domingo, hay, en un lugar, una reunión de todos los que residen en las ciudades o en el campo, y se leen las memorias de los apóstoles y los escritos de los profetas". El Didaqué contiene la siguiente directriz para los santos: "Pero en el día del Señor, reuníos y partid el pan, y dad gracias, después de confesar vuestras transgresiones, a fin de que vuestro sacrificio sea puro". Clemente de Alejandría dice que "un cristiano verdadero, de acuerdo con los mandamientos del evangelio, observa el día del Señor echando fuera todo mal pensamiento, atesorando toda bondad, y honrando la resurrección del Señor, la cual ocurrió en ese día". Tertuliano dice: "Los domingos los dedicamos al gozo", "a observar el día de la resurrección del Señor". Orígenes escribió que el día del Señor se colocaba por encima del sabbat judío. Eusebio tiene el siguiente pasaje decisivo: "El Verbo (Cristo), por el nuevo pacto, tradujo y transfirió la fiesta del sabbat a la luz matinal, y nos dio el símbolo del verdadero reposo, el día salvador del Señor, el primer (día) de luz en el que el Salvador obtuvo la victoria sobre la muerte. En este día, el primero de la luz, y del verdadero Hijo, nos congregamos, después de un intervalo de seis días, y celebramos el santo y espiritual sabbat; aun todas aquellas naciones redimidas por Él a través del mundo, se reúnen y hacen estas cosas de acuerdo con la ley espiritual que fue decretada por los sacerdotes para que se hicieran en el sabbat (es decir, en el sabbat judío), y que nosotros las hemos transferido al día del Señor, por pertenecerle más apropiadamente, porque tiene precedencia, y es el primero en rango, y más honorable que el sabbat judío".

8. La conciencia de una iglesia que no busca, por el medio de la predicación, someterse a la prueba de la Palabra de Dios, y por su plenitud, ser edificada, pronto se encontrará reducida a un espiritualismo indistinto e impotente, que no conocerá la diferencia entre los pareceres del hombre y la doctrina salvadora de Cristo. Y el predicador que se convierte en solo "labios de la congregación", y que no se prepara, aun si fuera necesario por su cuenta, fortaleciéndose con la Santa Biblia y el testimonio ecuménico, para hablar en contra de la conciencia errada de la congregación, infectada como está del espíritu del momento, pronto se convertirá en siervo de la iglesia en el sentido de que no podrá ser más el siervo del Señor. Al predicador, pues, correctamente se le llama "el ministro de la Palabra", y está

también en armonía con la Palabra de Dios que la iglesia examine y pruebe lo que escucha según el patrón de la iglesia apostólica: "Asimismo", dice el apóstol Pablo, "los profetas hablen dos o tres, y los demás juzguen" (1 Corintios 14:29) (H. L. Martensen, *Christian Dogmatics,* 414).

9. Nunca ha faltado la tendencia a hacer de la Biblia algo suficiente en sí mismo, sin influencia sobrenatural que la acompañe para efectuar la salvación de los hombres. Los antiguos pelagianos y semipelagianos consideraban la Palabra de Dios como la disciplina intelectual y moral que mejor se acomodaba a la naturaleza espiritual de la persona, y cuyo empleo honesto guiaba a la perfección a los que la escudriñaran sinceramente. Siendo que la naturaleza humana había retenido de manera intacta sus elementos originales, sus poderes naturales estaban supuestos a ser suficientes, bajo la influencia de la verdad, para guiar a la salvación. El racionalismo moderno tiene la misma estimación general de la Palabra de Dios: no la considera, en ningún sentido específico, el medio de gracia, sino uno de muchos instrumentos de disciplina moral (William Burton Pope, *Christian Theology,* III:297).

10. La devoción es el primer paso en la elevación del alma a Dios, una relación de comunicación, de contemplación, y de unión con Dios, en pensamiento edificante. Pero la adoración es un acto, y el ejercicio de la contemplación deberá llevar a una rendición práctica de la voluntad en el ofrecimiento del corazón. Esto, como un acto definitivo de adoración, ocurre en la oración. La oración, por tanto, demanda una interioridad más profunda y más seria que la devoción, ya que muchos pueden estar en la disposición devocional sin realmente estarlo en la disposición de oración. Porque en la devoción, la relación del hombre con Dios es en su mayor parte solo una reflexión edificante, una relación en la que Dios está ciertamente presente, y en la que el alma ciertamente siente la cercanía de Dios, pero que, por otra parte, Dios está presente, por así decirlo, solo en tercera persona. En la oración, en cambio, Dios está inmediatamente presente en segunda persona, como un Tú personal, respondiéndole al humano yo. En la devoción, la relación del hombre con Dios es de carácter general; en la oración esa relación general se circunscribe a una estrictamente individual y directa entre el hombre y Dios. En la oración, yo tengo comunión con el Dios de toda la creación y de la iglesia universal, pero como el Dios mío, el Dios del ser humano individual. Esta relación inmediata entre Dios y el alma, en donde el alma exhala sus ansias por la luz del rostro de Dios, y lo llama, y en donde Dios mismo da su Espíritu Santo al que hace la súplica, esta unión, *"unio mystica",* es la esencia de toda verdadera oración. Pero la cosa distintiva acerca de la oración cristiana es que es oración en el nombre de Jesucristo" (Juan 16:23-24) (H. L. Martensen, *Christian Dogmatics,* 415).

"La oración", dice el doctor Ryland, "ha dividido los mares, ha detenido ríos que fluyen, ha hecho que la dura roca irrumpa en fuente, ha extinguido llamas de fuego, ha cerrado la boca de leones, ha desarmado víboras y ha neutralizado venenos, ha hecho que las estrellas disciplinen al malo, ha detenido el curso de la luna, ha detenido también al sol en su rápido galope, ha abierto con violencia puertas de acero, ha hecho volver almas de la eternidad, ha conquistado los más fuertes demonios, y ha ordenado a legiones de ángeles que desciendan del cielo. La oración ha embridado y encadenado las pasiones violentas del hombre, y ha confundido y destruido vastos ejércitos de ateos orgullosos, atrevidos y jactanciosos. La oración ha extraído a un hombre del fondo del mar, y ha llevado a otro en carroza de fuego al cielo. ¿Qué no ha hecho la oración?"

11. El compañerismo cristiano es el privilegio de la feligresía de la iglesia, lo cual es de amplio dividendo espiritual. Somos constituidos para sociedad, y, conforme a ello, somos dotados de afectos sociales. La vida sería extremadamente sombría sin su elemento social. Y no hay una esfera en la que haya una necesidad más profunda de ese elemento que en la religiosa. La vida cristiana sería solitaria y carente de vigor espiritual sin la confraternidad de los de

nuestro mismo pensamiento. Por el otro lado, la comunión de las almas vivas en Cristo es una fruición de la gracia. He aquí, es este un medio de mucho provecho espiritual (John Miley, *Systematic Theology*, II:389).

12. Enoch Pond ofrece las siguientes marcas de un sacramento: (1) Deberá ser instituido divinamente, una ordenanza de Cristo; (2) deberá ser caracterizado por significado y propiedad de aplicación, no siendo una ceremonia frívola, sino que tenga significado, un significado importante; (3) deberá sostener una conexión íntima y vital con la iglesia, ser incluido en el pacto de la iglesia, ser un rito de la iglesia; (4) deberá ser de obligación universal y perpetua. "Los sacramentos, ordenados por Cristo, no solo son un distintivo o señal de la profesión del cristiano, sino que también son ciertas señales de gracia, y de la buena voluntad de Dios hacia nosotros, por la cual Él obra invisiblemente en nosotros, no solo vivificándonos, sino fortaleciéndonos y confirmando nuestra fe en Él". Este es el primer párrafo del Artículo XVI del metodismo, como lo revisó Juan Wesley. Es lo mismo que el Artículo XXV del credo anglicano, pero con la omisión de las palabras "seguro y efectivo testigo". Estas palabras se añadieron originalmente al credo a fin de contrarrestar las enseñanzas de Zuinglio, y especialmente las de los socinianos, teniendo que emplearse la palabra "efectivo" en apoyo del *ex opere operato* de las iglesias sacramentales, a lo cual objetó Juan Wesley.

13. Debe haber un claro entendimiento de las fórmulas que distinguen las diferentes posiciones concernientes a los sacramentos. "Producir gracia *ex opere operato*", dice Bailly, "es conferirla por el poder del acto externo que Cristo instituyó, con tal que no haya impedimento. Pero producir gracia *ex opere operantis* es conferirla por razón de los méritos y disposiciones del que recibe o ministro".

Agustín sostenía que los sacramentos eran *verba visibilia* o "palabras visibles", mientras que Crisóstomo decía de ellos, "una cosa vemos, otra creemos". Estas expresiones han sido recibidas por la iglesia en general como indicando debidamente el significado de los emblemas.

Las iglesias sacramentarias hacen una distinción entre la materia y la forma en la administración de los sacramentos. La materia se refiere a los elementos y las acciones físicos, y la forma a la fórmula utilizada en la consagración de los elementos. El *res sacramenti* se refiere solo a la santa eucaristía, y significa la sustancia invisible presente en el sacramento, la cual lo constituye en vehículo real de gracia. El *virtus sacramenti* se aplica a la eficacia del sacramento, *ex opere operato,* cuando se lleva a cabo de forma válida.

14. La importancia que la Iglesia Católica Romana le adjudica al *ex opere operato* se demuestra en los Cánones VI, VII y VIII de los decretos tridentinos. "Quien afirme que los sacramentos de la nueva ley no contienen la gracia que significan, o que no confieren la gracia sobre los que no le ponen obstáculo, como si fueran solo señales externas de gracia o de justicia recibida por fe, y marcas de la profesión cristiana, por las cuales el fiel se distingue de incrédulo: sea anatema". "Quien diga que la gracia no siempre se da en estos sacramentos, y sobre todas las personas, en cuanto a Dios se refiere, y si son recibidos debidamente, sino que se confiere solo algunas veces y sobre algunas personas: sea anatema". "Quien diga que la gracia no es conferida por los sacramentos de la nueva ley, por su propio *ex opere operato,* sino que la fe en la divina promesa es todo lo que es necesario para obtener gracia: sea anatema".

15. Los sacramentos son el sello del pacto de gracia, tanto de parte de Dios como del hombre. Son sellos de parte de Dios, por medio de los cuales Él declara su intención benévola de conferirnos sus favores, y por los cuales se obliga a cumplir sus compromisos del pacto. Mientras contemplamos estos símbolos, sentimos que nuestras mentes son impresionadas con la condescendencia y el amor de Dios, que nuestra fe en sus promesas es confirmada, y que nuestros más devotos afectos hacia Él son alentados. De parte nuestra, son también

sellos por los cuales entramos en las más solemnes obligaciones con Él, de acuerdo con los términos del pacto que Él nos ha propuesto aceptar. En la medida en que, por la recepción de estas señales visibles, profesamos "asirnos de la esperanza puesta delante de nosotros", sellamos el solemne contrato, como con si fuera con nuestra propia firma, de que nos dedicaremos a Dios, y que le dedicaremos nuestro todo, para ser solo de Él, y por siempre de Él" (Samuel Wakefield, *Christian Theology*, 555).

William Burton Pope armoniza las señales y los sellos como sigue: "Como señales, representan, en acción y en símbolos, las grandes bendiciones del pacto; y como sellos, son promesas permanentes de una fidelidad divina que las otorgará bajo ciertas condiciones, siendo esas condiciones el instrumento del Espíritu para auxiliar y fortalecer la fe que las bendiciones requieren, y para asegurarle a esa fe el otorgamiento presente de su objeto (William Burton Pope, *Compendium of Christian Theology*, III).

16. Es sorprendente que las comuniones griegas y romanas, las cuales difieren tanto en tantas cosas, estén de acuerdo con la aceptación de siete sacramentos. Ambas fundamentan su aceptación en la autoridad de la iglesia para interpretar la voluntad de Cristo, y los reivindican como sacramentos que envuelven, y cercan alrededor, y santifican la totalidad de la vida en sus distintas etapas: el bautismo santifica el nacimiento; la confirmación, la vida adulta; la penitencia, la vida del diario pecar; la eucaristía, la vida en sí misma; las órdenes, la legítima autoridad; el matrimonio, la ley de la iglesia de continuación y crecimiento; y la extremaunción, la partida de esta vida. ... Los escolásticos los ejemplificaron y los defendieron de varias maneras. Se suponía que cada uno era simbolizado por una de las siete virtudes capitales, o las simbolizaban: fe, amor, esperanza, prudencia, templanza, fortaleza, diligencia. Estas eran explicadas como una analogía de la vida espiritual con la física, como el nacimiento, el crecimiento hasta la edad adulta, la nutrición, la sanación, la reproducción, la instrucción, la muerte. ... el bautismo, la confirmación, las órdenes, según se sostenía, poseían un carácter indeleble, permanentemente imborrable, y nunca repetible (William Burton Pope, *Compendium of Christian Theology*, III:305-306).

El credo del papa Pío IV consideró los siete sacramentos como obligatorios para cada miembro de la Iglesia Católica Romana. El mismo leía como sigue: "Profeso que hay, verdadera y propiamente, siete sacramentos de la nueva ley, instituidos por Jesucristo nuestro Señor, y necesarios para la salvación de la humanidad, aunque no todos para todos, como sigue: bautismo, confirmación, eucaristía, penitencia, extremaunción, órdenes, y matrimonio; y que los mismos confieren gracia; y que de estos, el bautismo, la confirmación y las órdenes no podrán repetirse sin sacrilegio".

17. R. W. Dale señala que hay "un bautismo, un cambio completo de condición espiritual que asimila el alma a la cualidad característica del bautizador divino. (1) El bautismo que Juan predicó era este mismo bautismo pero en ciernes, puesto que todavía no se había manifestado en su interior el Espíritu Santo y el Cordero de Dios. (2) El bautismo que Juan administró era este mismo bautismo en símbolo, haciendo manifiesto a Jesús, el Cordero de Dios, que quita el pecado del mundo. (3) El bautismo del cristianismo es el bautismo de Juan revelado, puesto que revela al Cordero de Dios inmolado y al Espíritu Santo enviado. (4) El símbolo del bautismo cristiano es la perpetuación del simbolismo del bautismo que Juan predicó, y del solo bautismo de inspiración".

18. Sin embargo, vemos demasiado de temprano, tanto en cuanto a la administración del santo bautismo, como en cuanto a su concepción, el comienzo de un triste menoscabo de la genuina simplicidad de la era apostólica. El bautismo, ya en los escasos primeros siglos, fue exaltado de una manera que fue suficientemente inteligible, pero que, inevitablemente, dio lugar a malos entendidos dogmáticos. Justino Mártir consideró el bautismo como iluminación sobrenatural, y por medio de una alusión muy apreciada, la iglesia cristiana fue comparada con los peces que nacen en el agua, y que ahora, siguiendo a su gran pez,

eran salvos en el agua y por el agua (Tertuliano, de Bapt. c.i.). Cipriano afirmó que el Espíritu Santo estaba unido de manera sobrenatural al bautismo en agua, así como en la creación se movió sobre las aguas dando vida. El bautismo llegó, pues a considerarse absolutamente necesario para la salvación, ya que no solo aseguraba la remisión de los pecados previos, los dones del Espíritu Santo, y la promesa de una bienaventurada inmortalidad, sino que traía directamente todas estas cosas. Siendo que los pecados cometidos después del bautismo se consideraban imperdonables, este santo acto era pospuesto por muchos tanto como fuera posible. A la vez, cuando era administrado, se ejemplificaba con un cierto número de ceremonias emblemáticas. Entre ellas, desde el cuarto siglo, estaba el abjurar al diablo, la unción con el aceite místico, la consagración que hacía la iglesia de las aguas bautismales, y, después del bautismo, una nueva unción, la imposición de manos, el ósculo de la paz, el vestirse con vestiduras blancas, el llevar cirios encendidos, la administración de leche y miel, el cambio de nombre, y así por el estilo. ¿Dónde terminaríamos si nombráramos todo lo que en días anteriores o posteriores se practicaba con respecto a padrinos, temporadas de bautismo, el bautismo de las campanas, los altares y así por el estilo? De mucha más importancia es que la idea entera del bautismo, como conectada con estas diferentes cosas, se apartó más y más de la de los apóstoles. Con Agustín en particular, y desde su tiempo, el bautismo infantil fue traído a una conexión directa con el dogma del pecado original, y considerado como el medio para su purificación en el infante bautizado, al punto de que los infantes no bautizados no era posible que fueran salvos. ... Y fue así como gradualmente se formó, después del posterior desarrollo escolástico de la doctrina, esa concepción que la iglesia romana ahora reconoce como suya. Para dicha iglesia, el bautismo es el sacramento de la regeneración, por medio del agua en la Palabra, por el cual la gracia de Dios es impartida de manera sobrenatural a la persona bautizada, para el perdón de toda culpa (heredada y actual), y para la santificación de la vida, por lo que su administración es absolutamente necesaria (J. J. Van Oosterzee, *Christian Dogmatics*, II:750-751).

19. El efecto del bautismo como tal, se afirmaba (como con Agustín) que consistía en la absolución de la culpa de todo pecado procedente, el original y el actual, y que en una impartición así de gracia, se modificaba, aunque no se erradicaba totalmente, la corrupción o concupiscencia de la naturaleza moral. ... En cuanto a la gracia que mejoraba la corrupción interior, y obraba una renovación en el corazón, distintos escritores la concebían como pudiéndose experimentar en virtud del arrepentimiento y la fe anterior al bautismo. Se mantenía, sin embargo, que en tal caso, todavía habría amplia ocasión para el bautismo, ya que permanecía una cierta obligación de castigo, y el bautismo podía removerla y a su vez conferir un aumento de gracia positiva (Henry C. Sheldon, *History of Christian Doctrine*, I:392).

Bellarmine resume las enseñanzas de la iglesia sobre el bautismo como sigue: (1) Los infantes no poseen fe presentemente; (2) ni manifestaciones espirituales; (3) son justificados absolutamente sin fe; (4) la habitud de la fe, el amor y la esperanza les es impartida; (5) creen prácticamente, en parte porque el bautismo en sí mismo es una confesión actual de fe, y en parte por la fe vicaria de otros. La habitud queda definida como la condición que incluye en sí misma, y a la misma vez, un poder de acción. Puede ser infundida, siendo así la condición de toda actividad correspondiente, o puede ser adquirida, siendo así el resultado de acciones ya llevadas a cabo (Cf. Schaff-Herzog, *Encyclopedia*, artículo sobre el bautismo).

20. A mediados del siglo octavo, un ignorante clérigo de Baviera, en vez de la fórmula regular del bautismo que debía emplear, acostumbraba pronunciar una jerigonza, con palabras del latín, sin sentido inteligible. El papa Zacarías, a quien se le refirió el caso, reconoció la validez de estos bautismos sobre la base de la intención del sacerdote, derivándose de esta

decisión dos alarmantes conclusiones de parte de algunos teólogos católicos romanos posteriores: primero, que siendo que la validez de un sacramento depende de la intención del que lo administra, no hay sacramento, no importa lo ritualmente incorrecto, al cual le falte la intención; y, segundo, que en tanto que los sectarios y los heréticos intenten bautizar en la verdadera iglesia, la iglesia romana, la cual es la única iglesia verdadera, tendrá justa jurisdicción sobre las personas así bautizadas (T. R. Crippen, *History of Christian Doctrine*, 190-191).

El bautismo, junto a los otros dos sacramentos incapaces de repetición, a saber, el de la confirmación y el de las sagradas órdenes, era considerado capaz de otorgar cierta marca indeleble, es decir, cierto carácter, al que lo recibe. "En estos (tres sacramentos)", decía Buenaventura, "se imprime un triple carácter, el cual no puede ser obliterado. De acuerdo al primero, surge la distinción entre los creyentes y los no creyentes; de acuerdo con el segundo, la distinción entre el fuerte y el débil y enfermizo; y de acuerdo con el tercero, la distinción entre el clero y el laicado" (Henry C. Sheldon, *History of Christian Doctrine*, I:393).

En el siglo tercero, el bautismo herético era materia de ferviente controversia. Cipriano negaba su validez, basado en los principios eclesiásticos, pero la autoridad de la Iglesia de Roma prevalecería: ésta basaría su determinación sobre la base del valor objetivo del rito, no importara quién lo llevara a cabo, si lo hacía en el nombre de la Santa Trinidad (William Burton Pope, *Compendium of Christian Theology*, III:319).

Bonifacio (755), "El apóstol de Alemania, introdujo la práctica de bautizar condicionalmente aquellos cuyo primer bautismo estaba en duda" (T. R. Crippen, *History of Christian Doctrine*, 191).

21. La Confesión de Augsburgo (1530), Artículo IX, lee como sigue: "El bautismo es necesario para la salvación, y, por su medio, la gracia de Dios es ofrecida; los niños han de ser bautizados, y a ellos, por el bautismo, al ser ofrecidos a Dios, se les recibe en el favor de Dios".

22. La posición reformada queda expresada en la Segunda Confesión Helvética (1566) como sigue: "El bautismo es instituido por Cristo. Hay solo un bautismo en la iglesia, el cual perdura toda la vida, y es un sello perpetuo de nuestra adopción. Ser bautizados en el nombre de Cristo es ser inscritos, iniciados y recibidos en el pacto, en la familia y en la herencia de los hijos de Dios, para que, limpios de todo pecado por la sangre de Cristo, vivamos una vida nueva e inocente. Somos eternamente regenerados por el Espíritu Santo, pero recibimos públicamente el sello de estas bendiciones por el bautismo, en el cual la gracia de Dios, interna e invisible, limpia el alma; y confesamos nuestra fe, y prometemos obediencia a Dios. Los hijos de los creyentes deben ser bautizados, porque de los niños es el reino de Dios: ¿por qué, pues, no se les debe dar la señal del pacto?

La Confesión de Bélgica (1561), fue revisada y aprobada por el Sínodo de Dort (1619). Su declaración es como sigue: "El bautismo es el sustituto de la circuncisión: por su medio somos recibidos en la Iglesia de Dios. Así como el agua quita la suciedad del cuerpo cuando se le derrama, como se nota en el cuerpo del bautizado cuando se le rocía, así también la sangre de Cristo, por el poder del Espíritu Santo, rocía internamente el alma, la limpia de sus pecados, y nos regenera de hijos de ira a hijos de Dios. Y no es que esto sea efectuado por el agua externa, sino por el rociamiento de la preciosa sangre del Hijo de Dios. El bautismo nos socorre durante todo el curso de nuestra vida. Los infantes de los creyentes deben ser bautizados, y sellados con la señal del pacto. Cristo derramó su sangre no menos para el lavamiento de los hijos de los fieles que para las personas adultas; por lo tanto, los niños deben recibir la señal y el sacramento de aquello que Cristo ha hecho por ellos. Más aún, lo que la circuncisión era para los judíos, ese bautismo es para nuestros niños. Y por esta razón Pablo le llama al bautismo la circuncisión de Cristo.

23. La Confesión de Fe de Westminster (1647), capítulo XXVIII, lee como sigue: "El bautismo es un sacramento del Nuevo Testamento, ordenado por Jesucristo, no solo para la solemne admisión de la parte bautizada en la iglesia visible, sino también para que le sea una señal y un sello del pacto de gracia, de su injerto en Cristo, o la regeneración, de la remisión de pecados, y de su entrega a Dios, por medio de Jesucristo, para andar en novedad de vida. Por el uso correcto de esta ordenanza, la gracia prometida no solo se ofrece, sino que verdaderamente se exhibe y se confiere por el Espíritu Santo, a los que (sean de edad o infantes) esa gracia les pertenece, conforme al consejo de la propia voluntad de Dios, en su tiempo asignado".

Charles Hodge resume la doctrina reformada en tres puntos: (1) Los sacramentos son medios reales de gracia, es decir, medios designados y empleados por Cristo para comunicar los beneficios de su redención a su pueblo. No son, como enseñan los romanistas, los canales exclusivos, pero son canales. Una promesa les es hecha a aquellos que reciben apropiadamente los sacramentos, y es que, por medio de ellos y en ellos, serán partícipes de las bendiciones de las cuales los sacramentos son las señales y los sellos asignados divinamente. La palabra "gracia", cuando hablamos de los medios de gracia, incluye tres cosas: 1. Un don inmerecido, como es la remisión del pecado. 2. La influencia sobrenatural del Espíritu Santo. 3. Los efectos subjetivos de esa influencia en el alma. La fe, la esperanza y la caridad, por ejemplo, son gracias. (2) El segundo punto en la doctrina reformada de los sacramentos es tocante a la fuente de su poder. Sobre este asunto se enseña, negativamente, que la virtud no está en ellos. La palabra virtud se usa aquí, por supuesto, en el sentido latino de poder o eficiencia. Lo que se niega es que los sacramentos sean la causa eficiente de los efectos benévolos que producen. La eficiencia no reside en los elementos, ni en el oficio de la persona que los administra… ni en el carácter del administrador ante los ojos de Dios, ni en su intención, es decir, su propósito de que sean efectivos. … La declaración afirmativa sobre este asunto consiste en que la eficacia de los sacramentos se debe solamente a la bendición de Cristo, y a la operación de su Espíritu. … Dios ha prometido que su Espíritu acompañará a su Palabra, haciéndola así un medio eficaz para la santificación de su pueblo. Así también ha prometido, por la operación acompañada de su Espíritu, hacer los sacramentos eficaces para ese mismo fin. (3) El tercer punto incluido en la doctrina reformada es que los sacramentos, en lo que toca a los adultos, son eficaces solo como medio de gracia para los que los reciben por fe. Puede que tengan un poder natural en otros que no sean creyentes, al presentarles la verdad y estimularles sus sentimientos, pero solo los creyentes experimentan su influencia salvadora y santificadora. (Charles Hodge, *Systematic Theology*, III:499-500.)

24. El catecismo de Heidelberg define los sacramentos como sigue: "Son señales y sellos santos y visibles, ordenados por Dios para este fin: que puedan declarar y sellar más plenamente la promesa de Su evangelio para nosotros, es decir, que no solo a todos los creyentes en general, sino a cada uno de ellos en particular, Él da libremente remisión de pecados y vida eterna, por razón de ese solo sacrificio de Cristo, que logró en la cruz".

La Iglesia de Inglaterra, en el Artículo XXI, expresa lo siguiente: "Los sacramentos ordenados por Cristo, no solo son distintivos o marcas de la profesión de los cristianos, sino que son más bien testigos certeros y señales efectivas de la gracia, y de la voluntad de Dios para con nosotros, por medio de los cuales obra invisiblemente en nosotros, no solo para vivificar nuestra fe en Él, sino para fortalecerla y confirmarla."

La Iglesia Protestante Episcopal, en el Artículo XXVII, dice lo siguiente: "El bautismo no es solo una señal de profesión, y una marca de diferencia por la cual los cristianos son discernidos como distintos a los demás que no lo son, sino que también es una señal de regeneración, o de un nuevo nacimiento, por el cual, como por un instrumento, los que reciben el bautismo correctamente son injertados en la iglesia; las promesas de perdón de pecado, y de nuestra adopción como hijos de Dios por el Espíritu Santo, son señaladas y selladas visiblemente por el bautismo; la fe es confirmada, y la gracia incrementada, por virtud de la oración a Dios. El bautismo de los pequeños ha de ser retenido en todo sentido en la iglesia por estar muy de acuerdo con la institución de Cristo".

La Iglesia Metodista Episcopal, en el Artículo XVII, incluye esta declaración concerniente al bautismo: "El bautismo no solo es una señal de profesión, y una marca de diferencia por la cual los cristianos se distinguen de otros que no han sido bautizados, sino que también es una señal de regeneración, o del nuevo nacimiento. El bautismo de los pequeños ha de retenerse en la iglesia".

25.   "¿Cuál es la doctrina luterana sobre este tema? Los luteranos concuerdan con las iglesias reformadas en el repudio de la doctrina romanista de la eficacia mágica de este sacramento como un *opus operatum*. Pero fueron más allá que los reformados al mantener la unión sacramental entre la señal y la gracia señalada. Lutero, en su Pequeño Catecismo, dice que el bautismo "obra el perdón de pecados, libra de la muerte y del diablo, y confiere salvación eterna a todos los que creen"; que "no es en realidad el agua la que produce estos efectos, sino la Palabra de Dios que la acompaña y se le conecta, y nuestra fe, la cual confía en la Palabra de Dios conectada con el agua. Porque el agua sin la Palabra es simplemente agua y no bautismo. Pero cuando se conecta con la Palabra de Dios, es bautismo, es decir, un agua bondadosa de vida, y un lavamiento de regeneración".

"¿Cuál fue la doctrina zuingliana sobre este tema?" Que el rito externo es una mera señal, y una representación objetiva, la cual no tiene eficacia alguna más allá que la que se le debe a la verdad representada.

"¿Cuál es la doctrina de las iglesias reformadas… sobre este tema?" Todas están de acuerdo en (1) que el razonamiento zuingliano es incompleto; (2) que aparte de ser una señal, el bautismo es también el sello de gracia, y, por lo tanto, un comunicador y una confirmación de gracia presente y sensible para el creyente, el cual tiene el testimonio en sí mismo; y para todos los elegidos es un sello de los beneficios del pacto de gracia, el cual tarde o temprano se comunicará en el buen tiempo de Dios; (3) que esta comunicación es efectuada, no por la simple operación de la acción sacramental, sino por el Espíritu Santo, el cual acompaña su propia ordenanza; (4) que en el adulto, la recepción de esta bendición depende de la fe; y, (5) que los beneficios comunicados por el bautismo no les son peculiares, sino que le pertenecen al creyente antes del bautismo o sin él, y le son a menudo renovados con posterioridad. (A. A. Hodge, *Outlines of Theology*, 500-501.)

Que fue la intención de nuestro Señor que el bautismo fuera la ordenanza de iniciación en su iglesia visible, lo evidencia el hecho de que lo conectó con los preceptos positivos de esa gran comisión que dio a sus apóstoles de predicar "el evangelio a toda criatura". El Apóstol alude al carácter iniciador del bautismo cuando les pregunta a los corintios: "¿O fuisteis bautizados en el nombre de Pablo?" (1 Corintios 1:13). Aquí evidentemente él asume el principio de que, si hubiera bautizado a alguna persona en su nombre, se hubiera representado a sí mismo como el cabecilla de una secta. Pero siendo que fueron bautizados en el nombre de Cristo, estaban de esa manera unidos a su iglesia por este rito de iniciación (Samuel Wakefield, *Christian Theology*, 560).

26.   **Richard Watson sobre el bautismo como señal y sello.** El bautismo es una señal del nuevo pacto, y substituye a la circuncisión. Como era con esta última, la administración del bautismo es una exhibición contante de la clemencia de Dios para el hombre; y un rito de iniciación en un pacto que promete el perdón y la salvación en respuesta a una verdadera fe, de la cual es su profesión externa; y un símbolo de la regeneración, el lavamiento del pecado y "la renovación del Espíritu Santo"; y una señal de una peculiar relación con Dios que, como consecuencia, permite que los cristianos se vuelvan "linaje escogido" y "pueblo adquirido" [1 Pedro 2:9], su iglesia en la tierra, en distinción del "mundo".

"Porque nosotros somos la circuncisión", dice el Apóstol, somos ahora ese pueblo e iglesia adquiridos, el cual anteriormente se distinguía por la señal de la circuncisión, pero que ahora somos "los que en espíritu servimos a Dios y nos gloriamos en Cristo Jesús, no teniendo confianza en la carne" [Filipenses 3:3].

Pero como señal, el bautismo es más que la circuncisión, porque el pacto, bajo su nueva dispensación, no es solo para ofrecer perdón al que cree, y libertad de la esclavitud a los apetitos de la carne, y una peculiar relación espiritual con Dios, todo lo cual encontramos bajo el Antiguo Testamento, sino también para dispensar al Espíritu Santo, en su plenitud, sobre los creyentes, y de esta efusión de "poder de lo alto" el bautismo fue hecho la señal visible, y quizá por esto, entre otras obvias razones, sustituyó la circuncisión, ya que el bautismo, por efusión o derramamiento, era el símbolo natural de este don celestial. El bautismo de Juan hizo referencia especial al Espíritu Santo, quien no habría de ser administrado por él, sino por Cristo, quien vendría después de él. Este don honró el bautismo de Juan solo una vez, en el caso extraordinario de nuestro Señor, pero se dio constantemente en el bautismo administrado por los apóstoles de Cristo, después de su ascensión, y del envío de la promesa del Padre. … Por esta razón al cristianismo se le llamó "la ministración del Espíritu", y esto estaba muy lejos de ser confinado a los dones milagrosos que a menudo se otorgaron en la primera época de la iglesia, ya que fue el "ser guiado por el Espíritu" lo que vino a ser la prueba permanente y prominente del verdadero cristianismo.

Como sello, o señal confirmatoria, el bautismo también ofrece una respuesta a la circuncisión. Al instituirse esta última, había una promesa constante dada por el Todopoderoso, de que otorgaría las bendiciones espirituales que el rito representaba como señal, y el perdón y la santificación por medio de la fe en la futura simiente de Abraham, y la relación peculiar con Él como "su pueblo", y la herencia celestial. El bautismo es también la promesa de esas mismas bendiciones, junto a la dispensación más elevada del Espíritu Santo, la cual representa especialmente en emblema. Así que hay en el bautismo, de parte de Dios, una seguridad visible de su fidelidad a las estipulaciones de su pacto. Pero también es nuestro sello, por ser aquello por medio de lo cual nos hacemos partes del pacto, y así "se imprime en nuestro sello que Dios es verdadero". En este respecto nos obliga, así como, en otro respecto, Dios misericordiosamente se obliga a sí mismo, para una seguridad mayor de nuestra fe. Nosotros nos prometemos confiar enteramente en Cristo para el perdón y la salvación, y obedecer sus leyes, "enseñándoles que guarden todas las cosas que os he mandado" [Mateo 28:20]. En ese rito nosotros también pasamos por una muerte mística al pecado, una separación mística del mundo, la cual el apóstol Pablo llama estar sepultados juntamente con Cristo "para muerte por el bautismo" [Romanos 6:4], y una resurrección mística a la novedad de vida, por medio de la resurrección de Cristo de entre los muertos. … Si unimos todas estas consideraciones, encontraremos suficientemente establecido que el bautismo es la señal y el sello del pacto de gracia bajo su dispensación perfeccionada (Richard Watson, *Theological Institutes*, IX:626-628).

27. El vocablo primario *bapto* ocurre cuatro veces en el Nuevo Testamento (Lucas 16:24; Juan 13:26; Apocalipsis 19:13), aunque nunca ligado al asunto del bautismo cristiano. Su significado clásico era, (1) remojar, y (2) teñir (A. A. Hodge, *Outlines of Theology*, 483).

Los documentos primitivos conocidos como, "Las enseñanzas de los doce apóstoles", los cuales datan de la primera parte del segundo siglo, hacen claro que tanto la inmersión como la afusión eran consideradas bautismos válidos en esa fecha temprana. "Y en lo tocante al bautismo se bautizará así: habiendo primero declarado todas estas cosas, bautizaréis en el nombre del Padre, y del Hijo, y del Espíritu Santo, en agua que corra. Pero si no tenéis agua que corra, bautizaréis en otras aguas; y si no podéis en la fría, entonces en la caliente. Pero si no tenéis ninguna de las dos, derramaréis agua tres veces en el nombre del

Padre, y del Hijo, y del Espíritu Santo" (Sección VII). A medida que el evangelio se desplazó hacia climas más fríos, el bautismo por aspersión o afusión se recomendó naturalmente como más práctico. En el caso del enfermo, el bautismo por inmersión, en la mayoría de los casos, hubiera sido imposible.

John Owen dice que *baptizo* significa lavamiento, "como puede verse ejemplificado en todos los autores", y también que, "No hay lugar alguno en la Biblia en que pueda señalarse que *baptizo* signifique remojar o sumergir". "En este sentido", continúa Owen, "cuando se habla del bautismo, se denota solo el lavamiento, y de ninguna manera la inmersión, pues así queda explicado (Tito 3:5ss)" (John Owen, *Works*, Vol. XXI:557).

28. Samuel Wakefield, al igual que Richard Watson, señala otros pasajes bíblicos que a veces se utilizan como un esfuerzo para apoyar la creencia en la inmersión como el único modo válido de bautismo. (1) "Estas cosas sucedieron en Betábara, al otro lado del Jordán, donde Juan estaba bautizando" (Juan 1:28). Aquí solo se necesita apuntar que las personas a las que Juan bautizaba en Betábara no pudieron haber sido bautizadas en el Jordán, puesto que Betábara está más allá del Jordán. Esto recibe apoyo adicional del texto que señala que Jesús "se fue de nuevo al otro lado del Jordán, al lugar donde primero había estado bautizando Juan; y se quedó allí" (Juan 10:40). Es imposible escapar a la conclusión de que Juan primero bautizaba en Betábara, más allá del Jordán, y no en sus aguas. (2) Otro pasaje que se cita es este: "Juan bautizaba también en Enón, junto a Salim, porque había allí muchas aguas; y venían, y eran bautizados" (Juan 3:23). Aquí se asume que las "muchas aguas" de las que se habla eran requeridas solo para el bautismo. ... Pero el significado de los términos empleados en el original se conforma con los hechos históricos que demuestran que no había un lago, ni ningún otro cuerpo de agua, cerca de Enón. "Enón se deriva del hebreo *ayin*, el ojo, y significa, según Parkhurst y otros, un pozo, una fuente, o un manantial de agua. En la frase griega *hudata polla*, la cual se traduce como 'muchas aguas', se comunica la idea de diversas fuentes o manantiales, más bien que una gran cantidad de agua. Así, por ejemplo, Mateo 13:3: "Y les habló muchas [*polla*, no un gran volumen sino diversas] cosas por parábolas"; Marcos 1:34: "Y... echó fuera muchos [*polla*] demonios"; Juan 8:26: "Muchas [*polla*] cosas tengo que decir"; Hechos 2:43: "Y... muchas [*polla*] maravillas y señales eran hechas"; Apocalipsis 1:15: "...y su voz como estruendo de muchas aguas [*hudaton pollon*]'". Por lo tanto, estamos dentro de lo posible si concluimos que Enón no contenía un gran volumen de agua, y que lo que había era insuficiente para las numerosas inmersiones que se supone que se hubieran hecho allí (Samuel Wakefield, *Christian Theology*, 579-580).

29. Los intérpretes bautistas insisten en que la Biblia enseña que la señal externa de este sacramento, por ser una inmersión del cuerpo entero en el agua, es un emblema tanto de la purificación como de nuestra muerte, sepultura y resurrección con Cristo. ... Nosotros objetamos a esta interpretación, porque (1) en ninguno de estos pasajes (Romanos 6:3-4; Colosenses 2:12) el apóstol Pablo indica que nuestro bautismo en agua es un emblema de nuestro entierro con Cristo. Es obvio que él está hablando del bautismo espiritual, del cual el bautismo en agua es un emblema, y que es por este bautismo espiritual que se nos causa morir al pecado, y vivir para la santidad, en las cuales muerte y vida nuevas somos conformados con la muerte y la resurrección de Cristo. ... (2) Porque ser "bautizados en su muerte" es una frase perfectamente análoga al bautismo "para arrepentimiento" (Mateo 3:11), "para perdón de pecados" (Marcos 1:4), y "en un cuerpo" (1 Corintios 12:13), es decir, a fin de que, o para los efectos de que participemos en los beneficios de esta muerte. (3) La interpretación bautista envuelve una extrema confusión en lo que se refiere al emblema. ¿Quieren decir que la señal externa de la inmersión es un emblema de la muerte, la sepultura y la resurrección de Cristo, o de la muerte espiritual, la sepultura y la resurrección del creyente? El punto de comparación en estos pasajes es llanamente "no

entre nuestro bautismo y la sepultura y resurrección de Cristo, sino entre nuestra muerte al pecado y ser levantados para santidad, y la muerte y la resurrección del Redentor". (4) Los bautistas concuerdan con nosotros en que el bautismo en agua es un emblema de la purificación espiritual, es decir, de la regeneración, pero insisten en que también es un emblema (en el modo de la inmersión) de la muerte del creyente al pecado, y de su vida nueva de santidad. Pero, ¿cuál es la distinción entre la regeneración y la muerte al pecado, y la vida de santidad? (5) Los bautistas concuerdan con nosotros en que el bautismo en agua es un emblema de purificación. Pero, ciertamente, es imposible que la misma acción deba, a su vez, ser un emblema de un lavamiento, y de un entierro y una resurrección. Una idea puede ser asociada con la otra como consecuencia de sus relaciones espirituales, pero es imposible que la misma señal visible sea emblemática de ambas cosas. (6) Nuestra unión con Cristo por medio del Espíritu, y las consecuencias espirituales que siguen, son ilustradas en la Biblia con muchas y variadas figuras, como por ejemplo, la sustitución del corazón de carne por el corazón de piedra (Ezequiel 36:26), la edificación de una casa (Efesios 2:22), el injerto de un pámpano en la vid (Juan 15:5), el despojarse de un vestido sucio y vestirse de uno limpio (Efesios 4:22-24), una muerte, sepultura y resurrección espirituales, para ser plantados en la semejanza de la muerte de Cristo (Romanos 6:3-5), y la aplicación de un elemento limpiador en el cuerpo (Ezequiel 36:25). Así que, el bautismo en agua representa todas estas cosas, ya que es un emblema de la regeneración espiritual, de la cual todas ellas son ilustraciones analógicas. … Con todo, sería absurdo considerar al bautismo en agua como un emblema literal de todas estas cosas, y nuestros hermanos bautistas no tienen garantía bíblica para asumir que la señal externa de este sacramento sea más el emblema de una analogía que de cualquiera otra (A. A. Hodge, *Outlines of Theology*, 482-483).

30. Richard Watson, en sus "Institutos", presenta el siguiente argumento en contra de la inmersión como único modo de bautismo. "Aunque la manera en la cual se aplica el elemento del agua en el bautismo no es sino la circunstancia de este sacramento, que haya producido tanta controversia no será asunto de sorpresa para aquellos que reflexionan en la propensión de los hombres a adjudicarle importancia indebida a las relativas insignificancias. La cuestión sobre los sujetos dignos del bautismo es una que ha de ser respetada por su importancia, pero aquella en cuanto al modo ha ocupado más tiempo, y exaltado más sentimientos, que la que en ningún sentido merece. Sin embargo, es una cuestión que no puede pasarse por alto, ya que los defensores de la inmersión a menudo resultan problemáticos para los demás cristianos, y perturban a los de mente débil, y a veces, quizá, por su celo por la forma, ponen en peligro su propia espiritualidad. Observemos, pues, que hay varias y fuertes presunciones en cuanto a que el único modo legítimo de bautizar sea por inmersión, por lo cual hay que objetarlas como sigue: (1) No es probable, que si la inmersión era el único modo permitido de bautismo, no debiera haberse expresamente ordenado. (2) No es probable, que en una religión diseñada para ser universal, un modo de administrar esta ordenanza debiera ser obligatorio, cuya práctica fuera tan poco adaptable a tantos climas, en algunos siendo excesivamente severo sumergir a los candidatos, hombres y mujeres, fuertes y débiles, en el agua, o, en otros, como en las altas latitudes, imposible en la mayor parte del año. Aun si la inmersión hubiera sido, de hecho, el modo original de bautizar en el nombre de Cristo, estas razones harían improbable que no hubiera habido lugar para algún acomodamiento en la forma, sin viciar la ordenanza. (3) Es todavía menos probable, que en una religión de misericordia, no hubiera consideración alguna relacionada a la salud y a la vida en la administración de una ordenanza de salvación, siendo que sería indudable que en países en los que el baño frío es poco practicado, ambas cosas se arriesgarían con frecuencia, especialmente en el caso de las mujeres y las personas delicadas de ambos sexos, en donde a veces de hecho se dan efectos fatales. (4)

También es excesivamente improbable, que en tales circunstancias de clima, no se produjera el titiritar, la tupidez nasal, y la incomodidad del cuerpo, distrayendo los pensamientos e incapacitando la mente para el desempeño sosegado de una devoción religiosa y solemne. (5) Es altamente improbable que los tres mil convertidos de Pentecostés, quienes, hay que observar, fueron bautizados en el mismo día, se bautizaran todos por inmersión, o que el carcelero y 'todos los suyos' fueran bautizados de la misma manera en la noche. Finalmente, es improbable en el mayor grado, que una religión como la cristiana, tan escrupulosamente delicada, haya ordenado la inmersión de mujeres por hombres, y en la presencia de hombres. Con el tiempo, cuando la inmersión se volvió de moda, los bautisterios, y los vestidores para mujeres, y el cambio de vestidos, y otros auxilios de esta práctica vendrían a utilizarse, por haberse encontrado necesarios para la decencia, pero esas conveniencias no pudieron haber existido de primera intención, y es por eso que no leemos de ninguna" (Richard Watson, *Theological Institutes,* II:647ss).

Aquellos que suponen que el Apóstol habla del bautismo en agua como una sepultura, y, por consiguiente, por inmersión, deberán admitir las siguientes consecuencias: (1) Que es imposible que las personas sean remojadas o sumergidas "en Jesucristo", o "en su muerte". (2) Que el apóstol Pablo, y aquellos a los que les escribe, estaban en ese momento viviendo en una tumba inundada de agua, porque él no dice que fuimos sepultados, sino que fuimos "sepultados con él en el bautismo" [Colosenses 2:12]. ¿Es acaso posible que una persona sea sepultada y exhumada a la misma vez? (3) Que si la sepultura de la que habla el Apóstol es un bautismo, entonces se efectuaría un bautismo para efectuar otro bautismo, porque fuimos "sepultados con él en el bautismo", o, en otras palabras, y en lenguaje bautista, somos sumergidos por sumergírsenos. Por lo tanto, se hace que una inmersión desempeñe la otra. (4) Que el término muerte es solo otro nombre para el agua, porque el texto dice, "Porque somos sepultados juntamente con él para muerte por el bautismo" [Romanos 6:4] ¿Acaso no hay diferencia entre un bautismo y una muerte? (5) Que nuestro Señor mismo está sumergido con cada uno de sus discípulos, y que estos se levantan con Él de la tumba inundada de agua, porque "somos sepultados con él en el bautismo", y "resucitados con él" [Colosenses 2:12]. Y, (6) que aquellos que han sido sumergidos, salen del agua por un ejercicio de fe, y no por el brazo del administrador, porque el Apóstol dice que, en el bautismo, "fuisteis también resucitados con él, mediante la fe en el poder de Dios" [Colosenses 2:12]. Si estas consecuencias son absurdas y ridículas, así también lo es la teoría de la cual son el resultado legítimo (Samuel Wakefield, *Christian Theology,* 581).

Hay dos frases bíblicas consideradas por los inmersionistas como suficientemente concluyentes en cuanto a su teoría: "Porque somos sepultados juntamente con él para muerte por el bautismo" [Romanos 6:4], y "...sepultados con él en el bautismo" [Colosenses 2:12]. Estas frases deberán interpretarse a la luz de los pasajes a las que pertenecen, ya que solo de esta manera se podrá obtener su verdadero significado. En cada pasaje, la idea dominante es el cambio moral obrado al obtenerse la salvación. Este cambio es expresado como una muerte, una crucifixión, una sepultura, y una resurrección. En estas formas de expresión, y para propósitos de ilustración, se hace una comparación con la crucifixión, la muerte, la sepultura y la resurrección de Cristo. ¿Cuál, entonces, es la parte del bautismo en la expresión de este cambio moral? Sencillamente la de servir como señal, y nada más. No hay, pues, referencia alguna al modo del bautismo. Ni tampoco hay en ninguna de las frases la más mínima prueba de la inmersión (John Miley, *Systematic Theology,* II:404).

31. William Wall resume la historia como sigue: "Primero, durante los primeros cuatrocientos años desde la fundación de la iglesia cristiana, solo Tertuliano instó al aplazamiento del bautismo de infantes, y ello solo en algunos casos; y Gregorio solo lo aplazó, quizá, en sus

propios hijos. Pero, ni sociedad de hombres alguna, ni individuo alguno, negaron la legalidad del bautismo de infantes. Segundo, en los próximos setecientos años, no hubo sociedad ni individuo alguno que siquiera rogara por este aplazamiento; mucho menos alguien que negara el derecho o el deber del bautismo infantil. Tercero, en el año mil ciento veinte, una secta de los valdenses negó el bautismo de infantes, suponiéndolos incapaces de la salvación. Pero el cuerpo mayor de ese pueblo rechazó la opinión por considerarla herética, lo cual resultó en que la secta que la sostenía pronto se redujo a la nada. Cuarto, la próxima aparición de esta opinión fue en el año mil quinientos veinte y dos (Cf. Samuel Wakefield, *Christian Theology*, 573).

Pelagio, el oponente de Agustín, se dice que objetó al bautismo de infantes, pero él mismo negó vigorosamente la acusación. Dijo: "Los hombres me injurian diciendo que he negado el sacramento del bautismo a los infantes. Yo no he oído de nadie, ni siquiera del más impío hereje, que haya negado el bautismo a un infante".

32. A fin de percibir la relación de este pasaje (Hechos 2:39) con la cuestión que nos ocupa, todo lo que hay que hacer es considerar la similitud que existe entre la declaración del apóstol Pedro, "Porque para vosotros es la promesa, y para vuestros hijos", y la promesa de Dios a Abraham. Esta similitud se ve en dos particulares: (1) Cada una existe en conexión con una ordenanza por medio de la cual las personas habrían de ser admitidas a la iglesia visible; en el primer caso, con la circuncisión, en el último caso, con el bautismo. (2) Ambos concuerdan en la fraseología. Uno sabe que simiente e hijos son términos de la misma importancia. De aquí, de estos dos puntos de similitud, se sigue, por tanto, que los sujetos en ambos casos son los mismos, y así como es cierto que en la promesa de Dios a Abraham ambos, los padres y los hijos que eran infantes, fueron incluidos, es igualmente cierto que ambos son incluidos en el anuncio del apóstol Pedro. Aquí, pues, tenemos una expresa autorización del bautismo infantil (Samuel Wakefield, *Christian Theology*, 571).

Que los hijos estaban incluidos en este pacto, es un hecho demasiado de obvio como para que se cuestione. Eran iniciados por el mismo rito por el cual las promesas del pacto le fueron selladas a Abraham. Su iniciación no fue hecha un asunto de consentimiento divino, sino un asunto de mandato divino. ¿Por qué, pues, se les debe negar el rito del bautismo, el cual, en la iglesia cristiana, ocupa el lugar que la circuncisión ocupaba en el pacto abrahámico? No será una respuesta preguntar como objeción qué beneficio le rinde a los infantes, porque la misma objeción se aplicaría también a su circuncisión bajo el pacto abrahámico. Si se responde que los hijos no están en el estado espiritual que el bautismo representa, la respuesta es que la misma objeción los hubiera excluido del rito de la circuncisión. De nuevo, si la contestación debe ser que los infantes son incapaces de ejercer la fe, por ser ésta la condición sobre la cual las bendiciones del evangelio se ofrecen, la respuesta es que ellos eran igualmente incapaces de los ejercicios mentales, los cuales, en el caso de los adultos, eran condición para la bendición espiritual del pacto abrahámico. La circuncisión infantil bajo aquel pacto garantiza el derecho de los infantes al bautismo bajo el pacto cristiano, el cual, ciertamente, no es otro pacto, sino exactamente el mismo, pero en su pleno desarrollo. Sobre la base de estos hechos, solo una orden divina podría anular el derecho de los infantes al bautismo cristiano, pero esa orden no se ha dado (John Miley, *Systematic Theology*, II:406-407).

33. Algunas veces se insiste, en forma de objeción, que si a los infantes se les bautiza, también se les debe admitir a la Santa Cena. A esto nosotros contestamos que, siendo que el bautismo es recibido pasivamente, el mismo puede administrárseles a todos los infantes; pero participar de la Cena requiere una agencia de la cual muchos de ellos son incapaces físicamente. De nuevo, siendo que la Santa Cena ha de ser una conmemoración para cada participante, los infantes son intelectualmente incapaces de recibirla según su intención. Tenemos un paralelo exacto de esto en la pascua judía, en donde los niños judíos, aunque

eran circuncidados a los ocho días de nacidos, no comían la pascua hasta que pudieran comprender su designo (Samuel Wakefield, *Christian Theology,* 571).

34. El apóstol Pedro preserva la correspondencia entre el acto de Noé de preparar el arca como un acto de fe por el cual fue justificado, y el acto de someterse al bautismo cristiano, lo cual obviamente es un acto de fe, para la remisión de pecados, o la obtención de una buena conciencia delante de Dios [1 Pedro 3:20-21]. Esto se fortalece aún más cuando el Apóstol añade inmediatamente, "por la resurrección de Jesucristo" [v. 21], una cláusula que nuestros traductores, por el uso de un paréntesis, conectan con "el bautismo que… ahora nos salva", de modo que su significado es que somos salvados por el bautismo por medio de la resurrección de Jesucristo; y como Él fue "resucitado para nuestra justificación" [Romanos 4:25], ello demuestra suficientemente el verdadero sentido que le da el Apóstol [a 1 Pedro 3:20-21], quien, con aquello de nosotros ser "salvos", claramente quiere decir que somos justificados por la fe. El texto [de 1 Pedro 3:21], sin embargo, no necesita un paréntesis, y el verdadero sentido puede expresarse así: "El antetipo por el cual el agua del diluvio, el bautismo, nos salva, no quitando las inmundicias de la carne, sino como la aspiración de una buena conciencia hacia Dios, por la fe en la resurrección de Jesucristo". Pero no importa cómo una palabra en particular se disponga, todo el pasaje podrá ser tomado consistentemente como enseñándonos que el bautismo es la señal externa de nuestra entrada al pacto de misericordia de Dios, y que cuando es un acto de verdadera fe, se vuelve un instrumento de salvación, como lo fue el acto de Noé, por el cual, movido de temor, "preparó el arca en que su casa se salvase" [Hebreos 11:7], sobreviviendo a la destrucción de un mundo incrédulo (Richard Watson, *Theological Institutes,* II:625).

Juan Wesley fue entrenado a creer en una posible regeneración de infantes. En su sermón sobre, "El nuevo nacimiento", dice: "Es cierto que nuestra iglesia supone que todos los que son 'bautizados en su infancia son a su vez nacidos de nuevo'". "Tampoco es una objeción de peso alguno en contra de esto el que no podamos comprender cómo esta obra puede operarse en los infantes, puesto que tampoco podemos comprender cómo se opera en una persona mayor". Wesley nunca pudo definirse sobre esto de manera clara: "Pero cualquiera sea el caso con los infantes, es seguro que todos los mayores que son bautizados no son a la misma vez nacidos de nuevo". Sus razonamientos de la gracia preliminar señalada por el nuevo nacimiento en los infantes han sido expresados más plenamente por los expositores posteriores de la doctrina metodista. El resumen de Richard Watson puede ser aceptado como uno que provee el significado que estos les dieron: "Para el hijo infante, es una recepción visible en el mismo pacto y en la misma iglesia, una promesa de aceptación por medio de Cristo, el conferir un título a toda la gracia del pacto según las circunstancias lo requieran, y según sea capaz la mente del niño de recibirlo". "También asegura el don del Espíritu Santo en esas influencias espirituales secretas por las cuales la regeneración actual de esos niños que mueren en la infancia es efectuada, y las cuales son una semilla de vida en aquellos que viven" (William Burton Pope, *Compendium of Christian Theology,* III:324).

35. A este sacramento se le llama la Santa Cena porque el Señor mismo lo instituyó, y porque la primera vez que se hizo fue en la tarde, y al concluirse la cena pascual. También se le llama la Comunión, puesto que en ella tenemos comunión con Cristo y con su pueblo. Otro nombre que se le da es la eucaristía, una acción de gracias, porque Cristo, al instituirla, dio gracias; y porque a nosotros, al participar de ella, se nos requiere ser agradecidos (Samuel Wakefield, *Christian Theology,* 590).

36. Richard Watson, al comentar a 1 Corintios 11:23-26, dice: "De estas palabras aprendemos, (1) que el apóstol Pablo recibió una revelación especial respecto a esta ordenanza, la cual debería tener un objeto más elevado que la sola conmemoración de un hecho histó-

rico, y debería suponerse que se le hizo con el propósito de ordenársele que estableciera este rito en las iglesias que él levantaría, y de capacitarlo para entender su autoridad y propósito, en donde lo encontró ya designado por los primeros fundadores de las primeras iglesias. (2) Que el mandato de Cristo, 'Haced esto en memoria de mí', el cual fue originalmente dado a los discípulos presentes con Cristo en la última Pascua, es dado a su vez por el apóstol Pablo a los corintios. (3) Que él consideraba la Santa Cena un rito que debía celebrarse 'todas las veces', y en todo tiempo futuro, hasta que el Señor mismo 'venga' a juzgar al mundo. La obligación perpetua de esta ordenanza, por tanto, no podrá ser razonablemente refutada" (Richard Watson, *Theological Institutes*, II:661-662).

37. El siguiente es un resumen de la excelente discusión de William Burton Pope acerca de la Santa Cena y su relación con la Pascua. (1) El antiguo rito era una conmemoración anual de la redención típica del pueblo hebreo, y la Santa Cena es el solemne acto de conmemoración de la iglesia de la muerte redentora del Salvador del mundo. El apóstol Pablo añade "en memoria de mí" al ofrecimiento del pan como también de la copa. … Nuestro Salvador bendijo los elementos y dio gracias, ofreciendo la alabanza de su propia expiación, la cual su pueblo continuaría por siempre. Por tanto, el rito es la gran expresión de gratitud de la iglesia por el don de Cristo, y especialmente por su muerte expiatoria. Es la fiesta de acción de gracias dentro de la asamblea cristiana, y es la fiesta de testimonio ante el mundo, "anunciando" su muerte. (2) La antigua Pascua era también la ratificación anual del pacto entre Dios y su pueblo. … Cuando nuestro Señor sustituyó su cena, empleó un lenguaje que incluía a todos, refiriéndose especialmente a la solemne transacción del pacto en la que Moisés dividió la sangre de la expiación en dos partes: la mitad la roció en el altar, para denotar la propiciación de Dios, y con el resto roció a todo el pueblo, para señalarles el favor divino, y también el libro del pacto, para señalar la ratificación del pacto del cual ese libro era el registro: "Esta es la sangre del pacto que Dios os ha mandado" [Hebreos 9:20]. Nuestro Señor vincula estas palabras de Moisés con la nueva Pascua de su nuevo pacto: "Bebed de ella todos; porque esto es mi sangre del nuevo pacto, que por muchos es derramada para remisión de los pecados". … El Espíritu Santo utiliza esta ordenanza sacramental para la confirmación de la fe, y de aquí el significado del término sacramento según es aplicado a esta solemnidad. (3) Pero la antigua Pascua era el rito que mantenía como recordación anual el nacimiento del pueblo como tal, y de su vida comunitaria en la unión del pacto. Cuando el Señor ordenó su cena, se la distribuyó a cada uno, y puso énfasis en el todo. … La cena es el sacramento de la unión con Jesús, la vid verdadera, y de la unión de los unos con los otros en Él, por lo que parecería que los elementos representan no solo el cuerpo sacrificado de Cristo, sino el cuerpo espiritual mismo salvado por el sacrificio, y hecho una parte de Él mismo. El vínculo real de la unión, sin embargo, no es el pan y el vino, sino la participación común de vida en Cristo por el Espíritu. Pero el juntamente comer y beber sacramental es la señal externa y visible de esa unión. La cena, por tanto, es el perfecto distintivo del discipulado común, la promesa mutua de todos los oficios del amor fraternal (William Burton Pope, *Compendium of Christian Theology*, III:326-327).

38. Aparte de los asuntos de interpretación dudosa, estos pasajes claramente enseñan, primero, que la Santa Cena es una institución divina de obligación perpetua; segundo, que los elementos materiales que han de usarse en la celebración son el pan y el vino; tercero, que las partes integrantes importantes del servicio son: (1) La consagración de los elementos; (2) el partimiento del pan y el vaciar del vino; (3) la distribución y la recepción de parte de los comulgantes del pan y el vino; cuarto, que el propósito de la ordenanza es, (1) la conmemoración de la muerte de Cristo; (2) representar, efectuar y manifestar nuestra participación en el cuerpo y la sangre de Cristo; (3) representar, efectuar y manifestar la unión de los creyentes con Cristo y los unos con los otros; y (4) señalar y sellar nuestra

aceptación del nuevo pacto ratificado por la sangre de Cristo; quinto, las condiciones para la comunión beneficiosa son: (1) conocimiento para discernir el cuerpo del Señor; (2) fe para alimentarnos de Él; y (3) amor a Cristo y a su pueblo. Los puntos principales de controversia concernientes a la ordenanza son: (1) El sentido en el cual el pan y el vino son el cuerpo y la sangre de Cristo; (2) el sentido en el cual los comulgantes reciben el cuerpo y la sangre de Cristo en esta ordenanza; (3) los beneficios que el sacramento confiere, y la manera en que esos beneficios son comunicados; (4) las condiciones sobre las cuales la eficacia de la ordenanza es suspendida (Charles Hodge, *Systematic Theology*, III:612).

39. Ha habido todavía otros términos por los cuales la Santa Cena ha sido designada. Se le ha llamado *proszopa* u "ofrenda", debido a las dádivas y ofrendas que se hacían a los pobres en conexión con este servicio. Ha sido llamada *eunaeis*, "la asamblea", debido a que la naturaleza del servicio implicaba una asamblea de creyentes. Ha sido llamada "missa" o misa, probablemente por las palabras empleadas para despedir la congregación. Ahora bien, el término "misa" ya se usaba mucho antes de que adquiriera el sentido que le adscribe la Iglesia Católica Romana.

En cuanto al origen del término "misa", Charles Hodge nos ofrece lo siguiente: "Esta palabra ha sido explicada de varias maneras, pero, al presente, es casi universalmente asumido que proviene de las palabras empleadas en la despedida de la congregación (*Ita, missa est*, 'Idos, la congregación es despedida'). Primero eran despedidos los congregantes inconversos, y luego los catecúmenos, para que solo los fieles bautizados permanecieran para el servicio de comunión. Por lo tanto, en la iglesia primitiva había una *missa infidelium*, una *missa catechumenorum*, y finalmente una *missa fidelium*. Parece que había un servicio diferente adaptado para estas distintas clases de oyentes. De aquí que la palabra *missa* viniera a utilizarse en el sentido de la palabra griega *leutopigla* o servicio. Bajo el Antiguo Testamento, la ofrenda del sacrificio era la parte principal del servicio del templo, de manera que en la iglesia cristiana, por ser considerada una ofrenda expiatoria, la Santa Cena se volvió el punto medio en el servicio público, y se le denominaba enfáticamente el servicio, o la misa. Desde la Reforma para acá, la misa se ha convertido en la designación universal de la eucaristía como se celebra en la Iglesia de Roma" (Charles Hodge, *Systematic Theology*, III:614).

40. Una de las numerosas teorías tocante a la eucaristía, la cual prevaleció más o menos en la iglesia primitiva, era la que la historia de la doctrina conoce como la impanación. Así como en el ser humano el alma está unida al cuerpo para impartirle vida y eficiencia sin que ella misma se vuelva materia, o sin convertir el cuerpo en espíritu, y así como el Logos eterno se hizo carne al tomar para sí mismo un cuerpo verdadero y un alma que razonara, sin que recibiera nada humano en su naturaleza divina, ni que le impartiera divinidad a su humanidad, así también el Logos se volvía uno con el pan consagrado, sin cambio substancial alguno en éste o en Aquél. Sin embargo, su relación con el pan era análoga con aquella del alma con el cuerpo en el ser humano, y con la del Logos con la humanidad en la persona de nuestro Señor. Así como el asumir de nuestra naturaleza de parte del Hijo de Dios se expresaba con la palabra "encarnación", así también el que Él asumiera y se uniera con el pan en la Santa Cena se denominaría "impanación" (Charles Hodge, *Systematic Theology*, III:648).

41. La doctrina católica romana se fijó en los cánones y decretos del Concilio de Trento (1551). "En la eucaristía están contenidas verdadera, real y substancialmente el cuerpo y la sangre, junto con el alma y la divinidad de nuestro Señor Jesucristo, y, por consiguiente, la totalidad de Cristo" (Canon 1).

"La substancia total del pan (es convertida) en el cuerpo", y "la substancia total del vino en la sangre" (Canon 2).

"La totalidad de Cristo está contenida bajo cada especie, y bajo cada parte de cada especie, cuando son separadas" (Canon 3).

"El fruto principal de la santísima eucaristía es la remisión de pecados" (Canon 5).

"En la eucaristía, Cristo ha de ser adorado" (Canon 6).

"Todos y cada uno de los fieles de Cristo están obligados a comulgar cada año" (Canon 9).

"La confesión sacramental ha de hacerse de antemano por aquellos cuyas conciencias estén cargadas de pecado mortal" (Canon 11).

La enseñanza autorizada de la Iglesia Luterana ha de encontrarse en la Confesión de Augsburgo (1530), artículo X, como sigue: "El verdadero cuerpo y la verdadera sangre de Cristo están verdaderamente presentes bajo la forma del pan y el vino, y están ahí comunicados a los que comen en la Santa Cena y la reciben". Más tarde, Mélancton cambió este artículo, lo cual representó una desviación que causó considerable controversia. Este cambio se expresó en la Fórmula de la Concordia (1540) como sigue: "Creemos, enseñamos y confesamos que en la Santa Cena, el cuerpo y la sangre de Cristo están verdadera y substancialmente presentes, y que son verdaderamente distribuidos y tomados juntos con el pan y el vino".

42. El catecismo de Heidelberg (1563): "¿Qué es comer el cuerpo crucificado y tomar la sangre derramada de Cristo? No es solo abrazar con un corazón creyente todos los sufrimientos y la muerte de Cristo, y por ese medio obtener el perdón de pecados y la vida eterna, pero, más aún, es también ser de tal manera unidos más y más a su sagrado cuerpo por el Espíritu Santo, el cual mora tanto en Cristo como en nosotros, que, aunque Él está en el cielo, y nosotros en la tierra, seamos carne de su carne, y hueso de sus huesos, y vivamos y seamos gobernados para siempre por el solo Espíritu, así como los miembros de un mismo cuerpo lo son por la sola alma".

La Confesión de Fe de Westminster (1647), artículo XXIX: "La Santa Cena (ha) de ser observada para la conmemoración perpetua del sacrificio de Cristo en su muerte, para el sellamiento de todos los beneficios de los verdaderos creyentes, para su nutrición espiritual y su crecimiento en Él, para enfrascarse aún más en todos los deberes, y por ellos, los cuales les deben a Él, y para ser un depósito y promesa de su comunión con Él, y con los demás, como miembros de su cuerpo místico". "Los creyentes dignos, por fe, real y verdaderamente, aunque no carnal ni corporalmente, sino espiritualmente, reciben y sienten de Cristo crucificado, todos los beneficios de su muerte".

43. La única base para una doctrina así yace en la suposición de un sentido literal de las palabras "esto es mi cuerpo" y "esto es mi sangre", siendo la transubstanciación como tal una mera inferencia de esa suposición. El pan y el vino deberán ser cambiados en la carne y la sangre de Cristo si van a estar realmente presentes en la cena, siendo que no habría otra manera de contar con su presencia. Esta es la manera en que se ha construido esa doctrina. Aparte de un sentido literal de las palabras de la institución, la doctrina no tiene la más mínima base bíblica (John Miley, *Systematic Theology,* II:413).

44. **La doctrina tridentina.** En primer lugar, el santo sínodo enseña, y abierta y sencillamente profesa, que, en el augusto sacramento de la santa eucaristía, después de la consagración del pan y el vino, nuestro Señor Jesucristo, verdadero Dios y verdadero hombre, es verdadera, real y substancialmente contenido en las especies de estas cosas sensibles. Porque ninguna de estas cosas son mutuamente repugnantes, que nuestro Salvador mismo siempre se siente a la diestra del Padre en los cielos, según el modo natural de la existencia, y, no obstante, se nos esté en muchos otros lugares sacramentalmente presente en su propia substancia por una manera de existencia que, aunque a penas podamos expresarlo en palabras, podemos aún así concebir por el entendimiento iluminado por la fe, por lo cual debemos creer firmemente que esto sea posible para Dios, porque así lo creyeron nuestros

antepasados, todos aquellos que estaban en la verdadera iglesia de Cristo, y quienes han discurrido acerca de este santísimo sacramento, profesando de la manera más abierta que nuestro Redentor instituyó un sacramento tan admirable en la última cena cuando, después de bendecir el pan y el vino, testificó, en palabras expresas y claras, las cuales, registradas por el santo evangelista, después fueron repetidas por San Pablo, que ambas cosas acarreaban ese significado apropiado y muy manifiesto entendido por los padres de la iglesia, por lo cual es ciertamente un crimen indignísimo que sea pervertido por ciertos hombres contenciosos y malvados, reduciéndolo todo a tropos ficticios e imaginarios, negando así la veracidad de la carne y la sangre de Cristo, contrario al sentido universal de la iglesia, la cual como pilar y base de la verdad, ha detestado como satánicas las tales invenciones maquinadas por hombres impíos, reconociendo la iglesia, con una mente eternamente agradecida y que no olvida, el más excelente beneficio de Cristo (Philip Schaff, *Creeds of Christendom*, II:126-127).

Charles Hodge, en su libro, *Systematic Theology* (III:688ss), tiene una excelente discusión sobre la objeciones protestantes a la posición católica romana. Aquí solo podemos presentar un breve resumen. "Los protestantes rechazan la doctrina de que la eucaristía sea un verdadero sacrificio propiciatorio: (1) Porque no solo está destituida de todo apoyo bíblico, sino que es directamente contraria a la naturaleza total de la ordenanza, según lo que se exhibió en la institución original y en la práctica de la iglesia apostólica. (2) Porque está fundada en la monstruosa doctrina de la transubstanciación. Si la substancia toda del pan no es cambiada en la substancia toda del cuerpo de Cristo, y la substancia toda del vino en la substancia de su sangre, y si Cristo todo, cuerpo, alma y divinidad no está real y verdaderamente presente bajo la forma (o especies) o la semejanza del pan y el vino, entonces el sacerdote no tiene nada que ofrecer en la misa. Éste de hecho nada ofrece, y el servicio todo es un engaño. (3) La doctrina romanista sostiene que los apóstoles eran sacerdotes, y que fueron investidos de autoridad y poder para continuar y perpetuar en la iglesia el oficio sacerdotal por medio de la ordenación y la imposición de las manos para la comunicación de los dones sobrenaturales del Espíritu Santo. Nada de esto es bíblico ni cierto. Primero, porque un sacerdote es una persona designada para ser un mediador entre Dios y los demás seres humanos. Pero una oficio tal no existe bajo la dispensación cristiana, excepto en la persona de Jesucristo. Segundo, que a los ministros cristianos nunca se les llama sacerdotes en el Nuevo Testamento. Tercero, que Cristo y los apóstoles asumen uniformemente que el camino está abierto para el regreso de todo pecador a Dios, sin la intervención humana. (4) La doctrina romanista menosprecia el sacrificio de la cruz. La idea de que la obra de Cristo que hace satisfacción por los pecados de los hombres necesite repetirse constantemente, merece oposición. (5) La doctrina del carácter sacrificial de la eucaristía, que es una parte integral de este gran sistema de error, deberá permanecer o caer como un todo. El romanismo es otro evangelio. Johan Adam Moehler, cuyo romanismo filosófico y mitigador ha traído sobre él no poca censura de parte de sus hermanos más estrictos, representa la doctrina de la eucaristía como el punto en el cual convergen las diferencias entre los romanistas y los protestantes".

45. Joseph Stump insiste en que la Iglesia Luterana no enseña la doctrina de la consubstanciación, aunque la acusen frecuentemente de ello. Sostiene que la consubstanciación quiere decir la combinación del cuerpo y la sangre de Cristo en una tercera substancia, y esto no lo enseña la Iglesia Luterana. Insiste, aún más, que ni la impanación ni la subpanación es enseñada por los luteranos, la primera por sostener que el cuerpo y la sangre sean localmente incluidos o encerrados en el pan y el vino, y la segunda por sostener que estén localizados debajo de ellos. Más bien enseñan que el cuerpo y la sangre de Cristo no están conectados localmente, sino sacramentalmente, con el pan y el vino, y que solo durante el uso actual por el comulgante están el cuerpo y la sangre presentes. Por lo tanto, no podrá

haber hostia reservada, ya que antes y después de la actual administración, los elementos son solo pan y vino (Joseph Stump, *The Christian Faith,* 353-354).

46. La mente de Lutero, la que fue tan vigorosa para desechar dogmas que no tuvieran otra cosa que la autoridad humana para apoyarlas, quedó, en cuanto a este sacramento, atada a asociaciones anteriores. Concluyó que el cuerpo y la sangre de Cristo estaban realmente presentes en la Santa Cena, pero, consciente de lo absurdo y contradictorio de la transubstanciación, retuvo una doctrina que algunos escritores de la misma iglesia romanista continuaron prefiriéndola, en comparación al dogma papal señalado anteriormente. A esto se le designó con el término consubstanciación, lo cual permitía que el pan y el vino permanecieran igual tanto después como antes de la consagración. Así pudo escapar del absurdo de contradecir los sentidos propios del ser humano. Sin embargo, Lutero sostuvo que, aunque el pan y el vino permanecían sin cambio, con todo, junto con ellos, el cuerpo y la sangre de Cristo eran literalmente recibidos por los comulgantes. No obstante, algunos de sus seguidores inmediatos no admitieron más en este punto que el que el cuerpo y la sangre de Cristo estuvieran realmente presentes en el sacramento, haciendo que la manera de esa presencia permaneciera un misterio inexplicable. Aún así, en algunos respectos más importantes, Lutero y los consubstancialistas escaparon totalmente de los errores de la Iglesia de Roma en cuanto a este sacramento. Negaron que fuera un sacrificio, y que la presencia del cuerpo y de la sangre de Cristo les diera virtud física alguna que actuara independientemente de la disposición del que lo recibía, y que hiciera de los elementos objetos de adoración. El error de ellos, pues, puede considerarse más bien especulativo que de naturaleza práctica, y fue adoptado probablemente en deferencia a lo que se concebía ser el significado literal de las palabras de Cristo cuando se instituyó la Santa Cena (Richard Watson, *Theological Institutes,* II:663-664).

Si vamos a dar con la idea que yace en el cimiento de la doctrina luterana sobre la Santa Cena, deberemos tener en mente que es una idea independiente de las formas escolásticas en las cuales la antigua teología trató de desarrollarla, y especialmente independiente de aquella doctrina acerca de la ubicuidad ilimitada de Cristo, de cuya unilateralidad hemos hablado en nuestra cristología. Es, de hecho, la idea de Cristo como la cabeza de esa nueva creación cuyo fin último es la redención y el perfeccionamiento de la naturaleza humana como un todo, como un cuerpo y alma indiviso. Así como Cristo no es espíritu solo, sino el logos encarnado, y el hombre, creado a la imagen de Dios, es, en la verdadera concepción de Él, el centro en el cual ese espíritu y naturaleza se unen, y la resurrección del cuerpo es el último evento escatológico que el cristianismo presenta, así la Santa Cena es un acto de unión con Cristo, como el principio de este santo matrimonio del espíritu y la naturaleza que es el fin último de la creación. Por tanto, el criterio luterano de la Santa Cena, en su sentido de expresión más verdadero, es proféticamente cristiano, es decir, reconoce en la eucaristía la actual anticipación de esa unión con el Salvador, cuya perfección será alcanzada en la consumación de todas las cosas. Conforme a esto, ese criterio ve en la Santa Cena, no solo, como Calvino, un alimento para el alma, sino un alimento para todo el hombre nuevo, para el hombre futuro de la resurrección, el cual germina y crece en secreto, y el cual también será manifestado en gloria, a la exacta semejanza de la humanidad glorificada de su Señor. La Biblia asocia así la doctrina concerniente a las últimas cosas con la Santa Cena, no solo en las palabras del apóstol Pablo de que "la muerte del Señor anunciáis hasta que él venga" (1 Corintios 11:26), sino en las palabras de nuestro Señor mismo de que, "desde ahora no beberé más de este fruto de la vid, hasta aquel día en que lo beba nuevo con vosotros en el reino de mi Padre" (Mateo 26:29; Marcos 14:25; Lucas 22:16-18). No importa cómo se interpreten estas palabras en lo particular, las mismas nos dan a entender plenamente que la Santa Cena es una profecía, un tipo y una anticipación presentes de la unión con el Salvador, la cual se cumplirá en el reino de la gloria, y no solo de la unión con el Señor, sino de la comunión interna de amor por la cual los creyentes serán unidos unos con otros en este bendito reino. Porque en la Santa Cena, los creyentes son todos unidos en un cuerpo, debido a que, como dice el Apóstol, participan todos de aquel mismo pan (1 Corintios 10:17) (H. L. Martensen, *Christian Dogmatics*, 436-437).

47. Zuinglio afirmaba tan enfáticamente como Calvino la presencia espiritual de Cristo en el sacramento, negando ambos la presencia carnal y corporal, ya fuera en la forma de la transubstanciación o de la consubstanciación. "Cristo", decía Zuinglio, "está espiritualmente presente en la conciencia del creyente. Mientras éste recuerda sus sufrimientos y su muerte, y teniendo fe en ellos, come su cuerpo espiritualmente. Confiamos en la carne y la sangre muriente de Cristo, y esta fe es llamada un comer del cuerpo y de la sangre de Cristo". ... Zuinglio consideraba el sacramento de la Santa Cena un medio de gracia y de santificación, en virtud de su carácter didáctico, y porque que evidentemente presenta ante nuestros ojos a Jesucristo crucificado (Gálatas 3:1), enseña de manera vívida y especial la gran verdad de la expiación y la redención de Cristo, y confirma el alma del creyente en dicha verdad. Es una lección objetiva. En este respecto, la función del sacramento es como la de la Palabra. La verdad del evangelio se enseña en ambas. Ambas son empleadas por el Espíritu Santo para iluminar, fortalecer y consolar la mente del creyente (William G. T. Shedd, *Dogmatic Theology*, II:370-371).

Los luteranos afirman que Cristo está "espiritualmente presente en el sacramento de la Santa Cena en cuanto a la manera, pero corporalmente en cuanto a la substancia". Es decir, la substancia del cuerpo espiritual y glorificado de Cristo, como existió una vez en la tierra, está actualmente presente en y con los emblemas sacramentales. Como consecuencia, el cuerpo espiritual y glorificado de Cristo está presente en el pan y el vino, no importa dónde y cuándo el sacramento sea administrado. Esto requiere la ubicuidad del cuerpo glorificado de Cristo, de modo que pueda estar simultáneamente en el cielo y en la tierra. Pero el cuerpo glorificado de Cristo, al igual que el de su pueblo, aunque sea cuerpo espiritual, tiene forma, y está extendido en el espacio. La descripción del cuerpo de Cristo después de su resurrección y ascensión prueba esto. Pero una y la misma forma no puede ocupar dos espacios en uno y el mismo momento. El cuerpo glorificado de Cristo puede pasar de un espacio a otro de forma instantánea, pero no puede llenar dos espacios en el mismo instante. Cuando el cuerpo de Cristo entró, "estando las puertas cerradas" (Juan 20:26), y se puso en medio de los discípulos, ese cuerpo ya no estaba en la parte de afuera de esas puertas, ni podía estarlo.

48. **La doctrina reformada.** William G. T. Shedd presenta los principales puntos de la enseñanza reformada como sigue: "(1) El creyente, al participar dignamente de la Santa Cena, consciente y confiadamente depende del sacrificio expiatorio de Cristo para la remisión de sus pecados. Esto es lo que quiere decirse con la frase, 'Alimentaos del Cristo crucificado'. La Santa Cena no puede tener significado si su sacrificio vicario es negado. (2) La 'presencia' de Cristo no está en el pan ni en el vino, sino en el alma del participante. Cristo, dice la Confesión de Westminster, está 'presente para la fe de los creyentes', y la fe es mental y espiritual. La declaración de Richard Hooker sobre este punto es explícita y excelente: 'La presencia real de los muy benditos cuerpo y sangre de Cristo no ha de buscarse en el sacramento, sino en el digno recibidor del sacramento'. Y, de nuevo, señala, 'Ninguno de los lados niega que el alma del hombre sea el receptáculo de la presencia de Cristo. Por lo cual la cuestión es traída a un asunto más específico, no habiendo duda sobre nada excepto esto: si Cristo está completo (completamente) y de manera única dentro del hombre cuando el sacramento es administrado, o si su cuerpo y su sangre están también externamente ubicados en los bien consagrados elementos mismos. Dependiendo de la opinión, aquellos que defienden lo primero son llevados o a la consubstanciación,

incorporando a Cristo en los elementos sacramentales, o a la transubstanciación, cambiando su substancia a la de Él, de modo que lo primero lo mantiene real aunque invisiblemente moldeado por la substancia de esos elementos, mientras que lo segundo lo esconde bajo la única demostración visible del pan y del vino, la substancia de la cual, como ellos imaginan que está abolida, se sucede con Él en la misma habitación" (William G. T. Shedd, *Dogmatic Theology*, II:665-666).

49. La verdadera doctrina protestante puede expresarse así: El cuerpo y la sangre de Cristo no están corporalmente presentes en la ordenanza, ni son recibidos en sentido corporal alguno; ni tampoco son en sentido alguno el pan y el vino expiatorios, ni alimentan el alma. El cuerpo y la sangre de Cristo se reciben solo en una manera espiritual, comunicándosele al alma los beneficios de su expiación por el Espíritu Santo, por ser la única manera en la que se nos puede decir que recibimos el cuerpo y la sangre de Cristo en la Santa Cena. La fe también es el medio por el cual recibimos los beneficios de la expiación; y no son el pan y el vino un canal a través del cual esta gracia es recibida, sino que serán auxilios para nuestra fe en tanto y en cuanto sean recibidos por la fe como los símbolos señalados por Cristo de su cuerpo y de su sangre, y en tanto y en canto éstos sean recibidos bajo esa luz. Esta exposición de la luz bajo la cual se ha de considerar la Santa Cena, cae bajo lo que aparenta estar implicado en mucho del lenguaje empleado en el asunto, en las viejas normas y fórmulas, pero si significan algo más de lo que ha sido expresado aquí anteriormente, se inclinarían demasiado hacia la doctrina romanista. Si Cristo, cuando dijo, "esto es mi cuerpo", no quiso decir nada más que "esto representa mi cuerpo", debió querer decir que era su cuerpo real, ya que no puede haber un sentido medio. Si no quiso decir más que "esto representa mi cuerpo", entonces la exposición que se ha dado arriba, es todo lo que está implicado en el lenguaje, y en todos los fines racionales que han de asegurarse por la institución misma (Lee, *Elements of Theology*, 575-576).

PARTE 6

LA ESCATOLOGÍA O DOCTRINA DE LAS ÚLTIMAS COSAS

CAPÍTULO 33

LA MUERTE, LA INMORTALIDAD Y EL ESTADO INTERMEDIO

La escatología, como el término lo indica, es la doctrina de las últimas cosas. Hay ciertos eventos de interés vital, tanto desde el punto de vista teológico, como práctico, que deben ocurrir como preparativos para la finalización del reino de Dios. Hemos visto que todas las doctrinas del cristianismo apuntan a una consumación final, y que todas convergen en una esperanza gloriosa: la segunda venida de nuestro Señor. A este evento lo preceden los asuntos de la muerte y el estado intermedio, los cuales obligan nuestra atención, como también la obligan los asuntos de la resurrección y el juicio final, los cuales lo suceden. "La máxima importancia de los problemas escatológicos", dice J. J. Van Oosterzee, "apenas necesita demostrarse formalmente. La pregunta: '¿qué será el final?', dormita profundamente en cada corazón cristiano; y su significado crece continuamente en la medida en que para algunos y para todos el fin ya se acerca. Así como todos los artículos de la dogmática presuponen la escatología y le preparan el camino, así ésta a su vez derrama la luz de la eternidad sobre cada nube que todavía descansa encima de las partes del santuario que esa ciencia ya ha transitado" (J. J. Van Oosterzee, *Christian Dogmatics*), II:777).[1] Deberá también observarse que, en el reino de Dios la brecha entre lo actual y lo ideal es muy amplia, por lo que no podrá ser cerrada jamás en este lado de la sepultura. Por consiguiente, la vida de fe y de amor de parte del creyente, viene a ser por necesidad una vida igualmente de esperanza. Es para esta "esperanza viva" que se nos ha hecho renacer, "por la resurrección de Jesucristo de los muertos" (1 Pedro 1:3). Es entonces, de la Palabra de Dios, que debemos obtener toda la información de entero crédito, no sólo en lo que concierne al individuo, sino a la consumación de todas las cosas.

LA MUERTE

El vocablo "muerte" en el sistema cristiano, conlleva una amplia variedad de interpretaciones. (1) Es la pena impuesta sobre la raza humana por causa del pecado; sentido este del asunto que ya se ha considerado largamente. (2) La muerte física, o la separación del alma y el cuerpo, deberá verse como el último evento de la historia probatoria del ser humano. (3) Está el lugar de los muertos, o la muerte como estado, que habitualmente se conoce como estado intermedio, y (4) está la muerte espiritual y eterna. De estos eventos, los primeros tres preceden la segunda venida de Cristo; el último la sigue, y está ligado a la consumación de todas las cosas. Reservaremos el asunto de "la muerte eterna" para consideración ulterior, pero la muerte física y el estado intermedio como eventos de significado escatológico, serán materia de estudio de este capítulo.[2]

La naturaleza de la muerte física. La muerte nunca significa la aniquilación. Lo que el pecado original trajo no sería la pérdida de la existencia, sino que el alma fuera separada del cuerpo, y en el sentido espiritual, que ambos lo fueran de Dios. A. A. Hodge habla de la muerte como: "la suspensión de la unión personal entre el cuerpo y el alma, tras lo cual el cuerpo se resuelve en sus elementos químicos, y el alma es introducida a ese estado separado de existencia que su Creador y Juez le asignará" (A. A. Hodge, *Outlines of Theology*, 430). William Burton Pope la denomina: "la introducción a otro mundo, y por consiguiente, un evento en la historia del ser humano caído y redimido: la separación del alma y el cuerpo" (William Burton Pope, *Higher Catechism of Theology*, 361). La muerte es mencionada en la Biblia como un reunirse al "pueblo" suyo (Deuteronomio 32:50); "entrar por el camino que recorren todos" (Josué 23:14); morir como muere también "toda aquella generación" (Jueces 2:10); volver el polvo "a la tierra, como era", y el espíritu "a Dios que lo dio" (Eclesiastés 12:7); expirar (Hechos 5:5, 10); el que se deshaga "nuestra morada terrestre, este tabernáculo" (2 Corintios 5:1); "estar ausentes del cuerpo y presentes al Señor" (2 Corintios 5:8).

La muerte como una pena abolida en Cristo. La Biblia enseña que "el pecado entró en el mundo por un hombre y por el pecado la muerte", y que "así la muerte pasó a todos los hombres, por cuanto todos pecaron" (Romanos 5:12). Luego, la muerte es la penalidad del pecado: la muerte física, espiritual y eterna. Pero la Biblia enseña con igual claridad, que la muerte como castigo ha sido abolida en Cristo. "Así que, como por la transgresión de uno vino la condenación a todos los hombres, de la misma manera por la justicia de uno vino a todos los hombres la justificación que produce vida" (Romanos 5:18). Por consiguiente, la muerte como un castigo, física o espiritualmente hablando, ha sido abolida por Cristo, y ello de dos maneras: (1) Ha sido provisionalmente abolida para toda la humanidad. Cuando Cristo fue sujeto a la maldición de la ley, y recibió la sentencia de condenación, experimentó la muerte por todos los seres humanos (Hebreos 2:9), removiendo así de la raza la condenación específica. (2) Ha sido realmente abolida para todos los que están en Cristo. "El que cree en el Hijo tiene vida eterna; pero el que se niega a creer en el Hijo no verá la vida, sino que la ira de Dios está sobre él" (Juan 3:36). Esta abolición es tanto condicional como gradual; así como es gradual la revelación de la muerte de la que somos salvos. Ese es el profundo significado de aquellas palabras del apóstol Pablo, "porque en esperanza fuimos salvos" (Romanos 8:24). La ley de la economía cristiana es que recibamos aquí sólo los primeros frutos en calidad de "las arras de nuestra herencia hasta la redención de la posesión adquirida" (Efesios 1:14). Luego, anticipamos en esperanza el día en que todo rastro de muerte será removido del universo creado por Dios. La muerte es a la misma vez el primero y el último enemigo que será destruido; tal es el alcance infinito de esta tan grande salvación.

En esta abolición gradual de la muerte podemos notar las siguientes etapas: (1) La muerte física está ahora ligada al propósito divino concerniente al destino de la humanidad. No podemos saber lo que hubiera traslucido si el pecado no hubiera entrado en el mundo, no obstante, el consejo eterno ahora es que "está establecido para los hombres que mueran una sola vez" (Hebreos 9:27). Así, entonces, la muerte ha quedado retenida como una ley dentro del gobierno divino. (2) La muerte del cristiano viene a ser parte de la disciplina probatoria de todo creyente, y es valorada como razón para la comunión con Cristo. "Palabra fiel es esta: Si somos muertos con él, también viviremos con él" (2 Timoteo 2:11). El ser humano muere a causa de su relación federal con el primer Adán, de modo tal que resucite con el último Adán. (3) Para el cristiano, la muerte física será ahora transfigurada en un simple partir de esta vida para otra. "Sabemos que si nuestra morada terrestre, este tabernáculo, se deshace, tenemos de Dios un edificio, una casa no hecha por manos, eterna, en los cielos... Asimismo los que estamos en este tabernáculo gemimos con angustia, pues no quisiéramos ser desnudados, sino revestidos, para que lo mortal sea absorbido por la vida" (2 Corintios 5:1, 4). Removida la maldición, la muerte para el creyente en Cristo se torna en un medio para un fin bienaventurado. Es la puerta a través de la cual entra a la vida nueva; es el método por el cual recibe, en la resurrección que sigue, el cuerpo nuevo y glorificado que será la morada eterna de su alma redimida.[3]

LA INMORTALIDAD

La cuestión de la inmortalidad primero surge como vinculada a la naturaleza de la imagen divina en el ser humano. Por tanto, fue en nuestra consideración de ese tema que la discutimos brevemente y de manera preliminar. Pero ahora el problema aparece bajo una luz diferente, por lo que se le deberá dar consideración adicional. Todo ser humano piensa que su alma es inmortal, aunque no lo pueda probar ni dejar de probar. Fuera de las enseñanzas de la Biblia, esta convicción fundamental es la prueba más contundente de la inmortalidad. Es,

"Escuchar el murmullo solemne del alma
que habla del mundo porvenir,
es oír el sonido de las olas
antes de llegar al mar".

La vida del ser humano nunca cesa. Como ya hemos demostrado, la sepultura es sólo el túnel a través del cual el ser humano pasa para alcanzar la vida del más allá. La naturaleza de esta existencia futura se determina por el carácter personal, y éste a su vez por la actitud respecto a la obra expiatoria de Jesucristo. Para el creyente, es vida eterna; para el no creyente, muerte eterna.

Los argumentos filosóficos de la inmortalidad. Los argumentos filosóficos, después de todo, son menos convincentes que la convicción inalienable de la inmortalidad que todo ser humano posee en su fuero interno. Por tanto, lo más que se puede decir es que los mismos son intentos de clarificar esta convicción profunda y subyacente.[4] Los presentaremos sólo como la lista de argumentos tradicionales ofrecidos corrientemente en favor de la inmortalidad. (1) El argumento psicológico se fundamenta en la naturaleza del alma como esencia simple e inmaterial, indivisible y por lo tanto indestructible. Este argumento tiende a demostrar que el alma existe por sí misma, y que por tanto existirá eternamente. (2) El argumento teleológico sostiene que el alma humana no alcanza ni puede alcanzar toda su promesa en este mundo; por lo tanto, necesitará de otro mundo y de una existencia continua para que pueda lograr lo que le falte de sus bienaventuranzas. (3) El argumento cósmico se fundamenta en el hecho de que, en el ámbito de lo natural, existe la ley de gravitación que mantiene juntos los cuerpos celestiales; aunque ello no ofrece base para la comunión de los habitantes de esos otros mundos. Por tanto, debe haber otro modo de existencia que haga alcanzable las posibilidades de la vida humana. Este argumento fue empleado por Kant, Herder, Lange y Chalmers, entre otros.[5] (4) El argumento analógico se deduce de las analogías del mundo orgánico. La semilla muere, pero perpetúa su identidad; la oruga revienta, pero surge la mariposa como un nuevo orden de ser, totalmente distinto de su modo de existencia anterior. (5) El argumento moral se presenta tanto en su aspecto individual como social. Consiste esencialmente de lo siguiente: que el ser humano no siempre recibe justicia en este mundo. La mera aniquilación no permitiría los grados de castigo que corresponden a los diferentes grados de culpabilidad. Luego, este es un argumento que propone la existencia continua del malo a partir de la justicia de Dios. Además, propone que, si no hubiera un mundo porvenir, la vida parecería una burla en muchos de sus aspectos morales. El apóstol Pablo razonaba así cuando decía: "Si solamente para esta vida esperamos en Cristo, somos los más dignos de lástima de todos los hombres" (1 Corintios 15:19).

La doctrina de la inmortalidad como se revela en la Biblia. La única enseñanza de entero crédito que poseemos respecto a la inmortalidad es la que encontramos en la Biblia. Aunque a veces se afirma que la inmortalidad del alma no es algo que se destaque en el Antiguo Testamento, lo cierto del caso es que esta es una enseñanza que impregna tanto el Antiguo Testamento como el Nuevo. Jamás un escritor hebreo, inspirado o no, dudó de la inmortalidad del alma, y no en sentido panteísta, sino individual. Los pasajes bíblicos que hemos citado contra la aniquilación, sirven también de prueba para la inmortalidad del alma. Podemos, además, añadir el siguiente: "¿Quién sabe si el espíritu de los hijos de los hombres sube a lo alto, y el espíritu del animal baja a lo hondo de la tierra?" (Eclesiastés 3:21). Adam Clarke dice que la traducción literal de este texto es: "¿Quién considera el espíritu inmortal de los hijos de Adán, el cual asciende? ¿Viene de arriba: y el espíritu o aliento del ganado, el cual desciende? Baja a lo hondo de la tierra, es decir, tiende sólo a la tierra". Aquí el espíritu de un ser humano se distingue del espíritu de una bestia en tanto tienden en direcciones diferentes. El que el espíritu del hombre suba, denota claramente, no sólo una existencia continua, sino más elevada, de aquí que sobreviva la muerte del cuerpo. De nuevo, "Pero yo sé que mi Redentor vive, y que al fin se levantará sobre el polvo, y que después de deshecha esta mi piel, en mi carne he de ver a Dios" (Job 19:25-26). Notemos lo seguro de la convicción de que hay vida en el más allá. También veamos que el salmista declara: "Los días de nuestra edad son setenta años. Si en los más robustos son ochenta años, con todo, su fortaleza es molestia y trabajo, porque pronto pasan y volamos" (Salmos 90:10). La fuerza de este argumento está en las palabras: "porque pronto pasan y volamos". La figura de lenguaje viene de la creencia de que el ser humano tiene un alma que se separa cuando el cuerpo muere, lo cual no puede significar otra cosa que el que ésta exista después de la muerte. Citemos solamente un texto representativo del Nuevo Testamento: "No temáis a los que matan el cuerpo pero el alma no pueden matar" (Mateo 10:28). De aquí resulta evidente que el alma y el cuerpo no son idénticos, lo que supone que al matar el cuerpo no se mata el alma. Este argumento desprendido de las palabras de nuestro Señor es concluyente. La siguiente lista de referencias demostrará que hay muchos otros pasajes bíblicos que le son pertinentes al tema: Lucas 12:45; Mateo 17:3; Mateo 22:31-32; Lucas 16:22-23; Lucas 23:43, 46; Hechos 7:59; Romanos 8:35, 38-39; 2 Corintios 5:1, 6, 8; 2 Corintios 12:2-4; Filipenses 1:21, 23-24; Apocalipsis 6:9).[6]

LA VICTORIA CRISTIANA

La doctrina de la inmortalidad recibe su más clara luz por medio de la resurrección de Jesucristo de los muertos. Dado que la muerte era un medio a través del cual cesarían las consecuencias espirituales del pecado, y que los santos que murieran dejarían de ser incluidos en la categoría de los pecadores, los antiguos escritores de la iglesia sostendrían unánimemente que la muerte como consecuencia del pecado era una provisión misericordiosa del Creador. Pero esta exclusión no sería posible mientras los santos habitaran cuerpos capaces de servir al pecado y bajo pena de muerte. Sería la muerte y resurrección de Cristo lo que traería el triunfo sobre la muerte, lo cual, por consiguiente, cambiaría la actitud respecto a ésta. Así lo establece claramente la Epístola a los Hebreos: "Así que, por cuanto los hijos participaron de carne y sangre, él también participó de lo mismo para destruir por medio de la muerte al que tenía el imperio de la muerte, esto es, al diablo, y librar a todos los que por el temor de la muerte estaban durante toda la vida sujetos a servidumbre" (Hebreos 2:14-15). Es esta actitud distinta hacia la muerte por medio de Jesucristo, la cual ahora consideraremos.

La muerte con relación a Cristo. Nuestra discusión debe incluir tres hechos importantes: (1) Cristo reafirma la ley original así como el propósito original de Dios para el ser humano, y esto no sólo por medio de su vida en la tierra, sino también por medio de su ida de esta tierra. Venció el mal al hacer el bien; venció el pecado al cumplir la ley de la santidad; también venció la muerte por medio de la ley del Espíritu de vida (Romanos 8:2). (2) Cristo fue hecho maldición por nosotros en la medida en que se sujetó a sí mismo al castigo que una raza caída había recibido (Gálatas 3:13). Pero Cristo no sólo murió vicariamente por el pecado, sino que también murió al pecado (Romanos 6:10). En efecto, la muerte tuvo dominio sobre Él por un tiempo, pero, por cuanto se sujetó a sí mismo a la muerte bajo la condenación de la ley, la pena fue completamente satisfecha y disuelto, de una vez y para siempre, todo vínculo orgánico con el mundo de maldad. Por tanto, su muerte vino a ser una época de paz judicial, y un triunfo eterno sobre la maldición de la ley. (3) Cristo, al ofrecerse a sí mismo en la cruz, sufrió en la realidad la maldición que el pecado conllevaba, pero esto también vino a ser para Él el nacimiento a un nuevo orden de existencia. Esta era una forma posterrenal de existencia humana que trascendió su vida terrenal. Por esta razón se le llama a Cristo: "el primogénito de entre los muertos" (Colosenses 1:18); y, de nuevo, que se diga que es "el primogénito de los muertos" (Apocalipsis 1:5). Al cargar nuestros pecados sobre su propio cuerpo en el madero (1 Pedro 2:24; Gálatas 3:13), no sólo cumple con las demandas positivas de la ley divina, sino que también hace realidad en sí mismo la perfección de la vida humana, demostradas ambas por el hecho de la resurrección. Este misterio de la cruz, el apóstol Pedro lo va a expresar en el sentido de que fue "a la verdad muerto en la carne, pero vivificado en espíritu" (1 Pedro 3:18). Según la carne, Cristo murió una muerte real bajo condenación; pero según la nueva ley del Espíritu que da vida, fue como el grano de trigo que es vivificado mientras muere. Así, al superar la muerte cuando da su espíritu, Cristo avanza a su vez a una nueva etapa de la vida triunfante. "Este proceso misterioso del reino vegetal", dice E. V. Gerhart, "nuestro Señor lo emplea para demostrar el proceso aún más misterioso de su reino espiritual. El uno es un hecho que confronta la percepción natural; el otro, un hecho que concierne a la percepción espiritual" (E. V. Gerhart, *Institutes of the Christian Religion*, II:776).

Cristo como el autor de la vida eterna. Cristo, al triunfar sobre la muerte, se convierte en el autor de la vida para todo creyente. Por tanto, la muerte, la cual finalmente será sorbida por la vida, es ya un enemigo conquistado. Este hecho de por sí, plantea la necesidad de un cambio de actitud hacia la muerte de parte de los creyentes.[8] En el cristiano individual, la vida eterna que se manifiesta en Cristo está marcada por etapas y grados correspondientes a las varias épocas fundamentales de la vida de Cristo en la tierra. Aquí notaremos tres periodos claramente señalados en la historia del Cristo encarnado: (1) Desde su concepción y nacimiento, hasta su muerte y sepultura, lo que cubre típicamente la vida de una persona. (2) Desde su muerte y sepultura hasta su resurrección, incluyendo su descenso al Hades. Esto señala la etapa en el progreso de la nueva creación en la cual nuestro Señor, a través de su muerte, venció al que tenía el poder de la muerte, asegurando así la libertad de su pueblo (Hebreos 2:14-15). (3) Su vida sobre la tierra durante los cuarenta días entre la resurrección y la ascensión. Esto marca el establecimiento de un nuevo orden de existencia, lo terrenal se resuelve en el estado de lo resucitado, y esto conlleva la libertad de la debilidad, la mortalidad y la corrupción para todo su pueblo.[9]

Dado que las experiencias y los logros de Cristo han de ser también los de su pueblo, podemos de esa manera discernir tres etapas en el progreso de la vida eterna, según se pone de manifiesto en el cristiano como individuo. (1) La primera consta de la vida que se comunica en el nuevo nacimiento. Así como el Espíritu Santo se encarnó en Cristo por medio de la virgen María, así el Espíritu de Dios infunde nueva vida en el alma del creyente. (2) La segunda consta de aquella transformación espiritual simbolizada por la muerte y la resurrección de Cristo. "En cuanto murió, al pecado murió una vez por todas; pero en cuanto vive, para Dios vive. Así también vosotros consideraos muertos al pecado, pero vivos para Dios en Cristo Jesús, Señor nuestro" (Romanos 6:10-11). Esto se va a lograr por medio del bautismo con el Espíritu

Santo. Las dos etapas anteriores son parte de la soteriología, y han sido tratadas previamente con relación a la persona y obra del Espíritu Santo. (3) La tercera etapa pertenece propiamente a la escatología, y tiene que ver con la resurrección del cuerpo. Esta etapa se conoce corrientemente como la glorificación. Cristo dejó esta vida bajo maldición, pero de una manera tal que disolvería su vínculo orgánico con el mundo de la maldad moral, logrando así la perfección de la vida humana en un nuevo orden de existencia. Por consecuencia, se removió la maldición, y la muerte quedó resuelta en victoria. Así como Cristo, al morir, destruyó la muerte en lo que se relacionaba a sí mismo, así su pueblo, al morir, destruye también la muerte en lo que se relaciona a sí mismo. Al quitarse la maldición, lo que cristianamente se pone de relieve es el espíritu interior de vida. Así que, la muerte, para el creyente cristiano, ahora no es un evento anormal, sino la operación de la ley del espíritu de vida en Cristo Jesús. Todo el proceso es asumido y glorificado.[10] Al igual que la etapa anterior, esta es también muerte al pecado, pero de manera diferente. Aquella fue una muerte al pecado como principio rector en el creyente individual; esta es muerte al pecado como una posibilidad eterna. Consecuentemente, la Biblia ahora considerará la muerte física en cierto sentido como un nacimiento, no como un nacimiento espiritual en el reino de Dios, sino un irrumpir de vida en el reino posterior al terrenal, un nacimiento en el reino de gloria. "Y si el Espíritu de aquel que levantó de los muertos a Jesús está en vosotros, el que levantó de los muertos a Cristo Jesús vivificará también vuestros cuerpos mortales por su Espíritu que está en vosotros" (Romanos 8:11).

EL ESTADO INTERMEDIO

Una vez ha quedado establecido el hecho de la inmortalidad del alma, el asunto que sigue es el que tiene que ver con la existencia consciente del alma entre la muerte y la resurrección del cuerpo. Todos los que aceptan la enseñanza de la Biblia como la Palabra de Dios, admiten también el hecho de un estado intermedio; pero hay un punto en el que las opiniones difieren, y es el que tiene que ver con la naturaleza de ese estado. (1) "Seol" se deriva de la palabra hebrea para "pedir", por lo que probablemente exprese el sentido del proverbio inglés que dice: "el sepulcro clama por más mientras más le ofrecen". El término unas veces significa, indefinidamente, el sepulcro, el lugar o estado de los muertos; otras veces, definidamente, el lugar o estado de los muertos al que el elemento de miseria y castigo le corresponden; pero no será nunca un lugar o estado de felicidad o de bien después de la muerte (compárese con Blunt, *Dictionary*). "Hades" es una palabra griega que se deriva del privativo *á*, y de *ideis*, y significa el mundo invisible de los espíritus que han partido. Los autores de la Septuaginta utilizaron este giro para traducir la palabra hebrea *Sheol*, como en Salmos 16:10 en comparación con Hechos 2:27. A. A. Hodge indica que la palabra ocurre solamente once veces en el Nuevo Testamento (Mateo 11:23; 16:18; Lucas 10:15; 16:23; Hechos 2:27, 31; 1 Corintios 15:55; Apocalipsis 1:18; 6:8; 20:13-14); y que en cada caso, excepto en 1 Corintios 15:55, donde las ediciones más críticas del original substituyen la palabra *zanatos* por la palabra *hades*, ésta se traduce como infierno, lo cual representa siempre al mundo invisible como bajo el dominio de Satanás, y como en oposición al reino de Cristo (cf. A. A. Hodge, *Outlines of Theology*, 435).[11] (3) "Paraíso", del griego *paradeisos*, es un vocablo que tanto el griego como el hebreo lo deben haber adoptado de algún idioma oriental. El término se refiere a un parque, o a un jardín placentero, y de aquí que los traductores de la Septuaginta lo utilizaran para representar el huerto del Edén (Génesis 2:8ss). "Paraíso" va a ocurrir sólo tres veces en el Nuevo Testamento (Lucas 23:43; 2 Corintios 12:4; y Apocalipsis 2:7), pero el contexto demuestra que en un caso está vinculado al "tercer cielo", y en los otros dos, con el "paraíso de Dios", en el cual crece el árbol de la vida, aunque en los tres casos es obligatoriamente una referencia a la vida más allá de la muerte.

Al discutir esta doctrina consideraremos, (1) el desarrollo histórico de la doctrina; y (2) algunas de sus implicaciones teológicas.

EL DESARROLLO HISTÓRICO DE LA DOCTRINA DEL ESTADO INTERMEDIO

En la teología histórica, la idea del Hades ha pasado por un número de modificaciones. Éstas las consideraremos en el siguiente orden: (1) La doctrina patrística del estado intermedio; (2) La doctrina herética del sueño del alma; (3) La doctrina católica romana de un lugar intermedio; y (4) La doctrina protestante de un estado intermedio.

La doctrina patrística del estado intermedio. Aunque el Antiguo Testamento enseña la doctrina de la inmortalidad del alma, el pueblo hebreo en general parece más o menos haberla pervertido en su manera de sostenerla. La creencia común parece haber sido la siguiente: que todas las almas, al morir, descendían al seol o Hades, una tenebrosa morada subterránea, en la que sus habitantes eran sombras, cuyo estado de existencia era uno de debilidad, impotencia y somnolencia. Hay ocasiones en las que los hebreos representaban al seol como dividido en dos departamentos: el paraíso, un lugar de gloria segura, y gehena, un lugar de tormento seguro. En el primero, también conocido como el seno de Abraham, estaban los judíos, o al menos aquellos que habían sido fieles a la ley; en el último estaban los gentiles. Los hebreos sostenían, además, que cuando viniera el Mesías, los judíos fieles serían resucitados y tendrían parte en su glorioso reino, pero que los gentiles serían dejados para siempre en el lugar de las tinieblas.

La doctrina de un estado intermedio era prevaleciente en la iglesia primitiva, como lo demuestran las numerosas referencias en los escritos de los padres de la iglesia. Pero, casi en su totalidad, sus enseñanzas eran similares a las del judaísmo tardío.[12] El Hades, o la región invisible, era un mundo de ultratumba, o reino de los muertos. Consistía en un lugar de recompensa y castigo parcial. Justino Mártir, al referirse al Hades, decía que "las almas de los piadosos están en un mejor lugar; las de los injustos y malos están en uno peor, esperando el tiempo del juicio". Tertuliano (220) expresa que "nadie, una vez ausente del cuerpo, habita de inmediato en la presencia del Señor, a menos que no sea por la prerrogativa del martirio, la que de inmediato le asegura un alojamiento en el paraíso y no en el Hades". Cipriano (258) parece haber asumido una posición distinta a la de Tertuliano, puesto que intima que los santos que parten irán inmediatamente a la presencia del Cristo. Orígenes (m. 254) enseñaba que, desde la resurrección de Cristo, el Hades ya no contenía las almas de los justos y que Cristo había transportado al paraíso aquellas de las edades anteriores.

La doctrina del sueño del alma. Según esta doctrina, el alma, durante el periodo intermedio, o se encuentra en un estado de sueño inconsciente conocido como *psicopaniquismo* (de *pannikhisein,* pasar toda una noche, y *psykhe,* alma), o se encuentra en un estado presente de muerte conocido como *zenetopsiquismo* (de *zanatos,* muerte, y *psykeh,* alma). La iglesia no ha adoptado de manera extensiva esta doctrina en ninguna de las dos formas, razón por la cual siempre ha sido considerada herética.[13] Sin embargo, la misma ha tenido en cada época quien la defienda. Orígenes, en el siglo tercero, escribiría en contra de una pequeña secta que sostenía esta doctrina; Calvino la combatió en el siglo diez y seis; y la Iglesia Católica Romana la condenó en varios concilios, siendo el de

Trento el más notable (1545-1563). La doctrina está basada en un juicio equivocado respecto a los pasajes de la Biblia que se refieren a la muerte como un dormir. La doctrina, aún más, presupone que el alma no puede conocerse a sí misma, ni en forma alguna manifestar energía, a menos que no sea por medio del cuerpo como su instrumento. Esta es la razón para que se considere que el alma, en el estado durante el cual se encuentra separada del cuerpo, esté dormitando o virtualmente muerta. Esta posición, sin embargo, es pura presuposición filosófica. Asume que, dado que el alma no puede funcionar excepto por medio del cuerpo con relación a las cosas materiales, tampoco puede funcionar aparte del cuerpo en las cosas espirituales. Este error queda refutado gracias a los argumentos que corrientemente se esgrimen en contra del materialismo. Pero la doctrina es también falsa desde el punto de vista de la exégesis. No hay interpretación posible que pueda hacer de la parábola del rico y Lázaro, una que apoye la doctrina del sueño del alma. Las palabras que Jesús dirigió al ladrón desde la cruz, tampoco tendrían significado alguno a menos que el ladrón fuera a estar conscientemente con Él en el paraíso. Todavía más, la declaración del apóstol Pablo en el sentido de estar ausente del cuerpo pero presente en el Señor, no se podría entender si tuviera que darse un intervalo de inconciencia entre los dos eventos.

La doctrina católica romana de un lugar intermedio. Desde los tiempos de Gregorio el Grande (c. 604), el purgatorio como un lugar intermedio ha sido una creencia igualmente vinculada con la del Hades como un estado intermedio. El purgatorio, según la manera en que la Iglesia Católica Romana elabora esta doctrina, y en cuanto a las almas de los seres humanos que han partido se refiere, parece incluir los siguientes departamentos.

1. El *limbus patrum,* que es un término que alude al estado de los justos que murieron con antelación a la primera venida de Cristo. Lo que se sostiene es que cuando Cristo descendió al Hades después de su crucifixión, libertó las almas de los patriarcas y cargó con ellas en triunfo hasta el cielo. Esta enseñanza, por supuesto, coincide con la enseñanza común de los judíos en lo que se refiere a los santos del Antiguo Testamento. Muchos sostienen que este compartimiento no existió más después de la ascensión, pero otros mantienen que las almas de los que desde ese momento han partido, están todavía recluidas en este estado intermedio en espera de liberación el día de la Segunda Venida.

2. El *limbus infantum,* el cual se refiere a la supuesta morada de las almas de los infantes que no fueron bautizados. No se le considera un lugar de sufrimiento, pero tampoco de felicidad. Tomás de Aquino estableció que, aunque a los infantes que no son bautizados se les priva eternamente de la felicidad de los santos, esta privación no les trae como consecuencia tristeza ni dolor alguno.

3. Al purgatorio se le considera como la morada intermedia de aquellos que mueren en paz con la iglesia, pero que necesitarán una mayor purificación antes de entrar en el estado final del cielo. La doctrina del purgatorio sostenida por los romanistas se resume justamente por Charles Hodge como sigue: "Estos enseñan: (1) Que es un estado de sufrimiento. La doctrina tradicional, aunque no simbólica, comúnmente aceptada sobre este particular es que el sufrimiento será por causa del fuego material. El propósito de este sufrimiento es tanto una expiación como una purificación. (2) Que la duración e intensidad de los dolores del purgatorio se dan en proporción a la culpa e impureza del que los sufre. (3) Que el único límite conocido o definido para la continuación del alma en el purgatorio, es el día del juicio. Los que han partido pueden permanecer en este estado durante unas pocas horas o por miles de años. (4) Que las almas del purgatorio pueden ser auxiliadas, es decir, que sus sufrimientos pueden mitigarse o su duración acortarse, gracias a las oraciones de los santos, pero especialmente gracias al sacrificio de la misa. (5) Que el purgatorio está bajo el poder de las llaves. Esto es, que es la prerrogativa de las autoridades de la iglesia, a su discreción, remitir parcial o totalmente la pena de los pecados por los cuales sufren las almas allí retenidas (Charles Hodge, *Systematic Theology*, III:749-750). Esta doctrina errónea surge de la creencia de la Iglesia Católica Romana, en que la expiación de Cristo está a nuestra disposición sólo en lo que respecta al pecado original y a la muerte eterna a la que se nos ha expuesto. Esto es, que Cristo nos libra sólo del *reatus culpae* o culpabilidad, más no del *reatus poenae* u obligación del castigo. En lo que respecta a los pecados después del bautismo, el ofensor debe hacer satisfacción por medio de la penitencia y de las buenas obras. Esta satisfacción debe completarse en esta vida si el alma ha de entrar al cielo; si no, la purificación entonces deberá completarse en el purgatorio. La eucaristía o misa es el sacrificio propiciatorio que tiene como fin asegurar el perdón de los pecados después del bautismo; pero dado que ello cobra vigencia según la intención de los sacerdotes, un sacerdote, si así lo desea, por su

intención, puede hacerlo aplicable a las almas en el purgatorio. El papa, puesto que es el vicario de Cristo en la tierra, posee en este sentido el pleno poder para perdonar los pecados; podrá eximir a los ofensores de la obligación de hacer sacrificios por sus ofensas. Contra esta doctrina, el protestantismo asumiría una postura sumamente enérgica.[15]

4. El cielo se define como el lugar y el estado en donde los bienaventurados están con Dios, en donde Jesús se entroniza con majestad, y en donde los ángeles y los espíritus de las personas justas se hacen perfectos. Es el lugar de la más elevada bienandanza. Los romanistas sostienen que hasta de entre los verdaderos creyentes mismos, sólo unos pocos entran inmediatamente a este lugar de perfecta bienandanza. Antes, tanto el justo como el malo, permanecen en un estado intermedio que, para el justo, se conoce como el paraíso, o el seno de Abraham, pero que para el malo, se denomina purgatorio. Es desde este estado intermedio que, en el juicio final, el justo va a su recompensa última, y el malo a su condenación eterna. Sin embargo, se mantiene que hay dos clases que pueden entrar al cielo previo a la resurrección: los que son perfectamente puros al momento de morir, y los que, aunque no eran perfectos cuando partieron de este mundo, han venido a serlo en el purgatorio.

5. Al infierno se le define como un lugar o estado en el que los ángeles malvados y los finalmente impenitentes de entre los humanos, sufrirán eternamente el castigo de sus pecados. Los sufrimientos de los perdidos se deberán a dos razones: (1) debido a la pérdida o privación que le niega la visión, el favor y la presencia de Dios; y (2) debido al castigo positivo, como lo serán los sufrimientos que trae el remordimiento, las malas pasiones y la desesperanza. Sin embargo, existen entre los romanistas diferencias sobre si el fuego que se menciona en esta relación es literal o es simbólico. Gousset dice que la iglesia no ha propuesto decisiones sobre el asunto. "Es de la fe", dice, "que los condenados serán privados eternamente de la felicidad del cielo, y que serán atormentados eternamente en el infierno; pero no es de la fe que el fuego que causa su sufrimiento sea material. Muchos doctores de la iglesia, cuyas opiniones no han sido condenadas, piensan que la expresión, 'donde el gusano nunca muere', es una figurada, así como lo es, 'el fuego que nunca se apaga'; asimismo que el fuego se refiere a un dolor análogo al del fuego, antes que al dolor real que produce el fuego. Aun así, puesto que la idea de que el fuego de que se habla sea fuego material real está tan generalizada entre los católicos, no nos aventura-

remos a adelantar una opinión contraria" (cf. Charles Hodge, *Systematic Theology*, III:747-748).

La doctrina protestante de un estado intermedio. El protestantismo ha retenido la idea de un estado intermedio, pero generalmente ha rechazado la idea de un lugar intermedio. Una manera de expresar la doctrina protestante común sería como sigue: (1) Que, a la hora de la muerte, las almas de los justos van inmediatamente a la presencia de Cristo y de Dios. La Biblia no hace mención alguna de una larga espera; antes enseñará claramente que estar ausente del cuerpo es estar presentes al Señor (2 Corintios 5:6-8). (2) Las almas de los que han partido existen en un estado consciente. Al referirse a los justos, el apóstol Pablo declara que nada nos separará del amor de Cristo (Romanos 8:38), lo cual equivale a decir que la relación moral y espiritual con Cristo es continua y sin interrupción. No hay provisión para un periodo en el que lo consciente se interrumpa. (3) Los justos que han muerto, no sólo están conscientes, sino que están en un estado de bienaventuranza y de reposo (Apocalipsis 14:13). (4) El estado intermedio no es el estado final de los creyentes. El ser humano es tanto cuerpo como espíritu, de aquí que habrá un elemento de imperfección en el estado en el que el espíritu se encuentre separado del cuerpo, el cual sólo podrá ser suplido por medio de la resurrección. Esta creencia en un estado intermedio es perfectamente consistente con la enseñanza protestante de que después de la Segunda Venida y la resurrección de los muertos, el estado del alma será todavía más exaltado y bendito.[16]

Lo que se ha dicho de los justos que han muerto, es igualmente aplicable al estado de los malos: (1) Que, al morir, las almas de los malos son desvanecidas de la presencia del Señor; (2) que los malos están conscientes de su existencia; (3) que este estado consciente es de sufrimiento y malestar; y (4) que el estado de los malos no es final, también serán resucitados, pero para vergüenza y desprecio eterno, y el juicio les fijará su condenación eterna.

ALGUNAS DE LAS IMPLICACIONES TEOLÓGICAS DE LA DOCTRINA DEL ESTADO INTERMEDIO

Hay ciertas preguntas que se desprenden de la discusión histórica anterior, las cuales, dada sus implicaciones teológicas, demandan consideración adicional. Nos referimos especialmente a tales preguntas como: (1) ¿Hay tanto un lugar intermedio como un estado intermedio? ¿Qué implicaciones teológicas y prácticas conlleva esta pregunta? (2)

¿Es el estado intermedio un periodo futuro de probatoria? Y (3), ¿es el estado intermedio uno de progreso y desarrollo? Estas son sólo algunas de las preguntas que surgirán con relación a este importante asunto.

¿Hay un lugar intermedio como también un estado intermedio?[17] Esta es una pregunta que ha captado el interés de muchas personas entendidas y piadosas, pero que no tendría valor a menos que no fuera por sus implicaciones prácticas. La Biblia dejará la cuestión sin decidir, puesto que algunos textos aparentaran favorecer un punto de vista, y otros, otros. El relato del rico y Lázaro (Lucas 16:29-31), favorece la idea de un lugar intermedio, al igual que las palabras de Cristo al ladrón en la cruz, "De cierto te digo que hoy estarás conmigo en el paraíso" (Lucas 23:43). El vocablo paraíso a veces se utiliza en un sentido de menos altura que el cielo; Jesús tampoco ascendió al cielo el día de su resurrección, como lo indican sus palabras a María: "aún no he subido a mi Padre" (Juan 20:17). En oposición a la idea de un lugar intermedio, podemos citar tales textos como el de las palabras del mártir Esteban, "Señor Jesús, recibe mi espíritu" (Hechos 7:59), y las del apóstol Pablo, "queremos estar ausentes del cuerpo y presentes al Señor" (2 Corintios 5:8). Estos pasajes parecen indicar que los buenos, al morir, van inmediatamente a la presencia del Señor. Pero alguien podría hacer la pregunta, ¿no implica un estado intermedio necesariamente un lugar intermedio? Pensamos que no. La creencia general de la iglesia es que, durante el estado intermedio, los seres humanos como personas están incompletos en tanto dure la separación de sus cuerpos y sus almas, pero lo incompleto se debe al estado o condición, y no al lugar. Es decir, que los justos y los malos en cada caso van a su lugar de morada final, aunque no por ello entren a su estado eterno. Esto último podrá tomar lugar sólo en el juicio final. La iglesia primitiva parece haber sostenido la creencia en un lugar intermedio debido a la influencia judía.[18]

Esta perspectiva de un lugar intermedio fue también sostenida en un periodo posterior, dado el fuerte apoyo de la doctrina católica romana del purgatorio. Las iglesias de la Reforma, sin embargo, la rechazaron, tanto por causa de su revuelta en contra de los abusos que le atañen a la doctrina del purgatorio, como por las implicaciones teológicas que conlleva. Enoch Pond resume estas implicaciones teológicas de la siguiente manera: "He examinado, en tan pocas palabras como sea posible, la cuestión de un lugar intermedio, pero no le he encontrado fundamento en la Palabra de Dios. Es de origen pagano antes que cristiano, y se ajusta mejor a un creyente en la mitología griega o romana que a un discípulo del Salvador. Considero, además, que la teoría presta una influencia peligrosa. Si pudiera admitirse generalmente por los cristianos evangélicos, a ellos le seguirían, no tengo dudas, las oraciones por los muertos, y la doctrina de un futuro periodo de prueba y restauración, incluso quizá todas las supersticiones que supone el purgatorio. Este es el curso que tomaron dichas cuestiones en la iglesia antigua, y con toda probabilidad sería el curso que de nuevo tomarían. Por tanto, 'retengamos la doctrina que hemos aprendido' sobre el particular, vale decir, las palabras de la Biblia y de la mayoría de nuestras confesiones protestantes de fe, y no seamos 'llevados por doquiera de todo viento de doctrina'" (Enoch Pond, *Christian Theology*, 552).

¿Es el estado intermedio un periodo de prueba futura? Tenemos que responder a esta pregunta que no puede haber un periodo futuro de prueba para los malos más allá de la sepultura. Esto es evidente por las siguientes razones: (1) Es irrazonable por ser innecesario. Dios puede extender durante esta vida el periodo probatorio tanto como desee; además, suponer otra probatoria da lugar a más problemas que soluciones. (2) El que la luz y la verdad han de abundar parecería hacer del mundo venidero uno inadecuado para un periodo de prueba. El que la luz haya de brillar con tanta refulgencia y gloria habrá de compeler antes que poner a prueba. Ahí hasta el diablo mismo creerá y temblará, aunque se encuentre distante del reino de gloria. (3) Si a los malos se les fuera a poner a prueba en el mundo venidero, ¿por qué no también a los justos? Si los malos pueden ser salvos después de morir, entonces, siguiendo el mismo razonamiento, el justo puede caer de nuevo y perecer. (4) Hay ocasiones en que los pecadores completan su probatoria antes de abandonar este mundo presente, como sería el caso de los que han cometido "el pecado imperdonable". (5) Los que creen en la restauración futura deberán obligatoriamente considerar los castigos del mundo venidero como totalmente disciplinarios, es decir, diseñados para el que los sufre y no para el bien público. Pero si esto fuera cierto, entonces no serían una maldición, sino una bendición. En cambio, se indica que los que habitan el infierno están bajo castigo de Dios (Judas 7), y que son objetos de su retribución (2 Tesalonicenses 1:8-9). (6) Si se dice que los pecadores sufren todo cuanto merecen previo a su restauración, entonces serían salvos por obras y no por gracia; una posición que está en completa discordancia con las ense-

ñanzas del Nuevo Testamento. (7) La Biblia enseña que "está establecido para los hombres que mueran una vez, y después de esto el juicio" (Hebreos 9:27). Aquí se hace evidente que entre la muerte y el juicio no habrá cambios importantes, lo que indica que los seres humanos están en probatoria sólo mientras estén en el cuerpo (2 Corintios 5:10). Además, si no hay recuperación de los pecadores en el juicio, ¿de qué valor será una segunda probatoria? (8) No habrá oportunidad alguna para que el malo se vuelva a Dios a través de un Mediador, puesto que, en el juicio, el reino de la mediación habrá llegado a su fin, dado que ha sido una provisión para la salvación de los perdidos (1 Corintios 15:24-28). Podemos también añadir que la idea de una probatoria más allá del sepulcro, que preceda al juicio final, no está en armonía con el tenor general de la Biblia, aunque tendremos que reservar este tema para tratamiento adicional en su vinculación con el estado final de los malos.[19]

¿Será el estado intermedio susceptible de progreso y desarrollo? Esta no es una pregunta meramente especulativa, ya que está ligada a la teoría sicológica y filosófica en lo que respecta al alma y su relación con el cuerpo. Aunque el protestantismo ha rechazado la doctrina del purgatorio, la cuestión de la actividad del alma en el estado de separación del cuerpo no deja de ser peculiarmente atractiva para los teólogos de mentalidad filosófica. Cuando el alma se separa del cuerpo como nexo racial, y se rompe el velo de la carne, se da "la soledad" que sustenta el capítulo de Olin A. Curtis sobre "El Significado Cristiano de la Muerte" (Olin A. Curtis, *The Christian Faith*, capítulo 20).[20] El obispo H. L. Martensen plantea justamente el problema como sigue: "Los que han partido son descritos en el Nuevo Testamento como almas o espíritus (1 Pedro 3:19-20); están despojados de lo corporal; ya han dejado atrás la total actividad de la plena luz del día, y ahora esperan el cuerpo nuevo y perfecto con el que serán 'vestidos'. Ese estado que sigue inmediatamente a la muerte debe ser, por consiguiente, uno de contraste directo con el presente. En contraste con el estado presente, ha de decirse que los que han partido se encuentran en una condición de reposo, en un estado de pasividad; y que les ha venido 'la noche… cuando nadie puede trabajar' (Juan 9:4). Su reino no es uno de trabajos y obras, puesto que ya no poseen las condiciones que hacen posible los trabajos y las obras. No obstante, viven una vida profundamente espiritual, ya que el reino de los muertos es un reino de subjetividad, un reino de pensar calmado y de ponderación propia, un reino

de memorias en el sentido pleno de la palabra, quiero decir, en aquel sentido en que ahora el alma entra en sus rincones más íntimos, y recurre a lo que es el fundamento mismo de la vida, el verdadero substrato y fuente de toda la existencia" (H. L. H. L. Martensen, *Christian Dogmatics*, 457-458). Curtis niega que el estado intermedio sea uno de segunda, o si quiera continua probatoria, pero sostiene que el mismo representa aquella provincia donde la persona ajusta su vida mental a su vida moral. Este mundo ha sido diseñado para la prueba ética, pero todos llegamos a la muerte con diversas clases de opiniones falsas o fragmentadas. Estas opiniones no determinan nuestra intención central, ni influyen sobre nuestros ideales morales, pero seguramente confunden la expresión de la intención, y la consistencia como un todo, en el momento en que ejercemos un juicio. "Por tanto", dice, "en el estado intermedio, nuestra relación con la verdad y la realidad se esclarecerá plenamente. Ya no habrá juicios imperfectos que se interpongan a propósitos perfectos. Ya no habrá en el ser humano significado moral alguno que quede oculto por una falsa opinión" (Olin A. Curtis, *Christian Faith*, p. 402).[21] Se ha de señalar, todavía más, que el esclarecimiento de la vida mental durante el estado intermedio podría resultar en un nuevo ajuste formal respecto a Jesucristo.

Pero aquí debemos volvernos de nuevo a la Biblia como nuestra autoridad en la enseñanza sobre este asunto. Ellas no nos dejan sin luz respecto al mismo. En el Apocalipsis se nos dice que los espíritus de los redimidos de entre los hombres, "siguen al Cordero por dondequiera que va" (Apocalipsis 14:4), y que, siendo que han lavado sus ropas y las han blanqueado en la sangres del Cordero, "lo sirven día y noche en su templo" (Apocalipsis 7:15). Hay otro caso en el que también se presenta claramente el rápido desarrollo dentro del estado intermedio. El apóstol Juan, al escuchar el ángel de Dios, dice: "Yo me postré a sus pies para adorarlo, pero él me dijo: ¡Mira, no lo hagas! Yo soy consiervo tuyo y de tus hermanos que mantienen el testimonio de Jesús. ¡Adora a Dios!" (Apocalipsis 19:10). El ángel había sufrido una transformación tal, que el Apóstol no lo reconoce como consiervo, sino que supone que es un ser divino que había que adorar. Luego, podemos bien creer que el estado intermedio será para el justo uno en el que se progresará en justicia, y para el malo, uno de progreso en la maldad.[22]

NOTAS BIBLIOGRÁFICAS

1. Hemos hablado de los medios de gracia, a través de los cuales el Espíritu Santo llama a la vida de fe, y la fortalece, y es indudable que gracias al uso devoto de los mismos es posible que cada creyente, y la iglesia toda, se eleve a un grado comparablemente alto de crecimiento espiritual. Con todo, la Biblia y la experiencia proclaman igualmente que la perfección en sí misma (en el sentido de libertad de las consecuencias del pecado), no se alcanza nunca de este lado de la sepultura; y en este sentido, el Israel del Nuevo Pacto es semejante al del Antiguo, un pueblo enfáticamente del futuro. Por tanto, este último capítulo, que también pertenece a la doctrina sobre la salvación, se encuentra en vínculo directo con el que le precede inmediatamente... La necesidad de comprender algo de las cosas del futuro es en realidad tan universal que toda forma de religión, no importa su grado de desarrollo, tiene sus propias expectativas escatológicas (J. J. Van Oosterzee, *Christian Dogmatics*, II:775).

2. La muerte como penalidad, ya sea física o espiritual, queda abolida en el evangelio de nuestra redención. (1) En el sentido más amplio posible, es anulada o quitada. No se escatimarán palabras cuando de la muerte que padeció el Salvador por la raza humana se trate. Cuando muere, lo hace bajo la maldición de la ley; paga por un pecado que no debe; y la humanidad completa como un todo es libertada de la sentencia original. Queda virtual y provisionalmente abolida para la familia entera de Adán. Nuestro Señor gustó la muerte por cada persona (Hebreos 2:9)... (2) Es verdaderamente abolida para todos los que están en Cristo. "El que cree en el Hijo tiene vida eterna". ...Así como es gradual la plena revelación de la muerte de la que somos salvos, es igualmente cierto que la abolición es condicional, y que se revela gradualmente, tanto en el alma como en el cuerpo. "En esperanza somos salvos". Esta es una ley que transcurre a través de la economía cristiana; sólo recibimos los primeros frutos, y cada bendición y cada liberación se dará a lo sumo únicamente como anticipo, "hasta la redención de la posesión adquirida". Mas el día llegará cuando todo rastro de esta sentencia será borrado. "Y el postrer enemigo que será destruido es la muerte" (1 Corintios 15:26). Lo fue también el primer enemigo destruido (William Burton Pope, *Compendium of Christian Theology* III:373.

3. La idea cristiana respecto a ser desvestido, es un avance respecto a cualquier previa revelación: el cuerpo es el único vestido que, plegado en la tumba, después será rehecho a la medida del espíritu desnudo. La muerte es descanso, como desde siempre: pero descanso en el servicio incesante del Señor. Es dormir: pero es dormir en Cristo. Sigue siendo la pena del pecado: pero dejó de ser sólo un castigo. Para los que creen en Cristo, la muerte ya no es muerte: no sólo se fue su aguijón, sino que su terror, esa sombra que la sigue, la segunda muerte, ha sido ya destruido: "Y todo aquel que vive y cree en mí, no morirá eternamente" (Juan 11:26). Finalmente, es más que, como para el Antiguo Testamento, "entrar por el camino que recorren todos" (Josué 23:14); es una partida o fallecimiento, pues que ambas palabras son una. Así se aplicó al caso de nuestro Señor: Moisés y Elías hablaban de la partida "que Jesús iba a cumplir en Jerusalén" (Lucas 9:31). Y entre las últimas alusiones a la muerte en el Nuevo Testamento, se le considerará sólo como la de un ser que es removido a otra esfera: "El tiempo de mi partida está cercano" (2 Timoteo 4:6), lo que hace de esta descripción la más sencilla y sublime que jamás se haya ofrecido a nuestra fe y esperanza (William Burton Pope, *Compendium of Christian Theology*, 375-376).

4. En nuestro día se considera de reconocimiento universal que no existe prueba independiente de la inmortalidad del ser humano, sino que la doctrina de la inmortalidad debe derivarse de la contemplación de la vida como un todo. En la perspectiva cristiana de la vida, la inmortalidad aparece por dondequiera. Se supondrá en la doctrina de la providencia especial, en la doctrina de la individualidad eterna de Cristo, en la elección de la gracia,

en la oración, en el bautismo, en la Santa Cena, todo lo cual debe su verdadero significado a la presuposición de que el individuo está destinado para salvación eterna, pero la idea general y fundamental descansa en la doctrina del ser humano creado a la imagen de Dios. Todas nuestras preguntas concernientes a la inmortalidad humana encontrarán su origen en nuestra idea de Dios. La concepción verdadera del ser humano estribará en que es el órgano de la revelación de la divinidad. Si Dios es meramente el espíritu impersonal del mundo, como mantiene el panteísmo, una universalidad impersonal, este espíritu impersonal no necesita sino instrumentos impersonales, canales intermedios, para su vida universal, los cuales poseerán sólo una inmortalidad transitoria, una inmortalidad limitada a ese solo momento cuando el Espíritu eterno brille a través de ellos, y esto sólo por un momento en la presencia del sol, así como el arco iris que se forma en las nubes. La deidad panteísta no tendrá cuidado de lo personal y monádico, puesto que ella es en sí misma impersonal. El Dios personal, por el contrario, no podría encontrar la forma perfecta de revelarse a sí mismo en seres que sólo fueran medios impersonales, sino en aquellos que lo fueran a su imagen, a los cuales se les asignaría como testigos permanentes de su eterno poder y deidad. El Dios de la revelación es amor, por lo cual tendrá interés en lo monádico, en lo diminuto e individual (H. L. Martensen, *Christian Dogmatics*, 452).

Mi creencia en la inmortalidad del alma se desprende de la idea de la actividad; así, cuando persevero hasta el fin en un curso de incesante actividad, tengo una especie de garantía de parte de la naturaleza de que, cuando la forma presente de mi existencia resulte en sí misma inadecuada para energizar mi espíritu, ella me proveerá de otra forma más apropiada. Cuando una persona es de la edad de setenta y cinco años, le es imposible no pensar de vez en cuando en la muerte. Cuando este pensamiento me alcanza, me deja en un estado de perfecta paz, pues que tengo la más segura convicción de que mi alma posee la esencia de lo absolutamente indestructible, una esencia que opera de eternidad en eternidad. Es como el sol, que a nuestros ojos terrenales desciende y se pone, aunque en realidad nunca lo hace, sino que brilla incesantemente (Goethe).

5. La historia de las religiones primitivas demuestra que la esperanza de inmortalidad no es peculiar del cristianismo, puesto que se encuentra expresada en religiones del más bajo orden. Entre el pueblo *Karen*, las almas de los muertos están supuestas a asumir diferentes aspectos, según lo determine su vida previa. Algunas llegan a ser espíritus divinos, mientras que otras, especialmente las culpables de asesinato y adulterio, asumen la forma de animales monstruosos. Los buenos se unirán a sus ancestros, pero los malos divagarán como inquietos fantasmas. Los del pueblo *Dyak* de Borneo creen que, a medida que el humo de la pira funeral de una persona buena se eleva, el alma ascenderá hasta el cielo, pero que el humo de la pira de una persona mala descenderá, y su alma será bajada junto al humo a la tierra, la misma que atraviesa en dirección a las regiones bajas. Los del pueblo *Kruman* sostienen que el alma de los muertos permanece por un tiempo cerca del fuego que se les enciende a los que se mueren, el que la calentará y la preparará para apreciar la nueva vida en la que ha nacido. "La idea de una vida futura en el credo de los primitivos", dice Pressense, "es inseparable de la idea de Dios".

Víctor Hugo (1802-1885) nos regala este sublime pasaje tocante a su propia fe en la inmortalidad. "Siento en mí mismo la vida futura. Soy como el bosque que ha sido cortado más de una vez. Los nuevos retoños son más fuertes y vigorosos que nunca. Me elevo, lo sé, hacia el firmamento. El sol brilla sobre mi cabeza. La tierra me da su savia generosa, pero los cielos me alumbran con el reflejo de mundos desconocidos. Alguien dirá que el alma no es otra cosa que lo resultante de los poderes corporales. Pero, ¿por qué es que cuando mis poderes corporales comienzan a flaquear, mi alma se torna más luminosa? El invierno está en mi cabeza, pero la primavera está en mi corazón. Así, pues, respiro en esta hora, según lo hice a los veinte años, la fragancia de las lilas, de las violetas y de las rosas.

Lo más que me acerco al final, lo más claro que escucho a mi derredor las sinfonías inmortales de los mundos que me invitan. Es maravilloso y a la vez sencillo. Es cuento de hadas y a la vez historia. Por medio siglo he estado escribiendo en prosa mis pensamientos, y en verso, y en historia, y en filosofía, y en drama, y en romance, y en costumbrismos, y en sátira, y en oda, y en canción, todo lo he intentado. Pero siento que no he dicho ni la milésima parte de lo que hay en mí. Cuando descienda al sepulcro diré, como muchos otros, "He completado las tareas del día, pero no puedo decir que 'he completado mi vida'. Mis tareas del día comenzarán de nuevo la mañana siguiente. La tumba no es un callejón sin salida; es una avenida. Se cierra con el crepúsculo para abrirse con la aurora. Soy mejor hora por hora, puesto que amo a este mundo como mi patria. Mi obra apenas comienza. Mi monumento apenas rebasa sus cimientos. Me alegraría verlo construirse y crecer eternamente. La sed por lo infinito es prueba de lo infinito".

6.   James H. White, utilizando las palabras y las frases que describen lo que son sus condiciones y pertenencias, ha agrupado como sigue los pasajes bíblicos que señalan la continua existencia del alma:

(1) Su existencia no depende del cuerpo, puesto que continúa después de la muerte del cuerpo. El humano puede matar el cuerpo pero no el alma (Mateo 10:28). El alma vive aunque el cuerpo haya muerto (Mateo 22:32). El alma es capaz de sufrir aunque el cuerpo esté muerto y sepultado (Lucas 16:23). El cuerpo está muerto pero el alma está en el paraíso (Lucas 23:43). Esteban muere pero su alma es recibida en el cielo (Hechos 7:59). El alma puede estar ausente del cuerpo pero presente en el Señor (2 Corintios 5:8). Dicho estado es mejor que el actual (Filipenses 1:23).

(2) Su existencia es continua, puesto que puede sufrir castigo eterno o continuo (compárese Mateo 18:8 y 25:41). "Irán estos al castigo eterno", literalmente, a sufrir un castigo permanente (Mateo 25:46). De hecho, en este texto del Nuevo Testamento se nos habla de "castigo eterno" y de "vida eterna" (compárese Marcos 3:29; 2 Tesalonicenses 1:9; Judas 13; y Apocalipsis 14:11).

(3) Su existencia continúa, puesto que puede disfrutar una vida que siempre permanece. Son numerosos los pasajes donde lo eterno y lo permanente se vincula con la vida futura y el gozo de los santos. No necesito ofrecer sino unos pocos de ellos: Mateo 25:46; Juan 6:27; Gálatas 6:8; Tito 3:7; Hebreos 9:15; y 2 Pedro 1:11. Con estos basta. Dios no quiere que seamos ignorantes "sobre los que duermen", razón por la cual nos ha dado el testimonio seguro de su Palabra (citado en *Faith Made Easy*, por Potts, 448).

7.   La salida del "hombre espiritual", y la del "hombre natural", del mundo presente, no son de la misma índole. La salida de cada uno marca una época en la historia de la existencia humana. Ninguna de las dos representa la extinción o cese del ser. Sin embargo, la primera consiste en una época gobernada por la ley de la vida en Cristo Jesús, en tanto que la otra consiste en una época determinada por la operación de la ley del pecado. A la salida del "hombre natural" se le denomina propiamente "muerte". La muerte y el pecado, en cuanto a clase, son lo mismo, siendo el pecado la simiente de la muerte, y la muerte el amargo fruto del pecado. Una época de transición del mundo presente al mundo del futuro no es de por sí anormal o contraria a la naturaleza. La especulación cristiana seria, aquella que se justifica en la historia del Hijo del Hombre, puede enseñar que la idea divina de la historia humana había ordenado esta transición. La tipificó la transposición de Enoc y Elías, y la demostró la ascensión de nuestro Señor. Una época así de partida normal, se tornó anormal como consecuencia de la entrada del poder dañino del pecado; y por tornarse anormal, el cambio adquiere este carácter falso el cual llamamos muerte... La vida de Jesús, por el contrario, es la vida humana ideal. Él reafirma la ley original y la teleología original del ser humano, según fue formada a la imagen de Dios, tanto en su historia sobre la tierra como en su salida de esta tierra. Su salida fue en un respecto la

época normal de transición del ámbito inferior al ámbito superior, el cual la ley original de la humanidad anticipaba y demandaba. Si se le considera bajo este aspecto, la época será considerada como la resolución orgánica del orden terrenal en el orden celestial de la existencia humana ideal (E. V. Gerhart, *Institutes of the Christian Religion*, II:773-774).

8. Olin A. Curtis, en su capítulo sobre, "El Significado Cristiano de la Muerte", trata el asunto de la muerte corporal en lo que respecta a, (1) su significado personal, (2) su significado moral, y (3) su significado racial. Primero, en lo que respecta al significado personal de la muerte corporal, Curtis establece que es esa provincia del cuerpo que provee al ser humano de la maquinaria de la expresión personal; este es un punto que, si uno lo tiene claro en la mente, asume un gran significado personal. En la experiencia de la muerte corporal, la persona atraviesa por primera vez por la experiencia de estar absolutamente solo. En la medida en que se permanecía en el cuerpo, quedaba algo que se podía escuchar o tocar. Un ser humano puede dejar de tener comunión con otros seres humanos, y por consecuencia pensar que ha agotado la tortura de la soledad. Pero no la ha agotado, puesto que todavía puede ver el sol, o escuchar el trueno, o sentir el viento en su rostro. Estas son cosas que, por supuesto, no suplen en lo absoluto su necesidad personal, aunque en realidad ocupen su atención, y al hacerlo lo protejan de la soledad de la introspección más profunda. Pero es en la muerte en donde el cuerpo es arrancado, y en donde la persona queda sin ninguna protección. Todo lo que le queda es su propia y aislada pobreza de persona, una personalidad solitaria y sola al alcance del Infinito. Segundo, el ser humano, en la hora de la muerte, no sólo está absolutamente solitario, sino que está solo con su propia conciencia. No hay nada que lo proteja ni por un solo momento de la violencia del asolamiento moral. Ahora más que nunca, este pecador solitario necesita la presencia de Dios, pero la muerte está vacía del Dios amigo. La muerte del ser humano manifiesta la ira santa de Dios. El ser humano debe ahora enfrentar apremiante y definitivamente la insistencia del pesar moral de Dios antes que la puerta final del destino se cierre. Tercero, la muerte del cuerpo tiene también un significado racial, dado que el cuerpo es el nexo racial. La muerte física no sólo aísla la persona individual, sino que también la desprende de la raza. Es ahora una persona sin raza; la solidaridad de la raza adánica que servía de base a las relaciones es destruida por la muerte corporal. Uno a uno, la muerte despoja a los humanos de sus relaciones raciales, arrojándolos al aislamiento de la cruda existencia personal, mientras esperan en su calidad de personas responsables el juicio final (Olin A. Curtis, *The Christian Faith*, 295-296).

9. Por tanto, de Jesucristo como la cabeza de la nueva raza, nosotros predicamos sólo la vida. "Yo soy la vida". Cristo anula la ley del pecado al cumplir en la humanidad la ley de la santidad, y destruye la muerte al vivificar y perfeccionar la vida eterna. "El hombre espiritual", puesto que pertenece al destructor del pecado y de la muerte, vive la vida del Conquistador ascendido. El fin de su historia terrenal no es la muerte, sino la época en la cual, por un lado, se da la victoria sobre la maldición del pecado, y por otro, se da la transición de un plano más bajo de vida eterna, a otro más elevado (E. V. Gerhart, *Institutes of the Christian Religion*, II:777).

Es abundante y sumamente impresionante la luz en la que se presenta la muerte del cristiano, pues no es algo que en lo absoluto haya sido abolido, sino que es algo que ha sido incluido en el plan divino para el individuo lo mismo que para la raza.   Se la ha incluido como parte de la disciplina probatoria de los creyentes. Por tanto, habrá que valorarla y dignificarla como parte de la comunión que se tiene con Cristo... Ese elemento desconocido de lo que Él sufrió, el cual contrarrestó la muerte eterna del pecador, es imposible que lo compartamos, pero sí podemos compartir su entrega física a la muerte, lo cual nos permite amistarnos con ella... No hay virtud alguna de la vida cristiana que no se haga perfecta en la muerte, no porque la muerte sea ministro del Espíritu para destruir el pecado, sino porque es el último acto y la última oblación del espíritu puro, en la cual el sacrificio del todo se hace perfecto en uno. Por tanto, la muerte es el fin señalado de la prueba humana. Se pueden imaginar otros métodos de establecerle límite a la carrera probatoria: este es el fin señalado desde que el pecado y la redención comenzaron. La ejecución misma de la condenación se convierte en la meta del destino, en el cual la sentencia es finalmente revertida. Y así, en cierto sentido, la muerte es el juicio preliminar y decisivo para cada individuo sobre la tierra que conoce el vínculo entre el pecado y la libertad (William Burton Pope, *Compendium of Christian Theology*, 374-375).

10. Olin A. Curtis objeta a que se idealice la muerte como si fuera un evento amigable y hasta hermoso, lo cual hacen algunos escritores filosóficos y poéticos. "Esta idealización poética", dice, "no debe explicarse a partir del temperamento natural del poeta... sino por el hecho de que es (con sus notables excepciones) un místico pagano a quien un ambiente cristiano lo ha poseído de una superficial esperanza. Este es el optimista fácil, quien nunca ha pagado el precio ético de un profundo optimismo" (Olin A. Curtis, *The Christian Faith*, 281).

11. A través de la Biblia, desde Génesis hasta Apocalipsis, los seres humanos cuyas almas han partido se nos representan como congregándose en un vasto receptáculo, las condiciones interiores del cual difieren mucho en los dos Testamentos, y varían dentro de uno y el otro respectivamente. A medida que la revelación procede, se da en los dos Testamentos un aumento continuo de luz, aunque hasta en sus develamientos finales deja mucha oscuridad, la cual sólo la venida del Señor disipará. Lo que se hace ciertamente patente es que el estado intermedio está bajo el control especial del Redentor, como Señor de todos los muertos que jamás hayan partido de este mundo; que los que han partido en incredulidad están en condición de aprisionamiento en espera del juicio final, pero que los que han muerto en la fe están en el paraíso, mejor dicho, con Cristo, en espera de su consumación; y que la resurrección universal pondrá fin tanto a la muerte como al estado de los muertos que están separados del cuerpo. Hay algunas pistas que el Nuevo Testamento nos deja en lo que toca a la personalidad consciente de los súbditos del reino del Señor en el Hades, las cuales han sido constituidas en base de determinaciones doctrinales, instituciones eclesiásticas y teorías especulativas, pero eso es algo que pertenece al departamento de la teología histórica (William Burton Pope, *Compendium of Christian Theology*, III:376).

12. Las opiniones de los primeros padres de la iglesia en lo que concierne a la morada del alma en el estado durante el cual ha sido separada del cuerpo entre la muerte y la resurrección, fueron un tanto fluctuantes. La idea del Hades, o infierno, como lugar en el que habitaban los espíritus que habían partido, le era familiar tanto a la mente hebrea como a la griega, pero a medida se transfirió al cristianismo tendió a la doctrina de un estado intermedio entre esta vida terrenal y la morada eterna que se le asignaría al alma el día del juicio. Justino Mártir representa a las almas de los justos como si adquirieran una morada temporal en un lugar de felicidad, y a la de los malos en uno de infelicidad. Además, va a infligir el estigma de herejía a la doctrina de que las almas sean recibidas inmediatamente en el cielo cuando mueren. Tertuliano sostenía que los mártires iban de inmediato a la morada de los bienaventurados, pero que ello era un privilegio peculiar de los mártires, el cual no se les concedía a los demás cristianos. Cipriano, por otro lado, nada decía de un estado intermedio, sino que expresaba la creencia certera de que los que morían en el Señor, fuera por pestilencia o de cualquier otra manera, serían de inmediato llevados a su presencia. En la escuela alejandrina, la idea de un estado intermedio dio paso a la de una purificación gradual del alma, lo cual preparó el camino para la doctrina posterior del purgatorio. La doctrina de un estado intermedio no sólo se sostendría durante el periodo de las controversias (250-730 d.C.), sino que adquiriría mayor autoridad e influencia. Ambrosio enseñaba que al alma se le separaba del cuerpo en la muerte, y que tras el cese de

la vida terrenal se le mantenía en una condición ambigua, en espera del juicio final. Agustín señalaba "que, el periodo que interviene entre la muerte y la resurrección final del ser humano, retiene a las almas en receptáculos secretos donde se les trata según su carácter y conducta en la carne". "La mayoría de los escritores eclesiásticos de este periodo", observa Hagenbach, "creían que las personas no recibían su plena recompensa hasta después de la resurrección del cuerpo. Pero esto no implica que aquí y allá no hubiera voces que disintieran. Gregorio de Niza iba a suponer que las almas de los justos antes de la resurrección del cuerpo serían admitidas de inmediato en la presencia de Dios, en cuya opinión parecía tener el apoyo de Gennadio y Gregorio el Grande. Eusebio igualmente declaró que Elena, la madre de Constantino, fue inmediatamente a Dios, y fue transformada en sustancia angelical. Durante la Edad Media y en la iglesia papal, es obvio que se retuvo la doctrina del estado intermedio, y que se la defendió como vinculada a la del purgatorio" (William G. T. Shedd, *History of Christian Doctrine*, II:400-403).

13. E. Y Mullins señala que en el Nuevo Testamento no existe base para lo que se conoce como la doctrina del "sueño del alma". En efecto, hay pasajes bíblicos que aluden a la muerte como un sueño, pero ninguno de ellos indica que el alma duerma. La alusión es a la personalidad como un todo, ya que el sueño como una figura de lenguaje deberá interpretarse en armonía con las enseñanzas generales del Nuevo Testamento. Dormir significa "no estar vivo respecto a los alrededores". Una persona dormida no sabe nada de las actividades que lo rodean. Por lo tanto, la muerte es un sueño en el sentido de que los seres humanos viven en función de un nuevo entorno, puesto que han sido desligados del entorno de la vida presente. Hay un pasaje en el que la idea de la muerte en el sentido de dormir, y la de estar en comunión consciente con Cristo, se combinan en una misma declaración: en 1 Tesalonicenses 5:10 el Apóstol habla de Cristo como "quien murió por nosotros para que ya sea que vigilemos, o que durmamos, vivamos juntamente con él" (E. Y. Mullins, *The Christian Religion*, p. 461).

14. La doctrina de que el alma existe en un estado de reposo inconsciente durante el intervalo entre la muerte y la resurrección, supone con razón que el alma es una sustancia distinta del cuerpo. Es, pues, una doctrina que tendrá que diferenciarse de la teoría materialista que asume que así como la materia exhibe el fenómeno de magnetismo o luz en ciertos estados y combinaciones, también exhibe en otras combinaciones el fenómeno de la vida, y en otras el fenómeno de la mente, por lo que esta actividad vital, y la mental, son igualmente el resultado del efecto de los arreglos moleculares de la materia, como lo son todas las operaciones físicas del mundo exterior. Dado que, según este punto de vista, sería absurdo hablar del sueño o quietud del magnetismo o la luz, una vez que las condiciones de su existencia no existan, sería también igualmente absurdo, según esta teoría, hablar del sueño del alma una vez que el cuerpo se haya disuelto. ... "El punto más filosófico respecto a la naturaleza del vínculo entre la vida y su base material es aquel que considera la vitalidad como algo sobreañadido y ajeno a la materia por medio de la cual los fenómenos vitales se manifiestan. El protoplasma es esencial como el medio físico a través del cual la acción vital podrá manifestarse, así como un conductor resulta esencial para la manifestación del fenómeno eléctrico, o como los pinceles y los colores resultan esenciales para el artista. Por el hecho de que el metal conduzca la corriente eléctrica, y la haga perceptible a nuestros sentidos, a nadie se le ocurriría asegurar que la electricidad sea una de las propiedades inherentes del metal, como tampoco nadie se sentiría inclinado a asegurar que la facultad de pintar fuera inherente al pelo de camello o a los pigmentos muertos. En todos estos casos hay una fuerza activa y viviente detrás del substrato material, y no tenemos derecho de asumir que la fuerza deja de existir cuando su base física se remueva, aun cuando ya no sea perceptible a nuestros sentidos" (cf. Nicholson, en Charles Hodge, *Systematic Theology*, 731).

15. El Artículo VIII de la Profesión de Fe Tridentina dice así: "Creo firmemente que hay un purgatorio, y que las almas allí detenidas son auxiliadas por los sufragios de los fieles. Asimismo, que los santos que reinan con Cristo han de ser honrados e invocados, que ofrecen oraciones a Dios por nosotros, y que sus reliquias han de tenerse en veneración". Esta es una declaración general, ya que no se hace mención alguna de si estas almas existen en un estado de miseria o de felicidad. Sin embargo, en el catecismo del Concilio de Trento, preparado por orden de los padres, la declaración es más explícita. "Existe un fuego de purgatorio en el que las almas de los justos son purificadas por medio de un castigo temporal, con el fin de que se les dé entrada al hogar celestial donde lo sucio no tendrá lugar. Y la verdad de esta doctrina, la cual los santos concilios declaran que está confirmada por el testimonio de la Biblia y de la tradición apostólica, el pastor tendrá que declararla más diligente y frecuentemente, pues que hemos caído en tiempos en los que las personas no soportan la sana doctrina" (*Tridentine Catechism,* capítulo VI).

   El purgatorio, como doctrina cristiana asumida, es peculiar del romanismo. No tiene lugar en el credo de ninguna otra iglesia, aunque puede ser que miembros individuales de algunas la sostengan. Los cristianos, según el romanismo, se componen de dos clases: los imperfectos, y los verdaderamente buenos. Los primeros tienen impurezas que deberán ser limpiadas, y pecados veniales que deberán ser expiados por medio del sufrimiento penal que prepara para el cielo. Aún el verdaderamente bueno, a pesar de que está libre de la culpa de los pecados mortales, todavía tiene merecimientos de castigo temporal que deben ser expiados. El purgatorio provee para las dos clases, ya que en sus fuegos penales y purificadores tanto los de una como los de la otra pueden lograr prepararse para el cielo. Pero provee sólo para los que la iglesia romana reconoce como cristianos. De aquí que el purgatorio no tenga vínculo con la doctrina de una segunda probatoria (John Miley, *Systematic Theology,* II:438).

16. En la iglesia protestante se rechazó la doctrina del purgatorio, aunque aparecieron algunas diferencias de sentir respecto al estado intermedio. Calvino combatió la teoría del sueño del alma entre la muerte y la resurrección, la cual había sido revivida por algunos de los anabaptistas suizos, por lo que argumentó en favor de lo plenamente consciente del espíritu que se separa del cuerpo. La segunda Confesión Helvética rechaza expresamente la noción de que los espíritus que han partido reaparezcan en la tierra. Algunos teólogos hicieron esfuerzos de establecer una distinción entre la felicidad que goza un espíritu desprovisto del cuerpo y la que experimentará después de la resurrección del cuerpo. También establecían una diferencia entre el juicio que ocurre cuando cada individuo muere, en el cual se decide inmediatamente su destino, y el juicio general al fin del mundo. Hablando generalmente, es en la división luterana de los protestantes donde la doctrina de un estado intermedio ha encontrado su mayor favor. En la iglesia británica, y desde el tiempo de Loe, la doctrina ha encontrado algunos defensores, principalmente entre la porción que se caracteriza por los puntos de vista de la alta iglesia y la tendencia al catolicismo romano. Los seguidores de Swedenborg adoptaron el principio, pero de manera altamente cruda y materializada (William G. T. Shedd, *History of Christian Doctrine,* II:402-403).

17. Luego, de acuerdo con la doctrina del Nuevo Testamento, no hay un tercer lugar, o punto medio entre el cielo y el infierno, o entre ser feliz y miserable, aunque hayan grados muy diferentes tanto de lo uno como de lo otro. La condición intermedia de la que hemos hablado no debe entenderse como que implique nada parecido. Con todo, una opinión así echó pie muy temprano en la iglesia cristiana. Fue esto lo que hizo surgir la costumbre de orar por los muertos, puesto que las personas fueron lo suficientemente necias como para imaginar que hubiera lugar para alcanzar una alteración en el destino todavía indeciso de los espíritus que han partido, donde lo cierto es que su destino deberá depender solamente

de sus propias acciones durante la vida presente. Esta costumbre se había tornado muy generalizada para la cuarta centuria, tiempo en que Aerio, presbítero de Ponto, se le opondría, según aprendemos del testimonio de Epifanio, quien estaba muy indignado con él por esta causa. En el siglo quinto, Vigilanto, un presbítero español, también se le opuso, en respuesta al cual Jerónimo escribió un virulento libro. La doctrina sería traída después como vinculada a la del purgatorio, a lo cual le seguirían las misas por las almas como un sacrificio por los que habían partido. Hasta entre los judíos de Grecia se encontrarían rastros de oración por los muertos [cf. 2 Macabeos 12:43-46] (George Christian Knapp, *Christian Theology*, 350).

18. Se habla de los santos que están unidos a Él en vida y en muerte como aquellos que "duermen en Jesús". Él es su *koimeterion* o cementerio, en donde el sueño es vida y la vida es sueño. El idioma presente de las epístolas alude a la muerte de los santos como una partida "para estar con Cristo", un entrar en "una casa no hecha de manos, eterna en los cielos", y el logro de un estado casi consumado en "la congregación de los primogénitos que están inscritos en los cielos", donde se encuentran "los espíritus de los justos hechos perfectos". Todo esto parece no ser consistente en ningún sentido con una localidad que corresponda al mundo de ultratumba del seol. De hecho, el término Hades hubiera casi desaparecido, excepto en el simbólico Apocalipsis, a no ser por la declaración explícita de que en la resurrección se le privará de la victoria: "¿Dónde está... sepulcro [Hades], tu victoria?" Con la resurrección del Señor, parece que el paraíso también se ha elevado a un bajo cielo, como si fuera el tercer cielo, si no el séptimo. Se provee una clave sobre la elevación del paraíso cuando se dice que "los sepulcros se abrieron y muchos cuerpos de santos que habían dormido, se levantaron, y después que él resucitó, salieron de los sepulcros". Estos "santos" pueden haber sido las misteriosas y simbólicas primicias, cuyos espíritus, unidos de nuevo a sus cuerpos, "aparecieron a muchos" de camino con Cristo desde el paraíso al cielo. Del impío separado del cuerpo nunca se habla, a menos que sea como estando generalmente o por implicación en el Hades (William Burton Pope, *Compendium of Christian Theology*, III:379-380).

    Aunque no hay un lugar intermedio en donde el alma esté recluida entre la muerte y la resurrección, no hay un *limbus patrum,* justo debajo del cielo; no hay un *limbus infantum* para los niños sin bautizarse; o un purgatorio, justo encima del infierno, para los cristianos sin santificarse, según el sueño de los papistas, con todo, está el estado intermedio, el que algunos extrañamente han confundido con el lugar intermedio, el hades, sepulcro o dormitorio de las almas, respecto al cual la Biblia guarda silencio (Thomas O. Summers, *Systematic Theology*, I:351).

19. La Biblia no anuncian probatoria alguna después de la vida presente. Lo más que se puede pretender es que meramente lo sugiera, y en realidad es raro que algo más que esto se pretenda. En lo que respecta a una declaración explícita en favor de una segunda probatoria, el silencio de la Biblia es total. ¿Pero cómo? Un periodo de prueba, con sus privilegios y responsabilidades, es algo que nos preocupa profundamente. No hay un periodo de nuestra existencia que esté cargado de mayor interés. La Biblia está repleta de estas posiciones sobre nuestra presente probatoria. Nos piden constantemente que le pongamos atención, puesto que implica las responsabilidades más solemnes de la vida presente, y los intereses más profundos de la vida futura. En una probatoria futura debería haber una renovación de todo lo que nos haya preocupado tan profundamente durante una probatoria presente, en cambio, una palabra explícita respecto a esta, no la hay. Ese silencio de la Biblia es totalmente irreconciliable con la realidad de esta probatoria (John Miley, *Systematic Theology*, II:435).

20. Olin A. Curtis dice, "No importa lo que uno piense sobre la doctrina del estado intermedio meramente desde la perspectiva religiosa, no deja de ser considerable su im-

portancia cristiana. Hasta que no se haya captado el significado peculiar de esa experiencia personal entre la muerte y la resurrección, nadie podrá ver la totalidad del cristianismo; nadie podrá comprender la filosofía de la fe cristiana. El teólogo sistemático está acostumbrado a considerar el estado intermedio como un fragmento doctrinal de la escatología, pero para mí el vínculo más profundo es soteriológico". Curtis observa cinco detalles que deben considerase en una doctrina constructiva: (1) se deberá proteger el espíritu ético del Nuevo Testamento; (2) le deberemos dar a esta vida terrenal su significado filosófico pleno; (3) en este mismos espíritu de la economía cristiana, le deberemos dar también al estado intermedio su significado filosófico pleno; (4) se deberá mantener cuidadosamente la perspectiva ya lograda de la personalidad y la vida corporal; y (5) se deberá construir la doctrina de manera que proteja el inmenso hincapié que hace el cristianismo en la muerte (Olin A. Curtis, *Christian Faith*, 397-398).

En tanto y en cuanto permanece en este presente mundo, el ser humano se encuentra en un reino de lo externo que le permite escapar de la contemplación y el conocimiento de sí mismo a causa de las distracciones del tiempo y del ruido y tumulto del mundo; pero, al morir, entra en un reino que es lo opuesto de todo esto. El velo que este mundo de los sentidos, con sus multiformes movimientos, variados e incesantes, extiende con influencia suavizante y sedativa sobre la dura realidad de la vida, respecto a la cual el ser humano con facilidad esconde lo que no quiere ver, ese es el velo que queda rasgado delante de él al morir, lo que hace que su alma se encuentre a sí misma en un reino de realidades puras. Las voces multiformes de esta vida mundanal, las cuales resonaron en la vida terrenal junto a las voces de la eternidad, enmudecen, y la voz santa ahora resuena sola, sin que el tumulto del mundo pueda ya jamás silenciarla. Por esto el reino de los muertos vendrá a ser un reino de juicio. "Está establecido para los hombres que mueran una sola vez, y después de esto el juicio" (H. L. Martensen, *Christian Dogmatics*, 458).

21. Después de la muerte, la diferencia en principio entre los hijos de la luz y los hijos de las tinieblas, la cual ya existió aquí abajo, continuará desarrollándose aún más. Y el individuo se encontrará ubicado en un estado de retribución muy real y justo, tanto con relación a Dios como a sí mismo. La cortina impenetrable de la muerte caerá sobre el camino ancho como sobre el angosto. Pero, ante esta cortina, el primer paso al cruzarla será lindero inmediato del último. La muerte alterará nuestra condición y nuestro entorno, pero no nuestra personalidad. La individualidad, la conciencia de sí mismo, y la memoria, permanecerán (J. J. Van Oosterze, *Christian Dogmatics*, II:781).

William Burton Pope advierte que la Biblia señala "un progreso en las bienandanzas y en el desarrollo de la energía moral durante el estado en el que los espíritus están despojados de sus cuerpos. Estos espíritus tienen la disciplina de la esperanza, pero de una esperanza que todavía no es eterna en los cielos, aunque ya ha dejado de ser probatoria. Esperan por la consumación, la de su Señor y la de ellos mismos. Y su progreso en la vida espiritual no es sencillamente aquel que será perenne después del juicio, sino el del avance de etapa en etapa que es peculiar al estado intermedio. El tiempo ya no está delante de ellos, pero también lo está; el día de la eternidad no ha llegado todavía plenamente (William Burton Pope, *Compendium of Christian Theology*, III:384).

Steffens llama la atención al hecho de que lo que es una evolución dentro de nuestros pensamientos, es decir, un crecimiento y desarrollo, en el estado intermedio deberá perfeccionarse a sí mismo al venir a ser una involución cada vez más intensa.

22. **LA DOCTRINA DEL PURGATORIO**

I. *La historia de la doctrina.* La idea de la purificación mediante el fuego le era familiar a la mentalidad griega, siendo Platón el que la toma y la hace parte de su filosofía. Este enseñaba que nadie podía llegar a ser perfectamente feliz después de morir si no se expiaban sus pecados, y que si no podían ser expiados por ser demasiado colosales, los sufrimientos de uno no tendrían fin. El hecho de que Judas Macabeo envió dinero a Jerusalén que pagara porque se ofrecieran sacrificios por los pecados de los muertos, permite inferir que esta doctrina transitó de los griegos a los judíos. También está el hecho que los rabinos enseñaban que los niños, mediante ofrendas por el pecado, podían mitigar los sufrimientos de sus padres ya fenecidos. Parece que se pensaba que el paraíso estaba rodeado por un mar de fuego en el cual las manchas del alma deberían ser consumidas antes de su admisión al cielo. Esta era la razón para que se enseñara que todas las almas que no eran perfectamente santas deberían lavarse en el río de fuego del gehena, tras lo cual los justos serían raudamente limpiados, mientras que los malos serían dejados indefinidamente en ese lugar de tormento.

La doctrina de un purgatorio que purifica, fue inicialmente considerada por Clemente de Alejandría en el siglo tercero. Clemente hablaba de un fuego espiritual en este mundo, y Orígenes, quien lo siguió en este particular, sostenía que ese fuego purificador continuaba más allá de la sepultura. En la iglesia primitiva existieron dos teorías que, distintas una de la otra, no se excluían necesariamente, sino que, en muchos casos, pudieron haberse sostenido de manera conjunta. La primera era la del purgatorio del día del juicio, la cual se fundamentaba en las palabras del apóstol Pablo, tomadas literalmente, de que "la obra de cada uno... por el fuego será revelada", y que hasta los que han edificado con madera, heno y hojarasca, serían salvos, si habían edificado sobre el fundamento correcto, salvos, aunque así como por fuego (1 Corintios 3:11-15). Tanto Hilario como Ambrosio hablan de lo severo de la purificación del día del juicio. Orígenes habla a menudo del fuego del día juicio, a través del cual aun San Pedro y San Pablo deberán pasar, aunque estos habrán de escuchar las palabras, "Cuando pases por el fuego, no te quemarás ni la llama arderá en ti". Basilio dice que el bautismo puede entenderse en tres sentidos: uno, el de la regeneración por el Espíritu Santo; otro, el del castigo por el pecado en la vida presente; y en tercer lugar, "la prueba del juicio por fuego". Tanto Gregorio de Nisa como Gregorio Nacianceno mencionan el fuego del juicio. Esta purga que trae el día del juicio difiere ampliamente de la doctrina católica romana del purgatorio. (2) Estaba también la doctrina de la purificación dentro del estado intermedio, o de un castigo temporal entre la muerte y la resurrección. Esta era una doctrina sostenida principalmente por los teólogos occidentales que seguían a Agustín, y quienes desarrollaron la doctrina católica romana como se entiende actualmente. Agustín enseñaba respecto al purgatorio que, primero, las almas de cierta clase de seres humanos quienes serán en última instancia salvos, sufren después de la muerte; segundo, que son auxiliadas por la eucaristía, las limosnas y las oraciones de los fieles. Cesáreo de Arlés (543) desarrolló todavía más la idea del purgatorio al hacer una distinción entre crímenes mortales y pecados menores, sosteniendo que estos últimos podrían ser expiados en esta vida por medio de las buenas obras, o en la vida por venir, por medio del fuego purificador.

Gregorio el Grande (604) recogió los puntos de vista vagos y conflictivos del purgatorio, forjando una doctrina de una naturaleza tal que llegaría a ser eficaz tanto para la disciplina como para la recaudación de dinero. Esta es la razón por la que habitualmente se le conoce como "el inventor del purgatorio". "Se cree", dice él, "que hay, para las faltas livianas, un fuego de purgatorio antes del juicio". Sin embargo, la idea debe haber sido vagamente considerada tan temprano como en el tiempo de Perpetua, o por lo menos Agustín hubo de admitir tácitamente lo veraz de la visión de ella. Desde el siglo ocho en adelante, y a través de la Edad Media, la doctrina del purgatorio se aferró rápidamente al pensamiento popular, convirtiéndose en uno de los tópicos de conversación más prominentes entre el pueblo. Tanto los escolásticos como los místicos fueron explícitos y vívidos en sus descripciones del purgatorio, y la creencia recibió el soporte de multitudes de sueños y visiones. Entre estos estuvieron las visiones de Fursey y Drycthelm, mencionadas por Beda (736). Tomás de Aquino, Buenaventura, Garsón y otros de los grandes hombres de la Edad Media, sostuvieron que los fuegos del purgatorio eran materiales, aunque Aquino admitía la dificultad en entender cómo un fuego literal podría infligir dolor en espíritus que habían sido despojados de sus cuerpos. Sostenía, además, que sólo irían al purgatorio aquellos que lo necesitaran, pero que los santos irían de inmediato al cielo, y los malos a la perdición.

La iglesia griega nunca aceptó del todo los puntos de vista sobre el purgatorio sostenidos por el occidente, y estas fueron una de las diferencias irreconciliables entre unos y otros en el Concilio de Florencia (1439). El místico Wessel (1489) alegorizó el lenguaje popular diciendo que el purgatorio era "un fuego espiritual de amor que purifica el alma de la escoria residual, y que consiste en el anhelo de unión con Dios". John Tauler rechazó las bromas populares respecto a la doctrina, y mantuvo que, "contemplar la gloria de Dios es el paraíso". Los cátaros y valdenses, al igual que Wycliffe (1384), rechazaron la doctrina. Los reformadores denunciaron la doctrina unánimemente y de manera descomunal. Por el otro lado, el Concilio de Trento pronunciaría un anatema contra todos los que rechazaban la doctrina.

II. *Objeciones a la doctrina del purgatorio.* Como se ha indicado, los reformadores rechazaron la teoría total del purgatorio por considerarla fuera de armonía con las enseñanzas de la Biblia y las doctrinas fundamentales de la gracia. En los escritos de los teólogos reformados se encontrarán excelentes tratados sobre este asunto. Lo que sigue es el resumen que el propio Charles Hodge hace de su enseñanza sobre el purgatorio. Dice: (1) Que está privado de apoyo bíblico. (2) Que se opone a muchas de las doctrinas de la Biblia más importantes y más claramente reveladas. (3) Que los abusos a los que siempre ha llevado, los cuales son sus consecuencias inevitables, prueban que la doctrina no puede ser de Dios. (4) Que el poder para perdonar pecados, en el sentido que reclaman los romanistas, lo cual se da por sentado en su doctrina del purgatorio, no tiene apoyo en las palabras de Cristo, según las registra Juan 20:23 y Mateo 16:19, que son las citas de las que los romanistas dependen para este propósito. (5) El quinto argumento en contra de la doctrina se deriva de su historia, la cual prueba su origen pagano, y su desarrollo gradual y lento, hasta alcanzar la forma en que hoy la sostiene la Iglesia de Roma (cf. Charles Hodge, *Systematic Theology*, III:766).

CAPÍTULO 34

LA SEGUNDA VENIDA DE CRISTO

Al abordar el tema del retorno de nuestro Señor entramos en uno de los campos más delicados y más controversiales de la teología. Las diferencias de opiniones que han dado ocasión a controversias, no son meramente especulativas. Las mismas tocan las fibras más íntimas del corazón y están vitalmente relacionadas con la experiencia del ser humano. Además, es un tema que ha causado agitación en la iglesia de tiempo en tiempo, y que siempre recibe la mayor atención en los momentos en que el ser humano siente la necesidad apremiante del auxilio divino. La esperanza de la venida de Cristo ha ocupado invariablemente el pensamiento de los seres humanos en los tiempos de desastres, guerras, pestilencias y persecución. A lo cual hay que añadir que esta es una doctrina que no puede ser considerada meramente una entre muchas. Esta doctrina es más bien una perspectiva, un principio determinante, a través del cual los seres humanos forjan, siguiendo un orden lógico, el resto de sus creencias. El que uno crea en "el retorno personal de Cristo", o simplemente en "una efusión espiritual creciente", no da lo mismo. Estas son posiciones que se revierten al principio mismo de la historia de redención, y que afectan algunas de las cuestiones más determinantes de la teología cristiana. La creencia que uno ostente sobre la segunda venida de Cristo, será el punto culminante de su esquema total de fe. El carácter total de la teología de uno, lo determina esta creencia. Por tanto, el tema reviste tal importancia que demanda una consideración sumamente cuidadosa y concienzuda.

La gloria del cristianismo, en contraste con las religiones étnicas, no se pone de manifiesto en ningún otro caso tanto como en el de su escatología. En nuestra discusión sobre la naturaleza y la existencia de

Dios, nos hemos esforzado en demostrar que la idea de Dios es un concepto fundamental de la religión, dato que, por consiguiente, la hace un factor determinante en el pensamiento teológico. Pero el conocimiento religioso de Dios no puede descansar en el pensamiento abstracto. Dicho conocimiento deberá forjarse dentro de una perspectiva integral del mundo, de la naturaleza, de la historia humana, del cielo y del infierno. La historia de las religiones revela el hecho de que no ha habido religión alguna que haya logrado prominencia sin que desarrolle cierta forma de orden mundial. Los conceptos religiosos primitivos, combinados por la imaginación, desembocan en la mitología, y esa es la razón para la religión griega de la belleza, pero también para las concepciones germánicas más viriles que encarnarán los mitos nórdicos. El obispo Martensen mantiene que la mitología representa un esfuerzo del espíritu o principio cósmico, de personificarse en la historia humana, razón por la cual las religiones étnicas deberán considerarse como la personificación de lo relativo antes que de lo real; el espíritu del mundo manifestado en el paganismo, el cual no honra a Dios. Martensen dice: "Puesto que el universo creado posee, en un sentido relativo, vida en sí mismo, lo cual incluye, de hecho, un sistema de poderes, ideas y objetivos de valor relativo; resulta que esta independencia relativa, la cual debería estar subordinada a los objetivos del reino de Dios, se ha tornado en una falsa 'autonomía mundial'. Es de aquí que ha surgido la expresión bíblica de 'el mundo', *o cosmos onios,* con la cual se comunica la idea de que la Biblia considera al mundo, no sólo de manera ontológica, sino de la manera en que en su estado definido y presente, ha existido desde la caída. 'Este mundo' significa el mundo satisfecho consigo mismo, en su independencia propia, en su propia gloria; el mundo que reniega de su dependencia de Dios como su Creador. 'Este mundo' se considera a sí mismo, no como el *ktiois,* sino únicamente como el *kósmos,* es decir, como un sistema de gloria y belleza que tiene vida en sí mismo, y que puede darla. La personificación histórica de 'este mundo' es el paganismo, el cual no honra a Dios como Dios. Dentro de la conciencia del paganismo, este *kósmos* visible e invisible se toma como la realidad más elevada, por lo cual el desarrollo de esa conciencia, según se manifiesta en la mitología pagana, no es el reflejo de Dios, sino del universo; no es la manifestación de la verdadera imagen del Señor, sino de la del mundo. La oscuridad de la conciencia pagana no estriba en la ausencia total de ideas iluminadoras de lo que es realmente verdadero y universalmente excelente, sino en el hecho de que no vea esa idea como reflejada en Dios. No es el contraste entre la idea y la falta de ella; entre el espíritu y lo que no es espíritu, aquello que nos debe guiar cuando juzguemos al paganismo; antes, será el contraste entre idea e idea, entre espíritu y espíritu, entre el objetivo santo y el objetivo del mundo, entre el Espíritu Santo y el espíritu del mundo" (H. L. Martensen, *Christian Dogmatics*, 183-184).[1] En contraposición a esta expresión puramente relativa, tenemos la gloria del cristianismo, el cual presenta la revelación de la realidad. Esta revelación encuentra su más alta expresión en el retorno y reinado del Dios-hombre, quien, como Cristo o Ungido, Creador y Redentor, se establecerá a sí mismo en un orden mundial perfecto; el reino de Dios de los cielos nuevos y la tierra nueva, en los cuales morará la justicia.

Este tema será considerado bajo dos encabezados generales: el retorno personal de nuestro Señor, y el orden de los eventos ligados a su retorno. El primer encabezado es, por supuesto, el más importante. La filosofía racionalista y la iglesia infiel han negado frecuentemente el retorno personal de Cristo, pero nosotros lo defenderemos apelando a la Biblia como nuestra sola autoridad. El segundo encabezado se preocupará mayormente del desarrollo de las diversas teorías sobre el milenio en el transcurso de la historia de la iglesia. Aunque estas teorías hayan poseído una fascinación peculiar para la mente curiosa, las mismas no serán vitales para la experiencia cristiana en el sentido en que lo será la creencia en el retorno personal de Cristo. Las divisiones más específicas de este capítulo serán las siguientes: (1) el retorno personal de nuestro Señor; (2) el desarrollo de la doctrina dentro de la iglesia, que incluirá un repaso de las varias teorías sobre el milenio; (3) los tipos modernos de la teoría milenaria; y (4) la perspectiva parentética del milenio.

EL RETORNO PERSONAL DE NUESTRO SEÑOR

La Biblia enseña claramente que así como Cristo vino una vez al mundo para efectuar la redención del ser humano, también volverá para recibir para sí a su iglesia redimida.[2] Esto se establece claramente en las siguientes palabras: "así también Cristo fue ofrecido una sola vez para llevar los pecados de muchos; y aparecerá por segunda vez, sin relación con el pecado, para salvar a los que lo esperan" (Hebreos 9:28). Esta segunda venida será personal, visible y gloriosa. "He aquí que viene con las nubes: Todo ojo lo verá, y los que lo traspasaron; y todos los linajes de la tierra se lamentarán por causa de él. Sí, amén" (Apocalipsis 1:7). Aquí resulta innegable que la aparición de Jesucristo será no meramente al ojo de la fe, sino a la vista de cielo y tierra para terror de sus enemigos, pero para consuelo de su pueblo. El suceso del monte de la ascensión lo confirma: "Y habiendo dicho estas cosas, viéndolo ellos, fue alzado, y lo recibió una nube que lo ocultó de sus ojos. Y estando ellos con los ojos puestos en el cielo, entre tanto que él se iba, se pusieron junto a ellos dos varones con vestiduras blancas, los cuales les dijeron: Galileos, ¿por qué estáis mirando al cielo? Este mismo Jesús, que ha sido tomado de vosotros al cielo, así vendrá como lo habéis visto ir al cielo" (Hechos 1:9-11). De acuerdo con Daniel Whedon, "Este pasaje representa una cita de prueba inamovible del segundo advenimiento de Jesucristo como uno verdaderamente personal. Será el mismo Jesucristo, personal y visible, el que vendrá. Vendrá de la misma manera que se fue. Una venida figurada o espiritual, obviamente no sería la venida de ese mismo Jesucristo, y, menos todavía, una venida de la misma manera".[3] El doctor Hackett, en sus comentarios sobre dicho pasaje, dice que las palabras *on tropon* significan, en este caso, visible y en el aire, y que la expresión nunca se emplea para afirmar meramente lo seguro que resulte un evento al compararse con otro. Dado que, por analogía, la primera venida de Cristo fue literal y visible, deberemos también esperar que la segunda venida sea igualmente literal y visible.

La teología moderna se ha inclinado con frecuencia demasiado a la negación del retorno personal y visible de nuestro Señor, sustituyéndolo por la creencia de sólo su presencia espiritual.[4] William Newton Clarke puede considerarse como representante de esta perspectiva moderna. Al resumir su enseñanza sobre la segunda venida de Cristo, afirma: "No es el retorno visible de Cristo a la tierra lo que se ha de esperar, sino más bien el largo y constante avance de su reino espiritual. La expectación de un único y dramático advenimiento pertenece a la doctrina judía de la naturaleza del reino, no a la cristiana. Los judíos, puesto que suponían que el reino del Mesías es un reino terrenal, esperarían naturalmente la presencia corporal del rey. Pero los cristianos, quienes sabían que su reino es espiritual, se satisfarían con la presencia espiritual, la cual es más poderosa que la que se hubiera podido ver. Si nuestro Señor completara la venida espiritual que ha comenzado, no habría necesidad de un advenimiento visible que hiciera perfecta su gloria sobre la tierra" (William Newton Clarke, *An Outline of Christian Theology*, 444). Aquí se necesita distinguir entre los términos *paracleto* y *parusía*. El primero, del griego *paracletos*, significa uno que aboga o intercede, y es el término que Cristo aplica al Espíritu Santo; el Paracleto o Consolador. Por consiguiente, *paracleto* representa a Cristo como presente, espiritual e invisiblemente, en el Espíritu Santo, en tanto que *parusía,* del griego *parousia,* o presencia, significa que su presencia es personal y visible. Es cierto que a veces se arguye que *parousia* sencillamente significa, estar presente con, y que por consiguiente no denota el acto de venir, pero esta es una posición que no puede probarse, y los siguientes pasajes de la Biblia lo demuestran: 1 Corintios 16:17; 2 Corintios 7:6-7; y 2 Pedro 3:12. Se verá que estos pasajes no pueden contener otro sentido que el de venir o llegar, lo cual nos permite creer que deberá de haber una venida de Cristo para que podamos tener su presencia con nosotros. El significado pleno de la palabra *parusía,* da a entender generalmente que será una venida en la que la presencia de Cristo con su pueblo será permanente, y que su ausencia habrá cesado para siempre.

Hay otros dos términos que se utilizan con relación al segundo advenimiento. El primero es *apocalypsis,* de donde se deriva nuestra palabra apocalipsis, cuyo modo más simple significa revelar. De la manera que se utiliza cuando se vincula al segundo advenimiento, el término significa el descubrimiento o manifestación que Cristo hace de sí mismo, desde el cielo que lo había recibido. El segundo término es *epifaneia,* un verbo que significa "dar luz a" (Lucas 1:79), o en el pasivo, "aparecer" o hacerse visible (Hechos 27:20).[5] Por tanto, en su acepción más sencilla, la palabra significa "aparición" o "manifestación". El apóstol Pablo la utiliza cuando, en una alusión al Primer Advenimiento, dice: "pero que ahora ha sido manifestada por la aparición *[epifaneia]* de nuestro Salvador Jesucristo, el cual quitó la muerte y sacó a luz la vida y la inmortalidad por el evangelio" (2 Timoteo 1:10). Pero también la utiliza cuando, al referirse al segundo advenimiento, exhorta a Timoteo diciéndole que guarde "el mandamiento sin mancha ni reprensión, hasta la aparición *[epifaneia]* de nuestro Señor Jesucristo" (1 Timoteo 6:14). Resultaría altamente improbable que el Apóstol, en el primer caso, utilice el término para expresar la venida personal de Cristo, pero que no lo utilice con la misma acepción respecto al segundo advenimiento. El mismo Apóstol, en la Segunda Epístola a los Tesalonicenses, al destacar o describir la influencia de la venida de Cristo sobre el malo o el impío, utiliza los tres vocablos a la misma vez, diciendo: "cuando se manifieste *[apokalypsis]* el Señor Jesús desde el cielo..." (2 Tesalonicenses 1:7), "entonces se manifestará *[apokalypto]* aquel impío, a quien el Señor matará con el espíritu de su boca y destruirá con el resplandor *[epifaneia,* con la aparición] de su venida *[tis parousia autos,* de su propia presencia]" (2 Tesalonicenses 2:8). Por tanto, para el estudiante sin prejuicios de la Biblia, la única conclusión a la que se puede llegar en lo que concierne al segundo advenimiento, es que será un retorno personal, visible y glorioso de nuestro Señor a la tierra. Con todo, conviene notar en este contexto que, aunque estos términos señalan claramente que el retorno de nuestro Señor será personal, en contraposición a la teoría de una efusión puramente espiritual, es un hecho que los mismos son empleados con frecuencia de manera intercambiable, lo que haría fútil cualquier intento de construir una teoría del segundo advenimiento basados en una distinción de términos, como sería obligar a que *parousia* se refiera a una fase de su aparición y *apokalipsis* se refiera a otra.[6]

Con esta panorámica general del asunto en mente, volvamos nuestra atención ahora a los detalles más perentorios de la doctrina, los cuales son: (1) el fundamento bíblico de la doctrina; (2) las señales de su venida; (3) la manera de su venida; y (4) el propósito de su venida.

El fundamento bíblico de la doctrina. La revelación más directa, y en este sentido la que puede considerarse primaria, es la que se encuentra en las palabras que brotaron de los mismos labios de nuestro Señor.[7] Tras una solemne advertencia a los judíos, Jesús declaró: "Vuestra casa os es dejada desierta, pues os digo que desde ahora no volveréis a verme hasta que digáis: '¡Bendito el que viene en el nombre del Señor!'" (Mateo 23:38-39). Inmediatamente después, sus discípulos le llamaron la atención a las instalaciones del templo, las cuales habían sido edificadas gracias a consumadas destrezas arquitectónicas, a lo que Él, respondiendo, les dijo: "¿Veis todo esto? De cierto os digo que no quedará aquí piedra sobre piedra que no sea derribada" (Mateo 24:2). "Estando él sentado en el monte de los Olivos, los discípulos se le acercaron aparte, diciendo: Dinos, ¿cuándo serán estas cosas y qué señal habrá de tu venida y del fin del siglo?" (Mateo 24:3). Estas preguntas dieron ocasión a los extraordinarios discursos escatológicos registrados en el Evangelio según San Mateo (capítulos 24 y 25), los mismos que los evangelios de San Marcos y de San Lucas presentarán de una manera más condensada. Pero el clímax de las declaraciones escatológicas de Jesús se da mientras es juzgado ante el sumo sacerdote, y estas son las palabras que Él expresa: "Y además os digo que desde ahora veréis al Hijo del hombre sentado a la diestra del poder de Dios y viniendo en las nubes del cielo" (Mateo 26:64).

Que estas predicciones fijaran firmemente la verdad de la Segunda Venida en la mente de la iglesia, y que los apóstoles las presentaran constantemente como un incentivo para la vida santa, es algo que, por consiguiente, no debe sorprender. Estas compenetraciones respecto a la verdad profética también permitieron que los apóstoles subrayaran ciertos pasajes velados del Antiguo Testamento, interpretándolos a la luz de la nueva dispensación. Es así que el apóstol Pedro, en su sermón de Pentecostés, citará la profecía de Joel y asignará a la apertura de la nueva dispensación aquella porción que se refiere a la promesa del Espíritu Santo, mientras que la que tiene que ver con el "día, grande y espantoso, de Jehová", se la asignará a su clausura, o al tiempo del segundo advenimiento (cf. Joel 2:28-31 con Hechos 2:16-21). El apóstol Judas, de igual manera, citará una profecía de Enoc, "séptimo desde Adán, diciendo: Vino el Señor con sus santas decenas de millares, para hacer juicio contra todos y dejar convictos a todos los impíos de todas sus obras impías que han hecho impíamente" (Judas 14 y 15). Sea cuales fueren las dudas que se tengan respecto a los pasajes del Antiguo Testamento, que a veces se presentan como pruebas de esta doctrina, el Nuevo Testamento no puede cuestionarse al respecto. Para los cristianos primitivos se trataba de "la esperanza bienaventurada y la manifestación gloriosa de nuestro gran Dios y Salvador Jesucristo" (Tito 2:13).[8]

El apóstol Pablo, por su parte, establecerá que "nuestra ciudadanía está en los cielos, de donde también esperamos al Salvador, al Señor Jesucristo. Él transformará nuestro cuerpo mortal en un cuerpo glorioso semejante al suyo" (Filipenses 3:20-21). El apóstol Pedro nos ofrece esta exhortación: "Por tanto, ceñid los lomos de vuestro entendimiento, sed sobrios y esperad por completo en la gracia que se os traerá cuando Jesucristo sea manifestado" (1 Pedro 1:13); y el apóstol Santiago nos ofrece una parecida: "Por tanto, hermanos, tened paciencia hasta la venida del Señor... y afirmad vuestros corazones, porque la venida del Señor se acerca" (Santiago 5:7-8). Pero quizá el pasaje más querido de todos es aquel que se encuentra en el Evangelio de San Juan, en donde el Señor Jesucristo dice: "No se turbe vuestro corazón; creéis en Dios, creed también en mí. En la casa de mi Padre muchas moradas hay; si así no fuera, yo os lo hubiera dicho; voy, pues, a preparar lugar para vosotros. Y si me voy y os preparo lugar, vendré otra vez y os tomaré a mí mismo, para que donde yo esté, vosotros también estéis. Y sabéis a dónde voy, y sabéis el camino" (Juan 14:1-3). Dos generaciones después de que el Señor ascendiera a los cielos, Él se le aparecería al discípulo de Patmos, y cerraría su propia revelación con estas palabras: "Ciertamente vengo en breve" (Apocalipsis 22:20). Estas serían las ultimísimas palabras que un ser humano oiría de Aquél que habló sobre la tierra, pero que también habla desde el cielo.

Las señales de su venida.[9] "Dinos, ¿cuándo serán estas cosas y qué señal habrá de tu venida y del fin del siglo *(tou aiunos,* o de la edad*)?*", preguntaron los discípulos a nuestro Señor, pero Él en su respuesta no vaciló en describir las vicisitudes de la iglesia de la era presente. En esta respuesta hace una predicción de tres clases de eventos, los cuales entendemos, según el resto de su discurso, que no deberán considerarse como épocas distintas y separadas entre sí, sino en gran medida concurrentes en tiempo. (1) Habrá una edad de tribulación, en la cual ocurrirán trastornos físicos en el mundo, grandes conmociones políticas y desintegración social. "Se levantará nación contra nación y reino contra reino; y habrá pestes, hambres y terremotos en diferentes lugares" (Mateo 24:7). "Pero", según declara nuestro Señor, "todo esto es solo principio de dolores" (Mateo 24:8). "Pero aún no es el fin" (Mateo 24:6), advierte Él, con palabras que nos permiten inferir que este principio de dolores precederá al segundo Adviento con bastante tiempo de antelación. El hecho es que nuestro Señor predice que las sombras de una gran tribulación serán cada vez más densas a medida se acerca el fin de las edades. Esta predicción Él la va a preludiar con advertencias y exhortaciones de señalada gravedad (Mateo 24:15-20), y la va a concluir diciendo, "porque habrá entonces gran tribulación, cual no la ha habido desde el principio del mundo hasta ahora, ni la habrá. Y si aquellos días no fueran acortados, nadie sería salvo; pero por causa de los escogidos, aquellos días serán acortados" (Mateo 24:21-22). (2) La segunda predicción de nuestro Señor, marca la preparación de la iglesia y la evangelización del mundo. Las circunstancias del mundo servirán para disciplinar a la iglesia, puesto que solo los que permanecen hasta fin serán salvos. Cuando nuestro Señor venga, pedirá cuenta de todos sus siervos. Los que sean hallados fieles serán recompensados, pero los que no sean fieles a lo que se les ha confiado, serán castigados por su negligencia o infidelidad. Esta mayordomía habrá que enlazarla inmediatamente con la diseminación del evangelio, la cual se les encargará a los discípulos en la Gran Comisión (Mateo 28:19-20). Predicar el evangelio y dar testimonio de Cristo, será el deber supremo de la iglesia en esta era, en comparación con lo cual nuestro Señor considerará de muy poca importancia las preguntas ociosas y curiosas respecto al futuro (Hechos 1:7-8). De aquí que se nos diga que, "será predicado este evangelio del Reino en todo el mundo, para testimonio a todas las naciones, y entonces vendrá el fin" (Mateo 24:14). (3) La tercera predicción tiene que ver con una apostasía o caída por razón de lo engañoso del pecado: "Muchos tropezarán entonces, y se entregarán unos a otros, y unos a otros se odiarán. Muchos falsos profetas se levantarán y engañarán a muchos; y por haberse multiplicado la maldad, el amor de muchos se enfriará" (Mateo 24:10-12). Nuestro Señor también parece indicar que, a medida que la tribulación se agudiza al acercarse el fin de las edades, también aumentará lo engañoso del pecado: "Entonces, si alguno os dice: 'Mirad, aquí está el Cristo', o 'Mirad, allí está', no lo creáis, porque se levantarán falsos cristos y falsos profetas, y harán grandes señales y prodigios, de tal manera que engañarán, si es posible, aun a los escogidos. Ya os lo he dicho antes" (Mateo 24:23-25). El desarrollo progresivo de la verdad divina en lo que concierne al anticristo es algo que se pone de manifiesto en la Biblia. En este último pasaje nuestro Señor habla de falsos cristos y falsos profetas, para indicar todos los que se oponen a Cristo y a la verdad. Estos, por supuesto, no tendrían lugar en la historia antes de que apareciera el verdadero Cristo.[10] El apóstol Juan habla también de una pluralidad de anticristos: "Hijitos, ya es el último tiempo. Según vosotros oísteis que el Anticristo viene, así ahora han surgido muchos anticristos; por esto conocemos que es el último tiempo" (1 Juan 2:18).[11] Pero el Apóstol va aún más lejos cuando dice que, "todo espíritu que no confiesa que Jesucristo ha venido en carne, no es de Dios; y este es el espíritu del Anticristo, el cual vosotros habéis oído que viene, y que ahora ya está en el mundo" (1 Juan 4:3). Pero es el apóstol Pablo quien da a conocer el hecho de que, aunque habrá una gran caída espiritual en el tiempo del fin, también se revelará "el hombre de pecado", quien, con impía jactancia, asumirá el lugar de Dios y reclamará el honor de la adoración divina. "¡Nadie os engañe de ninguna manera!, pues [el Señor Jesucristo] no vendrá sin que antes venga la apostasía y se manifieste el hombre de pecado, el hijo de perdición, el cual se opone y se levanta contra todo lo que se llama Dios o es objeto de culto; tanto, que se sienta en el templo de Dios como Dios, haciéndose pasar por Dios" (2 Tesalonicenses 2:3-4).

Por tanto, es en los discursos escatológicos de nuestro Señor, donde encontraremos un delineamiento de los eventos que caracterizarán la era presente, y, por consiguiente, que servirán de señal para su venida. Es cierto que a veces se dice que hacer este hincapié en el acrecentamiento de la maldad tiende a inculcar la creencia en una declinación gradual y necesaria del reino de Cristo, lo que por consecuencia debe engendrar una actitud pasiva y derrotista hacia el pecado. Pero a esto tenemos que responder que Cristo no enseñó, ni la iglesia cree, que su reino declinará. Nuestro Señor enseñó que el mismo tiempo de cosecha que recogerá el trigo, también recogerá la cizaña; que, por consiguiente, habrá progreso tanto en la maldad como en la justicia; y que tanto el trigo como la cizaña deberán crecer juntos, y no que uno crecerá y otro declinará. No obstante, el verdadero móvil de la iglesia para la evangelización no se habrá de hallar en la gloria de los resultados externos, sino en el profundo sentido de obediencia a lo que se le ha confiado, y en el amor ferviente para su Señor. A medida que se acerca el tiempo del fin, la iglesia deberá ceñirse para una guerra agresiva y constante en contra del pecado, puesto que, hasta que Cristo venga, deberemos esperar un incremento tanto en justicia como en maldad.[12]

La manera de su venida. Aquí también los discursos de nuestro Señor deberán ser la fuente de nuestra autoridad en lo que respecta a ese gran evento escatológico. Nuestro Señor, habiendo avisado del engaño de los falsos cristos y los falsos profetas, instruye a sus discípulos con las siguientes palabras acerca de la manera de su venida: "Así que, si os dicen: 'Mirad, está en el desierto', no salgáis; o 'Mirad, está en los aposentos', no lo creáis, porque igual que el relámpago sale del oriente y se muestra hasta el occidente, así será también la venida del Hijo del hombre" (Mateo 24:26-27). Él también indica que habrá trastornos de categoría de cataclismo dentro del universo físico, los cuales precederán el segundo advenimiento: "Inmediatamente después de la tribulación de aquellos días, el sol se oscurecerá, la luna no dará su resplandor, las estrellas caerán del cielo y las potencias de los cielos serán conmovidas. Entonces aparecerá la señal del Hijo del hombre en el cielo, y todas las tribus de la tierra harán lamentación cuando vean al Hijo del hombre venir sobre las nubes del cielo, con poder y gran gloria. Enviará a sus ángeles con gran voz de trompeta y juntarán a sus escogidos de los cuatro vientos, desde un extremo del cielo hasta el otro" (Mateo 24:29-31).

Nuestro Señor enseña también que habrá cierta incertidumbre que asistirá su venida.[13] El tiempo del segundo advenimiento se encuentra bajo el velo del misterio. "Pero del día y la hora nadie sabe, ni aun los ángeles de los cielos, sino solo mi Padre" (Mateo 24:36). Por lo tanto, las instrucciones que reciben sus discípulos son en el sentido de que consagren la atención suprema a velar, y a ser fieles en los asuntos del reino: "Velad, pues, porque no sabéis a qué hora ha de venir vuestro Señor" (Mateo 24:42); y, "Por tanto, también vosotros estad preparados, porque el Hijo del hombre vendrá a la hora que no pensáis" (Mateo 24:44). Declara además que, en el momento de su venida, el mundo estará siguiendo su curso ordinario, sin percatarse del gran evento que tomará lugar de súbito y sin particular aviso: "Pero como en los días de Noé, así será la venida del Hijo del hombre, pues como en los días antes del diluvio estaban comiendo y bebiendo, casándose y dando en casamiento, hasta el día en que Noé entró en el arca, y no entendieron hasta que vino el diluvio y se los llevó a todos, así será también la venida del Hijo del hombre" (Mateo 24:37-39). Esto no se aplicará solo al malo, pues "estarán dos en el campo: uno será tomado y el otro será dejado. Dos mujeres estarán moliendo en un molino: una será tomada y la otra será dejada" (Mateo 24:40-41). Podemos, pues, creer confiadamente que el segundo advenimiento será la aparición repentina y gloriosa de nuestro Señor, evento por medio del cual Él irrumpirá en el mundo y su cotidiano vivir, a la semejanza de un inesperado cataclismo. Para los justos, quienes por fe en su Palabra se han preparado y estarán aguardando su retorno, esta aparición será acogida con supremo gozo; para los malos, quienes han rechazado sus palabras diciendo, "¿Dónde está la promesa de su advenimiento?", será un tiempo de consternación y de condenación.

El propósito de su venida. Nuestro Señor enuncia el propósito de su venida hacia el final de estos discursos escatológicos, y lo hace por medio de dos conocidas parábolas: la de las diez vírgenes, y la de los talentos. En la primera pone de relieve muy particularmente la falta de preparación adecuada frente a su venida, mientras que en la segunda condena la violación de lo que a uno se le ha confiado. Ambas destacan los pecados de omisión antes que de comisión. Sin embargo, la verdad sobresaliente que se expresa en estas dos parábolas es la misma: que vendrá un juicio en el cual los justos serán recompensados y los malos castigados. De aquí que, tras la segunda parábola, nuestro Señor establezca claramente que el propósito de su segunda venida es de juicio. Sus palabras son incontrovertibles: "Cuando el Hijo del hombre venga en su gloria y todos los santos ángeles con él, entonces se sentará en su trono de gloria, y serán reunidas delante de él todas las naciones; entonces apartará los unos de los otros, como aparta el pastor las ovejas de los cabritos. Y pondrá las ovejas a su derecha y los cabritos a su izquierda. Entonces el Rey dirá a los de su derecha: 'Venid, benditos de mi Padre, heredad el Reino preparado para vosotros desde la fundación del mundo'" (Mateo 25:31-34). El Señor, luego, describe vívidamente la escena del juicio, en el cual pronuncia sentencia contra los de la izquierda, diciendo: "Apartaos de mí, malditos, al fuego eterno preparado para el diablo y sus ángeles" (Mateo 25:41). Entonces, concluye los discursos con estas palabras solemnes: "Irán estos al castigo eterno y los justos a la vida eterna" (Mateo 25:46). Sobre estas palabras de nuestro Señor respecto a la segunda venida, y su relación directa con el juicio, no será posible reclamo alguno.

Pero la idea del juicio había sido también expresada por nuestro Señor en dos parábolas anteriores, la de la cizaña y la de la red. Al interpretar la primera, Jesús establece que, "El campo es el mundo; la buena semilla son los hijos del Reino, y la cizaña son los hijos del malo. El enemigo que la sembró es el diablo; la siega es el fin del mundo [*aionos* o de las edades], y los segadores son los ángeles" (Mateo 13:38-39). Y al aplicarla, nos dice que, "Enviará el Hijo del hombre a sus ángeles, y recogerán de su Reino a todos los que sirven de tropiezo y a los que hacen maldad, y los echarán en el horno de fuego; allí será el lloro y el crujir de dientes. Entonces los justos resplandecerán como el sol en el reino de su Padre" (Mateo 13:41-43). Aunque aquí se habla del juicio, es obvio que el pensamiento dominante de esta parábola consiste en que el reino será purgado de aquellas particularidades que impidan su progreso y oculten el verdadero carácter de sus súbditos. Pero, en la segunda parábola, la de la red y la separación de los peces buenos y malos, si bien la aplicación es la misma, lo que se pone especialmente de manifiesto es el juicio: "Así será al fin del mundo: saldrán los ángeles y apartarán a los malos de entre los justos, y los echarán en el horno de fuego; allí será el lloro y el crujir de dientes" (Mateo 13:49-50).

Al volvernos de los evangelios a las epístolas encontraremos que el segundo advenimiento habrá de presentarse a la luz de sus concomitantes: la resurrección, el juicio, y la consumación de todas las cosas. Estos asuntos merecerán consideración más adelante. Aquí será suficiente mencionar unos pocos pasajes bíblicos en los que el segundo advenimiento recibe prominencia. El apóstol Pablo lo ubica en un tiempo cercano a la resurrección, haciendo que la resurrección de los justos que han muerto, preceda inmediatamente al traslado de los santos que estén en vida. "Si creemos que Jesús murió y resucitó, así también traerá Dios con Jesús a los que durmieron en él. Por lo cual os decimos esto en palabra del Señor: que nosotros que vivimos, que habremos quedado hasta la venida del Señor, no precederemos a los que durmieron. El Señor mismo, con voz de mando, con voz de arcángel y con trompeta de Dios, descenderá del cielo. Entonces, los muertos en Cristo resucitarán primero. Luego nosotros, los que vivimos, los que hayamos quedado, seremos arrebatados juntamente con ellos en las nubes para recibir al Señor en el aire, y así estaremos siempre con el Señor" (1 Tesalonicenses 4:14-17). Aquí es innegable que la venida de Jesús *con* sus santos (los muertos en Cristo cuyas almas ya han partido para estar con Él), y la venida de Jesús *por* sus santos (los que viven y han quedado), no solo deberán asociarse con un mismo evento, sino que también deberán considerarse como indicativos del orden en que se darán los sucesos dentro de ese evento. "Está más allá de toda duda, según la Biblia, que el retorno del Señor no será simplemente un venir visible, por un momento, desde el cielo, sino un retorno a la tierra. Los habitantes de la tierra que, según 1 Tesalonicenses 4:17, serán arrebatados para recibir al Señor en el aire, deberá concebírseles como que regresarán luego con las huestes celestiales de nuevo a la tierra. Formarán la escolta del Rey, quien llegará personalmente a esta parte de su dominio real. Simultáneamente con la venida de Cristo tendrá lugar la primera resurrección. Los creyentes que vivan para presenciar esta aparición de Cristo sobre la tierra, serán, sin morir, y por medio de un cambio instantáneo, hechos aptos para la nueva condición. Los que han partido y están listos para la vida de resurrección, vivirán y reinarán con Cristo en la tierra" (J. J. Van Oosterzee, *Christian Dogmatics*, II:798-799). El apóstol Pedro ubicará el segundo advenimiento en una relación de tiempo ligada a la *consumatio seculi,* o consumación final del orden presente: "Pero el día del Señor vendrá como ladrón en la noche. Entonces los cielos pasarán con gran estruendo, los elementos ardiendo serán deshechos y la tierra y las obras que en ella hay serán quemadas. Puesto que todas estas cosas han de ser deshechas, ¡cómo no debéis vosotros andar en santa y piadosa manera de vivir!" (2 Pedro 3:10-11). Pero el que aquí se vincule el segundo advenimiento con el día del Señor, sería introducir otro aspecto del tema.

Por ahora podemos concluir que, como evento, la segunda venida de Cristo estará relacionada con el tiempo de la resurrección, el juicio y la consumación final. La Segunda Venida, en su relación directa con la obra de Cristo Jesús, podría resumirse en un propósito triple. (1) Integra parte de su misión total de redención. Como el Hijo encarnado en el cielo, todavía Él está subordinado al Padre, y, por consecuencia, es enviado del Padre para esta misión final. El Padre enviará a Jesucristo, "que os fue antes anunciado. A este, ciertamente, es necesario que el cielo reciba hasta los tiempos de la restauración de todas las cosas, de que habló Dios por boca de sus santos profetas que han sido desde tiempo antiguo" (Hechos 3:20-21). (2) Marca el día del Señor. "Por tanto, es, en un sentido, la venida, y en otro, la Segunda Venida, o el volver del Señor. De aquí que, al hablar de este evento futuro, la Biblia superará estas dos designaciones, y lo hará también (3) 'su día', o 'aquel día', o 'el día de Jesucristo' (cf. Lucas 17:24, 2 Timoteo 1:18 y Filipenses 1:6), el cual será en la nueva economía todo lo que el día de Jehová fue en la antigua. El día del Señor es el horizonte de todo el Nuevo Testamento: el periodo más concluyente de la manifestación del Señor por medio de una revelación tan gloriosa de sí mismo que nunca antes pudo atribuírsele, ni nunca se le atribuirá a nadie, sino a una Persona divina" (William Burton Pope, *Compendium of Christian Theology*, III:388).

EL DESARROLLO DE LA DOCTRINA EN LA IGLESIA

Nuestro estudio del fundamento bíblico del segundo advenimiento ha hecho claro que dicha doctrina era pertinente para los apóstoles. Lo que ellos enseñaron al respecto se caracterizó de tres maneras: (1) le dieron prominencia a los asuntos escatológicos; (2) relacionaron la esperanza de la vida eterna con la persona del Cristo resucitado y su promesa de que regresaría; y (3) que esta esperanza de vida eterna iba más allá de este periodo de desarrollo terrenal, hasta alcanzar un nuevo cielo y una nueva tierra. Lo que es más, el Nuevo Testamento parece indicar que los apóstoles mismos esperaban el pronto retorno de su Señor, esperanza que la iglesia indiscutiblemente compartió. Este es el motivo por el que J. A. Dorner se refiere a la Segunda Venida como el dogma cristiano más antiguo. Este es también el motivo por el que la iglesia, en medio de la persecución y el martirio, se opondría al paganismo, renunciando completamente al mundo y reafirmándose en la confianza del triunfo final cuando Cristo volviera. No es de sorprender, por consecuencia, que encontremos esta misma nota en los escritos de los primeros padres de la iglesia.[14] Clemente de Roma (c. 95) dice en su Primera Epístola: "Ciertamente su voluntad se cumplirá, pronta y repentinamente, puesto que la Biblia da testimonio diciendo que 'el que ha de venir vendrá, y no tardará'; y también, que 'vendrá súbitamente a su Templo el Señor a quien vosotros buscáis'" (XXIII:5). Ignacio de Antioquía (107 d.C.) decía en una carta a la iglesia: "Ya se acerca el fin de los tiempos. Por tanto, sed reverentes de espíritu, y temed la paciencia de Dios, no sea que resulte en nuestra condenación" (*To the Ephesians*, XI, 1). La actitud, pues, de los primeros padres de la iglesia era una, podemos decir, de expectación, una de velar y orar por la pronta venida de Cristo, su Señor.

El retorno personal de Cristo se asoció desde muy temprano con la idea de un milenio (del latín *mille,* mil), o reinado de Cristo sobre la tierra por un periodo de mil años. Los que abrazaban esta doctrina se les conocía como chiliastas o quiliastas (del griego *kilias,* mil).[15] Por tanto, el desarrollo de la doctrina del segundo advenimiento deberá incluir en gran medida el tratamiento de las varias teorías del milenio que se han desarrollado durante la historia de la iglesia. La historia del milenarismo cae dentro de tres periodos principales: (1) el periodo temprano, desde la edad apostólica hasta la Reforma; (2) del periodo de la Reforma hasta mediados del siglo dieciocho; y (3) el periodo moderno, desde mediados del siglo dieciocho hasta el presente.

El periodo temprano. Los historiadores coinciden habitualmente en que, desde la muerte de los apóstoles hasta el tiempo de Orígenes, el chiliastismo, o lo que se conoce como premilenarismo, si no fue la fe generalmente aceptada, fue la que dominó en la iglesia. Hay dos afirmaciones fundamentales que caracterizan esta doctrina: que la Biblia nos enseña a que anticipemos el milenio o reino universal de justicia en la tierra; y, que esta era milenaria será introducida por el retorno personal y visible del Señor Jesús. Se afirma con frecuencia que esta teoría fue traída del judaísmo, lo que sin duda, hasta cierto punto, es verdad, ya que aparece de manera más prominente entre los cristianos judíos que en las iglesias gentiles. Pero el chiliastismo cristiano deberá distinguirse tanto del judaísmo por un lado, como del seudochiliastismo por el otro. Contrario al judaísmo, sostendrá: (1) que heredar el reino se condiciona solamente a la regeneración, sin importar la raza o las observancias rituales; (2) que la naturaleza del reino no es carnal ni material, aunque se ajusta al espíritu santificado y a un cuerpo que es a la vez espiritual e incorruptible; y (3) que el milenio es solo una etapa de transición pero no el estado final del mundo. J. A. Dorner sostiene que en la medida en que el chiliastismo cristiano se deriva del judaísmo, lo más justo será considerarlo como una polémica en su contra (cf. J. A. Dorner, *Doctrine of the Person of Christ*, I:408).[16] La iglesia, en contraste con las teorías fanáticas y falsas, mantendría que el milenio sería introducido por el retorno de Cristo, y condenaría todo intento de los seudochiliastas de instaurar este reino de justicia por medio de la fuerza material. Nitzsch señala, además, que los cristianos gentiles ya habían recibido la doctrina antes del fin del primer siglo, y que solo los gnósticos de la primera mitad del siglo segundo la habían rechazado de manera expresa. El milenarismo recibiría indudablemente un nuevo impulso en virtud de las persecuciones que vinieron sobre la iglesia, en medio de las cuales, los santos serían consolados anticipando una pronta liberación por el retorno de Cristo. La doctrina se menciona por primera vez en las epístolas de Bernabé (c. 120). Hermas (c. 140), Papías (c. 163), Justino (c. 165) e Ireneo (c. 202), interpretaron conjuntamente el capítulo veinte de Apocalipsis de forma literal, razón por la cual sostuvieron que Cristo reinaría en Jerusalén entre las dos resurrecciones, ya fuera literal o espiritualmente, por mil años. Justino escribió: "Yo y otros, que somos en todo sentido cristianos de recto pensamiento, estamos seguros de que habrá una resurrección de los muertos, y los mil años de Jerusalén, para que ésta sea edificada, adornada y expandida... Hubo cierto hombre entre nosotros cuyo nombre era Juan, uno de los apóstoles de Cristo, quien profetizó, por revelación que le fuera hecha, que los que creyeran en nuestro Cristo morarían mil años en Jerusalén, y que tras ello, tendría lugar la resurrección general y, al fin, eterna, y el juicio de todos los hombres" (Trifón LXXX y LXXXI). Papías escribió de manera extravagante acerca de lo fértil y fructífero de la tierra durante el milenio, y sus ideas serían reproducidas en cierta media por Ireneo. Este último ubicaba la venida del anticristo exactamente antes de la inauguración del reino milenario. También enseñaría que los justos serían resucitados por el Salvador descendido, y que morarían en Jerusalén con el remanente de los creyentes del mundo, lugar en el cual recibirían la disciplina que los prepararía para el estado de incorrupción que disfrutarían en la nueva Jerusalén que vendría de arriba, de la cual la Jerusalén terrenal es imagen. Tertuliano (m. 240) decía: "En cuanto al reino celestial, el proceso es como sigue: después que terminen sus mil años, en cuyo periodo se completará la resurrección de los santos que, según lo tienen merecido, tarde o temprano se levantarán, vendrá la destrucción del mundo y la conflagración de todas las cosas en el juicio". En los escritos de Clemente de Roma, Ignacio, Policarpo, Tatiano, Atenágoras o Teófilo, no hay rastro alguno del milenarismo. Hipólito (c. 239) escribió un elaborado tratado sobre el surgimiento y derrota del anticristo, cuya manifestación generalmente se pensaba que precedería al segundo advenimiento. Cipriano (c. 258) no expresó ningún punto de vista claramente definido sobre el asunto.

El siglo tercero será el periodo en el que florecerá el chiliastismo, aunque nadie lo llevará a sus extremos excepto los ebionistas, una secta judía de cristianos, y luego los montanistas. Y no es difícil comprender por qué esta doctrina fuera susceptible de perversión y malos entendidos. Los nuevos cielos y la nueva tierra, como es natural, habrían de ser descritos por medio de un lenguaje de felicidad temporal, como es el caso con el Antiguo Testamento, por lo que no sería difícil hacerlos, de manera pervertida, que significaran un reino carnal. Henry Blunt va a decir que "no puede haber duda de que algunos, quizá muchos, sostuvieron el sentido carnal de la doctrina, pero no se es fiel si se atribuye ese sentido en escritores tales como, por ejemplo, Ireneo". Se dice que Cerinto, un gnóstico de tendencias judaizantes y opositor del apóstol Juan, pervirtió esta doctrina prometiendo un milenio de derroche sensual. Mosheim, sin embargo, se esforzaría en demostrar que esta idea se había originado en Cayo y Dionisio, quienes, para suprimir la doctrina, hicieron aparecer a Cerinto como su autor. Los montanistas, bajo su líder Montano, comenzaron como un movimiento de reforma, en Frigia, durante la última parte del segundo siglo. Montano consideraba que el perfeccionamiento de la iglesia era una misión especial que él debía completar por sí solo, y mediante su sistema. Sus seguidores consideraban que él había sido objeto de revelaciones especiales de parte del Espíritu Santo. El montanismo presentaba, en rebelión contra el secularismo de la iglesia, un modelo de disciplina eclesiástica que, según ellos lo concebían, era el que demandaba el pronto regreso de Cristo. Establecieron ayunos prolongados y rigurosos, estimularon el celibato, y además implantaron un rígido sistema penitencial.[17]

El montanismo dio ocasión a que surgiera cierta oposición a la teoría del milenio durante la primera parte del siglo tercero.[18] Se dice que Callo de Roma (c. 210), mediante sus escritos, fue el primero en oponérsele, aunque dificultó considerablemente la situación al calificar de herejes a los que sostenían esta doctrina. Pero la principal oposición vino de la escuela de Alejandría. Orígenes, quien consideraba que la materia era el asiento de la maldad, se refirió a la perspectiva de un reino terrenal de Cristo lleno de deleites físicos, como "una invención vacía" y "una fábula judaizante". Nepos, un obispo de Egipto, retomó la doctrina y sostuvo que las promesas de la Biblia deben interpretarse como los judíos las entendieron. Éste suponía que tendría que haber cierto milenio de esplendor material en la tierra. Su obra, titulada, *A Refutation of the Allegorists*, recibió respuesta de parte de Dionisio en otra obra titulada, *On the Promises*. Metodio, obispo de Tiro (m. 311), defendió las doctrinas milenarias en oposición a Orígenes, aunque ya estas estaban en decadencia, siendo su última apología el panfleto escrito por Apolinario de Laodicea. En el occidente, la doctrina mantuvo su vigencia por más tiempo, y sus principales exponentes fueron Lactancio (c. 320) y Victorino, obispo de Petau, quien alcanzó prominencia alrededor de 290 d.C. Ni siquiera Jerónimo se atrevió a condenar la posición sobre el chiliastismo. Sin embargo, en lo que respecta a este periodo, sería Agustín quien fijaría el destino de la doctrina (*De Civitate Dei* xx, 7-9), puesto que declararía que la iglesia es el reino de Dios en la tierra. Una vez la iglesia obtuvo la protección del estado, las cuestiones escatológicas se anegaron en la insignificancia. En cuanto a los mil años mencionados en el Apocalipsis, Agustín sugiere que denotan, o bien los últimos mil años de la historia mundial, o la duración total del mundo; el número mil aludiría no tanto a un periodo definido sino a la totalidad del tiempo. En cuanto al reinado de los santos durante el periodo milenario, él interpretaba que no es otra cosa que el dominio que le pertenece a la iglesia. "La iglesia es ahora el reino de Cristo, y el reino del cielo. Conexamente, los santos de Cristo reinan ahora con Él, aunque distinto de como reinarán después" (*De Civitate Dei,* XX, 7-9). La primera resurrección, según Agustín, era la resurrección espiritual del alma del pecado. En lo que restó de este periodo, el milenarismo fue prácticamente una doctrina obsoleta. El clero poseyó el reino por mil años en la iglesia que triunfó sobre reyes y príncipes. Semisch dice que "los círculos que profetizaban un periodo de reforma, anticipaban la regeneración de la iglesia, no por razón de la venida visible de Cristo, sino por medio del regreso a la piedad y pobreza apostólicas, o por medio del ascenso de un papa recto. Pedro de Olivia explicaría la Segunda Venida como una operación del Espíritu Santo en el corazón".

A las doctrinas del chiliastismo se les daría poca prominencia entre el tiempo de Agustín y el de la Reforma. El Credo de los Apóstoles, un documento primitivo, aunque su forma fija data de c. 390; el Credo Niceno, según la revisión de Constantinopla (381); y el Credo Atanasiano (c. 449), al que se le aneja un anatema, representaban las normas que la iglesia había admitido.[19] Sin embargo, las mismas eran interpretadas como opuestas a la teoría del milenio, ya que Roma era antichiliastista. Pero, el Diccionario de Blunt cita la *Formula Doctrinae* de Gelasio Cicianceno, del Concilio de Nicea, para demostrar que ese cuerpo entendía que la Biblia enseñaba que los santos recibirían su recompensa bajo el reinado de Cristo en la tierra, y que la declaración nicena de que, "Vendrá otra vez, con gloria, para juzgar a los vivos y a los muertos, y su reino no tendrá fin", debería interpretarse a la luz de un reino milenario. A pesar de la oposición, "la doctrina", señala Harnack, "sobreviviría en los estratos más bajos de la sociedad". La misma sería preservada en las enseñanzas de los valdenses, los paulicianos, los albigenses y los cátaros, y en la de muchos místicos, aunque estaría ligada a mucho de lo errático y no ortodoxo, característico de aquellas épocas oscuras.

El periodo de la Reforma. La fecha del comienzo de la Reforma se ubica generalmente en el tiempo en el que Lutero dio principio a su obra pública, es decir, alrededor de 1517 d.C. La doctrina del milenio, la cual había caído en descrédito, resurgió durante este periodo.[20] Fueron varios los hechos que condujeron a este énfasis renovado. *Primero,* la decadencia creciente del papado, lo cual se consideraba como una de las señales seguras de la pronta venida de Cristo. Los reformadores sostuvieron generalmente que el papa era el anticristo. *Segundo,* los numerosos sucesos extraños que ocurrieron durante este periodo, como los cometas y los terremotos. También se precipitaron incontables cambios nacionales, todos los cuales producían una inquietud y tirantez que resultaba en numerosas y variadas histerias colectivas. En el caso de los anabaptistas, su determinación era preparar el camino a través de la violencia, con el fin de establecer una nueva Sión en Muenster, en 1534, organizada conforme a patrones comunitarios. Eran todos estos sucesos los que aparentaban indicar que el fin del mundo se acercaba. Pero los reformadores, aunque compartían la expectación de la pronta venida de Cristo, se mantuvieron fuera de estas enseñanzas fanáticas.[21] Es por ello que, parece ser, habrían de evitar estudiosamente toda doctrina milenaria. La confesión helvética, y la de Augsburgo, condenaron los excesos de los anabaptistas, al igual que lo hizo la Confesión Inglesa de Eduardo VI, de la cual son compendiados los Treinta y Nueve Artículos. Se opina por lo regular, que estos credos condenan el premilenarismo como una mera opinión judía que fue traída a la iglesia cristiana sin la debida justificación. Pero una consideración cuidadosa de los artículos en cuestión no parece sostener esa posición. El Artículo XVII de la Confesión de Augsburgo, si seguimos la traducción de Philip Schaff, dice así: "Condenan también otros que ahora diseminan las opiniones judías de que, antes de la resurrección de los muertos, los piadosos ocuparán el reino del mundo, mientras que, en todo lugar, los malos serán suprimidos" (Philip Schaff, *Creeds of Christendom*). Melanchton, quien escribió la Confesión, explicó el Artículo XVII de la siguiente manera: "La iglesia nunca alcanzará una posición de triunfo y prosperidad universales en esta vida, sino que permanecerá abatida y sujeta a aflicciones y adversidades hasta el tiempo de la resurrección de los muertos" (*Corpus Reformatorum XXVI*, 361). De aquí que es obvio que el Artículo no condena el premilenarismo, a menos que se niegue una primera o anterior resurrección. Por otro lado, en efecto condena, y con enérgicas palabras, la teoría postmilenaria que espera una era de triunfo espiritual previo al segundo advenimiento de Cristo.

El milenarismo volvió a cobrar prominencia a principios del siglo diecisiete, debido quizá en parte a las guerras religiosas en Alemania, la persecución de los hugonotes en Francia, y la revolución en Inglaterra.[22] La ocasión inmediata para que se diera el interés en los estudios sobre el milenio, fue la publicación de *Clavis Apocalypticae*, por Joseph Mede (1586-1638), a quien comúnmente se le conoce como "el ilustre Mede". E. B. Elliott plantea que, "se piensa generalmente que sus obras constituyen una era en la solución de los misterios apocalípticos, razón por la cual se le ha visto, y de él se ha escrito, como alguien casi inspirado". En Alemania, a Jacob Spener, se le consideraba como milenarista en sus puntos de vista. Jacob Boehme (1624), el místico, abogó vehementemente por el milenarismo, así como lo haría más tarde (1705) el obispo luterano Peterson. Entre los premilenaristas destacados que se asociaron más o menos estrechamente con Mede, pueden mencionarse los siguientes: William Twisse (1575-1646), un discípulo de Mede, y el primer moderador de la Asamblea de Teólogos de Westminster; Nathaniel Homes, cuya obra *Revelation Revealed*, fue publicada en 1653; Thomas Burnett (1635-1715), conocido por su obra *Sacred Theory of the Earth*, publicada en latín (1681), y con traducción al inglés (1684-1689); Thomas Goodwin (1600-1679), un ministro independiente de tipo calvinista rígido (*Works,* en cinco tomos, 1681-1704); y Joseph Perry, cuya obra titulada *The Glory of Christ's Visible Kingdom* se publicó en 1721.[23]

Los escritores de este periodo sostuvieron un tipo imperante de premilenarismo que puede resumirse en las siguientes declaraciones generales: (1) Identificaron, como en un mismo punto en el tiempo: el rapto, la manifestación, la primera resurrección, la conflagración y la creación de los nuevos cielos y la nueva tierra, pero enseñaron que todos estos eventos ocurrirían antes del milenio. (2) Enseñaron que la iglesia estaría completa antes del milenio, puesto que los malos habrían sido destruidos por el resplandor de la venida de Cristo. (3) Identificaron el milenio como ligado al periodo de juicio investigativo. Sobre los puntos segundo y tercero, habría más o menos diferencias de opinión.[24] Mede sostenía que debía hacerse un contraste entre el estado de la Nueva Jerusalén y el estado de las naciones que andan bajo su luz. La Nueva Jerusalén no es la iglesia entera, sino su metrópolis. Esto es lo que él decía: "Yo pienso que este estado de la iglesia pertenece al segundo advenimiento de Cristo, o día del juicio, cuando Cristo aparezca en las nubes del cielo para destruir todos los enemigos profesos de su iglesia y de su reino, y para liberar a la criatura de esa esclavitud de corrupción que vino sobre ella por el pecado del hombre". Mede también enseñó que este estado no sería ni antes ni después, sino el día mismo del juicio, y que los judíos nunca entendieron la expresión como queriendo decir otra cosa que un periodo de muchos y continuos años. Homes difería de Mede al sostener que solo impíos que lo fueran abierta y obstinadamente serían destruidos por la conflagración, y que el resto sería preservado del fuego como "un apéndice de la nueva creación". Burnett enseñaba que todos los malvados perecerían en la conflagración, pero Perry fue un poco más lejos al negar que santos o pecadores existieran en la carne durante el milenio.[25] Dado que todos estos escritores mantenían que la iglesia estaría completa para el tiempo del segundo advenimiento, su problema estribaba en explicar la aparición de los malos al fin del milenio. Homes sostenía que aquellos que escaparan de la conflagración, serían restaurados en cuerpo y alma a la perfección natural que Adán poseía en su estado de inocencia, pero que por ser mutables, caerían igualmente cuando Satanás los acometiera. Burnett se vio forzado a adoptar la posición de una raza doble, las cuales consideró que serían muy diferentes una de la otra; una, los hijos de Dios por la resurrección, la otra, los hijos de la tierra forjados del lodo del suelo y del calor del sol. Dado que Perry mantenía que durante el milenio, la tierra estaría en posesión exclusiva del ser humano en su estado resucitado, recurrió a una explicación que sabía que estaba "fuera de la senda habitual de casi todos los expositores", es decir, que Gog y Magog, quienes se levantarán al final de los mil años, "consistirán del número de todos los malos, una vez sean levantados de sus sepulcros". Estas fueron solo algunas de las dificultades que surgieron con relación al asunto, las cuales constituirán la base para discusión adicional durante el periodo siguiente.

El periodo moderno. Un nuevo periodo en la historia del milenarismo, el cual comenzó a mediados del siglo dieciocho, quedó inaugurado con la publicación de las obras de J. A. Bengel, *Commentary on Revelation* (1740), y *Sermons for the People* (1748). El asunto de la profecía atrajo pronto la atención, y el estudio del Apocalipsis se hizo popular dentro de los círculos piadosos de la iglesia. La revolución francesa de fines del siglo dieciocho, proveyó un nuevo ímpetu a los estudios proféticos, y muchos individuos de gran escolaridad y habilidad, y de posición prominente en la iglesia, adoptarían el premilenarismo.[26] Bengel (1687-1751), como se recordará, fue quien originó el movimiento bíblico moderno, y quien también escribió el *Apparatus Criticus*. Adam Clarke dijo que, en Bengel, "se unían dos características inusuales: la piedad más profunda y la erudición más amplia". Se cree que Juan Wesley también siguió la pauta de éste en la interpretación del Apocalipsis.

Bengel sostenía, a partir de Apocalipsis 20, una posición peculiar respecto al milenio, y era esta: que habrá un doble milenio, es decir, mil años de reinado sobre la tierra, y después mil años de reinado en el cielo; que el primero ocurrirá a siete mil años de la creación, y el segundo a ocho mil. Creía que el milenio sobre la tierra sería un tiempo de gobiernos, casamientos, agricultura y todo lo cotidiano de la vida como se conoce hoy. Su creencia en lo tocante a la iglesia completada, llevó a la larga a que se adoptarán las teorías nupciales, las cuales limitarían lo completo de la iglesia.[27] De aquí que habría que distinguir entre "la iglesia como la esposa", y el número total de "los salvados", que incluiría a los que no fueron parte de las bodas, "la iglesia de los nacidos después" en contraste con "la iglesia de los nacidos primero". Basado en esto, Edward H. Bickersteth va a decir que "la iglesia que aparecerá como una entidad completa y corporal con Cristo en su venida, no será la de todos los salvados, sino una porción peculiar de los que son llamados 'la Esposa', la asamblea de los primogénitos, los reyes y sacerdotes para Dios, la Santa Ciudad, cuya bienandanza será distinta y peculiar, y peculiares, más no habituales, serán la santidad y las bienaventuranzas". Esto llevó enseguida a la pregunta, ¿quién es la Esposa? Bickersteth pensaba que la Esposa constaría de todos los santos que habrían creído para el momento en que comenzara el milenio. El duque de Manchester limitaría aún más la Novia al excluir de esta compañía a todos los que habían existido antes de la ascensión. Bonar, por su lado, sostendrá que los santos de la edad del milenio serían igual que los demás, excepto que no habrían tenido que participar de las pruebas de los santos que los habían precedido, razón por la cual no alcanzarían la dignidad nupcial, la cual sería reservada exclusivamente para los santos que las habían sufrido. Pero todo esto nos permite de nuevo afirmar que las teorías especulativas tal parece que con el tiempo, caerán por su propio peso. Estas teorías, sin embargo, llevarán a otro tipo de premilenarismo, el cual sostendrá que la iglesia estará incompleta en el tiempo del segundo advenimiento, y que, por consecuencia, éste será seguido por el milenio como periodo adicional de salvación.

Además del desarrollo del premilenarismo, este periodo verá el surgimiento de un movimiento opuesto conocido como postmilenarismo. Daniel Whitby (1638-1726) se revertió a la posición agustiniana de que el milenio se refería al principio y el progreso de la iglesia entre los dos advenimientos. Este progreso espiritual de la iglesia era visto como que terminaría con el triunfo final sobre el mundo, o como un reino milenario de justicia que precedería la segunda venida de Cristo para juicio. Por tanto, a Whitby se le considera generalmente como el autor de la teoría postmilenaria de los tiempos modernos, una teoría que el mismo Whitby la explicaría como "una nueva hipótesis". Tras él vendrían Vitringa, Faber y David Brown, siendo este último alguien especialmente capaz en la presentación y defensa de la doctrina. Estos desarrollos ulteriores, los cuales son tipos modernos de la teoría milenaria, deberán ahora reseñarse más plenamente.

TIPOS MODERNOS DE LA TEORÍA DEL MILENIO

Hemos intentado hilvanar, de manera breve, la historia de la teoría del milenio, desde la época patrística hasta los tiempos modernos, lo cual nos lleva a finalizar esta indagación histórica con una reseña de algunos de sus tipos más prominentes. Los mismos se deslindan en dos grupos principales, que podrían clasificarse así: (1) las teorías literalistas; y (2) las teorías espiritualistas. Démosles alguna consideración, aunque sea breve.

Las teorías literalistas. En general, aquí se incluye todo tipo de teoría premilenaria.[28] Como lo ha demostrado nuestra sinopsis histórica, la iglesia primitiva convino universalmente en la creencia del retorno personal de Cristo. Sería un retorno que tomaría rápidamente la forma de un reino personal de Cristo sobre la tierra, por mil años, o durante el milenio, el cual la mayoría de los escritores consideraban prácticamente universal hasta el tiempo de Agustín, cuando las teorías espiritualistas alcanzaron prominencia y el chiliastismo declinó abismalmente. Con la Reforma, prevalecerían de nuevo las teorías premilenaristas, especialmente durante el siglo diecisiete y la primera parte del dieciocho. Estas teorías, como hemos indicado, consideraban que la iglesia estaría completa en el momento del segundo advenimiento; por tanto, no sería sino hasta más tarde que el milenio se vería como una extensión de la era de la iglesia. Aunque todas estas teorías eran numerosas y variadas, los tiempos modernos las han visto desarrollarse en dos tipos generales de premilenarismo. (1) Las teorías que consideraban que la iglesia estaría completa, y que, por consiguiente, identificaban el tiempo del segundo advenimiento con su rapto y manifestación, con la primera resurrección, y con la conflagración, y que ubicaban todos estos eventos antes del milenio, se han desarrollado en lo que se conoce en el presente como la teoría adventista. (2) Las teorías que consideraban que la iglesia estaría incompleta en el momento del segundo advenimiento, hicieron que el milenio se situara entre los siguientes dos puntos terminales: por un lado, al principio, el rapto y la manifestación, y por otro, al final, la conflagración. Estas teorías creemos que se pueden denominar propiamente como las de tipo Keswick. Por lo menos se habrá de conceder que la gente de Keswick ha manifestado entusiasmo al apoyar esta posición. Lo que ofrecemos a continuación es sencillamente una declaración general de estas dos posiciones.

1. La teoría adventista. La teoría sostenida por el pueblo adventista se caracteriza generalmente por las siguientes posiciones. (1) El rapto, la manifestación y la conflagración son identificados con un mismo punto en el tiempo. (2) Todos los malos serán destruidos en la venida del Señor (2 Tesalonicenses 1:7-8). (3) Los justos serán llevados al cielo (Juan 14:2-3; 1 Tesalonicenses 4:17). (4) La tierra quedará vacía, como un abismo o gruta sin fondo (cf. Génesis 1:1 con 2 Pedro 3:10). (5) Satanás será atado, coartándosele la oportunidad de ejercer sus poderes (Apocalipsis 20:1-3). (6) El milenio será en el cielo en vez de en la tierra. Los santos participarán en el juicio investigativo (Apocalipsis 7:9-15). (7) La ciudad santa descenderá para juzgar, y los malos resucitarán (Apocalipsis 21:2). (8) Las naciones apóstatas serán los muertos malos resucitados, a quienes Satanás convocará para atacar la Ciudad Santa. Satanás será desatado con ocasión de que pueda engañar de nuevo a los malos. (9) Las huestes de Satanás serán derrotadas por fuego del cielo, y serán traídas hasta el gran trono blanco del juicio (Apocalipsis 20:7-13). (10) El castigo de los malos será por fuego del cielo, el cual destruirá el pecado y aniquilará a los malos en el lago de fuego, que es la muerte segunda (Apocalipsis 20:14-15). (11) La tierra será purificada y hecha nueva por medio del fuego que la destruirá en la segunda venida de Cristo (2 Pedro 3:12-13). Los justos serán salvados al ser levantados (cf. Noé y el arca—1 Pedro 3:20-21). (12) El estado eterno. Los cielos nuevos y la tierra nueva vendrán a ser la morada de los santos. Lo que se entiende por esto son los cielos y la tierra actual, pero purificados por fuego. Aquí se verá que se perpetúan las teorías anteriores de lo completo de la iglesia, y de la identificación del milenio con el día del juicio, pero que la creación de los cielos nuevos y de la tierra nueva se considera como algo que sucederá después y no antes del milenio. Es lamentable que el pueblo adventista haya agregado a esta doctrina, la cual anteriormente había sido considerada como ortodoxa, la doctrina de la aniquilación de los malos, una doctrina que es insostenible y no bíblica.[29]

2. La teoría Keswick. Así como la teoría adventista se erige sobre la suposición de que la iglesia estará completa en el tiempo del segundo advenimiento, así también la teoría Keswick tiene como presuposición la idea de que estará incompleta. La primera une el reino milenario más estrechamente con el estado eterno; la última lo considera una extensión de la era de la iglesia. De nuevo, en este tipo de premilenarismo, las variaciones en cuestiones de detalle son sumamente numerosas, pero, con todo, quizá su mejor representante sea Joseph A. Seiss. La teoría, publicada en la obra que tituló *The Last Times*, y que discutió más ampliamente en obras posteriores, es la siguiente: (1) Cristo Jesús, nuestro adorable Redentor, ha de retornar a este mundo con gran poder y gloria, tan real y tan literalmente como ascendió. (2) Este advenimiento del Mesías ocurrirá antes de la conversión general del mundo, entre tanto el hombre de pecado continúa sus abominaciones, entre tanto la tierra está todavía atestada de tiranía, guerra, infidelidad y blasfemia, y por consecuencia antes de lo que se denomina el milenio. (3) Esta venida del Señor no será para despoblar ni para aniquilar la tierra, sino para juzgarla, subyugarla, renovarla y bendecirla. (4) En el periodo de su venida, Cristo Jesús levantará a los santos de entre los muertos, transformará a los vivos que lo esperan, los juzgará según sus obras, los recibirá con Él en las nubes, y los establecerá en un reino celestial glorioso. (5) Romperá y destruirá entonces también todos los sistemas presentes de gobierno en la iglesia y en el estado, quemará los grandes centros y poderes de maldad y usurpación, sacudirá la tierra con terrible visitación por causa de sus pecados, y los sujetará a su gobierno personal y eterno. (6) Durante estas conmociones colosales y destructivas, la raza judía será restaurada maravillosamente a la tierra de sus padres, abrazará a Jesús como su Mesías y Rey, será librada de sus enemigos, puesta a la cabeza de las naciones, y hecha el agente de bendiciones indecibles para el mundo. (7) Cristo reestablecerá entonces el trono de su padre David, lo exaltará de gloria celestial, hará del monte Sión el asiento de su imperio divino, y junto a los santos glorificados asociados con Él en su dominio reinará sobre la casa de Jacob y sobre el mundo en una cristocracia visible, sublime y celestial por el periodo de "los mil años". (8) Durante el reino milenario, en el cual se pondrá a la humanidad bajo una nueva dispensación, Satanás será atado y el mundo gozará su dilatadamente esperado descanso sabático. (9) Al final de este sábado milenario, la última rebelión será aplastada, los malos serán muertos y continuarán en el Hades hasta aquel tiempo en que serán levantados y juzgados, y en que Satanás, la muerte, el Hades y todo lo que se oponga al bien sea entregado a destrucción eterna. (10) Bajo estas esplendorosas administraciones, la tierra podrá recuperarse enteramente de los efectos de la caída, y será vindicada la excelencia de la justa providencia de Dios, y será revocada toda la maldición, y será sorbida la muerte, y todos los habitantes del mundo de ahí en adelante serán restaurados perennemente a una mayor felicidad, pureza y gloria que la que Adán perdió en el Edén.

La objeción a la que se expone este tipo de premilenarismo, se centra mayormente en que pone de manifiesto un milenio que requiere una continua obra de salvación. La base para esta objeción se encuentra en aquellos pasajes bíblicos que parecen indicar que, cuando Cristo venga, cesará la intercesión y comenzará el juicio. Es en esta obra de la intercesión, que los méritos de la muerte de Cristo y el poder de su Espíritu encuentran su relación lógica, ya que es por medio de la intercesión que aquellos se trasladan a éste. La intercesión perpetua hace posible el que se reconozca el derecho de Cristo a recibir y dispensar el Espíritu, sin lo cual, hay que admitirlo, la salvación sería imposible. Este es precisamente el tenor general del Nuevo Testamento, y el profundo sentido de la obra de redención. La fuerza de este argumento la advertirán claramente aquellos que tomen cuidado en considerar los pasajes bíblicos que tienen que ver con la relación que el Espíritu tiene con Cristo.[31] Este es el caso, entre muchos otros, con los siguientes: "Y yo rogaré al Padre, y os dará otro Consolador" (Juan 14:16); "Pero cuando venga el Consolador, a quien yo os enviaré del Padre" (Juan 15:26); "Así que, exaltado por la diestra de Dios y habiendo recibido del Padre la promesa del Espíritu Santo, ha derramado esto que vosotros veis y oís" (Hechos 2:33); y, "nos salvó, no por obras de justicia que nosotros hubiéramos hecho, sino por su misericordia, por el lavamiento de la regeneración y por la renovación en el Espíritu Santo, el cual derramó en nosotros abundantemente por Jesucristo, nuestro Salvador" (Tito 3:5-6). Pero los pasajes bíblicos que tienen que ver más directa y especialmente con la obra intercesora de Cristo se encuentran en Hebreos 7:25 y 9:12, 24-28.[32] En el último de estos pasajes se mencionan tres cosas, cada una de las cuales es señalada como una presentación o aparición, anexándosele a cada una, directa o indirectamente, la frase "una vez". Nos referimos a la encarnación o primer advenimiento, a la intercesión y al segundo advenimiento. "[P]ero ahora, en la consumación de los tiempos, se presentó [*pefaneropotai*] una vez para siempre por el sacrificio de sí mismo para quitar de en medio el pecado [Hebreos 9:26]... por su propia sangre, entró una vez para siempre en el Lugar santísimo..." (Hebreos 9:12). "Porque no entró Cristo en el santuario hecho por los hombres... sino en el cielo mismo, para presentarse [*emfaniotenai*] ahora por nosotros ante Dios..." (Hebreos 9:24). "Así también Cristo fue ofrecido una sola vez para llevar los pecados de muchos; y aparecerá [*ofteseiai*] por segunda vez, sin relación con el pecado, para salvar..." (Hebreos 9:28). Esta última declaración, de acuerdo con William Burton Pope, significa que Cristo aparecerá "sin ninguna relación redentora con el pecado que Él todavía pueda encontrar, y para la salvación completa y corporal de los que ya ha salvado en espíritu" (William Burton Pope, *Compendium of Christian Theology*, III:389). David Brown, al comentar también sobre este texto, dice: "Cuando llegue el advenimiento, se acabará la intercesión; y cuando se acabe la intercesión, se acabará la salvación. Cuando Cristo aparezca la segunda vez *para nosotros,* cesará de aparecer en la presencia de Dios *por nosotros"* (David Brown, *Christ's Second Coming*, 112). El argumento en contra de que la salvación continúe después de la segunda venida de Cristo, no solo lo impulsarán los postmilenaristas que objetan a este tipo de premilenarismo, sino que también lo impulsarán los premilenaristas del tipo primitivo.[33]

Las teorías espiritualistas. Estas teorías son de naturaleza más abstracta. Aunque datan de un periodo anterior, alcanzarán especial prominencia durante el tiempo de Agustín. En reacción a su propia perspectiva chiliasta anterior, Agustín enseñará que el reinado de Cristo es una alusión a la era de la iglesia, y que abarca el periodo entero de tiempo entre el primer advenimiento y el segundo. También enseñará que el milenio es el sexto periodo de mil años en la historia del mundo. Sin embargo, la iglesia rechazó esta teoría al sostener que el milenio habría que identificarlo con la dispensación total del evangelio. El número mil, dirá la iglesia, es puramente simbólico, y su significado es lo total, y no un periodo definido de tiempo. De este impulso, dado el aspecto espiritual del milenio, se desarrollarán dos tipos de teoría: la católica romana y la postmilenaria moderna.

1. La teoría católica romana. La teoría que esa iglesia sostiene es esencialmente la de Agustín, con la excepción de que rechaza su posición respecto a los mil años, afirmándose en la creencia primaria de éste, que el milenio es idéntico al reinado de la iglesia en la tierra, y que será seguido por el juicio. William Wilmers, S. J., en el *Handbook of the Christian Religion*, declara lo siguiente: "Cristo vendrá otra vez a juzgar a los vivos y a los muertos, y será un juicio general que pondrá fin al orden actual de cosas. Nadie puede predecir con certeza el día del juicio. Pero sabemos que no vendrá hasta que ciertas señales y profecías se cumplan. El evangelio será predicado en todo el mundo (Mateo 24:14); habrá una gran apostasía en la iglesia (2 Tesalonicenses 2:3); una gran declinación de la vida cristiana, una gran corrupción moral que se manifestará en lujos y sensualidad (Lucas 17:26-30); finalmente, el anticristo aparecerá (2 Tesalonicenses 2:3-4). El día final será precedido de guerras, pestes y hambres (Mateo 24:4-8); y de diversas señales y catástrofes (Mateo 24:20-21; Lucas 21:25-26). El día del juicio dará fin al orden presente de cosas. La probatoria habrá expirado, y solo quedarán estas dos clases de personas: los benditos en el cielo, y los réprobos en el infierno... En el juicio final, el mundo visible entero cambiará (2 Pedro 3:11-14). Es decir, después de la victoria completa sobre el pecado, a la tierra, la que hasta entonces estará bajo la maldición del pecado, y al universo visible, se les hará armonizar con la gloriosa existencia del ser humano resucitado. Aun ahora, la tierra, según el Apóstol, anhela el día de liberación (Romanos 8:198-25)".

2. *La teoría postmilenaria.* A dicha teoría se le denomina de esa manera porque considera que el segundo advenimiento seguirá al milenio, y no al contrario. Los postmilenaristas atesoran el retorno personal y visible de nuestro Señor tanto como los premilenaristas. La diferencia entre estas teorías solo tiene que ver con el orden de los eventos que atañen al segundo advenimiento.[34] El postmilenarismo moderno generalmente se le atribuye a Daniel Whitby (1638-1726), y de la manera en que éste lo restituyó, se trata en esencia de un regreso a la posición agustiniana. Sin embargo, en lugar de adoptar el agustinianismo modificado, el cual consideraba que el milenio estaba en el pasado, o de identificarlo con la era entera de la iglesia, como lo hace el catolicismo romano, Whitby lo consideró como un reinado futuro de justicia. Su doctrina parece ser solamente una reformulación de lo que Charles Hodge designa: "la doctrina común de la iglesia", según la expresaron las confesiones reformadas, aunque con énfasis particular en el triunfo final.[35] E. B. Elliott resume la posición de Whitby de la siguiente manera: (1) La primera resurrección es un resurgimiento de la causa, los principios, las doctrinas, el carácter y el espíritu de los primeros mártires y santos. (2) Pertenece al futuro. El triunfo sobre el anticristo precederá al milenio. (3) Satanás no volverá a engañar; las doctrinas de los mártires, al igual que sus espíritus, serán revividos, como revivió el espíritu de Elías en Juan el Bautista. (4) La iglesia florecerá y la santidad triunfará por mil años. El mundo gozará de la bienaventuranza paradisíaca, y, desde el cielo, mártires y santos se identificarán con ese gozo. El triunfo en la tierra será universal.

"El término *milenio*", dice Miner Raymond, "llegó a emplearse desde muy temprano en un sentido genérico, aludiendo al tiempo en que el reino de Cristo en la tierra estaría en ascenso, y en su mayor vigor, exaltación y gloria. Todos los cristianos hablan ahora de un milenio, y creen en él; todos anticipan el tiempo en que el reino de Cristo sea perfeccionado, y se complete y alcance los propósitos terrenales más elevados contemplados en la dispensación del evangelio. Toda persona cree en *un* milenio, aunque ahora haya, como ha habido siempre, una gran diversidad de opiniones en cuanto a lo que será el estado preciso de las cosas cuando el milenio haya llegado plenamente" (Miner Raymond, *Systematic Theology*, II:472).[36] En cuanto a la naturaleza del milenio, conforme a lo que sostienen los postmilenaristas, podemos limitarnos igualmente a Miner Raymond en lo que a un ejemplo típico de esta enseñanza se refiere. "Según lo que pensamos", dice él, "la idea del milenio es la idea de un logro completo de la iglesia tal y como está ahora constituida; y en cuanto a la empresa de la iglesia ahora en operación, al llegar plenamente ese tiempo, sobre toda la faz del orbe no habrá sino una religión, la cristiana; todos tendrán privilegios educativos y religiosos adecuados; la concentración mayor de la humanidad habrá alcanzado un carácter moral encomiable; los piadosos serán más eminentemente piadosos que sus ancestros; la paz universal y la prosperidad general prevalecerán sobre toda la tierra; con todo, algunos rehusarán obedecer, y persistirán en su rebelión, por lo cual, cuando el Señor venga a levantar a los muertos y a juzgar al mundo, se hallarán hombres sobre la tierra que serán enemigos de Dios y de la santidad" (Miner Raymond, *Systematic Theology*, II:493-494).

De lo que hasta ahora se ha dicho deberá ser evidente, aun para el lector inadvertido, que el premilenarismo y el postmilenarismo representan extremos opuestos de pensamiento, además de un método distinto de aproximación. Uno puede detectar diferencias hasta en el tono de las emociones. El milenio, como lo conciben los postmilenaristas, será la era floreciente de la iglesia, el tiempo en el que la justicia reina y la paz se disemina por todo el mundo. Esta condición será realidad gracias a los medios actuales de evangelización, a la cual se agregará "la ligadura de Satanás", o los juicios restrictivos de Dios. Si bien los justos estarán en ascenso, el milenio, no obstante, será una situación mixta de santos y pecadores, todos en la carne. El postmilenarismo, por tanto, y contrario a lo que arguyen algunos premilenaristas, no considera que el milenio sea un reinado absoluto de justicia; a este tenor, los premilenaristas que consideran el milenio como un reinado mixto, evidencian delante de todos una mayor inconsistencia en su propio argumento.

¿Sobre qué base bíblica se puede decir que descansa la superestructura del postmilenarismo? Lo hace sobre dos suposiciones: (1) la naturaleza espiritual de la primera resurrección; y (2) el carácter espiritual del reinado de Cristo durante el milenio.

1. Los postmilenaristas en general, aunque no de manera global, mantienen que la primera resurrección es puramente espiritual, y que solamente la segunda será corporal y literal.[37] El argumento que favorece estos dos tipos de resurrección se infiere de las siguientes palabras de nuestro Señor en Juan 5:24-25, y 28-29: "De cierto, de cierto os digo: El que oye mi palabra y cree al que me envió tiene vida eterna, y no vendrá a condenación, sino que ha pasado de muerte a vida. De cierto, de cierto os digo: Viene la hora, y ahora es, cuando los muertos oirán la voz del Hijo de Dios, y los que la oigan vivirán" (Juan 5:24-25). No puede haber duda de que nuestro Señor se refiere aquí a una resurrección espiritual; además, el apóstol Pablo utiliza la misma figura de lenguaje en sus epístolas. "No os asombréis de esto, porque llegará la hora cuando todos los que están en los sepulcros oirán su voz; y los que hicieron lo bueno saldrán a resurrección de vida; pero los que hicieron lo malo, a resurrección de condenación" (Juan 5:28-29). A lo que se alude aquí, por supuesto, es a una resurrección corporal o física. William Burton Pope, al comentar estos pasajes bíblicos, dice: "Ahora bien, hemos visto que nuestro Señor habla expresamente en uno y el mismo discurso de una primera resurrección, entendida espiritualmente, y de una segunda resurrección, entendida físicamente. Si aplicamos aquí el mismo principio, esta profecía simbólica tan contendida (Apocalipsis 20:1-9), quedará en perfecta armonía con el resto de la Biblia, privándole así al advenimiento del premilenio su base más sustancial" (William Burton Pope, *Compendium of Christian Theology*, III:898).

2. Los postmilenaristas consideran uniformemente que el reinado de Cristo durante el milenio será puramente espiritual. Por consecuencia, verán generalmente la declaración apocalíptica (Apocalipsis 20:1-11) como puramente simbólica o figurada. Al referirse al premilenarismo, John Miley dice que, "La principal dependencia de la teoría se da respecto a un solo pasaje bíblico (Apocalipsis 20:1-6). De ese pasaje se puede decir, primero, que no contiene una sola palabra respecto a un advenimiento de Cristo, ni tampoco respecto a su reinado personal sobre la tierra. Además, que es parte de un libro altamente figurado o simbólico, y que el pasaje mismo es altamente simbólico. Por conse-

cuencia, construir una teoría del advenimiento sobre esas bases, carece de las garantías de todo principio de formación doctrinal, y más aún cuando existen numerosos textos que tratan el asunto explícitamente" (John Miley, *Systematic Theology*, II:442). Las diversas actitudes que los postmilenaristas asumen hacia la declaración en el Apocalipsis, así como la edificación diferente que construyen sobre ella, habrán de dárseles consideración solo en las notas del apéndice.[38]

EL MILENIO COMO UN PERIODO DE TRANSICIÓN

Han sido dos los propósitos que hemos tenido al repasar el desarrollo histórico de las diversas teorías del milenio: (1) proveer información pertenecientes a los hechos que tienen que ver con este importante tema; y, (2) permitirle al estudiante que, por medio de una perspectiva de la historia, intente una evaluación de estas diversas teorías. La cantidad y variedad del material que se ha sometido puede aparentar confusión, pero debe tenerse en mente que la literatura sobre este tema es enorme. Sin embargo, esta confusión resultará en una bendición para el lector si le sirve de protección contra los métodos precarios y fáciles que proponen los que declaran con excesiva confianza y seguridad a los bien leídos e informados que éstos no han percibido todavía los problemas, ni mucho menos los han resuelto.

A nuestra manera de pensar, hemos llegado a ver el milenio como un periodo de transición entre el orden temporal actual y el orden eterno de lo porvenir. Vemos esta transición, según lo demostraremos más adelante, como una analogía del primer advenimiento y ministerio terrenal de Cristo. Durante este tiempo, la antigua dispensación llegó a su fin y la nueva fue inaugurada, la una, en cierta medida, coincidiendo con la otra. Estamos en deuda, primero que nada, con E. V. Gerhart, por la semilla de la transición como pensamiento, el cual ha presentado de manera muy capaz en su obra, *Institutes of the Christian Religion*. También reconocemos nuestra deuda a J. A. Dorner y al obispo Martensen, quienes con su perspectiva cosmológica nos han demostrado la necesidad de un cumplimiento perfecto de los propósitos de Dios, no solo para el individuo, sino también para la estructura social y su entorno físico. Si los seres humanos son primero redimidos del pecado, pero poseen este tesoro en vasos de barro, que más tarde, a través de la muerte y resurrección, vendrán a ser inmortales, incorruptibles y gloriosos, ¿por qué esta tierra de la que el hombre fue igualmente formado no puede pasar por un estado de disolución y emerger como un cielo nuevo y una tierra nueva? Por último, estamos en deuda con el teólogo holandés J. J. Van Oosterzee, él mismo un declarado premilenarista, por la confirmación erudita de esta teoría del milenio como transición.[39] Dice Van Oosterzee: "El milenio es *un periodo de transición:* sobre esta parte de la expectación del futuro se tiende una nube transparente que no permite del todo definirla con mayor particularidad. La larga noche ha pasado, pero el día *en pleno* no ha llegado. Nuestra mente, como por instinto, piensa en los cuarenta días entre la resurrección y la ascensión de Cristo: su iglesia ha dejado ahora también atrás su monte Calvario, y su monte de los Olivos está por delante, aunque todavía no lo haya ascendido. Sus enemigos han retrocedido, pero no han sido destruidos. Se hace evidente que el reino de las tinieblas no puede descansar hasta que ensaye una concentración gigantesca de las fuerzas que le restan: la palabra profética lo anticipa, pero la modalidad poco inteligente de interpretación que querrá leer, por así decirlo, 'entre líneas', los nombres de las naciones aquí implicadas, no nos pertenece ni nos puede pertenecer" (J. J. Van Oosterzee, *Christian Dogmatics*, II:800).

La analogía del primero y segundo advenimiento. El primer advenimiento marcó la transición del Antiguo al Nuevo Testamento; un periodo de breve duración en el que la dispensación anterior alcanzó su culminación y la última tuvo sus comienzos. Nuestro Señor declaró que la ley y los profetas fueron hasta Juan, después de lo cual el reino de los cielos es predicado. Pero la nueva dispensación que tuvo su inicio en la encarnación, solo se inauguraría plenamente con el don del Espíritu Santo en el día de Pentecostés. Además, así como el ministerio de Jesús fue precedido por la obra preparatoria de Juan, así también, pasado el Pentecostés y hasta la destrucción de Jerusalén (70 d.C.), se dará una decadencia gradual del orden mosaico que señalará su fin. En ese momento "a la iglesia se le quitó el pañal del judaísmo", y el evangelio vino a ser la herencia de todas las naciones y los pueblos. Así como el primer advenimiento marcó el comienzo de un periodo intermedio de transición, el cual fue precedido por una preparación profética y seguido por un tiempo de juicio, así también deberemos esperar que sea el segundo advenimiento. E. V. Gerhart, por tanto, va a señalar que, "como lo fue la edad del primer advenimiento, lo será la del segundo advenimiento, un periodo indefinido e intermedio entre el mundo actual y el mundo trascendental. Este estado intermedio podrá, en cierta medida, participar de la naturaleza peculiar de cada uno de estos mundos opuestos" (E. V. Gerhart, *Institutes of the Christian Religion*, III:184). Mucha de la confusión que surge respecto a este periodo de transición se debe a su doble aspecto. Este periodo intermedio se conoce comúnmente como el milenio. Por ser un periodo de transición, mira en ambas direcciones y acopla dentro de sí dos órdenes considerablemente diferentes. Marca la transición de lo natural hacia lo espiritual, de lo temporal hacia lo eterno, de lo inmanente hacia lo trascendente, y de la gracia a la gloria. Hay quienes ven el milenio solamente a partir del orden temporal, razón por la cual lo considerarán meramente como una extensión de la era de la iglesia. Otros, en tanto, al verlo a partir del orden eterno, lo confunden algunas veces con los cielos nuevos y la tierra nueva.[40]

Las características del segundo advenimiento. La analogía entre el primer advenimiento y el segundo, demanda consideración adicional. Hay tres datos que sobresalen claramente en la vida de Cristo. (1) Vino a la raza natural del hombre, de modo que pudiera ser el último Adán del antiguo orden y el nuevo hombre del orden eterno. (2) Nació bajo el pacto de la promesa de Abraham, pero vino a ser la simiente a la que le fueron hechas las promesas. (3) Nació en el seno de la economía mosaica, por medio de la cual ninguna carne será justificada. Fue, por lo tanto, manifestado para quitar nuestros pecados. Cada una de estas distinciones, como E. V. Gerhart ha señalado tan adecuadamente, deberá tener relación con el segundo advenimiento. Por consiguiente, deberemos considerar el segundo advenimiento como un movimiento "nuevo en su clase, nuevo en sus relaciones, y nuevo en sus propósitos" (E. V. Gerhart, *Institutes of the Christian Religion*, II:806ss).

1. El segundo advenimiento será un movimiento nuevo en su clase. El primer advenimiento consistió en que el Señor vino a la raza por medio del nacimiento virginal; el segundo consistirá en que vendrá en su gloria como rey (Mateo 25:31). En el primer advenimiento, vino como siervo ministrante; en el segundo, "se sentará en su trono de gloria, y serán reunidas delante de él todas las naciones" (Mateo 25:31-32). Hay que recordar que hubo dos grandes misterios en Cristo: "la unión de la naturaleza humana con la divina, y la plenitud inmensurable del Espíritu que habitó en esa naturaleza santa, uno administrado a través del otro" (I:330). Por tanto, nuestro Señor hablará de su venida como la del *Hijo del hombre;* es decir, que vendrá en su humanidad perfeccionada y glorificada. Vino, verdaderamente, aunque en sentido espiritual, en Pentecostés, manifestándose por medio del

Espíritu Santo como la tercera persona de la Trinidad; pero vendrá la segunda vez con su propio modo de existencia, como la segunda persona de la Trinidad, manifestada por medio de su humanidad glorificada. Su segunda venida también instituirá un movimiento nuevo en su clase en cuanto a la redención del entorno del ser humano, o del universo físico. Con esto hacemos alusión no solamente a un movimiento ético y espiritual, sino a una restauración metafísica de la naturaleza orgánica dentro de la estructura del universo.[41] Dice J. P. Lange: "La expectación de la transformación futura de la tierra en un orden celestial establecido, del enlace del reino espiritual del otro mundo con el de este, para el ser humano será mera fantasía, pero para el cristiano es una gran esperanza, una seguridad de fe, una predicción cierta" (*Breman Lectures*, 251).

2. El segundo advenimiento será un movimiento nuevo en sus relaciones. El primer advenimiento fue la entrada al pacto de la promesa de Abraham, condicionado a la obediencia hasta la muerte, "y muerte de cruz" (Filipenses 2:8). Nuestro Señor vino a un mundo que estaba bajo el maligno (1 Juan 5:19), y, en su propia persona, trajo al ser humano el don de la vida eterna. En su humillación, fue despreciado y desechado entre los hombres (Isaías 53:3). "A lo suyo vino, pero los suyos no lo recibieron" (Juan 1:11). En cambio, su segundo advenimiento será regido, no por la ley de la humillación, sino por la de la exaltación. Vendrá a un mundo en el que la ley del pecado ya ha sido rota, y en el cual Satanás ya ha sido personalmente derrotado en cerrado conflicto. Su segundo advenimiento, por tanto, no será caracterizado por el rechazo, sino porque su pueblo se levantará con gozo para encontrarse con Él en el aire, así como con la innumerable compañía de ángeles que formarán la escolta de su glorioso Esposo a su regreso a la tierra. El mundo incrédulo temblará ante Él, y los malos clamarán a las rocas y a las montañas que caigan sobre ellos, y que los escondan "del rostro de aquel que está sentado sobre el trono, y de la ira del Cordero" (Apocalipsis 6:14-17). "En su segundo advenimiento, aparecerá, no para ser despreciado, sino para que lo honren; no para sufrir, sino para juzgar; no para vencer la muerte por su resurrección de los muertos, sino para abolir la muerte (1 Corintios 15:26); no para introducir el principio de la vida eterna en medio de un mundo que muere, sino para emancipar a los miembros de una nueva raza de todas las limitaciones de la era presente; no para iniciar un conflicto victorioso con el reino de las tinieblas, sino para poner fin a la desorganización existente por medio

de la transformación del cosmos en cielos nuevos y tierra nueva; no para fundar la iglesia y proclamar salvación, sino para actualizar la idea y cumplir la ley teleológica de la iglesia en la perfección post-mundanal de su reino" (E. V. Gerhart, *Institutes of the Christian Religion*, II:810).

3. El segundo advenimiento será un movimiento nuevo en sus propósitos. Cristo no solo vino como la simiente a la que se debía dar la promesa de Abraham, sino como el libertador de la esclavitud de la ley mosaica, tanto en lo que concernía a su culpa, como a su pena. El propósito del primer advenimiento fue la liberación de la culpa, del poder y de la existencia del pecado; el propósito del segundo advenimiento es la remoción de las consecuencias del pecado. Lo primero fue obrado por medio del sacrificio sacerdotal por el pecado, siendo Él mismo el sacerdote y la ofrenda; lo segundo será logrado por medio de la "toda potestad" que le es dada como nuestro rey glorioso. No solo estará con su iglesia en el Espíritu de la comunión, sino que, como el Logos en la naturaleza, transformará el cuerpo místico de su iglesia, y en su propio orden, también los reinos humanos. La naturaleza será restaurada en su plenitud, y vendrá a ser un dispuesto instrumento de nuestro Señor y de su pueblo. Isaac A. Dorner estaba en lo correcto cuando dijo que "la humanidad redimida tiene una meta diferente a la de la zoología común, y esa meta es el reino de la resurrección. Nunca habrá un cristianismo completamente victorioso hasta que la naturaleza se haya convertido en órgano de su servicio, en un instrumento dispuesto del hombre perfecto, es decir, de los justos que serán levantados de los muertos" (Isaac A. Dorner, *Person of Christ*, I:412). Asimismo, C. J. Ellicott escribe que "el humano y la criatura, ligados en un sentimiento común de anhelo y expectación, están esperando esa redención del cuerpo que será la precursora inmediata de la restitución del mundo, y la consumación de todas las cosas en Cristo" (C. J. Ellicott, *Destiny of the Earth*, 18).

El día del Señor.[42] Como se ha indicado en nuestra discusión sobre los días de la creación en un tomo anterior de esta *Teología Cristiana*, la exégesis hebrea antigua nunca consideró los días del Génesis como días solares, sino como periodos de duración indefinida. El vocablo "día" se emplea frecuentemente en este sentido en el Nuevo Testamento. Es así como nuestro Señor va a decir: "Abraham, vuestro padre, se gozó de que había de ver mi día" (Juan 8:56); y también, "porque como el relámpago que al fulgurar resplandece desde un extremo del cielo hasta el otro, así también será el Hijo del hombre en su día" (Lucas 17:24).

El apóstol Pedro habla de "el día del Señor" o el "de Dios" (2 Pedro 3:10, 12-13), y el apóstol Pablo menciona tanto "el día del Señor" (1 Tesalonicenses 5:2, 4-5), como "el día de Cristo" (2 Tesalonicenses 2:1-2). Este día del Señor se asocia generalmente, sino siempre, con la idea del juicio, como lo demostrarán las siguientes referencias del Antiguo Testamento: Isaías 2:12-13; 13:6-13; Joel 1:15; Sofonías 1:4ss; y Malaquías 4:5. Podemos creer, entonces, con toda seguridad, que el día del Señor será un periodo de tiempo evidenciado por eventos que lo inician, lo median y lo clausuran. "Aunque estas épocas y crisis se presentan, según el estilo de la profecía, como juntas, y en perspectiva reducida, las mismas son considerablemente distintas. A la vez que las tratamos como distintas, debemos ser cuidadosos en recordar su relación común con el día del Señor, el cual es un periodo fijo y determinado, prefigurado en numerosos periodos a los que se aplica el mismo término, pero que es la trama y la consumación de todos ellos. Lo que las predicciones del Antiguo Testamento consideraban como un todo indistinguible, ahora ha sido dividido en tiempos y ocasiones, todos los cuales, sin embargo, convergen en un evento decisivo y fijo: el retorno de Jesús desde el mundo de lo invisible. Hay una rica y continua luz que se arroja sobre el día cristiano de Jehová, el cual se describe de diversas maneras con relación a la manifestación final de la persona de Cristo y a la consumación final de su obra" (William Burton Pope, *Compendium of Christian Theology*, III:387). El apóstol Pablo percibe este día como relacionado a la venida de Cristo, que es el evento que lo abre, mientras que el apóstol Pedro lo considera como el evento que clausura el logro último y triunfante de Cristo. Por tanto, es un periodo de transición, en el cual un tiempo u ocasión, *kairos,* es precedido por otros tiempos u ocasiones, *chronoi.* Esta es la razón por la cual muchas veces es difícil distinguir entre los eventos preparatorios y los de la consumación final a la que apuntan.[43]

En el día profético del Señor, los eventos aparentan ser un todo confuso. Alguien ha dicho que la profecía "carece de perspectiva". Los videntes miraban hacia adelante a los grandes objetivos del futuro, sin distinguir claramente los eventos que los mediarían. Un ejemplo clásico de esto es lo que Cristo lee de las Escrituras en la sinagoga de Nazaret. Después que leyó que había sido ungido "para predicar el año agradable del Señor", enrolló el libro, indicando así que el resto del texto, "y el día de la venganza del Dios nuestro" (Isaías 61:1-2; Lucas 4:19-29), no se habría de cumplir en ese momento. Podemos también notar que el punto de vista de los diversos autores de la Biblia determinará los eventos que se pondrán de relieve. Es así que el apóstol Pablo consolará a los santos con el pensamiento del retorno personal de Cristo, en tanto que el apóstol Pedro, anticipando el triunfo final de nuestro Señor, verá en ese día del Señor la consumación de todas las cosas.

Si pasamos ahora a analizar los puntos debatibles o controversiales vinculados al retorno de Cristo, nos damos con que cada uno es un evento de transición. (1) Está la aparición de Cristo con su mezcla de rapto y manifestación; (2) está una primera resurrección, y la resurrección de "el resto de los muertos"; (3) hay un juicio ubicado inmediatamente después del retorno de nuestro Señor, en el cual los doce apóstoles se sientan en doce tronos para juzgar las doce tribus de Israel; pero hay otro "gran trono blanco de juicio" en el momento en que los cielos y la tierra hayan huido; (4) está la reunión de los justos, y la destrucción de los malos, aunque, más tarde, las naciones protagonizarán una gran apostasía; (5) está el establecimiento del reino, pero luego también la entrega del reino; (6) hay un tiempo en que todas las cosas serán restituidas, en donde la creación misma será libertada de su esclavitud; pero habrá una disolución final de la tierra, de la cual surgirán los cielos nuevos y la tierra nueva; y (7) está el cese del viejo y pecaminoso orden, y la inauguración de un nuevo y eterno sábado de descanso cuando "Dios sea el todo y en todos".

EL ORDEN DE LOS EVENTOS DEL DÍA DEL SEÑOR

Debo decir, antes de empezar, que he vacilado considerablemente antes de entrar en la discusión de esta fase de mi tema. Sin embargo, no me he sentido con la libertad de seguir adelante sin ofrecer algunas declaraciones más o menos generales sobre el asunto. Un tema que ha causado tanta diversidad de opiniones debe abordarse con cautela, y esto es lo que hemos intentado hacer nosotros. Uno debe hablar con la debida modestia sobre temas que no están claramente revelados. No son ni sabios, ni reverentes los que hablen con tal grado de resolución que excluyan el pensamiento sincero de aquellos estudiantes de la Biblia que sostengan una posición diferente. Mi intención, por tanto, es presentar el material de esta división de una manera más sugestiva que dogmática, razón por lo cual confiamos que las declaraciones aquí hechas sirvan para incitar el estudio y la investigación adicional. Permítasenos hacer de nuevo hincapié en que consideramos la naturaleza de todo este periodo como una de transición, un periodo en el que el orden temporal se fusiona con el eterno, y por tanto, un periodo que participa de ambos órdenes de existencia. De acuerdo con la ley de la reserva profética, hay lo suficiente en la Biblia para proporcionar a la iglesia de una esperanza gloriosa, pero los eventos nunca podrán ser dilucidados hasta que la profecía se convierta en historia, y los veamos claramente manifestados en sus relaciones históricas.

El rapto y la manifestación. La segunda venida de Cristo es el evento inaugural del día del Señor. Esta será acompañada por la resurrección de los justos que han muerto y el traslado de los justos que estén en vida; sendas compañías de santos que serán arrebatadas en las nubes para recibir al Señor en el aire. Hay que hacer una diferencia entre el rapto y la manifestación. El rapto es el arrebatamiento del pueblo del Señor para encontrarse con Él en el aire; la manifestación es su retorno a la tierra en compañía de santos y ángeles. La palabra "rapto" viene del vocablo griego *arpazo,* que significa asir, tomar por la fuerza, arrebatar, o rescatar. La palabra "reunir" viene del griego *apantao,* y lleva consigo la idea de salir, pero para regresar acompañado. Así se utiliza en Hechos 28:15. Las palabras utilizadas para expresar la idea de la manifestación ya se han discutido. Nos referimos a *apocalypse* o develar, *parousia* o aparición, y *epiphaneia* o hacerse visible. En cuanto a la relación del rapto y la manifestación, las opiniones son considerablemente variadas. Algunos los conciben como idénticos al mantener que cuando el Señor venga, todo ojo lo verá, los santos se levantarán gozosos a encontrarse con Él, y las naciones de la tierra se lamentarán por su causa (Apocalipsis 1:7). Otros establecen una separación entre el rapto y la manifestación, sosteniendo que el rapto es secreto y que solo los santos lo conocerán, y que lo que será visible al mundo es únicamente la manifestación. En cuanto al tiempo entre los dos eventos, la mayoría de los escritores sostienen que será un periodo de tres años y medio. Durante ese tiempo, los santos asistirán a la cena de las bodas del Cordero en los cielos, en tanto que la tierra atravesará por un periodo de tribulación sin paralelo, en cuyo tiempo el anticristo asumirá plena autoridad. Aquí debemos afirmar que el hecho general del rapto y la manifestación, es uno claramente bíblico; los detalles que acabamos de mencionar deberán ser asunto de opinión individual.

El juicio investigativo.[44] Inmediatamente después del retorno de Cristo, el juicio investigativo se establecerá. A esos efectos tenemos las declaraciones de nuestro Señor mismo. "Cuando el Hijo del hombre venga en su gloria y todos los santos ángeles con él, entonces se sentará en su trono de gloria, y serán reunidas delante de él todas las naciones; entonces apartará los unos de los otros, como aparta el pastor las ovejas de los cabritos. Y pondrá las ovejas a su derecha y los cabritos a su izquierda" (Mateo 25:31-34). "Jesús les dijo: De cierto os digo que en la regeneración, cuando el Hijo del hombre se siente en el trono de su gloria, vosotros que me habéis seguido, también os sentaréis sobre doce tronos, para juzgar a las doce tribus de Israel" (Mateo 19:28). El que esto suceda en el juicio investigativo de las naciones que existan en el tiempo del segundo advenimiento, recibe respaldo adicional de la parábola que nuestro Señor refiere acerca del sembrador, la cual ya hemos citado. "Enviará el Hijo del hombre a sus ángeles, y recogerán de su Reino a todos los que sirven de tropiezo y a los que hacen maldad, y los echarán en el horno de fuego; allí será el lloro y el crujir de dientes. Entonces los justos resplandecerán como el sol en el reino de su Padre" (Mateo 13:41-43).

La destrucción de los malos. La destrucción de los malos está estrechamente asociada con el juicio investigativo. Además de los pasajes bíblicos citados, el apóstol Pablo nos ofrece la siguiente afirmación: "Mientras que a vosotros, los que sois atribulados, daros reposo junto con nosotros, cuando se manifieste el Señor Jesús desde el cielo con los ángeles de su poder, en llama de fuego, para dar retribución a los que no conocieron a Dios ni obedecen al evangelio de nuestro Señor Jesucristo. Estos sufrirán pena de eterna perdición, excluidos de la presencia del Señor y de la gloria de su poder, cuando venga en aquel día para ser glorificado en sus santos y ser admirado en todos los que creyeron" (2 Tesalonicenses 1:7-10).

La caída del anticristo y la ligadura de Satanás. En la destrucción de los malos en el tiempo del segundo advenimiento se incluye al anticristo, a quien el apóstol Pablo denomina "aquel impío" o "este impío". "Y entonces se manifestará aquel impío, a quien el Señor matará con el espíritu de su boca y destruirá con el resplandor de su venida. El advenimiento de este impío, que es obra de Satanás, irá acompañado de hechos poderosos, señales y falsos milagros" (2 Tesalonicenses 2:8-9). Aquí podemos ubicar, si se nos permite, lo que habría sido la ligadura de Satanás, "para que no engañara más a las naciones hasta que fueran cumplidos mil años. Después de esto debe ser desatado por un poco de tiempo" (Apocalipsis 20: 1-3).

El establecimiento del reino. La iglesia militante, en el sentido pleno del Nuevo Testamento, comenzó el día de Pentecostés, pero vendrá a ser la iglesia triunfante con el arrebatamiento de los santos cuando el Señor vuelva. La iglesia, en ese momento, será en cierto sentido fusionada con el reino.[45] En un sentido místico, "el reino de Dios está entre vosotros" (Lucas 17:21). El apóstol Pablo puntualizará que este reino "no es comida ni bebida, sino justicia, paz y gozo en el Espíritu Santo" (Romanos 14:17). Sin embargo, Jesús extendió su vista hacia un reino futuro cuando expresó lo siguiente: "Os digo que desde ahora no beberé más de este fruto de la vid hasta aquel día en que lo beba nuevo con vosotros en el reino de mi Padre" (Mateo 26:29). "Yo, pues, os asigno un Reino, como mi Padre me lo asignó a mí, para que comáis y bebáis a mi mesa en mi Reino y os sentéis en tronos para juzgar a las doce tribus de Israel" (Lucas 22:29-30). Podemos, por tanto, decir que estamos ahora en el reino de Dios el Espíritu Santo, o en el reino místico de Cristo en los corazones de su pueblo. A este reino le sucederá aquel reino de Dios el Hijo, cuando el reino místico interno encuentre expresión en la gloria externa. Luego seguirá el reino de Dios el Padre, cuando el Hijo mismo se sujetará a Él, es decir, cuando el Dios Trino, Padre, Hijo y Espíritu Santo sea todo en todos. Partiendo de la parábola de la diez minas, resulta innegable que, en los días de Jesús, algunos pensaban que el reino se manifestaría inmediatamente, una perspectiva que Él quiso corregir, diciéndoles: "Un hombre noble se fue a un país lejano para recibir un reino y volver" (Lucas 19:12).[46] Puesto que Jesús ya ha vencido al mundo, se encuentra ahora sentado en el trono de su Padre esperando el tiempo cuando regrese para sentarse en su trono de gloria (Mateo 25:31). Dejó también una promesa, y es esta: "Al vencedor le concederé que se siente conmigo en mi trono, así como yo he vencido y me he sentado con mi Padre en su trono" (cf. Mateo 25:31 con Apocalipsis 3:21). Por tanto, la iglesia, como la esposa de Cristo, espera anhelantemente el retorno del "hombre noble" de la parábola, orando diariamente: "Venga tu Reino. Hágase tu voluntad, como en el cielo, así también en la tierra" (Mateo 6:10). Es de este reino que hablaron los profetas, y es aquel que Juan y Jesús anunciaron y que los apóstoles afirmaron con confianza.

El carácter de la ciudadanía de este reino, resulta en un perplejo problema para los tipos de premilenarismo que sostienen que la iglesia estará incompleta en el tiempo del milenio. El postmilenarismo que considera el milenio como meramente el periodo de florecimiento de la era presente, evita este problema.[47] Jesús declara específicamente que "los que son tenidos por dignos de alcanzar aquel siglo y la resurrección de entre los muertos, ni se casan ni se dan en casamiento, porque ya no pueden morir, pues son iguales a los ángeles, y son hijos de Dios al ser hijos de la resurrección" (Lucas 20:35-36). El apóstol Pablo hace una declaración similar, en el sentido de que "la carne y la sangre no pueden heredar el reino de Dios, ni la corrupción hereda la incorrupción" (1 Corintios 15:50). Por eso él ya había dicho, "Y así como hemos traído la imagen del terrenal, traeremos también la imagen del celestial"; y de nuevo, "pues es necesario que esto corruptible se vista de incorrupción y que esto mortal se vista de inmortalidad" (1 Corintios 15:49, 53). Estas son las declaraciones directas de la Biblia respecto a la naturaleza de los hijos de la resurrección o del reino, y es por ello que ninguna teoría que no tome estos hechos en consideración podrá considerarse bíblica.

La regeneración de la tierra. Es significativo el hecho de que nuestro Señor vincule *la regeneración* con su reino venidero: "De cierto os digo que en la regeneración, cuando el Hijo del hombre se siente en el trono de su gloria, vosotros que me habéis seguido, también os sentaréis sobre doce tronos, para juzgar a las doce tribus de Israel" (Mateo 19:28). Esta es una afirmación muy llamativa, puesto que se considera que la regeneración, en el sentido de "un nuevo nacimiento de arriba", significa los resultados espirituales directos que vienen de la gracia de Dios, pero considerada personalmente. Aquí, sin embargo, se refiere a la redención divina de la tierra, la cual, cuando nuestro Señor aparezca, será ciertamente liberada de la esclavitud de la corrupción. El apóstol Pedro habla de este evento como "tiempos de consuelo", o "la restaura-ción de todas las cosas", y lo relaciona inmediatamente con la segunda venida de Cristo: "Así que, arrepentíos y convertíos para que sean borrados vuestros pecados; para que vengan de la presencia del Señor tiempos de consuelo, y él envíe a Jesucristo, que os fue antes anunciado. A este, ciertamente, es necesario que el cielo reciba hasta los tiempos de la restauración de todas las cosas, de que habló Dios por boca de sus santos profetas que han sido desde tiempo antiguo" (Hechos 3:19-21). Ya hemos hecho alusión a las claras enseñanzas del apóstol Pablo sobre este tema, por lo cual no necesitamos llamar la atención sino a esta sola declaración: "Por tanto, también la creación misma será libertada de la esclavitud de corrupción a la libertad gloriosa de los hijos de Dios" (Romanos 8:21).

Partiendo de estos pasajes bíblicos, tal parece que la tierra deberá pasar por ciertos cambios cuando Cristo venga por segunda vez. Sin embargo, al considerar este tema, deberemos tomar en consideración una muy importante distinción. Deberemos distinguir entre aquellos cambios que tendrán lugar cuando la maldición sea removida y la tierra restaurada a su estado prístino, y los que están unidos a la consumación final de todas las cosas, en la cual, el orden presente, a través de la disolución y el proceso de glorificación, será trocado en el orden nuevo y eterno. Luego, la "regeneración" o "restauración" pertenece a la maldición que se removerá de esta tierra, pero la consumación, al afloramiento de los cielos nuevos y la tierra nueva. Lo primero constituye la transición hacia lo segundo, y desde el comienzo del mundo, es este periodo, en cuanto a sus preparativos y su estado eterno, el que los profetas han anticipado.

La naturaleza de los cambios que tendrán lugar en el momento de esta restauración no se pueden conocer con certeza, pero los profetas nos ofrecen algunos vislumbres de las transformaciones milagrosas que ocurrirán. El profeta Isaías es peculiarmente rico en sus descripciones poéticas de "ese día". No podemos sino citar algunas de sus más conocidas profecías al respecto.

1. Habrá un incremento en la fertilidad de la tierra. Al Adán caído le fue dicho: "Maldita será la tierra por tu causa; con dolor comerás de ella todos los días de tu vida, espinos y cardos te producirá" (Génesis 3:17-18). Pero el profeta contempla un día cuando, "En lugar de la zarza crecerá ciprés, y en lugar de la ortiga crecerá arrayán; y será a Jehová por nombre, por señal eterna que nunca será borrada" (Isaías 55:13). La alusión aquí es a esas extensas porciones de la tierra que ahora son inhabitables, pero que en ese día vendrán a ser la morada de la belleza y la gloria: "Se alegrarán el desierto y el erial; la estepa se gozará y florecerá como la rosa. Florecerá profusamente y también se alegrará y cantará con júbilo; la gloria del Líbano le será dada, la hermosura del Carmelo y de Sarón. Ellos verán la gloria de Jehová, el esplendor del Dios nuestro... porque aguas serán cavadas en el desierto y torrentes en la estepa. El lugar seco se convertirá en estanque y el sequedal en manaderos de aguas. La guarida de los chacales, donde ellos se refugian, será lugar de cañas y juncos" (Isaías 35:1-2, 6-7). "Haré crecer en la estepa cedros, acacias, arrayanes y olivos; pondré en la tierra árida cipreses, olmos y bojes juntamente, para que vean y conozcan, y adviertan y entiendan todos que la mano de Jehová hace esto, que el Santo de Israel lo ha creado" (Isaías 41:19-20). El profeta Amós vislumbra un enriquecimiento del suelo y un incremento en las

cosechas: "Ciertamente vienen días, dice Jehová, cuando el que ara alcanzará al segador, y el que pisa las uvas al que lleve la simiente; los montes destilarán mosto y todos los collados se derretirán" (Amós 9:13).

2. Tal parece que a los animales salvajes se les restaurarán milagrosamente sus instintos normales.[48] "Morará el lobo con el cordero, y el leopardo con el cabrito se acostará; el becerro, el león y la bestia doméstica andarán juntos, y un niño los pastoreará. La vaca pacerá junto a la osa, sus crías se recostarán juntas; y el león, como el buey, comerá paja. El niño de pecho jugará sobre la cueva de la cobra; el recién destetado extenderá su mano sobre la caverna de la víbora. No harán mal ni dañarán en todo mi santo monte, porque la tierra será llena del conocimiento de Jehová, como las aguas cubren el mar" (Isaías 11:6-9). "Cada animal se acopla con el que es su presa natural; un estado propio de cosas bajo el Príncipe de Paz. Se le restaurará al hombre, en la persona de Cristo, todo aquel dominio sobre el reino animal del cual había sido designado como misericordioso vicegerente bajo Dios, para el bien de los animales a él sujetados".

3. Habrá una longevidad acrecentada de la existencia. "No habrá más allí niño que muera de pocos días ni viejo que sus días no cumpla, sino que el niño morirá de cien años y el pecador de cien años será maldito. Edificarán casas y morarán en ellas; plantarán viñas y comerán el fruto de ellas. No edificarán para que otro habite ni plantarán para que otro coma; porque según los días de los árboles serán los días de mi pueblo, y mis escogidos disfrutarán la obra de sus manos. No trabajarán en vano ni darán a luz para maldición, porque son linaje de los benditos de Jehová, ellos mismos y también sus descendientes" (Isaías 65:20-23).

4. Parece probable que habrá cambios en los cielos astronómicos en su relación con la tierra. "La luz de la luna será como la luz del sol, y la luz del sol será siete veces mayor, como la luz de siete días, el día cuando vende Jehová la herida de su pueblo y cure la llaga que le causó" (Isaías 30:26).

Los pasajes que acabamos de citar están cargados de intenso significado espiritual y han sido fuente de gozo y fortaleza para un gran cúmulo del pueblo santo de Dios. Pero el que esto sea cierto no necesariamente imposibilita la convicción de que también se cumplan literalmente, lo cual, antes que restarles significado espiritual, se lo aumentan.

La consumación final. La *consummatio seculi,* o destrucción del mundo, señala la clausura del periodo de transición e introduce los cielos nuevos y la tierra nueva del orden eterno. Es el evento con el cual concluye "el día del Señor". Así como en el comienzo de este periodo habrá un arrebatamiento, el cual conlleva la resurrección de los justos que han muerto y el traslado de los santos que estén en vida seguido por el juicio investigativo de las naciones existentes, de la misma manera el día del Señor concluirá con una apostasía que sigue al reinado de los mil años, la resurrección de los malos que han muerto, la destrucción de los cielos y de la tierra por fuego, y el juicio final con sus recompensas y castigos. Más allá del bautismo de fuego que la tierra experimentará, está el día nuevo y eterno, "cielos nuevos y tierra nueva, en los cuales mora la justicia". Ahora bien, lo que nos ocupa en este momento es solamente el *consummatio seculi;* por tanto, la discusión de la resurrección y el juicio final se reservará para el último capítulo. En lo que toca al proceso de la renovación de la tierra, no se nos deja espacio para conjeturas, puesto que solo tenemos que leer lo siguiente: "Pero los cielos y la tierra que existen ahora están reservados por la misma palabra, guardados para el fuego en el día del juicio y de la perdición de los hombres impíos" (2 Pedro 3:7).[49] E. B. Elliott, en su obra *Horae Apocalypticae,* dice que estas palabras, si se traducen literalmente, deben significar lo siguiente: "Los mismos cielos y la misma tierra que están ahora por la misma palabra guardados por fuego, están reservados para el juicio y la perdición de los hombres impíos". Al comentar sobre el particular, el doctor Cummings dice: "Así como la antigua tierra estaba guardada por agua, cuya fuente, al romperse, anegó la tierra, así, por la misma palabra, la tierra, ahora guardada, atesorada o cargada por fuego, estará lista para cuando la fuerza represiva se libere e irrumpa para encender todas las cosas y para hacer que los elementos, siendo quemados, se fundan" (Cummings, *The Great Preparation*, 36). Este parece ser el significado de esta otra declaración del apóstol Pedro: "Los cielos pasarán con gran estruendo, los elementos ardiendo serán deshechos y la tierra y las obras que en ella hay serán quemadas"; y, de nuevo, "esperando y apresurándoos para la venida del día de Dios, en el cual los cielos, encendiéndose, serán deshechos, y los elementos, siendo quemados, se fundirán" (2 Pedro 3:10, 12).

A veces se hace la pregunta de si todos estos pasajes deberán tomarse en sentido estrictamente literal. Si el diluvio, con el cual esta catástrofe se compara, fue un hecho literal e histórico, no tenemos razón para considerar este cataclismo sino literalmente. Sin embargo, es innegable que el apóstol Pedro no pretende enseñar que el mundo será aniquilado por medio de este bautismo de fuego, como tampoco enseña que haya sido destruido por el bautismo de agua. Al referirse al diluvio y sus consecuencias, dice el Apóstol, utilizando las expresiones más enérgicas posibles, "por lo cual el mundo de entonces pereció anegado en agua" (2 Pedro 3:6). De igual manera, al referirse el cataclismo venidero, dice: "Puesto que todas estas cosas han de ser deshechas, ¡cómo no debéis vosotros andar en santa y piadosa manera de vivir, esperando y apresurándoos para la venida del día de Dios, en el cual los cielos, encendiéndose, serán deshechos, y los elementos, siendo quemados, se fundirán!" (2 Pedro 3:11-12). El término "deshechos", según se utiliza aquí, la primera vez es *luomenon,* y la segunda, *luzisontai,* ambos procedentes de la raíz del verbo *luo,* que significa desatar o soltar, desanudar, desunir, pero nunca aniquilar. En Lucas 19:30 y 33, se utiliza respecto a desatar el asno; y en Juan 1:27, respecto a desatar la correa del calzado. También se aplica a la nave en la que el apóstol Pablo naufragó. Se dice que la nave se abría, *elueto,* en el sentido que se deshacía o destruía (Hechos 27:41). Por tanto, el que la tierra vaya a ser deshecha, no es que va a ser aniquilada, sino que va a ser librada de sus ataduras, de manera que, al serlo, venga a ser lo que originalmente se intentó que fuera: una tierra libre de la esclavitud de la corrupción.

Podemos considerar esto del ser librado como un paralelismo exacto de la transformación de los elementos terrenales del cuerpo humano. De la misma manera que el cuerpo del ser humano se deshace con la muerte, y queda sujeto a descomposición aun cuando de ella se levantará inmortal, incorruptible y en poder y gloria, así también esta tierra, como morada del ser humano, será igualmente deshecha, pero de ella aparecerán, en resurrección comparable, los cielos nuevos y la nueva tierra, en los cuales mora la justicia (2 Pedro 3:13). "Luego el fin, cuando entregue el Reino al Dios y Padre, cuando haya suprimido todo dominio, toda autoridad y todo poder. Preciso es que él reine hasta que haya puesto a todos sus enemigos debajo de sus pies. Y el postrer enemigo que será destruido es la muerte, porque todas las cosas las sujetó debajo de sus pies. Y cuando dice que todas las cosas han sido sujetadas a él, claramente se exceptúa aquel que sujetó a él todas las cosas. Pero, luego que todas las cosas le estén sujetas, entonces también el Hijo mismo se sujetará al que le sujetó a él todas las cosas, para que Dios sea todo en todos" (1 Corintios 15:24-28).

NOTAS BIBLIOGRÁFICAS

1. El obispo H. L. Martensen señala que *o kosmos ontos,* o "este mundo", como se utiliza en la Biblia, "no se circunscribe exclusivamente al paganismo antiguo; existirá dondequiera que ese reino no ejerza su influencia guía. Este mundo siempre irá tras un estado terrenal que no se subordina al gobierno de Dios; desarrollará una sabiduría que no preserva al Dios viviente dentro de su conocimiento; forjará para sí mismo una excelencia que no refleja la gloria de Dios. Y esa realidad destellante del mundo panteísta no es una mera cosa imaginaria, pues que los poderes del universo son en realidad poderes divinos. Los elementos, los materiales con los que este mundo edifica su reino, son de la clase más noble, ya que, el que carezcan de autenticidad, reside en el carácter ético que se les da, o en la falsa relación entre la gloria de este mundo y la voluntad del hombre" (H. L. Martensen, *Christian Dogmatics,* 184).

2. La creencia cristiana de que Cristo vendrá otra vez es la expresión de la bien fundada expectativa de que Él hará manifiesto, cada vez más ante todo ojo el esplendor de su dominio, y que un día aparecerá visiblemente como rey de la iglesia, y juez del mundo, para dar fin permanente a esta presente dispensación, y para completar, de una manera que le sea digna, el reino de Dios que fundó... No se puede negar con seriedad que el Nuevo Testamento enseña verdaderamente que habrá ese volver otra vez visible y final. El Señor dice repetidas veces, que aparecerá con esplendor, y visible a todo ojo, y por tanto, en cuerpo glorificado, en las nubes del cielo, en la plena brillantez de su regia majestad (Lucas 17:24; Mateo 24:30; 25:31). Se compara a sí mismo con un hombre noble que se va lejos a recibir un reino, y que vuelve (Lucas 19:12). Hay otras parábolas en donde también nos da a entender lo mismo (Mateo 13:40-41, 49; Lucas 18:8); y su último discurso extendido (Mateo 24 y 25) lo dedica a la revelación de los misterios del futuro (J. J. Van Oosterzee, *Christian Dogmatics,* II:577, 579).

   La segunda venida de nuestro Señor es el evento más imponente de la profecía y del futuro: de por sí supremo, se le ha de asociar siempre con la resurrección universal, el juicio de la humanidad, y la consumación de todas las cosas. Estas épocas y crisis siguen el estilo de una profecía que se presenta conjuntamente y en perspectiva oblicua, aunque las mismas son ampliamente distintas. Pero con todo y que las tratemos como distintas, deberemos tener cuidado de recordar que gozan de una relación común con el día del Señor, el cual representa un periodo fijo y determinado, prefigurado por numerosos periodos menores a los que se les aplica el mismo término, pero que es el tema y la consumación de todos ellos (William Burton Pope, *Compendium of Christian Theology,* III:387).

3. Cristo siempre hablaba de su venida como la del Hijo del hombre. De esta manera Él de por sí enseñaría la misma verdad con la que los ángeles reafirmarían más tarde, en el momento de la ascensión, a los discípulos que estaban "mirando al cielo", al decirles que el que vendría sería "este mismo Jesús" que había sido tomado de ellos al cielo. Por tanto, la forma en que aparecerá será la humana, desplegando maravillosamente el mismo amor de simpatía humana y divina que desplegó mientras estuvo en la tierra. Con todo, el apóstol Pedro dirá en Pentecostés lo siguiente: "Sepa, pues, certísimamente toda la casa de Israel, que a este Jesús a quien vosotros crucificasteis, Dios lo ha hecho Señor y Cristo" (Hechos 2:36). De aquí que los apóstoles hablen de Cristo casi exclusivamente como Señor al vincularlo con su segunda venida. Esta era su manera habitual de llamarlo, puesto que reconocían el glorioso galardón con el que había sido investido en virtud de la salvación

que había obrado en favor de ellos, y la "toda potestad" que se le había dado en el cielo y en la tierra (James Petrigu Boyce, *Abstract of Systematic Theology*, 453).

Las declaraciones de los credos concernientes a la segunda venida son como sigue: "Subió al cielo, y está sentado a la diestra de Dios Padre todopoderoso: Y desde allí vendrá al fin del mundo a juzgar a los vivos y a los muertos" (*El Credo de los Apóstoles*). "Y vendrá otra vez, con gloria, a juzgar tanto a los vivos como a los muertos; y su reino no tendrá fin" (*El Credo Niceno*). "Cristo se levantó verdaderamente de los muertos, y tomó de nuevo su cuerpo, con carne, huesos y todo lo que pertenece a la perfección de la naturaleza humana, ascendiendo así al cielo, donde está sentado, hasta que regrese a juzgar a todos los hombres en el día final" (Artículo IV de los Treinta y Nueve Artículos de la Iglesia Anglicana). "Cristo se levantó verdaderamente de entre los muertos, y tomó de nuevo su cuerpo con todas las cosas que pertenecen a la perfección de la naturaleza humana, ascendiendo así al cielo, donde está sentado hasta que regrese a juzgar a todos los hombres en el día final" (Artículo III de los Veinticinco Artículos del Metodismo). "Creemos que el Señor Jesucristo vendrá otra vez; que los que vivamos en el momento de su venida no precederemos a los que durmieron en Cristo; pero si hemos permanecido en Él, seremos arrebatados con los santos resucitados para reunirnos con el Señor en el aire, y estaremos siempre con Él" (Artículo XV de los Artículos de Fe de la Iglesia del Nazareno).

4. Existen señales de cierta tendencia actual de pensamiento que se aleja de la doctrina tradicional de un advenimiento personal y visible para favorecer una manifestación meramente espiritual o providencial. De prevalecer esta nueva perspectiva, la misma acarrearía la reformulación de las doctrinas tradicionales de la resurrección general y del juicio final, o, más bien, la eliminación de estas doctrinas. Pero nosotros no vemos razón suficiente para que se acepte esta perspectiva, lo que nos lleva a adherirnos a la manera del advenimiento que por tanto tiempo la fe de la iglesia ha sostenido. Es prácticamente imposible cuestionar que la Biblia presente la venida de Cristo como personal y visible. Tal manera de presentarla es una tan definitiva y clara que no deja lugar para una perspectiva contraria (John Miley, *Systematic Theology*, II:440).

5. La palabra *epifaneia* ocurre seis veces en el Nuevo Testamento, en los siguientes pasajes: 1 Timoteo 6:14, "la aparición de nuestro Señor Jesucristo"; 2 Timoteo 1:10, "la aparición de nuestro Salvador Jesucristo"; 2 Timoteo 4:1, "en su manifestación"; 2 Timoteo 4:8, "los que aman su venida"; Tito 2:13, "la manifestación gloriosa de nuestro gran Dios"; y 2 Tesalonicenses 2:8, "destruirá con el resplandor [es decir, con la aparición] de su venida". H. Bonar comenta este último versículo diciendo que "la palabra *epifaneia*, que es la que el Apóstol aquí utiliza, ocurre sólo seis veces en el Nuevo Testamento. En una de estas veces la referencia es al primer advenimiento, el cual sabemos que fue literal y personal. En otras cuatro veces se admite que se refiere a la segunda venida literal y personal. La quinta vez es en el versículo que estamos discutiendo, y es la más enérgica y la menos ambigua de las seis veces que ocurre. Ninguna de las otras es tan explícita, aunque nadie pensaría en explicarlas de alguna otra manera. ¿Por qué, entonces, aferrarse a la más enérgica e insistir en espiritualizarla? Si la más enérgica de todas puede explicarse de forma tal que no pruebe en lo absoluto el advenimiento, y los antimilenaristas están en la libertad de espiritualizar la que es más distintiva, ¿por qué no se les permite a los de la escuela de Strauss racionalizar y mitologizar las que son menos distintivas (H. Bonar, *Coming and Kingdom*, 343)?

6. La palabra *parousía* aparece veinticuatro veces en el Nuevo Testamento, y los pasajes donde se usa son los siguientes: Mateo 24:3, "qué señal habrá de tu venida"; Mateo 24:27, "la venida de"; Mateo 24:39, "la venida del Hijo del hombre"; 1 Corintios 15:23, "Cristo, en su venida"; 1 Corintios 16:17, "la venida de Estéfanas, de Fortunato y de Acaico"; 2 Corintios 7:6, "la venida de Tito"; 2 Corintios 7:7, "no solo con su venida"; 2 Corintios 10:10, "la presencia corporal"; Filipenses 1:26, "por mi presencia"; Filipenses 2:12,

"cuando estoy presente"; 1 Tesalonicenses 2:19, "en su venida"; 1 Tesalonicenses 3:13, "en la venida"; 1 Tesalonicenses 4:15, "la venida del Señor"; 1 Tesalonicenses 5:23, "la venida de nuestro Señor Jesucristo"; 2 Tesalonicenses 2:1, "la venida de nuestro Señor Jesucristo"; 2 Tesalonicenses 2:8, "el resplandor de su venida"; 2 Tesalonicenses 2:9, "el advenimiento de este"; Santiago 5:7, "la venida del Señor"; Santiago 5:8, "la venida del Señor"; 2 Pedro 1:16, "la venida de nuestro Señor Jesucristo"; 2 Pedro 3:4, "la promesa de su advenimiento"; 2 Pedro 3:12, "la venida del"; y 1 Juan 2:28, "en su venida" (Daniel T. Taylor, *The Reign of Christ on Earth*, 389).

7. En tanto y en cuanto este tema implica casi exclusivamente el uso de la profecía, haríamos bien en notar brevemente algunos de los principios que aplican a dicho departamento de los estudios bíblicos. La primera profecía, o lo que se conoce comúnmente como el pro-toevangelio (Génesis 3:14-19), no solo es el fundamento de toda la profecía, sino que incluye dentro de sí todas las profecías que tratan del conflicto entre la serpiente y la simiente de la mujer. La primera profecía también sugiere tanto la naturaleza del conflicto, como su resolución final. En las palabras dirigidas a la serpiente se encierran las cuestiones espirituales; en las que se dirigen a la mujer, se encierra el orden social; y en las que se dirigen a Adán, las consecuencias físicas. No hay nada en el tiempo y en la eternidad, ya sea espiritual, social o físico, que quede fuera del ámbito de esta profecía fundamental y abarcadora. Partiendo de esta base, todos los pronunciamientos proféticos y todos los desarrollos históricos pueden muy bien verse como una explicación detallada de lo que la primera profecía contiene de manera germinal. Las promesas hechas a Abraham, las palabras del moribundo José, el sistema elaborado de religión establecido bajo Moisés, y el resto del periodo del Antiguo Testamento, todo debe considerarse como el desarrollo de esta antigua profecía. Una manera de analizar las profecías del Antiguo Testamento sería como sigue: (1) las que se cumplieron antes de la encarnación; (2) las que se cumplieron con la encarnación; y (3) las que se extendieron hasta el periodo del Nuevo Testamento y la iglesia. Las profecías del Nuevo Testamento podrían considerarse de naturaleza triple: (1) las que explican las profecías que se cumplen en y con la encarnación; (2) las que explican las profecías que se proyectan desde el Antiguo Testamento hasta el periodo de tiempo que sigue a la encarnación; y (3) un nuevo juego de profecías que comienza con el periodo del Nuevo Testamento pero que anticipa el tiempo del fin. Estas últimas incluirán las declaraciones fundamentales de Cristo, como serán las del Sermón del Monte, y también los consejos específicos que guiaron a la iglesia en su desarrollo, teniendo como trasfondo el mundo gentil y pagano (Paul S. Hill).

8. En cuanto a la estructura doctrinal de la escatología cristiana, todo lo que podemos hacer es tantear su fundamento y sus componentes principales, pero nunca todo lo que esa estructura contiene. El fundamento de esta estructura no podrá ser otro que lo que un Dios verdadero haya revelado en su Palabra infalible respecto a las cosas del futuro. Es cierto que la filosofía de la religión en general puede aplicarse de por sí al examen de lo que la razón humana, por luz propia, proclame sobre la inmortalidad y la vida eterna, pero en el caso de la dogmática cristiana es otra la antorcha con la que se alumbra en esta misteriosa oscuridad. Esta presupondrá enfáticamente la verdad de lo que anteriormente se ha tratado, como sería la concepción supranaturalista y teísta de Dios, la existencia de una revelación particular de salvación, la confiabilidad de las palabras del Señor y de su primer testimonio en lo que concierne a las cosas invisibles y eternas. Por consecuencia, no tendría que regresar a la cuestión de la existencia continua del espíritu, la cual ya se trató en su vínculo con la antropología, y muy poco tendría que hacerlo con relación a la naturaleza de la muerte, en lo cual se adentró en su vínculo con la hamartiología (J. J. Van Oosterzee, *Christian Dogmatics*, II:776).

9. Henry Blunt ofrece esta sugestiva nota vinculada al artículo sobre el segundo advenimiento: "Asociado a la señal del Hijo del hombre y la venida como relámpago, es de observarse que a menudo al relámpago se le ha atribuido el que deje la marca de la cruz sobre aquellos en los que cae, así como sobre sus vestidos. El obispo Warbuton relata algunos casos indubitables al respecto". Por tanto, Blunt considera que "la señal de su venida" será como un lábaro celestial, el cual anunciará la proximidad inmediata de Cristo. Estas son sus palabras: "Todos verán la cruz de Cristo que se desplegará en medio de la oscuridad cual radiante estandarte del Rey de reyes, y enseguida sabrán que representa su venida, para reinar en juicio" (Henry Blunt, *Dictionary,* artículo titulado "Second Advent").

10. Henry Blunt señala que "el gran fin del anticristo será presentarse él, y no Cristo, como el objeto que los seres humanos adoren; y el gran medio a través del cual logrará seducir a sus adoradores será el poder sobrenatural que podrá contraponer al poder sobrenatural de Cristo". Por tanto, la venida de Cristo será precedida por una manifestación del poder de Satanás comunicado al anticristo. Se registra que Satanás le dijo a nuestro Señor en la segunda tentación, "A ti te daré todo el poder de estos reinos y la gloria de ellos, porque a mí me ha sido entregada y a quien quiero la doy. Si tú, postrado, me adoras, todos serán tuyos" (Lucas 4:6-7). Es a esto que sin duda alude el apóstol Pablo cuando, al referirse al anticristo, dice: "El advenimiento (*parousias*) de este impío, que es obra de Satanás, irá acompañado de hechos poderosos, señales y falsos milagros" (2 Tesalonicenses 2:9). "Parece, entonces", continúa Blunt, "que al poder sobrenatural de obrar milagros lo acompañará cierta autoridad o reino universal que habrá sido conquistado quizá por causa de dichos milagros. Es así como la oposición del anticristo contra Cristo ha de estribar en sustituir a Cristo por otra persona como el objeto de adoración, en obrar milagros parecidos a los que tipificaron el primer advenimiento de Cristo, y en establecer un imperio universal que tome el lugar de la iglesia. Los elementos de seducción contenidos en un poder tal serán plenamente evidentes, y quizá poseerán más fuerza en la medida en que se conformen todavía más a los desarrollos elevados de una civilización que carezca de la influencia del amor de Dios. Los hombres serán atraídos a seguir al anticristo, primero, por la acumulación que haga de un imperio universal, y reverenciarán, en su desarrollo extremo, (Apocalipsis 13:4ss) ese éxito del cual se dice que es el mayor de todos los éxitos. Serán atraídos, además, por su poder sobrenatural, que, con solo ejercitarlo visiblemente, obliga a sumisión... Una vez que las cadenas de estas seducciones hayan atado las mentes y los afectos de la humanidad, no será difícil que la dominen y la lleven a responder al último paso requerido por la apostasía: 'Postraos, y adoradme'. Tal parece que ese será el curso de la gran apostasía, la última etapa de preparación antes del segundo advenimiento de Cristo" (cf. Henry Blunt, *Dictionary of Doctrine and Historical Theology*, artículo sobre "el segundo advenimiento").

11. Los numerosos cristos falsos, o aun el espíritu del anticristo como uno que específicamente se opondría al verdadero Cristo, no podían ocupar un lugar de importancia en la historia, a menos que el verdadero Cristo hubiera hecho su primera aparición. Es bien conocida la historia del surgimiento de muchos que reclamaron ser el Cristo. Fueron numerosos durante los días de la iglesia primitiva, como lo predijo nuestro Señor. Aparecían en el desierto y en los lugares secretos. El espíritu de estos impostores, por supuesto, se oponía al del verdadero Cristo, lo que los llevó a ser los precursores de todo el programa anticristiano del periodo del Nuevo Testamento. Este espíritu sin duda aumentará en intensidad hasta que alcance su culminación y derrota final en el gran y último conflicto (Paul Hill).

   El clímax de la miseria de los últimos días se alcanzará con la aparición del anticristo, a quien hemos de esperar según la palabra profética. La referencia al surgimiento y desarrollo de esta expectación es algo que la dogmática cristiana deberá dejar a la teología bíblica del Antiguo y Nuevo Testamentos. Aquí solo basta decir que el que interpreta la Biblia sin ideas preconcebidas, y permite que sus pensamientos sean hechos cautivos a la obediencia de la Palabra, no podrá dudar respecto a que un anticristo personal todavía está por aparecer, y que lo hará antes del fin de la historia del mundo... Si ya hemos visto en la historia del mundo a figuras colosales que surgen y se ponen al servicio de los poderes de las tinieblas, y si ya se ha escuchado de labios de tantos preguntar si muchas de las que se han nombrado eran o no el anticristo, nada nos impediría ver en la aparición de ellas la preparación para esa personalidad central futura en quien el espíritu de maldad se personificará, por así decirlo, para demostrar su pleno poder (J. J. Van Oosterzee, *Christian Dogmatics*, II:796).

12. En cuanto al anticristo, cuya venida se esperaba que precediera a la consumación final, la opinión habitual era que debía ser un ente de origen sobrenatural... Otra opinión era que ya había aparecido en la persona de Mahoma, y que el "número" apocalíptico de "la bestia", 666, denotaba la duración de su poderío, por lo que su caída podría esperarse hacia el final del siglo trece. Esta expectativa parece haber contribuido a la creación del entusiasmo de las Cruzadas, el que decayó a medida caducó el tiempo esperado y el poderío mahometano continuó su florecimiento. Otros, igualmente, discernían que el anticristo residía en las varias sectas de los siglos doce y trece, las cuales rehusaron someterse al papa, aunque estas respondían aplicándole al papa el mismo mote. Amalrico de Bema, tan temprano como en 1204, le adjudicó ese título al papa, y lo mismo hizo Luis de Bavaria, emperador de Alemania, alrededor de 1327, quien designó al Papa Juan XXII de esa manera. Wycliffe (1384) y también los lolardos, denunciaron al papa como el anticristo (T. R. Crippen, *History of Christian Doctrine*, 233-234).

13. Es obvio que el Profeta Supremo de su propia dispensación ha hecho ley de su reino el que la fecha de su consumación final sea permanentemente incierta. De aquí que, en sus discursos escatológicos, Él responda de tal modo a la pregunta doble de los discípulos, "Dinos, ¿cuándo serán estas cosas y qué señal habrá de tu venida y del fin del siglo?", que les impida intentar definir tanto la fecha del fin próximo del mundo, como la de la destrucción del judaísmo o del fin más distante de todas las cosas (William Burton Pope, *Compendium of Christian Theology*, III:391).

Tanto bajo una dispensación como la otra, la espera paciente de Cristo conllevará la intención de que los siervos verdaderos de Dios disciplinen su fe y amplíen su noción. El hecho de que cada época, desde la ascensión de Cristo, haya tenido sus chiliastas y sus segundoadvenimientistas, debe alejar nuestros pensamientos de la curiosidad y la intrusión infructuosa tocante al tiempo de la venida de Cristo, y hacer que nos ocupemos en la tarea inmediata y constante de estar listos, no importa la hora en que aparezca (A. H. Strong, *Systematic Theology*, III:1007).

14. En uno de los escritos anónimos de este periodo, el cual se atribuye generalmente a Bernabé, y que a veces se fecha tan temprano como en 79 d.C., encontramos lo siguiente: "Por tanto, hijitos míos, en seis días, vale decir, en seis mil años, todas las cosas terminarán. 'Y reposó el séptimo día', lo cual significa que cuando el Hijo, al volver, destruya el tiempo del hombre malo, y juzgue al impío, y mude el sol, y la luna, y las estrellas, entonces Él verdaderamente reposará el séptimo día" (XV, 5).

Lo que sigue proviene de una de las visiones del Pastor de Hermas: "Habéis escapado de gran tribulación gracias a vuestra fe, y porque no habéis vacilado en la presencia de tan semejante bestia. Id, entonces, y decid a vuestros elegidos acerca de las obras poderosas del Señor, y compartidles que esta bestia es el tipo de la gran tribulación que vendrá. Por tanto, si os preparáis, y os arrepentís de todo corazón, y os volvéis al Señor, os será posible escapar de esta gran tribulación, con tal que vuestro corazón sea puro y sin manchas, y que dediquéis el resto de los días de vuestra vida al servicio intachable del Señor" (*Visions*, IV, ii, 4-5).

Ignacio le escribe a Policarpo y le dice: "Sopesad cuidadosamente los tiempos. Velad por Aquél que está sobre el tiempo, que es eterno e invisible, pero que se hizo visible por nuestra causa".

15. Henry Blunt ofrece la siguiente descripción del chiliastismo: "Los milenarios, o chiliastas, por cuanto creían esta profecía literalmente (Apocalipsis 20:1-7), sostenían que después que los poderes simbolizados por la bestia y los falsos profetas fueran destruidos, Satanás sería 'atado', o lo que es lo mismo, su poder sería suspendido por un periodo de mil años, o por el periodo que representaran esos mil años; que habría una primera resurrección de los mártires y de los que fueran dignos de compartir la corona de los mártires; que vivirían y reinarían con Cristo sobre la tierra por esos mil años en libre comunión con los poderes celestiales, y que, después de esto, habría la resurrección general. Existen en un lado y en otro diversos matices y multiplicidades de enseñanza, pero el punto crucial será el de la primera y la segunda resurrección".

16. Semisch sostiene que la raíz última del milenarismo se encuentra en la noción popular sobre el Mesías que tenía vigencia entre los judíos. Las profecías del Mesías habían afirmado que un periodo de paz, y el triunfo de Israel, seguirían al establecimiento de su reino. El capricho del pueblo judío, y la interpretación equivocada de esas profecías, se embebieron de sueños sobre un reino externo en el que el Mesías reinaría desde Jerusalén e inauguraría una era de felicidad inexpresable. Algunas de estas ideas fueron transmitidas a los cristianos, quienes, sin embargo, hicieron de este periodo del reino visible del Mesías en la tierra, solo el preludio de una segunda y final etapa de gloria celestial.

Moses Stuart llama la atención al hecho de que "para el que haya hecho un investigación considerable sobre el asunto, no habrá duda en lo absoluto de que la gran masa de los rabinos judíos creía y enseñaba la doctrina de la resurrección de los justos en los días de desarrollo del Mesías. El que ello sea limitado específicamente al comienzo del milenio parece ser algo peculiar de Juan" (*Commentary on the Apocalypse*, I:177).

Joseph Mede dice: "Aunque los judíos antiguos no poseían un conocimiento distintivo de una resurrección primera y una segunda, en ese orden, sino solo de una resurrección en términos rudimentarios y generales... aun así anticipaban una resurrección que permitiría que los que fueran levantados reinaran por algún tiempo sobre la tierra... En fin, que la segunda y universal resurrección, con el estado de los santos después de ella, la cual ahora ha sido tan claramente revelada en el cristianismo, parece que le era menos conocida que la primera a la iglesia antigua de los judíos, como también lo era el estado que la acompañaría" (cf. Mede, *Works*, II:943).

17. Orígenes (185-254) fue el principal opositor del chiliastismo más primitivo, pero Agustín (353-430) fue el último. Orígenes, en su "*De Principiis*", dice que "aquellos que aceptan las representaciones de la Biblia según la entendieron los apóstoles, mantienen la esperanza de que los santos ciertamente comerán, pero será el pan de vida... Es por medio de esta comida de sabiduría que el entendimiento será restaurado a la imagen y semejanza de Dios, lo cual... hará capaz al ser humano de recibir instrucción en aquella Jerusalén, la ciudad de los santos".

Agustín fue chiliasta en una ocasión, pero se dice que abandonó la doctrina por causa de la influencia y las tergiversaciones de sus enemigos, particularmente de Eusebio. Lo que desarrolló en lo sucesivo, vendría a conocerse como el punto de vista agustiniano del milenio, el cual a la larga prevalecería.

18. Lactancio, en la *Epítome* (LXXII), ofrece una relación un tanto detallada de su doctrina del segundo advenimiento. Dice así: "Entonces el cielo se abrirá como por tempestad, y Cristo descenderá con gran poder, e irán delante de Él una flameante brillantez y una

hueste incontable de ángeles, y toda la multitud de los malos será destruida, y correrán torrentes de sangre, pero el líder en sí escapará, y habiendo renovado de nuevo su ejército, se enfrascará por cuarta vez en batalla, aunque, por quedar esta vez apresado, junto a todos los demás tiranos, será entregado para ser quemado. Pero también el mismísimo príncipe de los demonios, el autor y el inventor de todo mal, sujeto a cadenas de fuego, será encarcelado con el fin de que haya paz en el mundo, y que la tierra, zarandeada por tantos años, descanse. Así se habrá hecho la paz, y todo mal habrá sido suprimido, con el fin de que el justo rey y conquistador instituya un gran juicio en la tierra sobre los vivos y los muertos, entregando todas las naciones a la sujeción de los justos que estén vivos, y levantando a vida eterna los justos que hayan muerto; y Él mismo reinará con ellos en la tierra, y edificará la santa ciudad, y este reino de los justos durará mil años. Durante ese tiempo, las estrellas serán más brillantes, y el brillo del sol aumentará, y el de la luna no disminuirá. Entonces la lluvia de bendición descenderá de Dios mañana y noche, y la tierra producirá todo su fruto sin que el hombre la trabaje. La miel caerá de las rocas, y abundarán las fuentes de leche y vino. Las bestias habrán dejado su ferocidad y se volverán mansas, el lobo se paseará entre las manadas sin hacer daño, la ternera comerá con el león, la paloma se unirá al águila, la serpiente no poseerá veneno, ni habrá animal que mate para vivir, puesto que Dios les suplirá a todos su alimento abundantemente y sin peligro. Pero cuando se cumplan los mil años, y el príncipe de los demonios quede suelto, las naciones se rebelarán contra los justos, y multitudes sin número vendrán a arrasar la ciudad de los santos. Entonces tendrá lugar el juicio final de Dios contra las naciones, pues que sacudirá la tierra desde sus cimientos, y caerán las ciudades, y hará que caiga sobre los malos lluvia de fuego y azufre y granizo, y se prenderán en fuego y se matarán unos a otros. Los justos, entonces, serán ocultados bajo la tierra por un poco de tiempo hasta que se cumpla la destrucción de las naciones, pero después de tres días saldrán y verán las planicies cubiertas de esqueletos. Entonces habrá un terremoto, y los montes caerán, y se hundirán los valles hasta hacer grande profundidad, y se amontonarán en ella los cuerpos de los muertos, y el nombre de este lugar será llamado Poliandro (nombre a veces dado a los cementerios, pues que son muchos los que se llevan allí). Después de estas cosas, Dios renovará al mundo, y transformará a los justos en formas de ángeles de modo que puedan servir a Dios para siempre jamás, y este será el reino de Dios que no tendrá fin. Luego también los malos resucitarán, pero no a la vida sino al castigo, puesto que Dios también los levantará cuando tenga lugar la segunda resurrección, con el fin de que, por haber sido condenados a tormentos perennes y entregados al fuego eterno, sufran los castigos que merecen por su crimen".

19. La alusión a la Fórmula *Doctrinae* del Concilio de Nicea, es como sigue: "Esperamos cielos nuevos y tierra nueva, cuando se manifieste la aparición y el reino del gran Dios y Salvador nuestro Jesucristo. Entonces, como dice Daniel, los santos del Altísimo tomarán el reino. Y la tierra será pura, santa, tierra no de muertos sino de vivos (la cual David, viéndola con los ojos de la fe, exclama, 'Creo que veré la bondad de Jehová en la tierra de los vivientes'), la tierra de los mansos y humildes. Pues que bienaventurados son los mansos, dice el Señor, porque ellos heredarán la tierra; y el profeta dice que los pies de los pobres y de los necesitados caminarán sobre ella" (cf. el artículo titulado, "Millennium", en el *Dictionary* de Henry Blunt).

Algunas de las sectas catalogadas como heréticas lo eran solo en ciertas doctrinas. Muchas de ellas, como lo son algunas de las antes mencionadas, eran en realidad profetas de la Reforma, y fueron clasificadas como heréticas solo por su oposición a lo que consideraban que era la secularización de la iglesia. Es así como Juan Wesley va a hablar de Montano como "no solo un hombre bueno, sino como uno de los mejores que había en aquel momento sobre la tierra" (Works, XI:485). Indudablemente que así era en lo que respecta a propósito e intención, sin que se puedan negar los anales históricos de los excesos de los montanistas, aun cuando muchos de estos fueran excrecencias no representativas del movimiento como un todo. Hurst, Milner y otros historiadores de la iglesia adoptan prácticamente la misma posición en cuanto a los valdenses, los cátaros y sectas similares, ya que veían en ellas los precursores de la Reforma.

Desde el siglo diez hasta el catorce prevalecería la noción de que el fin del mundo estaba cerca. Al Constantino establecer la iglesia del estado, se pensó que respondía a la figura de la primera resurrección; el reino de los mil años se concebía como precario, puesto que su fin se acercaba; el anticristo, entonces, aparecería, y el fin de todas las cosas pronto ocurriría. La literatura piadosa de este periodo expresa estas expectativas (T. R. Crippen, *History of Christian Doctrine*, 233).

20. Como hemos demostrado, fue muy poco lo que se enseñó sobre un milenio futuro durante el periodo entre Agustín y la Reforma. El chiliastismo sufrió casi la aniquilación. Desde el tiempo en que el Concilio de Roma, bajo el papa Dámaso, en 373 d.C., formalmente lo denunció, su condenación fue evidente. Baronio, un historiador católico romano del siglo dieciséis, al escribir sobre los puntos de vista de los milenaristas del siglo quinto, decía: "Así, las invenciones de los milenaristas, puesto que ahora han sido rechazadas en todo lugar, y ridiculizadas con mofas y carcajadas por los entendidos, y puesto que también han sido prohibidas, se han extirpado totalmente". Esta era la actitud general de la iglesia al principio de la Reforma.

E. B. Elliot, en su *Horoe Apocalypticoe*, un tratado erudito y completo en cuatro tomos, compendia la perspectiva del milenio de principios de la Reforma como sigue: "Que el milenio en el que Satanás es atado, y en el que los santos reinan, comenzó desde el ministerio de Cristo, cuando éste vio que Satanás caía del cielo como un rayo; que ello significó el triunfo sobre Satanás en los corazones de los verdaderos creyentes; que las figuras subsecuentes de Gog y Magog indicaban la venida del anticristo al final del mundo, y que los mil años son un número figurado, que expresa la totalidad del periodo comprendido. Se suponía, según lo que se enseñaba de la resurrección, que sería la de las almas muertas a causa de la muerte del pecado, a la vida de justicia; que la bestia conquistada por los santos significaba el mundo de maldad; su imagen, una profesión hipócrita; la resurrección, algo continuo, hasta el fin de los tiempos, cuando tomen lugar la resurrección universal y el juicio final". Elliot señala que este punto de vista prevaleció entre ciertos escritores desde los tiempos de Agustín hasta la Reforma; también, que, después de la Reforma, fue el que sostuvo Lutero, Bulinger, Bale, Pareo y otros, aunque con sentido más eclesiástico y sujeto a ciertas modificaciones (cf. Daniel T. Taylor, *The Reign of Christ on Earth*, 114-116).

21. Henry C. Sheldon resume de la siguiente manera la actitud hacia el chiliastismo durante el periodo de la Reforma: "El chiliastismo o milenarismo fue decididamente repudiado por todas las principales comuniones. Sin embargo, mantuvo considerable vigencia entre los anabaptistas. Algunos de los autores místicos enseñaron puntos de vista parecidos. El inglés Mede y el francés calvinista Jurieu, sostuvieron la teoría patrística primitiva. Durante los días de la Rebelión y de la Mancomunidad, no fueron pocos los sectarios que eran milenaristas. Tal era el caso con el partido designado como el de los Hombres de la Quinta Monarquía. John Milton creía en una aparición futura visible de Cristo, y en que se reinaría con Él sobre la tierra; el reinado sería de mil años. Cerca del fin de este periodo, William Peterson atrajo la atención al defender con entusiasmo la misma doctrina. A la misma vez se empezó a ver en algunos un abandono de la interpretación de Agustín, quien creía en un reino visible de Cristo en la tierra. En lugar de ubicar el principio del milenio en el pasado, lo ubicaban en el futuro. Whitby y Vitringa eran representantes prominentes de esta perspectiva" (Henry C. Sheldon, *History of Christian Doctrine*, II:213).

22. En este periodo hubo muchos que sostuvieron una firme creencia en el segundo advenimiento, los cuales, aunque escribieron poco sobre el tema, se conocía que sostenían perspectivas milenarias. Individuos como Samuel Rutherford (1600-1661), Jeremy Taylor (1623-1668), Richard Baxter (1615-1691) y Joseph Alleine fueron escritores de la vida devota que, en gran medida, expresaron sus anhelos del retorno de su Señor por medio de sus propias perspectivas del segundo advenimiento. También "el príncipe de los soñadores" Juan Bunyan (1628-1688), "el Homero cristiano" John Milton (1608-1674), el célebre comentarista Matthew Henry (1663-1714), el catedrático de teología en Bremen John Coccceius (m. 1669), Isaac Newton (1642-1727) y todo una pléyade como ellos. Estos otros nombres podrían ser útiles: Joseph Farmer, Peter Sterry, John Durant, Simón Menno (el fundador de los menonitas), John Alstead y Robert Maton.

   Las interpretaciones del libro de Apocalipsis se dividen en tres clases: (1) la preterista (sostenida por Grocio, Moses Stuart y Warren), la cual considera que la profecía se ha cumplido principalmente en la era que siguió inmediatamente al tiempo de los apóstoles (666=Nerón, Káiser); (2) la continua (sostenida por Isaac Newton, Vitringa, Bengel, Elliot, Kelly, y Cummings), la cual considera el todo como una historia profética continua que se extiende desde la primera edad hasta el fin de las cosas (666=Lateinos); Hengstenberg y Alford sostienen substancialmente esta perspectiva, aunque consideran que los siete sellos, y las siete trompetas y copas, son sincronológicas, haciendo que cada grupo de objetos cubra de manera sucesiva el mismo terreno, pero exhibiendo algún aspecto especial del mismo; (3) la futurista (sostenida por Maitland y Todd), la cual considera que el libro describe los eventos que están pendientes de ocurrir durante el tiempo que precederá inmediatamente la venida del Señor, y el tiempo que le seguirá (A. H. Strong, *Systematic Theology*, III:1000).

23. Joseph Mede comenta sobre 1 Tesalonicenses 4:14-18 lo siguiente: "Una vez que seamos recibidos juntamente con Cristo en su venida, de ahí en adelante nunca perderemos su presencia, sino que siempre la gozaremos... El arrebatamiento de los santos en las nubes será para honrar a su Señor y Rey a su regreso... y para ser preservados durante la conflagración de la tierra y los resultados que conlleve: como Noé y su familia fueron preservados del diluvio al ser levantados en el arca por sobre las aguas, así serán levantados con las nubes los santos en la conflagración, en su arca, Cristo, para ser en ella preservados del diluvio de fuego en el que los malos serán consumidos". Sobre 2 Pedro 3:8 Mede dice: "Pero por haberles mencionado el día del juicio, dado que podrían confundirlo con un breve día, o un día de escasas horas, les pido, amados, que no ignoréis que un día es para el Señor como mil años, y mil años como un día... palabras estas que habitualmente se asume como que representan un argumento en favor de que Dios no retarda su promesa, pero que los primeros padres las asumieron de manera diferente, lo cual ha probado ser acertado. Porque la pregunta no es si el tiempo es largo o corto respecto a Dios, sino si es largo o corto respecto a nosotros; de otra manera, no solo mil años, sino cien mil, serán a los ojos de Dios no más de un día para nosotros; por tanto, no sería prolongado para Dios si el día del juicio se retardara hasta ese tiempo" (cf. Joseph Mede, *Works*, III:611; IV:776).

24. Nathaniel Homes fue un escritor puritano de grandes habilidades y contemporáneo de Joseph Mede. En su obra *Revelation Revealed*, Homes dice lo siguiente: "En esa nueva creación Cristo restaurará todas las cosas a su perfección, y cada creyente a la suya, con el fin de que todos los creyentes puedan gobernar, de manera conjunta y coordinada, sobre el mundo entero y todo lo que en él hay, sujetos a Cristo, su cabeza. Digo sobre todo, y no sobre parte, como alguien descuidadamente ha publicado. Y digo conjuntamente, y no una parte de los santos, no restándole autoridad al resto, que es lo que muchos soñarían. Y coordinadamente, todos bajo los mismos términos, y no que algunos santos gobierne

haciendo del resto sus diputados, como los hombres parecen interpretar". En lo que concierne a aquellos que están "reservados del fuego para ser un apéndice de la nueva creación, según lo entienden Lactancio, Sixto, Senensis y el doctor Twisse", Homes dice que, "por virtud del pacto adánico, serán restaurados en cuerpo y alma a la perfección natural que Adán tenía en su estado de inocencia, aunque, por ser mutables, caerán, cuando los asalte igualmente Satanás. Y de estos surgirá la progenie de Gog y Magog... Puesto que ahora la iglesia es como el cielo en la tierra, el falaz engendro del futuro Gog y Magog será ubicado remotamente en la tierra, cerca de su futuro infierno... Pero, si estos hipócritas estuvieran cerca de la iglesia, ¿podrían quizá convertirse? Nosotros respondemos que no, puesto que es (si podemos usar la palabra) el destino del periodo milenario, quiero decir, la justa sentencia perentoria de Dios que, dado que durante todo ese tiempo no habrá más degeneración de creyentes, tampoco haya regeneración de ellos" (Nathaniel Homes, *Revelation Revealed*, 279, 282).

Thomas Burnett concordó tanto con Mede como con Homes en cuanto al tiempo de la conflagración y de los nuevos cielos y la nueva tierra, y también en cuanto a lo completo de la iglesia que deberá reinar en el estado de resurrección en la nueva tierra. "Tampoco encuentro en San Juan", dice Burnett, "que se haga una distinción entre dos clases de santos en el milenio, una de los que están en el cielo (en cuerpos resucitados), y la otra de los que están en la tierra (en estado mortal). Esta es una idea del milenio que, a los ojos míos, no tendría ni belleza, ni fundamento en la Biblia". Pero Burnett admite la dificultad de dar cuenta de los malos que al clausurarse el milenio rodearán el campamento de los santos y la ciudad amada (Apocalipsis 20:7-9). La solución que él mismo propone es la siguiente: "Parece probable que exista una doble raza humana en la tierra futura, una muy diferente de la otra... Una, nacida del cielo, hijos de Dios y de la resurrección, quienes son los verdaderos santos y los que heredarán el milenio; la otra, nacida de la tierra, hijos de la tierra, generados del lodo de la tierra y el calor del sol, como lo fueron al principio las criaturas brutas. Esta segunda progenie, o generación de hombres de la tierra futura, es lo que entiendo que el profeta quiere decir con estos nombres prestados o fingidos de Gog y Magog" (Thomas Burnett, *Theory of the Earth*, IV:7).

25. Sobre el tema de lo completo de la iglesia, Perry declara: "Es inequívoco que cuando Cristo venga personalmente desde el cielo, será el tiempo en que se solemnizará abiertamente la gloria del matrimonio entre Él y su esposa; y, si es así, entonces la novia deberá estar preparada para ese tiempo, pues que así lo expresa este texto: 'Y su esposa se ha preparado', lo cual no lo sería si no fueran todos convertidos antes de que Cristo viniera. Esto, pienso, es innegable: que 'la esposa' o 'la novia' de Cristo se ha de entender como la totalidad de los elegidos... ¿Cómo podría pensarse que Cristo, cuando venga desde el cielo para celebrar esa fiesta de bodas entre Él y su pueblo, tenga una novia lisiada e imperfecta, pues que así tendría que serlo si algunos estuvieran con Cristo en un estado perfecto y glorificado, mientras que otros de su cuerpo místico estuvieran a su vez en una condición imperfecta y no glorificada?" (Joseph Perry, *The Glory of Christ's Visible Kingdom*, 225-226). Perry también declara lo siguiente: "La última restitución, o la restitución de todas las cosas, no tendrá lugar, según yo lo concibo, hasta que Cristo venga personalmente. Así como el cielo lo recibió, así también lo retendrá hasta este tiempo, el cual traerá la restauración de todas las cosas... Aunque esta restitución de todas las cosas incluye la restitución de la creación a su estado paradisíaco, con todo es irrefutable que la principal parte de esta restitución consistirá en que se traiga a los elegidos que fueron regenerados por gracia, y que se complete el cuerpo místico entero de Cristo, pues es a los que principalmente les atañe, y por cuya causa todas las otras criaturas serán restauradas, todo lo cual demuestra que nadie se convertirá cuando Cristo venga" (*Ibid.*, 224).

26. J. A. Bengel escribió: "Aparte de todos los detalles de cómputo cronológico, no podemos sino pensarnos en aproximación muy cercana al término de un gran periodo; tampoco podemos deshacernos de la idea de que tiempos inciertos pronto se sobrepondrán al reposo que por tanto tiempo se ha gozado. Cuando el fin de algún gran y notable periodo se acerca, se encuentra que muchos eventos sorprendentes toman lugar de manera simultánea, y muchos más de manera rápidamente sucesiva, y que esto sucede después del curso de épocas intermedias en las que nada inusual ha ocurrido" (J. A. Bengel, *Memoirs and Writings*, 311).

John Gill (1697-1771) fue un inglés contemporáneo de J. A. Bengel. En lo que concierne al milenio o reino personal de Cristo, Gill dice lo siguiente: "Observo que Cristo poseerá un reino especial, peculiar, glorioso y visible, en el que reinará personalmente sobre la tierra. (1) Yo lo señalo como un reino especial y peculiar, diferente del reino de la naturaleza, y de su reino espiritual. (2) Será sumamente glorioso y visible; de aquí que su aparición y su reino se sitúen juntos (2 Timoteo 4:1). (3) Este reino se dará después que todos los enemigos de Cristo y de su pueblo sean quitados del medio. (4) El anticristo será destruido; luego, un ángel, quien no será otro que Cristo, descenderá para atar a Satanás y a todos sus ángeles. (5) Este reino de Cristo será delimitado por dos resurrecciones: por la primera resurrección, o la resurrección de los justos, con la cual comenzará; y por la segunda resurrección, o la resurrección de los malos, con la cual casi o totalmente terminará. (6) Este reino tendrá lugar antes del juicio general, especialmente el de los malos. Juan, después de ofrecer el relato del primero (Apocalipsis 20), relata la visión del último. (7) Este reino glorioso y visible de Cristo será en la tierra, y no en el cielo; por tanto, será distinto del reino del cielo o la gloria última".

27. Edward Bickersteth dice: "La Esposa consta de todos los que han creído hasta que comience el milenio. Solo éstos son el cuerpo místico de Cristo... Pero después que sean completados, en el segundo advenimiento, la tierra será poblada por las naciones de los salvados, en carne y hueso, por los amigos, los compañeros, y los siervos del Esposo—una compañía totalmente diferente a la de la Esposa glorificada" (Edward Bickersteth, *The Divine Warning).*

De acuerdo al Duque de Manchester, "Los dones necesarios para la formación del cuerpo místico de Cristo no se confirieron sino hasta después que Cristo ascendió... Por tanto, no podríamos decir con exactitud que la iglesia bajo la dispensación anterior era 'Cristo'. La Esposa es la Nueva Jerusalén... La gran gloria de la Nueva Jerusalén es que ahora es la morada de la Deidad. Pero que el creyente sea la habitación de Dios es la gloria peculiar de la dispensación fundada por los apóstoles, según la promesa de que 'está con vosotros y estará en vosotros'" (Duque de Manchester, *The Finished Mystery*, 284-288).

A. A. Bonar difiere de las posiciones anteriores. Cuando el Señor venga, la Esposa la formarán todos los santos que han sido redimidos en medio de luchas y tentaciones, tristezas y guerras; y esta Esposa reinará mil años con Él. Por tanto, como santos que poblarán la tierra durante estos mil años, serán tan verdaderamente santos y tan sencillamente dependientes de su Cabeza como cualquiera de los que ya estarán en gloria (A. A. Bonar, *Redemption Drawing Nigh*, 124ss).

28. Daniel Steele, en su libro titulado *Antinomianism Revived*, trata con lo que él denomina, "la escatología de Plymouth". Su discusión se interesa en la escatología de los Hermanos de Plymouth, pero la teoría que se discute es la misma que hemos denominado, "la teoría Keswick". Nadie cuestionará que el movimiento Keswick moderno es en gran medida un derivado del movimiento Plymouth que lo antecede. Aunque Steele discute esta posición premilenaria solo desde la perspectiva de un postmilenarista, las referencias que hace a un antinomianismo subyacente no dejan de ser válidas. La teoría de represión del milenio no es otra cosa que una extensión de la teoría de represión del pecado en el corazón del

individuo, una posición tajantemente opuesta al wesleyanismo. Como señala Steele, lo único que a veces necesita el énfasis sobre la elección, a fin de que quede completo el esquema antinomiano del calvinismo, es la doctrina de una expiación limitada.

29. W. W. Spicer, en su obra titulada *Our Day in the Light of Prophecy*, nos ofrece el siguiente resumen de la posición adventista. (1) El milenio es el periodo que cierra la gran semana del tiempo de Dios. (2) El mismo sucederá a la clausura de la era del evangelio y precederá el establecimiento del reino eterno de Dios en la tierra. (3) Completará lo que se dice en la Biblia que es "el día del Señor". (4) Estará delimitado en cada extremo por una resurrección. (5) Su comienzo lo marcará la diseminación de las siete plagas, la segunda venida de Cristo, la resurrección de los justos que han muerto, y el traslado de los santos al cielo; su clausura la marcará el descenso de la Nueva Jerusalén junto a Cristo y a los santos desde el cielo, la resurrección de los malos que han muerto, que Satanás sea soltado, y la destrucción final de los malos. (6) Durante los mil años, la tierra estará desolada y confinará a Satanás y a sus ángeles, y los santos, con Cristo, se sentarán a juzgar a los malos en preparación para el juicio final (cf. Jeremías 4:23-26 y la desolación de la tierra). (7) Los malos que han muerto serán entonces levantados, Satanás será soltado por un poco de tiempo, y él y las huestes de los malos rodearán el campamento de los santos y la ciudad santa, pero vendrá un fuego del cielo que los devorará. (8) La tierra será limpiada por el mismo fuego que habrá destruido a los malos, y la tierra renovada se tornará en la morada eterna de los santos. (9) El milenio será una de "las edades que vendrán". Su clausura marcará el principio del nuevo estado terrenal.

30. La teoría Keswick sostiene que la obra de salvación continuará a través del milenio. Joseph A. Seiss añade: "Por tanto, sostengo, como parte integral y necesaria de la doctrina bíblica de salvación, que nuestra raza, por cuanto consta de un orden de seres que se multiplican a sí mismos, nunca dejará de existir ni de poseer la tierra". De nuevo: "La tierra, y las generaciones y naciones de la tierra, sin importar los cambios trascendentales que tengan lugar, se dilatarán a través de los mil años y más allá, incluso, de alguna manera, para siempre" (Joseph A. Seiss, *Millennialism and the Second Advent*). Seiss sostiene, además, que estas naciones existirán en su presente estado, en lo que a su mortalidad y depravación interna se refiere, aunque se establecerá una nueva forma de administración en la que la obediencia externa será compulsoria. Dice que "el así llamado milenio, traerá consigo una dispensación totalmente diferente de la que vivimos... La gran obra y el gran oficio de la iglesia ahora es predicar el evangelio a toda criatura, y ser testigo de Cristo a un mundo adverso y contradictorio, aunque no se diga una palabra acerca de un oficio tal en manos de mortales durante todo ese dilatado periodo. En su lugar, sin embargo, habrá un pastorear de las naciones con vara de hierro, una administración de rectitud y justicia con autoridad e invencible de parte de reyes-sacerdotes inmortales, y un potente discipulado de hombres y naciones que excederá por mucho lo que cualquier mera predicación del evangelio haya jamás logrado o haya pretendido lograr en favor de la sociedad terrenal... Ahora solo podemos rogar a los hombres en nombre de Cristo que se reconcilien con Dios; ahora será, entonces, que se verán compelidos a recibir los ordenamientos que se les den para que sirvan con temor y se alegren con temblor, para que besen al Hijo y le rindan la adoración que se requiere, a no ser que perezcan en el camino (Salmos 2:10-12). Ahora se dejará a opción de los hombres servir a Dios o no, sin que nada interfiera con su escogimiento excepto el juicio que vendrá, pues será entonces que se les requerirá aceptar y obedecer sus leyes o ser castigados y abatidos allí mismo" (cf. Joseph A. Seiss, *Lectures on the Apocalypse*, III:346-347). El lector crítico no podrá menos que notar aquí la enseñanza Keswick sobre la represión del pecado innato en el corazón del individuo, aunque extendida al reino milenario en sus aspectos externos. Los que sostienen que el pecado del corazón no solo tiene que meramente reprimirse sino purificarse, hallarán que es difícil

admitir esa clase de reino milenario externo y represivo. Si la mente carnal no puede sujetarse a la ley de Dios en el presente, ¿cómo lo podrá hacer durante el milenio? Este es uno de los problemas confusos que afectan a esta forma de milenarismo.

31. Es habitual en los que defienden este tipo de milenarismo que fundamenten sus objeciones al postmilenarismo basados en la parábola del trigo y la cizaña. A manera de ilustración, citemos lo siguiente, de A. Sims: "La teoría del momento (refiriéndose al postmilenarismo) se opone al espíritu y a la enseñanza de la parábola del trigo y la cizaña. Estas no podrán separarse, puesto que deberán crecer juntas hasta la siega, o el fin de las edades, cuando Cristo venga para juicio. Pero, ¿cómo podrán continuar creciendo el mal junto al bien hasta la clausura de la dispensación si todos han de ser salvos, y si han de haber mil años de justicia antes de la segunda venida de Cristo? Se sigue, entonces, que la perspectiva prevaleciente del milenio enseña que el trigo y la cizaña no han de crecer juntos hasta la siega, sino que la cizaña se convertirá en trigo, puesto que tampoco la segunda venida de Cristo tendrá lugar hasta el fin de los mil años" (A. Sims, *Deepening Shadows and Coming Glories*, 191). Aquí el escritor objeta al postmilenarismo sobre las bases de que éste enseña un reino de absoluta justicia previo a la venida de Cristo, un reino en el que toda la cizaña se convierta en trigo. Pero si los postmilenaristas creyeran así, sería un argumento contra ellos mismos. Que no es este el caso, lo evidenciará un estudio cuidadoso de sus escritos. El argumento es reaccionario. La clara inferencia es que el milenio que sigue a la venida de Cristo no será un reino mixto en el que pecadores y justos vivan juntos, puesto que la cizaña habrá sido destruida y todas las personas serán justas. Pero, ¿es eso lo que enseña este tipo de milenarismo? Ciertísimamente que no. Lo que sostiene es que la obra de la salvación continuará como antes durante el milenio, y que todavía existirá una mezcla de los malos y los justos, de la cizaña y del trigo.

32. William Burton Pope, en su comentario de Hebreos 9:12, 24-28, dice: "Este es un texto cardinal, y la variación de la fraseología, escogida con gran cuidado, necesita observarse. En este versículo, la palabra es *ofzesetai* (Hebreos 9:28, 'aparecerá por segunda vez'), mientras que en el otro, donde dice que 'se presentó… para quitar de en medio el pecado', la palabra es *pezanerotai*, y su manifestación entre estas dos veces es 'para presentarse ahora por nosotros ante Dios', *emfaniszinai*. La primera vez será la exhibición más visible suya como Rey, en la forma judicial de su oficio real. Vindicará su expiación contra todos los que lo han menospreciado. El pecado será finalmente castigado por constituir el rechazo de Cristo y de su redención. 'Cuando se manifieste el Señor Jesús desde el cielo con los ángeles de su poder, en llama de fuego, para dar retribución a los que no conocieron a Dios ni obedecen al evangelio de nuestro Señor Jesucristo', la dará a todos los que han escuchado ese evangelio y sean hallados sin el conocimiento evangélico de Dios" (William Burton Pope, *Compendium of Christian Theology*, III:390).

El señor Barker, en su comentario de Hebreos 7:25, dice: "Es absolutamente necesario recordar que la palabra 'siempre' significa continuidad, no eternidad de acción, ya que el oficio de Cristo como nuestro intercesor concluirá cuando haya traído a todo su pueblo con Él" (Barker, *Hope of the Apostolic Church*, 184).

El Duque de Manchester, un ardiente premilenarista, asume la misma posición. Dice: "Cuando el Mesías deje el 'Lugar Santísimo' al que hoy ha entrado para 'presentarse ahora por nosotros ante Dios', la intercesión, la cual es peculiar a su sitio en el Lugar Santísimo, habrá cesado… Al entregarle su reino al Padre (aquel en el que ahora reina, pero que entregará en el milenio), dejará 'el trono de gracia' en el que reinará hasta la aplicación eficaz por el Espíritu Santo de toda su obra hasta 'la restitución de todas las cosas'" (Duque de Manchester, *Horae Hebraicae,* 90).

33. Joseph Perry, un enérgico defensor del tipo primitivo de premilenarismo, rechaza la idea de que la salvación continúe después del segundo advenimiento, ya que cree que la iglesia

estará completa con anterioridad a ese tiempo. Dice: "Hay algunas cosas en las que estas personas insisten pero con las que no puedo de manera alguna consentir, es decir, que según la opinión de algunos buenos hombres cuando Cristo se establezca en su trono de gloria, en su reino, y todos los santos con Él, en estado perfectamente incorruptible de inmortalidad, entonces ocurrirá la predicación del evangelio, y la obra de conversión irá adelante entre la multitud de naciones que estén viviendo cuando Cristo venga. Digo que es en esto que no puedo acoplarme sino al contrario expresar mi aversión, porque no puedo creer que el Señor Jesucristo descienda del cielo y deje esa gran obra de intercesión que ahora ostenta a la diestra de Dios en espera de que el número exacto de los elegidos de Dios de entre los judíos y gentiles se convierta, y se complete el cuerpo místico de Cristo. Si ese fuera el caso, ¿dónde habría lugar para que se continuara la obra de conversión después de ahí? (Joseph Perry, *Glory of Christ's Visible Kingdom*).

Thomas Burnett ha declarado que "interpretar el Apocalipsis sin el milenio es como abrir una cerradura sin la llave". El milenio, para este autor, ha de identificarse con el periodo de los nuevos cielos y la nueva tierra y, por tanto, con un periodo de justicia pura. Esta doctrina, según él, "era la de todos los antiguos milenarios, y es por eso que debemos ser cuidadosos y situarlo en ese periodo". También va a contender que el estado que será la nueva Jerusalén no será distinto del estado del milenio, y que será inaugurado por la séptima trompeta y el juicio; además, que durante el milenio ocurrirá una aparición lustral de Cristo y de la *shekiná*. Ubicar el milenio en esta tierra antes de la renovación, afirma él, fue lo que trajo descrédito y decadencia a la antigua doctrina (cf. Daniel T. Taylor, *The Reign of Christ on Earth*, 214).

El siguiente análisis de la posición de Agustín ha sido concertado en conformidad con el abstracto de *La ciudad de Dios*, preparado por Elliott, el cual aparece citado en la obra de Jesse Forrest Silver, titulada, *The Lord's Return*: (a) La primera resurrección es la de las almas de los muertos que se levantan a la vida espiritual, lo cual comienza con el ministerio de Cristo, desde donde data el milenio. (b) El diablo, el hombre fuerte armado, es atado y expulsado de los corazones de los discípulos de Cristo. (c) El reino de los santos es su victoria personal sobre el pecado y el diablo. Satanás ya no puede engañar. (d) La 'bestia' es el mundo malvado; su 'imagen' es la hipocresía. (e) El milenio terminará en 650 d.C., lo cual concluirá el periodo de seis mil años e introducirá el surgimiento del anticristo.

34. Charles Hodge presenta esta doctrina como sigue: "La doctrina común de la iglesia es, primero, que habrá un segundo advenimiento del Hijo de Dios, el cual será personal, visible y glorioso. Segundo, que los eventos que precederán ese advenimiento serán: (1) La difusión universal del evangelio, o como lo expresa nuestro Señor, la reunión de los elegidos. En esto consiste la vocación de la iglesia cristiana. (2) La conversión de los judíos, la cual será nacional. Así como fue nacional su destitución, aunque un remanente sería salvo, así podrá ser nacional su conversión, aunque algunos puedan permanecer endurecidos. (3) La venida del anticristo. Tercero, que los eventos que estarán presentes en el segundo advenimiento serán: (1) La resurrección de los muertos, tanto justos como injustos. (2) El juicio general. (3) El fin del mundo. Y, (4) la consumación del reino de Cristo" (Charles Hodge, *Systematic Theology*, III:792).

Los teólogos arminianos han sido casi sin excepción los exponentes de la teoría postmilenaria. Aquí se puede nombrar a Richard Watson como el más antiguo de los teólogos metodistas, y a Pope, Raymond, Wakefield, Miley, Summers y Field. Entre los teólogos calvinistas o reformados podemos mencionar, además de Charles Hodge, a A. A. Hodge, Strong, Shedd y Boyce. Algunos de estos, sin embargo, le dan poca atención al tema en sus tratados teológicos.

William Burton Pope dice: "Dado que ninguna iglesia ha incorporado la doctrina (el premilenarismo) en sus profesiones de fe, la misma se ha reducido en tiempos modernos a escuelas de pensamiento dentro de las distintas comuniones, las cuales han sido influenciadas, en su mayoría, y lideradas por estudiantes individuales de la profecía... Durante el siglo presente, esta creencia ha sido incorporada en numerosos sistemas, y en algunos es casi su característica principal. Aun así, generalmente hablando, la misma va a ser sostenida solo por individuos y escuelas privadas de interpretación, de manera inconsistente por teólogos luteranos, anglicanos, de Westminster, y de algunas otras confesiones, y de manera consistente solo por aquellos que en otros respectos niegan la analogía de la fe según la expresan los credos antiguos y los libros de fórmulas de la Reforma y el consentimiento general de la Iglesia Católica Romana, pero sin que confesión alguna la limite" (William Burton Pope, *Compendium of Christian Theology*, III:397-398).

I. A. Dorner y el obispo H. L. Martensen hacen hincapié en la importancia del segundo advenimiento, y en cierto sentido pueden considerarse premilenaristas, aun cuando sus enseñanzas se acerquen más, en muchos casos, a la teoría postmilenaria o, para ellos, las enseñanzas comunes de las confesiones.

35. J. J. Van Oosterzee, entre los teólogos holandeses, se atiene a la teoría premilenaria. Dice: "La expresión, reino milenario, suena desagradable a tantos oídos aun desde el punto de vista de la creencia que se requiere algo de valentía para que uno se coloque entre los defensores del chiliastismo. Si lo hacemos, por tanto, en obediencia a la fe en la Palabra, fuera de la cual no sabríamos nada acerca del futuro, debemos comenzar repudiando la forma judía, en la cual algunos representan esta perspectiva de forma que provee una ocasión propicia para que los reformadores hablen de la *Judaica somnia*. Para nosotros la esperanza aquí comunicada es también 'una perla real de verdad y conocimiento cristianos', pero lo será solamente después que hayamos separado la perla de la concha veteada en la que con frecuencia se nos ofrece" (J. J. Van Oosterzee, *Christian Dogmatics*, II:799).

La posición postmilenaria se encuentra hábilmente expresada por Clarence A. Beckwith en el artículo sobre el milenio, de la nueva Enciclopedia Schaff-Herzog del Conocimiento Religioso.

(1) El evangelio, por medio de las agencias cristianas, impregnará el mundo entero, volviéndose inmensurablemente más eficaz que en el presente.

(2) Una vez se alcance esta condición, la misma continuará por mil años.

(3) Los judíos se convertirán, bien al principio o en algún momento durante este periodo.

(4) Seguirá a esto una breve apostasía y un pavoroso conflicto entre fuerzas cristianas y de maldad.

(5) Por último, pero simultáneamente, ocurrirá el advenimiento de Cristo, la resurrección general, el juicio, la destrucción del mundo antiguo mediante el fuego, y la revelación de los cielos nuevos y la tierra nueva.

Es bien conocido que Juan Wesley siguió a J. A. Bengel en su interpretación del Apocalipsis. El John Owen también sostiene este punto de vista. Todos afirman que hay dos periodos distintos de mil años de los cuales se habla en Apocalipsis 20:1-7, y Daniel Steele observa que el artículo griego apoya esta perspectiva. El primer periodo es aquel en el que Satanás es atado por mil años, el cual, como declara Bengel, indica el gran periodo de prosperidad de la iglesia. El segundo es el de los mártires que vivieron y reinaron con Cristo por mil años. En lo que concierne a este último, Bengel dice: "Mientras que Satanás queda suelto de su reclusión de mil años, los mártires viven y reinan, pero no en la tierra, sino con Cristo. Entonces, la venida de Cristo en gloria al fin tendrá lugar en el día último; luego, lo próximo será el cielo nuevo, la tierra nueva, y la nueva Jerusalén". Bengel va a añadir que, "confundir los dos periodos milenarios ha producido numerosos errores desde hace mucho tiempo, lo cual ha hecho del calificativo chiliastismo uno antipático y suspicaz". Daniel Steele, al comentar la posición anterior, dice: "Luego, Bengel y Wesley, antes que premilenaristas, eran, de hecho, lo que son la mayoría de los metodistas modernos—postmilenaristas" (Daniel Steele, *Antinomianism Revived*, 241).

36. Miner Raymond también plantea: "¿Serán verdaderos cristianos todos los habitantes de la tierra en el tiempo del milenio? Pensamos que no, puesto que suponerlo es también suponer que la probatoria habrá cesado, y que los humanos de la tierra habrán alcanzado la condición de su estado celestial. Afirmar la salvación segura de una clase requiere que se asuma que habrá una agencia que asegure esos resultados, pero asumir tal cosa es lo contrario a la contingencia. Si la salvación de todos los vivientes va a estar asegurada con certeza en algún momento dado, entonces su salvación no es una contingencia; no están a prueba. El verdadero milenio consiste en el logro del evangelio; el evangelio es predicado a agentes morales, capaces de aceptar o rechazar... ¿Por qué medios podemos esperar que el milenio se introduzca? Hemos asumido que el presente es el último tiempo, que es la última dispensación de gracia y de probatoria provistas para los seres humanos, que la venida de Cristo será al final del mundo, que la resurrección de los muertos, tanto de los justos como de los injustos, ocurrirá cuando Cristo venga, sucediendo la de los injustos inmediatamente a la de los justos. Esta suposición equivale a afirmar que los medios para los logros del evangelio serán los mismos que operan ahora, y que han operado desde el principio, pero que cambiarán solo en el sentido de que serán considerablemente acrecentados en número y eficiencia" (Miner Raymond, *Systematic Theology*, II:490-492).

37. David Brown, un notable escritor postmilenarista, dice: "Al abrir sus libros (refiriéndose a la "Guía", de Edward Bickersteth), encontramos que usted hace del milenio el mismo estado cristiano que nosotros esperamos que sea. Usted dice que los judíos, al contemplar a su Salvador traspasado, se arrepentirán y creerán, y serán los instrumentos misionales para la conversión de los gentiles; y usted habla de la bienaventuranza espiritual de ese periodo en el cual 'la tierra será llena del conocimiento de Jehová, como las aguas cubren el mar', y 'el reino, el dominio y la majestad de los reinos debajo de todo el cielo sean dados al pueblo de los santos del Altísimo', y 'los hombres serán benditos en Cristo [con la salvación, por supuesto], y toda nación lo llamará bendito'. Aquí, pues, está la dificultad inextricable en la que el sistema suyo lo deja atrapado, aunque usted no se encuentre consciente de ella, o no quiera enfrentarse a ella. Usted discurre con igual confianza sobre dos cosas, una de las cuales destruye a la otra. Usted se regocija en que Cristo traerá a todo su pueblo con Él antes del milenio. ¡Pero usted no se regocija menos en la perspectiva de un mundo que estará poblado de personas creyentes por mil años después de su venida!" (David Brown, *Christ's Second Coming*, 78).

En cuanto a los puntos de vista de Juan Wesley, Daniel Steele observa lo siguiente: "Wesley, en sus 'Apuntes sobre el Nuevo Testamento', siguió a Bengel mayormente sino en definitiva en lo cercano de Satanás ser atado y el milenio; también en la opinión de que Apocalipsis 20:1-11 incluía dos periodos de mil años en el primero de los cuales Satanás sería atado y la iglesia y el mundo tendrían 'inmunidad de todo mal y afluencia de toda bendición'; el milenio. Durante los segundos mil años, Satanás sería desatado, y 'mientras que los santos reinan con Cristo en el cielo, los hombres en la tierra estarán sin cuidado y seguros'. Después de estos segundos mil años, según Wesley, ocurrirá el segundo advenimiento. Sus palabras son inequívocas y determinantes: 'Él [Satanás] será atado pronto; cuando sea desatado los mártires vivirán y reinarán con Cristo. Después vendrá su retorno en gloria' (Apuntes sobre Apocalipsis 20:1-11). De esta manera, en su sermón sobre 'El gran tribunal', ubicará claramente el segundo advenimiento en el tiempo del juicio (Apocalipsis 20:11-15), el que el Apóstol dice, y todo el mundo admite, que será después del milenio. Estos hechos prueban concluyentemente que Wesley ubicaba el segundo advenimiento después del milenio. Se apartaría, pues, en esto de Bengel, si, como se alega, éste ubicaba el advenimiento antes del milenio" (Daniel Steele, *Antinomianism Revived*, 273-274).

38. Miner Raymond objetará al premilenarismo de la siguiente manera: "La teoría no tiene apoyo sino en la interpretación literal del capítulo veinte de Apocalipsis. Si ese capítulo contuviera toda la información que tenemos sobre el tema, estaríamos compelidos a conceder que el postmilenarismo es la escatología de la Biblia, pero hemos de confesar que el libro de Apocalipsis es altamente figurado y simbólico, y que es extremadamente difícil interpretarlo. Es una regla aceptada de exégesis que lo perspicuo explique lo oscuro, y que lo literal explique lo figurado, y no al revés" (Miner Raymond, *Systematic Theology*, II:478).

Aquí surge una diferencia entre el Apocalipsis y los otros escritos del Nuevo Testamento. Entre tanto que estos últimos unen el juicio y la consumación del mundo al segundo advenimiento de Cristo, el Apocalipsis interpone otra fase. Hace que el reinado de mil años de Cristo se fije en este periodo del mundo terrenal, con anterioridad a la lucha final decisiva y la victoria de Cristo. Pero el pasaje es de significado discutible. Según una interpretación, los mártires y santos serán previamente traídos a la vida con cuerpos glorificados en una primera resurrección. Según otros, su resurrección significa solamente que serán dotados de poder para su reinado con Cristo. Se disputa, todavía más, si, según el Apocalipsis, Cristo se encontrará visible en la tierra durante el milenio, o si vendrá otra vez en el milenio solo en el sentido de una manifestación triunfante y gloriosa del poder del evangelio, de lo cual dependerá la otra pregunta de si el reinado conjunto de los santos con Cristo tendrá lugar invisiblemente, y por tanto, espiritualmente en el cielo, con la antigua tierra permaneciendo como tierra, o sobre ella. El Apocalipsis precisa que Satanás sea desatado una vez más por un poco de tiempo, y que Gog y Magog marchen contra la santa ciudad, representación en la cual las relaciones terrenales del milenio se ven esencialmente como iguales a las antiguas. Pero si este es el caso, sería improbable que el autor estuviera pensando en que la antigua tierra estuviera siendo visiblemente gobernada por Cristo juntamente con los santos resucitados en cuerpos glorificados. En el reino de los mil años del Apocalipsis, no se es prometido ni un retorno visible de Cristo, ni la glorificación y transformación del mundo. La única característica del segundo advenimiento de Cristo que se menciona de manera cierta es el reinado conjunto de los santos con Cristo sobre unos tronos, y el que la autoridad de Satanás sea temporalmente atada, siendo más probable que esto último tome lugar en la tierra externa, sin que ésta cambie, en el tiempo en que su poder sea desatado. El juicio final y la manifestación de Cristo en gloria sólo vendrán después del último conflicto con los poderes anticristianos (Apocalipsis 20:10ss), y del suceso del nuevo cielo y la nueva tierra, cuyos cambios cósmicos están vinculados a la resurrección general (Apocalipsis 20:11-15; 21:1; cf. 2 Pedro 3:13) (Isaac A. Dorner, *System of Christian Doctrine*, IV:389-390).

La Declaración de Richard Watson sobre el Premilenarismo. La siguiente declaración sobre el milenio, y sobre las bendiciones que se gozarán particularmente durante ese periodo señalado por la profecía, es tomada de los escritos de Richard Watson, el antiguo teólogo del metodismo. El artículo entero se encuentra en el Diccionario de Watson, bajo el título de, "El Milenio".

(1) Se dice expresamente de aquellos que participarán de la primera resurrección que serán "bienaventurados y santos", con lo cual el escritor inspirado parece denotar que será un tiempo de eminente santidad. Ello constituirá la gloria peculiar y la fuente de felicidad del estado milenario (Zacarías 14:20-21).

(2) Hay razón para esperar una efusión extraordinaria del Espíritu al comienzo de este periodo feliz, al igual que la hubo al establecerse por primera vez el reino de Cristo en el

mundo. Además de las promesas del Espíritu cumplidas en la era apostólica, hay otras que, por su vínculo, parecen aludir al tiempo del que ahora estamos hablando. Por eso Isaías, después de describir el reino de Cristo que se establecería en su primera venida, y luego el estado desolado de los judíos, lo representa como algo que continuará "hasta que sobre nosotros sea derramado el espíritu de lo alto. Entonces el desierto se convertirá en campo fértil y el campo fértil será como un bosque" (Isaías 32:15-19). (Cf. también Romanos 11:26-27 e Isaías 59:20-21. Ezequiel 36:27; 39:28-29; Zacarías 12:10).

(3) Una propagación universal del evangelio, la cual difundirá el conocimiento del Señor a través del mundo de una manera más extensiva y eficiente que nunca antes. La promesa que se repite es que "la tierra será llena del conocimiento de Jehová, como las aguas cubren el mar"; y esto tendrá lugar en ese día en el que los gentiles buscarán la raíz de Isaí, cuya habitación será gloriosa, cuando "Jehová alzará otra vez su mano para recobrar el resto de su pueblo... Levantará pendón a las naciones, juntará los desterrados de Israel y desde los cuatro confines de la tierra reunirá a los esparcidos de Judá" (Isaías 11:9-12). La misma promesa de un conocimiento universal de la gloria del Señor se repite en la profecía de Habacuc 2:14. A ello le acompañarán efectos correspondientes: "Se acordarán y se volverán a Jehová todos los confines de la tierra, y todas las familias de las naciones adorarán delante de ti" (Salmos 22:27); "Todos los reyes se postrarán delante de él; todas las naciones lo servirán" (Salmos 72:11). Aunque no podemos imaginar que todos los habitantes del orbe lleguen a tener un conocimiento verdadero y salvador del Señor, sí podemos esperar que la propagación universal de la luz y el conocimiento religioso sea tal que desarraigue el paganismo, el mahometismo, y los artificios anticristianos, y que produzca numerosos efectos sobre aquellos que no sean verdaderamente regenerados, intimidando sus mentes, domesticando su ferocidad, mejorando su moralidad, y haciéndolos pacíficos y humanitarios.

(4) Los judíos entonces se convertirán a la fe del Mesías, y participarán con los gentiles de las bendiciones de su reino. El apóstol Pablo trata extensamente con este asunto (Romanos 11), y lo confirma por medio de las profecías del Antiguo Testamento. Habla de Israel en sentido literal, la posteridad natural de Abraham, puesto que los distingue tanto de los creyentes gentiles como de los convertidos judíos de su tiempo, y los describe como al resto, quienes eran ciegos, y habían tropezado y caído sin alcanzar nada; al contrario, habían sido desgajados y excluidos (Romanos 11:7, 11-12, 15 y 17). No obstante, niega que hayan tropezado para caer sin poder recuperarse al punto de que no pudieran ser restaurados en ningún periodo futuro; al contrario, demuestra que por medio de su caída la salvación habría de venir a los gentiles, aunque tal cosa, de nuevo, los provocara a celos o emulación (v. 11). Arguye que, si la caída y mengua de los judíos fue para enriquecer a los gentiles, y su exclusión, para la reconciliación del mundo, su plena restauración será mucho más, y su admisión, vida de entre los muertos (versículos 12, 15). Arguye, aún más, que si los gentiles fueron injertados "contra naturaleza... en el buen olivo, ¿cuánto más estos, que son las ramas naturales, serán injertados en su propio olivo?" (v. 24). Y este no es un evento que el Apóstol considere probable, sino absolutamente seguro, puesto que va a demostrar que la ceguera actual y conversión futura de ese pueblo es el misterio o sentido oculto de las profecías alusivas a los judíos, y las dos que cita anticipan, por su contexto, tanto el rechazo de ellos como su restauración (Isaías 59:20-21; 27:9).

(5) La pureza de la comunión visible de la iglesia, la adoración y la disciplina, serán entonces restauradas, cónsonas con el modelo apostólico primitivo. Durante el reinado del anticristo, una forma corrompida de cristianismo habrá sido traída sobre las naciones e incorporada en las constituciones políticas de los reinos que estarán sujetos a ese poder monstruoso. Por ese medio, los hijos de Dios, o bien estarán mezclados entre la comunión religiosa visible del mundo profano, en una oposición directa a la palabra de Dios, o bien

serán perseguidos por su no conformidad. En una referencia a este estado de cosas, el ángel ordena al apóstol Juan que deje el patio que está fuera del templo, y que no lo mida, por la siguiente razón: "porque ha sido entregado a los gentiles. Ellos hollarán la ciudad santa cuarenta y dos meses" (Apocalipsis 11:2), es decir, contaminarán y profanarán la adoración y comunión de la iglesia durante los mil doscientos sesenta años del reinado del anticristo, a un punto tal que no podrá ser medido por la regla de la palabra de Dios. Pero cuando llegue el periodo del cual estamos hablando, el santuario será purificado (Daniel 8:14); entonces, la comunión visible, la adoración y la disciplina de la casa de Dios, serán restauradas a su pureza primitiva, en consonancia con la regla del Nuevo Testamento.

(6) La presencia y habitación especial del Señor estará entonces en medio de su pueblo... Él también los llamará a la pureza de la comunión y de la santidad personal, y prometerá morar con ellos y andar entre ellos (2 Corintios 6:16-17); no obstante, esto se cumplirá de una manera eminente y notable durante el periodo del milenio. El Señor, habiendo prometido levantar a Israel de su tumba, para reunirlo de entre los paganos, y traerlo a la iglesia y al reino de Cristo, como un rebaño que tiene un pastor, añade, "Estará en medio de ellos mi tabernáculo; yo seré el Dios de ellos, y ellos serán mi pueblo" (Ezequiel 37:11-27)... Lo que se insinúa es que habrá unas muestras tan visibles de la presencia y la habitación divinas entre ellos que el mundo lo notará, y que le producirá convicción y temor, como en cierta medida fue el caso con las primeras iglesias (Hechos 2:47; 5:11, 13; 1 Corintios 14:25)... Ciertamente, el apóstol Juan lo representará como algo alcanzado: "Y oí una gran voz del cielo, que decía: El tabernáculo de Dios está ahora con los hombres. Él morará con ellos, ellos serán su pueblo y Dios mismo estará con ellos como su Dios" (Apocalipsis 21:3).

(7) Este será un tiempo de paz, tranquilidad y seguridad universal. Personas que por naturaleza eran de la disposición más salvaje, feroz y cruel, vendrán a ser mansos e indefensos, ya que así se promete en Isaías 11:6-10. Sea que consideremos como convertidas o no las personas representadas por estos animales dañinos, lo cierto es que, en ese momento, se les impedirá, en efecto, hacer daño o perseguir a los santos. Durante este periodo feliz, no habrá guerra ni derramamiento de sangre entre las naciones, ya que se nos dice que, en los últimos días, cuando el monte de la casa de Jehová se establezca como cabeza de los montes, y sea exaltado sobre los collados, y todas las naciones corran a él, el Señor "juzgará entre las naciones y reprenderá a muchos pueblos. Convertirán sus espadas en rejas de arado y sus lanzas en hoces; no alzará espada nación contra nación ni se adiestrarán más para la guerra" (Isaías 2:4). Aunque, hasta aquí, la guerra habrá inundado el mundo con sangre humana, y habrá sido fuente de complicadas calamidades para la humanidad, con todo, cuando Satanás sea atado, y su influencia sobre los hombres malos sea restringida, y los santos ejerzan dominio, la guerra, por necesidad, deberá cesar.

(8) Entonces, los gobernantes civiles y los jueces deberán ser, todos, mantenedores de la paz y la justicia. Aunque Cristo derrocará todo gobierno, poder y autoridad que se oponga a la paz y a la prosperidad de su reino, aun así, dado que los gobernantes son ordenados por Dios, y son sus ministros para el bien, alguna forma de gobierno parece que será absolutamente necesaria para el orden y la felicidad de la sociedad en este mundo. Se piensa que cuando los reinos de este mundo vengan a ser los reinos de nuestro Señor y de su Cristo, la siguiente promesa será cumplida: "Te daré la paz por magistrado, y la justicia por gobernante", y como consecuencia, "Nunca más se hablará de violencia en tu tierra, ni de destrucción o quebrantamiento en tu territorio" (Isaías 60:17-18).

(9) Los santos entonces tendrán el dominio, y los malos se encontrarán en sujeción. La voz unida de la profecía lo hace claro: "El reino, el dominio y la majestad de los reinos debajo de todo el cielo sean dados al pueblo de los santos del Altísimo" (Daniel 7:27-28; Mateo 5:5; Apocalipsis 5:10; 20:4). En cuanto a la naturaleza de este reinado, sin duda

que corresponderá, en todo respecto, a la naturaleza espiritual y celestial del reino de Cristo, y todos sus poderes serán aptos para promoverlo.

39. Al retornar el Señor, se espera también una glorificación terrenal de su iglesia fiel, una glorificación que será la manifestación digna de su desarrollo interior. Sin que todavía haya sido totalmente derrotado, el poder anticristiano será atado por un tiempo hasta que una última batalla conduzca a su completo derrocamiento, y, con ello, a la total aniquilación de todo poder hostil, pero además y finalmente, del último enemigo (J. J. Van Oosterzee, *Christian Dogmatics*, II:798).

Hay un henchido elemento escatológico que reposa en la fe cristiana como tal. La fe ha experimentado tanto de la obra eficaz de Cristo que, en la presencia de lo que todavía falte, no importa cuánto sea, posee la esperanza, aún más, la certeza de que la idea divina del mundo no permanecerá sencillamente como fe o cuadro impotente de la imaginación (Isaac A. Dorner, *System of Christian Doctrine*, IV:377).

La historia debe alcanzar en algún momento su *acme,* su punto culminante. Debe haber algún clímax al que debe arribar la raza humana y la iglesia, aún dentro del estado y las condiciones terrenales actuales, un periodo que manifieste el máximo florecimiento y fruto de la historia. El cristianismo deberá ineludible y esencialmente ser no solo un poder que sufra y que combata, sino también un poder que conquiste y gobierne al mundo. Es esta idea del triunfo universal del cristianismo, en tanto ello pueda lograrse dentro de los límites del tiempo y del sentido, la que va a hallar expresión en el reinado milenial (H. L. Martensen, *Christian Dogmatics*, 470).

Es algo peculiar de los pronósticos del Nuevo Testamento que tiendan forzosamente a elevarse sobre el horizonte terrenal y hasta una esfera de existencia glorificada. Como se acotó al considerarse el tópico de la inmortalidad, el carácter nacional y preliminar de la religión judía por naturaleza dictó que la misma se relacionara de manera un tanto esporádica con el desarrollo supramundano del reino divino. Tanto el Antiguo Testamento como el Nuevo son intensamente proféticos; ambos demuestran el sello de un optimismo divinamente iluminado. La gran diferencia estriba en que este último alumbra un horizonte más alto, iluminando una escena que se caracteriza de manera distintiva como perteneciente a la región de lo incorruptible e inmortal (Henry C. Sheldon, *System of Christian Doctrine*, 540-541).

La segunda venida de nuestro Señor es el evento predominante de la profecía y del futuro, el cual, por no tener parangón, siempre se asocia con la resurrección universal, el juicio de la humanidad y la consumación de todas las cosas. Aunque estas épocas y crisis se presentan, según el estilo de la profecía, como juntas, y en perspectiva reducida, las mismas son considerablemente distintas. Aun así, a la vez que las tratamos como distintas, debemos ser cuidadosos en recordar su relación común con el día del Señor, el cual es un periodo fijo y determinado, prefigurado en numerosos periodos a los que se aplica el mismo término, pero que es la trama y la consumación de todos ellos (William Burton Pope, *Compendium of Christian Theology*, III:387).

40. Si el Señor verdaderamente es en sobremanera exaltado, no puede ser otro el caso que esta gloria con el tiempo se deba manifestar ante los ojos de todos; y es sobremanera digno de Dios el que la misma tierra que atestiguó su profunda humillación, deba también venir a ser la escena de su gloria manifestada. Si Él continúa manteniendo una relación personal y verdaderamente espiritual con la iglesia y el mundo, ¿no debe ser también, por ese motivo, el fin de los caminos de Dios "la forma externa de personificación"?... Si Él vive y reina personalmente hasta la eternidad, entonces el Rey no podrá permanecer perpetuamente invisible en una situación en la que el reino se ha de establecer en todo sitio; y menos así, a partir de la naturaleza del caso, podrá esta aparición ser otra cosa que un juicio final. La expectación de una catástrofe tan grande, no importa los enigmas y las interrogantes que

deje sin contestar, es, por razón del ser humano mismo, mucho más satisfactoria que la de una continuación sin fin de la economía actual, la de un cierto *progressio in infinitum,* o a todas luces, la de un morir prolongadamente dilatado de la creación (J. J. Van Oosterzee, *Christian Dogmatics,* II:580).

41. El Nuevo Testamento no tolera la teoría que da por sentado que el cristianismo meramente interpenetrará o subyugará, de manera silenciosa aunque continua, el mundo entero durante el curso de la historia. Esta es la perspectiva optimista a la que los eclipses del sol en el firmamento de la iglesia tomarán por sorpresa. El Nuevo Testamento augura catástrofes en la vida de la iglesia, puesto que también en este sentido ella es una copia de la vida de Cristo. Y, en realidad, las catástrofes surgirán no meramente por medio de las persecuciones de parte de paganos y judíos, como lo fue en los comienzos de la iglesia, sino por medio de la iglesia misma, es decir, de su círculo externo, un hecho que ya Cristo había insinuado (Mateo 7:21; 24:11-12, 24; Marcos 13:6, 22). De acuerdo con los apóstoles Juan y Pablo (1 Juan 2:18, en donde se habla de anticristos, en plural; 2 Tesalonicenses 2:3ss), al avanzar la cristianización de las naciones se levantarán falsos profetas y seudo-Mesías, los cuales desearán entrar en confederación con Satanás, y hasta cierto punto, con el poder mundial, en oposición a los cristianos, a quienes querrán seducir para que nieguen a Cristo (Isaac A. Dorner, *System of Christian Doctrine,* IV:387-388).

42. A lo largo de la economía antigua, un periodo futuro denominado el día de Jehová se presenta como una perspectiva de toda profecía. En el Nuevo Testamento se declara que este día ha llegado; todos los propósitos de la misericordia y del juicio divino se consideran alcanzados en el advenimiento de Cristo, y que el mismo constituye el último tiempo o fin del mundo (William Burton Pope, *Compendium of Christian Theology,* III:387).

43. El decano F. W. Farrar observa que "las principales dificultades sobre la profecía de nuestro Señor se desvanecen cuando tenemos en cuenta que la profecía es como un paisaje en el que el tiempo y el espacio quedan subordinados a las realidades eternas, y en el que los eventos son como diversas colinas, que se presentan en cadena, unas tras otras, pero que al observador distante le lucen como una sola". A esto J. F. Silver añade que, "al observar dos cuerpos celestiales que se unen, uno eclipsará parcialmente al otro, y ambos tendrán el aspecto de un solo astro. En un primer plano vemos los pies de Cristo en el monte de los Olivos, pero, en la gran lejanía, discernimos las montañas erguidas del horizonte de la inmensa eternidad. Y, entre los dos planos, se tiende el milenio" (J. F. Silver, *The Lord's Return,* 236).

44. Los postmilenaristas identifican el juicio mencionado en Mateo 25:31-46, con el juicio general del día final. Los premilenaristas se encuentran divididos en sus opiniones. (1) Escritores como J. A. Seiss ven esta escena como aplicable solo a las naciones que existan cuando Cristo regrese y que no sean arrebatadas con Él en el rapto. Por consecuencia, este juicio viene a ser meramente "un pastoreo de las naciones con vara de hierro", en el cual solo las obstinadas y rebeldes serán destruidas. Esta destrucción, sin embargo, se ha de considerar meramente como una muerte violenta, igual que la que sobrecogió a los habitantes de Sodoma y Gomorra, en vista de que los muertos han de ser levantados en el juicio final, como será el caso con todos los que habrán muerto antes de la venida del Señor. Sin embargo, un estudio cuidadoso de esta escena de juicio mencionada por nuestro Señor revela el hecho de que, aunque tenga que ver con las naciones existentes, es después de todo un enjuiciamiento de los individuos. (2) Otros escritores premilenaristas como W. B. Riley consideran esta declaración o relato como aplicable al juicio final después del milenio. Riley plantea que muchos premilenaristas se han dejado llevar aquí por una interpretación equivocada, puesto que, sencillamente, Dios no lleva a cabo el programa completo de las edades, en cada edad de la Biblia. Como fue el caso de nuestro Señor, quien separó en dos partes la profecía de Isaías que leyó en Nazaret, así aquí, la

yuxtaposición de las declaraciones no implica la cercanía de los eventos. La orden de juicio es, primero, contra "los hijos del milenio", o los vivos que son rebeldes, y después, contra los que murieron en incredulidad, los cuales serán levantados para recibir su sentencia (cf. W. B. Riley, *The Evolution of the Kingdom*, 174-176).

45. En lo que respecta al uso de la palabra "reino" en la Biblia, Nathaniel West dice: "En su plenitud, es pasado, es presente y es futuro; existe ahora como interior y espiritual, existirá como externo y visible; es celestial; es un reino de gracia; es un reino de gloria; es terrenal; es temporal; permanece para siempre. Es variado en su forma, pero uno en su esencia. Tiene varias dispensaciones. Está allá arriba, y está acá abajo, y su máxima consumación se halla en que se haga la voluntad de Dios en la tierra así como se hace ahora en el cielo, una consumación que ha comenzado aquí abajo, se ha de desarrollar en la era que vendrá, y se habrá de completar en el estado eterno" (Nathaniel West, *John Wesley and Premillennialism*, 46).

El doctor Trench dice acerca del reino que "no es la revelación de ninguna potencia que ya exista en el mundo—un reino que no surgirá, como los demás reinos, 'de la tierra', sino que será una nueva potencia traída al mundo desde arriba" (Trench, *Notes on the Parables*, 160).

46. En la parábola de las diez minas es sugestivo observar que cuando el hombre noble, habiendo recibido el reino, regresa, lo hace para llamar a sus siervos a juicio (Lucas 12:19-27).

William B. Riley, en su libro titulado, *The Evolution of the Kingdom*, adopta la posición de que este reino futuro del milenio no se compondrá de hombres mortales, puesto "que la carne y la sangre no pueden heredar el reino de Dios". En la primera resurrección, cuando Cristo venga, y "esto corruptible se haya vestido de incorruptible", la vida de estos santos resucitados no dependerá de los latidos del corazón en carne y sangre, sino de una vida semejante a la que su Señor vivió después de su resurrección—la de un cuerpo de "carne y hueso" animado por el espíritu eterno, "un cuerpo espiritual". Riley interpreta las palabras de Lucas, "son iguales a los ángeles", como significando, "semejantes a los ángeles". Esto no quiere decir que no tengan cuerpo, puesto que todos los ángeles que han aparecido en la tierra lo han hecho en forma de cuerpo. Se han sentado en mesas de humanos, y han ingerido alimentos de humanos; las misiones bondadosas que han llevado a cabo en favor de los humanos las han hecho en formas humanas. La gran diferencia ha consistido en que no eran mortales; en que su hogar natural estaba en una esfera más elevada. Aun así Riley cree que "las naciones continuarán", y anticipa la restauración de Israel durante el milenio. Además declara lo siguiente: "Tampoco hay indicación de que los convertidos de entre el pueblo judío, y de entre las naciones durante el milenio bajo el reinado personal de Cristo, serán hombres mortales", y afirma que el texto, "mas los que esperan en Jehová tendrán nuevas fuerzas, levantarán alas como las águilas, correrán y no se cansarán, caminarán y no se fatigarán", se refiere a los hijos del reino en la era del milenio. Esto lo fundamenta en las palabras de Cristo, "el que cree en mí, aunque esté muerto, vivirá", las cuales interpreta como que aluden a todos los que han fenecido, y "todo aquel que vive y cree en mí, no morirá eternamente", las cuales interpreta como refiriéndose a todos los vivos en el momento en que Cristo venga, y a todos los que crean durante el reinado milenario de Cristo. Estos escaparán del sepulcro y serán transformados, en un abrir y cerrar de ojos, de lo mortal a lo inmortal" (cf. W. B. Riley, *The Evolution of the Kingdom*, 128-133).

47. El obispo H. L. Martensen, al referirse al milenio, dice: "Pero además de esta perspectiva puramente espiritual, y del método literal y carnal de interpretación, debemos notar una tercera forma de creencia que reconoce los puntos históricos aquí enumerados pero que a la misma vez mantiene que, así como el reinado del milenio es de hecho una profecía de la

gloria de la perfección, la naturaleza también exhibirá indicaciones proféticas que anticipan su futura glorificación; y aunque Cristo no será levantado de manera literal y sensible para que domine como rey, con todo, su presencia no será meramente espiritual; a los fieles se les concederá, durante este periodo, manifestaciones visibles de Cristo, como las que se concedieron a los discípulos después de la resurrección. De acuerdo con esta perspectiva, el reinado de los mil años correspondería al intervalo de los cuarenta días entre la resurrección y la ascensión, un intervalo que implica la transición de la existencia terrenal a la gloria celestial (H. L. Martensen, *Christian Dogmatics*, 471).

Jesús es el sucesor legítimo, como Hijo del hombre, del dominio de Adán; como simiente de Abraham, es el heredero legítimo del trono de David, y como Hijo de Dios, al Padre le ha placido poner bajo su sujeción "el mundo venidero, acerca del cual estamos hablando" (*oikoumeini,* la tierra habitable o inhabitada; *ten mellousan,* que vendrá; *peri es laloumn,* respecto a lo cual hablamos, Hebreos 2:5). De entre los numerosos pasajes de la Biblia que aluden a este evento, seleccionaremos solamente los siguientes: "En los días de estos reyes, el Dios del cielo levantará un reino que no será jamás destruido, ni será el reino dejado a otro pueblo; desmenuzará y consumirá a todos estos reinos, pero él permanecerá para siempre" (Daniel 2:44). "Miraba yo en la visión de la noche, y vi que con las nubes del cielo venía uno como un hijo de hombre; vino hasta el Anciano de días, y lo hicieron acercarse delante de él. Y le fue dado dominio, gloria y reino, para que todos los pueblos, naciones y lenguas lo sirvieran; su dominio es dominio eterno, que nunca pasará; y su reino es uno que nunca será destruido" (Daniel 7:13-14). "Y que el reino, el dominio y la majestad de los reinos debajo de todo el cielo sean dados al pueblo de los santos del Altísimo, cuyo reino es reino eterno, y todos los dominios lo servirán y obedecerán" (Daniel 7:27). "Lo dilatado de su imperio y la paz no tendrán límite sobre el trono de David y sobre su reino" (Isaías 9:7). "Cuando Jehová de los ejércitos reine en el monte Sión, en Jerusalén, y brille su gloria delante de sus ancianos" (Isaías 24:23). "Su señorío será de mar a mar, desde el río hasta los confines de la tierra" (Zacarías 9:10). "Y Jehová será rey sobre toda la tierra. En aquel día, Jehová será único, y único será su nombre" (Zacarías 14:9). Las profecías del reino que se encuentran en el Antiguo Testamento se reafirman en el Nuevo, como lo demostrarán los siguientes casos: "Este será grande, y será llamado Hijo del Altísimo. El Señor Dios le dará el trono de David, su padre; reinará sobre la casa de Jacob para siempre y su Reino no tendrá fin" (Lucas 1:32-33). "Pero siendo profeta, y sabiendo que con juramento Dios le había jurado que de su descendencia en cuanto a la carne levantaría al Cristo para que se sentara en su trono" (Hechos 2:30). "El séptimo ángel tocó la trompeta, y hubo grandes voces en el cielo, que decían: Los reinos del mundo han venido a ser de nuestro Señor y de su Cristo; y él reinará por los siglos de los siglos" (Apocalipsis 11:15).

48. Los postmilenaristas consideran por lo regular estas expresiones como puramente figuradas. Así, pues, Miner Raymond dirá: "El recostarse juntos del león y el cordero y del leopardo y los cabritos no puede tener aplicación alguna al estado celestial, y la que tenga, deberá ser figurada en el terrenal, de lo contrario tales animales deberán sufrir un cambio de naturaleza, tanto respecto a su especie como a su género" (Miner Raymond, *Systematic Theology,* II:480).

49. En una alusión a las palabras del apóstol Pedro de que este mundo será quemado, el obispo S. M. Merrill dice: "Que este mundo vaya a ser quemado, de entenderse literalmente, no podrá ocurrir hasta el fin de los tiempos, y si lo vinculamos con el juicio como uno de los acontecimientos del día del Señor, se concluirá que el juicio será subsiguiente al día del evangelio. La Biblia enseña que cuando la dispensación del evangelio termine, y el Señor descienda del cielo y llame a los muertos que están en los sepulcros, la tierra y el cielo visibles serán destruidos por fuego, tras lo cual serán renovados en justicia. Recono-

cemos esta declaración como una que apunta a un hecho literal, y proponemos que sea probada a la luz de las críticas y objeciones que ofrezcan los que se oponen a un advenimiento literal y a un juicio futuro" (S. M. Merrill, *The Second Coming of Christ*, 262ss).

Adam Clarke, en su comentario de 2 Pedro 3, escribe lo siguiente: "Todas estas cosas serán disueltas, separadas, descompuestas, pero ninguna será destruida. Y, puesto que todas representan la materia original de la cual Dios formó el globo terráqueo, como consecuencia, todas podrán entrar de nuevo en la composición de un nuevo sistema, por lo cual, dice el Apóstol, 'nosotros esperamos... cielos nuevos y tierra nueva'. Dado que las otras se habrán descompuesto, será de sus materiales que se habrá de formar el nuevo sistema". De nuevo Clarke dice: "La tierra actual, aunque destinada a ser quemada, no será destruida sino renovada y depurada y purgada de toda imperfección moral y material, y hecha la morada sin fin de los espíritus felices. Sin embargo, este es un estado que ciertamente no podrá esperarse antes del día del juicio".

CAPÍTULO 35

LA RESURRECCIÓN Y EL JUICIO

La resurrección que sigue como efecto inmediato del segundo advenimiento, deberá también considerarse una verdad distintiva y elemental del sistema cristiano. Sin embargo, la doctrina de la resurrección deberá distinguirse claramente de la de la inmortalidad del alma. Es posible creer en la existencia continua del alma después de la muerte sin creer en la resurrección del cuerpo. Una doctrina ha sido con frecuencia identificada con la otra, y creer en una ha hecho que la otra prevalezca o caiga. Este era el caso con los saduceos, quienes identificaban una con la otra, pero negaban ambas. Así, pues, nuestro Señor razonaría con ellos diciendo: "Pero respecto a que los muertos resucitan, ¿no habéis leído en el libro de Moisés cómo le habló Dios en la zarza, diciendo: 'Yo soy el Dios de Abraham, el Dios de Isaac y el Dios de Jacob'?" (Marcos 12:26). Aquí Cristo ha confrontado la verdadera objeción, aunque no lo haya hecho verbalmente. Sin embargo, dado que Cristo aludió solo a la continuación del alma después de la muerte, algunos han inferido que lo que Él pretendía enseñar era únicamente la resurrección espiritual, es decir, que el alma no muere con el cuerpo sino que se levanta a una vida nueva y más elevada.

El apóstol Pablo, en el elaborado argumento desarrollado en su Primera Epístola a los Corintios (15:12-58), parece que considera la negación de la resurrección como equivalente a la negación de la inmortalidad. No obstante, algunos proponen aquí nuevamente, que existe un motivo para creer que la única resurrección que la Biblia enseña al morir el cuerpo es la resurrección del alma.

Todo lo anterior hace entonces necesario que, primero, se examine la Biblia en cuanto a lo que ésta enseña con relación a la resurrección del cuerpo.

La Biblia enseña la resurrección del cuerpo. El término resurrección significa levantarse de nuevo, esto es, que se levante aquello que había sido sepultado. También significa la restauración a la vida de aquello que había muerto. Ahora bien, dado que el alma no muere con el cuerpo, ésta no puede estar sujeta a la resurrección, a menos que no sea en sentido antitético, en contraposición a la muerte espiritual, lo cual no es en este momento la cuestión. El significado del término resurrección también invalidará la doctrina de aquellos que, como los seguidores de Swedenborg, sostienen que la persona tiene dos cuerpos en la presente vida, uno externo o material, y otro interno o psicológico. El primero muere y permanece en el sepulcro, pero el otro no muere sino que, en unión con el alma, entra a un estado de existencia futura. Sin embargo, para recibir una enseñanza de entero crédito sobre este tema, tendremos que ir a la Biblia. Fijaremos, por tanto, la atención en (1) la idea de la resurrección conforme al Antiguo Testamento; y (2) las enseñanzas del Nuevo Testamento respecto a la resurrección.

1. El Antiguo Testamento establece una diferencia entre la inmortalidad del alma y la resurrección del cuerpo. Podemos creer, fundamentados en la autoridad de nuestro mismísimo Señor, que la economía del Antiguo Testamento presupone, en todo sitio, la resurrección. "Así como 'los hijos de Dios', que de esta manera los denomina nuestro Salvador en su nueva terminología, son 'hijos de la resurrección' (Lucas 20:36), los antiguos padres fueron, son y siempre serán íntegramente de Él: de Él ahora, en sus espíritus, pero después, en sus espíritus y en sus cuerpos. Esta llave, puesta así en nuestras manos por el Maestro, sus apóstoles nos han instruido que la usemos libremente" (William Burton Pope, *Compendium of Christian Theology*, III:402). El autor de la Epístola a los Hebreos declara que Abraham ofreció a Isaac, "porque pensaba que Dios es poderoso para levantar aun de entre los muertos, de donde, en sentido figurado, también lo volvió a recibir" (Hebreos 11:19); y, de nuevo, que los patriarcas buscaban "una patria... mejor, esto es, celestial" (Hebreos 11:16). En los Salmos se encuentran pasajes que se alzan hasta la esperanza de que habrá redención del seol: "Pero Dios redimirá mi vida del poder del seol, porque él me tomará consigo" (Salmos 49:15). Aquí el contexto demuestra que el objeto de esta esperanza consiste en que el alma psíquica vivifique el cuerpo, y en que

el alma espiritual sea liberada de prisión. Si bien es cierto que las profecías que se encuentran en Isaías 25:8 y Oseas 13:14 aluden al estado de la iglesia como un todo, la que se encuentra en Isaías 26:19 no puede referirse a otra cosa que a la resurrección del individuo, a que el alma recobre su existencia corporal. Sin embargo, es a la iglesia a la que esta profecía maravillosa está dirigida: "Tus muertos vivirán; sus cadáveres resucitarán. ¡Despertad y cantad, moradores del polvo! porque tu rocío es cual rocío de hortalizas, y la tierra entregará sus muertos" (Isaías 26:19). Aquí a los muertos se les designa, "tus muertos", porque son de Jehová, en quien duermen, y porque Él guarda seguras sus almas sin los cuerpos. Se podrá también admitir que la restauración futura de la iglesia, la cual es representada tan vívidamente en la muy conocida visión del "valle de los huesos secos" de Ezequiel, no pudo haberse representado bajo el simbolismo de un cuerpo muerto que es levantado a la vida, a menos que la idea de la resurrección no hubiera sido una con la que ni la mente profética ni la común hubieran estado familiarizadas (cf. Ezequiel 37:1-14). El hecho que el profeta no emplee en ningún lugar un lenguaje que implique que la idea de la resurrección era nueva para el pueblo, a lo que se añade el hecho de que el que los fariseos creyeran en esta doctrina debió haberse debido a que la heredaron antes que surgiera como enseñanza inspirada, provee un sólido argumento en favor de la creencia del Antiguo Testamento en una resurrección corporal. El libro de Daniel, no obstante, ha de enseñar explícitamente la doctrina de la resurrección: "Muchos de los que duermen en el polvo de la tierra serán despertados: unos para vida eterna, otros para vergüenza y confusión perpetua" (Daniel 12:2). Aquí "muchos" alude a la gran compañía de los muertos, en contraste con los que estarán vivos en el tiempo del fin; y "el polvo de la tierra" indica que se refiere al cuerpo. Es a este dato que, sin duda, Jesús alude al hablar de la resurrección de vida y de la resurrección de condenación (Juan 5:29). Daniel nos ofrece una visión a largo plazo tanto de la resurrección de los justos como de la de los injustos, y de la del juicio universal y la subsiguiente eternidad, puesto que al 12:2 se le añade el versículo que sigue: "Los entendidos resplandecerán como el resplandor del firmamento; y los que enseñan la justicia a la multitud, como las estrellas, a perpetua eternidad" (Daniel 12:3).

2. El Nuevo Testamento se encuentra saturado de la verdad de la resurrección, aunque se nos presentará en un nivel mucho más elevado. El apóstol Pablo habla de "la aparición de nuestro Salvador Jesucristo,

el cual quitó la muerte y sacó a luz la vida y la inmortalidad por el evangelio" (2 Timoteo 1:10). Por lo tanto, hemos de entender que el concepto cristiano de la resurrección y de la completa destrucción de la muerte encuentra su máxima expresión sólo a través del evangelio. En éste se habrá de encontrar el tipo de proclamación que le contrarrestará a la muerte todas sus manifestaciones. El testimonio fundamental del Nuevo Testamento está en las palabras de nuestros Señor mismo. Al aludir indudablemente a Daniel, el Señor dice: "Viene la hora, y ahora es, cuando los muertos oirán la voz del Hijo de Dios, y los que la oigan vivirán" (Juan 5:25). Estas palabras se refieren, por supuesto, a una resurrección espiritual, a un traer a la vida las almas que están muertas en delitos y pecados (cf. Efesios 2:1). El Señor, inmediatamente después, en el mismo discurso, dice: "No os asombréis de esto, porque llegará la hora cuando todos los que están en los sepulcros oirán su voz; y los que hicieron lo bueno saldrán a resurrección de vida; pero los que hicieron lo malo, a resurrección de condenación" (Juan 5:28-29). De aquí se deriva que el anuncio del evangelio deba incluir la idea de la resurrección del ser humano en su totalidad, y la de la totalidad de la raza humana, a una existencia sin fin. Pero el Señor, acto seguido, asociará la resurrección con su persona y obra al decir: "Yo soy la resurrección y la vida; el que cree en mí, aunque esté muerto, vivirá. Y todo aquel que vive y cree en mí, no morirá eternamente. ¿Crees esto?" (Juan 11:25-26). El "yo soy", como aquí se emplea, deberá considerarse como vinculado a Juan 5:26, donde se indica que en el Hijo se encuentra un vida y un poder más profundo que la función puramente mediadora, pues "Como el Padre tiene vida en sí mismo, así también ha dado al Hijo el tener vida en sí mismo". Así, el mandato de Dios será que el ser humano pase a través de una resurrección con miras a una vida futura, esto es, que conozca el poder de la resurrección espiritual del alma, y luego la resurrección del cuerpo. La razón de esto consiste en que la resurrección de Cristo es primicias o promesa de la resurrección de su pueblo.

La resurrección de Cristo es, todavía más, el patrón que seguirá la resurrección de los cuerpos de los santos. Así lo indica el apóstol Pablo: "El transformará nuestro cuerpo mortal en un cuerpo glorioso seme-jante al suyo, por el poder con el cual puede también sujetar a sí mismo todas las cosas" (Filipenses 3:21).[1] La base y condición velada para la resurrección de los creyentes se encuentra en la unión con el Cristo resucitado como fuente de vida, tanto para el alma como para el cuerpo. En cambio, esta relación de la resurrección de Cristo con el creyente nunca va a ser representada como si un no creyente la gozara igualmente. El cuerpo que habitarán las almas de los no creyentes después del estado intermedio será inmortal, pero su semejanza al cuerpo de los santos será solo en este respecto. Por eso la resurrección de los justos será para vida eterna, pero la de los impíos para vergüenza y desprecio eterno. El apóstol Pablo, al responder a las acusaciones de los judíos ante Félix, habló de "la esperanza en Dios, la cual ellos también abrigan, de que ha de haber resurrección de los muertos, así de justos como de injustos" (Hechos 24:15). Otros pasajes que tienen repercusión en este asunto son los siguientes: "Y si el Espíritu de aquel que levantó de los muertos a Jesús está en vosotros, el que levantó de los muertos a Cristo Jesús vivificará también vuestros cuerpos mortales por su Espíritu que está en vosotros" (Romanos 8:11); "Si creemos que Jesús murió y resucitó, así también traerá Dios con Jesús a los que durmieron en él" (1 Tesalonicenses 4:14); "Y vi los muertos, grandes y pequeños, de pie ante Dios... El mar entregó los muertos que había en él, y la muerte y el Hades entregaron los muertos que había en ellos, y fueron juzgados cada uno según sus obras" (Apocalipsis 20:12-13).

La naturaleza de la resurrección del cuerpo. Para entender este asunto tan importante debemos regresar a la revelación divina. El apóstol Pablo, en su discurso corintio, nos dice que "Se siembra en corrupción, resucitará en incorrupción. Se siembra en deshonra, resucitará en gloria; se siembra en debilidad, resucitará en poder. Se siembra cuerpo animal, resucitará cuerpo espiritual. Hay cuerpo animal y hay cuerpo espiritual" (1 Corintios 15:42-44). Las dos preguntas distintivas que se implican en esta declaración son las siguientes: (1) ¿En qué consiste el principio de identidad que enlaza al cuerpo futuro con el actual? (2) ¿Cuál será el carácter del cuerpo perfeccionado en su estado resucitado?

1. Está claro que la identidad es parte de la naturaleza misma de la resurrección. La iglesia ha sostenido siempre que los cuerpos, así de justos como de impíos, serán idénticos a los cuerpos que han ocupado en este mundo.[2] El apóstol Pablo dice: "Se siembra cuerpo animal, resucitará cuerpo espiritual". Aquí el sujeto gramatical es el mismo en cada caso, y es sobre este principio de identidad que la iglesia fundamenta su doctrina de la resurrección. Pero, ¿cuál es este principio de identidad? No se puede negar que, en general, esta identidad dependerá de condiciones muy distintas.[3] En el ámbito de lo inorgánico, la identidad depende de la sustancia y la forma. Si una piedra es pulveri-

zada y desparramada, permanece la sustancia, pero su forma habrá quedado destruida y con ello la identidad del objeto. El agua, al congelarse o hervirse, cambia su forma a hielo o vapor aunque siga siendo agua. En cambio, si el agua se separa en sus elementos constitutivos de oxígeno e hidrógeno, entonces ya no es agua. En el mundo orgánico de la sustancia viviente, la identidad es algo más elevado. De la bellota crece el roble, y del infante la persona adulta, pero aquí el principio de identidad no parece residir en la sustancia ni en la forma, puesto que ambas atraviesan continuamente por el cambio. Es indudable que existe continuidad entre la semilla y la planta, como entre el infante y el adulto. De igual manera, aun cuando admitamos que no sabemos en qué consiste esa identidad, es perfectamente racional afirmar, aunque no pueda explicarse, una continuidad entre nuestro cuerpo actual y nuestro cuerpo futuro. La iglesia, por lo tanto, va a afirmar que el cuerpo se levantará, y que, después de la resurrección, será igual que lo fue antes, a pesar de que ni la Biblia ni la iglesia haya determinado en qué consiste la igualdad.

2. En cuanto al carácter del cuerpo perfeccionado en la resurrección, es obvio que no es mucho lo que se sabe.[4] La revelación que nuestro Señor hizo de sí mismo a sus discípulos en el Monte de la Transfiguración, así como en su resurrección, les causó una profunda impresión. Respecto a la primera, el apóstol Pedro dice: "No os hemos dado a conocer el poder y la venida de nuestro Señor Jesucristo siguiendo fábulas artificiosas, sino como habiendo visto con nuestros propios ojos su majestad" (2 Pedro 1:16; cf. 1:17-18). Es conveniente notar en este momento las declaraciones negativas que se deben considerar cuando se trata dicho asunto. Está, primero, la declaración que nuestro Señor dirige a los saduceos: "Los hijos de este siglo se casan y se dan en casamiento, pero los que son tenidos por dignos de alcanzar aquel siglo y la resurrección de entre los muertos, ni se casan ni se dan en casamiento, porque ya no pueden morir, pues son iguales a los ángeles, y son hijos de Dios al ser hijos de la resurrección" (Lucas 20:34-36). Segundo, está la declaración del apóstol Pablo a los corintios: "Pero esto digo, hermanos: que la carne y la sangre no pueden heredad el reino de Dios, ni la corrupción hereda la incorrupción" (1 Corintios 15:50). "Parece que", dice Charles Hodge, "en estos pasajes hay tres datos claramente implícitos o afirmados: (1) que los cuerpos de las personas deberán estar especialmente adaptados al estado de existencia en el que habrán de vivir y actuar. (2) Que nuestro cuerpo actual, es decir,

nuestro cuerpo como está ahora organizado, puesto que consiste de carne y sangre, no está adaptado para nuestro estado futuro de existencia. (3) Que todo lo que esté diseñado en la organización o constitución de nuestro cuerpo con el fin de suplir nuestras necesidades actuales, cesará cuando la vida presente cese. Cuando la sangre deje de ser nuestra vida, dejaremos de tener necesidad de órganos de respiración y nutrición. Pero será en vano que especulemos sobre la constitución de nuestros cuerpos futuros en la medida en que ignoramos las condiciones de existencia que nos esperan después de la resurrección. Será suficiente saber que el pueblo glorificado de Dios no será abrumado de órganos innecesarios, ni impedido por limitaciones que hayan sido impuestas por nuestro estado actual de existencia" (Charles Hodge, *Systematic Theology*, III:780).[5]

El apóstol Pablo esboza ampliamente la naturaleza del cuerpo de la resurrección dentro de la serie de contrastes siguientes (1 Corintios 15:24): (1) "Se siembra en corrupción, resucitará en incorrupción". Aquí la palabra incorrupción significa no meramente que el cuerpo nunca se descompondrá, sino que no será susceptible de corrupción en forma alguna. Por consecuencia, no solo estará libre de disolución y muerte, sino de todo lo que tienda hacia ese fin: enfermedad, dolor y sufrimiento.[6] (2) "Se siembra en deshonra, resucitará en gloria". El nuevo cuerpo será inmortal. Mientras que incorrupción es un término negativo en la medida que significa inmunidad de la descomposición, la palabra inmortalidad tiene un sentido un tanto más positivo al implicar lo perpetuo de la vida, la cual será redimida para siempre del imperio de la muerte. Pero la palabra gloria lleva este pensamiento todavía más lejos, ya que denota lo que incita al asombro y deleite. Los discípulos fueron sobrecogidos por la gloria de Cristo en la transfiguración; los guarda del sepulcro se volvieron como muertos en la resurrección de nuestro Señor; el apóstol Pablo vio la gloria de Cristo como una luz más brillante que el sol del mediodía; y el apóstol Juan declaró que el rostro de Cristo era como el sol cuando brilla con fuerza. Este mismo Apóstol declara también "que cuando él se manifieste, seremos semejantes a él, porque lo veremos tal como él es" (1 Juan 3:2). Fue por esta razón que el apóstol Pablo exhortó a los fieles creyentes a que no se entristecieran indebidamente por sus piadosos muertos, pues que los verían de nuevo vestidos de bellos atuendos y de una gloria que está más allá de nuestra comprensión. (3) "Se siembra en debilidad, resucitará en poder". El cuerpo actual se encuentra viciado por la presencia del pecado, y sus sentidos se encuentran debilitados tanto en calidad como en extensión. Es posible que en el cuerpo perfeccionado de la resurrección se descubran capacidades nuevas y exaltadas, y con toda certeza las que ahora éste tiene en función deberán ser inmensamente aumentadas. Pero, por elevadas sean nuestras expectativas, sin duda que permanecerán muy lejos de la realidad plena de este glorioso cambio. (4) "Se siembra cuerpo animal, resucitará cuerpo espiritual. Hay cuerpo animal y hay cuerpo espiritual". Las palabras "animal" y "espiritual", según se emplean aquí, se interpretan corrientemente como que signifiquen la adaptación que el cuerpo hace a su entorno.[7] Luego, el cuerpo natural es aquel a través del cual el alma se ajusta al presente estado de existencia, pero el cuerpo espiritual es aquel que el alma empleará para adaptarse a las condiciones nuevas de la vida futura.[8] "A todos se nos habrá ocurrido observar", dice Samuel Wakefield, "que un 'cuerpo espiritual' es una aparente contradicción, hecho que nos obliga a tomar la palabra espiritual en un sentido inusual. El Apóstol no pretende decir que el cuerpo de la resurrección, al igual que el espíritu inmortal, será uno inmaterial, lo cual haría imposible que fuera el mismo cuerpo que murió. Tampoco quiere decir que será uno tan sublimado o hecho tan etéreo que dejará de ser un cuerpo en el sentido propio del término. Será 'un cuerpo' (soma), pero a tal punto espiritual que no necesitará las funciones animales simples que le son esenciales al cuerpo natural. Lo que el Apóstol parece significar es lo siguiente: así como el alma ostenta una existencia independiente de las funciones animales, y vive sin alimentación ni puede descomponerse, enfermarse o morir, de igual modo lo hará el cuerpo en la resurrección. Se encontrará destituido de la organización física peculiar de la carne y la sangre, pues que la carne y la sangre no pueden heredar el reino de Dios (1 Corintios 15:50). A lo que deberá, pues, someterse será a una nueva modificación que, por su causa, aunque todavía material, lo haga un cuerpo muy diferente al de ahora. Será un cuerpo sin las funciones vitales de la economía animal que vivirá de la manera que concebimos la vida de los espíritus, pues que sostendrá y ejercitará sus facultades sin desperdicio, cansancio y descomposición, o sin la necesidad de que, para hacerlo, dependa de comida y sueño" (Samuel Wakefield, *Christian Theology*, 620-621). Hay algunos escritores que consideran el cuerpo de la resurrección uno puramente espiritual y de ninguna manera material, pero el punto de vista corrientemente admitido es el que acabamos de establecer.[9]

La resurrección general. La expresión "resurrección general" alude a la creencia que la iglesia comúnmente sostiene de que en la segunda venida de Cristo todos los muertos, así justos como impíos, serán resucitados de manera simultánea y traídos inmediatamente a juicio. Será también en este sentido que los credos habrán de ser comúnmente interpretados. Es así cómo, en el Credo de los Apóstoles, se ha de encontrar la declaración germinal de, "Creo en... la resurrección del cuerpo". El Credo Niceno lo presentará así: "Espero la resurrección de los muertos". Por su lado el Credo Atanasiano declarará: "En su venida, todos los seres humanos se levantarán de nuevo en sus cuerpos, y rendirán cuentas de sus obras. Los que han hecho bien, irán a la vida eterna, y los que han hecho mal, al fuego eterno". Los Treinta y Nueve Artículos de la Iglesia Anglicana no contienen una declaración tocante a la resurrección, como tampoco los Veinticinco Artículos del Metodismo, excepto aquella que alude a la resurrección de Cristo. Nuestro propio credo dice lo siguiente: "Creemos en la resurrección de los muertos, que los cuerpos tanto de los justos como de los injustos serán resucitados y unidos con sus espíritus—'los que hicieron lo bueno, saldrán a resurrección de vida mas los que hicieron lo malo, a resurrección de condenación" (Artículo de Fe XVI, Párrafo 16, Manual de la Iglesia del Nazareno, edición de 2013-2017). La opinión general tanto de los teólogos reformados como arminianos es que la resurrección de los justos y de los impíos será simultánea. Samuel Wakefield, el intérprete de la teología wesleyana de Richard Watson, hace la siguiente declaración bajo el encabezado de la resurrección de tipo general o universal: "El lenguaje de nuestro Señor sobre este asunto es muy explícito: 'No os asombréis de esto, porque llegará la hora cuando todos los que están en los sepulcros oirán su voz, y los que hicieron lo bueno saldrán a resurrección de vida; pero los que hicieron lo malo, a resurrección de condenación' (Juan 5:28-29). Así, también, el apóstol Juan nos dice que vio 'los muertos, grandes y pequeños, de pie ante Dios' (Apocalipsis 20:12). El apóstol Pablo, de igual manera, al contrastar los beneficios de la redención con los males que el pecado de Adán ha traído sobre los humanos, dará testimonio de la doctrina de la resurrección diciendo que 'por cuanto la muerte entró por un hombre, también por un hombre la resurrección de los muertos. Así como en Adán todos mueren, también en Cristo todos serán vivificados' (1 Corintios 15:21-22)" (Samuel Wakefield, *Christian Theology,* 614).

Sin embargo, parece evidente hasta para el lector casual que los credos, con la excepción del Atanasiano, pueden interpretarse como que enseñan una resurrección general o universal, es decir, una resurrección tanto de los justos como de los malos, pero no que consideren los dos eventos como simultáneos. Esta perspectiva puede sostenerse sobre las bases de que (1) la distinción en la declaración misma parece implicar una distinción en la resurrección, bien de carácter como de tiempo. Si es arbitrario interpretar los dos como separados, no lo es menos combinarlos. (2) La declaración de Apocalipsis 20:3-7, aunque se considere metafórica, como la considera la mayoría de los intérpretes que identifican con el mismo punto en el tiempo las dos fases de la resurrección, no obstante revela el hecho de que su autor consideraba una distinción en el tiempo como algo permisible en la interpretación correcta de Daniel 12:2, Marcos 12:25 y Lucas 20:35-36, y que la misma armonizaba con su propia declaración en Juan 5:28-29. El "Emphatic Diaglot" ofrece la siguiente traducción literal de Juan 5:29: "Los que han hecho cosas buenas, a resurrección de vida *(eis anastasin zoes)*; y los que han hecho cosas malas, a resurrección de juicio *(eis anasatasin kriseos)*". (3) Un estudio de la frase ek nekros, "de entre" o "de los muertos", y su uso característicamente vinculado a la resurrección de los justos, indica de manera acentuada una distinción en el tiempo. La frase *ek nekros* denota que los individuos o grupos *(tagmata,* bandas) serán escogidos de entre los muchos que todavía permanecen en el reino de los muertos.

Ese último planteamiento respecto a la manera en que se emplea la frase *ek nekros* merece consideración adicional. Se nos dice que la frase ocurre cuarenta y nueve veces en el Nuevo Testamento, pero en ninguna ocasión se aplica a la resurrección de los impíos ni a la resurrección que abarca tanto a los justos como a los injustos. (1) Se emplea cuarenta y cuatro veces con relación a la resurrección de Cristo, la cual, claro está, fue de los muertos. (2) Se emplea tres veces respecto a Juan el Bautista, quien, según lo que Herodes pensaba, había resucitado de entre los muertos (Marcos 6:14, 16; Lucas 9:7). (3) La frase se emplea tres veces con relación a Lázaro, el que también fue resucitado de los muertos (Juan 12:1, 9, 17). (4) Se emplea tres veces en sentido metafórico, para indicar que es vida espiritual de entre muerte de pecado (Romanos 6:13; 11:15; Efesios 5:14). (5) Se emplea una vez en el discurso sobre el rico y Lázaro (Lucas 16:31). (6) Se emplea una vez respecto a la fe de Abraham (Hebreos 11:19). Restan cuatro pasajes que no hemos considerado: Marcos 12:25; Lucas 20:35-36; Hechos 4:1-2 y Filipenses 3:11. Los mismos requieren una breve consideración. (1) En Marcos 12:25, Jesús dice: "porque cuando resuciten de los muertos [ek nekros], ni se casarán ni se darán en casamiento, sino que serán como los ángeles que están en los cielos"; y en Lucas 20:35-36, dice: "pero los que son tenidos por dignos de alcanzar aquel siglo y la resurrección de entre los muertos *[tais anastasis tais ek nekros]*, ni se casan ni se dan en casamiento, porque ya no pueden morir, pues son iguales a los ángeles, y son hijos de Dios al ser hijos de la resurrección". Aquí Jesús les asegura a sus discípulos la esperanza de que los justos serán resucitados de entre los muertos, lo cual implica en sí mismo y por necesidad, una distinción entre el orden del tiempo. Es todavía más evidente que sea a esto a lo que el apóstol Juan se refiere al decir: "Pero los otros muertos no volvieron a vivir hasta que se cumplieron mil años. Esta es la primera resurrección. Bienaventurado y santo el que tiene parte en la primera resurrección; la segunda muerte no tiene poder sobre estos, sino que serán sacerdotes de Dios y de Cristo y reinarán con él mil años" (Apocalipsis 20:5-6). (2) En Hechos 4:1-2 se declara que los saduceos se resintieron de que los apóstoles Pedro y Juan "enseñaran al pueblo y anunciaran en Jesús la resurrección de entre los muertos *[ek nekros]*". Mas si ahora tomamos en consideración la declaración de Marcos 9:10 en el sentido de que los discípulos estaban perplejos respecto a "qué sería aquello de resucitar de los muertos", tenemos una clave tocante a lo perturbador de esta doctrina. Jesús había hablado de su propia resurrección como una de entre los muertos.[10] En el momento en que la resurrección se convirtiera en un hecho histórico establecido, los discípulos entenderían que había un orden en ella. Este orden, dice el apóstol Pablo, consiste en que será "Cristo, las primicias; luego los que son de Cristo, en su venida" (1 Corintios 15:23). Por consiguiente, la resurrección que los discípulos predicaban era de entre los muertos, y solo la de aquellos considerados dignos por causa de Cristo. Los judíos creían en la resurrección de los muertos en "el día final", pero que hubiera una resurrección de entre los muertos, ya fuera de Jesús o de sus escogidos, era una doctrina que ofendía, especialmente a los saduceos, los cuales cuestionaban todo hecho relacionado a una resurrección corporal. (3) En Filipenses 3:11 el apóstol Pablo subrayará aquel aspecto de la enseñanza de Cristo que consideraba a la resurrección de entre los muertos un fin que lograrían sólo los que eran contados dignos. Por esta razón el Apóstol procuraba por todos los medios posibles alcanzar la resurrección de los muertos, es decir, tein exanastasis ek nekros, literalmente una resurrección fuera de los muertos. El texto de Tischendorf incluye la preposición *ek*, lo que la hace una resurrección fuera de los muertos. Este fue el motivo para que el Apóstol dijera, "prosigo a la meta, al premio del supremo llamamiento de Dios en Cristo Jesús" (Filipenses 3:14). Nadie deberá cuestionar que este sea un asunto vital para la teoría milenarista como un todo. Los que no hagan la distinción entre las dos resurrecciones se obligarán a sí mismos al postmilenarismo o al amilenarismo. La posición que asumamos al discutir el segundo advenimiento determinará esta perspectiva de la resurrección y será determinada por ella.

El desarrollo de la doctrina en la iglesia. Las interrogantes que surgieron dentro de la iglesia apostólica se extendieron al periodo subapostólico. Justino Mártir (c. 138-166), decía en su primera apología: "Hacemos oración en favor de que tengamos una resurrección a la incorrupción a través de nuestra fe en Él". Pero la incorrupción a la que se alude no es meramente la de un cuerpo espiritual, ya que "en la resurrección la carne se levantará perfecta y entera". Orígenes (185-254) escribió: "Prevalecen las diferencias de opinión, pero la verdadera opinión es la que ha sido transmitida en orden de sucesión desde los apóstoles. La enseñanza clara es que habrá una resurrección cuando este cuerpo que ahora es sembrado 'en corrupción', resucite 'en incorrupción'... Lo que se levantará en la resurrección será un cuerpo espiritual... No hemos de pensar que los cuerpos que se nos darán han de ser de carne y sangre, con pasiones de sentidos, sino incorruptibles". Un conflicto entre las perspectivas literalista y espiritualista de la resurrección ocurrirá desde muy temprano, la primera sostenida principalmente en el occidente, y la última en el oriente. Ireneo (c. 202), Tertuliano (c. 220) y Cipriano (c. 258) siguieron a Justino en la interpretación literal, como sería más tarde el caso con Metodio (c. 312), Epifanio (c. 403), Teófilo de Alejandría (c. 404), Prudencio (c. 405) y Jerónimo (c. 419). En el oriente, Orígenes marcó el paso, seguido de Basilio (c. 375), Gregorio Nacianceno (c. 376), Gregorio de Nisa (c. 395) y Crisóstomo (c. 407). Estas perspectivas alternas se prolongaron hasta el tiempo de Agustín (353-430), el cual logró establecer un punto medio, hecho que, en gran medida, determinará la posición del pensamiento posterior. Agustín expresó su posición con las palabras siguientes: "Los cuerpos espirituales van a ser todavía cuerpos y no espíritus; tendrán la sustancia pero no la nulidad y la corrupción de la carne; serán vivificados, no por el alma viviente sino por el espíritu viviente. Este es el cuerpo que Cristo viste ahora, en anticipación del que nosotros vestiremos". Durante la Edad Media, los escolásticos asumirán posiciones opuestas y dogmatizarán a su manera respecto a la resurrección del cuerpo. Erígena parece haberse inclinado a las perspectivas origenistas, pero Tomás de Aquino seguirá a Agustín. Los teólogos protestantes se mantuvieron leales a los antiguos credos. Los luteranos, con sus doctrinas cristológicas peculiares, y lo acentuado de su puesta de relieve de lo sacramental, enseñaban que, "en Adán, nuestros cuerpos fueron forjados para la inmortalidad; a través de la encarnación del Hijo de Dios, fueron llevados a la afinidad con Él; se iniciaron en su glorificación cuando Él resucitó; fueron lavados del pecado en el lavacro de la regeneración; por fe vinieron a ser miembros de su cuerpo místico y el templo del Espíritu; y se nutrieron y santificaron por el cuerpo y la sangre de Cristo, para la vida eterna". Charles Hodge resume la doctrina de los reformadores de la siguiente manera: "(1) Que el cuerpo de la resurrección será numéricamente, y en sustancia, uno con el cuerpo actual. (2) Que ha de tener los mismos órganos visuales, auditivos y otros, como en la vida presente. (3) Muchos sostuvieron que todas las peculiaridades del cuerpo actual, bien sean de tamaño, estatura o apariencia, le serán restauradas. (4) Así como los cuerpos de los justos serán refinados y glorificados, los de los malos, según lo que se asumía, serán proporcionalmente repulsivos. Los teólogos protestantes posteriores, bien fueran luteranos o reformados, se ceñirían más estrictamente a los límites de la Biblia" (Charles Hodge, *Systematic Theology,* III:789). De aquí pasaremos al próximo asunto importante de la escatología: el juicio final.

EL JUICIO FINAL

Por este juicio entenderemos un juicio universal, en vasta asamblea, de todos los justos y de todos los impíos. Esta enseñanza ha sido negada por los que piensan que el juicio de todo ser humano ocurrirá cuando este muera, o por los que piensan que solo los malos serán juzgados en el día final. Pero el juicio general es muy diferente del juicio individual o particular que se le formará a cada ser humano, o del que éste se hace a sí mismo al morir. Hay muchos pasajes bíblicos que justifican este último, pero que no alcanzan establecer el primero. Sin embargo, también es cierto que la Biblia hace frecuente mención de un día de juicio, y que la comparación de pasajes bíblicos hace claro que no se refieren a la muerte, sino a un periodo o día específico que habrá de hacerse sincronizar con la conflagración del fin del mundo. "Pero los cielos y la tierra que existen ahora están reservados por la misma palabra, guardados para el fuego en el día del juicio y de la perdición de los hombres impíos" (2 Pedro 3:7). También se expresa claramente que Dios "ha establecido un día en el cual juzgará al mundo con justicia" (Hechos 17:31). A ese día se le designa, además, como "el día de la ira y de la revelación del justo juicio de Dios" (Romanos 2:5); "el día en que Dios juzgará por medio de Jesucristo los secretos de los hombres" (Romanos 2:16); "el día del juicio" (2 Pedro 2:9); el "gran día" (Judas 6); y, "el gran día de su ira" (Apocalipsis 6:17). Estos pasajes demuestran claramente tres cosas: (1) que ha de haber un juicio general; (2) que tendrá lugar en un tiempo determinado; y, (3) que ese día grande y terrible se encuentra en el futuro.[11]

En lo que respecta a la duración del juicio, el uso indefinido del término "día" no permite que se exprese siquiera su probable prolongación. Esto ya ha sido discutido en su vinculación con el segundo advenimiento. Juan Wesley observó que "el tiempo designado por el profeta como 'el día grande y terrible' en la Biblia se señala por lo regular como 'el día del Señor'. El espacio desde la creación del hombre sobre la tierra hasta el fin de todas las cosas, es 'el día de los hijos de los hombres'; el tiempo que está ahora transcurriendo sobre nosotros es propiamente 'nuestro día'; cuando a éste se le dé su fin, comenzará 'el día del Señor'. Pero, ¿quién podrá decir cuánto tiempo durará? 'Para el Señor, un día es como mil años y mil años como un día' (2 Pedro 3:8). Fue precisamente de esta expresión que algunos de los antiguos padres derivaron la inferencia de que lo que comúnmente se designa como el día del juicio constará, en efecto, de mil años. Y tal parece que la verdad no les trascendió, o menos aún, que no la atinaron. Si consideramos el número de personas que han de ser juzgadas, y el de las acciones sobre las cuales se ha de inquirir, tal parece que mil años no serán suficientes para las transacciones de ese día. Por lo tanto, no se deberá pensar como improbable que las mismas comprendan varios miles de años. Pero Dios también revelará esto en su momento" (Juan Wesley, *Sermon: The Great Assize*). En el extremo opuesto se encuentra la opinión de Enoch Pond, quien dice: "El proceso del juicio se prolongará lo suficiente como para responder a todos los propósitos para el cual fue instituido, aunque no veo la necesidad de suponer que continuará durante un periodo demasiado de extendido, sin que quizá dure no más de un día literal. Al sonar la final trompeta, los muertos serán resucitados, 'en un momento, en un abrir y cerrar de ojos'. El trono se emplazará en muy poco tiempo, los libros serán abiertos, y los mundos serán reunidos ante su Juez final. La separación que se podrá hacer será inequívoca. Podrá haber, a través de cierto proceso misterioso, una revelación del carácter que tendrá como finalidad que 'toda obra, sea buena o sea mala, juntamente con toda cosa oculta, sea traída a juicio'. No sabemos en este momento cómo se hará una exhibición tal del carácter, pero, ¿quién dirá que no se podrá hacer, y hacerse con prontitud, a fin de que todo el proceso de juicio se complete en un tiempo comparativamente corto?" (Enoch Pond, *Christian Theology*, 571-572).[12]

Un juicio particular y un juicio general. La Biblia establece una distinción entre un juicio particular o privado, el cual tendrá lugar con la muerte, y un juicio general, el cual tendrá lugar en el día final. (1) Los siguientes pasajes demuestran que hay un juicio particular. "Antes que el polvo vuelva a la tierra, como era, y el espíritu vuelva a Dios que lo dio" (Eclesiastés 12:7). Aquí se implica que el alma se encuentra consciente de sí misma en la presencia de Dios, y que, por obligación, tendrá un conocimiento moral de su propio estado. El apóstol Pablo afirma esta posición con las siguientes palabras: "Ahora conozco en parte, pero entonces conoceré como fui conocido" (1 Corintios 13:12). Hemos, pues, de creer que cada ser humano, al morir, tendrá un conocimiento de sí que le permitirá saber exactamente cuál es su carácter moral propio. El Apóstol, en otra de sus declaraciones, implica que lo que tenga lugar en el día del juicio, tendrá también lugar en la conciencia de cada ser humano al morir: "dando testimonio su conciencia y acusándolos o defendiéndolos sus razonamientos" (Romanos 2:15). La epístola a los Hebreos ofrece específicamente el siguiente pasaje: "Y de la manera que está establecido a los hombres que mueran una sola vez, y después de esto el juicio (krisis)" (Hebreos 9:27). Aquí la palabra "juicio" es anarthrous, y dado que no se emplea el artículo, debe leer así: "y después de esto, juicio", o, "un juicio". No es el juicio, en el sentido del juicio general que sigue inmediatamente a la muerte, sino un juicio, un juicio particular, privado. (2) Habrá también un juicio general o público, como lo hemos definido antes, el cual la Biblia enseñan claramente. En el Antiguo Testamento podemos notar los siguientes pasajes: "...pero recuerda que sobre todas estas cosas te juzgará Dios" (Eclesiastés 11:9). "Pues Dios traerá toda obra a juicio, juntamente con toda cosa oculta, sea buena o sea mala" (Eclesiastés 12:14). "El juez se sentó y los libros fueron abiertos" (cf. Daniel 7:9 y 10). "Muchos de los que duermen en el polvo de la tierra serán despertados: unos para vida eterna, otros para vergüenza y confusión perpetua" (Daniel 12:2). El Nuevo Testamento también enseña de manera distintiva un día de juicio público. Nuestro Señor hizo mención frecuente del mismo y en palabras que no pueden ser malentendidas. "Por tanto os digo que en el día del juicio será más tolerable el castigo para Tiro y para Sidón que para vosotras" (Mateo 11:22, cf. el versículo 24). "Los hombres de Nínive se levantarán en el juicio con esta generación y la condenarán" (Mateo 12:41). La escena del juicio es matizada de manera vivida por Cristo después que concluye su parábola de los talentos (Mateo 25:31-46). El apóstol Pablo, en su discurso del Areópago, declaró que Dios "ha establecido un día en el cual juzgará al mundo con justicia, por aquel varón a quien designó, acreditándolo ante todos al haberlo levantado de los muertos" (Hechos 17:31); y, de nuevo, que habrá un día "en que Dios juzgará por medio de Jesucristo los secretos de los hombres, conforme a mi evangelio" (Romanos 2:16). Judas dice igualmente: "Vino el Señor con sus santas decenas de millares, para hacer juicio contra todos" (Judas 14-15). En el Apocalipsis, luego de que se narra lo del milenio y el gran engaño, el escritor dice: "Vi un gran trono blanco y al que estaba sentado en él, de delante del cual huyeron la tierra y el cielo y ningún lugar se halló ya para ellos. Y vi los muertos, grandes y pequeños, de pie ante Dios. Los libros fueron abiertos, y otro libro fue abierto, el cual es el libro de la vida. Y fueron juzgados los muertos por las cosas que estaban escritas en los libros, según sus obras. El mar entregó los muertos que había en él, y la muerte y el Hades entregaron los muertos que había en ellos, y fueron juzgados cada uno según sus obras... El que no se halló inscrito en el libro de la vida, fue lanzado al lago de fuego" (20:11-13, 15). Aquí tenemos una predicción irrebatible de un juicio general en el que todos los muertos y todos los vivos serán congregados. Es evidente que tanto los justos como los malos estarán presentes, puesto que las personas cuyos nombres están escritos en el libro de la vida serán salvas, pero aquellos cuyos nombres no se encuentren allí, serán lanzados al lago de fuego.[13]

La persona del Juez. Solo Dios posee la aptitud para desempeñar el oficio de Juez en el último y gran tribunal. Solo Él es todo sabio, y solo a Él les son conocidos los secretos más íntimos de la vida de los seres humanos. Él no solo entiende sus acciones sino también sus pensamientos íntimos y sus móviles ocultos, aun sus naturalezas y las posibilidades que estas entrañan. Pero este juicio no estará a cargo de Dios como Dios, "porque el Padre a nadie juzga, sino que todo el juicio dio al Hijo, para que todos honren al Hijo como honran al Padre. El que no honra al Hijo no honra al Padre, que lo envió" (Juan 5:22-23). La razón para esto es que el Hijo es no solamente divino sino humano, y su relación con la humanidad lo califica de manera peculiar para este oficio.[14] De hecho, resulta evidente que el juicio será ejecutado peculiarmente por Cristo como hombre, puesto que el apóstol Pedro declara que "nos mandó que predicáramos al pueblo y testificáramos que él es el que Dios ha puesto por Juez de vivos y muertos" (Hechos 10:42). Unos pronunciamientos específicos a tales efectos se encuentran en Mateo 16:27-28 y 25:31-46. El apóstol Pablo predicó a los atenienses de Dios, quien "juzgará al mundo con justicia, por aquel varón a quien designó" (Hechos 17:31). Y en una de sus epístolas a los corintios declara que "es necesario que todos nosotros comparezcamos ante el tribunal de Cristo, para que cada uno reciba según lo que haya hecho mientras estaba en el cuerpo, sea bueno o sea malo" (2 Corintios 5:10). El juicio del mundo es representado como el último acto mediador de Cristo. Después de la ejecución de la sentencia final, cuando las recompensas de los justos se otorguen y las penas de los malos se determinen, Cristo entregará el reino mediador al Padre, para que Dios sea todo en todos (1 Corintios 15:24-28).

El desarrollo de la doctrina en la iglesia. Hay muy pocos detalles en las enseñanzas de los primeros padres en lo que respecta al juicio. Por lo regular estaban conformes con insistir en su certidumbre.[15] Justino (c. 165) comentaba que "Platón solía decir que Radamanto y Minos castigarían a los malos que comparecieran ante ellos; nosotros decimos lo mismo, pero en manos de Cristo; los cuerpos de los malos se unirán de nuevo a sus espíritus para sufrir, entonces el castigo eterno". Los padres edificaron su doctrina fundamentándose principalmente en las imágenes de lenguaje de la Biblia, pero sus escritos eran a menudo pálidas paráfrasis o descripciones poéticas. Este es especialmente el caso con los que se le atribuyen por lo regular, aunque improcedentemente, a Tertuliano (c. 220), y a Hipólito (c. 239). Orígenes explicaba a Romanos 2:13-16 como sigue: "Cuando el alma haya anegado una multitud de obras malas y una abundancia de pecado contra sí misma, toda esa aglomeración de maldad borboteará en su justo momento en castigo. La mente... verá expuesta ante sus ojos una especie de historia de todas las obras viciadas, vergonzosas e impías que haya hecho. Entonces la conciencia... traspasada por sus propios aguijones, se tornará en su propia acusadora". Aquí hay que notar que lo que se destaca es el juicio particular o individual. Agustín pretendió reducir la verdad encontrada en las metáforas bíblicas a declaraciones dogmáticas. Él resumiría la doctrina aquí en cuestión de la siguiente manera: "La iglesia entera confiesa que Cristo vendrá del cielo a juzgar a los vivos y a los muertos; esto nosotros lo denominamos el día final del juicio divino. Pero los días que durará este juicio es algo incierto, pues nadie que haya leído la Sagrada Escritura hasta de la manera más impensada puede ignorar que es del estilo de la Escritura indicar 'día' en lugar de tiempo. Por lo tanto, cuando hablamos del día de juicio añadimos 'final' porque Él ahora juzga y ha juzgado desde el comienzo de la raza humana... y aun si nadie hubiera pecado, Él, a no ser por un juicio bueno y justo, no hubiera podido retener en eterna bienaventuranza a cada criatura racional que se hubiera abrazado perseverantemente al bien. Él no solo juzga a la raza de los humanos y de los demonios como un todo, raza que sufrirá según los méritos de sus antiguos pecados, sino también la obra de cada uno, hecha por voluntad propia". Durante la edad media, aun cuando las opiniones variaban considerablemente, el juicio se interpretaba generalmente de acuerdo con el principio del literalismo más craso. Un ejemplo de ello se encuentra en los relatos de Tomás de Aquino (c. 1274).[16] Los teólogos de la Reforma afirmaron sencillamente la doctrina bíblica, aunque tuvieron el cuidado de distinguir entre el juicio final *(judicium universale et manifestum),* que tendrá lugar en el fin del mundo, y el juicio individual *(judicium particulare et occultum),* el cual se pasará sobre cada persona al morir. El propósito del primero se entendía en el sentido de una vindicación pública de la justicia divina que otorgaría recompensas y castigos finales.

Los principios del juicio. El apóstol Pablo enumera los principios del juicio de la siguiente manera: Dios "pagará a cada uno conforme a sus obras: vida eterna a los que, perseverando en hacer el bien, buscan gloria, honra e inmortalidad; pero ira y enojo a los que son contencio-sos y no obedecen a la verdad, sino que obedecen a la injusticia. Tribulación y angustia sobre todo ser humano que hace lo malo, sobre el judío en primer lugar, y también sobre el griego; en cambio, gloria, honra y paz a todo el que hace lo bueno: al judío en primer lugar y también al griego, porque para Dios no hay acepción de personas"

(Romanos 2:6-11). Samuel Wakefield, al referirse a la declaración que "los libros fueron abiertos" (Apocalipsis 20:12), asume que estas son las diferentes dispensaciones bajo las que han sido puestos los seres humanos, y en cuya conformidad la justicia requiere que se les juzgue. Aquella porción de la voluntad divina que los seres humanos conocen, o podrían conocer, será, por consiguiente, la norma para el juicio. (1) Los paganos serán juzgados por la ley de la naturaleza, o la ley que se dio originalmente a los seres humanos como su regla de conducta. Cierta porción de esta ley ha sido preservada entre ellos en parte por la tradición y en parte por la razón; pero aunque sus huellas se borran en ocasiones, y en otras son considerablemente obscurecidas, aun así queda lo suficiente de esta ley para hacerles seres responsables, y para que sirva de base para el examen judicial. "Cuando los gentiles que no tienen la Ley hacen por naturaleza lo que es de la Ley, estos, aunque no tengan la Ley, son ley para sí mismos, mostrando la obra de la Ley escrita en sus corazones, dando testimonio su conciencia y acusándolos o defendiéndolos sus razonamientos" (Romanos 2:14-15). (2) Los judíos serán juzgados según la ley de Moisés y la enseñanza de los profetas. Las palabras mismas de nuestro Señor serán la norma para su propia generación, "La palabra que he hablado, ella lo juzgará en el día final" (Juan 12:48). (3) Los cristianos en general serán juzgados según las Escrituras del Antiguo Testamento y las del Nuevo, especialmente el evangelio, ya que el mismo confiere privilegios superiores a los seres humanos.[17] Si el gentil que pecó contra la luz de la naturaleza será justamente castigado, y si aquel que violaba la ley de Moisés moría "irremisiblemente", "¿Cuánto mayor castigo pensáis que merecerá el que pisotee al Hijo de Dios, y tenga por inmunda la sangre del pacto en la cual fue santificado y ofenda al Espíritu de gracia?" (Hebreos 10:29). Luego, esto nos permite decir que la medida de la verdad revelada que les ha sido concedida a los seres humanos, será la norma por la que se les juzgará en el día final. Aquí podemos incluir las siguientes palabras de nuestro Señor: "Porque a todo aquel a quien se haya dado mucho, mucho se le demandará" (Lucas 12:48).[18]

Con relación a estos principios también tenemos que llamar la atención al hecho de que el juicio es la tercera rama, la ejecutiva, de la ley moral; la primera sería la legislativa, y la segunda, la judicial. En cuanto al origen de la ley moral, podemos decir que proviene de la santidad absoluta de Dios, y que se ajusta exactamente a la naturaleza moral del ser humano. Esto es importante en el sentido de que si la ley moral fuera de alguna manera inadecuada para el periodo probatorio de las personas, entonces su aplicación judicial y su ejecución final deberán por necesidad ser injustas. En cambio, si la ley es "buena", como así lo afirma el apóstol Pablo, entonces es aplicable a toda transgresión en su aspecto judicial. Solo sobre estas bases podrá conducirse la ejecución de la sentencia en el plano de la santidad absoluta. Esta ejecución está ahora detenida por el influjo de la gracia preveniente o restrictiva, o por causa de ella. Pero la ira de Dios en el ser divino es constante, y la transferirá, por terrible que sea, a la rama ejecutiva de la ley moral, en el momento en que, al final, la gracia sea definitivamente rechazada y ya no pueda mitigar por más tiempo la sentencia. El asunto de la ley moral, por consiguiente, solo podrá entenderse como relacionada a la santidad y la justicia de Dios. Así, entonces, toda la cuestión del castigo futuro queda salvaguardada de la falacia de la elección incondicional, y lo "verdadero" y lo "justo" de los juicios de Dios queda plenamente vindicado.[19]

El propósito del juicio general. A fin de comprender el propósito del juicio general, el mismo deberá considerarse (1) en su relación con Dios; (2) en su relación con Cristo, y (3) en su relación con el ser humano.

Primero, este juicio proporcionará un campo digno para la manifestación de los atributos divinos. Que "el juez de toda la tierra es justo" será atestiguado frente a aquella congregación universal, y el fallo, bien de inocencia o de condenación, será validado por incontables millones de hombres y ángeles. "Entonces aparecerá", dice James Petrigu Boyce, "la sabiduría de su propósito, la veracidad y fidelidad de sus promesas, el poder para cumplir su voluntad, su benevolencia universal, su amor que se sacrifica, su misericordia inmensurable, su poder libertador, su gracia conquistadora, y, para no querer seguir enumerándolas, todas aquellas cosas que uno pueda imaginar que constituirán esa santidad que, en una palabra, abarca toda la perfección moral" (James Petrigu Boyce, *Abstract of Systematic Theology*, 466).

Segundo, allí aparecerá la gloria de Cristo, no solo como Juez, sino como Señor y Rey. Como Señor, ahora su dominio se percibirá que es uno universal, y como Rey que ha reinado en los corazones de su pueblo, los recibirá en su gloria y los invitará a participar en ella.

Tercero, en lo que toca al ser humano, el juicio es necesario por varias razones.[20] (1) La conciencia testifica, tanto en tierras cristianas como paganas, que las obras del ser humano esperan por un juicio final.

¿Puede explicarse esto de alguna otra manera que no sea "la voz de Dios en el ser humano"? Dios no se burlará de sus criaturas, pues que si la conciencia apunta a un día futuro en el cual rendir cuentas, ese día segurísimamente vendrá. (2) Los justos de este mundo se encuentran tan a menudo en una condición tal, que a menos que haya una recompensa futura, la justicia y la ecuanimidad de Dios no podrían vindicarse. (3) Entendamos también que el juicio general no se preocupará solamente de los actos de los seres humanos. Ellos no solo son individuos responsables por sus propios actos, sino que también son criaturas sociales responsables de los demás. Ejercen influencia en favor del bien o del mal, y es una influencia que se prolonga más allá de la vida presente del individuo. Su obra, por tanto, no acaba cuando éste muere. Sus obras vivirán después de su muerte, y continuarán viviendo hasta que la historia sea traída a su fin. Únicamente en el juicio se podrá recapitular la influencia total de su vida, sea para bien o para mal. En el juicio general también habrá que responder por los ímpetus hereditarios y solidarios. (4) El propósito supremo del juicio universal será, por lo tanto, poner de manifiesto el carácter antes que descubrirlo.[21] El apóstol Pablo dice que "es necesario que todos nosotros comparezcamos ante el tribunal de Cristo, para que cada uno reciba según lo que haya hecho mientras estaba en el cuerpo, sea bueno o sea malo" (2 Corintios 5:10). En ese juicio Dios discriminará entre los justos y los injustos, y separará los unos de los otros a fin de que Él pueda descubrir o poner de manifiesto el verdadero carácter de ambos. Las personas son salvas por la fe, pero se les recompensará de acuerdo con sus obras, aunque estas obras se desprendan de la naturaleza verdadera de la fe. Así como ahora somos justificados por la fe, sin las obras, en el sentido meritorio, aunque es una fe que siempre se encuentra evidenciada por las obras, también lo seremos en el juicio final, momento en el que la justicia que es por la fe será vindicada por las obras que proceden de ella.[22]

Las circunstancias que acompañarán al juicio general. La Biblia describe el juicio final como una escena de enorme solemnidad y magnificencia. Las circunstancias que lo acompañarán dan testimonio de lo solemne de la ocasión. Solo la Biblia revelará en qué consistirán esas circunstancias. Juan Wesley nos ofrece el siguiente sumario de los eventos vinculados a este gran y terrible día.

"(1) Consideremos, en primer lugar, las circunstancias principales que precederán nuestra comparecencia ante el trono de juicio de Cristo.

Dios, primero, dará 'señales abajo en la tierra' (Hechos 2:19), particularmente al 'levantarse y sacudir terriblemente la tierra'. 'Temblará la tierra como un ebrio y será removida como una choza' (Isaías 24:20). Habrá terremotos kata topos (no solo en diversos, sino) en todos los lugares; no solo en una parte del mundo habitable, o en algunas, sino en todas partes (Lucas 21:11); uno de ellos será 'tan grande cual no lo hubo jamás desde que los hombres existen sobre la tierra'. Otro de ellos hará que toda isla huya y los montes ya no sean hallados (Apocalipsis 16:20). Entonces todas las aguas del globo terráqueo sentirán la violencia de estas conmociones; el mar y las olas bramarán (Lucas 21:25) con una agitación nunca antes vista desde la hora en que 'las fuentes del gran abismo fueron rotas', para destruir la tierra, la cual después permanece 'fuera del agua y en el agua'. Los aires serán totalmente tormenta y tempestad, llenos de negros vapores y de columnas de humo (Joel 2:30); resonarán con trueno de polo a polo, y diez mil centellas los rasgarán. Pero la conmoción no se circunscribirá a las regiones aéreas: 'Entonces habrá señales en el sol, en la luna y en las estrellas... las potencias de los cielos serán conmovidas' (Lucas 21:25-26), las fijas así como las que giran alrededor. 'El sol se convertirá en tinieblas y la luna en sangre, antes que venga el día, grande y espantoso, de Jehová' (Joel 2:31). 'El sol y la luna se oscurecerán' (Joel 3:15), ay, y caerán 'sobre la tierra' (Apocalipsis 6:13) al ser arrojadas de sus órbitas. Entonces se oirá la voz universal de todas las compañías celestiales, y luego 'la voz del arcángel', que proclamarán que el Hijo de Dios, del hombre, se acerca, y la 'trompeta de Dios' sonará la diana para todos los que duermen en el polvo de la tierra (1 Tesalonicenses 4:16). Como consecuencia, todos los sepulcros se abrirán, y se levantarán los cuerpos de las personas. El mar entregará también los muertos que haya en él (Apocalipsis 20:13), y cada uno se levantará con 'su propio cuerpo': propio en sustancia, pero con propiedades de tal manera mudadas que ahora no es imposible concebirlo. 'Pues es necesario que esto corruptible se vista de incorrupción y que esto mortal se vista de inmortalidad' (1 Corintios 15:53). Sí, 'la muerte y el hades', el mundo de lo invisible, entregarán los muertos que habrá en ellos (Apocalipsis 20:13). Así, todos los que jamás vivieron y murieron desde que Dios creó al ser humano, resucitarán incorruptibles e inmortales.[23]

"(2) A su vez, el Hijo del hombre enviará a 'sus ángeles' sobre toda la tierra, y 'juntarán a sus escogidos de los cuatro vientos, desde un extremo del cielo hasta el otro' (Mateo 24:31). Y el Señor mismo vendrá con las nubes en su gloria, y la de su Padre, con diez mil de sus santos, y con millares de ángeles, y se sentará en su trono de gloria, 'y serán reunidas delante de él todas las naciones; entonces apartará los uno de los otros... Y pondrá las ovejas [los buenos] a su derecha, y los cabritos [los malvados] a su izquierda' (Mateo 25:31ss). Tocante a esta reunión general es que el discípulo amado se expresa así: 'Y vi los muertos', todos los que han fallecido, 'grandes y pequeños, de pie ante Dios. Los libros fueron abiertos' (una expresión figurada que alude claramente a la manera en que los humanos proceden)... 'Y fueron juzgados los muertos por las cosas que estaban escritas en los libros, según sus obras'" (Apocalipsis 20:12) (Juan Wesley, *Sermon: The Great Assize*).

Y cuando el juicio termine, y todos estén listos para escuchar el fallo final, el Señor dirá a los de su derecha, "Venid, benditos de mi Padre, heredad el Reino preparado para vosotros desde la fundación del mundo" (Mateo 25:34); y a los de su izquierda, "Apartaos de mí, malditos, al fuego eterno preparado para el diablo y sus ángeles" (Mateo 25:41). En esa hora espantosa se pronunciará también sentencia sobre los ángeles que no retuvieron su primer estado, abandonando "su propio hogar"; estos están ahora, como nos dice el apóstol Judas, guardados "bajo oscuridad, en prisiones eternas, para el juicio del gran día" (Judas 6).

NOTAS BIBLIOGRÁFICAS

1. William Burton Pope, al comentar a Filipenses 3:20-21, dice: "Aquí hay dos palabras de gran importancia: summorfos, que sugiere la misma idea de 'lo que se conforma a su muerte'; el cuerpo se ha de sujetar a la ley bendita de que somos predestinados para que seamos hechos 'conformes a la imagen de su Hijo' (Romanos 8:29). Esta palabra, 'conformes', no es la misma del capítulo corintio: aquí es metasximatisei, lo cual alude solo a la nueva forma del cuerpo resucitado; en el otro, la palabra es allagisometa, 'transformará', lo cual alude a la transformación entera de los cuerpos que ya existen. Entonces, es de esto último de lo que nuestro Salvador será el patrón. 'No vio corrupción'; por consecuencia, no podía ser el ejemplo perfecto, en todo respecto, de nuestra restauración de la muerte, como tampoco podría serlo, en todo respecto, de nuestra redención de la pena final del pecado. Aquí encontramos una analogía con su ejemplo de santidad: Él no establece la pauta en cuanto al proceso para obtenerla, pero es el prototipo consumado de lo que tenemos precisamente que obtener. Viviremos en cuerpos glorificados semejantes al de Él; en cambio, en nuestra redención del polvo, Él no tiene parte alguna" (William Burton Pope, *Compendium of Christian Theology*, III:405).

2. De antaño se pensaba corrientemente que era necesario afirmar una identidad material entre el cuerpo futuro y el actual. Pero el apóstol Pablo, aunque da a entender que existe cierto lazo que los vincula, está muy lejos de afirmar la identidad material (1 Corintios

15:35-38). El único motivo para inferir esa identidad es la asociación de la resurrección con el sepulcro, lo cual de ninguna manera tiene fuerza concluyentemente. La tierra es el sepulcro común de la raza. Al morir, los seres humanos entregan universalmente sus cuerpos a la masa de la naturaleza física. Supóngase, entonces, que uno desee expresar con una frase retóricamente vívida el hecho de que, de la masa de la naturaleza física, a través de la obra milagrosa del poder de Dios, se tomen los componentes de los nuevos cuerpos, ¿qué pudo haber sido mejor que el que se hablara de un sepulcro que entrega a sus muertos? Esto es un equivalente propio en el discurso popular de la declaración de que, en la naturaleza física que recibe el viejo cuerpo, habrá de darse el origen del cuerpo nuevo y mucho más perfecto, el cual será el que reflejará perdurablemente la gloria del espíritu que habita. Reconstituir la identidad material del ser físico de la persona no tendría consecuencia alguna. Un juego de moléculas es tan legítimo como otro del mismo orden. Es, por tanto, considerablemente improbable que Dios hubiera diseñado una economía inextricable y de largo alcance que persiguiera conservar la cantidad de materia necesaria para la perfección física de cada cuerpo, y que hubiera emprendido la tarea de juntar, el día de la resurrección, las partículas regadas que esta cantidad comprendiera. La semejanza del tipo que resulta de la operación del mismo principio organizador hará provisión para una identidad adecuada del cuerpo a través de los cambios de la vida terrenal; y no hay lugar para suponer ninguna otra base de identidad en el estado futuro (Henry C. Sheldon, *System of Christian Doctrine*, 563-564).

3. Al estudiar anteriormente la antropología, hicimos alusión al "principio inmaterial" de Agassiz, el cual, según él sostiene, determina la forma corporal futura del organismo. Sin embargo, Agassiz va a decir que, cuando el individuo muere, este principio inmaterial deja de existir. Julius Mullerton, por otro lado, sostiene que esta fuerza vital organizadora continúa en unión del alma, pero sin operar entre la muerte y la resurrección. "A aquello a los que la Biblia le promete una resurrección", dice Mullerton, "no es a la sarx, la masa del material terrenal, sino al soma, el todo orgánico. El organismo, como forma viviente que apropia materia para sí, es el verdadero cuerpo, el cual, al ser glorificado, viene a ser el soma pneumatikon".

    El objeto de la resurrección, como esfuerzo activo del poder divino-humano, es el cuerpo. Pero esta fórmula ha de entenderse dentro de una latitud amplia de significado. Deberá incluir la integridad perfecta o indivisible del ser humano que será levantado, la presente equivalencia o unidad del cuerpo como órgano del espíritu, y el cambio que lo adaptará a su nuevo estado una vez sea resucitado. Así, pues, son tres los términos que nos servirán de palabras guías para la doctrina: la integridad, la identidad, y la glorificación de la carne que se levantará en el día final. La enseñanza principal de la Biblia, o al menos la más importante, consiste en que el ser humano que regresará a la existencia será uno entero, es decir, íntegro en la naturaleza que, en la idea del Creador, representa a un ser espiritual que utiliza una organización corporal. El ser humano sufre en la muerte la pena de una disolución que luego será reparada. Este es perfecto únicamente como espíritu, alma y cuerpo... El ser humano en su entereza es el ser humano ante su Hacedor, lo mismo aquí que en el más allá (William Burton Pope, *Compendium of Christian Theology*, 406).

4. J. P. Lange, cuya imaginación a menudo lo domina, enseña que el alma fue creada para que la encarnaran; por lo tanto, se le ha dotado de pujanzas y talentos afines. En virtud de su naturaleza reúne tan palpablemente para el cuerpo los materiales de la materia que la rodea como una semilla reúne de la tierra y del aire la materia que se ajusta a sus necesidades. Lange asume, por lo tanto, que en el alma existe "una ley de fuerza que garantiza que se forme para sí un cuerpo que se ajuste a sus necesidades y esfera; o más propiamente", añade, "que la 'identidad orgánica' se caracterice por un schema des Leibes, lo cual

está incluido en el alma... o bien por un nisus formative, lo cual pertenece al alma huma-na. El alma, mientras está en la tierra, forma para sí un cuerpo de los materiales de la tierra; cuando deja la tierra, prepara una habitación para sí misma a partir de los materiales que se encuentran en la esfera más elevada a la que ha pasado; y en el fin del mundo, cuando ocurra la gran palingenesia, las almas de los seres humanos, según su naturaleza, forjarán cuerpos para sí mismas a partir de los elementos del universo disuelto". "Los justos se vestirán con los elementos primorosos de la tierra renovada; brillarán como el sol. Los malos serán vestidos del desperdicio de la tierra, y despertarán a vergüenza y a desdén eterno" (Charles Hodge, *Systematic Theology*, III:779).

5. Juan Wesley, en su sermón sobre "La resurrección de los muertos", dice: "La noción plena de una resurrección requiere que el mismo cuerpo que murió sea el que resucite. De nada puede hablarse que resucitará que no sea el mismo cuerpo que murió. Si Dios le diera a nuestra alma un nuevo cuerpo en el día final, ello no podría designarse resurrección de nuestro cuerpo, ya que dicha palabra implica claramente una producción fresca de lo que ya antes existía".

John Miley señala que las dificultades tocantes a la resurrección del cuerpo se centran en dos puntos: (1) la amplia dispersión de las partículas que componen un cuerpo que tenía vida; y (2) la posibilidad de que con el transcurso del tiempo algunas puedan perte-necer a cuerpos diferentes. A esto él responde así: "La aparente magnitud de estas dificul-tades es mucho mayor que la real, especialmente si las vemos, como es nuestro deber, a la luz de la providencia divina. La dispersión de las partículas es una realidad solo desde nuestra propia perspectiva. No importa cuán ampliamente se diseminen, o cuán densa-mente se mezclen con otra materia, para el ojo omnisciente y la mano omnipotente de Dios permanecerán tan contiguas como si las hubieran colocado en una urna perdurable a los pies de su trono. Tampoco existe la probabilidad de que, incluso sobre bases naturales, haya algún caso en donde toda esa materia pueda venir a ser compartida por dos cuerpos que la necesiten para la debida identidad de cada uno. Cuando situamos el asunto a la luz de la providencia de Dios, cuyo propósito es levantar a los muertos, todas las dificultades se desvanecen" (John Miley, *Systematic Theology*, II:455).

6. Los siguientes particulares podrían, sin embargo, inferirse de manera más o menos inequívoca a partir de lo que la Biblia ha revelado sobre el asunto: (1) Que nuestros cuerpos, después de la resurrección, retendrán su forma humana. Dios, como se nos indica, dio a cada una de sus criaturas en la tierra un cuerpo propio adaptado a su natura-leza y que respondiera a la necesidad de cumplir el fin para el que fue creado. Cualquier cambio esencial en la naturaleza del cuerpo implicaría el correspondiente cambio en su constitución interna. (2) Es probable que el cuerpo futuro no solo retenga su forma hu-mana, sino que también posea una semejanza glorificada de lo que era en la tierra. Sabe-mos que aquí cada persona tiene su carácter individual, unas peculiaridades mentales y emocionales que lo distinguen de todos los demás seres humanos. Sabemos que su cuerpo, gracias a su expresión, aire y porte, revela, más o menos claramente, su carácter. Pero lo que lo exterior revele de lo interior será probablemente mucho más exacto e informativo en el cielo que lo que pueda ser aquí en la tierra. ¿Cómo podremos conocer al apóstol Pedro o al apóstol Juan en el cielo si no ha de haber algo en su aspecto y presencia que corresponda a la imagen de sí mismos que sus escritos han estampado en la mente de sus lectores? (3) Esto lleva al señalamiento adicional de que no solo reconoceremos a nuestros amigos en el cielo, sino que conoceremos, sin que nadie nos los presente, a los profetas, apóstoles, confesores y mártires sobre los que hemos leído u oído aquí en la tierra. (a) Esto es del todo probable dada la naturaleza del caso. Si el cuerpo futuro ha de ser igual que el actual, ¿por qué esa igualdad no va a incluir, sin hablar de todo lo demás, una cierta igualdad en la apariencia? (b) Cuando Moisés y Elías aparecieron en el monte junto a

Cristo, fueron reconocidos inmediatamente por los discípulos. Su aspecto correspondía de manera tan exacta a las concepciones forjadas a partir de los relatos del Antiguo Testamento tocantes al carácter y la conducta de ambos, que no hubo duda al respecto. (c) Se indica que nos hemos de sentar con Abraham, Isaac y Jacob en el reino de los cielos. Ello implica que Abraham, Isaac y Jacob serán reconocidos, y si así será con estos, seguramente lo podrá ser con otros. (d) Se nos ha prometido que la copa de nuestra felicidad entonces rebosará, pero no podría rebosar a menos que reconociéramos en el cielo a los que hemos amado en la tierra. El ser humano es una criatura social que posee un alma pletórica de afectos sociales, y si va a continuar siendo un ser humano en el cielo, ¿no será posible que retenga allá todos estos afectos? (e) La Biblia enseña claramente que el ser humano retendrá todas sus facultades en la vida futura. La más importante de estas facultades es la memoria. De esta no retenerse, se daría un vacío en nuestra experiencia. El pasado dejaría de existir para nosotros. Apenas estaríamos consciente de nuestra existencia, si es que tendríamos consciencia. Entraríamos al cielo como criaturas nuevamente creadas que carecerían de historia. Entonces cesarían todos los cánticos celestiales. No habría acciones de gracias por nuestra redención; tampoco podríamos reconocer ninguno de los tratos de Dios con nosotros en este mundo. Pero el caso es que la memoria no solo se retendrá sino que, junto a todas nuestras facultades, será grandiosamente exaltada con el fin de que los expedientes del pasado nos resulten tan legibles como los eventos del presente. Y si este es el caso, si la persona ha de retener en el cielo el conocimiento de su vida terrenal, ello por supuesto conllevará el recuerdo de toda relación social, de todos los lazos de respeto, amor y gratitud que unen a los seres humanos en familia y sociedad. (f) La doctrina de que, en la vida futura, reconoceremos a los que hemos conocido y amado en la tierra, ha hecho su entrada en la fe de toda la humanidad. Ella se da por sentado en la Biblia, sea en el Antiguo Testamento o en el Nuevo. Los patriarcas siempre hablaron de que, al morir, irían a sus padres. El Apóstol exhorta a los creyentes a no entristecerse por los que han partido, como si no tuvieran esperanza, y les asegura que se reunirá a todos los que han muerto en el Señor (Charles Hodge, *Systematic Theology,* III:781-782).

7. La resurrección concreta de la carne, y lo que la Biblia revela expresamente, es que los mismos cuerpos se levantarán de los sepulcros. Pero la identidad del cuerpo no es la identidad del ser humano; la identidad del cuerpo tampoco depende de la continuación de las partículas que, unidas, fueron depositadas en el sepulcro. Una breve consulta de los ejemplos y testimonios bíblicos será suficiente para evitar equivocaciones en este punto. Si se apela al cuerpo del Señor en la resurrección, tendrá que recordarse que ahí no existe analogía. Vemos que la muerte nunca completó en Él su obra de disolución: su organización corporal quedó inviolada. El único argumento que se permitiría sería que así como su glorificación tuvo lugar dentro de un marco físico, también lo tendrá la nuestra. No se dice que seremos resucitados como Él lo fue con la finalidad de que después seamos glorificados; el cuerpo nuestro "resucitará cuerpo espiritual"; resucitará inmediatamente así (William Burton Pope, *Compendium of Christian Theology,* III:407).

8. Cuando el apóstol Pablo afirma que "la carne y la sangre no pueden heredar el reino de Dios", lo que pretende solamente negar es que un cuerpo así, corrompido y mortal, pueda heredarlo, y no que tal herencia no sea segura para un cuerpo glorificado y de sustancia material del que hayan sido removidos todos los elementos de corrupción y de muerte. Por consecuencia, podemos ver lo que él quiere decir con cuerpo espiritual en 1 Corintios 15:44-46, donde lo contrasta con el "natural", declarando que el cuerpo de la resurrección será "espiritual". No será espiritual en el sentido de que no será material, ya que estará compuesto de materia. Será espiritual en tanto y en cuanto estará habilitado para la vida espiritual del más allá, tal y como había sido antes natural, habilitado para la vida animal de este mundo. Este es el cuerpo neumático, en contraposición del psicológico. Al igual

que el primer cuerpo fue habilitado para la vida presente, y no pudo haber sido usado en la vida porvenir sin que cambiara, el cuerpo de la resurrección también se encontrará habilitado para la vida porvenir y no para la etapa actual de la existencia. De aquí que el cambio, con muerte o sin ella, no tendrá lugar hasta el tiempo de la nueva unión en el que la vida neumática tendrá principio (James Petrigu Boyce, *Abstract of Systematic Theology*, 457).

Así como se le designa carnal al espíritu que sirve a la carne, también se le designa espiritual a la carne que sirve al espíritu, pero no porque se haya convertido en espíritu, sino porque se ha sujetado al espíritu con una disposición suprema y maravillosa de obediencia, sin sentido de agotamiento que la posea, sin propensidad a la descomposición, ni retraso en sus movimientos (Agustín, *De Civitate Dei*, XIII, 20-21).

9. Aunque el cuerpo será maravillosamente mudado en la resurrección, continuará siendo material en sustancia. Las expresiones "cuerpo natural" y "cuerpo espiritual" significan sencillamente estados diferentes, pero no distinción de esencia. En una palabra, la resurrección es una transformación pero no una transubstanciación. Esto último significaría un cuerpo futuro de la misma esencia que el espíritu del cual sería la inversión corporal. Lo incongruente de un estado así de cosas lo desautorizaría. La materialidad del cuerpo de la resurrección es enteramente consistente con su inmortalidad. La tendencia común que poseen las cosas materiales a disolverse o morir, proviene totalmente de su constitución interior o de su condición exterior, o de ambas. La constitución y la condición podrían ser tales que tanto las fuerzas interiores como las agencias exteriores operen eficazmente hacia la disolución o muerte del cuerpo, pero justamente lo opuesto sería también posible en lo que respecta a ambas. No hay duda de que Dios podrá constituir y condicionar la resurrección del cuerpo, de modo que todas las fuerzas interiores y las influencias externas operen juntas en favor de su inmortalidad. No habrá distinción entre la resurrección de los cuerpos de los justos y la de los malos, ni la inmortalidad del cuerpo será más determinante del destino futuro que la inmortalidad del alma (John Miley, *Systematic Theology*, 453).

Se siembra cuerpo natural, resucitará cuerpo espiritual. Cuando los vocablos se usan antitéticamente de esa manera, donde el significado de uno nos permite determinar el significado del otro, podemos luego conocer lo que en este caso la palabra "espiritual" significa partiendo de lo que conocemos de la palabra "natural". La palabra psychicos, que se traduce como "natural", se deriva de psyche, que a veces significa vida, a veces el principio de la vida animal que los seres humanos tienen en común con los brutos, y a veces el alma en el sentido ordinario y abarcador del término; también significa el principio racional e inmortal de nuestra naturaleza, aquello en lo cual reside nuestra personalidad... Dado que ese es el significado de psyche, está claro que el souma psychikon, el cuerpo psíquico o natural, no podría tener la posibilidad de significar un cuerpo hecho de la psyche. De la misma manera, no está menos claro que el souma pneumatikon no podría tener la posibilidad de significar un cuerpo hecho de espíritu. Tal cosa sería verdaderamente una contradicción de términos, igual que la de hablar de un espíritu hecho de la material (Charles Hodge, *Systematic Theology*, III:783-784).

10. Los treinta y cuatro textos que aluden a la resurrección de Cristo de entre los muertos son los siguientes: Mateo 17:9; Marcos 9:9-10; Lucas 24:46; Juan 2:22; 20:9; 21:14; Hechos 3:15; 4:10; 10:41; 13:30; 13:34; 17:3; 26:23; Romanos 1:4; 4:24; 6:4-9; 7:4; 8:11; 10:7, 9; 1 Corintios 15:12, 20; Gálatas 1:1; Efesios 1:20; Colosenses 1:18; 2:12; 1 Tesalonicenses 1:10; 2 Timoteo 2:8; Hebreos 13:20; 1 Pedro 1:3, 21.

Compare también las siguientes referencias en las cuales "ek", o de entre, no se emplea: Mateo 22:31; Hechos 17:32; 23:6; 24:15, 21; 1 Corintios 15:12-13, 21, 42; y especialmente Juan 5:28-29: "No os asombréis de esto, porque llegará la hora cuando todos los que están en los sepulcros oirán su voz; y los que hicieron lo bueno saldrán a resurrección de vida; pero los que hicieron lo malo, a resurrección de condenación".

11. El juicio es, enfáticamente, la revelación final del Juez, y como tal, la consumación de una obra judicial que éste ha estado siempre llevando a cabo en el mundo. Será ejecutado por Cristo como el Dios-hombre, en estrecha vinculación con su venida a levantar a los muertos, y su alcance será universal e individual. Los principios del juicio serán la aplicación de diversas y justas pruebas, las que revelarán los caracteres de todos, después de lo cual vendrá una distinción o separación de juicio final y eterno. En el caso del impío, este juicio será, en varios grados, de condenación eterna; y en el caso de los piadosos, de confirmación perdurable en gloria y de recompensa celestial (William Burton Pope, *Compendium of Christian Theology*, III:412).

12. James Petrigu Boyce dice: "Se ha argüido que, dado el vasto número que ha de ser juzgado, y los muchos eventos ligados a la vida de cada ser humano, el juicio comprenderá un largo periodo de tiempo. Pero la rapidez con la que bajo ciertas condiciones la mente recorre en un momento en el tiempo el curso de una larga vida demuestra que un periodo, por muy breve que sea, podrá ser suficiente para un juicio y una revelación plena de todas las personas y de todos los eventos. Lo indefinido del vocablo debe, sin embargo, advertirnos en contra de la presunción de que el día deberá ser de solo unas pocas horas de duración" (James Petrigu Boyce, *Abstract of Systematic Theology*, 462).

13. Pero todas las personas serán reunidas ante el trono de juicio de Cristo para ser juzgadas según lo que hayan hecho en el cuerpo, desde Adán, el primero de la raza humana, hasta el último de su numerosa posteridad. Todos se encontrarán allí; todos. Los rangos y las diferencias, tal y como hoy existen, no se conocerán en esa vasta multitud. Aquel cuyo nacimiento, oficio, riqueza o talento lo distanció de los demás, comparecerá en igualdad de condiciones. Los grandes estarán privados de sus insignias de dignidad, y los pobres no tendrán las marcas de su humillación, pues que solo valdrá lo que es moralmente distinto. El opresor y el oprimido estarán allí; el primero, con miras a que su violencia pueda volverse contra su propia cabeza, y el último, con miras a que sus agravios les sean rectificados. Judíos y gentiles, musulmanes y cristianos, entendidos e iletrados, esclavos y libres, los de alta estirpe y los marginados, todos estarán allí con la finalidad de que rindan cuentas a Aquél que no hace acepción de personas, y cuyo ojo omnisciente identificará a cada individuo dentro de la muchedumbre con tanta facilidad como si estuviera solo. Ni uno solo de los justos será allí olvidado y ni uno solo de los malos hallará un lugar en donde esconderse de la vista del Juez (Samuel Wakefield, *Christian Theology*, 625-626).

Cada hombre, cada mujer, cada niño de días que jamás haya respirado el aire vital, escuchará allí la voz del Hijo de Dios y será vuelto a la vida para que comparezca delante de Él. Parecería que este es el significado natural de la expresión, 'los muertos, grandes y pequeños': todos, universalmente; todos, sin excepción; los de toda edad, sexo o nivel; todos los que jamás vivieron y murieron o que experimentaron un cambio que haya equivalido a la muerte (Juan Wesley, *The Great Assize*).

14. Es propiamente ostensible que Aquél quien es el Salvador de los seres humanos sea también su juez final. Es propio que las promesas que Él ha hecho, y los apremios que ha pronunciado, Él mismo los cumpla, para que aquellos que se han sometido a su ley reciban de sus manos la recompensa, y aquellos que han sido desobedientes, el castigo. Es propio que traiga a su término la dispensación reparadora que Él estableció por medio de su interposición personal. En adición a esto, y dado que el juicio general tiene como finalidad el que sea una manifestación pública de la justicia de la administración divina, será necesario que haya un juez visible, cuyos procedimientos sean vistos por todos, y cuya voz todos la escuchen. Y la persona adecuada para esto es Jesucristo, quien por ser tanto

Dios como hombre, aparecerá como nuestro juez visible en su humanidad glorificada (Samuel Wakefield, *Christian Theology*, 625).

Cristo es la persona a quien mejor le corresponde juzgar. (1) Está a favor de los prisioneros. (2) Es justo, por lo que no podrá ser sobornado. (3) Es omnisciente, por lo que no podrá ser engañado. (4) Es todopoderoso; nadie podrá escapar de la horrenda sentencia (Potts).

15. Los padres más tardíos se dieron a descripciones retóricas de la venida de Cristo en juicio. Lactancio (c. 325) dijo que "Cristo, antes de descender, dará esta señal: una espada caerá súbitamente del cielo". De acuerdo con Cirilo de Jerusalén (c. 386), la señal de la venida de Cristo consistiría en la aparición de una cruz en los cielos. Las descripciones del juicio que se encuentran en Basilio (c. 375) y Gregorio Nacianceno (c. 376) son un tanto ornamentadas. Agustín, en el Enquiridión, sostenía que el fuego que probaría la obra de cada persona (1 Corintios 3:13) tendría lugar en la probatoria de esta vida, aunque más tarde pensó que, de alguna manera, tendría lugar después de esta vida. De esa insinuación, como hemos indicado previamente, es que se desarrollará la doctrina católica romana del purgatorio.

16. Tomás de Aquino dice: "¿Cómo vendrá el Señor en juicio? Como emperador que entra en su ciudad, luciendo su corona y sus diversas insignias por medio de las cuales dará a conocer su venida; así, pues, Cristo vendrá en juicio de la misma manera que ascendió, con todas las órdenes angelicales. Los ángeles vendrán delante de Él cargando su corona; con voz y trompeta despertarán a los muertos para que lo reciban. Todos los elementos serán trastornados, y rugirá en todo lugar una tormenta de fuego mezclado con escarcha".

17. Sólo la fe en Cristo puede justificar al pecador aun cuando sean sus obras las que lo justifiquen delante de los hombres. Pero esa fe no es un principio inoperante, no es un reconocimiento intelectual del hecho de que la justicia divina requiere una expiación, sino que consiste en el tipo de aprecio del corazón respecto a esa verdad divina que trae la operación de un cambio completo en todo el estado y carácter del ser humano, y en su condición delante de Dios, lo cual lo vestirá no solo con la justicia de Cristo sino que infundirá en la persona los principios del Señor de la gloria (Prentiss).

James Petigru Boyce hace el señalamiento de que en la maravillosa combinación a través de la cual el espíritu creado y aun la materia creada se procuraron, le fue posible al Verbo divino hacerse carne (Juan 1:14), forjar una obra que ni Dios ni el humano podían hacer separadamente. ¿Dónde sino en el trono del juicio podrá este personaje ser visto por alguien excepto por aquellos que son hechos partícipes de su gloria? Cuán justo es que su aparición llene de angustia a aquellos que lo han rechazado, y de exaltación y alabanza a todos los que han confiado en Él... El día del juicio exhibirá claramente estas perfecciones y su armonía respecto a todo el conocimiento de Dios (James Petigru Boyce, *Abstract of Systematic Theology*, 467).

18. William Burton Pope establece los principios del juicio de la manera siguiente: "Los principios del juicio pueden exponerse y resumirse en los siguientes cinco principales lemas: La prueba se aplicará conforme a las varias medidas de los privilegios probatorios; habrá revelación del carácter; habrá separación de clases; se ejecutará la sentencia condenatoria; y se confirmará o ratificará la aceptación de los salvados. Todo esto se combinará en un solo resultado. El Señor omnisciente aplicará infaliblemente sus pruebas.

Los principios anteriores se amplían de la siguiente manera: (1) La autorevelación. Tanto en el Antiguo como en el Nuevo Testamentos el día del juicio se encuentra representado por una manifestación final de todos los secretos, bien que sean plenamente desconocidos como tales por el ser humano, o que sean conocidos solamente por él, o que, por designio, se le hayan mantenido ocultos a él pero que sean conocidos solo por Dios. (2) Separación. La idea de separación o discriminación le es inherente al vocablo griego krisis, y a todos los descubrimientos del juicio. Será la separación o criba final del mundo. Esta separación será doble en dos sentidos: una separación amplia entre dos clases, y una discriminación dentro de esas clases en sí mismas. Esta división en dos grandes aglomeraciones la vemos propuesta dondequiera: la alternativa es aceptar o rechazar a Cristo. Pero, dentro de estas dos grandes aglomeraciones, se dará el mismo proceso cernedor. Para cada persona habrá un juicio distinto el cual sucederá o se incluirá en el primero, y por el cual se determinará su posición y grado en la salvación o en la perdición. (3) La condenación. No puede haber dudas de que el término juicio se vincula la mayoría de las veces con la condenación; de hecho, este es el significado más común de krisis. Un juicio que determina la sentencia, una condenación que la pronuncia, y una ejecución que la administra son expresiones casi sinónimas en lo que concierne a los malos, bien se hable de la Biblia o bien del lenguaje común de la justicia humana. El término es katakrisis. (4) La confirmación. Forma parte de la dignidad de los santos el que el juicio, en el caso de estos, sea solo una ratificación de un decreto previo en su favor, el cual ya conocen. Aunque serán juzgados más en el sentido general de lo administrativo, no vendrán a condenación. Pero su lugar y orden en el estado de salvación está todavía por determinarse" (cf. William Burton Pope, *Compendium of Christian Theology*, III:416-423).

19. Hemos presentado, pues, el argumento racional en favor del reclamo más severo y menos grato de la religión cristiana. Debe reconocerse que tiene alguna base en la razón humana, de lo contrario no hubiera podido prevalecer contra todo el rechazo y la oposición que genera en el corazón humano. Fundamentada en la ética, en la ley y en la razón judicial, y enseñada indiscutiblemente por el Autor del cristianismo, poco sorprende que la doctrina del castigo eterno, a pesar de los prejuicios egoístas y las apelaciones al sentimiento humano, siempre haya sido una creencia de la cristiandad. Esta doctrina ha pasado de la teología y de la filosofía a la literatura humana, y en ésta se le ha provisto su estructura más pulida. La Ilíada y el drama griego harán de ella su intríngulis solemne. Derramará una luz sombría sobre la brillantez y la gracia de la Eneida. Será el tema del Infierno, y la presupondrán las otras partes de la Divina Comedia. La épica de Milton derivará de ella su temible grandeza. Y las más grandes de las tragedias de Shakespeare sondearán y removerán las profundidades del alma humana al perfilar la culpa como intrínseca y eterna (William G. T. Shedd, Dogmatic Theology, II:747-748).

20. El juicio general no es tanto un juicio investigativo que determine el carácter, sino uno que resuma y manifieste la historia moral completa de la persona. (1) Revelará a todos el verdadero carácter del ser humano, y (2) vindicará el juicio justo de Dios en las recompensas y castigos finales.

Pero, ¿serán recordados los pecados de los redimidos en ese día, y dados a conocer a la gran congregación? Algunos piensan que no, puesto que han sido perdonados completamente en Cristo, y puesto que la Biblia los representa como borrados, cubiertos, echados a lo profundo de la mar y jamás recordados. Otros piensan que serán hechos públicos ante el universo reunido, con el fin de que todos conozcan cuán profundos son el pecado y la miseria de los cuales la gracia de Dios los ha libertado. De una cosa, sin embargo, estamos seguros, y es que el justo estará muy lejos de sentir dolor, tristeza o vergüenza por sus transgresiones pasadas. Le bastará saber que las mismas fueron lavadas en la sangre del Cordero y que jamás se les contarán en su contra (Samuel Wakefield, *Christian Theology*, 627).

Juan Wesley sostuvo que no solo las buenas obras de los justos, sino que además las obras malas antes de que fueran justificados, serán recordadas en ese día. Dice así: "Es aparente y absolutamente necesario, a fin de que Dios pueda demostrar plenamente su gloria, para que pueda manifestar clara y perfectamente su sabiduría, justicia, poder y misericordia hacia los herederos de la salvación, que todas las circunstancias de la vida de ellos esté a la vista de todos, junto a todas sus idiosincrasias y a todos sus deseos, pensamientos e intenciones de sus corazones. De otro modo, ¿cómo se demostrará lo profundo del pecado y la miseria de donde la gracia de Dios los ha liberado?... Y cuando se revelen las perfecciones divinas, el justo se regocijará con gozo inefable, y de ninguna manera se entristecerá con dolor o vergüenza por causa de alguna de esas transgresiones que desde hace mucho habrán sido borradas como las nubes, y lavadas por la sangre del Cordero. Será abundantemente suficiente para ellos el que ninguna de las transgresiones que hayan cometido sean jamás mencionadas en su contra, ni que sus pecados, transgresiones e iniquidades sean recordadas para ninguna condenación (Juan Wesley, *Sermon: The Great Assize*).

21. EL JUICIO GENERAL SEGUN SAMUEL WAKEFIELD. Las expresiones de nuestro Señor dirigidas al ladrón penitente, la parábola del rico y Lázaro, y el deseo del apóstol Pablo de "partir y estar con el Señor" evidencian que las personas entran a un estado de retribución inmediatamente después de la muerte. Ese hecho, sin embargo, no hace a un lado la necesidad de un juicio general al final de los tiempos. Aunque no pretendemos entender plenamente la razón por la que Dios ha designado un día en el cual juzgará al mundo, aun así hay razones obvias que parecen justificar dicha designación.

(1) El ser humano en su estado actual se compone de alma y cuerpo. Dado que es en este estado compuesto que él forma su carácter moral, es correcto que su naturaleza entera quede sujeta a la retribución futura. Pero esto no se dará hasta que el cuerpo resucite de los muertos, lo cual comprende la necesidad de una resurrección general con miras a un juicio final.

(2) No debemos suponer que, al morir, la historia moral entera de una persona haya concluido. La influencia de sus acciones puede continuar en operación, para bien o para mal, hasta mucho tiempo después que su carrera terrenal haya terminado. Así que, los seres humanos, aunque muertos, pueden continuar hablando, incluso hasta el fin de los tiempos; pero, dado que la retribución no puede anteceder la conducta moral que le atañe y sobre la cual será basada, es propio que un juicio general ponga fin a la historia terrenal de la raza humana.

(3) Las circunstancias del juicio general han de declarar la gloria de Dios. "El juez de toda la tierra", vestido con vestiduras de luz celestial, y sentado sobre "el trono de su gloria", convocará ante sí a los múltiples millones de miembros de nuestra raza para que todos reciban su parte. En las decisiones de este día colosal, su sabiduría, justicia, bondad y verdad brillarán con la brillantez del sol, y toda criatura lo reconocerá (Samuel Wakefield, *Christian Theology*, 627-628).

22. Dios no puede ser burlado ni engañado; el carácter de cada persona será revelado claramente: (1) Ante los ojos de Dios. (2) Ante los ojos del ser humano mismo. Todo engaño se desvanecerá. Cada persona se verá como aparezca ante los ojos de Dios. Su memoria probará ser un registro indeleble de todos sus actos, pensamientos y sentimientos pecaminosos. La conciencia de la persona recibirá la luz suficiente para reconocer la justicia de la sentencia que el juez justo pronunciará contra ella. Todos los que sean condenados por Cristo, se condenarán a sí mismos. (3) Habrá una revelación tal del carácter de cada ser humano respecto a los que lo rodean, o respecto a todos los que lo conocen, que hará fehaciente lo justo de la sentencia de condenación o absolución. Lo que la Biblia representa no va más allá de esto (Charles Hodge, *Systematic Theology*, III:849).

Existen muchas razones para que las obras, a lo largo del Nuevo Testamento, reciban tanta prominencia como prueba judicial. Las mismas representan el rechazo permanente y más solemne del antinomianismo completo. Son también una alusión, cosa que ocurre muy prominentemente en todo lugar, a la manifestación final y plena de la justicia divina contra todos los que la impugnen. Y, finalmente, como se verá de aquí en adelante, las obras serán la norma a través de la cual se determinarán los varios grados de recompensa. En ese momento, las gradaciones serán tan diversas como lo son ahora; las mismas no serán decididas según la fe sino según las obras. He aquí el testimonio final de nuestro Señor sobre este asunto: "¡Vengo pronto!, y mi galardón conmigo, para recompensar a cada uno según sea su obra" (Apocalipsis 22:12) (William Burton Pope, *Compendium of Christian Theology*, III:418).

23. El juicio final debe haberse destinado para un propósito grande y significativo, un propósito digno de lo vasto y grandioso de la escena. El propósito no pudo haber sido, por supuesto, satisfacer a Dios respecto a la manera en que sus criaturas se conducen; ni satisfacerse ellas mismas, individualmente, respecto a su propio carácter y estado. Dios no aprenderá nada nuevo a la luz del juicio en lo que respecta a sus criaturas, y cada una de ellas puede que esté tan satisfecha de su propio carácter y estado antes del juicio como después. El gran propósito del juicio deberá ser algo inmensamente más elevado que todo eso. Podrá ser, probablemente, para permitirle al Ser divino la oportunidad de vindicar su propio carácter ante el universo; para demostrar a todas y cada una de sus criaturas que Él ha hecho lo justo, no solo respecto a una sino respecto a todas ellas. Dios me mostrará en el juicio que Él ha tratado bien a todos mis semejantes; y les mostrará a todos mis semejantes que me ha tratado bien a mí. Le mostrará a cada persona de entre los incontables millares que rodearán su trono, no solo que las ha tratado bien a ellas, sino también a todas las demás. Entonces, cuando ocurra la separación, y se pronuncien las sentencias, toda boca se cerrará y toda conciencia se convencerá de que la recompensa será, en cada caso, justa. Aquí, pues, tenemos el gran propósito del juicio general, el propósito al que responde, la razón por la que Dios haya determinado, en algún punto en el futuro, juntar a sus criaturas inteligentes, a sus amigos y a sus enemigos, y que quiera juzgarlos, los uno en la presencia de los otros. Ciertamente, este es un propósito muy noble, uno del todo digno de la grandeza y la gloria del día final... Luego, el gran drama de la historia de este mundo llegará a su fin. El cielo acogerá en su anchuroso seno todo lo que de la tierra sea santo y bueno, todo lo que se ajuste a esta bendita morada; en cambio, el infierno recibirá en sus ardientes prisiones solo a los degradados, contaminados y viciosos, en cuyas almas se encuentren las manchas de la culpa que no haya sido perdonada, que no haya sido limpiada (Enoch Pond, *Christian Theology*, 572-573).

CAPÍTULO 36

LA CONSUMACIÓN FINAL

El retorno de nuestro Señor y el juicio final traerán consigo el fin del mundo o el *consummatio mundi*. Este es el punto de fuga hacia el cual convergen todos los rayos de la revelación. Pero eso no significa que todas las cosas serán totalmente destruidas, antes, será un nuevo comienzo en un nivel más elevado.[1] El reino mediador de Cristo como medio de salvación cesará, y el reino de la gracia será absorbido por el reino de la gloria. Al cesar el reino mediador, se fijarán eternamente los estados del ser humano. Puesto que todos los espíritus habrán alcanzado el resultado final de su existencia, la entrada de los fieles será a la bienaventuranza eterna, pero la de los impíos será a la miseria eterna. Así, en lo que respecta a los redimidos, el ser humano será restaurado al ideal de su Creador, pero en lo que respecta a los malvados, los mismos se desvanecerán en las tinieblas de afuera. Sin embargo, la consumación afectará no solamente al mundo de los espíritus personales, sino también a la propia naturaleza, la cual será testigo de una gran transformación. Los cuerpos espirituales demandarán un entorno nuevo y más elevado, lo cual hará necesario cielos nuevos y tierra nueva. Los temas que ahora nos presenta todo este asunto pueden clasificarse de la siguiente manera: (1) el estado futuro del impenitente; (2) la bienaventuranza eterna de los santos; y (3) la consumación final del mundo.

EL ESTADO FUTURO DEL IMPENITENTE

El juicio universal hace posible no solo el que se les otorgue a los santos la bienaventuranza eterna, sino que también obliga la sentencia de castigo perpetuo sobre los finalmente impenitentes y malvados. La consideración de este asunto nos sitúa ante uno de los temas más solemnes en el orden total de la teología cristiana.[2] Asbury Lowrey dice:

"Llena de temor el solo pensamiento de la miseria después de la muerte. La severidad de esa miseria, de acuerdo con las representaciones de la Biblia, amplía inmensurablemente la idea de temor; a la vez, basta su eternidad absoluta para desconcertar el sentido y sobrecoger de terror... Esta consideración debe suprimir la frivolidad, inspirar precaución y despertar inquietud. Nada podría ser más cruel y ofensivo que hacer de esta doctrina un asunto de burla, o un tema de arengas vehementes y vengadoras. Que nadie toque este tema a menos que, con la debida solemnidad, lo trate con una nota de alarma que suene en los oídos de las personas culpables con el único motivo de que se vean impelidos a refugiarse en Cristo" (Asbury Lowrey, *Positive Theology*, 269). Al tratar este grave asunto consideraremos: (1) el desarrollo de la doctrina en la iglesia; (2) las teorías heréticas tocantes al estado final de los impíos; (3) los términos bíblicos que denotan el lugar del castigo; y (4) la doctrina bíblica del castigo eterno.

El desarrollo de la doctrina en la iglesia. Para que se puedan entender adecuadamente las objeciones que han sido presentadas en lo que concierne a esta doctrina, necesitaremos repasar brevemente la posición católica romana, además de las opiniones heréticas que han surgido en ocasiones en la iglesia. (1) En la iglesia antigua la opinión normal entre los padres era que el castigo de los malvados tendría una duración perpetua. Justino dice que "la gehena es el lugar en el que serán castigados los que han vivido impíamente"; Minucio Félix (c. 208), que "no habrá medida ni fin para estos tormentos"; Cipriano (c. 258), que "una gehena ardiente en demasía quemará a los condenados, y será un castigo de devoradoras llamas flameantes; allí no habrá manantial donde, en momento alguno, puedan mitigar o poner fin a sus tormentos"; y Lactancio (c. 325), que "arderán para siempre en fuego perpetuo ante la vista de los ángeles y de los justos". La primera y principal desviación de la perspectiva católica de retribución perpetua se encontró en la escuela alejandrina, fundada por Clemente y Orígenes.[3] Estos declararon su posición como sigue: "Los castigos de los condenados no son eternos sino remediadores, ya que el diablo mismo es capaz de mejorar". William T. Shedd señala que la cuestión se reduce a lo siguiente: "Si el sufrimiento al que Cristo sentencia al impío tiene como fin corregir o educar al trasgresor, o si la finalidad es vindicar y satisfacer la ley que ha sido quebrantada, esta cuestión es la clave para la controversia como un todo. Si el criminal como individuo es de mayor importancia que la ley universal, entonces el sufrimiento deberá tener en cuenta principalmente a dicho individuo y a sus intereses. Pero si la ley es de mayor importancia que el individuo, entonces es a ella que deberá atender el sufrimiento (William T. Shedd, *Dogmatic Theology*, II:668-669). (2) La iglesia medieval se mantuvo casi al unísono en sostener la doctrina de un castigo perpetuo. Erígena (c. 850), en cambio, se inclinó a la perspectiva de Orígenes, puesto que sostenía que la consciencia de pecado y el desamparo constituirían la miseria de los perdidos; aun así, en última instancia, todas las cosas serían purificadas de toda maldad, y devueltas a Dios. Tomás de Aquino enseñaba que la gehena estaba ubicada debajo de la superficie de la tierra, que la oscuridad era allí reina, y que el fuego era realmente material. Los místicos ortodoxos abundaron en las elaboraciones punzantes del tema del tormento eterno. (3) Los reformadores aceptaron la creencia católica del castigo eterno, pero evitaron todo detalle en sus confesiones. La Confesión de Augsburgo (1530) solo contiene la simple declaración de que Cristo "les dará la vida eterna y el gozo perpetuo a los piadosos y elegidos, pero condenará a los seres humanos impíos y a los demonios al tormento sin fin". En diversas ocasiones, desde el tiempo de la Reforma, se ha afirmado el aniquilacionismo, el universalismo, y el restauracionismo, pero ninguna de esas posiciones ha sido nunca aceptada generalmente por la iglesia. (4) En los tiempos modernos el universalismo ha crecido con el racionalismo alemán y, al igual que lo hizo el deísmo anteriormente, se ha opuesto vehementemente a esta verdad evangélica. Sin embargo, los teólogos antirracionalistas y mediadores, contribuirían considerablemente a difundir la idea de una salvación universal bajo la forma del restauracionismo. Schleiermacher[4] y su escuela objetaron a la doctrina del castigo eterno; Nitzsch enseñó el restauracionismo, y Rothe defendió la doctrina de la aniquilación. Isaac A. Dorner concluye esta discusión del castigo perpetuo con el señalamiento de que "debemos conformarnos con decir que el destino final de los individuos, esto es, el que todos alcancen la meta bienaventurada o no, es algo que permanece encubierto en misterio".

Teorías heréticas tocantes al estado final de los impíos. Aunque las teorías heréticas tocantes al estado futuro de los impíos datan en algunos casos desde los periodos más tempranos de la historia de la iglesia, sus desarrollos principales datan de nuestros tiempos modernos. Pueden mencionarse cuatro de dichas teorías: el destruccionismo, el universalismo, el aniquilacionismo, y el restauracionismo.

1. El destruccionismo es un término que se empleaba anteriormente para expresar la creencia materialista de que el alma es mortal, y que perece junto al cuerpo. El materialismo, como hemos indicado antes (véase el tomo I), es aquella forma de filosofía que le da prioridad a la materia como fundamento del universo y que, por consiguiente, considera el alma una esencia material enrarecida. El alma no es inmortal, puesto que es material y morirá por lo tanto con el cuerpo.

2. El universalismo es la doctrina que enseña que todas las personas serán salvas. Esta doctrina ha sido expresada de diversas maneras. Se sabe de una primera congregación universalista en Inglaterra fundada en 1760. Los que promovieron esta doctrina eran individuos que creían en la divinidad de Jesucristo y en su expiación, y en que sufrió la pena por todos los seres humanos. Por lo tanto, enseñaban que tarde o temprano, en este mundo o en el venidero, todas las personas creerían y serían salvas. Esta posición, como se observará, es una forma de restauracionismo universal. Otra clase de universalistas enseñaba que el pecado sería castigado pero que el pecador en sí sería salvo. Éstos basaban su enseñanza en el siguiente pasaje: "Si la obra de alguno se quema, él sufrirá pérdida, si bien él mismo será salvo, aunque así como por fuego" (1 Corintios 3:15). Una forma más cruda de universalismo era la que se encontraba entre los necesaristas o fatalistas, quienes negaban toda distinción entre el pecado y la santidad sosteniendo que "una persona cumple la voluntad de Dios tanto como la otra. Cada individuo responde a la finalidad para la cual fue hecho, lo cual, por supuesto, lo hace un candidato justo para la felicidad eterna". Hay otras formas de universalismo, pero de carácter unitario. Éstas niegan la divinidad de Cristo y los méritos de su expiación. Admiten que los seres humanos son pecadores en diversos grados, pero ninguno completamente pecador. El castigo del pecado, según estos universalistas, tiene lugar en esta vida. Por lo tanto, creerán en una vida futura en la que todos participarán gracias a la resurrección, y a la que todos entrarán sin que importe el carácter que hayan formado en la tierra. Los pasajes bíblicos que ya hemos citado son refutación suficiente de estas posiciones falsas.

3. El aniquilacionismo sostiene que las almas de los impíos serán castigadas por destrucción. Esto se interpreta como que signifique aniquilación.[5] La forma más popular de la doctrina en tiempos modernos, es la que se fundamenta en la creencia de la inmortalidad condicional. El alma de la persona, la cual sobrevive al cuerpo, fue

creada para ser inmortal, pero, por causa del pecado, ese don precioso fue confiscado. Cristo murió para que los seres humanos fueran salvos, y todos los que aceptan su ofrecimiento recibirán, en el sentido más literal, el don de la vida eterna. Este don consiste en la restauración de la inmortalidad que les había sido confiscada, aunque se le otorga solo a los creyentes. Luego, en la resurrección, los justos, así como los impíos, comparecerán ante Dios, pero solo aquellos que poseen el don de la inmortalidad entrarán a su reino eterno. Los impíos, puesto que carecen de inmortalidad, serán aniquilados. Algunos sostienen que esto tendrá lugar inmediatamente, otros, que habrá un periodo de sufrimiento más largo o más corto, pero todos enseñan que, en última instancia, la existencia del impío cesará. Esa teoría pretende apoyarse en vocablos como *apoleia*, el cual es traducido a veces como "perdición" y a veces como "destrucción", y como *olethros*, que se traduce generalmente como destrucción (1 Tesalonicenses 5:3; 2 Tesalonicenses 1:9; 1 Timoteo 6:9). Esos vocablos, en cambio, no significan aniquilación, y hay otras referencias bíblicas que lo indican claramente. Por ejemplo: "Si alguno adora a la bestia y a su imagen y recibe la marca en su frente o en su mano, él también beberá del vino de la ira de Dios, que ha sido vaciado puro en el cáliz de su ira; y será atormentado con fuego y azufre delante de los santos ángeles y del Cordero. El humo de su tormento sube por los siglos de los siglos. No tienen reposo de día ni de noche los que adoran a la bestia y a su imagen, ni nadie que reciba la marca de su nombre" (Apocalipsis 14:9-11). No existe manera de evadir la fuerza de pasajes como este, a menos que se niegue directamente su enseñanza respecto al castigo eterno. Sin necesidad de discutirla más, podemos decir, (1) que la teoría de la aniquilación contradice la doctrina de la inmortalidad normalmente recibida; (2) que la aniquilación no puede considerarse un castigo adecuado del pecado; (3) que no admite grados de castigo, un dato claramente expresado en la Biblia; y (4) que la doctrina no armoniza con el tenor general de la verdad bíblica.

4. El restauracionismo se fundamenta en el principio de que el castigo del pecado es disciplinario y reformatorio, antes que retributivo. Por lo tanto, enseña que los pecadores, no importa cuán intensamente puedan sufrir en el futuro, al fin y al cabo serán traídos a la santidad y al cielo. Esa posición representa una forma de salvación universal, pero difiere de lo que se conoce comúnmente como universalismo en que no limita el castigo del pecado a la vida presente.[6] El restauracionismo reclama en su apoyo pasajes bíblicos como los siguientes: (1) la promesa

universal dada a Abraham que en su simiente serían benditas todas las naciones de la tierra; (Génesis 22:17-18; 26:4; 28:14; Gálatas 3:8-16); (2) que Cristo probó la muerte por todos los seres humanos, y consecuentemente es el Salvador de todos los seres humanos (Hebreos 2:9; 1 Timoteo 4:10); (3) que Dios quiere la salvación de todos los seres humanos (1 Timoteo 2:4); (4) que toda rodilla se doblará y toda lengua confesará que Jesucristo es el Señor (Filipenses 2:10-11); y (5) que la muerte misma será destruida (1 Corintios 15:26, 54). Se alude también al propósito de Dios "de reunir todas las cosas en Cristo, en el cumplimiento de los tiempos establecidos, así las que están en los cielos como las que están en la tierra" (Efesios 1:10); y además al placer del Padre de "por medio de él reconciliar consigo todas las cosas, así las que están en la tierra como las que están en los cielos" (Colosenses 1:19). Sin embargo, un estudio cuidadoso de estos pasajes y sus contextos, hace claro que los mismos no apoyan la doctrina del restauracionismo.[7]

Los términos bíblicos que denotan el lugar de castigo. Hay tres vocablos traducidos como "infierno" en el Nuevo Testamento: *hades, tártaro* y *gehenna.* (1) El *hades* se refiere al reino de los muertos, aunque existen distinciones entre el lugar y el estado, las cuales ya se han discutido. (2) *Tártaro* aparece solamente en la forma del participio del verbo *tartarou,* que significa arrojar al *tártaro.* Donde único se encuentra es en 2 Pedro 2:4: "Dios no perdonó a los ángeles que pecaron, sino que los arrojó al infierno [*tartarousas*] y los entregó a prisiones de oscuridad, donde están reservados para el juicio". Por lo tanto, podemos considerar el *hades* como el estado intermedio de las personas impías, pero el *tártaro* como el estado intermedio de los ángeles malos. (3) *Gehenna* se compone de dos palabras hebreas, *ge* e *hinnom,* que significan el "valle de Hinnom". En el Nuevo Testamento *gehenna* ocurre doce veces (Mateo 5:22, 29-30; 10:28; 18:9; 23:15, 33; Marcos 9:43, 45, 47; Lucas 12:5 y Santiago 3:6). En todos esos lugares la palabra se refiere a la tortura y al castigo en el mundo venidero. En Mateo 18:9, la palabra *gehenna* se asocia con el castigo aplicable en el juicio; y la frase "fuego eterno", que aparece en el versículo anterior, se emplea como su equivalente. En Marcos 9:43, Jesús dice: "…porque mejor te es entrar en la vida manco, que teniendo dos manos ir al infierno, al fuego que no puede ser apagado [*asbestos* o inextinguible], donde el gusano de ellos no muere y el fuego nunca se apaga [*ou sbennymi*]"; y en Lucas 12:5, las palabras de Cristo son como sigue: "Temed a aquel que, después de haber quitado la vida, tiene poder de echar en el infierno [*gehenna*]". Con frecuencia se señala que de los doce pasajes del Nuevo Testamento en los que ocurre la palabra *gehenna*, en todos excepto en uno, Santiago 3:6, es Cristo quien la emplea. Por lo tanto, la palabra "infierno", en el sentido de *gehenna*, aludirá al lugar provisto para el castigo final de los ángeles malvados y de las personas impenitentes tras el día del juicio, por lo que el *hades* intermedio de los impíos, y el *tártaro* de los ángeles caídos, lo que hacen es anticipar los horrores del *gehenna* en el mismo sentido en que *el paraíso* anticipa los goces del cielo.[8]

La doctrina del castigo eterno según se enseña en la Biblia. Aquí, como en todos los asuntos que tienen que ver con el futuro, nuestra sola autoridad es la Biblia.[9] Por lo tanto, al estudiar este tema agruparemos los pasajes bíblicos como respuesta a tres preguntas importantes que se suscitan regularmente: (1) ¿Enseña la Biblia la doctrina del castigo futuro? (2) ¿Cuál es la naturaleza de ese castigo? Y (3) ¿Es eterno el castigo?

1. ¿Enseñan la Biblia la doctrina del castigo futuro? El simple repaso de las palabras de Cristo, sin anotaciones ni comentarios, debe convencer al lector de que Él enseñó la doctrina del castigo futuro. Los siguientes pasajes deben estudiarse cuidadosamente: "Entonces les declararé: 'Nunca os conocí. ¡Apartaos de mí, hacedores de maldad!'" (Mateo 7:23); "No temáis a los que matan el cuerpo pero el alma no pueden matar; temed más bien a aquel que puede destruir el alma y el cuerpo en el infierno" (Mateo 10:28). "Enviará el Hijo del hombre a sus ángeles, y recogerán de su Reino a todos los que sirven de tropiezo y a los que hacen maldad, y los echarán en el horno de fuego; allí será el lloro y el crujir de dientes" (Mateo 13:41-42). "Así será al fin del mundo: saldrán los ángeles y apartarán a los malos de entre los justos, y los echarán en el horno de fuego; allí será el lloro y el crujir de dientes" (Mateo 13:49-50). "Entonces dirá también a los de la izquierda: 'Apartaos de mí, malditos, al fuego eterno preparado para el diablo y sus ángeles... Irán estos al castigo eterno y los justos a la vida eterna" (Mateo 25:41, 46); "porque ¿de qué le aprovechará al hombre ganar todo el mundo, si pierde su alma?" (Marcos 8:36); "Si tu mano te es ocasión de caer, córtala, porque mejor te es entrar en la vida manco, que teniendo dos manos ir al infierno, al fuego que no puede ser apagado, donde el gusano de ellos no muere y el fuego nunca se apaga" (Marcos 9:43-44; cf. los versículos 45 al 48); "Aconteció que murió el mendigo, y fue llevado por los ángeles al seno de Abraham; y murió

también el rico, y fue sepultado" (Lucas 16:22-23);[10] y, "No os asombréis de esto, porque llegará la hora cuando todos los que están en los sepulcros oirán su voz; y los que hicieron lo bueno saldrán a resurrección de vida; pero los que hicieron lo malo, a resurrección de condenación" (Juan 5:28-29). La solemne verdad que se enseña en estos pasajes es que los que rechazan a Cristo y la salvación ofrecida por su conducto, morirán en sus pecados y serán separados de Dios para siempre. Muchos eruditos han procurado explicar esta verdad como algo contrario a la bondad de Dios, pero el simple hecho todavía permanece: "No os engañéis: Dios no puede ser burlado, pues todo lo que el hombre siembre, eso también segará, porque el que siembra para su carne, de la carne segará corrupción; pero el que siembra para el Espíritu, del Espíritu segará vida eterna" (Gálatas 6:7-8).[11] Esta vida presente es de carácter probatorio, y tras ella vendrán las consecuencias eternas. Esto no es otra cosa que simple justicia, y toda persona sincera deberá admitir que los principios que aquí se han establecido serán eternamente justos.

2. ¿Cuál será la naturaleza del castigo eterno? Los términos que se emplean en la Biblia para expresar la idea del castigo futuro deberán ser, en parte, necesariamente metafóricos. Si lo comparamos con lo que podemos captar mentalmente, podremos comprender, aunque no lo suficiente, algo de tan solemne verdad. Los siguientes términos han sido empleados en la Biblia para expresar la naturaleza del castigo futuro. (1) Se le ha designado *la segunda muerte*. Ese es el término empleado por el apóstol Juan en el Apocalipsis: "Pero los cobardes e incrédulos, los abominables y homicidas, los fornicarios y hechiceros, los idólatras y todos los mentirosos tendrán su parte en el lago que arde con fuego y azufre, que es la muerte segunda" (Apocalipsis 21:8; cf. Apocalipsis 20:14-15). El temor de la muerte ha sujetado a servidumbre a toda la raza humana (Hebreos 2:15). A la muerte se la ha rodeado de terror y lobreguez, y es causa de tormentosos temores. Aunque la sentencia de la muerte no puede ser ejecutada mientras el pecador viva, la misma será una consecuencia ineludible del juicio, en vista de que el remedio de la gracia habrá sido removido. Durante su vida, la corrupción del alma del pecador era mitigada por la gracia preveniente y restrictiva, en cambio, al morir, será eternamente expuesto a la corrupción de su propia alma, aunque sin esta mitigación. Luego, la muerte segunda será la única condición posible de los no regenerados del mundo venidero.[12] Hemos señalado que la muerte física representa el cambio que revela la

corrupción resultante del pecado; al invertir ahora el orden decimos que la muerte segunda representa la corrupción espiritual de la cual la muerte física es su tipo visible. La muerte física pronto habrá pasado, pero he aquí otra muerte que nunca morirá, la de lamentos que nunca cesarán y agonía que nunca terminará. (2) Nuestro Señor habla del castigo futuro como "las tinieblas de afuera". Debe notarse que Él siempre asocia estas tinieblas con el lloro y el crujir de dientes (compárense Mateo 8:12; 22:13; 25:30). El apóstol Pedro habla de "prisiones de oscuridad" y de "la más densa oscuridad... reservada para siempre" para los injustos (2 Pedro 2:4, 17); entre tanto el apóstol Judas habla de ángeles malvados que han sido "guardados bajo oscuridad, en prisiones eternas, para el juicio del gran día" (Judas 6); y de, "eternamente la oscuridad de las tinieblas" (Judas 13). Samuel Wakefield habla de estas tinieblas como comparables a "la profunda medianoche del sepulcro que se prolonga inexorablemente de una época a otra sin que haya día que le ponga fin". "Si estas tinieblas han de entenderse de manera literal", acota Thomas N. Ralston, "las mismas denotarán una condición inexpresablemente horrible. Hemos leído de ciertas tinieblas en Egipto que son tan densas que hasta se pueden 'palpar'; hemos intentado imaginar la lóbrega nube que cubriría de inmediato a nuestro mundo si la luz del sol y de las estrellas fuera instantánea y completamente ahogada, ¡pero cuán indescriptiblemente inadecuadas deberán ser estas comparaciones que describen los horrores de las 'tinieblas de afuera' a las que los impíos será echados y por las que serán agobiados perpetuamente!" (Thomas N. Ralston, *Elements of Divinity*, 520). (3) El castigo futuro se describe como un estado de castigo tajante.[13] Nuestro mismo Señor nos instruye en el sentido de que los que hacen maldad serán echados "en el horno de fuego; allí será el lloro y el crujir de dientes" (Mateo 13:42); y el apóstol Pablo habla del Señor cuando se manifieste "desde el cielo con los ángeles de su poder, en llama de fuego, para dar retribución a los que no conocieron a Dios ni obedecen al evangelio de nuestro Señor Jesucristo" (2 Tesalonicenses 1:7-8). Se han hecho intentos de atemperar la severidad de estos pasajes, considerándolos en sentido puramente metafórico. Pero la metáfora nunca representa completamente la realidad y, por lo tanto, la conclusión razonable es que el fuego del castigo futuro, si no es literal, será infinitamente más intolerable. (4) El castigo futuro se describe, además, como "una separación de Dios". Esta es la peor forma de castigo concebible; ante ella, nada son la muerte, el fuego eterno y la oscuridad de las tinieblas de afuera. Dios es el autor de toda buena dádiva y de todo don perfecto; luego, la pérdida de Dios es la perdida de todo bien. Las palabras, "Apartaos de mí, malditos" (Mateo 25:41) apuntan a un pérdida de luz y amor, de amistad, de belleza y de canción; la pérdida de la esperanza misma. Ser apartado de Dios es quedar separado por siempre del cielo y de todo bien. Tales son las representaciones solemnes que el Espíritu Santo ha tenido a bien hacer tocantes al estado de los finalmente impenitentes y a la naturaleza de su castigo.

3. ¿Es eterno el castigo futuro? En vista de que algunos han contestado esa pregunta en sentido negativo, una consideración cuidadosa del asunto demanda un estudio del vocablo *aionios*, que en la Biblia es traducido por "perpetuo" o "eterno". El vocablo *aion*, que es el sustantivo del cual se deriva el adjetivo *aionios*, significa "edad", pero denota una duración indefinida, esto es, no determina en sí mismo la prolongación o duración de la edad. Así, el Creador tendrá una *aion*, y la criatura tendrá una *aion*, pero la primera será infinita, mientras que la segunda será finita. "Diste a mis días término corto y mi edad es como nada delante de ti; ciertamente, es apenas un soplo todo ser humano que vive" (Salmos 39:5). William G. T. Shedd, quien ha hecho un estudio excelente de este asunto,[14] señala que, "En lo que se refiere al ser humano y a su existencia, la Biblia habla de dos y solo dos *aiones* o edades; una finita, la otra infinita; una limitada, la otra perpetua; la última siguiendo a la primera... Las dos *aiones* o edades conocidas en la Biblia... se mencionan juntas en Mateo 12:32: 'no será perdonado, ni en este siglo [*aion*] ni en el venidero [*aion*]'; en Marcos 10:30, "que no reciba cien veces más ahora en este tiempo [*kairos*]:... y en el siglo [*aion*] venidero, la vida eterna'; en Lucas 18:30, 'que no haya de recibir mucho más en este tiempo [*kairos*], y en el siglo [*aion*] venidero la vida eterna'; en Efesios 1:21, 'y sobre todo nombre que se nombra, no solo en este siglo [*aion*], sino también en el venidero'. El 'ni lo presente ni lo porvenir' de Romanos 8:38, y el de 1 Corintios 3:22 aluden a estas dos mismas edades. Estas dos *aiones* o edades, en el empleo común de los términos, corresponden a las dos duraciones del 'tiempo' y la 'eternidad'. La edad presente, o *aion,* es el 'tiempo'; la edad futura o *aion,* es la 'eternidad'" (William T. Shedd, *Dogmatic Theology*, II:682-686). Al *aion* actual o limitado se le denomina "este mundo" en la Biblia (Mateo 12:32; 13:22; Lucas 16:8; 20:34; Romanos 12:2; 1 Corintios 1:20 y 2:6). El *aion* futuro o infinito y perpetuo es designado "el siglo venidero", "el mundo venidero" o "aquel siglo"

(cf. Mateo 12:32; Hebreos 2:5; 6:5; Marcos 10:30; Lucas 18:30 y 20:35).[15]

Habiendo estudiado los vocablos *aionios* y *aion*, notemos ahora su aplicación a los siguientes pasajes: "Por tanto, si tu mano o tu pie te es ocasión de caer, córtalo y échalo de ti: mejor te es entrar en la vida cojo o manco, que teniendo dos manos o dos pies ser arrojado en el fuego eterno" (Mateo 18:8). El evangelista Marcos, al registrar estas mismas palabras, hace que el Señor añada, "donde el gusano de ellos nunca muere y el fuego nunca se apaga" (Marcos 9:43-44). También nota al Señor diciendo: "pero el que blasfema contra el Espíritu Santo, no tiene jamás perdón, sino que es reo de juicio eterno" (Marcos 3:29). El evangelista Juan apunta: "El que cree en el Hijo tiene vida eterna [*aionion*]; pero el que se niega a creer en el Hijo no verá la vida, sino que la ira de Dios está sobre él" (Juan 3:36).[16] En la descripción del juicio presentada en Mateo 25:31-46, Jesús dice a los que están a su izquierda, "Apartaos de mí, malditos, al fuego eterno [*aionion*] preparado para el diablo y sus ángeles"; y la escena de este juicio llega a su fin con las palabras, "Irán estos al castigo eterno [*aionion*] y los justos a la vida eterna [*aionion*]". Si nuestro Señor no quiso decir con estas declaraciones que el castigo será eterno, ¿qué posible significado se le puede atribuir a las mismas? El vocablo *aionios* es la palabra más maciza en todo el Nuevo Testamento para expresar la duración de la felicidad. Si en cambio, limitamos el significado de esta palabra con relación al impío, tendremos también que limitarlo con relación al justo, de suerte que terminaremos sin cielo ni infierno futuro. "He visto", comenta Adam Clarke, "las mejores cosas escritas en favor de la redención final de los espíritus condenados derivadas de este versículo [Mateo 25:46], pero nunca he visto un argumento de respuesta en contra de esa doctrina que no avergüence a la erudición y crítica sana".

Las objeciones que se ostentan en contra del castigo eterno se pueden reducir generalmente a estas dos: (1) se objeta que el castigo no guarda proporción con el pecado.[17] Esta objeción, como señala Asbury Lowrey, se fundamenta en una subestimación del carácter del pecado. Esto es lo que él señala: "La objeción a lo eterno del infierno, que lo hace aparecer contrario a la justicia divina y repugnante a la naturaleza divina, parte de dos premisas falsas: *la primera,* que el pecado, especialmente cuando se vincula a la vida moral, posee tan poca vileza que podría considerarse fragilidad o debilidad humana; y *la segunda,* que el pecado no perturbará ningún principio del gobierno moral del Regidor del universo a menos que no sea el que tiene que ver con la provincia de lo terrenal y de la familia humana" (Asbury Lowrey, *Positive Theology*, 276-277). (2) Se objeta que Dios es demasiado misericordioso como para infligir un castigo eterno sobre sus criaturas. Pero aquí el pecado es de nuevo subestimado. La misericordia y la justicia de Dios nunca se encuentran en conflicto. Según se ha indicado anteriormente, Jesucristo mismo, durante su ministerio terrenal, le presentó a la iglesia las más severas declaraciones respecto a esta solemne verdad. Por consiguiente, los que se oponen a esta doctrina se hallan en directa oposición a Aquél quien sufrió, "el justo por los injustos, para llevarnos a Dios" (1 Pedro 3:18).[18]

LA BIENAVENTURANZA ETERNA DE LOS SANTOS

La Biblia tiene más que decir sobre la bienaventuranza eterna de los santos, que sobre el estado final de los impíos. Pero, en vista de que el asunto es menos controversial, se le ha dado generalmente menos espacio en la teología. La gracia de Dios que advierte a los impíos en cuanto al día de la ira, también afirma a los justos su bienaventuranza eterna. Al tratar este asunto consideraremos: (1) el cielo como lugar y estado; (2) la bienaventuranza de los santos; (3) las ocupaciones en el cielo; y, (4) la duración sin fin del cielo.

El cielo es un lugar a la vez que un estado. Toda persona admite que el cielo es un estado de bienaventuranza eterna. Pero el cielo es también un lugar. En nuestra discusión del estado intermedio, señalábamos la enseñanza bíblica de que tanto el cielo como el infierno son lugares, y que en el momento de la muerte, el alma entra a uno o al otro. Ahí ella aguardará el juicio, el cual fijará su estado final con sus recompensas o castigos. Por lo tanto, el cielo, como ahora veremos, es la morada de los justos en su estado final de glorificación. Es quizá imposible hablar de lugar en referencia a cuerpos espirituales en el mismo sentido en que empleamos el término cuando hablamos de los cuerpos actuales de carne y sangre. Sabemos, no obstante, que Jesús consoló a sus entriste-cidos discípulos con estas palabras: "En la casa de mi Padre muchas moradas hay; si así no fuera, yo os lo hubiera dicho; voy, pues, a preparar lugar para vosotros. Y si me voy y os preparo lugar, vendré otra vez y os tomaré a mí mismo, para que donde yo esté, vosotros también estéis" (Juan 14:2-3). Pero no es necesario que discutamos aquí la relación que el cuerpo espiritual tiene con el espacio. La Biblia habla de los cielos físicos sobre nosotros, pero habla también de un "tercer cielo", donde Dios mora, y donde su presencia se manifiesta en un sentido indescriptiblemente peculiar. El apóstol Pablo habla de haber sido arrebatado a este más alto cielo; si en el cuerpo o fuera del cuerpo, él no lo supo, pero escuchó allí palabras inexpresables. Es de suponer que esta fue la ocasión en la que vio el cuerpo glorificado de Jesús (1 Corintios 9:1). Esteban, "puestos los ojos en el cielo, vio la gloria de Dios y a Jesús que estaba a la diestra de Dios" (Hechos 7:55); y el apóstol Pablo nos dice que "estar ausentes del cuerpo" es estar "presentes al Señor" (2 Corintios 5:8). Por consiguiente, no tenemos que pensar que el alma deba viajar extensas distancias espaciales para por fin entrar en el cielo. La distancia no deberá concebirse en términos de un espacio físico, sino de un cambio de condiciones.[20] En la ascensión, a Jesús se lo recibió arriba en el cielo, y una nube lo ocultó de la vista (Hechos 1:9). Luego, el cielo se encuentra apenas tras un velo, el cual a menudo "interviene justamente" para separar lo que para nosotros es visible de lo que para nosotros se encuentra más allá de nuestra vista mortal. La palabra *apocalipsis* significa revelación, y al morir, el justo pasa a través de este velo a la visión beatífica de Cristo. Esto, para el alma redimida, es el cielo. Pero así como la nube ocultó a Jesús de la vista de los discípulos, también vendrá de nuevo con las nubes, es decir, irrumpirá a través del velo en un *apocalipsis,* revelándose desde el cielo en majestad y poder. Por eso, cuando el apóstol Pablo escribe que Jesús "subió por encima de todos los cielos para llenarlo todo" (Efesios 4:10), no está hablando primariamente de distancia física, sino de su gloriosa majestad y de la plenitud de su gracia redentora. El cielo, entonces, será un lugar: la morada eterna de los redimidos de todas las edades.[21]

El apóstol Juan declara de modo específico que vio "la santa ciudad, la nueva Jerusalén, descender del cielo, de parte de Dios, ataviada como una esposa hermoseada para su esposo" (Apocalipsis 21:2); y también que oyó estas palabras: "Ven acá, te mostraré la desposada, la esposa del Cordero" (Apocalipsis 21:9). Estas referencias indican claramente que el Apóstol está hablando de la iglesia en su perfección glorificada. No obstante, otros pasajes parecen aludir a la iglesia militante de la tierra. Por ejemplo: "Llevarán a [la nueva Jerusalén] la gloria y el honor de las naciones" (Apocalipsis 21:26). Hay un pasaje que parece combinar los aspectos militante y triunfante de la iglesia en una misma declaración: "Las naciones que hayan sido salvas andarán a la luz de ella y los reyes de la tierra traerán su gloria y su honor a ella" (Apocalipsis 21:24). El comentario expuesto por Adam Clarke es significativo en tanto que señala la rápida transición de pensamiento de la iglesia militante a la iglesia triunfante. Así escribe él tocante a la nueva Jerusalén de Apocalipsis 21:2: "Esto sin duda representa a la iglesia cristiana en un estado de gran prosperidad y pureza", pero la declaración "y ya no habrá más muerte" Clarke la aplica a la iglesia después de la resurrección. Thomas N. Ralston piensa que la verdadera interpretación de los tres últimos capítulos del Apocalipsis ha de ser la siguiente: "En la parte anterior del libro se ha ofrecido un bosquejo profético de la historia de la iglesia hasta aquel punto en que comienzan el reino milenario de Cristo, los eventos solemnes de la resurrección, el juicio universal, y las glorias del estado futuro. Debido a que el reino milenario de Cristo con sus santos en la tierra precederá y servirá de tipo a su reinado triunfal con ellos en el estado celestial, la inferencia más racional es que estos dos estados están incluidos. El peso de esta descripción se relaciona incuestionablemente con el estado celestial; con todo, debido a que la gloria tanto del milenario como del celestial está vinculada con el reino mediador de Cristo, el primero desplegando sus grandes triunfos en este mundo y el otro revelando sus resultados finales en el mundo venidero, no es sino natural que la descripción de ambos se mezcle. Los triunfos del reino mediador de Cristo en la tierra y sus recompensas en el cielo, en un sentido primordial, son uno" (Thomas N. Ralston, *Elements of Divinity*, 535-536). Debido a que una y la misma iglesia es vista a veces como militante y otras como triunfante, no hay equivocación en que los capítulos finales del Apocalipsis abran la perspectiva de un orden nuevo y eterno en el que la vieja línea de demarcación entre el cielo y la tierra desaparecerá, y este orden, habitado por seres redimidos y glorificados, vendrá a ser en sí mismo parte del cielo.[22] "El tabernáculo de Dios está ahora con los hombres. Él morará con ellos, ellos serán su pueblo y Dios mismo estará con ellos como su Dios" (Apocalipsis 21:3).

La bienaventuranza de los santos. Aunque la naturaleza de la felicidad futura no podrá conocerse en esta vida, la Biblia nos da numerosos vislumbres de lo que Dios ha preparado para los que le aman. (1) El cielo será un lugar del que todo pecado e injusticia se desvanecerá para siempre: "No entrará [en la ciudad celestial] ninguna cosa impura o que haga abominación y mentira, sino solamente los que están inscritos en el libro de la vida del Cordero" (Apocalipsis 21:27). Ninguna cosa profana entrará jamás a la morada de los bienaventurados, ni los santos jamás sentirán la influencia siniestra de Satanás ni de las personas impías. (2) Será un lugar en el que las consecuencias penales del pecado serán totalmente removidas: "Enjugará Dios toda lágrima de los ojos de ellos; y ya no habrá más muerte, ni habrá más llanto ni clamor ni dolor, porque las primeras cosas ya pasaron" (Apocalipsis 21:4). (3) El cielo se caracterizará no solo negativamente por la ausencia del mal, sino que los santos también disfrutarán la posesión de todo bien positivo. El apóstol Juan dice que, una vez la maldición sea removida, "El trono de Dios y del Cordero estará en [la ciudad celestial], sus siervos lo servirán, verán su rostro y su nombre estará en sus frentes. Allí no habrá más noche; y no tienen necesidad de luz de lámpara ni de luz del sol, porque Dios el Señor los iluminará y reinarán por los siglos de los siglos" (Apocalipsis 22:3-5). Los pasajes que se acaban de citar, representan al cielo como la respuesta perfecta a todo deseo santo. Para los cansados, será el descanso eterno; para los triste, el lugar en que Dios enjugará toda lágrima; para los que sufren, el lugar en que no habrá más dolor; para los errores y las faltas de un servicio sincero aunque imperfecto, el trono de Dios estará allí, y sus siervos lo servirán, toda obra será hecha en su presencia y con la aprobación de su sonrisa; para los que estén perplejos y desorientados debido a las incertidumbres y desengaños de esta vida, se promete que no habrá allí más noche, porque el Señor Dios les proveerá luz y reinarán con Él por siempre jamás.

Otra fuente de bienaventuranza para los santos será la comunión entre sí y con su común Señor. Podemos estar seguros que la personalidad distinta de cada santo redimido será preservada de manera inviolable, y que los instintos sociales que los caracterizaron aquí, allá en el cielo no serán cohibidos, sino más bien intensificados.[23] De aquí que el Apóstol afirme: "Vosotros, en cambio, os habéis acercado al monte Sión, a la ciudad del Dios vivo, Jerusalén la celestial, a la compañía de muchos millares de ángeles, a la congregación de los primogénitos que están inscritos en los cielos. Os habéis acercado a Dios, Juez de todos, a los espíritus de los justos hechos perfecto" (Hebreos 12:22-23). Nuestro Señor dice "que vendrán muchos del oriente y del occidente, y se sentarán con Abraham, Isaac y Jacob en el reino de los cielos" (Mateo 8:11). "Sostendrán conversaciones con los profetas y justos de tiempos pasados. Escucharán las alocuciones de Enoc y Elías, de Abraham y Job, de Moisés y Samuel, de David e Isaías, de Daniel y Ezequiel, de Pedro y Santiago, y de Pablo y Juan. Si unos pocos momentos en el monte Tabor, donde Moisés y Elías conversaron con Jesús, extasiaron de tal manera a los apóstoles, ¡con cuánta viva emoción deberán las almas de los redimidos ser inspiradas cuando en el monte eterno de las alturas escuchen las sublimes glosas con las que tantos labios elocuentes e inmortales comentarán las maravillas estupendas de la redención!" (Thomas N. Ralston, *Elements of Divinity*, 539-540). Aún más, la inferencia clara de la Biblia es que los santos reconocerán y se unirán con los que fueron sus seres amados aquí en la tierra, y quienes, como ellos, han sido salvos por la sangre del Cordero. O, como escribe el apóstol Pablo, "pero entonces conoceré como fui conocido" (1 Corintios 13:12). Por lo tanto, a la pregunta de si unos y otros nos conoceremos, nuestra confiada respuesta puede ser en la afirmativa. En vista de que la memoria permanece, y el tema de nuestro canto es la redención, podemos estar seguros de que también retendremos el conocimiento de personas, lugares y circunstancias vinculadas a nuestra salvación.[24] El apóstol Pablo parece afirmarles a los tesalonicenses el gozo de este conocimiento al decirles, "pues ¿cuál es nuestra esperanza, gozo o corona de que me gloríe? ¿No lo sois vosotros, delante de nuestro Señor Jesucristo, en su venida?" (1 Tesalonicenses 2:19). Si el Apóstol anhelaba encontrarse con aquellos que se habían convertido bajo su ministerio, ¿no pueden los demás atesorar la misma esperanza en lo que respecta a sus seres queridos? Pero, lo mejor y más elevado es que se promete que, sin un velo que lo oscurezca, los siervos de Dios y del Cordero "verán su rostro y su nombre estará en sus frentes" (Apocalipsis 22:4); y el apóstol Juan, en una nota igualmente triunfante, exclama, "Amados, ahora somos hijos de Dios y aún no se ha manifestado lo que hemos de ser; pero sabemos que cuando él se manifieste, seremos semejantes a él, porque lo veremos tal como él es. Y todo aquel que tiene esta esperanza en él, se purifica a sí mismo, así como él es puro" (1 Juan 3:2-3).

Las ocupaciones del cielo. Aunque el cielo es un lugar de descanso, no debemos suponer que será un lugar de inactividad. Por tanto, es natural que surja esta pregunta: ¿cuál será la naturaleza de las ocupaciones celestiales? Bien podemos suponer que ellas serán, primero que nada, espirituales. Dios, quien nos ha bendecido con toda bendición espiritual en los lugares celestiales en Cristo Jesús (Efesios 1:3), capacitará a las almas de los redimidos para que se expandan constantemente en el pleno océano del amor divino.[25] El que los ha redimido habitará en medio de ellos y los guiará a fuentes de agua viva. Sobre sus mentes y corazones maravillados, irrumpirán constantemente nuevas perspectivas de la gracia divina y visiones frescas de su adorable

Persona. Sus facultades mentales serán acrecentadas y purificadas. "Ante ellos", observa el doctor Graham, "se extenderá el círculo total de la creación, el sistema de la providencia, y el carácter y los atributos de Dios.[26] Su sabiduría, amor y poder, ocultos ahora a la vista humana, ellos los descubrirán en los misterios de la naturaleza y la providencia... Los goces de la mente deberán componer gran parte de la bienaventuranza celestial. La razón, liberada y expandida, se deleitará indudablemente en investigar las leyes del universo material y la sabiduría suprema que les proveyó su ordenamiento, y el surgimiento y progreso de los varios reinos e imperios, naciones y razas que constituyen el dominio de Dios; en descubrir la sabiduría, el amor y la bondad del Creador en cada circunscripción de la existencia, desde el insecto que está en la tierra hasta los serafines que están junto al trono. ¡Oh, cuán amplio campo para el intelecto!" (Graham, *On the Ephesians*, 72). Tampoco deberemos olvidar los goces corporales. Un nuevo marco físico u organismo corporal le será dado al alma en la resurrección, el cual se denomina cuerpo espiritual, que así se le ha dado en llamar por la manera tan perfecta en que expresará la nueva naturaleza redimida y espiritual. El alma y el cuerpo fueron hechos el uno para el otro, por eso la muerte, la cual ocasionó su separación en esta vida, será de hecho destruida en el mundo venidero.

La duración sin fin del cielo. La culminante excelencia del cielo consiste en que sus goces nunca cesarán. Al cielo se le designa "la ciudad que tiene fundamentos, cuyo arquitecto y constructor es Dios" (Hebreos 11:10); se le llama "una mejor, esto es, celestial" (Hebreos 11:16); y se habla de ella como "un Reino inconmovible" (Hebreos 12:28). La palabra eternidad o algunas de sus representaciones se asocian frecuentemente con el cielo: "una casa... eterna, en los cielos" (2 Corintios 5:1); "su gloria eterna" (1 Pedro 5:10); "las moradas eternas" (Lucas 16:9); "el reino eterno de nuestro Señor y Salvador Jesucristo" (2 Pedro 1:11). Hemos considerado anteriormente el vocablo *aionios* y su relación con el castigo futuro, y es este mismo vocablo, que significa perpetuidad, el que se emplea como ligado a la vida eterna. De hecho, lo perpetuo de la vida futura es esencial a la vida en sí misma. La posibilidad misma de que tenga fin, estropearía seriamente el concepto de la felicidad y seguridad. Cuando los santos entren en aquella gloria eterna, entrarán a una vida que nunca terminará, puesto que de ellos podrá decirse, como de Dios mismo, que sus años "no acabarán" (Hebreos 1:12).[27]

LA CONSUMACIÓN FINAL

La consumación final, a veces conocida como la *consummatio seculi* o *consummatio mundi,* marca el fin de la historia de este mundo. Su lugar lo ocuparán el cielo nuevo y la tierra nueva donde mora la justicia; destinados por toda la eternidad a ser el asiento del reino de Dios en su perfección y hermosura. En este reino triunfante, Cristo pondrá fin a su obra mediadora de salvación del pecado, pues que el último enemigo habrá sido vencido para siempre. Sin embargo, Cristo no dejará de ser el exaltado, puesto que todavía Él será el primogénito entre muchos hermanos, nuestra fuente de agua viva, y nuestra luz eterna. Por siempre será la causa mediata de nuestra vida y luz eterna, nuestra santidad y felicidad, aun cuando haya entregado el reino al Padre.[28] La consumación final dará término: (1) a la historia probatoria del individuo, siendo sus consecuencias finales el castigo futuro de los impíos y la bienaventuranza eterna de los santos. (2) Marcará también la perfección de la iglesia. El cielo estará habitado no solo por una compañía innumerable de individuos redimidos, sino por la iglesia como una unidad orgánica. Sin escatimar lo glorioso de los ángeles que circunden el trono de adoración, la iglesia será la joya más preciosa del cielo. Quizá nadie, en sentido afectivo, estará más cerca del trono que ella. Por esa razón el apóstol Juan hablará de la iglesia como la esposa del Cordero, la cual describe con el simbolismo de la santa ciudad, la nueva Jerusalén, que descenderá de Dios desde los cielos (Apocalipsis 21:2, 9, 10). No hay otro símbolo que se adapte mejor para expresar la complejidad de la organización social. En el mundo presente, y debido a las malas adaptaciones de una estructura social imperfecta, la ciudad ha venido a ser el asiento del pecado y de la iniquidad, de la necesidad, de la penuria, del dolor y del sufrimiento. Pero en la ciudad de Dios, la organización será tan perfecta en aquello que afecta la relación del individuo con el orden social, que "ya no habrá más muerte, ni habrá más llanto ni clamor ni dolor, porque las primeras cosas ya pasaron" (Apocalipsis 21:4). La iglesia militante en la tierra vendrá a ser la iglesia triunfante en el cielo, pero nunca perderá su identidad. Y cuando la iglesia haya alcanzado esta perfección, y todo enemigo haya sido subyugado, y la muerte misma haya dejado de existir, entonces el reino mediador como agencia de salvación cesará por obligación, y será absorbido en el reino bendito y perpetuo de Dios el Padre, Dios el Hijo y Dios el Espíritu Santo. (3) Pero la *consummatio mundi* incluye el universo físico al igual que el individuo y la iglesia. Habrá un cielo nuevo y una tierra nueva, un tema al que le daremos una atención somera en los últimos párrafos de nuestro tratado de teología cristiana.

El nuevo cielo y la nueva tierra. Al final del mundo presente habrá cielos nuevos y tierra nueva. Los cuerpos resucitados y glorificados de los santos demandarán un nuevo y glorioso entorno. La forma del mundo presente deberá cambiar, y tomará su lugar un nuevo y eterno orden como la esfera del reino de la gloria. "Aunque la senda de la escatología", como apunta J. J. Van Oosterzee, "está trazada en la dirección de las más elevadas montañas, no podremos sorprendernos de que sus picos más altos estén rodeados de los más profundos despeñaderos. Este es notablemente el caso en lo que concierne a las preguntas que todavía restan. Hemos visto, después de la larga y laboriosa semana de trabajo de la historia de nuestra raza, y con la aparición del reino milenario, el amanecer de un sábado de reposo, y después de ese sábado, un último conflicto sucedido por una victoria perfecta. El tiempo se ha desvanecido de nuestra vista, y lo que de ahora en adelante despierte nuestra devota atención pertenecerá completamente al reino de lo eterno. Con todo, hay una pregunta que no se puede dejar de un lado: ¿qué será ahora del mundo en sí mismo, habiéndose decidido para siempre el destino eterno de sus habitantes? Aun cuando la conciencia cristiana no pueda ofrecer una decisión sencilla para este punto, la pregunta es más que simple curiosidad. Pero nos regocijamos en decir que aquí a la palabra profética no le faltan vislumbres, aunque ellas a su vez levanten una multitud de nuevas preguntas" (J. J. Van Oosterzee, *Christian Dogmatics*, II:804). La Biblia, tanto en el Antiguo Testamento como en el Nuevo, anticipan una nueva creación en el momento en que los cielos y la tierra que ahora son hayan caducado y, como vestido viejo, sean plegados.[29] Entonces, "Desde el principio tú fundaste la tierra, y los cielos son obra de tus manos. Ellos perecerán, mas tú permanecerás; y todos ellos como una vestidura se envejecerán, como un vestido los mudarás y serán mudados" (Salmos 102:25-26; cf. Hebreos 1:10-12). "La tierra aún viste su ropa de trabajo", decía Martín Lutero, "pero entonces vestirá sus atuendos de Pascua y Pentecostés". El profeta Isaías se enciende en elocuencia al contemplar la nueva creación, diciendo: "Todo el ejército de los cielos se disolverá, y se enrollarán los cielos como un libro; y caerá todo su ejército como se cae la hoja de la parra, como se cae la de la higuera" (Isaías 34:4)--la profecía es sobre un juicio contra Idumea, pero parece anticipar el gran día de juicio que vendrá. De nuevo dice: "Alzad a los cielos vuestros ojos y mirad abajo, a la tierra; porque los cielos se desvanecerán como el humo y la tierra se envejecerá como un vestido" (Isaías 51:6); "Porque he aquí que yo crearé nuevos cielos y nueva tierra. De lo pasado no habrá memoria ni vendrá al pensamiento" (Isaías 65:177-18).[30] En el Nuevo Testamento se nos lleva a la siguiente representación gráfica del apóstol Pedro: "Pero el día del Señor vendrá como ladrón en la noche. Entonces los cielos pasarán con gran estruendo, los elementos ardiendo serán deshecho y la tierra y las obras que en ella hay serán quemadas... Pero nosotros esperamos, según sus promesas, cielos nuevos y tierra nueva, en los cuales mora la justicia" (2 Pedro 3:10, 13). Esto parece armonizar con la propia declaración de nuestro Señor en cuanto a que "El cielo y la tierra pasarán, pero mis palabras no pasarán" (Mateo 24:35). En nuestra discusión de los eventos vinculados al segundo advenimiento señalábamos que la palabra "disolver", que aquí es traducida por "pasar", proviene del griego *luou*, que significa desatar, desamarrar, soltar, pero nunca aniquilar. La Biblia nos lleva a creer que Dios, en su momento, liberará estas fuerzas de la tierra que ahora son mantenidas en reserva y las empleará para la purificación de aquello que ha sido contaminado por el pecado. Dios destruye con la finalidad de crear algo más hermoso; sobre las ruinas de una tierra que sufre bajo la maldición, Él levantará otra que florecerá con esplendor imperecedero. Este nuevo cielo será la consecuencia de la disolución y la purificación, "el oro más noble traído del más terrible de los hornos de purificación".

La restauración de todas las cosas. La gran consumación marcará la restauración de la armonía y el orden del universo. Fue a esto, sin duda, a lo que el apóstol Pedro aludió cuando dijo que era necesario que el cielo recibiera o retuviera a Jesucristo, "hasta los tiempos de la restauración de todas las cosas, de que habló Dios por boca de sus santos profetas que han sido desde tiempo antiguo" (Hechos 3:21). La doctrina del restauracionismo se conoce en la teología como el *apokatastasis,* de la frase *apokatastaseo panton,* la cual ocurre en el pasaje que se acaba de mencionar. Este tema, como la manifestación del universalismo que se fundamenta en la idea disciplinaria del sufrimiento, ha sido discutido anteriormente lo suficiente. Al vincular dicho tema con lo que ahora se está discutiendo, el mismo presenta un aspecto diferente. Muchas de las mentes más delicadas y tiernas de todas las edades han anhelado sinceramente que todas las personas al fin y al cabo se vuelvan a Dios. Pero por atractiva que sea esta doctrina, esas mentes no obstante se han visto compelidas a confesar la severa verdad de la Biblia, de que algunos permanecerán, después de todo, impenitentes y, por consecuencia, perdidos para siempre. "Cuando partimos de la idea del carácter de Dios", acota el obispo Martensen, "y razonamos desde ahí en adelante, somos guiados a la doctrina de la restauración universal, la *apokatastasis*; en cambio, los métodos antropológicos, psicológicos y éticos, es decir, la vida y los hechos, nos conducen por su lado al lóbrego fin de la condenación eterna. Si el ser humano no puede en modo alguno ser hecho bienaventurado por medio de un proceso natural, ¿no deberá ser posible que preserve, por su voluntad, la obstinación, y que rechace perennemente la gracia, eligiendo así su propia condenación? Si se responde a esta pregunta que la posibilidad de una obstinación progresiva implicaría también la posibilidad continua de una conversión, se estaría partiendo de una inferencia temeraria. Nuestra vida da testimonio en favor de esa ley temible pero necesaria según la cual la maldad asume un carácter cada vez menos cambiable en el individuo que opta por ella" (H. L. H. L. Martensen, *Christian Dogmatics*, 478). Miner Raymond, quien sostiene firmemente la doctrina del castigo eterno, observa lo siguiente: "La idea del tormento perpetuo es, incuestionablemente, la idea más terrible que jamás se haya concebido. La misma representa el mayor gravamen que tiene el pensamiento religioso. No es extraño que mentes generosas se hayan esforzado en evitarla. El que los seres humanos busquen motivos para creer que esta idea nunca llegará a ser un hecho en la historia, no es evidencia *a prima facie* de que se ame al pecado o de que se sea enemigo de la verdad. Por otro lado, no obstante, es evidentemente inútil que la filosofía del hombre intente presentar una prueba negativa decisiva sobre esta cuestión; ningún hombre puede afirmar que no habrá castigo perpetuo; no es absurdo ni se contradice a sí mismo afirmar que lo habrá" (Miner Raymond, *Systematic Theology*, II:520). La Biblia es clara tocante a este importante tema, y nuestro Señor, en quien reside toda autoridad y poder, es un sacerdote misericordioso y fiel. La teología cristiana no tiene que ver con otros pensamientos que no sean los que Él mismo ha revelado.[31] Cuando se cierre el telón de la era presente, escucharemos las siguientes palabras: "El que es injusto, sea injusto todavía; el que es impuro, sea impuro todavía; el que es justo, practique la justicia todavía, y el que es santo, santifíquese más todavía" (Apocalipsis 22:11). La consumación de las edades marca la culminación gloriosa del reino de Dios. Entonces el reino tendrá un nuevo principio y se harán los cielos nuevos y la tierra nueva. La gloria del Cristo divino ya no será oscurecida ni se revelará intermitentemente, pues que su rostro será como el sol cuando resplandece con toda su fuerza (Apocalipsis 1:16). Su reino será un reino eterno, "porque Dios el Señor los iluminará y reinarán por los siglos de los siglos" (Apocalipsis 22:5). Pero hasta tanto ese día glorioso y augusto llega, y los destinos de los seres humanos sean precisados, para felicidad o para calamidad, para vida eterna o para muerte perpetua, la invitación del amor divino resuena con claridad y fortaleza: "El Espíritu y la Esposa dicen: '¡Ven!'. El que oye, diga: '¡Ven!'. Y el que tiene sed, venga. El que quiera, tome gratuitamente del agua de la vida" (Apocalipsis 22:17).

* * *

Que el Dios de paz, que resucitó de los muertos a nuestro Señor Jesucristo, el gran pastor de las ovejas, por la sangre del pacto eterno, os haga aptos en toda obra buena para que hagáis su voluntad, haciendo él en vosotros lo que es agradable delante de él por Jesucristo; al cual sea la gloria por los siglos de los siglos. Amén (Hebreos 13:20-21).

NOTAS BIBLIOGRÁFICAS

1. El nuevo orden reestablecido lo será al punto de que las cosas viejas apenas se podrán recordar; sin embargo, la relación entre lo nuevo y lo viejo será en muchos respectos un misterio reservado. Entre tanto, la combinación de ambas cosas es lo único ostensible de la consumación: un final que se abre a un nuevo principio. El fin del desarrollo humano, una combinación de pecado y redención, es simplemente la contribución de una pequeña sección de lo que para nosotros es un universo ilimitado que preside un Ser cuyos recursos ilimitados preparan nuestras débiles mentes para maravillas que nuestra imaginación no podrá esbozar ni siquiera en líneas generales. Las ciencias humanas nos han enseñado mucho de la maravillosa consumación a la que ha llegado el universo físico, pero la ciencia de la fe no le conoce límite a su esperanza. Hay un tercer *tetelestai* de la economía divina, un cumplimiento del tiempo en su sentido más pleno, el cual nosotros esperamos. El primero se dio con el final del mundo como escenario de la redención; el segundo, cuando el Señor declaró a voz en cuello que la nueva creación se había consumado. Respecto al tercero, deberemos mirar reverentemente su tenue reflejo según se nos proyecta exclusivamente desde la palabra de Dios. La contemplación deberá ser una de asombro y gozo. Así como Abraham se regocijó al ver el día de Cristo desde lejos, así también lo pueden hacer todos los hijos de los fieles mientras ven en lo futuro el día para el que todos los demás días han sido creados (William Burton Pope, *Compendium of Christian Theology*, III:424-425).

2. Si aceptamos la verdad de la Biblia, tenemos que ser leales, como lo somos en lo demás, a lo que ellas enseñan sobre la cuestión del castigo futuro, sin tomar en cuenta su terrible carácter. No podría haber un asunto cuya perversión de la verdad resultara más desastrosa. Aunque tal perversión pueda neutralizar la fuerza práctica de la verdad, e inculque un sentido falso de seguridad, es nula para prevenir la condenación del pecado. Nuestra única

seguridad descansa en la aceptación de la salvación en Cristo Jesús (John Miley, *Systematic Theology*, II:462).

3. Minucio Félix dice: "No hay medida ni fin para estos tormentos. Allí el fuego inteligente quemará los miembros del cuerpo y los repondrá, se alimentará de ellos y los alimentará. Así como el fuego de los relámpagos alcanza los cuerpos pero no los consume, de igual manera el fuego penal no se alimentará de los residuos de los que queme, sino que se nutrirá de la ingestión inextinguible de sus cuerpos".

    La restauración propuesta por Orígenes la derivó, de manera natural, de su punto de vista de la libertad humana. Éste sostenía que la libertad para ser indiferente, y el poder para escoger lo contrario, antes que simple determinación propia, son la sustancia de la libertad. Ella pertenece inalienable y perennemente a la naturaleza de la voluntad finita. Ni aun la apostasía o el pecado la destruirán. Por consecuencia, la posibilidad de la auto-conversión de la voluntad siempre existirá, sea en una dirección o en otra. El libre albedrío puede cometer pecado en cualquier momento; el libre albedrío puede volverse a Dios en cualquier momento. Esto llevó a Orígenes a la teoría de que habría caídas y recuperaciones que se alternarían indefinidamente, así como lo harían los cielos y la tierra, por lo que en la práctica no enseñó otra cosa que un infierno (William T. Shedd, *Dogmatic Theology*, II:669).

4. Schleiermacher ofrece las siguientes objeciones al castigo eterno. "(a) Las palabras de Cristo en Mateo 25:46; Marcos 9:44; y Juan 5:29 son metafóricas. (b) El pasaje de 1 Corintios 15:25-26 enseña que todo lo malo será vencido. (c) La miseria no puede crecer, sino que deberá menguar. Si es miseria corporal, y en vista de que la costumbre se habitúa al sufrimiento, habrá, por lo tanto, cada vez menos sufrimiento antes que más. Si, por otro lado, es sufrimiento mental, lo que habría sería remordimiento. Los condenados sufrirían más remordimiento en el infierno que en la tierra. Esto probaría que serían mejores seres humanos en el infierno que en la tierra. Por lo tanto, a medida creciera su remordimiento, no podrían hacerse más malvados en el infierno sino menos. (d) La simpatía que los salvados tienen por sus antiguos compañeros, los cuales ahora se encuentran en el infierno, impediría la felicidad de los salvados. El mundo de la humanidad, así como todo el universo, están tan vinculados entre sí que la miseria perpetua de una parte destruiría la felicidad del resto". Este es un ejemplo apropiado de las perspectivas racionalistas de la época.

5. Puede declararse respecto a todos los lugares que hablan de la destrucción y muerte del alma, que a lo que aluden en general es a la pérdida espiritual del favor y la santidad de Dios y no a la extinción de la existencia. Extinguirse sería contrario a la inmortalidad natural dispensada al espíritu. No es cierto, hasta donde sabemos, que ni aun la materia vaya a ser alguna vez aniquilada. Lo que se designa como su destrucción, no es otra cosa que un cambio de forma que la vuelve incapaz de desempeñarse para los fines para la que fue creada. Así, pues, hablamos de la destrucción total de una casa, una maquinaria o un animal, sin que ello signifique la aniquilación de la materia que la compone, sino solo la destrucción de la forma en la que aparecía la materia y la hacía esencial para su empleo. De la misma manera, la muerte del alma significa que esta se torna incapaz de cumplir el fin para el que fue hecha, vale decir, para la felicidad, para la santidad, para el servicio a Dios, para amar complacientemente a Dios y reflejar su imagen. Una privación, a tal grado, de todas las facultades para las que la naturaleza moral de una persona fue hecha, puede muy bien designarse una muerte, y por qué no, una destrucción total (James Petrigu Boyce, *Abstract of Systematic Theology*, 491).

    Se podría mencionar muchas otras objeciones a esta hipótesis de la aniquilación, pero las mismas no afectarían la teología tanto como lo haría la interpretación aislada de la Biblia, así como las teorías psicológicas y fisiológicas de la naturaleza humana que imponen, o que se ven tentados a adoptar, aquellos que las afirman. El estudiante deberá estar siempre en guardia respecto a estos dos puntos, a no ser que se desoriente por causa de la variedad de argumentos plausibles en los que abunda, tanto la literatura más pesada como la más liviana. Después de todo, no será demasiado recordar continuamente que este solemne asunto no depende de textos aislados, ni de las especulaciones sobre la naturaleza de la personalidad y la conciencia. Depende de su vinculación con los grandes principios y la tendencia firme de toda la enseñanza revelada, la cual se dirige en todo lugar a la persona como un ser inmortal, que tiene un destino eterno, cuyas consecuencias están ligadas al uso que le dé a los medios provistos por Dios para su salvación dentro de este estado de prueba (William Burton Pope, *Compendium of Christian Theology*, III:444).

6.   Samuel Wakefield, de entre los teólogos protestantes, en nuestra opinión ofrece la mejor refutación de la aniquilación. Todo lo que podemos presentar aquí es un resumen de su posición, que es como sigue:

(1) Que el vocablo muerte, según se aplica al ser humano en la Biblia, siempre signifique aniquilación, y que la aniquilación sea la pena de la ley divina, son meras suposiciones para las que no hay ni una sombra de prueba y las cuales podemos negar muy confiadamente.   De hecho, entender la palabra muerte en el sentido de aniquilación tornaría numerosos pasajes bíblicos en un patente absurdo, como lo demostrarían unos pocos ejemplos. Así: "Estimada es a los ojos de Jehová la muerte [aniquilación] de sus santos" (Salmos 116:15). "Fuimos reconciliados con Dios por la muerte de su Hijo" (Romanos 5:10). "¿Quién me librará de este cuerpo de muerte?" (Romanos 7:24). "El que no ama a su hermano permanece en muerte" (1 Juan 3:14).

(2) La teoría es inconsistente con ella misma.   Los que la defienden enseñan que la aniquilación es no solo la pena de la ley, sino el más temible de todos los castigos, peor que el sufrimiento perpetuo mismo. No obstante, sostienen que la aniquilación de los justos entre la muerte y la resurrección no es castigo alguno, sino una verdadera ganancia. ¿Sufrirá más el impío que el justo a causa de la aniquilación entre la muerte y la resurrección? Claro que no. Y si la aniquilación de los justos al morir no es la pena de la ley, ¿cómo puede serlo la aniquilación de los impíos? Si en el primer caso no se inflige castigo, ¿cómo puede ser el castigo tan temible en el último? El sistema, por consiguiente, enseña que la aniquilación es la pena de la ley pero que no lo es; que es el más temible de los castigos pero que no lo es; y que la única diferencia entre los justos y los impíos, de acuerdo con este argumento, es que los primeros serán aniquilados dos veces, pero los últimos, una.

(3) Que la aniquilación no será el castigo futuro de los impíos lo evidencia el absurdo que supone que serán traídos de nuevo a existencia meramente para ser aniquilados.   Si la aniquilación fuera cierta, todos los seres humanos perderían su identidad personal al morir, ya que sería una perfecta necedad hablar de la existencia continua de las personas que han sido aniquiladas. Si la muerte es la aniquilación, no es posible la resurrección. Puede que otros seres morales hayan sido creados, pero no podrían ser recompensados ni castigados justamente por la conducta moral de generaciones aniquiladas de seres humanos.

(4) Si el castigo futuro de los impíos ha de consistir en la aniquilación, entonces el castigo sería el mismo para todos los pecadores, lo cual no es razonable ni bíblico. Antes, dado que habrá grados distintos de castigo futuro, pero no podrá haber grados distintos de aniquilación, se sigue que la aniquilación no podrá ser ese castigo. De nuevo, para los que estén sufriendo esos supuestos tormentos, la aniquilación sería o una maldición o una bendición. Si lo primero, el estado de tormento perpetuo sería mejor para el pecador que la liberación de todo sufrimiento por medio de la aniquilación; si lo último,

la aniquilación no podría ser la pena de la ley, a menos que se pretenda que una pena y una bendición son la misma cosa (Samuel Wakefield, *Christian Theology,* 647-648).

7. Sería fácil, sin embargo, demostrar por medio del examen cuidadoso de todos esos pasajes bíblicos (los arriba citados) que no prueban el apoyo de la doctrina para el que se les cita, pero un examen así no es lo que procede en este punto. Será suficiente observar (1) que la bendición que viene sobre todos los seres humanos por medio de la simiente de Abraham, no implica necesariamente la salvación real de todos. (2) Que aunque Cristo murió por todos los seres humanos, y es en este sentido, como en otros, el Salvador de los seres humanos, en realidad es el Salvador solo "de los que creen". (3) Que Dios quiere la salvación de todos los seres humanos, pero únicamente de la manera designada, esto es, "mediante la santificación por el Espíritu y la fe en la verdad", y no según si creen o no en Cristo. (4) Que todos los seres humanos se inclinarán ante Cristo y lo reconocerán, bien para recibir voluntariamente su gracia y salvación, o para sujeción obligada a su justicia punitiva; y (5) que la muerte será destruida cuando "todos los que están en los sepulcros" oigan la voz de Cristo, "y los que hicieron lo bueno" salgan "a resurrección de vida, pero los que hicieron lo malo, a resurrección de condenación" (Samuel Wakefield, *Christian Theology,* 644).

8. El obispo Weaver dice que al arribar al significado de todo término genérico, se considerará no solo la definición del vocablo, sino que esa definición sea de un carácter tal que se conforme al contexto. Esa regla general debe observarse al determinar el significado de toda palabra genérica. Aunque la palabra "gehenna" significa literalmente el valle del Hinnom, no por ello debemos concluir que nunca se hubiera empleado en ningún otro sentido. El significado correcto deberá ser determinado por la conexión en la que se emplea. El significado original de la palabra "paraíso" era "un lugar enclaustrado para el disfrute y el placer". En el Antiguo Testamento se emplea como aludiendo al jardín del Edén. En el Nuevo Testamento se emplea como otra manera de designar el cielo (Lucas 23:43; 2 Corintios 12:4; Apocalipsis 2:7). Si por el hecho de que la palabra "gehenna" signifique literalmente el valle de Hinnom, no podrá jamás significar otra cosa, entonces el paraíso nunca significará otra cosa que el jardín del Edén o un lugar en la tierra convenido para el placer y el deleite (cf. Jonathan Weaver, *Christian Theology,* 323).

9. El artículo titulado *Infierno,* del Diccionario de Watson [en inglés], dice: Esta es una palabra sajona que se deriva de un verbo que significa esconder o encubrir. Un fenecido crítico bíblico, el doctor Campbell, investigó este asunto con la precisión que lo caracterizaba, y lo que sigue es una síntesis de sus observaciones. En las Escrituras hebreas, la palabra seol ocurre frecuentemente y, de acuerdo con Campbell, denota uniformemente el estado de los muertos en general, sin tomar en cuenta el carácter virtuoso o vicioso de las personas, como tampoco su felicidad o miseria. La Septuaginta, al traducir la palabra, ha empleado casi invariablemente el término griego *aides,* hades, que significa el recipiente de los muertos, y por eso raramente debió haberse traducido por infierno en el sentido en que ahora lo tomamos, vale decir, el lugar de tormento. Para denotar esto último, los escritores del Nuevo Testamento hacen siempre uso de la palabra griega *geenna,* que se compone de dos palabras hebreas, *ge Hinnom,* esto es, "el valle de Hinom", un lugar cerca de Jerusalén en el que los infantes eran sacrificados cruelmente a Moloc, un ídolo amonita (2 Crónicas 33:6). A este lugar también se le llama Tofet (2 Reyes 23:10), en alusión, según se supone, al ruido de los tambores (*tof* significa tambor), los cuales se hacían sonar para ahogar el llanto de los indefensos niños. Dado que, con el paso del tiempo, este lugar vino a ser considerado como un emblema del infierno o lugar de tormento reservado para el castigo de los impíos en el estado futuro, el nombre Tofet llegó gradualmente a emplearse en este sentido, y, por último, a restringírsele. Es también en ese sentido que la palabra gehena, un término sinónimo, siempre se habrá de entender en el Nuevo Testamento, en donde

ocurre una docena de veces. La confusión que ha surgido sobre este asunto, la ha ocasionado el que nuestros traductores ingleses han traducido frecuentemente no solo la palabra hebrea *sheol* y la griega *gehenna* por el término infierno, sino porque han traducido la palabra griega hades, la cual ocurre once veces en el Nuevo Testamento, en todos los casos excepto en uno con la misma palabra, infierno, lo cual nunca debió haberse hecho.

Stuart observa que, mientras que el Antiguo Testamento emplea *sheol*, en la mayoría de los casos, para designar el sepulcro, la región de los muertos, el lugar de los espíritus que han partido, también la emplea, en algunos casos, para designar, junto a esta idea, la otra, vinculándola a un lugar de miseria, un lugar de castigo, y un lugar de temor. En ese sentido se conforma plenamente a la manera en que el Nuevo Testamento emplea el término hades. Y es que, aunque hades significa el sepulcro, y, muchas veces, la región invisible de los espíritus separados, sin alusión directa a su condición, aun así en Lucas 16:23 se emplea claramente para designar un lugar o condición de miseria. La palabra infierno es también empleada por nuestros traductores para gehena, que significa el mundo del castigo futuro (Stuart, *Essay on Future Punishment*).

10. Las miserias del impío antes de la resurrección, deberán ser puramente espirituales; pero, después de ese evento, serán, en parte, corporales. Consistirán en la pérdida, la ausencia de todo lo deseable, y en que se le infligirán sufrimientos positivos y depurados. Se dice del hombre rico en el infierno, que éste ha recibido todo lo bueno, lo que implica que no le falta ninguna otra bondad. Por consiguiente, se le niega una gota de agua para mitigar su ardiente sed. Se dice de los malos en el infierno que "no tienen reposo de día ni de noche". "El también beberá del vino de la ira de Dios, que ha sido vaciado puro en el cáliz de su ira" (Apocalipsis 14:10). Sufrirán la tortura de una conciencia que siempre los acusará y los herirá. Sufrirán la indulgencia de una insaciable malicia, envidia, venganza, ira y todas las demás pasiones odiosas de las que serán capaces. Sufrirán de perpetua decepción, derrota y desesperación. Sufrirán los unos a causa de los otros. Sufrirán todo lo encerrado en esas terribles metáforas, esas aterradoras representaciones, a través de las cuales el Espíritu Santo presenta las agonías de ellos (Enoch Pond, *Christian Theology*, 576).

11. La presunción de que la Biblia enseña, en efecto, el castigo perpetuo de los finalmente impenitentes, debe ser una tan imbatible que todas las iglesias cristianas así lo han entendido. No hay otra manera de explicar la unanimidad de concepto. Referirlo a algún tipo de especulación filosófica que haya obtenido ascendencia en la iglesia, como sería el dualismo del bien y del mal como principios coeternos y necesarios, o a la teoría platónica de la inmortalidad y la indestructibilidad inherente del alma humana, sería asignarle una causa completamente inadecuada a este resultado. Mucho menos puede este consenso general explicarse sobre las bases de que la doctrina en cuestión congenie con la mente humana, y que sea creída por su propia causa, sin un apoyo adecuado de la Biblia. El caso es al contrario. Es una doctrina que el corazón natural la resiste al punto de la rebelión, y a la que se somete solo bajo el peso de la autoridad. La iglesia cree la doctrina porque tiene que creerla, a menos que renuncie a su fe en la Biblia y rinda todas las esperanzas que se cimientan en sus promesas. No hay una doctrina en apoyo de la cual se reclame ese consentimiento general que no pueda demostrarse que no se enseña en la Biblia (Charles Hodge, *Systematic Theology*, III:870).

Hemos ya admitido que el lenguaje de la Biblia sobre este tema es más o menos metafórico; pero sea metafórico o de cualquier otra índole, de una cosa estamos seguros, y es que este lenguaje ha tenido la intención de comunicar ideas que se conforman estrictamente a la verdad. Dios no podría causar una falsa impresión sobre la mente humana por medio del uso de metáforas, de la misma manera que no podría guiar a las personas al error por medio de las más llanas y las más positivas de las declaraciones, pues que ambas cosas serían contrarias a la veracidad divina. Tampoco su bondad, y mucho menos su verdad, le permitirían alarmar a sus criaturas morales con temores infundados, ni representar las consecuencias del pecado como más temibles de lo que en realidad son. Por lo tanto, podemos concluir que el estado futuro de los impíos, según su carácter general, será uno de sufrimiento intenso; suponer que sea más tolerable que la oscuridad absoluta, las agonías de la muerte, y el efecto del fuego, sería acusar virtualmente a Dios de pronunciar falsedad, y situar nuestras propias normas como opuestas a la revelación divina. Este sufrimiento intenso que será la porción de los impíos, se derivará de (1) lo que se ha llamado el castigo de lo que uno pierde... y, (2) el castigo del sentido (Samuel Wakefield, *Christian Theology*, 642).

12. "Apartaos de mí, malditos, al fuego eterno" (Mateo 25:41). Estas palabras son no solo pronunciadas por el Hijo del hombre en contra de los malditos, sino que son un eco que resuena contra ellos desde lo más profundo de sus seres, que parte de la semejanza divina que en ellos ha sido mancillada, que resuena con ellos desde todos los rincones de la creación, la cual ahora da unánimemente testimonio de Él. No habrá ya más paz en la creación glorificada para los que así han sido condenados; serán de tal manera separados que lo que sea que de su estado se inquiera, no encontrará en nosotros otra respuesta que, "en las tinieblas de afuera" (H. L. Martensen, *Christian Dogmatics*, 474).

13. Charles Hodge declara que "los sufrimientos de los finalmente impenitentes, según la Biblia, los ocasionarán: (1) La pérdida de todo bien terrenal. (2) Ser excluidos de la presencia y el favor de Dios. (3) Ser condenados completamente al retirárseles de manera definitiva el Espíritu Santo. (4) Por consecuencia, quedar dominados por el pecado y las pasiones pecaminosas irrestrictas. (5) Las operaciones de la conciencia. (6) La desesperación. (7) Las malas compañías. (8) Sus circunstancias externas, es decir, que el sufrimiento futuro no es exclusivamente la consecuencia natural del pecado, sino que también incluirá un castigo perentorio. (9) Su carácter perpetuo" (Charles Hodge, *Systematic Theology*, III:868).

14. En vista de que la palabra *aioun*, edad, puede denotar en la Biblia la edad presente y finita, o la edad futura perpetua, si deseamos determinar el significado de *aiounos*, será necesario determinar primero en cuáles de las dos aiounos, la limitada o la perpetua, existe la cosa a la cual se le aplica el epíteto, pues que cualquier cosa, en una *aioun* o en la otra, puede ser designada "aiouniana". El significado del adjetivo sigue al sustantivo. Onésimo, como esclavo, existía en este mundo (*aioun*) del 'tiempo', por lo tanto, cuando se le designa "aiouniano" o "para siempre" (Filemón 15), significa que su servidumbre continuará durante la *aioun* finita en la cual él es un siervo, y para todo efecto práctico, solo llegará a su fin cuando éste muera y la abandone. A las montañas se les llama aiounianas o "eternas" (*aiounia*) en el sentido de que permanecerán mientras que el mundo (*aioun*) del que son parte permanezca. Dios, por otro lado, es un ser que existe en la (*aioun*) infinita, de aquí que Él sea *aiounios* en el sentido perpetuo de la palabra. Lo mismo es cierto de los espíritus de los ángeles y de los seres humanos, puesto que existen tanto en la *aioun* futura como en la actual. Si algo pertenece solamente a la edad o *aioun* presente, es aiouniano en el sentido limitado; si pertenece a la edad o *aioun* futura, es aiouniano en el sentido ilimitado. Si, por consiguiente, el castigo de los impíos ocurre en la aioun presente, es aiouniano en el sentido temporal; pero si ocurre en la aioun futura, es aiouniano en el sentido perpetuo. El adjetivo toma su significado del nombre. La frase "para siempre" tiene el mismo significado doble, ya sea en la Biblia o en el uso corriente. Algunas veces significa todo el tiempo que una persona viva en la tierra. El esclavo hebreo cuya oreja era agujereada con lezna y quien era arrimado a la puerta de su amo, tenía como fin que fuera su siervo "para siempre" (Éxodo 21:6). En ocasiones "para siempre" significaría todo el tiempo que duraría el estado político judío. Las leyes ceremoniales habrían de ser "perpetuas" (Levítico 16:34). En ocasiones la frase significará todo el tiempo que el mundo dure. "Generación va y

generación viene, pero la tierra siempre permanece" (Eclesiastés 1:4). En todos estos casos, "para siempre" se refiere a la aioun temporal, y denota duración finita. Pero en otros casos, y en la Biblia es así en su gran mayoría, "para siempre" se refiere a la aioun perpetua, como cuando dice, "Bendito sea Jehová para siempre" (Salmos 89:52). El significado limitado de "para siempre" en los primeros casos no inválida su significado ilimitado en el último. El que Onésimo fuera un esclavo "para siempre" (*aiounios*), y el que los montes sean "eternos" (*aiounia*), no invalida la eternidad de Dios, ni la del alma, ni la del cielo ni la del infierno, como tampoco lo haría el término "para siempre" en las escrituras de un bien inmueble. Poseer una tierra "para siempre" es poseerla "mientras crezca hierba y la surquen las corrientes de agua", es decir, mientras este mundo o *aioun* dure. La objeción de que, debido a que *aiounios* o aeoniano denota "aquello que pertenece a una edad", no puede significar perpetuo, descansa sobre la presuposición de que no hay un *aioun* o edad perpetua. La misma postula una serie indefinida de aiounes o edades limitadas, ninguna de las cuales es final y para siempre. Pero los textos bíblicos que han sido citados, invalidan dicho postulado. La Biblia habla de solo dos aiounes que cubren e incluyen toda la existencia del ser humano y todo lo que éste dure. Si por consiguiente, el hombre es un ser inmortal, uno de las dos aiounes debe ser perpetua. La frase "edades sin fin", aplicada a la edad futura perpetua, no es prueba de que haya más de una edad futura, como tampoco la frase "por las eternidades" prueba que haya más de una eternidad, ni la frase "las infinidades" prueba que haya más de una infinidad. El uso del plural en estos casos es retórico e intenso en su fuerza, pero no aritmético (William T. Shedd, *Dogmatic Theology*, II:686-688). William G. T. Shedd sostiene que una serie indefinida de aiounes limitadas, aunque sin una aioun final perpetua, es un concepto pagano y gnóstico, más no bíblico. El que se haya importado al sistema cristiano la noción de una serie perpetua de ciclos finitos, cada uno de los cuales no tiene ni finalidad ni inmutabilidad, ha introducido errores de la misma manera que lo ha hecho el haber importado el concepto pagano del Hades (cf. William T. Shedd, *Dogmatic Theology*, II:682-683).

15. Es también la doctrina de la Biblia que este castigo futuro de los incorregibles sea final o ilimitado, lo cual es otra consideración de gran importancia por lo que concierne a la doctrina de la expiación. Esta es una doctrina monitoria que solo puede ser manifestada a través de una revelación, aunque, una vez revelada, no deja de tener un grado considerable de evidencia racional. Supone, ciertamente, que al ser humano no habrá de permitírsele una probatoria futura si la actual ha sido descuidada y abusada, hecho que, en el gobierno divino, encuentra considerables analogías en los procedimientos constantes de la vida presente. Cuando las muchas reconvenciones y admoniciones del consejo del sabio, y las muchas lecciones del insolente, han sido desatendidas, sobrevienen la pobreza y la enfermedad, y la infamia y la muerte, como la observación de toda persona lo verá así evidenciado en miles de casos; el periodo probatorio de un individuo, el cual ha de resultar en su actual felicidad o miseria, habrá de acabar; y aunque este periodo se renueve frecuentemente en la esperanza de que al fin el individuo alcance a beneficiarse de la experiencia amarga, de las ventajas, y de las oportunidades, una vez estas sean desatendidas, nunca podrán volverse a tener. No hay nada, por lo tanto, contrario a los principios obvios del gobierno divino, según se manifiestan en esta vida, en la doctrina que confina el espacio del estado probatorio más elevado y más solemne del ser humano a ciertos límites, y que, más allá de estos límites, se le escinda toda esperanza (Richard Watson, *Theological Institutes*, I:211).

16. Moses Stuart, en sus "Ensayos exegéticos", señala que *aiounios* se emplea 66 veces en el Nuevo Testamento. De esas, 51 se relacionan con la felicidad futura de los justos; siete se relacionan con el castigo futuro, a saber, Mateo 18:8; 25:41, 46; Marcos 3:29; 1 Tesalonicenses 1:9; Hebreos 6:2; y Judas 6; dos se relacionan con Dios; seis son de carácter

misceláneo (cinco que se relacionan con cosas que se reconocen como perpetuas, como son los pactos y las cosas invisibles; y una en Filemón 15, que se relaciona con el servicio perpetuo). En todos los casos en los que *aiounios* alude a duración futura, denota duración perpetua, sin mencionar los casos en los que se refiere al castigo eterno". El temprano Jonathan Edwards dice que *aioun*, si se cuenta la repetición de este vocablo como un caso de uso sencillo, ocurre 104 veces en el Nuevo Testamento, 32 de las cuales significará una duración limitada. En siete casos su significado puede tomarse lo mismo en el sentido limitado como perpetuo. En 65 casos, incluso los seis casos en los que se aplica al castigo futuro, significa claramente una duración perpetua. (Estas dos anotaciones son citas tomadas de William T. Shedd, *Dogmatic Theology*, II:688-689).

Los vocablos griegos *aioun* y *aiounios* denotan, literal y debidamente, una duración perpetua. Su etimología (*aei* y *oun*--ser o existir siempre) lo demuestra. Su uso y significado habitual demuestra lo mismo. Ambos vocablos denotan tan propiamente una duración perpetua como lo hacen en nuestro idioma las palabras eterno y para siempre. Hay ocasiones en que se emplean, como en nuestro idioma, en sentido estricto—restringido por la naturaleza del sujeto al que se aplican, pero, en casos así, la conexión indica inmediatamente su sentido, por lo cual el margen de error es mínimo. Sin embargo, por satisfactorio sea el significado general de estos vocablos, no dependemos solo de ese significado. El vocablo *aiounios* se emplea de una forma tal por nuestro Salvador, en alusión al castigo futuro de los malos, que demuestra, de manera concluyente, que su significado no puede ser otro que el de duración perpetua. Me refiero en particular al texto de Mateo 25:46, en el cual el castigo futuro de los impíos, y la felicidad futura de los justos, aparecen contrapuestos, y el mismo *aiounios* se aplica a ambos, lo que indica que la duración de ambos es igual y perpetua (Enoch Pond, *Christian Theology*, 581).

La interpretación materialista de sus representaciones metafóricas, como era el caso de lo sostenido durante los primeros siglos, y de la iglesia medieval en particular, ha sido ahora descartada y sustituida por una interpretación más racional y veraz. No obstante, a lo largo de todas esas diferencias y disputas, se ha mantenido una notable unanimidad en lo que respecta a la duración del castigo. La mejor erudición de nuestro día sobre esta materia, se encuentra en pleno acuerdo con la doctrina histórica de la iglesia. Esto es un hecho significativo, sobre todo cuando ese acuerdo no parte de ninguna preferencia o predilección, sino de lo que obliga el sentido claro de la Biblia.

17. Luther Lee observa que "la sentencia que el juicio justo de Dios dictará sobre los pecadores en el día final será irrevocable. Así deberá ser si se considera la inmutabilidad de Dios como juez. La inmutabilidad es aquella perfección de Dios que lo hace eternamente inalterable. La fuerza de esta consideración es clara. Después que un pecador ha sido condenado en el juicio final, y enviado al infierno, no habrá arrepentimiento ni regeneración alguna que obligue un cambio. La expiación que la muerte de Cristo logra, y las ventajas de su intercesión, dejarán de estar disponibles después del día del juicio; por lo tanto, todos sus beneficios, incluso la eficacia de la oración y la agencia del Espíritu Santo, se habrán perdido para siempre. Si Dios, en un momento dado, condena al pecador y lo envía al infierno, pero luego revoca la sentencia y lo libra de su prisión infernal sin que su carácter moral haya cambiado, estaría actuando de manera diferente en momentos diferentes, pero según los mismos principios morales, lo cual implicaría cambio o mutabilidad (Luther Lee, *Elements of Theology*, 325).

18. El evangelio cristiano, el ofrecimiento universal de perdón por medio del propio sacrificio de una de las divinas Personas, debe acallar toda objeción a la doctrina del castigo perpetuo. Tal y como se da el caso en estos momentos, y en cuanto dependa de la acción de Dios, no habrá necesidad de que ser humano alguno sea jamás expuesto al castigo futuro. La necesidad del infierno se fundamenta en la acción de la criatura, no en la del Creador.

De no haber habido pecado, no hubiera habido infierno; además, el pecado es el producto del libre albedrío del ser humano. Después que el pecado hizo entrada, y que, por su causa, la redención fuera provista, de haber habido un arrepentimiento universal en esta vida no hubiera existido un infierno para el ser humano en la vida venidera. La única razón necesaria, entonces, para la retribución perpetua que ahora existe se encuentra en la impenitencia del pecador. Si cada ser humano, antes de morir, se duele de su pecado, y lo confiesa humildemente, el Hades y la gehena desaparecerían (William T. Shedd, *Dogmatic Theology*, II:749).

Aquellos que niegan la posición de que el pecado es un mal infinito, olvidan que el principio sobre la cual ésta descansa es un asunto cotidiano en la jurisprudencia, es decir, el principio de que el crimen depende del objeto contra el cual se comete al igual que del sujeto que lo comete. La referencia meramente subjetiva de un acto, no es suficiente para determinar que sea un crimen. El acto puede haber sido el acto voluntario de una persona, pero a menos que sea una ofensa en contra de otra persona, no es un crimen. Golpear es un acto voluntario, pero golpear una pilastra o una roca no es un acto que inculpe. Aún más: no solo el crimen, sino que los grados del crimen, dependerán de la referencia objetiva de un acto personal. Uno y el mismo acto puede ser simultáneamente una ofensa contra un individuo, contra una familia, contra un estado y contra Dios. Si se mide según la naturaleza y las cualidades del ofensor mismo, no posee grados. Pero si se mide según la naturaleza y las cualidades de esos objetos morales en contra de los cuales el acto es cometido, poseerá grados de maldad. Los primeros tres, por ser solo finitos en valor y dignidad, harán que la culpabilidad consista solamente de ciertos grados de lo finito. Pero, el último, por ser infinito en valor y dignidad, conllevará también una culpabilidad infinita (William T. Shedd, *Dogmatic Theology*, II:750. Cf. Edwards: *Justice of God, Works*, IV:228).

19. Existe un estado bienaventurado en la vida del más allá, del cual no podemos hablar minuciosamente, como si lo hubiéramos visto, pero del que podemos hablar confiadamente, porque conocemos el principio del cual se compone. La persona que entra en ese estado está presente con Dios y con Cristo, poseyendo una consciencia más clara y más cierta de la presencia divina que la que le fue posible en la tierra, y al entrar en las etapas más elevadas de esa vida divina que ya ha sido comenzada, vivirá una vida de santidad progresiva; será semejante a su Señor y Salvador, y crecerá más a la semejanza de Él, avanzando hacia la perfección. Estará bajo las influencias más santas e inspiradoras, de modo que todo lo que sea mejor en la persona, será constantemente apoyado con el fin de que se acreciente. Todas las características de la vida que se asemejen a Cristo, le serán francas. El grado de existencia en el cual se encontrará será más elevado que el que ha dejado atrás, y se le presentarán constantemente delante de sí oportunidades nuevas de servicio santo y de crecimiento y bienandanza santa. Esta persona se hallará en la vida que ama y debe amar, y el curso de la actividad libre y semejante a Dios se extenderá delante de ella sin límite alguno (William Newton Clarke, *An Outline of Christian Theology*, 471-472).

Dios y los espíritus bienaventurados serán los constituyentes imperecederos de la vida beatífica. Cada espíritu reflejará no solo a Dios, sino al reino entero del cual será miembro. Cuando Dios sea todo en todos, podrá decirse que todos estarán en todos, los unos en los otros, y la multiplicidad de carismatas se revelará a sí misma en este reflejo ilimitado y preclaro de amor y contemplación, en esta siempre nueva alternación de dar y recibir y de comunicación y receptividad. La luz será el medio a través del cual los espiritualmente bienaventurados se comunicarán entre sí, y se hallarán entre sí (Colosenses 1:12), en conformidad con las indicaciones dadas en la Biblia, y tomando el sentido tanto en su acepción espiritual como corporal. Es así que leemos, "de la herencia de los santos en luz" (H. L. Martensen, *Christian Dogmatics*, 458).

20. El cielo de los santos no será, por lo tanto, un entorno de sombras insustanciales e indeterminadas sino un reino sustancial y real en el que las facultades y funciones de la personalidad humana estarán activas en el ejercicio del gozo de la libertad del justo. Al igual que las capacidades del alma, las facultades del cuerpo habrán de ser conmensuradas a la ley y a la vocación de la vida eterna. Estos serán los que habrán salido de la gran tribulación, y habrán lavado sus ropas, y las habrán emblanquecido en la sangre del Cordero. Es así que estarán delante del trono de Dios, y le servirán día y noche en su templo, y el que está sentado en el trono extenderá su tabernáculo sobre ellos. No tendrán más hambre, ni el sol ni el calor los castigarán, pues que el Cordero que está en medio del trono los pastoreará y los guiará a las fuentes del agua de la vida, y Dios enjugará toda lágrima de los ojos de ellos (Emanuel V. Gerhart, *Institutes of the Christian Religion*, II:473).

Cuando se consideran cuidadosamente las enseñanzas del Nuevo Testamento tocantes a la vida del más allá, surge naturalmente esta pregunta: "¿Qué diferencia existe entre el paraíso y el cielo?" La respuesta debe abarcar cuatro particulares: en el cielo, al alma se le otorgará un organismo físico; la iglesia habrá sido completada y perfeccionada; el universo será armonizado con las necesidades y anhelos espirituales del alma del cristiano; una visión nueva y más clara de Dios les será abierta a los creyentes. En la resurrección y el juicio, al espíritu se le revestirá de un marco material que estará en tal armonía con los pensamientos y deseos del Espíritu, que será designado cuerpo espiritual (J. A. Clapperton, *The Essentials of Theology*, 461).

21. La Biblia siempre representa al cielo como un lugar. Este es un hecho tan claro que apenas necesita ejemplos. Nuestro Señor lo representó como un lugar o mansión en la casa de su Padre (Juan 14:1-3); y el apóstol Pablo como un edificio de Dios, una casa no hecha de manos, eterna en los cielos (2 Corintios 5:1). También es el templo de Dios, el lugar de su trono y gloria (Apocalipsis 7:9-17); y una gran ciudad, la Jerusalén celestial (Apocalipsis 21:10). No hay dudas de que estas sean representaciones metafóricas del cielo, pero ello no afecta la realidad subyacente de que es un lugar (John Miley, *Systematic Theology*, 473).

E. V. Gerhart, a la vez que considera que el cielo posee realidad sustancial, también pone de relieve la diferencia entre el orden terrenal actual y el orden espiritual futuro. Dice así: "El cielo es el dominio de la gloria no creada, en el cual Dios, el Padre, el Hijo, y el Espíritu Santo, vive la vida de amor absoluto en comunión consigo mismo. El cielo, la *oikia* de Dios producida por Él mismo, es eterno, sobrenatural, trascendente. No es parte del universo creado. No puede ubicarse. El cielo es una forma de existencia esencialmente diferente de la economía actual de la humanidad o del cosmos en el mismo sentido en que el Creador lo es de su creación... Tampoco podemos pensar del cielo como una morada que se encuentre separada de nosotros conforme a las leyes de la naturaleza y el espacio o de la naturaleza y el tiempo. Si se considera desde esta perspectiva, el cielo no está lejos de nosotros, pero tampoco cerca. Sea que nos imaginemos la *oikia* de Dios como presente o como distante en cuanto a localidad, el concepto es igualmente defectuoso. Así como con Dios mismo, la esfera de su gloria esencial no existe objetivamente bajo las condiciones de ninguna categoría natural o terrenal (Emanuel V. Gerhart, *Institutes of the Christian Religion*, II:889-890).

22. Al referirse a la descripción de la nueva Jerusalén, Thomas N. Ralston dice: "Se hace a menudo la pregunta, ¿son metafóricas estas descripciones, o son literales? Lo que se presume generalmente es que son metafóricas. Quizá los son. Pero que no nos aventuremos a decir que lo son enteramente. El cuerpo humano, en la resurrección, será el mismo cuerpo que tenemos aquí, solo que será mudado en 'cuerpo espiritual', 'hecho a la semejanza del cuerpo glorioso de Cristo'; así, por lo que sabemos, cuando 'el cielo nuevo y la tierra nueva' sean creadas, Dios podrá producir sustancias nuevas de oro y piedras preciosas,

refinadas y espiritualizadas al punto de que trasciendan esos metales según son conocidos en la tierra, de la misma manera que los cuerpos espirituales de los santos trascenderán los 'cuerpos indignos' que ahora poseen. Y si esto es correcto (¿y quién podrá decir lo contrario?), entonces las descripciones que aquí se ofrecen de esa magnífica ciudad que será la habitación del pueblo de Dios, podrán ser diferentes de la acepción literal solo en la medida en que el oro y las piedras preciosas, y los ríos y los árboles espirituales del mundo celestial, excedan en belleza, magnificencia y pureza las correspondientes sustancias de la tierra, de la misma manera que el cuerpo indigno de los santos de la tierra será excedido por aquel cuerpo que se levantará de la tumba con todos las energías imperecederas y las bellezas inmarcesibles de la inmortalidad. Pero si concluimos que estas descripciones son enteramente metafóricas, entonces estamos obligados a inferir que todas estas radiantes descripciones deberán ser insuficientes para impartir una concepción plena de la gloriosa realidad (Thomas N. Ralston, *Elements of Divinity*, 536-537).

23. El gozo consiste en ese placer vivido, o deleite, que resulta de la recepción y posesión de lo que es peculiarmente apreciado. El cristiano humilde puede a veces poseer un "gozo inefable y lleno de gloria" aun en este valle de lágrimas, pero aquel que será glorificado en el cielo, alcanzará una plenitud de gozo que jamás podrá experimentarse en esta vida. Será el gozo elevado a su mayor grado de perfección, que se expresará a sí mismo en cánticos de arrobamientos y deleites de inspiración celestial. Esos cánticos se unirán para darle "gloria e imperio por los siglos de los siglos al que nos ama y nos ha lavado de nuestros pecados con su sangre" [Apocalipsis 1:5-6], y se escuchará al coro de la multitud decir con voz "como el estruendo de muchas aguas y como la voz de grandes truenos…: ¡Aleluya! porque el Señor, nuestro Dios todopoderoso, reina" [Apocalipsis 19:6] (Samuel Wakefield, *Christian Theology*, 635).

24. El cielo estará pletórico de compañerismo amoroso y de santa adoración. Las imperfecciones que tan a menudo manchan nuestra presente vida social hasta en sus formas más espirituales, no tendrán lugar en esos compañerismos. Allí el amor será supremo. Los santos y los ángeles, a través del señorío de Cristo, formarán una feliz hermandad. Con todo, los santos tendrán una canción y un gozo que los ángeles solo podrán compartir mediante el poder de la simpatía: la canción de redención y el gozo de la salvación. El amor santo hará que todo deber sea un deleite santo. La adoración celestial, encendida por la presencia inmediata y la visión franca de Dios y del Cordero, estará llena de arrebatamiento santo (John Miley, *Systematic Theology*, 475).

25. El cielo deberá ser un estado social ya que esa es nuestra naturaleza. Nuestro carácter y nuestra historia se han forjado en el vínculo de nuestras relaciones con nuestro prójimo. De esto está hecha nuestra vida; tendríamos que perdernos a nosotros mismos, perder nuestra identidad, antes de poder encontrar satisfacción en una vida solitaria y subjetiva. Los amigos que hemos conocido siempre deberemos conocerlos… El descanso del cielo, entonces, no será el cese de actividad, sino el alivio de las fatigas y los trabajos y las cargas de la vida; una diferencia como la que se dio entre el Edén y el mundo maldito que produjo espinas, y que nos hizo comer nuestro pan con el sudor de nuestra frente. En el cielo necesitaremos estar activos y tener responsabilidades, ya que nuestra naturaleza lo requiere como condición para la bienaventuranza. El cielo deberá ser un estado progresivo, ya que el crecimiento, el progreso, es la ley de nuestra naturaleza, y con una vida de perpetuidad ante nosotros, y un amplio campo de acción que se nos abre, no se podrá poner límite al progreso en conocimiento, en poder, y en bienaventuranza. Esta concepción del cielo deberá ser ciertísima cuanto más sana y más eficaz sea para engendrar, como reacción, una mente celestial en aquellos que lo anhelan (James H. Fairchild, *Elements of Theology*, 334).

26. La vida intelectual en el cielo deberá trascender infinitamente los logros de la vida actual. Allí las facultades mentales estarán libres de todas las limitaciones presentes. Las mismas

deberán tener amplio desarrollo dentro de las nuevas condiciones. No existe razón aparente para que estas no experimenten crecimiento perpetuo. Ciertamente serán capaces de la adquisición perpetua de conocimiento, y un universo de verdad estará disponible para su investigación. Muchos problemas que ahora son oscuros y perplejos, allá se resolverán. La búsqueda y adquisición incesante de conocimiento a través de todos los dominios de la verdad serán una fuente incesante de placer (John Miley, *Systematic Theology*, 475).

Es altamente probable que la felicidad de los redimidos en el cielo, por plena y perfecta que haya sido al principio, sea, no obstante, progresiva. Si sabemos que las capacidades del alma para el disfrute santo aquí en la tierra son aumentadas a través de los ejercicios santos, ¿por qué, pues, no podemos concluir que la continuación de esos ejercicios, en circunstancias más favorables, aumentarán aún más estas capacidades? Los deseos del alma por la felicidad también aumentan constantemente en esta vida, y probablemente seguirán aumentando en la eternidad. Por lo tanto, en vista de que las capacidades para este disfrute serán progresivas, y que las fuentes de gratificación serán inagotables, lo que sigue por necesidad ha de ser una felicidad continuamente creciente (Samuel Wakefield, *Christian Theology*, 636).

La perfección del cielo incluye el cuerpo, no el actual y corruptible de carne y sangre, sino el cuerpo espiritual que es incorruptible (1 Corintios 15:42). Así como el Cristo que está ahora entronizado en gloria es verdadero hombre, tanto en cuerpo como en alma, así cada santo será conformado al cuerpo de su gloria (Filipenses 3:21). No somos ahora capaces de formar un concepto justo y satisfactorio de ese cuerpo espiritual. Formarlo tampoco es una necesidad en estos momentos. Lo que representa el asunto de principal importancia es el reconocer que la vida eterna es una realidad que abarca a todo el ser humano. El cuerpo espiritual es la forma finita de existencia personal que responderá completamente a la condición de la humanidad glorificada, pero no menos real, sino más real que el cuerpo terrenal. Comparado con la corporeidad durante nuestra actual historia anormal, el cuerpo espiritual es el único cuerpo humano verdadero, del cual nuestra organización material presente es solo un tipo y una profecía imperfecta (Emanuel V. Gerhart, *Institutes of the Christian Religion*, II:910).

El cielo es una esfera de bienaventuranza única, dado que es la esfera de una armonía única. La naturaleza externa, ordenada según lo que la benevolencia perfecta e irrestricta dicte, se ajustará completamente, creemos, a los cuerpos espirituales de los santos, y se ampliará en una escena de belleza trascendental. Cada miembro de la comunidad celestial, radiante de perfección espiritual, será objeto de complacencia y deleite espontáneo el uno para el otro. Así, al darse y recibir mutuamente los goces santos, todos conocerán la fruición de una sociedad en la que el amor será absolutamente soberano. Como centro de esa sociedad santa, su base de armonía, la vida de su vida, conocido lo suficientemente como para invitar a la plena confianza y a la comunión amorosa, lo suficientemente misterioso en las profundidades infinitas de su ser como para permitir un campo de investigación y revelación perpetua, se encuentra Aquél quien es conocido verdaderamente como Emmanuel, el siempre presente, quien está sobre todas las cosas y en ellas y a través de ellas, y por medio de quien todas las cosas subsisten. Todo heredero de la vida eterna lo conocerá como la fuente de su perfección, y verá su gracia y belleza reflejada en el resto de toda la hueste celestial. Así todos serán "perfectos en unidad" [Juan 17:23], y la oración de Cristo alcanzará su cumplimiento ideal. A la iglesia militante que atraviesa por las luchas de las vicisitudes terrenales y batalla contra sus enemigos, le sucederá la iglesia triunfante que habitará en luz brillante y se encontrará segura en su herencia eterna (Henry C. Sheldon, *System of Christian Doctrine*, 578-579).

27. Al mediar sobre en lo que se ha revelado tocante a las condiciones de la existencia celestial hay que evitar dos errores: (1) el extremo de considerar el modo de existencia que experi-

mentarán los santos en el cielo como demasiado análogo al de nuestra vida terrenal; (2) el extremo opuesto de considerar las condiciones de la vida celestial como demasiado distinguibles de nuestra experiencia actual. El efecto perverso del primer extremo será, por supuesto, el que se degraden nuestras concepciones del cielo debido a asociaciones indignas; entre tanto, el efecto perverso del extremo opuesto será en gran medida la destrucción del poderío moral que la esperanza del cielo debe ejercer naturalmente sobre nuestros corazones y vidas, haciendo vago el concepto que tengamos de él, y, por consecuencia, distante y vacilante nuestra simpatía con sus características. Para evitar estos dos extremos debemos fijar los límites dentro de los cuales se sitúen nuestras concepciones de la existencia futura de los santos, distinguiendo entre aquellos elementos que le pertenecen a la naturaleza del ser humano y a la de su relación con Dios y con los demás seres humanos, y aquellos otros elementos que deberán ser cambiados a fin de que su naturaleza y sus relaciones resulten perfectas. Estas cosas deberán cambiar: (1) el pecado y sus consecuencias, todo lo cual deberá ser removido; (2) los cuerpos espirituales, los cuales deberán tomar el lugar de la carne y la sangre actual; (3) los cielos nuevos y la tierra nueva, los cuales deberán tomar el lugar de los cielos y la tierra actual como escenario de la vida del ser humano; (4) las leyes de la organización social, las cuales deberán ser cambiadas radicalmente por el hecho de que en el cielo nadie se dará en casamiento, puesto que el orden social que se introduzca será análogo al de "los ángeles de Dios". Los siguientes elementos son esenciales y, por lo tanto, incambiables: (1) El ser humano continuará viviendo para siempre, pero formado de dos naturalezas, la espiritual y la material. (2) Dado que él es esencialmente intelectual, deberá vivir por medio del conocimiento. (3) Es esencialmente activo, y deberá tener trabajo que cumplir. (4) El ser humano puede, como criatura finita, conocer a Dios mediatamente, es decir, por medio de las obras de su creación y providencia, y de la experiencia de su obra misericordiosa sobre nuestros corazones, y por medio de su Hijo encarnado, quien es la imagen de su persona y la plenitud corporal de la deidad. Dios, por lo tanto, continuará en el cielo enseñando al ser humano mediante sus obras, y actuando sobre él mediante móviles dirigidos a su voluntad a través del entendimiento. (5) La memoria del ser humano nunca pierde, en última instancia, la más mínima de las impresiones, por eso le pertenecerá a la perfección del estado celestial el que cada experiencia adquirida en el pasado se encuentre siempre dentro del control perfecto de la voluntad. (6) El ser humano es esencialmente un ser social. Esto, tomado en su relación con el punto anterior, lleva a la conclusión de que las asociaciones, así como las experiencias de nuestra vida terrenal, arrastrarán con todas sus consecuencias naturales hasta la nueva morada de existencia, excepto en lo que sean necesariamente modificadas (no perdidas) por el cambio. (7) La vida del ser humano es esencialmente un progreso eterno hacia la perfección infinita. (8) Todas las analogías conocidas de las obras de Dios en la creación, de su providencia en el mundo material y moral, y de su dispensación de gracia, indican que en el cielo los santos serán diferentes entre sí, tanto en lo que toca a sus capacidades y cualidades inherentes, como al rango y oficio relativos. Esas diferencias serán sin duda determinadas (1) por las diferencias constitucionales de la capacidad natural, (b) por las bondadosas recompensas que en el cielo corresponderán en clase y grado a la fructificación magnánima del individuo en la tierra, y (c) por la soberaneidad absoluta del Creador (A. A. Hodge, *Outlines of Theology*, 461-462).

28. El asunto final del retorno de nuestro Señor se podría decir que será la consumación de todas las cosas. Ello, en lo que toca al Redentor, será el fin en sí de su reino mediador, en tanto que en lo que respecta al humano, será la redención culminada de la raza y su restauración al ideal divino y propósito primario del Creador. En cuanto al escenario de la redención, que es el mundo, la consumación de todas las cosas traerá una renovación de la transformación, y en cuanto a la iglesia de Cristo, colectiva e individualmente, sellará la

perfección en la visión eterna de Dios y en la bienaventuranza del estado celestial (William Burton Pope, *Compendium of Christian Theology*, III:424).

El Hijo habrá adelantado ahora el reino de Dios hasta aquel punto en el cual el amor del Padre podrá concretarse perfectamente. Habrá entregado el reino al Padre, habrá dejado de lado su oficio mediador en vista de que, y debido a la destrucción perfecta del pecado y la muerte, ya no se hallará lugar para la obra mediadora de expiación y redención, pues que todos los salvos serán idóneos para la gloriosa libertad de los hijos de Dios. Pero el Apóstol no quiere decir en ningún sentido que la obra mediadora de Cristo haya terminado, puesto que Cristo habitará eternamente como el Esposo, la cabeza del reino bienaventurado; todas las comunicaciones de las bendiciones del Padre hacia sus criaturas pasarán a través del Hijo, y entonces será seguro por primera vez, en el sentido pleno de estas palabras, que Él lo llenará todo con su propia plenitud (H. L. Martensen, *Christian Dogmatics*, 484).

El reino mediador cesará en su relación con el Dios trino; la Trinidad redentora que introdujo la economía de subordinación en las dos personas, será de nuevo la Trinidad absoluta. El Hijo encarnado cesará de mediar; como encarnado, estará eternamente subordinado, pero no habrá nada que declare su subordinación: ningún dominio mediador sobre enemigos, ni ningún servicio ni adoración mediadora de su pueblo. Toda la humanidad verá al Dios trino en el rostro de Jesucristo, y la mediación de la gracia vendrá a ser la mediación de la gloria. El Intercesor no tendrá que orar más por nosotros, sino que revelará abiertamente y por siempre al Padre (William Burton Pope, *Compendium of Christian Theology*, III:425).

29. El reino tendrá un nuevo principio: nuevo como el que habrá dispuesto el reino de los cielos nuevos y la tierra nueva. El Espíritu de Cristo será la unión inmanente entre Éste y nosotros, y entre nosotros y la santa Trinidad. "Pero el que se une al Señor, un espíritu es con él" (1 Corintios 6:17). La Persona encarnada ha de ser glorificada como nunca antes: su personalidad, en tanto divina, ya no será velada u oscurecida por humillación alguna, ni será revelada intermitentemente. Dios será todo en todos: primero en la santa Trinidad, y luego en nosotros por medio de Cristo (William Burton Pope, *Compendium of Christian Theology*, III:426).

El cielo de los santos no será, por lo tanto, un dominio de sombras, insustancial e indeterminado, sino un reino sustancial y real, en el cual las facultades y funciones de la personalidad humana estarán activas en el gozo de la libertad con justicia. Al igual que con las capacidades del alma, los poderes del cuerpo se conmensurarán a la ley y la vocación de la vida eterna (Emanuel V. Gerhart, *Institutes of the Christian Religion*, 914).

30. Dios y los espíritus bienaventurados serán los constituyentes imperecederos de la vida beatífica. Cada espíritu reflejará no solo a Dios, sino al reino entero del cual será miembro. Cuando Dios sea todo en todos, podrá decirse que todos estarán en todos, los unos en los otros, y la multiplicidad de carismatas se revelará a sí misma en este reflejo ilimitado y preclaro de amor y contemplación, en esta siempre nueva alternación de dar y recibir y de comunicación y receptividad (H. L. Martensen, *Christian Dogmatics*, 488).

31. William Burton Pope observa que "hay algunas indicaciones de que el fin de la historia humana será la restauración del universo; la misma sucederá para que el ser humano, al fin, perfectamente redimido, se una a los otros órdenes de las criaturas inteligentes en el servicio de adoración del templo eterno: es como si su armonía, sin las voces humanas, no hubiera sido considerada perfecta. Pero esto no sanciona la noción especulativa de que el número de los salvados de la tierra será el que llene de manera precisa la vacante causada por la caída de los que no guardaron su primer estado. Esta especulación, que data de la edad media, introduce un elemento predestinatario en la consumación final que la Biblia no garantiza. El testimonio de Jesús, por el Espíritu de la profecía, tampoco sanciona el

pensamiento de que la consumación unirá a todos los espíritus y a todos los seres humanos en la bienaventuranza de la unión con Dios. La discordancia será suprimida, pero no de esa manera. La reconciliación de la que el apóstol Pablo habla (1 Corintios 15:25-28; Efesios 1:10), es del cielo y de la tierra, pero sin incluir el infierno. Y la reconciliación se efectuará como resultado de la expiación mediante el sacrificio de Jesús, el cual fue ofrecido en su naturaleza humana y solo en ella" (William Burton Pope, *Compendium of Christian Theology*, III:450-451).

BIBLIOGRAFÍA GENERAL

Lo que sigue es la bibliografía general que el doctor H. Orton Wiley preparó para el original en inglés de su *Teología Cristiana* en tres tomos. Como notará el lector, casi la totalidad de la bibliografía está en inglés, con la excepción de unos pocos títulos en latín. Puede que Wiley haya consultado obras de erudición teológica en español. No lo sabemos. Pero sí sabemos que era necesario incluir en esta versión en español su bibliografía general tal y como apareció en la obra original inglés, y tenemos por lo menos tres razones para hacerlo:

En primer lugar, porque el lector de habla hispana, aun cuando decida solo hacer un examen somero de esta bibliografía, podrá ver de primera mano cómo Wiley organizó su extenso material de consulta teológica. Creemos que esa manera organizada en que Wiley trabajó puede servir de ejemplo para cualquier estudiante de teología que esté enfrascado en su propia organización de tan complejísima materia de estudio, investigación y consulta como lo es la teología sistemática.

En segundo lugar, porque hoy día el inglés se ha convertido en un idioma casi obligado de investigación teológica para los lectores de otros idiomas universales incluyendo el español. No creemos que Wiley lo visualizó así cuando escribió y enseñó hace un siglo, pero la mayoría de la erudición teológica de hoy se publica principalmente en inglés. Por eso es que una cantidad cada vez mayor de hombres y mujeres de habla hispana interesados en el campo de la teología también dominan el inglés teológico escrito. Para ellos será de interés ver en esta bibliografía general las obras en inglés que moldearon el pensamiento de Wiley durante los más de 20 años que le tomó escribir su *Teología Cristiana.* Pero les será aún de mayor interés querer leer por sí mismos algunas de esas obras en inglés para beneficio de su propia investigación y producción teológica en español. Muchas de las obras en inglés podrían ya ser de dominio público y estar disponibles gratuitamente y en forma digital por Internet.

En tercer lugar, porque Wiley fue uno de los más grandes pensadores en la tradición wesleyana de santidad de inicios del siglo pasado. La *Teología Cristiana* en tres tomos fue la obra magna de este notable erudito nazareno. Hemos considerado que la bibliografía general que él preparó para el original en inglés deberá seguir siendo parte íntegra de su versión en cualquier otro idioma, y la versión en español no debe ser la excepción.

—*Los editores*

PARTE I
INTRODUCCIÓN: EL CAMPO DE LA TEOLOGÍA

OBRAS DE CONSULTA GENERAL

William Burton Pope, *Compendium of Christian Theology* (3 volúmenes), Phillips & Hunt, segunda edición, 1880

John Miley, *Systematic Theology* (2 volúmenes), Eaton & Mains, 1892

Miner Raymond, *Systematic Theology* (3 volúmenes), Hitchcock & Walden, 1877

John J. Tigert, *Summers' Systematic Theology* (2 volúmenes), Nashville, 1888

Thomas N. Ralston, *Elements of Divinity* (editado por T. O. Summers), Cokesbury, 1924

A. M. Hills, *Fundamental Christian Theology* (2 volúmenes), C. J. Kinne, Pasadena College, 1931

Emanuel V. Gerhart, *Institutes of the Christian Religion* (2 volúmenes), Funk & Wagnalls, 1894

Charles Hodge, *Systematic Theology* (4 volúmenes), Scribners, 1871, 1883

A. A. Hodge, *Outlines of Theology*, Carter & Brothers, 1860

Henry C. Sheldon, *System of Christian Doctrine*, Methodist Book Concern, 1903

Enoch Pond, *Lectures on Christian Theology*, Boston, 1867

James Petigru Boyce, *Abstract of Systematic Theology*, Wharton & Co., 1888

S. J. Gamertsfelder, *Systematic Theology*, Cleveland, Ohio, 1913

H. Martensen, *Christian Dogmatics*, T. & T. Clark, 1898

Joseph Stump, *The Christian Faith*, Macmillan, 1932

Francis J. Hall, *Dogmatic Theology* (10 volúmenes), New York, 1907-1922

Francis J. Hall, *Theological Outlines*, Morehouse, 1933

John MacPherson, *Christian Dogmatics*, T. & T. Clark, 1898

James H. Fairchild, *Elements of Theology*, Oberlin, 1892

Olin A. Curtis, *The Christian Faith*, Eaton & Mains, 1905

Edgar Y. Mullins, *The Christian Religion in Its Doctrinal Expression*, Judson Press, 1917

J. J. Butler y Ransom Dunn, *Lectures on Systematic Theology*, Boston, 1892

Samuel Sprecher, *The Groundwork of a System of Evangelical Lutheran Theology*, Philadelphia, 1879

William G. T. Shedd, *Dogmatic Theology* (2 volúmenes), Scribners, 1888

Henry B. Smith, *Introduction to Theology*, 1883; *Systematic Theology*, 1884, New York

William Adams Brown, *Christian Theology in Outline*, Scribners, 1906

William Newton Clarke, *An Outline of Christian Theology*, Scribners, 1905

Ezekiel Gilman Robinson, *Christian Theology*, 1894

J. J. Van Oosterzee, *Christian Dogmatics* (2 volúmenes), Scribners, 1874

William Burton Pope, *A Higher Catechism of Theology*, Hunt & Eaton

Alvah Hovey, *Manual of Christian Theology*, Silver Burdett & Co., 1900

Samuel Wakefield, *Christian Theology*, New York, 1869

Isaac A. Domer, *A System of Christian Doctrine*, T. & T. Clark, 1888

A. W. Drury, *Outline of Doctrinal Theology*, Otterbein Press, 1914, 1926

Jonathan Weaver, *Christian Theology*, United Brethren Publishing House, 1900

J. T. Horger, *Fundamental Revelation in Dramatic Symbol.*

Miles Grant, *Positive Theology*, Boston, 1895

Theodore Haering, *The Christian Faith* (2 volúmenes), London, 1915

L. Berkhof, *Systematic Theology* (2 volúmenes), Eerdmanns, 1938

L. Berkhof, *Reformed Dogmatics*, Eerdmanns, 1937

W. Elert, *An Outline of Christian Doctrine*, Philadelphia, 1927

R. F. Weidner, *Dogmatic Theology*, basado en Luthardt and Krauth (8 volúmenes), 1888-1915

A. G. Voigt, *Biblical Dogmatics*, Columbia, S. C., 1917

J. A. Singmaster, *A Handbook of Christian Theology*, Philadelphia, 1927

W. Hove, *Christian Doctrine*, Minneapolis, 1930

C. E. Lindberg, *Christian Dogmatics*, Rock Island, 1922

P. L. Mellenbruch, *The Doctrines of Christianity*, New York, 1931

H. Schmid, *Doctrinal Theology of the Evangelical Lutheran Church*, traducido por Hay y Jacobs, Philadelphia, 1876, 1889

M. Valentine, *Christian Theology* (2 volúmenes), Philadelphia, 1906

H. E. Jacobs, *A Summary of the Christian Faith*, Philadelphia, 1905

A. H. Strong, *Systematic Theology* (3 volúmenes), Griffith & Rowland, 1907

Amos Binney, *Theological Compend Improved*, Nelson & Phillips, 1875

Asbury Lowrey, *Positive Theology*, Eaton & Mains, 1853

W. B. Godbey, *Bible Theology*, Cincinnati, 1911

E. P. Ellyson, *New Theological Compend*, 1905

Nels F. S. Ferre, *The Christian Faith*, Harper Brothers, 1942

Henry David Gray, *A Theology for Christian Youth*, Cokesbury, 1941

J. S. Whale, *Christian Doctrine*, Macmillan, 1941

Frank Hugh Foster, *The Fundamental Ideas of the Roman Catholic Church*, Philadelphia, 1899

W. Wilmers, *Handbook of the Christian Religion* (católico romano), Benziger, 1891

John Dickie, *The Organism of Christian Truth*, London, 1930

William Edgar Fisher, *Sound Doctrine*, 1918

H. L. Smith, *Bible Doctrine*, Upland, 1921

John Milton Williams, *Rational Theology*, Chicago, 1888

J. M. Conner, *Outlines of Christian Theology*, Little Rock, 1896

Charles G. Finney, *Lectures on Theology*, 1878

Dabney, *Theology, Dogmatic and Polemic*, Richmond, 1885

Beard, *Lectures on Theology* (3 volúmenes), Nashville, 1871

Lewis French Steams, *Present Day Theology*, Scribners, 1893

J. M. Pendleton, *Christian Doctrine*, Philadelphia, 1878

Wilhelm Herrmann, *Systematic Theology,* Macmillan, 1927

Wilhelm y Scannell, *A Manual of Catholic Theology* (2 volúmenes), London, 1890

A. G. Mortimer, *Catholic Faith and Practice* (2 volúmenes), New York, 1897, 1898

Henry R. Percival, *A Digest of Theology,* Philadelphia, 1893

E. A. Litton, *Introduction to Dogmatic Theology,* London, 1912

Darwell Stone, *Outlines of Christian Dogma,* London, 1905

T. A. Lacey, *The Elements of Christian Doctrine,* New York, 1901

Joseph Pohle y Arthur Preuss, *Dogmatic Theology,* St. Louis, 1911-1917

John P. Norris, *Rudiments of Theology,* New York, 1876

D. C. Macintosh, *Theology as an Empirical Science,* New York, 1919

Orchard, *Foundations of* the Faith, New York, 1926

Nathanael Burwash, *Manual of Christian Theology on the Inductive Method* (2 volúmenes), London, 1900

H. Maldwyn Hughes, *Basic Beliefs,* Abingdon Press, 1929

Edw. G. Selwyn, *Essays Catholic and Critical,* New York, 1926

F. R. Tennant, *Philosophical Theology* (2 volúmenes), London, 1928, 1930

Hunter, *Outline of Dogmatic Theology* (3 volúmenes), Longmans Green & Co.

Moule, *Outlines of Christian Doctrine,* Hodder & Stoughton

James Denny, *Studies in Theology,* Hodder & Stoughton

B. H. Streeter, *Foundations,* London, 1913

T. B. Strong, *A Manual of Theology,* London

Norris, *Rudiments of Theology,* New York, 1876

Buell, *Systematic Theology* (2 volúmenes), New York, 1889

A. L. Graebner, *Outlines of Doctrinal Theology,* St. Louis, 1898

J. A. Clapperton, *Essentials of Christian Theology,* London, 1913

Obras más Antiguas sobre Teología

John Dick, *Lectures on Theology,* Glasgow and New York, 1859

Joseph Bellamy, *Works* (1850 Ed., Boston)

Herman Venema, *Institutes of Theology,* traducido por Brown, T. & T, Clark, 1850

Alexander Vinet, *Outlines of Theology,* London, 1866

George Tomline, *Elements of Christian Theology* (2 volúmenes), London, 1812

Thomas Ridgley, *A Body of Divinity* (4 volúmenes), London, 1812

George Hill, *Lectures in Divinity,* Herman Hooker, 1844

Timothy Dwight, *Theology Explained and Defended in a Series of Sermons* (4 volúmenes), Harper Brothers, 1849

Samuel Hopkins, *The System of Doctrines Contained in Revelation, Explained and Defended Richard Watson, Theological Institutes* (2 volúmenes), Lane & Scott, New York, 1851

John Calvin, *The Institutes of the Christian Religion* (2 volúmenes), New York, 1819 (traducido por John Allen, London, 1813)

James Arminius, *Works* (3 volúmenes), traducido del latín, Auburn y Buffalo, 1853

Thomas C. Thornton, *Theological Colloquies, or a Compendium of Divinity,* Lewis Coleman, 1837

Henry E. Jewett, *Analysis of Lectures delivered by Professor Park,* Andover, 1867-1868

S. H. Willey, *Notes of Lectures by Rev. H. White, Professor of Systematic Theology,* Union Theological Seminary, 1846

George Christian Knapp, *Lectures on Christian Theology,* traducido por Leonard Woods, Philadelphia, 1845

Nitzsch, *System of Christian Doctrine,* 1849

Robert J. Breckinridge, *The Knowledge of God Objectively Considered,* 1859 y *The Knowledge of God Subjectively Considered,* 1860

Chr. Ernst Luthardt, *Fundamental Truths of Chiistianity,* traducido por Sophia Taylor, T. & T. Clark, 1869: cf. *Dogmatics,* 1865, séptima edición, 1886

Dagg, *Manual of Theology,* Charleston, 1859

Randolph, *Lectures on Systematic Theology* (3 volúmenes), London, 1869

Granahan, *Introduction to the Theologica Summa of St Thomas,* Zybura Herder Book Co., St. Louis

Thomas Aquinas, *Summa Theologica*

HISTORIA DE LA DOCTRINA CRISTIANA

K. R. Hagenbach, *History of Doctrine* (2 volúmenes), editado por Henry B. Smith, New York, 1861

Adolph Hamack, *History of Dogma* (7 volúmenes), traducido por Buchanan, London, 1905

George P. Fisher, *History of Christian Doctrine,* New York, 1896

R. Seeberg, *Text-Book of the History of Doctrine,* traducido por C. E Hay (2 volúmenes), Philadelphia, 1905

J. F. Bethune-Baker, *An Introduction to the Early History of Christian Doctrine,* Methuen & Co.

T. R. Crippen, *A Popular Introduction to the History of Christian Doctrine,* T. & T. Clark, 1883

Henry C. Sheldon, *History of Christian Doctrine* (2 volúmenes), New York, 1886

William G. T. Shedd, *History of Christian Doctrine* (2 volúmenes), Scribners, 1884

Arthur Cushman McGiffert, *A History of Christian Thought* (2 volúmenes), Scribners, 1932

Augustus Neander, *History of Christian Dogmas* (2 volúmenes), traducido por J. E. Ryland, editado por J. L. Jacobi, London, 1882

Jphn Stoughton, *An Introduction to Historical Theology,* London

Charles A. Briggs, *History of the Study of Theology* (2 volúmenes), Scribners, 1916

Herbert B. Workman, *Christian Thought to the Reformation,* Scribners, 1911

Arthur Cushman McGiffert, *Protestant Thought Before Kant,* Scribners

Edward Caldwell Moore, *An Outline of the History of Christian Thought Since Kant,* Scribners

W. A. Butler, *Letters on the Development of Christian Doctrine,* Dublin, 1850

Bernard Otten, *A Manual of the History of Dogmas* (2 volúmenes), St. Louis, 1917, 1918

J. Tixeront, *History of Dogmas,* (3 volúmenes), St. Louis, 1910

J. F. Bethune-Baker, *An Introduction to the Early History of Christian Doctrine to the Time of the Council of Chalcedon*, London, 1903

Ante-Nicene Library (14 volúmenes), Christian Literature Edition, Edinburgh, American Reprint, New York, 1926

Ante-Nicene Fathers (10 volúmenes), New York, 1905

Nicene and Post-Nicene Library, First Series (14 volúmenes), New York, 1907

Nicene and Post-Nicene Library, Second Series (14 volúmenes), New York, 1904

Ante-Nicene Christian Library, T. & T. Clark, 1868

E. Hatch, *The Influence of Greek Ideas and Usages upon the Christian Church*, London, 1890, 1914

G. Uhlhom, *The Conflict of Christianity with Heathenism*, traducido por Smyth and Ropes, New York, 1891

C. Bigg, *The Christian Platonists of Alexandria*, 1886

A. T. Drane, *Christian Schools and Scholars*, 1867, 1881, 1910

C. Kingley, *Alexandria and Her Schools*, 1854

E. Caird, *Evolution of Theology in Greek Philosophers* (2 volúmenes)

Cunningham, *Historical Theology* (2 volúmenes), Edinburgh, 1862

J. Donaldson, *A Critical History of Christian Literature and Doctrine from the Death of the Apostles to the Nicene Council* (3 volúmenes), London, 1864

R. Blakey, *Lives of the Primitive Fathers*, 1842

Douglas, *Christian Greek and Latin Writers* (editado por F. A. March), New York, 1874-1880

Fred Watson, *The Ante-Nicene Apologies: Their Character and Value*, Cambridge, 1870

J. Bennet, *The Theology of the Early Christian Church Exhibited in the Quotations from the Writers of the First Three Centuries*, London, 1852

W. J. Bolton, *The Evidences of Christianity as exhibited in the Writings of its Apologists down to Augustine*, New York, 1854

John Wright Buckham, *Progressive Religious Thought in America*, Houghton-Mifflin, 1919

Período Temprano

The Ante-Nicene, Nicene y Post-Nicene Fathers

Migne, *Patrologia Latina*

J. F. Bethune-Baker, *An Introduction to the Early History of Christian Doctrine to the Time of the Council of Chalcedon*, London, 1903

Lightfoot, *Apostolic Fathers; Clement of Rome* (2 volúmenes); *Ignatius and Polycarp* (3 volúmenes)

F. J. A. Hort, *Six Lectures on the Ante-Nicene Fathers*

F. W. Farrar, *Lives of the Fathers* (2 volúmenes)

Kruger, *History of Ancient Christian Literature*

Hall, *Papias*

Roberts y Donaldson (editores), *Writings of Irenaetis*, T. & T. Clark,

Poole, *Life and Times of St. Cyprian*, 1868; *Writings of Hippolytus*, T. & T. Clark, 1868

J. W. Benson, *Life and Times of St. Cyprian*, 1898

J. Drummond, *Philo Judaeus* (2 volúmenes), 1888

C. Siegfried, *Philo V. Alexander*, Jena, 1875

Origen, *De Prindpiis*, Biblioteca Antenicena, Vol. IV

William Fairweather, *Origen and the Greek Patristic Theology*, Scribeners, 1901

C. H. Lommatzsch, *Origen*, traducido por F. Crombie, Berlin, 1831-1848

T. Taylor, *Works of Plotinus*, 1794, con notas por G. R. S. Mead, 1895

J. Patrick, *The Apology of Origen in Reply to Celsus*, 1892

G. Hartel, *Cyprian* (3 volúmenes), Vienna, 1868-1871

T. Whittaker, *Apollonius of Tyana*, 1906

G. R. S. Mead, *Apollonius of Tyana*, 1901

H. L. Mansel, *Gnostic Heresies*, 1875 (editado por el obispo Lightfoot)

W. Wright, *Apocryphal Acts of Apostles* (2 volúmenes), 1871

F. Oehler, *Tertullian* (3 volúmenes), Leipsic, 1854

A. Robertson, *Selected Works of Athanasius*, Oxford, 1892

Augustine, *Enchiridion; De Doctrina Christiana; De Civitate Dei;* Biblioteca Nicena y Postnicena

Cunningham, *St. Austin and His Place in the History of Christian Thought*

Philip Schaff, *Life and Labors of St. Augustine*, 1851

A. Hatefeld, *St Augustine* (sexta edición), Paris, 1902

Erich Przywara, *An Augustine Synthesis Augustine, Works, Nicene Fathers*

Athanasius, *C. Arianos, Nicene and Post-Nicene Fathers; C. Gentes; On the Incarnation*

H. M. Gwatkin, *Studies in Arianisin*, 1882, 1900; *Arian Controversy*, 1898

J. H. Newman, *Arians of the Fourth Century*, 1871

J. de Soyres, *Montanism and the Primitive Church*, 1878

C. E. Raven, *Apollinarianism: An Essay of the Christology of the Early Church*, 1923

J. F. Bethune-Baker, *The Meaning of Homoousios in the Constantinopolitan Creed*, Cambridge, 1901; *Nestorius and His Teaching*, Cambridge, 1908

E. R. Goodenough, *The Theology of Justin Martyr*

W. Bright, *The Age of the Fathers* (2 volúmenes), 1903

J. A. Neander, *Antignosticus or Spirit of Tertullian*, traducido por Ryland, London, 1851

Lactantius, *Divinarum Institutionum Libri Septem; De ira Dei; De ave Phoenice, Nicene y Post-Nicene Fathers.*

John of Damascus, *De Fide Orthodoxa*, de *The Fountain of Knowledge*, editado por LeQuien, Paris, 1712

J. H. Lupton, *St John of Damascus*, London, 1882

G. A. Jackson, *The Apostolic Fathers and the Apologists of the Second Century*, New York, 1879

W. G. T. Shedd (Editor), *The Confessions of Augustine*, Andover, 1860

J. Fitzgerald, *The Didache or Teaching of the Twelve Apostles*, John B. Alden, New York, 1884

Philip Schaff, *The Teaching of the Twelve Apostles*, 1885

F. Loofs, *Nestorius and His Place in the History of Christian Doctrine*, 1914

Driver and Hodgson, *The Bazar of Heracleides*, 1925

H. Koch, *Pseudo-Dionysius Areopagita*, 1900

C. E. Rolt, *Dionysius the Areopagite on the Divine Names and the Mystical Theology*, 1920

Rufus M. Jones, *Studies in Mystical Religion*, 1909

A. Robertson, *Selected Works of Athanasius*, Oxford, 1892

J. Patrick, *Clement of Alexandria*, 1914

R. B. Tollinton, *Clement of Alexandria*

Período Medieval

St Anselm, *Church*

Sykes, *Peter Abailard*, Cambridge University Press, 1932

E. H. Blakeney, *The Tome of Leo the Great*, London, 1923

Townsend, *The Great Schoolmen of the Middle Ages*

Maurice De Wulf, *History of Mediaeval Philosophy,* 1909; *Scholasticism Old and New,* Longmans Green & Company

West, *Alcuin*

Anselm, *Cur Deus Homo,* London, 1896; *Proslogium; Monologium, Chicago,* 1903

Deane, *Translation of Anselm's Proslogium,* Monologium y *Cur Deus Homo*

Storrs, *Bernard of Clairveaux*

Compayre, *Abelard*

E. A. Moody, *The Logic of William of Ockham,* New York, 1935

McKeon, *Selections from the Mediaeval Philosophers,* Scribners, 1929

Thomas Aquinas, *Summa Theologica* (8 volúmenes), Paris, 1880; *Commentary on the Sentences of Peter Lombard*

E. I. Watkins, *St Thomas, Angel of the Schools,* traducido por Scanlan, London, 1931

Vaughn, *Hours with the Mystics*

Eales, *Life and Works of St Bernard* (2 volúmenes), London, 1889

Hugo of St. Victor, *Summa Sententiarum; De Sacramentis Fidei Christinnae*

Liebner, *Hugo von St Victor,* Leipsic, 1832

Richard of St. Victor, *De gratia contemplationis*

Peter Lombard, *Libri sententiarum quattuor*

Robert Pulleyn, *Sententiarum*

William of Champeaux, *De Origine Animae; De Eucharistia Abelard, Jntroductio ad theologiam; Sic et Non John Scotus Erigena, De Divisione Naturae*

Alexander of Hales, *Summa Universae Theologiae*

Albertus Magnus, *Summa Theologiae*

Bonaventura, *Breviloquium*

Duns Scotus, *Opus Oxonlense; Opus Parisiense*

Los Místicos

Meister Eckhart, *Works,* editado por Franz Pfeiffer, Leipsic, 1857

Johannes Tauler, *Sermons,* London, 1857, New York, 1858

Heinrich Suso, *"On Eternal Wisdom,"* 1338

John Ruysbroeck, *Works* (5 volúmenes), por J. David Ghent, 1857-1869 cf. Uilmann, *Reformers before the Reformation* (2 volúmenes); y Vaughn, *Hours with the Mystics* (2 volúmenes), London, 1880

Precursores de la Reforma

John Wycliffe, *Trialogus* (editado por Lechler), Oxford, 1869

John Huss, *De Ecclesia,* "On the Church"

Johann Wessel, *Works* (publicado por Luther, 1522)

Período de la Reforma

Martin Luther, *De Servo Arbitrio,* 1525

Philip Melanchthon, *Loci Communes,* 1521

Ulrich Zwingli, *Commentaries fie Vera et Fated Religione*

John Calvin, *Institutes of the Christian Religion,* London, 1813

Krauth, *The Conservative Reformation and Its Theology,* Philadelphia, 1871

Cunningham, *The Reformers and the Theology of the Refor:nation,* Edinburgh, 1862

Período Confesional

Leonard Hutter, *Compendium Locorum Theologicorum,* 1610; *Loci Communes Theologici,* 1619

John Gerhard, *Loci Theologici,* 1610-1625 (9 volúmenes), *Leipsic; Medita- tiones Sacra*

George Calixtus, *Epitome Theologiae,* 1619; *Life and Correspondence,* London, 1863 (cf, W. C. Dowding, *German Theology during the Thirty Years War*)

John William Baier, *Compendium Theologiae Positivae,* 1685

Johann Quenstedt, *Theologia Didactic a Polemic a,* 1685

A. Calovius, *Systema Locorum Theologicorum.* (12 volúmenes), 1655-1677; *Biblia Illustrata* (4 volúmenes)

David Hollaz, *Examen Theologicum Acroamaticum,* 1707

Daniel Chamier, *Memoir of D. Chamier,* London, 1852; Read, *Daniel Chamier,* Paris, 1858

Francis Turretin, *Institutio Theologiae Elencticae* (3 volúmenes), Edinburgh, 1847

Jean Alphonse Turretin, *A Discourse Concerning the Fundamental Articles of Religion,* London, 1720

William Twisse, *Opera* (3 volúmenes), Amsterdam, 1652

Johannes Wolleb, *Compendium Theologiae Christianae,* 1626

M. F. Wendelin, *Compendium Christianae Theologiae,* 1634; *Christianae Theologiae Systema Majus,* 1656

W. R. Bagnall, *The Writings of James Arminius* (3 volúmenes), Auburn and Buffalo, 1853

Bangs, *Life of Arminius,* New York, 1843

Simon Episcopius, *Institutiones Theologicae and Responsio ad Quaestiones Theologicas,* 1665 (cf. Calder, *Memoir of Simon Episcopius,* New York, 1837; Philip Limborch, *Life of Simon Episcopius,* Dutch and Latin, 1701)

Hugo Grotius, *Defensio Fidei Catholicae de Satisfactione Christi,* 1617; *De Veritate Relig. Christianae,* 1627; *Annotations upon the Old and New Testament,* Amsterdam, 1644, y London, 1660. Cf, Butler, *Life of Hugo Grotius,* London, 1826

Philipp van Limborch, *Institutiones Theologiae Christianae,* 1686; *Historia Inquisitionis,* 1692, y *De Veritate Religionis Christianae,* 1687

Etienne de Curcellaeus, *Vindicia Arminii,* 1645; *Defensio Blondelli,* 1657; *Dissertationes,* 1659;

Francis Gomarus, *Loci Theologiae,* 1644

Johannes Macovitis, *Loci Communes,* 1626

Johannes Cocceius, *Summa Doctrinae,* 1648; *Summa Theologiae.*

Melchoir Leydecker, *De Aeconomia Trim Personarum,* 1682

Hermann Witsius, *De Aeconomia Foederum Dei cum Hominibus,* London, 1837

John Wesley, *Works* (7 volúmenes), Methodist Book Concern, New York. Además de sus Sermones, Notas y Diarios, habría que mencionar especialmente su Tratado sobre el Pecado Original (una refutación al doctor Taylor); Un Llamado a Hombres de Razón y Religión (en defensa del metodismo); y Un Claro Informe sobre la Perfección Cristiana, 1766 (las ediciones posteriores fueron numerosas). La literatura sobre Wesley y el wesleyanismo es abundante. Mencionamos a continuación algunas de las fuentes más antiguas: Biografías por John Hampson (3 volúmenes), London, 1791 (la biografía de publicación más temprana); Adam Clarke, *Wesley Family,* London, 1823; Henry Moore (2 volúmenes), London, 1824;

Richard Watson, London; Tyerman (3 volúmenes), London, 1870; George J. Stevenson, Memorials of the Wesley Family, London, 1876; Abel Stevens, History of the Religious Movement of the Eighteenth Century, called Methodism (3 volúmenes), New York, 1859-1862

John William Fletcher (Vicar of Madeley), *Five Checks to Antinomianism; Scripture Scales to Weigh the Gold of Gospel Truth, Being an Equal Check to Pharisaism and Antinomianism*. Obra postuma, *Portrait of St Paul*.La primera edición completa de sus obras (8 volúmenes), London, 1803; *The Works of the Rev. John Fletcher* (4 volúmenes), Methodist Book Concern, New York. Escribieron sobre la vida de Fletcher, John Wesley, London, 1786; L. Tyerman, 1882; y Macdonald, 1885. Véase también a Stevens, *History of Methodism;* y a Ryle, *Christian Leaders of the Last Century,* London, 1865

W. P. Harrison, The Wesleyan Standards (Sermons by the Rev. John Wesley) con notas y análises, 1886, Nashville, 1894

Período Moderno

F. D. E. Schleiermacher, *The Christian Faith,* T. & T. Clark

Nitzsch, *System of Christian Doctrine* (Fifth edition) Edinburgh, 1849

Tweston, *Dogmatics* (2 volúmenes), 1838

Karl August Hase, *Evangelical Dogmatics,* Leipsic, 1826; *Hutterus Redivivus,* Leipsic, 1883 (12ma edición)

Daniel Schenkel, *Christian Dogmatics* (2 volúmenes), 1858-1859

Richard Rothe, *Thedlogische Ethik; Christian Dogmatics* (2 volúmenes), editado por Schenkel, Heidelberg, 1870

Isaac August Dorner, *System of Christian Doctrine,* T. & T. Clark, 1888; *History of the Development of the Doctrine of the Person of Christ,* 1835 (cf. J. A. Dorner); *Foundation Ideas of the Protestant Church; Christian Ethics Bishop H. L. Martensen, Christian Dogmatics,* T. & T. Clark, 1898

J. P. Lange, *Christian Dogmatics,* Heidelberg, 1849-1852

J. H. Ebrard, *Christian Dogmatics* (2 volúmenes), 1851

H. J. M. Voight, *Fundamental Dogmatics,* Gotha, 1874

Heinrich Schmid, *The Doctrinal Theology of the Evangelical Lutheran Church* (traducido por Hay and Jacobs), Philadelphia, 1876, 1889

Gottfried Thomasius, *Christ's Person and Work* (2 volúmenes), Erlangen, 1886-1888

K. F. A. Kahnis, *Lutheran Dogmatics* (2 volúmenes), Leipsic, 1874-1875

F. A. Philippi, *Kirchliche Glaubenslehre* (9 volúmenes), 1883

A. F. C. Vilman, *Dogmatics* (2 volúmenes), 1874

F. H. R. Frank, *Die Theologie der Concorddienformel* (4 volúmenes)

Christoph Ernst Luthardt, *Apologetic Lectures on the Fundamental Truths of Christianity,* T. & T. Clark, 1869; *Apologetic Lectures on the Saving Truths of Christianity,* 1868; *Apologetic Lectures on the Moral Truths of Christianity,* 1875; *Compendium of Dogmatics,* 1893

S. L. Bring, *Outlines of the Christian Doctrine of Faith* (Lund), 1869-1877

Gisle Johnson (Norway), *Outlines of Systematic Theology*

Axel F. Granfelt (Finland), *Christian Dogmatics*

Carl Olof Bjorling (Sweden), *Christian Dogmatics according to the Confessions of the Lutheran Church,* 1866

Ralph Wardlaw, *System of Theology* (3 volúmenes), 1856-1857

A. Ritschl, *Justification and Reconciliation*

Julius Kaftan, *Das Wesen der Christlichen Religion,* 1881

Richard Adelbert Lijpsius, *Lehrbuch der Evang. Prot. Dogmatik; Dogmatische Beitraege,* 1878

Theodore Haering, *The Christian Faith* (2 volúmenes), London, 1915

No incluimos aquí las obras británicas y norteamericanas sobre teología. Las mismas ya están incluidas en la sección de Consulta General.

Teología Contemporánea

Walter Marshall Horton, *Theism and the Modern Mood; Realistic Theology,* 1934; *A Psychological Approach to Theology,* 1931; *Contemporary English Theology; Contemporary Continental Theology,* 1938, Harper Brothers

Karl Barth, *The Word of God and the Word of Man,* Pilgrim Press, 1928; *The Christian Life,* London, 1930; *Epistle to the Romans,* Oxford, 1933; *God in Action,* Round Table Press, 1936; *Credo,* Scribners, 1936; *The Doctrine of the Word of God,* T. & T. Clark, 1936 Cf. *The Resurrection of the Dead,* Revell, 1933; *The Knowledge of God and the Service of God,* Scribners, 1939

Emil Brunner, *The Theology of Crisis,* Scribners, 1929; *The Word and the World,* Scribners, 1931; *The Mediator,* MacMillan, 1934; *God and Man,* MacMillan, 1936; *Philosophy of Religion,* Scribners, 1937; *The Divine Imperative,* MacMillan, 1937; *The Christian Understanding of Man* (Oxford Conference Books)

H. R. Mackintosh, *Types of Modern Theology,* London, 1937

A. Keller, *Karl Barth and Christian Unity,* MacMillan, 1933

A. Nygren, *Agape and Eros,* MacMillan, 1932

J. S. Zybura, *Present-day Thinkers and the New Scholasticism,* St. Louis, 1926

N. Berdyaev, *The End of Our Time,* Sheed & Ward, 1935; *The Fate of Man in the Modern World,* London, 1935; *The Meaning of History,* Scribners, 1936; *The Destiny of Man,* Scribners, 1937; *Freedom and the Spirit,* Scribners, 1939

J. Baillie, *Our Knowledge of God,* Scribners, 1939

P. A. Bertocci, *The Empirical Argument for God in Late British Thought,* Harvard University Press, 1938

E. E. Aubrey, *Present Theological Tendencies,* Harper Brothers, 1936

G. P. Conger, *The Ideologies of Religion,* Round Table Press, 1940

S. Bulgakov, *The Orthodox Church,* London, 1935; *The Wisdom of God,* Paisley Press, 1937

CREDOS Y CONFESIONES

Philip Schaff, *Creeds of Christendom* (3 volúmenes), Harper Brothers, 1877

W. A. Curtis, *History of Creeds and Confessions of Faith,* Scribners, 1912

Charles A. Briggs, *Theological Symbolics,* Scribners, 1914

E. H. Klotsche, *Christian Symbolics,* Eerdmanns, 1929

J. L. Neve, *Introduction to Lutheran Symbolics,* Burlington, 1917

J. A. Moehler, *Symbolism, or the Exposition of Doctrinal Differences between Catholics and Protestants,* traducido por J. A. Robertson, London, 1906

T. Herbert Bindley, *Ecumenical Documents of the Faith,* London, 1906

J. R. Lumby, *The History of the Creeds,* London, 1873

T. E. Schmauk y C. T. Benze, *The Confessional Principle and the Confessions,* Philadelphia, 1897

A. C. McGiffert, *The Apostles' Creed,* Scribners

T. Zahn, *The Articles of the Apostles' Creed,* Hodder & Stoughton, 1890

McFayden, *Understanding the Apostles' Creed,* MacMillan, 1927

Arthur Cushman McGiffert, *The Apostles' Creed,* Scribners, 1903

J. Kunze, *The Apostles' Creed and the New Testament,* Funk & Wagnalls, 1912

John Pearson, *An Exposition of the Creed,* London, 1824

A. E. Bums, *The Apostles' Creed,* New York, 1906; *The Nicene Creed,* New York, 1909

Thomas Richey, *The Nicene Creed and the Filioque,* New York, 1884

John H. Skrine, *Creed and the Creeds,* London, 1911

C. A. Heurttley, *Harmonica Symbolical A Collection of Creeds belonging to the Ancient Western Church, and to the Mediaeval English Church,* Oxford, 1858

S. S. Schmucker, *Lutheran Manual on Scriptural Principles,* Philadelphia, 1855

M. Loy, *The Augsburg Confession,* Columbus, 1908

J. H. W, Stuckenberg, *The History of the Augsburg Confession,* Philadelphia, 1869

R. W. Jelf, *The Thirty-Nine Articles of the Church of England,* London, 1873

C. Hardwick, *A History of the Articles of Religion with Documents,* London, 1859

Bishop A. P. Forbes, *An Explanation of the Thirty-Nine Articles,* London, 1866

T. P. Boultbee, *An Introduction to the Theology of the Church of England in an Exposition of the Thirty-Nine Articles,* London, 1871

Edward Bickersteth, *Questions Illustrating the Thirty-Nine Articles,* Philadelphia, 1845

Henry Blunt, *Discourse on the Doctrinal Articles of the Church of England,* Philadelphia, 1839

E. J. Bicknell, *A Theological Introduction to the Thirty-Nine Articles of the Church of England,* Longmans Green, 1919

Bishop George Tomline, *Christian Theology, an Exposition of the Thirty-Nine Articles of Religion,* London, 1843

W. Baker, *A Plain Exposition of the Thirty-Nine Articles,* London, 1883

Bishop E. Harold Browne, *Exposition of the Thirty-Nine Articles,* Oxford, 1847

Bishop Gilbert Burnet, *Exposition of the Thirty-Nine Articles,* New York, 1845

B. J. Kidd, *The Thirty-Nine Articles: Their History and Explanation,* New York, 1901

Edgar C. S. Gibson, *The Thirty-Nine Articles of the Church of England Explained, London,* 1904

John Macpherson, *The Westminster Confession of Faith,* New York, 1881

R. L. Cloquet, *Exposition of the Thirty-Nine Articles,* London, 1885

E. Terrel Green, *The Thirty-Nine Articles and the Age of the Reformation,* London, 1896

A. A. Hodge, *Commentary on the Confession of Faith,* Philadelphia, 1869

Silas Comfort, *An Exposition of the Articles of the Methodist Episcopal Church,* New York, 1847

Henty Wheeler, *History and Exposition of the Twenty-Five Articles of Religion of the Methodist Episcopal Church,* New York, 1908

A. A. Jimeson, *Notes on the Twenty-Five Articles,* Cincinnati, 1855

G. W. Bethune, *Expository Lectures on the Heidelberg Catechism* (2 volúmenes), New York, 1864

RELIGIÓN

Historia de la Religión

E. B. Tylor, *Primitive Culture,* 1871

Allan Menzies, *History of Religion,* MacMillan, 1910, Scribners, 1927

M. Jastrow, *The Study of Religion*

C. P. Tiele, *Elements of the Science of Religion* (2 volúmenes), 1897

A. Lang, *Myth, Ritual and Religion*

F. B. Jevons, *Introduction to the Study of Comparative Religion,* MacMillan, 1916

Frazer, *The Golden Bough,* New York, 1926

Brinton, *Religions of Primitive Peoples*

De la Saussaye, *Handbook of Religions*

George F. Moore, *History of Religions* (2 volúmenes), Scribners, 1913, 1919

Lowrie, *Primitive Religion,* 1925

Marett, *Sacraments of Simple Folk,* 1933; *Faith, Hope and Charity in Primitive Religion,* 1932

Murray, *Five Stages in Greek Religion,* 1925

Nilsson, *A History of Greek Religion*

Radin, *Monotheism and Primitive Peoples,* 1924

Schmidt, *The Origin and Growth of Religion Spencer and Gillen,* Native Tribes of Central Australia, 1898

Thomas, *History of Buddhist Thought,* 1933

Gowen, *A History of Religion,* Morehouse

S. M. Zwemer, *The Origin of Religion,* 1935

S. Cave, *Christianity and Some Living Religions of the East,* 1929

Albert Schweitzer, *Christianity and the Religions of the World,* 1923

R. E. Hume, *The World's Living Religions,* 1924

S. H. Kellogg, *A Handbook of Comparative Religion,* 1908

E. A. Marshall, *Christianity and the Non-Christian Religions Compared,* 1910

R. K. Douglas, *Confucianism and Taoism,* 1911

A. LeRoy, *The Religion of the Primitives,* 1922

D. A. Stewart, *The Place of Christianity Among the Great Religions of the World,* 1920

M. Monier-Williams, *Hinduism,* 1911

H. H. Underwood, *The Religions of Eastern Asia,* 1910

W, Tisdall, *Christianity and Other Faiths; Comparative Religion,* 1909

Charles S. Braden, *Modern Tendencies in World Religions,* MacMillan, 1933; *Varieties of American Religion,* Willett Clark and Co., 1936

Albert E. Hayden, *Modern Trends in World Religions,* Chicago, 1934

George A. Barton, *The Religions of the World,* Chicago, 1929

Psicología de la Religión

E. D. Starbuck, *Psychology of Religion,* Scribners, 1900; *The Psychology of Religious Experience,* Scribners, 1911

Stratton, *The Psychology of the Religious Life,* MacMillan, 1911

J. B. Pratt, *Psychology of Religious Belief,* MacMillan, 1907; *The Religious Consciousness,* MacMillan, 1923

R. H. Thouless, *An Introduction to the Psychology of Religion,* MacMillan, 1923

E. S. Waterhouse, *Psychology of Religion,* MacMillan, 1923

W. R. Selbie, *The Psychology of Religion,* Oxford, 1924

G. A. Coe, *Psychology of Religion,* Chicago, 1916

E. R. Uren, *Recent Religious Psychology,* T. & T. Clark L. W, *Grensted, Psychology and God,* Longmans, 1931; *Religion, Fact of Fancy*

George Barton Cutten, *The Psychological Phenomena of Christianity,* Scribners, 1909

John Wright Buckham, *Religion as Experience,* Abingdon, 1922

W. Boyd Carpenter, *The Witness of Religious Experience,* London, 1916

William James, *Varieties of Religious Experience,* New York, 1902

Harold Begbie, *Twice Born Men,* New York, 1909

S. V. Norborg, *Varieties of Christian Experience,* Augsburg, 1937

D. Yellowless, *Psychology's Defense of the Faith,* SCM

C. H. Valentine, *Modern Psychology and the Validity of Religious Experience*

W. R. Inge, *Christian Mysticism; Faith and It's Psychology*

E. Underhill, *Mysticism,* London, 1912

W. M. Horton, *A Psychological Approach to Theology,* Harpers, 1931

Frederich Heiler, *Prayer,* Oxford, 1932

Georg Wobbermin, *The Nature of Religion,* Crowell, 1933

H. N. y R. W. Wieman, *Normative Psychology of Religion,* Crowell, 1935

William Ernest Hocking, *Human Nature and Its Remaking,* Yale, 1923

Dewar and Hudson, *Psychology for Religious Workers* Waterhouse, *Psychology and Religion,* Richard Smith

L. Weatherhead, *Psychology in the Service of the Soul,* MacMillan

Karl L. Stolz, *The Psychology of Religious Living,* Cokesbury, 1937

Francis L. Strickland, *Psychology of Religious Experience,* Abingdon, 1924

Elmer T. Clark, *The Psychology of Religious Awakening,* MacMillan, 1929

Edmund S. Conklin, *The Psychology of Religious Adjustment,* MacMillan, 1929

J. Cyril Flower, *An Approach to the Psychology of Religion,* New York, 1927

Carroll C. Pratt, *The Logic of Modern Psychology,* MacMillan, 1939

Barbour, *Sin and the New Psychology*

G. Steven, *The Psychology of the Christian Soul,* New York, 1911

F. R. Barry, *Christianity and Psychology,* New York, 1923

H. S. Elliott, *The Bearing of Psychology on Religion,* New York, 1927

W. E. Hocking, *Human Nature and Its Remaking,* New Haven, 1918

T. W. Pym, *Psychology and the Christian Life,* London, 1921

Charles Conant Josey, *The Psychology of Religion,* MacMillan, 1927

Carl G. Jung, *Psychology and Religion,* New Haven, 1938

Rudolf Allers, *The Psychology of Character,* MacMillan, 1931

Frank S. Hickman, *Introduction to the Psychology of Religion,* Abingdon, 1926

Filosofía de la Religión

D. Mial Edwards, *The Philosophy of Religion,* Doran

William Adams Brown, *The Essence of Christianity,* Scribners, 1908

A. Sabbatier, *Outlines of a Philosophy of Religion,* New York, 1927

Edward Caird, *The Evolution of Religion,* Glasgow

G. B. Foster, *The Finality of the Christian Religion,* Chicago, 1906

Harald Hoffding, *The Philosophy of Religion,* MacMillan, 1901, 1906

John Caird, *Introduction to the Philosophy of Religion,* Glasgow, 1880

George Galloway, *The Principles of Religious Development,* 1909

E. S. Waterhouse, *The Philosophy of Religious Experience,* London, 1923

Otto Pfleiderer, *The Philosophy of Religion on the Basis of History,* London, 1888

F. Von Hugel, *Essays and Addresses on the Philosophy of Religion*

A. M. Fairbaim, *Studies in the Philosophy of Religion and History,* London

James Martineau, *A Study of Religion*

Albert C. Knudson, *The Validity of Religious Experience,* Abingdon, 1937

Wieman and Meland, *American Philosophies of Religion,* Chicago, 1936

W. K. Wright, *A Student's Philosophy of Religion,* MacMillan, 1922, 1935

E. A. Burtt, *Types of Religious Philosophy,* Harper Brothers, 1939

W. G. de Burgh, *Towards a Religious Philosophy,* London, 1937

E. S. Brightman, *A Philosophy of Religion,* New York, 1940

Buttrick, *Christian Fact and Modern Doubt,* Scribners

A. T. Ormond, *The Philosophy of Religion,* 1922

E. E. Richardson, *The Philosophy of Religion,* 1920

John Morrison Moore, *Theories of Religious Experience,* Round Table Press, 1939

John Baillie, *The Interpretation of Religion,* Scribners, 1928

Vergilius Ferm, *First Chapters in Religious Philosophy,* Round Table Press, 1937

Rudolf Otto, *The Idea of the Holy,* Oxford, 1926

D, Elton Trueblood, *The Trustworthiness of Religious Experience,* Allen and Unwin, 1939

Emil Carl Wilm, *Studies in Philosophy and Theology,* Abingdon, 1922

D. C. Macintosh, *The Reasonableness of Christianity,* Scribners, 1926

G. T. Ladd, *Philosophy of Religion,* 1905

Emil Brunner, *The Philosophy of Religion,* Scribners, 1937

Fundamentos de la Religión Cristiana

J. A. W. Haas, *The Unity of Faith and Knowledge,* New York, 1926

F. L. Patton, *Fundamental Christianity,* London, 1926

L. T. Townsend, *Credo,* 1869

P. Hamilton, *The Basis of the Christian Faith,* New York, 1927

W. H. Turton, *The Truth of Christianity,* London, 1919

E. H. Johnson, *Christian Agnosticism,* Philadelphia, 1907

L. F. Steams, *The Evidence of Christian Experience,* New York, 1890, 1916

P. H. Buehring, *Modernism, a Pagan Movement in the Christian Church,* Columbus, 1928

J. G. Machen, *Christianity and Liberalism,* New York, 1923

W. P. King, *Behaviorism, A Battle Line,* Nashville, 1930; *Humanism, Another Battle Line,* Nashville, 1931

B. F. Cocker, *Christianity and Greek Philosophy,* New York, 1870; Lee Lectures on the Truth of the Christian Religion, Detroit, 1873

H. Cremer, *Reply to Hamack on the Essence of Christianity,* New York, 1903

W. P. Paterson, *The Rule of Faith,* Hodder and Stoughton, New York & London, 1912

REVELACIÓN E INSPIRACIÓN

A. B. Bruce, *The Chief End of Revelation,* London, 1887

C. M. Mead, *Supernatural Revelation,* New York, 1889

George P. Fisher, *The Nature and Method of Revelation,* New York, 1890

Edwin Lewis, *A Philosophy of the Christian Revelation,* Harper Brothers, 1940

W. R. Matthews, *The Idea of Revelation*

J. Oman, *Vision and Authority*

Samuel Harris, *The Self-Revelation of God,* New York, 1892

W. T. Conner, *Revelation and God,* Broadman Press, 1936

E. F. Scott, *The New Testament Idea of Revelation*

B. H. Streeter, *The God Who Speaks,* MacMillan, 1936

Baillie y Martin (editores), *Revelation*

Karl Barth, *The Doctrine of the Word of God*

D. C. Macintosh, *The Problem of Religious Knowledge*

W. P. Montague, *The Ways of Knowing*

William Adams Brown, *Pathways to Certainty*

C. H. Dodd, *The Authority of the Bible*

John Elof Boodin, *Truth and Reality,* MacMillan, 1911

Etienne Gilson, *Reason and Revelation in the Middle Ages,* Scribners, 1938

H. Wheeler Robinson, *Redemption and Revelation,* Harper Brothers, 1942

B. B. Warfield, *Revelation and Inspiration,* 1927

B. H. Carroll, *Inspiration of the Bible,* 1933

W. E. Vine, *The Divine Inspiration of the Bible,* 1923

R. A. Torrey, *Is the Bible the Unerrant Word of God?* 1922

W. A. Erickson, *Inspiration, History, Theory and Facts,* 1928

J. C. Ryle, *Is All Scripture Inspired?*

W. B. Riley, *Inspiration or Evolution,* 1923

W. G. Scroggie, *Is the Bible the Word of God?* 1922

A. B. Bruce, *The Chief End of Revelation,* London, 1881, 1887

J. H. A. Ebrard, *Revelation: Its Nature and Record,* Edinburgh, 1884

W. E. Gladstone, *The Impregnable Rock of Holy Scripture,* Philadelphia, 1891

William Sanday, *The Oracles of God,* London, 1891

J. R. Illingworth, *Reason ancl Revelation,* London, 1902

H. Rogers, *The Superhuman Origin of the Bible,* London, 1884

S. J. Andrews, *God's Revelation of Himself to Men,* New York, 1901

C. A. Auberlein, "The Divine Revelation: An Essay in Defense of the Faith Henderson," *The Bible a Revelation from God,* Edinburgh, 1910

F. Bettex, *The Bible the Word of God,* Cincinnati, 1904; *The Word of Truth* (traducido por A. Bard), Burlington, Iowa, 1914

James Orr, *Revelation and Inspiration,* New York, 1910

A. T. Pierson, *The Inspired Word,* 1888

J. A. O. Stubb, *Verbal Inspiration,* 1913

R. S. MacArthur, *The Old Book and the Old Faith,* 1900

Cave, *The Inspiration of the Old Testament Inductively Considered,* 1888

G. D. Barry, *The Inspiration and Authority of Holy Scriptures,* 1919

A. W. Pink, *The Divine Inspiration of the Bible,* 1917

L. T. Townsend, *Bible Inspiration*

W. E. Atwell, *The Pauline Theory of Inspiration,* London, 1878

C. Wordsworth, *On the Inspiration of Holy Scripture,* London, 1867

E. Elliot, *Inspiration of the Holy Scriptures,* Edinburgh, 1877

F. L. Patton, *The Inspiration of the Scriptures,* Philadelphia, 1869

William Lee, *The Inspiration of Holy Scriptures,* New York, 1866

J. M. Gibson, *Inspiration and Authority of Holy Scripture,* London, 1908

R. F. Horton, *Inspiration of the Bible,* London, 1906

J. Urquhart, *The Inspiration and Accuracy of the Holy Scripture,* New York, 1904

EL CANON

W. H. Green, *General Introduction to the Old Testament,* 1898

Wescott, *A General Survey of the History of the Canon of the New Testament during the first Four Centuries,* London, 1855

J. H. Raven, *Old Testament Introduction, General and Special*

T. Zahn, *Introduction to the New Testament,* 1917

Henry M. Harman, *Introduction to the Study of the Holy Scriptures,* New York, 1878

Marcus Dods, *Introduction to the New Testament,* London, 1909

Alexander Souter, *The Text and Canon of the New Testament,* Scribners, 1913

Wescott, *History of the English Bible,* MacMillan, 1916

H. W. Hoare, *The Evolution of the English Bible,* New York, 1901

E. C. Bissell, *Historic Origin of the Bible,* New York, 1878

James Orr, *The Problem of the Old Testament,* New York, 1906

T. Whitelaw, *The Old Testament Problem*

K. T. Kiel, *Historico-Critical Introduction to the Old Testament*

R. S. Foster, *The Supernatural Book,* New York, 1890

W. C. Proctor, *The Authenticity and Authority of the Old Testament,* 1926

Apologética

G. F. Owen, *From Abraham to Allenby*

J. A. Huffman, *Voices from Rocks and Dust Heaps of Bible Lands,* 1923; *Biblical Confirmations from Archaeology,* 1931

A. W. Ahl, *Bible Studies in the Light of Recent Research,* 1930

G. L. Robinson, *The Sarcophagus of an Ancient Civilization,* 1930

V. L. Trumper, *The Mirror of Egypt in the Old Testament,* 1934

Leander S. Keyser, *The Problem of Origins,* 1926; *A Reasonable Faith,* 1933; *System of Christian Evidences,* 1935

H. Rimmer, *Voices from the Silent Centuries,* 1934

W. W. Prescott, *The Spade and the Bible,* 1933

E. J. Banks, *The Bible and the Spade,* 1913

G. H. Scherer, *The Eastern Color of the Bible,* 1931

M. G. Kyle, *Eccplorations in Sodom,* 1928; *Excavating Kirkjeth-Sepherd & Ten Cities,* 1934

W. Evans, *His Unchanging World,* 1933

W. T. Pilter, *The Pentateuch: A Historical Record,* 1928

J. S. Griffith, *The Exodus in the Light of Archaeology,* 1923

W. Arndt, *Does the Bible Contradict Itself?,* 1926

PARTE II
LA DOCTRINA DEL PADRE

Teísmo

Robert Flint, *Antitheistic Theories,* Edinburgh, 1889; *Theism,* Edinburgh, 1890; *Agnosticism,* Edinburgh, 1909

George P. Fisher, *The Grounds of Theistic and Christian Belief,* New York, 1903

Charles Carroll Everett, *Theism and the Christian Faith,* MacMillan, 1901

W. L. Walker, *Christian Theism and a Spiritual Monism,* T. & T., Clark,1906

Borden Parker Bowne, *Theism,* American Book Co., 1902

Walter Marshall Horton, *Theism and the Scientific Spirit,* Harpers, 1933

Leander S. Keyser, *A System of National Theism,* 1917

G. D. Hicks, *Philosophical Bases of Theism,* MacMillan, 1937

Samuel Harris, *The Philosophical Basis of Theism,* Scribners, 1883

Davidson, *Theism as Grounded in Human Nature*

Iverach, *Theism in the Light of Present Science and Philosophy*

Kelly, *Rational Necessity of Theism,* 1909

Reuterdahl, *Scientific Theism versus Materialism,* 1920

Balfour, *Theism and Humanism*

Tigert, *Theism: A Survey of the Paths that Lead to God*

R. S. Foster, *Theism,* Hunt & Eaton, 1889

James Ward, *Naturalism and Agnosticism* (2 volúmenes), London, 1906; *The Realm of Ends,* Cambridge, 1911

J. Lewis Diman, *The Theistic Argument,* Boston, 1882

Robert A. Thompson, *Christian Theism,* New York, 1855

Forsyth, *The Justification of God,* 1917

Valentine, *Natural Theology*

Existencia y Naturaleza de Dios

William Newton Clark, *The Christian Doctrine of God,* Scribners, 1909

Albert C. Knudson, *The Doctrine of God,* Abingdon, 1930

Clarence A. Beckwith, *The Idea of God,* MacMillan, 1924

A. S. Pringle-Pattison, *The Idea of God in the Light of Recent Philosophy,* Oxford, 1917

A. E. Garvie, *The Christian Doctrine of the Godhead: The Christian Belief in God,* Harpers, 1932

Micou, *Basic Ideas in Religion*

Edgar Sheffield Brightman, *The Problem of God,* Abingdon, 1930; *Personality and Religion,* Abingdon, 1934

James Orr, *The Christian View of God and the World,* Scribners, 1908

W. E. Adeny, *The Christian Conception of God,* Revell, 1912

A. Gratry, *Guide to the Knowledge of God,* Boston, 1892

Illingworth, *Divine Immanence,* MacMillan, 1898

Robert J. Breckenridge, *The Knowledge of God Subjectively Considered,* New York, 1859

Heim, *God Transcendent,* Scribners, 1936

A, C. McGiffert, *The God of the Early Christians,* Scribners, 1924

W. E. Hocking, *The Meaning of God in Human Experience,* Yale University Press, 1912

J. Baillie, *Our Knowledge of God,* Scribners, 1939

Joseph Fort Newton, *My Idea of God,* Boston, 1926

Samuel Harris, *The Self-Revelation of God,* Scribners, 1889

William Temple, *Nature, Man and God,* MacMillan, 1935

Maness, *Evidences of Divine Being,* 1935

W. R. Matthews, *The Purpose of God,* Scribners, 1936; *God in Christian Thought and Experience,* Scribners

Albert Taylor Bledsoe, *A Theodicy,* 1854

E. W. Lyman, *The Experience of God in Modern Life,* New York, 1922

C. C. J. Webb, *God and Personality,* New York, 1918

B. H. Streeter, *Reality,* New York, 1926

Borden Parker Bowne, *Personalism,* Boston and New York, 1908

Albert C. Knudson, *The Philosophy of Personalism,* 1927

J. H. Snowden, *The Personality of God,* New York, 1920

William Temple, *Christ's Revelation of God,* London, 1925

J. E. Davey, *Our Faith in God through Jesus Christ,* New York, 1922

R. M. Vaughan, *The Significance of Personality,* New York, 1930

Robert Tyler Flewelling, *Personalism and the Problems of Philosophy,* New York, 1915; *Creative Personality,* MacMillan, 1926

J. R. Illingworth, *Personality, Human and Divine,* London and New York, 1894

J. B. Pratt, *Personal Realism,* MacMillan, 1937

J. R. Illingworth, *Divine Immanence,* London and New York, 1898; *Divine Transcendence,* London, 1911

H. R. Mackintosh, *The Divine Initiative,* London, 1921

F. J. McConnell, *The Christlike God,* New York, 1927

J. M. Wilson, *Christ's Thought of God,* London, 1920

Gwatkin, *The Knowledge of God,* Edinburgh, 1906

D. E. Trueblood, *The Knowledge of God*, Harper Brothers, 1939
Rees Griffiths, *God in Idea and Experience*
Charles A. Bennett, *The Dilemma of Religious Knowledge*, Yale, 1931
Karl Barth, *The Knowledge of God and the Service of God*, Scribners, 1939
C. Hartshorne, *Man's Vision of God and the Logic of Theism*, Chicago, 1941
D. C. Macintosh, *The Problem of Religious Knowledge*, Harper Brothers, 1940
John Elof Boodin, *Truth and Reality*, MacMillan, 1911
A. C. Garnett, *Reality and Value*, Yale, 1937
E. Gilson, *God and Philosophy*, Yale, 1941
P. E. Dove, *The Logic of the Christian Faith*, Edinburgh, 1856
Asa Mahan, *The Science of Natural Theology*, Boston, 1867
Georg Wobbermin, *Christian Belief in God*, 1918
Josiah Royce, *The Conception of God*, MacMillan, 1902
W. E. Hocking, *The Meaning of God in Human Experience*, New Haven, 1912
J. Iverach, *Is God Knowable?* London, 1874
L. D. McCabe, *Divine Nescience and Future Contingencies*, New York, 1882
J. Fiske, *The Idea of God as Affected by Modern Knowledge*, Boston and New York, 1886
R. L. Swain, *What and Where Is God*, New York, 1921
W. J. Moulton, *The Certainty of God*, New York
W. F. Tillett, *The Paths that Lead to God*, New York, 1924
William Adams Brown, *Pathways to Certainty*, New York, 1930
Rufus M. Jones, *Pathways to the Reality of God*, New York, 1931
L. F. Gruber, *The Theory of a Finite and Developing Deity Examined*, 1918
S. Mathews, *The Growth of the Idea of God*, New York, 1931
John Wright Buekham, *The Humanity of God*, Harper Brothers, 1928; *Christianity and Personality*, New York, 1936
E. H. Reeman, *Do We Need a New Idea of God?* Philadelphia, 1917
J. E. Turner, *The Revelation of Deity*, New York, 1931
R. S. Candlish, *The Fatherhood of God*, Edinburgh
Crawford, *The Fatherhood of God*, Edinburgh
C. H. H. Wright, *The Fatherhood of God and Its Relation to the Person and Work of Christ*, Edinburgh
Scott-Lidgett, *The Fatherhood of God*. T. & T. Clark
Samuel Clarke, *The Being and Attributes of God*
Gordon W. Allport, *Personality*, Henry Holt and Co., 1937
C. C. J. Webb, *God and Personality*, Macmillan, 1919; *Religion and Theism*, Scribners, 1934

LA TRINIDAD

J. R. Illingworth, *The Doctrine of the Trinity Apologetically Considered*, London, 1907
G. S. Faber, *The Apostolicity of Trinitarianism* (2 volúmenes), London, 1832
E. H. Bickersteth, *The Rock of Ages*, New York, 1861
R. N. Davie's, *Doctrine of the Trinity*, Cincinnati, 1891
P. H. Streenstra, *The Being of God as Unity and Trinity*, New York, 1891
L. L. Paine, *Evolution of Trinitarianism*, Houghton Mifflin, 1902
Pease, *Philosophy of Trinitarian Doctrine*, Putnams, 1875
L. G. Mylne, *The Holy Trinity*, London, 1916
S. B. McKinney, *Revelation of the Trinity*, London, 1906
A. F. W. Ingram, *The Love of the Trinity*, New York, 1908
Samuel Clarke, *Scripture Doctrine of the Trinity*
William S. Bishop, *The Development of the Trinitarian Doctrine in the Nicene and Athanasian Creeds*, New York, 1910
E. Burton, *Testimonials of the Ante-Nicene Fathers to the Doctrine of*
the Trinity, and the Divinity of the Holy Ghost, London, 1831

COSMOLOGÍA

A. S. Eddington, *The Nature of the Physical World*; *The Philosophy of the Physical Sciences; Science and the Unseen World*, MacMillan, 1929
J. Needham, *Science, Religion and Reality*
F. Leslie Cross, *Religion and the Reign of Science*, New York, 1930
George Allen Dinsmore, *Religious Certitude in the Age of Science*, Chapel Hill, 1924
J. H. Jeans, *The New Background of Science: The Mysterious Universe*, MacMillan
G. M. Price, *Plain Facts about Evolution, Geology and the Bible*, 1911; *New Light on the Doctrine of Creation*, 1917; *Back to the Bible*, 1920; *The New Geology*, 1923; *The Phantom of Organic Evolution*, 1924; *The Predicament of Evolution*, 1926; *Evolutionary Geology and the New Catastrophism*, 1926; *A History of Some Scientific Blunders*, 1930; *Modern Discoveries which Help Us to Believe*, 1931
A. Fairhurt, *Organic Evolution Considered*, 1911; *Theistic Evolution*, 1919
W. K. Azbill, *Science and Faith*, 1914
T. Graebner, *Evolution: An Investigation and a Criticism*, 1921, 1926
W. H. Johnson, *The Christian Faith Under Modern Searchlights*, Revell, 1916
A. L. Gridley, *The First Chapter of Genesis as the Foundation of Science and Religion*, 1913
G. F. Wright, *The Ice Age in North America and Its Bearing on the Antiquity of Man; Scientific Confirmations of Old Testament History*, 1906; *Origin and Antiquity of Man*, 1912
L. T. Townsend, *Evolution and Creation*
F. Bettex, *The Six Days of Creation in the Light of Modern Science*
L. M. Davies, *The Bible and Modern Science*, 1925
Baker and Nichol, *Creation Not Evolution*, 1926
C. F. Dunhajm, *Christianity in a World of Science*, 1928
G. Bartoli, *The Biblical Story of Creation*, 1926
S. J. Bole, *The Modern Triangle, Evolution, Philosophy and Criticism*, 1926
H. W. Clark, *Back to Creationism*, 1929
A. H. Finn, *The Creation, Fall and Deluge*, 1923
J. W. Gibbs, *Evolution and Christianity*, 1930
L. S. Keyser, *The Problems of Origin*, 1926
T. H. Nelson, *The Mosaic Law in the Light of Modern Science*, 1926
B. C« Nelson, *The Deluge Story in Stone*, 1931
A. R. Short, *The Bible and Modern Research*

J. H. Morrison, *Christian Faith and the Science of Today*, Cokesbury Press

G. B. Nimrod, *Science, Christ and the Bible,* 1929

J. L. May (editor), *God and the Universe; The Christian Position,* 1932

J. F. KisRaddon, *Scientific Support of Christian Doctrines,* 1934

W. B. Dawson, *The Bible Confirmed by Science,* 1932

A. N. Whitehead, *Science and the Modern World; Religion in the Making,* New York, 1926

J. A. Thompson, *The System of Animate Nature,* 1920; *Science and Religion,* New York, 1925

C. L. Morgan, *Life, Mind and Spirit,* New York, 1926

J. S. Haldane, *Mechanism, Life and Personality,* New York, 1904

J. Y. Dimpson, *The Spiritual Interpretation of Nature; Nature, Cosmic, Human and Divine*

L. F. Gruber, *Creation ex Nihilo,* Boston, 1918

W. H. C. Thomas, *Evolution and the Supernatural,* Philadelphia

B. G. O'Toole, *The Case Against Evolution,* New York, 1929

H. H. Lane, *Evolution and Christian Faith,* Princeton, 1923

E. Dennert, *At the Death-bed of Darwinism,* Burlington, Iowa, 1926

Philip Mauro, *Evolution at the Bar,* New York, 1922

A. Patterson, *The Other Side of Evolution,* Chicago, 1903

A. C. Zerbe, *Christianity and False Evolutionism,* Cleveland, 1925

H. C. Morton, *The Bankruptcy of Evolution,* London and New York

Obras Más Antiguas

Hugh Miller, *The Testimony of the Rocks,* Boston, 1870

Gerald Molloy, *Geology and Revelation,* New York, 1870

John Phin, *The Chemical History of the Six Days of Creation,* New York, 1870

A. T. Richie, *The Creation,* London, 1882

B. F. Cocker, *The Theistic Conception of the World,* New York, 1875

John Pye Smith, *Geology and Scripture,* New York, 1840

Henry Calderwood, *The Relation of Science and Religion,* New York, 1881

George Warrington, *The Mosaic Account of Creation,* New York, 1875

George Wight, *Geology and Genesis,* London, 1857

Alexander Winchell, *Reconstmction of Science and Religion,* New York, 1877

Joseph H. Wythe, *The Agreement of Science and Revelation,* Philadelphia, 1872

James Martineau, *Modern Materialism and Its Relations to Theology and Religion,* New York, 1877

Tayler Lewis, *The Bible and Science,* 1856; *The Six days of Creation or the Scriptural Cosmogony,* 1879

John Henry Kurtz, *The Bible and Astronomy, or an Exposition of the Biblical Cosmology and Its Relations to Natural Science,* Philadelphia, 1861

T. Landon Bruntin, *The Bible and Science,* London, 1881

J. W. Dawson, *Archai: or Studies of the Cosmogony and Natural History of the Hebrew Scriptures,* Montreal, 1860; *Nature and the Bible,* New York, 1875

William Fraser, *Blending Lights, or Relations of Natural Science, Archaeology and History to the Bible,* New York, 1874

James H. Chapin, *The Creation and the Early Development of Society,* New York, 1880

Sobre la Providencia

A. B. Bruce, *The Providential Order of the World,* New York, 1897; *The Moral Order of the World,* New York, 1899

W. F. Tillett, *Providence, Prayer and Power,* Nashville, 1926

O. Dewey, *The Problem of Human Destiny, or The End of Providence in the World and Man,* New York, 1866

R. Anderson, *The Silence of God,* Edinburgh

M. J. Savage, *Life's Dark Problems,* New York and London, 1905

Rudolph Otto, *Naturalism and Religion,* New York, 1907

ANTROPOLOGÍA

John Laidlaw, *The Bible Doctrine of Man,* T. & T. Clark, 1879, 1911

H. W. Robinson, *The Christian Doctrine of Man,* Edinburgh, 1911

G. F. Wright, *Origin and Antiquity of Man,* 1912

R. L. Swain, *What and Why Is Man?,* New York, 1925

John Laird, *The Idea of the Soul,* New York, 1927

J. B. Heard, *The Tripartite Nature of Man,* T. & T. Clark

Franz Delitzsch, *A System of Biblical Psychology,* Edinburgh, 1867

J. F. Beck, *Outlines of Biblical Psychology,* T. & T. Clark

Alexander Winchell, *Pre-Adamites, or a Demonstration of the Existence of Man Before Adam,* Chicago and London, 1880

Joseph P. Thompson, *Man in Genesis and Geology,* New York, 1870

George Rawlinson, *The Origin of Nations,* New York, 1878

R. S. Poole, *The Genesis of the Earth and of Man,* London, 1860

Dominick Causland, *Adam and the Adamites,* London, 1968

Quatrefages, *The Human Species*

Charles L. Brace, *The Races of the Old World,* New York, 1863

John Harris, *Man Primeval,* Boston, 1870; *The Pre-Adamite Earth,* Boston, 1857

F. Lenormant, *The Beginnings of History,* New York, 1882

J. L. Cabell, *The Testimony of Modern Science to the Unity of Mankind,* New York, 1860

D. MacDonald, *The Creation and the Fall,* Edinburgh

James D. Dana, *Manual of Geology,* 1875

St. George Mivart, *The Genesis of Species,* London, 1871

HAMARTIOLOGÍA

Julius Muller, *The Christian Doctrine of Sin* (2 volúmenes), Edinburgh, 1877

F. R. Tennant, *The Sources of the Doctrine of the Fall and Original Sin,* Cambridge, 1903; *The Origin and Propagation of Sin,* Cambridge, 1908; *The Concept of Sin,* Cambridge, 1912

W. E. Orchard, *Modern Theories of Sin,* Boston, 1910

J. S. Candlish, *The Bible Doctrine of Sin,* Edinburgh

J. Tulloch, *The Christian Doctrine of Sin,* New York, 1876

H. R. Mackintosh, *Christianity and Sin,* New York, 1914

H. H. Horne, *Free Will and Human Responsibility,* New York, 1912

King, *Origin of Evil*

R. Tsanoff, *The Nature of Evil*

H. Lovett, *Thoughts on the Causes of Evil, Physical and Moral,* London, 1810

E. J. Bicknell, *The Christian Doctrine of Sin and Original Sin,* London, 1923

Ernest Naville, *The Problem of Evil,* New York, 1872

James Orr, *God's Image in Man and Its Defacement,* New York, 1906

John Young, *Evil not from God,* New York, 1858

Richard S. Taylor, *A Right Conception of Sin,* Kansas City, 1939

Boardman, *The Scriptural Doctrine of Original Sin*

Flower, *Adam's Disobedience and Its Results*

Taylor, *The Scripture Doctrine of Original Sin*

Glover, *A Short Treatise on Original Sin*

John Wesley, *Sermon XIII, On Sin in Believers; Sermon XIV, Repentance of Believers,* (Harrison, Wesleyan Standards, Vol. I)

George P. Fisher, *Discussions in History and Theology,* Scribners, 1880

Wiggers, *Augustinianism and Pelagianism*

Jonathan Edwards, *Works* (II, part iv), *Original Sin*

Samuel Hopkins, *Doctrine of the Two Covenants*

Jeremy Taylor, *On Original Sin Landis, Original Sin and Gratuitous Imputation Straffen, Sin as Set Forth in the Scriptures*

Wallace, *Representative Responsibility*

N. P. Williams, *The Ideas of the Fall and Original Sin,* Longmans Green, 1929

PARTE III
LA DOCTRINA DEL HIJO

CRISTOLOGÍA

J. A. Dorner, *History and Development of the Doctrine of the Person of Christ,* Edinburgh, 1878

J. J. Van Oosterzee, *The Image of Christ as Presented in Scripture,* London, 1874

W. F. Gess, *The Scripture Doctrine of the Person of Christ,* Andover, 1870

J. A. Reubelt, *The Scriptural Doctrine of the Person of Christ,* Andover, 1870

H. R. Mackintosh, *The Doctrine of the Person of Christ,* New York, 1912

A. M. Fairbairn, *Studies in the Life of Christ,* 1880; *The Place of Christ in Modern Theology,* Hodder & Stoughton, 1907

H. P. Liddon, *The Divinity of Our Lord and Saviour Jesus Christ,* London, 1861

A. B. Bruce, *The Miraculous Element in the Gospels,* 1886; *The Providential Order of the World,* 1897; *The Parabolic Teaching of Jesus; The Humiliation of Christ,* Hodder & Stoughton; *The Moral Order of the World,* Scribners, 1899; *Apologetics,* New York, 1901

Carl Ullman, *The Sinlessness of Jesus an Evidence for Christianity,* Edinburgh, 1858

R. S. Franks, *History of the Doctrine of the Work of Christ,* Hodder & Stoughton

S. Cave, *The Doctrine of the Work of Christ; The Doctrine of the Person of Christ,* New York, 1925

P. T. Forsyth, *The Crucidlity of the Cross,* 1908; *The Person and Place of Jesus Christ,* Duckworth, 1909

Herbert M. Relton, *A Study in Christology,* London, 1922, 1923

Otto Pfleiderer, *Early Christian Conception of Christ,* Bethany Press, 1911

A. T. Robertson, *The Divinity of Christ in the Gospel of John,* 1916

Frank Coulin, *The Son of Man: Discourses on the Humanity of Jesus Christ,* Philadelphia, 1869

John Pye Smith, *The Scripture Testimony to the Messiah* (2 volúmenes), Edinburgh, 1868

Frederick C. Conybeare, *The Historical Christ,* Chicago, 1914

A. E. J. Rawlinson, *The New Testament Doctrine of Christ,* London, 1926

Charles H. Robinson, *Studies in the Character of Christ,* London, 1900

W. E. Vine, *Christ's Eternal Sonship,* 1934

E. D. La Touche, *The Person of Christ in Modern Thought,* London, 1912

John Wright Buckham, *Christ and the Eternal Order,* Pilgrim Press, 1906

J. Warshauer, *The Historical Life of Christ,* New York, 1926

L. W. Grensted, *The Person of Christ*

W. Norman Pittenger, *Christ and the Christian Faith,* New York, 1941

D. W. Forrest, *The Christ of History and Experiencet,* Edinburgh, 1899

Edward Mott, *The Christ of the Eternity,* Portland, 1936

P. C. Simpson, *The Fact of Christ,* Revell, 1900

Arthur C. Headlam, *Jesus Christ in History and Faith*

C. E. Raven, *Jesus and the Gospel of Love Good, The Jesus of Our Fathers*

Pope, *The Person of Christ,* London

B. F. Wescott, *Christus Consummator,* Macmillan

Drown, *The Creative Christ*

Adamson, *The Mind in Christ,* T. & T. Clark

J. A. Findlay, *Jesus Human and Divine*

J. A. Huffman, *Old Testament Messages of the Christ,* 1909

Edward H. Bickersteth, *The Rock of Ages,* New York, 1861

C. Gore, *Belief in Christ,* New York, 1922

Edwin Lewis, *Jesus and the Human Quest*

William Temple, *Christ the Truth,* Macmillan, 1924

William Sanday, *Christology Ancient and Modern*

E. H. Merrell, *The Person of Christ*

S. W. Pratt, *The Deity of Christ According to the Gospel of John,* 1907

H. S. Coffin, *The Portraits of Christ in the New Testament,* New York, 1926

T. R. Glover, *Jesus in the Experience of Men*

A. T. Case, *As Modern Writers See Jesus,* Boston, 1927

G. E. Merrill, *The Reasonable Christ,* 1893

C. L. Brace, *Gesta Christi,* 1910

F. Bettex, *What Think Ye of Christ?,* 1920

Lily Dougall y Cyril W. Emmet, *The Lord of Thought,* Doran, 1923

Shirley Jackson Case, *The Historicity of Jesus,* Chicago, 1912, 1928

C. C. McCown, *The Promise of His Coming,* MacMillan, 1921

C. W. Gilkey, *Jesus and Our Generation,* Chicago, 1925

R. F. Horton, *The Mystical Quest of Christ*

A. Schweitzer, *The Quest of the Historical Jesus*

V. G. Simkovitch, *Towards the Understanding of Jesus*, New York, 1923

J. A. Robertson, *The Spiritual Pilgrimage of Jesus*, Boston, 1921

Halford E. Lucock, *Jesus and the American Mind*, Abingdon, 1930

B. B. Warfield, *The Lord of Glory*, 1907

J. E. Whittaker, *A Biblical Defense of the Divinity of Christ*, 1909

E. Burton, *Testimonials of the Ante-Nicene Fathers to the Divinity of Christ*, London, 1829

La Vida de Cristo

Alfred Edersheim, *Life and Times of Jesus the Messiah* (2 volúmenes), Longmans Green, 1898

Bernhard Weiss, *The Life of Christ* (3 volúmenes)

Theodor Keim, *The History of Jesus of Nazareth* (3 volúmenes)

F. W. Farrar, *The Life of Christ* (2 volúmenes); *The Life of Lives*

W. R. Nicoll, *The Incarnate Saviour: A Life of Jesus Christ*

G. Aulen, *Christus Victor*, MacMillan, 1931

A. M. Rihbany, *The Syrian Christ*, Boston, 1916

J. Middleton Murray, *Jesus the, Man of Genius*, New York, 1926

C. F. Kent, *The Life and Teachings of Jesus Fred F. Kramer, Jesus the Light of the World*

James Moffatt (editor), *Everyman's Life of Jesus*

H. F. Rail, *The Life of Jesus*

D. L. Sharp, *Christ and His Time*

David Smith, *Our Lord's Earthly Life*

Philip Volmer, *The Modern Student's Life of Christ*

L. M. Sweet, *The Birth and Infancy of Jesus Christ*

J. J. Taylor, *My Lord Christ*

A. M. Stewart, *The Infancy and Youth of Jesus*

Jacob Boss, *The Unique Aloofness of Jesus*

W. H. Bennett, *The Life of Christ According to St Mark*

Burton and Matthews, *The Life of Christ*

Charles R. Erdman, *The Lord We Love: Devotional Studies in the Life of Christ*

W. M. Clow, *The Five Portraits of Jesus*

W. J. Dawson, *The Man Christ Jesus*

A E. Garvie, *Studies in the Inner Life of Jesus*

A. G. Paisley, *The Emotional Life of Jesus*

D. G. Browne, *Christ and His Age*

Samuel G. Craig, *Jesus as He Was and Is*

Henry Ward Beecher, *The Life of Jesus the Christ*

Hall Caine, *Life of Christ*

Ecce Homo, *A Survey of the Life and Work of Christ*

C. J. Ellicott, *Historical Lectures on the Life of Our Lord Jesus Christ*

William Hanna, *Life of Christ*

Robert Keable, *The Great Galilean*

R. H. Walker, *Jesus and Our Pressing Problems*

G. O. Griffith, *St Pau's Life of Christ*

J. V. Bartlet, *The Lord of Life*

B. W. Bacon, *The Story of Jesus*, New York, 1927

Shirley Jackson Case, *Jesus, a New Biography*, Chicago, 1927

W. Sanday, *Outlines of the Life of Christ*, T. & T. Clark, 1906; *Life of Christ in Recent Research*, Oxford, 1907

G. Papini, *Life of Christ*, Appleton, 1921, New York, 1923

R. J. Campbell, *The Life of Christ*, Appleton, 1921

Baab, *Jesus Christ Our Lord*, Abingdon, 1937

August Neander, *Life of Jesus Christ*, Harper Brothers, 1850

J. de Q. Donehoo, *Apocryphal and Legendary Life of Christ*, MacMillan, 1903

S. Townsend Weaver, *The Biblical Life of Jesus Christ*, Philadelphia. 1911

James Stalker, *Life of Christ*, Revell, 1880

George Matheson, *Studies in the Portrait of Christ*, Hodder & Stoughton, 1900

A. Klausner, *Jesus of Nazareth*, New York, 1925

E. F. Scott, *The Kingdom and the Messiah*, Edinburgh, 1911

C. A. Scott, *Dominus Noster*, Cambridge, 1918

El Nacimiento Virginal

James Orr, *The Virgin Birth of Christ*, New York, 1909

R. J. Knowling, *Our Lord's Virgin Birth and the Criticism of Today*, 1907

T. J. Thoburn, *A Critical Examination of the Evidences for the Doctrine of the Virgin Birth*, 1908

A. C. A. Hall, *The Virgin Mother*, New York, 1894

J. G. Machen, *The Virgin Birth of Christ*, New York, 1930

L. M. Sweet, *The Birth and Infancy of Jesus Christ*, 1907

G. H. Box, *The Virgin Birth of Jesus*, Milwaukee, 1916

G. W. McPherson, *The Modern Mind and the Virgin Birth*, 1923

J. A. Faulkner, *The Miraculous Birth of Our Lord*

William B. Ullathorne, *The Immaculate Conception*, 1904

J. B. Champion, *The Virgin's Son*, 1924

R. J. Cooke, *Did Paul Know of the Virgin Birth?*, 1926

W. Evans, *Why I Believe in the Virgin Birth of Christ*, 1924

A. T. Robertson, *The Mother of Jesus: Her Problems and Her Glory*, 1925

J. M. Gray, *Why We Believe in the Virgin Birth of Christ*

F. W. Pitt, *New Light on the Virgin Birth*

La Encarnación

Robert J. Wilberforce, *The Doctrine of the Incarnation of our Lord Jesus Christ*

E. H. Gifford, *The Incarnation*, New York, 1897

T. C. Edwards, *The God-Man*, Hodder & Stoughton

Franzelin, *De Verbo Incamato*, Rome

Ottley, *The Doctrine of the Incarnation*, Methuen

Athanasius, *On the Incarnation*, London

Charles Gore, *The Incarnation of the Son of God*, New York, 1900

H. C. Powell, *The Principle of the Incarnation*, London, 1896

LA EXPIACIÓN

John Miley, *The Atonement in Christ*, New York, 1879

L. W. Grensted, *A Short History of the Doctrine of the Atonement*

A. A. Hodge, *The Atonement*, Philadelphia, 1867

R. S. Candlish, *The Atonement: Its Efficacy and Extent*, Edinburgh, 1867

Albert Barnes, *The Atonement in Its Relation to Law and Moral Government*, Philadelphia, 1859

Horace Bushnell, *The Vicarious Sacrifice* (2 volúmenes), New York, 1891

D. W. Simon, *The Redemption of Man*, Edinburgh, 1899; *Reconciliation Through Incarnation*, Edinburgh, 1898

Anselm, *Cur Deus Homo*, Chicago, 1903

H. N. Oxenham, *The Catholic Doctrine of Atonement,* London, 1865

T. V. Tymns, *The Christian Idea of Atonement,* London, 1904

R. C. Moberly, *Atonement and Personality,* New York, 1901

A. Sabbatier, *The Doctrine of the Atonement and Its Historical Evolution,* New York, 1904

James Denney, *The Death of Christ,* New York, 1903; *The Atonement and the Modern Mind,* London, 1903; *The Christian Doctrine of Reconciliation,* New York, 1918

G. B. Stevens, *The Christian Doctrine of Salvation,* 1905

Rashdall, *The Idea of Atonement in Christian Theology,* MacMillan, 1920

J. K. Mozley, *The Doctrine of the Atonement,* Scribners, 1916

F. D. Maurice, *The Doctrine of Sacrifice Deduced from the Scriptures,* 1854

John M. Campbell, *The Nature of the Atonement,* London, 1873

Thomas J. Crawford, *The Doctrine of the Holy Scripture Respecting the Atonement,* 1875

R. W. Dale, *The Atonement,* New York, 1876

William Symington, *The Atonement and Intercession of Jesus Christ,* New York, 1849

Howard Malcom, *The Extent and Efficacy of the Atonement,* Philadelphia, 1870

G. Smeaton, *The Doctrine of the Atonement as Taught by Christ Himself,* Edinburgh, 1868

Ralph Wardlaw, *Discourses on the Nature and Extent of the Atonement,* Glasgow, 1844

William Magee, *Scripture Doctrine of Atonement and Sacrifice,* New York, 1839

Charles Beecher, *Redeemer and Redeemed,* Boston, 1864

J. S. Lidgett, *The Spiritual Principle of the Atonement,* London, 1901

Ritschl, *The Scripture Doctrine of Justification and Reconciliation*

Clark Robert Mackintosh, *Historic Theories of the Atonement,* New York, 1920

Grotius, *De Satisfactione*

S. Cave, *The Scripture Doctrine of Sacrifice,* T. & T. Clark

H. R. Mackintosh, *The Christian Experience of Forgiveness*

G. W. Richards, *Christian Ways of Salvation*

H. S. Coffin, *Social Aspects of the Cross,* New York, 1911

J. S. Whale, *The Christian Answer to the Problem of Evil,* 1936

E. W. Johnson, *Suffering, Punishment and Atonement,* 1919

H. Wheeler Robinson, *Suffering: Human and Divine,* MacMillan, 1939

A. S. Peake, *The Problem of Suffering in the Old Testament,* 1904

M. C. D^rcy, *The Pain of this World and the Providence of God,* 1936

J. K. Mozley, *The Impassibility of God,* 1926

R. C. Moberly, *Sorrow, Sin and Beauty,* 1903

James Hinton, *The Mystery of Pain,* 1866

B. R. Brasnett, *The Suffering of the Impassible God,* 1928

Leighton Pullen, *The Atonement, London,* 1913

Lonsdale Ragg, *Aspects of the Atonement,* London, 1904

P. L. Snowden, *The Atonement and Ourselves,* London, 1919

F. R. M. Hitchcock, *The Atonement and Modern Thought,* London, 1911

George C. Foley, *Anselm's Theory of the Atonement,* New York, 1909

James Denney, *The Christian Doctrine of Reconciliation*

Albert C. Knudson, *The Doctrine of Redemption,* Abingdon, 1933

PARTE IV
LA DOCTRINA DEL ESPÍRITU SANTO

LA PERSONA Y LA OBRA DEL ESPÍRITU SANTO

James Buchanan, *On the Office and Work of the Holy Spirit,* Edinburgh, 1856

James B. Walker, *The Doctrine of the Holy Spirit,* Cincinnati, 1880

Julius Charles Hare, *The Mission of the Comforter,* London, 1876

W. T. Davison, *The Indwelling Spirit,* Hodder & Stoughton, 1911

John Goodwin, *Pleroma to Pneumatikon; or Being Filled with the Spirit,* 1670, 1867

William Arthur, *Tongue of Fire,* 1856

Downer, *The Mission and Administration of the Holy Spirit,* 1909

Abraham Kuyper, *The Work of the Holy Spirit,* Funk & Wagnalls, 1908

A. B. Simpson, *The Holy Spirit or Power from on High* (2 volúmenes), New York, 1895

B. H. Streeter, *The Spirit,* MacMillan, 1919

H. Wheeler Robinson, *The Christian Experience of the Holy Spirit,* Harper, 1928

Selby, *The Holy Spirit and Christian Privilege,* 1894

Welldon, *The Revelation of the Holy Spirit,* 1902

John W. Goodwin, *The Living Planet,* Nazarene

Samuel Chadwick, *The Way to Pentecost,* Revell

T. Rees, *The Holy Spirit in Thought and Experience*

Evelyn Underhill, *The Life of the Spirit and the Life of Today*

Charles A. Anderson-Scott, *Fellowship with the Spirit*

Walker, *The Spirit and the Incarnation,* 1899

Irving Wood, *The Spirit of God in Biblical Literature,* 1904

G. Smeaton, *Doctrine of the Holy Spirit,* 1882

T. K. Doty, *The Twofold Gift of the Holy Ghost*

L. R. Dunn, *The Mission of the Spirit,* New York, 1871

S. L. Brengle, *When the Holy Ghost Is Come,* New York, 1914

William McDonald, *Another Comforter,* Boston, 1890

Denio, *The Supreme Leader,* Boston, 1910

W. P. Dickson, *St Paul's Use of the Terms Flesh and Spirit,* 1883

Dougan Clark, *The Offices of the Holy Spirit,* Philadelphia, 1878

W. H. Hutchings, *The Person and Work of the Holy Ghost,* Longmans Green, 1897

Basil, *De Spiritu Sancto,* London

J. S. Candlish, *The Work of the Holy Spirit,* T. & T. Clark Manning, *Internal Mission of the Holy Ghost,* London

Wheldon, *The Holy Spirit,* Macmillan

Humphrey, *His Divine Majesty,* London

Owen, *The Doctrine of the Holy Spirit,* T. & T. Clark, 1684, 1826

Joseph Parker, *The Paraclete,* New York, 1876

Heber, *Bampton Lectures on the Personality and Office of the Comforter,* 1846

Raymond Calkins, *The Holy Spirit,* Abingdon, 1930

A. C. A. Hall, *The Work of the Holy Spirit,* Milwaukee, 1907

J. D. Folsom, *The Holy Spirit Our Helper,* New York, 1907

G. F. Holden, *The Holy Ghost the Comforter,* New York, 1908

F. C. Porter, *The Spirit of God and the Word of God in Modern Theology,* New York, 1908

J. H. B. Masterman, *I Believe in the Holy Ghost,* London, 1907

A. J. Gordon, *The Ministry of the Spirit,* New York, 1894

Kildahl, *Misconceptions of the Word and Work of the Holy Spirit,* Minn., 1927

Henry B. Swete, *The Holy Spirit in the Ancient Church,* London, 1912; *The Holy Spirit in the New Testament,* London, 1909

W. H. Griffith Thomas, *The Holy Spirit of God,* London, 1913

C. E. Raven, *The Creator Spirit*

R. A. Torrey, *The Person and Work of the Holy Spirit,* New York, 1910

C. I. Schofield, *Plain Papers on the Holy Spirit,* New York y London, 1899

E. W. Winstanley, *The Spirit in the New Testament,* New York, 1908

Julius Charles Hare, *The Mission of the Comforter,* Boston, 1854

J. Robson, *The Holy Spirit, the Paraclete,* Aberdeen, 1893

L. B. Crane, *The Teachings of Jesus Concerning the Holy Spirit,* New York, 1906

Goodwin, *The Work of the Holy Ghost in Our Salvation,* Edinburgh, 1863

I. Wood, *The Spirit of God in Biblical Literature,* 1904

J. P. Coyle, *The Holy Spirit in Literature and Life,* Boston, 1855

Jonathan Goforth, *By My Spirit,* London and Edinburgh

Obras más Antiguas sobre el Espíritu Santo

John Owen, *Works,* Richard Baynes, 1826

Johannes Ernest Gerhard, *On the Person of the Holy Spirit,* Jena, 1660

T. Hackspann, *Dissertation on the Holy Spirit,* Jena, 1655

J. F. Buddeuss, *On the Godhead of the Holy Spirit,* Jena, 1727

Fr. Deutsch, *On the Personality of the Holy Spirit,* Leipsic, 1711

David Rungius, *Proof of the Eternity and Eternal Godhead of the Holy Spirit,* Wittenberg, 1599

Seb. Nieman, *On the Holy Spirit,* Jena, 1656

J. G. Dorsche, *On the Person of the Holy Spirit,* Konigsberg, 1690

J. C. Pfeiffer, *On the Godhead of the Holy Spirit,* Jena, 1740

G. F. Gude, *On the Martyrs as Witnesses for the Godhead of the Holy Spirit,* Leipsic, 1741

J. C. Danhauer, *On the Procession of the Holy Spirit from the Father and from the Son,* Strasburg, 1663

Tratados Separados

Anton, *The Holy Spirit Indispensable*

Carsov, *On the Holy Spirit in Conviction*

Wensdorf, *On the Holy Spirit as a Teacher*

Boemer, *The Anointing of the Holy Spirit*

Neuman, *The Anointing Which Teaches All Things*

Fries, *The Office of the Holy Spirit in General*

Weiss, *The Holy Spirit Bringing Into Remembrance*

Foertsch, *On the Holy Spirit's Leading of the Children of God*

Hoepfner, *On the Intercession of the Holy Spirit*

Meen, *On the Adoration of the Holy Spirit*

Henning y Crusius, *On the Earnest of the Holy Spirit*

Beltheim, Arnold, Gunther, Wendjer and Dumerick, *On the Groaning of the Holy Spirit*

Teólogos Holandeses

Sam. Maresius, *Theological Treatise on the Personality and Godhead of the Holy Spirit*

Jac. Fruytier, *The Ancient Doctrine Concerning God and the Holy Spirit, True, Proven and Divine*

ESTADOS PRELIMINARES DE LA GRACIA

John Wesley, *Works,* Volume VI; *On Predestination*

James Arminius, *Writings,* Volume III

John Fletcher, *Checks to Antinomianism,* Volumes I-II

J. B. Mozley, *Augustinian Doctrine of Predestination,* 1855

George Tomline, *A Refutation of Calvinism,* London, 1811

John Calvin, *Institutes,* Book III, Chapters xxi-xxiv

Richard Watson, *Theological Institutes,* Part II, Chapters xxv-xxviii

W. Fisk, *The Calvinistic Controversy,* New York, 1837

Randolph S. Foster, *Objections to Calvinism,* Cincinnati, 1848

Edward Copleston, *Enquiry into the Doctrines of Necessity and Predestination,* London, 1821

John Forbes, *Predestination and Free Will Reconciled, or Calvinism and Arminianism United in the Westminster Confession,* 1878

Jonathan Edwards, *An Essay on the Freedom of the Will,* 1754; also, *A Divine and Supernatural Light Imparted to the Soul by the Spirit of God,* 1734

Albert Taylor Bledsoe, *An Examination of Edwards on the Will;* Philadelphia, 1845; *A Theodicy, or Vindication of Divine Glory,* New York, 1853

Asa Mahan, *System of Intelectual Philosophy,* New York, 1845; *Election and the Influence of the Holy Spirit,* 1851

Daniel D. Whedon, *Freedom of the Will,* 1864

Martin Luther, *Bondage of the Will*

Thomas C. Upham, *Treatise on the Will,* 1850

Henry Philip Tappan, *A Review of Edwards on the Will,* New York, 1839; *Doctrine of the Will Determined by an Appeal to Consciousness,* 1840; *Doctrine of the Will Applied to Moral Agency and Responsibility,* 1841

LA JUSTICIA CRISTIANA

No hay que olvidar que el mejor tratamiento de este tema ha de encontrarse en las obras regulares de teología. El tratamiento más claro y específico es el que se da en los tratados más tempranos.

John Wesley, *Sermons,* V, VI, XX. (Harrison, *Wesleyan Standards,* Volume I)

Richard Watson, *Theological Institutes,* II, Chapter xxiii

John Calvin, *Institutes,* III, xi-xviii

John Owen, *Works,* Volume V, *The Doctrine of Justification*

Faber, *The Primitive Doctrine of Justification*

Jonathan Edwards (el joven), *On the Necessity of the Atonement, and Its Consistency with Free Grace in Forgiveness.* Tres discursos, 1875, los cuales forman la base de la "teoría edwardiana" de la expiación que generalmente acepta la "Escuela de Nueva Inglaterra".

Albrecht Ritschl, *The Christian Doctrine of Justification and Reconciliation,* 1902

Charles Abel Heurtley, *Justification,* 1845

John Davenant, *A Treatise on Justification* (2 volúmenes), London, 1844-1846

M. Loy, *The Doctrine of Justification,* Columbus, Ohio, 1869, 1882

James Buchanan, *The Doctrine of Justification,* Edinburgh, 1867

John H. Newman, *Lectures on the Doctrine of Justification,* London, 1871

R. N. Davies, *A Treatise on Justification,* Cincinnati, 1878

Julius Charles Hare, *Scriptural Doctrine of Justification*

Martin Luther, *On Galatians*

S. M. Merrill, *Aspects of Christian Experience,* Chapters iv-vii

H. R. Mackintosh, *The Christian Experience of Forgiveness*

G. W. Richards, *Christian Ways of Salvation,* New York, 1923

John Witherspoon, *Essay on Justification,* 1756

G. Cross, *Christian Salvation,* Chicago, 1925

LA FILIACIÓN CRISTIANA

Fuera de las obras regulares de teología, no existe literatura extensa sobre la filiación cristiana o regeneración.

John Wesley, *Sermons,* XVIII y XIX

John Fletcher, *Discourse on the New Birth*

Stephen Charnock, *On Regeneration* Edinburgh, 1864

Faber, *Primitive Doctrine of Regeneration*

John Howe, *On Regeneration* (Sermones xxxviii-xlix); *Complete Works* (2 volúmenes), London, 1724; New York, 1869

Austin Phelps, *The New Birth,* Boston, 1867

John Witherspoon, *Treatise on Regeneration,* 1784

Calvin, *Institutes,* III, i-ii

Jonathan Edwards, *On Spiritual Light*

S. M. Merrill, *Aspects of Christian Experience*

Witsius, *Covenants,* III, vi

Archbishop Leighton, *On Regeneration*

N. H. Marshall, *Conversion or the New Birth,* London, 1909

G. H. Gerberding, *New Testament Conversions,* Philadelphia, 1889

El Testimonio del Espíritu

John Wesley, *Sermons,* X, XI, XII

R. N. Davies, *A Treatise on Justification,* 1878

S. M. Merrill, *Aspects of Christian Experience*

Walton, *Witness of the Spirit*

Young, *The Witness of the Spirit,* 1882

Obras Modernas Relacionadas

H. Begbie, *Twice-Born Men,* New York, London and Edinburgh, 1909

H. E. Monroe, *Twice-Born Men in America,* 1914

G. Jackson, *The Fact of Conversion,* London, 1908

LA PERFECCIÓN CRISTIANA O ENTERA SANTIFICACIÓN

John Wesley, *Plain Account of Christian Perfection;* Sermon XVII, *The Circumcision of the Heart;*

Sermon XL, *Christian Perfection; y* Sermon XLIII, *The Scripture Way of Salvation*

Jesse T. Peck, *The Central Idea of Christianity,* Boston, 1857

R. S. Foster, *Christian Purity*

W. F. Mallalieu, *The Fulness of the Blessing,* Jennings & Pye, 1903

P. F. Bresee, *Sermons,* Nazarene Publishing House, 1903

Dougan Clark, *Theology of Holiness,* Boston, 1893; *Offices of the Holy Spirit,* 1878

William MacDonald, *Scriptural Way of Holiness,* 1887; *New Testament Standard of Piety,* New York, 1860, 1871

J. A. Wood, *Purity and Maturity,* 1876, Boston, 1899; *Perfect Love,* 1880, Boston and Chicago, 1907; *Christian Perfection as Taught by John Wesley,* MacDonald and Gill, 1885

Adam Clarke, *Christian Theology,* London, 1835

R. T. Williams, *Sanctification,* Kansas City, 1928

J. W. Goodwin, *The Living Flame,* Kansas City

C. W. Ruth, *Entire Sanctification,* Chicago, 1903; *The Second Crisis in Christian Experience,* Chicago, 1912

W. B. Godbey, *The Incarnation of the Holy Ghost,* Louisville: Bible Theology, Cincinnati, 1911

W. Jones, M.D., *The Doctrine of Entire Sanctification,* National Association, 1885

Asbury Lowrey, *Possibilities of Grace,* New York, 1888

A. M. Hills, *Holiness and Power*

Joseph H. Smith, *Pauline Perfection,* Chicago, 1913

Daniel Steele, *Love Enthroned,* New York, 1875, 1902, 1908

Sheridan Baker, *Hidden Manna,* Boston, 1888; *The New Name,* 1890; *Living Waters*

Commissioner Brengle, *When the Holy Ghost Is Come,* Salvation Army, N. Y., 1914

Harry E. Jessop, *Foundation of Doctrine,* Chicago, 1938

Beverly Carradine, *The Old Man,* Louisville, 1896; *The Better Way,* Cincinnati, 1896

Isaac M. See, *The Rest of Faith,* New York, 1871

Mark Guy Pearse, *Christian's Secret of Holiness,* Boston, 1886; *Thoughts on Holiness,* 1884

Benjamin T. Roberts, *Holiness Teachings,* North Chili, N. Y., 1893

S. H. Platt, *Christian Holiness (Philosophy, Theory and Experience),* 1882

Asa Mahan, *The Baptism of the Holy Ghost,* George Hughes & Co., 1870

C. J. Fowler, *Christian Unity,* Chicago, 1907

E. P. Ellyson, *Bible Holiness,* Kansas City, 1938

S. A. Keen, *Pentecostal Papers,* Cincinnati, 1895

E. T. Curnick, *A Catechism on Christian Perfection,* Boston, 1885

E. A. Hazen, *Salvation to the Uttermost,* Lansing, 1892

Chadwick, *The Way to Pentecost,* Revell

A. Sims, *Bible Salvation,* 1886

W. E. Shephard, *Holiness Typology,* San Francisco, 1896

G. D. Watson, *White Robes,* Cincinnati, 1883; *The Heavenly Life*

J. A. Kring, *The Conquest of Canaan,* Kansas City, 1930

J. G. Morrison, *Our Lost Estate,* Kansas City

Campbell, *Witnesses to Holiness*

Brockett, *Scriptural Freedom from Sin,* Kansas City, 1941

ÉTICA CRISTIANA

William Burton Pope, *Compendium of Christian Theology*, III, pp. 148-258

Thomas N. Ralston, *Elements of Divinity*, Part III, pp. 733-857

C. F. Paulus, *The Christian Life*, New York y Cincinnati, 1892

H. H. Scullard, *The Ethics of the Gospel and the Ethics of Nature*, London, 1827

W. R. Inge, *Christian Ethics and Modern Problems*, London, 1932

C. Gore, *Christian Moral Principles*, London, 1932

W. E. H. Lecky, *History of European Morals from Augustine to Charlemagne*, London, 1897

P. Gardner, *Evolution in Christian Ethics*, London, 1918

W. H. V. Reade, *The Moral System in Dante's Inferno*, Oxford, 1909

A. H. Gilbert, *Dante's Conception of Justice*, Durham, N. C., 1925

R. Roedder, *Savonarola, A Study of Conscience*, New York, 1930

G. Harkness, *John Calvin, the Man and His Ethics*, New York, 1931

F. K. Chaplin, *The Effects of the Reformation on the Ideals of Life and Conduct*, Cambridge, 1927

J. R. Illingworth, *Christian Character*, London, 1904

W. R. Sorley, *Ethics of Naturalism*, Edinburgh, 1904; *Moral Life and Moral Worth*, Cambridge, 1911; *Moral Values and the Idea of God*, Cambridge, 1918

K. E. Kirk, *The Christian Doctrine of the Summum Bonum*, London, 1931

H. E. Rashdall, *Theory of Good and Evil*, Oxford, 1907

P. Mayers, *History as Past Ethics*, Boston, 1913

J. Rickaby, *Aquinas Ethicus* (2 volúmenes), London, 1896

W. K. L. Clarke, *The Ascetic Works of St. Basil*, London, 1925

Bernard of Clairveaux, *The Twelve Degrees of Humility and Pride*, London, 1929

T. K. Abbott, *Kant's Critique of Practical Reason and Other Works on The Theory of Ethics*, London, 1909

T. H. Green, *Prolegomena to Ethics*, Oxford, 1883, 1906

F. H. Bradley, *Ethical Studies*, Oxford, 1876, 1927

R. H. Murray, *Erasmus and Luther*, London, 1920

F. H. Dudden, *The Life and Times of Ambrose*, Oxford, 1935

Augustine, *Confessions (Everyman's Edition)*, London, 1907; *City of God*, F. W. Bussell, London, 1913

Tertullian, *Apologia*, London, 1926

A. Slater, *Manual of Moral Theology* (2 volúmenes), Bums and Oates

F. J. Hall y F. H. Hallock, *Moral Theology*, Longmans Green & Company

K. E. Kirk, *Some Principles of Moral Theology; Conscience and Its Problems*, Longmans Green & Co.

Obras más Antiguas

William Whewell, *The Elements of Morality* (2 volúmenes), New York, 1845

Francis Wayland, *The Elements of Moral Science*, Boston, 1865

Mark Hopkins, *The Law of Love and Love as a Law*, New York, 1875

Henry Calderwood, *Handbook of Moral Philosophy*, London, 1881

D. S. Gregory, *Christian Ethics*, Philadelphia, 1875

Joseph Haven, *Moral Philosophy*, Boston, 1860

Ralph Wardlaw, *Christian Ethics*, London, 1833

J. L. Davies, *Theology and Morality*, London, 1873

H. Winslow, *Moral Philosophy*, New York, 1866

Samuel Spalding, *The Philosophy of Christian Morals*, London, 1843

J. Skinner, *Synopsis of Moral and Ascetic Theology*

Kegan Paul Archibald Alexander, *Outlines of Moral Science*, New York, 1870

T. R. Birks, *Supernatural Revelation, or the First Principles of Moral Theology*, London, 1879

J. Bascom, *Ethics of the Science of Duty*, New York, 1879

G. C. A. Harless, *System of Christian Ethics*, Edinburgh, 1868

Chr. F. Schmid, *General Principles of Christian Ethics*, Philadelphia, 1872

J. Seth, *A Study of Ethical Principles*, London, 1894

J. S. Mackenzie, *A Manual of Ethics*, London, 1893

Noah Porter, *The Elements of Moral Science*, Scribners, 1885; *Kant's Ethics*, Chicago, 1885

Immanuel Kant, *The Metaphysics of Ethics*, Edinburgh, 1869

John Foster, *Lectures on Christian Morals*, Nashville, 1855

E. G. Robinson, *Principles and Practice of Morality*, Boston, 1888

James Martineau, *Types of Ethical Theory* (2 volúmenes), Oxford, 1886

Borden Parker Bowne, *The Principles of Ethics*, Harpers, 1892

W. T. Davison, *The Christian Conscience*, London, 1888

Alexander Baine, *Mental and Moral Science*, London, 1868

Matrimonio y Divorcio

Oscar D. Watkins, *Holy Matrimony*, New York, 1895

Herbert M. Luckok, *The History of Marriage, Jewish and Christian*, London, 1895

Hugh Davey Evans, *A Treatise on the Christian Doctrine of Marriage*, New York, 1870

Alvah Hovey, *The Scriptural Law of Divorce*, Boston, 1866

George Walter Fiske, *The Christian Family*, Abingdon, 1929

Flora M. Thurston, *A Bibliography of Family Relationships*, New York, 1932

Annie I. Dyer, *Guide to the Literature of Home and Family Life*, Philadelphia, 1924

Regina Wescott Wieman, *The Modern Family and the Church*, Harpers, 1937

Reforma Social Moderna

H. Martin, *Christian Social Reformers of the Nineteenth Century*, London, 1927

W. Cunningham, *Christianity and Economic Science*, London, 1914

W. E. Orchard, *Christianity and World Problems*, London

J. A. Hobson, *God and Mammon: The Relation of Religion and Economics*, New York, 1931

A. D, Lindsay, *Christianity and Economics*, London, 1933

E. Troeltsch, *Protestantism and Progress*, London, 1912

R. H. Tawney, *Religion and the Rise of Capitalism*, London, 1925

A. T. Cadoux, *Jesus and Civil Government,* London, 1923

C. J. Cadoux, *The Early Church and the World,* Edinburgh, 1925

M. Weber, *The Protestant Ethics and the Spirit of Capitalism,* New York, 1930

F. E. Johnson, *Economics and the Good Life,* New York, 1934

LA IGLESIA

Thomas O. Summers, *Systematic Theology,* Volume II, Book VII, pp. 215- 494

William Burton Pope, *Compendium of Christian Theology,* Volume III, pp. 259-364

A. H. Strong, *Systematic Theology,* Volume III, Part VII, pp. 887-980

Samuel Wakefield, *Christian Theology,* Book VI, pp. 538-596

A. M. Hills, *Fundamental Christian Theology,* Volume II, pp. 282-336

Los Sacramentos

George D. Armstrong, *The Sacraments of the New Testament,* New York, 1880

W. R. Gordon, *The Church of God and Her Sacraments,* New York, 1870

Richard Whately, *The Scripture Doctrine Concerning the Sacraments,* London, 1857

John S. Stone, *The Christian Sacraments,* New York, 1866

Richard Watson, *The Sacraments* (from the *Institutes*), New York, 1893

C. P. Krauth, *The Person of Our Lord and His Sacramental Presence,* (Lutheran), 1867

Tratados Especiales sobre el Bautismo

Bishop S. M. Merrill, *Christian Baptism,* New York, 1876

J. W. Etter, *The Doctrine of Christian Baptism,* Dayton, 1888

William Wall, *History of Infant Baptism,* London, 1872

Leonard Woods, *Lectures on Infant Baptism,* Andover, 1829

James Chrystal, *History of the Modes of Christian Baptism,* Philadelphia, 1851

W. Elwin, *The Ministry of Baptism,* London, 1889

Alexander Carson, *Baptism in Its Mode and Subjects,* American Baptist 1845, 1860

C. P. Krauth, *Baptism: The Doctrine Set Forth in the Holy Scriptures and Taught in the Evangelical Lutheran Church,* 1866; *Infant Baptism and Infant Salvation in the Calvinistic System,* Philadelphia, 1874

Edward Beecher, *Import and Modes of Baptism,* New York, 1849

Edward Bickersteth, *A Treatise on Baptism,* Philadelphia, 1841

J. A. Whittaker, *Baptism,* 1893

R. W. Dale, *Classic Baptism,* 1867; *Johannic Baptism,* 1870; *Judaic Baptism,* 1873; *Christie and Patristic Baptism,* 1874; Rutter, Philadelphia

F. G. Hibbard, *Christian Baptism,* New York, 1853

William Hodges, *Baptism Tested by Scripture and History,* New York 1874

D. B. Ford, *Studies on the Baptismal Question,* Boston, 1879

C. Taylor, *Apostolic Baptism,* New York, 1844, 1869

H. Herbert Hawes, *Baptism Mode-Studies,* Warden, 1887

Gobierno de la Iglesia

George T. Ladd, *Principles of Church Polity,* New York, 1882

Samuel Davidson, *Ecclesiastical Polity of the New Testament,* Bohn, 1850

Albert Barnes, *Episcopacy Tested by Scripture; Essays and Reviews,* Volume I, New York, 1855

W. Walker, *The Creeds and Platforms of Congregationalism,* 1893

W. J. McGlothlin, *Baptist Confessions of Faith,* 1911

Charles Hodge, *The Church and Its Polity,* New York, 1879

E. Hatch, *The Organization of the Early Christian Churches,* London, 1881

R. W. Dale, *Manual of Congregational Principles*

G. A. Jacob, *The Ecclesiastical Polity of the New Testament*

W. Jones Seabury, *An Introduction to the Study of Ecclesiastical Polity,* New York, 1894

C. C. Stewart, *The Scriptural Form of Church Government,* New York, 1872

William Pierce, *The Ecclesiastical Principles and Polity of the Wesleyan Methodists,* London, 1873

William H. Perrine, *Principles of Church Government with Special Application to the Polity of Episcopal Methodism,* New York, 1888

Robert Emory, *History of the Discipline of the Methodist Episcopal Church,* 1864

Francis Wayland, *Notes on the Principles and Practices of Baptist Churches,* Sheldon, 1857

Ralph Wardlaw, *Congregational Independency,* London, 1848

C. W. Shields, *The Historic Episcopate,* Scribners, 1894

Thomas B. Neely, *The Evolution of Episcopacy and Organic Methodism,* New York, 1888

Historia de la Iglesia

J. L. Mosheim, *Ecclesiastical History* (4 volúmenes)

George P. Fisher, *History of the Christian Church,* Scribners, 1887

J. F. Hurst, *Short History of the Christian Church,* Harpers, 1893

J. H. Kurtz, *Church History* (3 volúmenes), New York, 1890

Philip Schaff, *History of the Apostolic Church,* New York, 1853; *History of the Christian Church* (7 volúmenes), Scribners, 1892; *American Church History* (12 volúmenes), Christian Literature Company, N. Y., 1893

H. H. Milman, *History of Latin Christianity* (8 volúmenes), New York, 1871

Gibbon, *History of the Decline and Fall of the Roman Empire* (6 volúmenes), Boston, 1850

John Fulton, *Ten Epochs of Church History* (10 volúmenes), Scribners, 1911

Williston Walker, *History of the Christian Church,* Scribners, 1924

Leopold von Ranke, *History of the Popes* (3 volúmenes), New York, 1901

F. W. Farrar, *Early Days of Christianity,* New York, 1882

C. D. Eldridge, *Christianity's Contribution to Civilization,* Cokesbury, 1928

William Warren Sweet, *Story of Religion in America,* Harpers, 1930, 1939

G. L. Hunt, *Outline of the History of Christian Literature,* MacMillan, 1926

K. S. Latourette, *A History of the Expansion of Christianity* (4 volúmenes), Scribners, 1941

A. Hamack, *The Mission and Expansion of Christianity*

Hans Lietzmann, *The Beginnings of the Christian Church Moffatt, The First Five Centuries*

Abel Stevens, *History of Methodism* (3 volúmenes), New York and London, 1858, 1878

L. Tyerman, *The Life and Times of the Rev. John Wesley* (3 volúmenes), Harpers, 1872

T. M. Lindsay, *History of the Reformation,* (2 volúmenes), 1911

J. Mackinnon, *Luther and the Reformation* (4 volúmenes); *Calvin and the Reformation,* 1936

M. W. Patterson, *A History of the Church of England,* 1912

Rufus M. Jones, *The Later Period of Quakerism,* MacMillan (2 volúmenes), 1921

Workman and Eays, *A New History of Methodism,* (2 volúmenes), 1909

J. W. C. Wand, *A History of the Modern Church,* 1929

S. Bulgakov, *The Orthodox Church,* 1935

A. Neander, *General History of the Christian Religion and Church,* Edinburgh, 1851-1855

Misceláneos

T. M. Lindsay, *The Church and the Ministry in the Early Centuries,* 1924

C. G. Coulton, *Five Centuries of Religion* (3 volúmenes), 1923

B. H. Streeter, *The Primitive Church,* London, 1929

W. P. Paterson, *The Rule of Faith,* Hodder & Stoughton, 1912

William Adams Brown, *The Essence of Christianity,* New York, 1902; *The Church Catholic and Protestant,* Scribners, 1935; *Church and State in America,* 1936

H. Cotterill, *The Genesis of the Church,* Edinburgh, 1872

J. J. McElhinney, *The Doctrine of the Church,* Philadelphia, 1871

C. C. Richardson, *The Church Through the Centuries,* Scribners, 1938

N. Ehrenstrom, *Christian Faith and the Modern State,* 1937

H. R. Mackintosh, *The Originality of the Christian Message,* New York, 1920

Ernest P. Scott, *The Nature of the Early Church,* Scribners, 1941

C. A. Scott, *The Church, Its Worship and Sacraments,* London, 1927

W. S. Sperry, *Reality in Worship,* New York, 1925

T. R. Glover, *The Nature and Purpose of a Christian Society,* New York, 1922

A. B. Macdonald, *Christian Worship in the Primitive Church*

Philip Carrington, *A Primitive Christian Catechism*

C. E. Raven, *The Gospel and the Church*

ESCATOLOGÍA

S. D. F. Salmond, *The Christian Doctrine of Immortality,* Edinburgh, 1901

J. H. Snowden, *The Christian Belief in Immortality,* 1925

E. Abbott, *The Literature of the Doctrine of a Future Life,* New York, 1874

S. Lee, *Eschatology,* Boston, 1858

N. West, *Studies in Eschatology,* New York, 1889

L. A. Muirhead, *The Eschatology of Jesus,* London, 1906

William Newton Clarke, *Immortality,* Yale, 1920

Charles E. Jefferson, *Why We May Believe in Life After Death*

A. S. Pringle-Pattison, *The Idea of Immortality,* Oxford, 1922

J. A. Spencer, *Five Last Things,* New York, 1887

G. T. Cooperrider, *The Last Things, Death and the Future Life,* Columbus, Ohio, 1911

James H. Hyslop, *Science and the Future Life,* Boston, 1905

R. E. Hutton, *The Soul in the Unseen World,* London, 1902; *The Life Beyond,* Milwaukee, 1916

E. E. Holmes, *Immortality,* 1908

Joseph Agar Beet, *The Last Things,* London, 1905

Ernest von Dobschutz, *The Eschatology of the Gospels,* London, 1910

William Adams Brown, *The Christian Hope,* New York, 1912; *The Creative Experience,* 1923

B. H. Streeter (y otros), *Immortality,* MacMillan, 1917

J. Y. Simpson, *Man and the Attainment of Immortality*

F. W. H. Myers, *Human Personality and Its Survival of Bodily Death,* London, 1913

J. Strong, *The Doctrine of a Future Life,* New York, 1891

W. Smyth, *Domer on the Future State,* New York, 1883

R. H. Charles, *A Critical History ef the Doctrine of a Future Life in Israel, in Judaism and in Christianity,* London, 1899

S. Davidson, *Doctrine of Last Things,* London, 1882

Alger, *Critical History of the Future Life,* Boston, 1880

J. Marchant, *Immortality (A symposium),* New York, 1924

H. R. Mackintosh, *Immortality and the Future,* 1917

M. C. Peters, *After Death What?* 1908

D. P. Halsey, *The Evidence for Immortality,* 1931

P. Cabot, *The Sense of Immortality,* 1924

Las Conferencias Ingersoll

Los siguientes títulos de libros proceden de las Conferencias Ingersoll sobre la Inmortalidad, las cuales fueron publicadas por Cambridge University Press:

George A. Gordon, *Immortality and the New Theology,* 1896

Benjamin Ide Wheeler, *Dionysius and Immortality,* 1898

Josiah Royce, *The Conception of Immortality,* 1899

John Fiske, *Life Everlasting,* 1900

Samuel M. Crowthers, *The Endless Life,* 1905

Charles F. Dole, *The Hope of Immortality,* 1907

George A. Reisner, *Egyptian Conception of Immortality,* 1911

Clifford Herschel Moore, *Pagan Idea of Immortality,* 1918

William Wallace Ferm, *Immortality and Theism,* 1921

Kirsopp Lake, *Immortality and the Modern Mind,* 1922

Philip S. Cabot, *The Sense of Immortality,* 1924

Edgar S. Brightman, *Immortality in Post-Kantian Idealism,* 1925

Obras más Antiguas

Howe, *The Redeemer's Dominion Over the Invisible World*

N. L. Rice, *On Immortality,* Philadelphia, 1871

Isaac Taylor, *Physical Theory of Another Life,* 1858

Cremer, *Beyond the Grave*

Whately, *A View of Scripture Revelation Concerning a Future State,* 1873

Perowne, *On Immortality*

Bishop D. W. Clark, *Man All Immortal,* Methodist Book Concern. 1864

H. Mattison, *The Immortality of the Soul,* 1864

Thomas A. Goodwin, *The Mode of Man's Immortality,* New York, 1874

John Fiske, *The Destiny of Man,* Boston, 1884

Luther A. Fox, *Evidence of a Future Life,* Philadelphia, 1874

El Estado Intermedio

T. Huidekoper, *The Belief of the First Three Centuries Concerning Christ's Mission to the Underworld,* New York, 1876

George Bartle, *Scriptural Doctrine of Hades,* Philadelphia, 1870

J. Fyfe, *The Hereafter: Sheol, Hades, and Hell,* Edinburgh, 1889

S. H. Kellogg, *From Death to Resurrection,* New York, 1885

H. M. Lucock, *The Intermediate State Between Death and Judgment,* London, 1879

G. S. Barrett, *The Intermediate State and the Last Things,* London, 1896

A. Williamson, *The Intermediate State,* London, 1891

Watts, *Souls Between Death and the Resurrection*

Charles H. Strong, *In Paradise: or the State of the Faithful Dead,* New York, 1893

E. H. Plumptre, *The Spirits in Prison,* London, 1884

Alford, *State of the Blessed Dead*

Bush, *The Intermediate State*

Townsend, *The Intermediate World*

C. T. Wood, *Death and Beyond*

Wightman, *The Undying Soul and the Intermediate State*

V. U. Maywahlen, *The Intermediate State,* London, 1856

EL SEGUNDO ADVENIMIENTO

Edward Bickersteth, *The Divine Warning to the Church at This Time,* 1849; *The Glory of the Church; The Guide to the Prophecies; The Restoration of the Jews,* London, 1853

Joseph Mede, *Clavis Apocalyptica,* Cambrige, 1627

Thomas Burnett, *Sacred Theory of the Earth,* London, 1681

Joseph Perry, *The Glory of Christ's Visible Kingdom in this World,* Northampton, 1721

Nathaniel Homes, *The Resurrection Revealed,* London; *Sermons,* London. 1863

Increase Mather, *Glorious Kingdom of Jesus Christ on Earth now Approaching,* Boston, 1770

Richard Baxter, *The Glorious Kingdom of God,* London, 1691

Cummings, *Apocalyptic Sketches,* London, 1849; *Great Tribulation,* 1859; *Great Preparation,* 1861

Frere, *Lectures on the Prophecies Relative to the Last Times,* London, 1849

Joseph A. Seiss, *The Last Times and the Great Consummation,* Philadelphia, 1878; *Lectures on the Apocalypse,* New York, 1865, 1901

George Duffield, *Dissertations on the Prophecies Relative to the Second Coming of Christ,* New York, 1842; *Millenarianism Defended,* New York, 1843

J. S. Russell, *The Parousia,* London, 1887

William Burgh, *Lectures on the Second Advent,* London, 1845

Joseph Berg, *The Second Advent of Christ, Not Premillennial,* Philadelphia, 1859

Samuel Lee, *Eschatology, or the Scripture Doctrine of the Coming of Our Lord,* Boston, 1858

John Durant, *Christ's Appearance the Second Time for the Salvation of Believers,* London, 1829

E. B. Elliott, *Horae Apocalyptica* (4 volúmenes), 1862

Brooks, *Elements of Prophetical Interpretation*

A. A. Bonar, *Redemption Drawing Nigh,* Edinburgh, 1874

H. Bonar, *Coming and Kingdom,* London, 1849

T. R. Birks, *The Four Prophetic Empires and the Kingdom of the Messiah,* 1845; *Outlines of Unfulfilled Prophecy,* 1854

Fraser, *Key to the Prophecies,* 1795

Capel Molyneux, *The World to Come,* 1853

McNeille, *Lectures on the Jews*

Samuel Hopkins, *A Treatise on the Millennium,* Edinburgh, 1806

Waldegrave, *New Testament Millenarianism,* London, 1855

Urwick, *Second Advent of Christ,* Dublin, 1839

J. H. Alstead, *The Beloved City, or The Saints on Earth a Thousand Years,* London, 1643

G. Bush, *Treatise on the Millennium*

W. Kelly, *Lectures on the Second Coming,* London, 1866

J. C. Rankin, *The Coming of the Lord,* New York, 1885

Israel P. Warren, *The Parousia,* London, 1887

David Brown, *Christ's Second Coming,* Edinburgh, 1849

Bishop S. M. Merrill, *The Second Coming of Christ,* New York, 1879

Joseph Burchell, *The Midnight Cry,* 1849

James H. Brookes, *"Maranatha" or The Lord Cometh,* St. Louis, 1878

Nathaniel West, *John Wesley and Premillennlalism,* Cincinnati, 1894

Daniel T. Taylor, *The Reign of Christ on Earth,* Boston, 1882

Henry Varley, *Christ's Coming Kingdom,* 1893

T. H. Salmon, *Waiting the Coming One,* London

A. B. Simpson, *The Coming One,* New York, 1912

A. Sims, *Behold He Cometh,* 1900; *Deepening Shadows and Coming Glories,* Toronto, 1905

W. C. Stevens, *Mysteries of the Kingdom,* Nyack, 1904

I. M. Haldemann, *Why I Preach the Second Coming,* Revell, 1919

James Edson White, *The Coming King,* Pacific Press, 1898

Jesse Forrest Silver, *The Lord's Return,* Revell, 1914

L. L. Pickett, *The Blessed Hope of His Glorious Appearing,* Louisville, 1901; *The Renewed Earth,* Louisville, 1903

W. E. Blackstone, *Jesus Is Coming,* Revell, 1908

Charles Feinberg, *Premillennialism or Amillennialism,* Zondervan, 1936

The Duke of Manchester, *The Finished Mystery Woods, The Last Things*

J. A. Bengel, *Exposition of the Apocalypse,* 1740; *Ordo Temporum,* 1741

Symon Patrick, *The Appearing of Jesus Christ,* London, 1863

David N. Lord, *The Coming and Reign of Christ,* New York, 1858

LA RESURRECCIÓN

C. K. Staudt, *The Idea of the Resurrection in the Ante-Nicene Period,* Chicago, 1910

W. F. Whitehouse, *The Redemption of the Body,* London, 1895

George Bush, *Anastasis, or the Doctrine of the Resurrection of the Body,* New York, 1845

B. F. Westcott, *The Gospel of the Resurrection,* London, 1869

J. Maynard, *The Resurrection of the Dead,* London, 1897

C. S. Gerhard, *Death and the Resurrection,* Philadelphia, 1895

William Hanna, *The Resurrection of the Dead,* Edinburgh, 1872

J. Hall, *How Are the Dead Raised Up and with What Body Do They Come?,* Hartford, 1875

J. Hughes-Games, *On the Nature of the Resurrection Body,* London, 1898

W. Milligan, *The Resurrection of the Dead,* Edinburgh, 1894

E. Huntingford, *The Resurrection of the Body,* London, 1897

J. G. Bjorklund, *Death and the Resurrection from the Point of View of the Cell Theory,* Chicago, 1910

William Hanna, *The Resurrection of the Dead,* Edinburgh, 1872

Kingsley, *The Resurrection of the Dead*

Mattison, *The Resurrection of the Dead*

Balfour, *Central Truths and Side Issues,* Edinburgh, 1895

Drew, *Identity and General Resurrection of the Human Body,* London, 1822

Goulburn, *The Doctrine of the Resurrection of the Same Body as Taught in the Holy Scripture,* London, 1850

Landis, *On the Resurrection Brown, The Resurrection of Life*

Cochran, *The Resurrection of the Dead*

Cook, *The Doctrine of the Resurrection*

D. A. Dryden, *The Resurrection of the Dead,* Cincinnati, 1872

LA CONSUMACIÓN FINAL

El Castigo Futuro

J. B. Reimensnyder, *Doom Eternal. The Bible and the Church Doctrine of Eternal Punishment,* Philadelphia, 1880

Alvah Hovey, *The State of the Impenitent Dead,* 1859

Jackson, *The Doctrine of Retribution,* 1875

F. W. Farrar, *Eternal Hope,* 1878; *Mercy and Judgment: Last Words on Eschatology,* 1881

Cochrane, *Future Punishment*

G. P. Fisher, *Discussions in History and Theology,* Scribners, 1880

McDonald, *The Annihilation of the Wicked Scripturally Considered*

Pusey, *Everlasting Punishment*

Mead, *The Soul and Hereafter*

W. G. T. Shedd, *The Doctrine of Endless Punishment,* 1886

Anderson, *Future Destiny*

Vernon, *Probation and Punishment*

Goulborn, *Everlasting Punishment*

Lewis, *Ground and Nature of Punishment*

Bartlett, *Life and Death Eternal*

Hopkins, *Future State*

Newton, *The Final State*

Stuart, *Exegetical Essays*

Bishop S. M. Merrill, *The New Testament Idea of Hell,* Cincinnati, 1878

L. T. Townsend, *Lost Forever,* Boston, 1874

El Cielo

H. Harbaugh, *Heaven,* Philadelphia, 1861; *The Heavenly Home,* 1853

S. Fallows, *The Home Beyond,* Chicago, 1884

Thomas Hamilton, *Beyond the Stars, or Heaven, Its Inhabitants, Occupations and Life,* Scribners, 1889

H. Harbaugh, *Heaven,* Philadelphia, 1861; *The Heavenly Home,* 1853; *The Heavenly Recognition,* 1865

Archibald McCullagh, *Beyond the Stars, or Human Life in Heaven,* New York, 1887

R. W. Clark, *Heaven and Its Scriptural Emblems,* Philadelphia, 1856

G. Z. Gray, *The Scriptural Doctrine of Recognition in the World to Come,* New York, 1886

J. M. Killen, *Our Companions in Glory,* New York, 1862

J. A. Hodge, *Recognition After Death,* New York, 1889

R. Winterbotham, *The Kingdom of Heaven and Hereafter,* New York, 1898

I. C. Craddock, *The Heaven of the Bible,* Philadelphia, 1897

www.ingramcontent.com/pod-product-compliance
Lightning Source LLC
Chambersburg PA
CBHW031124090426
42738CB00008B/962

* 9 7 8 1 5 6 3 4 4 6 6 5 8 *